EDIFICAÇÕES SUSTENTÁVEIS ILUSTRADAS

FRANCIS D. K. CHING, arquiteto e professor emérito da Universidade de Washington, aposentou-se recentemente após mais de 35 anos de docência. É autor de vários livros, dentre eles: *Técnicas de Construção Ilustradas*, *Sistemas Estruturais Ilustrados*, *Introdução à Arquitetura*, *Arquitetura de Interiores Ilustrada*, *Desenho para Arquitetos* e *Representação Gráfica em Arquitetura*, todos publicados pela Bookman Editora. Várias de suas obras já foram traduzidas para mais de 16 idiomas e são consideradas clássicas em virtude de sua didática e suas representações gráficas.

IAN M. SHAPIRO, engenheiro mecânico, é o fundador e um dos sócios de Taitem Engineering, premiada firma de consultoria de Ithaca, Nova York, que atua desde 1989. É professor visitante na Universidade Cornell, no Tompkins-Cortland Community College e na Universidade de Syracuse. Já atuou em diversos projetos de edificações sustentáveis certificados pelo LEED, dirigiu vários projetos de pesquisa sobre conservação de energia e contribui frequentemente para periódicos como o *ASHRAE Journal* e a revista *Home Energy*.

C539e Ching, Francis D. K.
Edificações sustentáveis ilustradas / Francis D. K. Ching, Ian M. Shapiro ; tradução: Alexandre Salvaterra. – Porto Alegre : Bookman, 2017.
vii, 279 p. il. ; 28 cm.

ISBN 978-85-8260-428-1

1. Arquitetura. 2. Edificação. 3. Sustentabilidade. 4. Ilustrações. I. Shapiro, Ian M. II. Título.

CDU 72.02

Catalogação na publicação: Poliana Sanchez de Araujo CRB-10/2094

FRANCIS D. K. CHING • IAN M. SHAPIRO

EDIFICAÇÕES SUSTENTÁVEIS ILUSTRADAS

Tradução:
Alexandre Salvaterra
Arquiteto e Urbanista pela Universidade Federal do Rio Grande do Sul

bookman

2017

Obra originalmente publicada sob o título *Green Building Illustrated*, 1st Edition

ISBN 9781118562376

Gerente editorial: *Arysinha Jacques Affonso*

Colaboraram nesta edição:

Editora: *Denise Weber Nowaczyk*

Leitura final: *Amanda Jansson Breitsameter*

Capa: *Kaéle Finalizando Ideias (arte sobre capa original)*

Editoração: *Clic Editoração Eletrônica Ltda.*

Reservados todos os direitos de publicação, em língua portuguesa, à
BOOKMAN EDITORA LTDA., uma empresa do GRUPO A EDUCAÇÃO S.A.
Av. Jerônimo de Ornelas, 670 – Santana
90040-340 Porto Alegre RS
Fone: (51) 3027-7000 Fax: (51) 3027-7070

Unidade São Paulo
Rua Doutor Cesário Mota Jr., 63 – Vila Buarque
01221-020 São Paulo SP
Fone: (11) 3221-9033

SAC 0800 703-3444 – www.grupoa.com.br

IMPRESSO NO BRASIL
PRINTED IN BRAZIL

Prefácio

A arquitetura sustentável é um campo relativamente novo, que tem por objetivo reduzir substancialmente o impacto ambiental das edificações e garantir um ambiente saudável nessas edificações. Este livro tem como objetivo apresentar o campo da arquitetura sustentável e explorar uma série de conceitos fundamentais do projeto de edificações sustentáveis, além de oferecer uma orientação para os profissionais envolvidos com a área.

Projetar e construir edifícios consiste em fazer escolhas: envolve a criação de possibilidades de escolha ao iniciar um determinado projeto, a avaliação das opções ao elaborar o projeto, a tomada de decisões junto ao cliente, o registro das opções escolhidas nos desenhos e a implementação de tais escolhas durante a fase de execução do projeto. Por esse motivo, procuramos, neste livro, oferecer uma ampla gama de possibilidades de escolha para a criação de projetos de arquitetura sustentável.

O livro começa explorando a definição e os principais objetivos da arquitetura sustentável, mantendo-se sempre alinhado ao objetivo de reduzir as emissões de carbono relacionadas às edificações, de modo a combater os crescentes impactos causados pelas mudanças climáticas. Introduz, ainda, uma série de códigos, padrões e orientações que estabelecem os requisitos necessários para aprofundar o conceito de edificação ou arquitetura sustentável.

Uma exploração metódica de edificação sustentável é conduzida "de fora para dentro", partindo da comunidade e do local, transpondo as diversas camadas das vedações externas da edificação, e passando ao exame de aspectos sustentáveis de iluminação e climatização. Os temas relacionados à sustentabilidade são explorados, incluindo a conservação de água, o controle da qualidade ambiental dos interiores, a conservação dos materiais e o uso de energias renováveis.

Nas discussões a respeito de consumo de energia, uma série de conceitos fundamentais da física é mencionada, cujo conjunto tem sido crescentemente denominado como "ciência da edificação". Os princípios fundamentais da transferência de calor, por exemplo, são aplicados às perdas térmicas e à redução dessas perdas. Os aspectos de iluminação são explorados em relação ao consumo de eletricidade, à interação humana e aos aspectos ergonômicos da iluminação. Os fundamentos da dinâmica de fluidos servem como base para a discussão dos fenômenos de edificação conhecidos como "efeito chaminé" (circulação de ar nas edificações devido à estratificação térmica do ar). Os princípios fundamentais da termodinâmica são aplicados à geração e transferência eficiente de calor, à dissipação do calor para o exterior das edificações para controle de temperatura e à possibilidade de um uso mais eficiente desses princípios de modo a reduzir o consumo de energia.

Ilustrações detalhadas traduzem esses princípios e essas discussões em orientações específicas para a concepção e a construção de edificações sustentáveis. Um conjunto de boas práticas é apresentado, visando ser flexível o suficiente para que os profissionais de arquitetura possam projetar e construir edificações sustentáveis de acordo com o desejo de seus clientes. As ilustrações também pretendem ser abrangentes, de modo a oferecer uma ampla gama de escolhas possíveis para edificações sustentáveis.

Por fim, uma discussão a respeito do controle de qualidade é utilizada para explorar como o projeto e a construção podem, de modo mais efetivo, alcançar os objetivos almejados para a arquitetura sustentável.

Recomendamos ao leitor que considere os métodos abordados no livro como ferramentas que o auxiliem a desenvolver os próprios projetos, levando em conta que não é necessário adotar todas as estratégias sugeridas neste livro para que se possa considerar uma edificação como sustentável. Este livro consiste em uma abordagem geral e abrangente de arquitetura sustentável. Tendo em vista que seria praticamente inviável explorar em profundidade todas as melhorias, métodos e produtos que surgem na atualidade relativos a esse tema, procuramos, ao contrário, colocar em foco as ferramentas e as estratégias a eles subjacentes, a partir das quais os profissionais podem elaborar as alternativas necessárias para projetar e construir edificações sustentáveis de alto desempenho.

Agradecimentos

Em primeiro lugar, agradecemos a Florence Baveye pelas pesquisas e pelos desenhos de definição do conceito de projeto e a Marina Itaborai Servino por comprovar os fatos e revisar os cálculos. Uma revisão mais detalhada foi feita por Zac Hess e Daniel Clark. Um duplo agradecimento para Roger Beck, por encorajar-me a escrever 40 anos atrás e por revisar o manuscrito 40 anos depois. Obrigado a Mona Azarbayjani, da Universidade da Carolina do Norte, em Charlotte, e a Jonathan Angier, da Agência de Proteção Ambiental dos Estados Unidos (EPA)/Departamento de Água, por revisar o manuscrito. Inestimáveis revisões e comentários também foram conferidos por minha esposa Dalya Tamir, minha filha Shoshana Shapiro, Susan Galbraith, Deirdre Waywell, Theresa Ryan, Jan Schwartzberg, Daniel Rosen, Shira Nayman, Ben Myers, Bridget Meeds e Courtney Royal. Obrigado a Lou Vogel e Nate Goodell pelas informações sobre comissionamento, a Javier Rosa e Yossi Bronsnick pelas informações sobre projeto estrutural e a Umit Sirt pelas informações sobre modelagem. Obrigado a Nicole Ceci pelas análises iniciais sobre desempenho energético. Obrigado a todos os meus colegas da Taitem Engineering pelas pesquisas, observações e discussões que embasam muito do que está neste livro. Obrigado a Sue Schwartz pelo empréstimo do apartamento no lago Cayuga, onde escrevi esta obra. Obrigado a Paul Drougas, da Wiley, por sua cuidadosa contribuição editorial. Obrigado a minha família – Dalya, Shoshana, Tamar e Noa, pelo apoio ao longo de todo o projeto. Obrigado a minha mãe, Elsa Shapiro, por todas as noites aconselhar-me e acompanhar os progressos obtidos. Por fim, o maior agradecimento de todos, ao coautor Francis D. K. Ching, cuja obra é um presente para o mundo. Minha colega Theresa Ryan foi quem melhor traduziu essa ideia: "queremos viver nos desenhos de Frank". As ilustrações, orientações, esquemas, colaborações e edições de Frank D. K. Ching tornaram possível a existência deste livro.

—Ian M. Shapiro

O Sistema Internacional de Unidades

O Sistema Internacional de Unidades é um sistema de unidades físicas coerentes internacionalmente aceito, que utiliza metro, quilograma, segundo, ampère, kelvin e candela como unidades básicas de comprimento, massa, tempo, corrente elétrica, temperatura e intensidade luminosa. Ao longo deste livro, demos preferência a seu uso, evitando, na medida o possível, o uso do Padrão Imperial ou Norte-Americano. Algumas observações:

- Observe que 3.487 mm = 3,487 m, e que a abreviatura de polegada (25,4 mm) é in (do inglês *inch*) e a de pé (30,48 cm) é ft (do inglês *foot*).
- Todas as dimensões lineares são dadas no Sistema Internacional de Unidades, mas algumas dimensões também são fornecidas em polegadas (in), uma vez que ambas são usuais no Brasil, como quando se fala de peças de madeira ou tubulações, por exemplo.

Sumário

1
Introdução

Nos últimos anos, as áreas de planejamento, projeto e construção se viram envolvidas em uma acirrada discussão a respeito de ecologia e edificações sustentáveis. Tanto nos escritórios de arquitetura quanto nos canteiros de obras, novos objetivos, novos padrões e até mesmo uma nova linguagem vêm sendo adotados. Para muitos, a vida profissional tem sido bastante enriquecida à medida que se torna possível aprender os significados e as práticas dessa nova linguagem. Para outros, surgem inúmeras dúvidas: como tudo isso aconteceu? Qual é o significado disso tudo?

A sustentabilidade está relacionada com a promessa de coisas duráveis – de edificações com vidas longas e úteis, fontes de energia renováveis, comunidades que permanecem. Arquitetura sustentável é um modo de transformar em realidade as promessas de sustentabilidade.

Paralelamente às promessas de sustentabilidade, e até mesmo cobrando sua realização, está o constante alerta dos cientistas que nos avisam de perigos e ameaças ambientais, que se tornam cada vez mais perceptíveis a partir de nossas próprias observações. Há, contudo, algo de profundamente empoderador quando optamos por não fugir desses perigos, mas encará-los e enfrentá-los, avaliando-os coletivamente e desenvolvendo estratégias para lidar com tais ameaças. Em última instância, pode ser essa a principal promessa da sustentabilidade – o ímpeto de ponderar a respeito dos desafios ambientais com os quais nos deparamos e de encontrar maneiras de lidar com eles.

1.01 Imagens da Terra a partir do espaço, como a fotografia tirada pela sonda Voyager I, em 1990, evidenciam a fragilidade da vida no planeta. O astrônomo Carl Sagan descreve nosso planeta como um pequeno ponto azul, "o único lar que conhecemos". (Fonte: NASA)

Enfrentar os desafios ambientais

Diversas crises ambientais estão nos motivando a reavaliar a maneira como planejamos, projetamos e construímos edificações. A poluição do ar e da água decorrente do uso de combustíveis fósseis, os acidentes em usinas nucleares e o efeito das mudanças climáticas, à primeira vista pequeno, mas potencialmente devastador, apontam para uma necessidade urgente de reduzir o consumo de energia. As enfermidades decorrentes da exposição a compostos químicos tóxicos nos impelem a reexaminar seu uso extensivo, especialmente em materiais de construção.

Uma questão particularmente preocupante é a mudança climática. O Painel Intergovernamental sobre Mudanças Climáticas (IPCC, em inglês), da Organização das Nações Unidas, que inclui mais de 1.300 cientistas dos Estados Unidos e de outros países, concluiu que "o aquecimento global é inegável, como agora pode ser evidenciado a partir da constatação de aumento da média global de temperatura tanto da atmosfera quanto dos oceanos, do crescente derretimento de geleiras e do aumento global da média do nível do mar". Conforme o IPCC, os impactos das mudanças climáticas já podem ser sentidos, e se pode esperar apenas que se tornem cada vez piores. As consequências das mudanças climáticas também incluem um aumento no número de eventos climáticos extremos, como o aumento na atividade dos ciclones, bem como a ocorrência de ondas de calor mais frequentes, mais intensas e mais duradoras; alterações como a redução da superfície terrestre coberta por gelo e maior incidência de inundações litorâneas e continentais; mudanças na distribuição vegetal e animal e perda de biodiversidade; e ainda a redução na disponibilidade de água para consumo humano, agricultura e geração de energia.

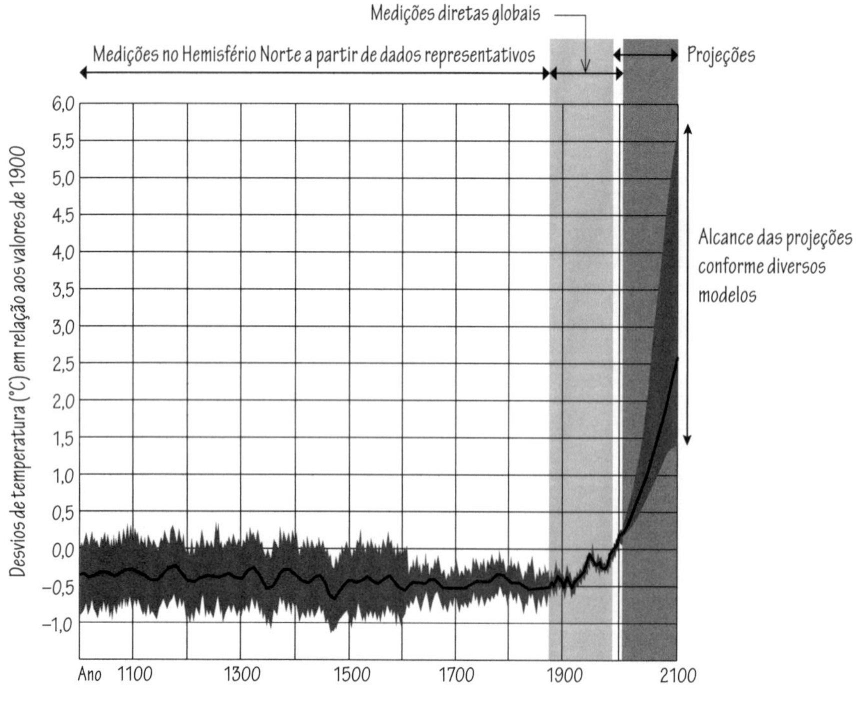

1.02 Variações de temperatura da superfície da Terra entre os anos 1000 e 2100. (Fonte: IPCC)

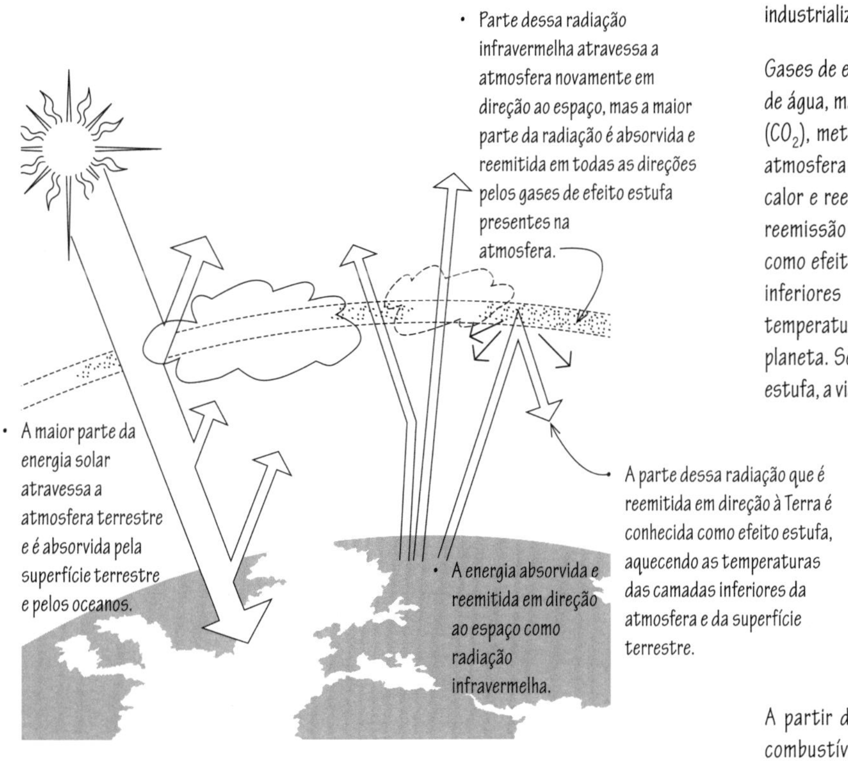

Parte dessa radiação infravermelha atravessa a atmosfera novamente em direção ao espaço, mas a maior parte da radiação é absorvida e reemitida em todas as direções pelos gases de efeito estufa presentes na atmosfera.
A maior parte da energia solar atravessa a atmosfera terrestre e é absorvida pela superfície terrestre e pelos oceanos.
A energia absorvida e reemitida em direção ao espaço como radiação infravermelha.
A parte dessa radiação que é reemitida em direção à Terra é conhecida como efeito estufa, aquecendo as temperaturas das camadas inferiores da atmosfera e da superfície terrestre.

1.03 *O efeito estufa.*

A principal causa das alterações climáticas são as concentrações crescentes de gases de efeito estufa produzidos por atividades humanas, como o desmatamento, as alterações no uso do solo e especialmente a queima de combustíveis fósseis. Tais dados foram reconhecidos pelas instituições científicas nacionais de todos os principais países industrializados.

Gases de efeito estufa, compostos especialmente por vapor de água, mas contendo concentrações de dióxido de carbono (CO_2), metano (CH_4) e óxido nitroso (N_2O), são emitidos na atmosfera e agem como uma manta térmica, absorvendo o calor e reemitindo-o em todas as direções. A porção dessa reemissão que retorna à superfície da Terra é conhecida como efeito estufa e é responsável por aquecer as camadas inferiores da atmosfera e a superfície terrestre até uma temperatura média de 15°C, fenômeno que permite a vida no planeta. Sem a existência desse fenômeno natural de efeito estufa, a vida na Terra como a conhecemos não seria possível.

A partir da Revolução Industrial, contudo, a queima dos combustíveis fósseis em quantidades cada vez maiores contribuiu para um aumento nas concentrações de dióxido de carbono, metano e óxido nitroso na atmosfera, intensificando o efeito estufa natural e contribuindo para o aquecimento global e para as alterações climáticas.

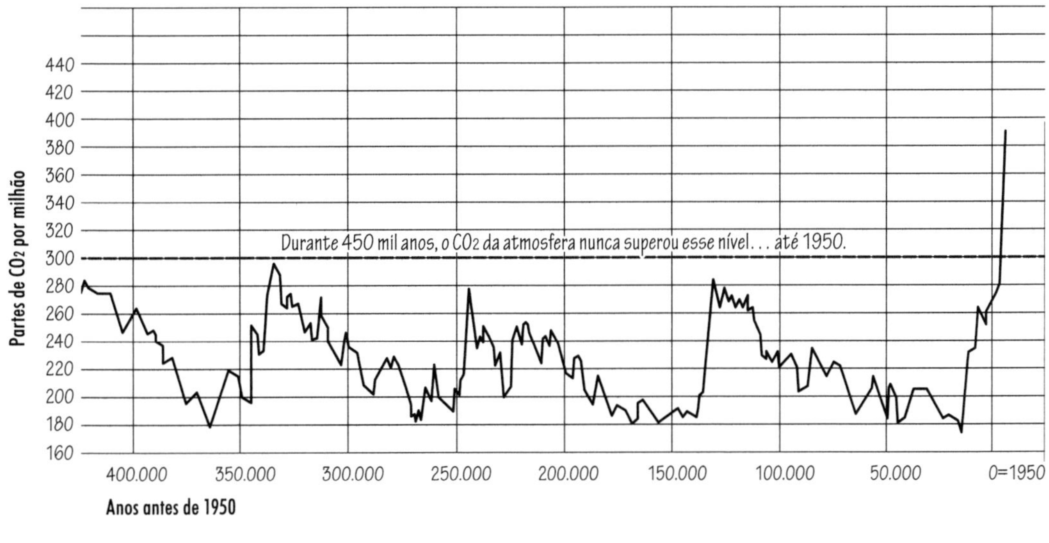

1.04 Amostras atmosféricas contidas em núcleos de gelo e aferições diretas mais recentes evidenciam que o nível de CO_2 presente na atmosfera aumentou desde a Revolução Industrial. (Fonte: NOAA)

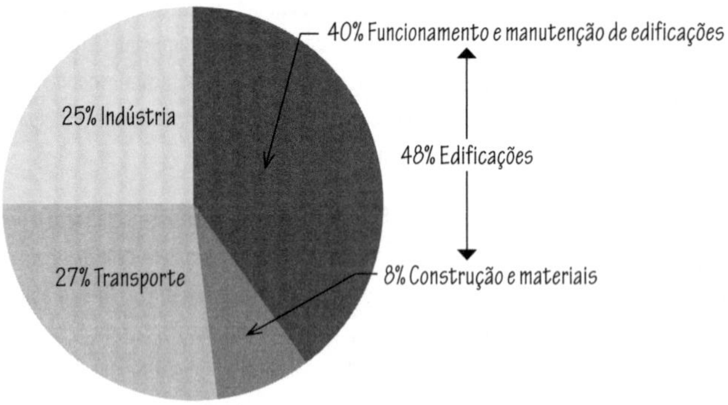

1.05 Consumo de energia por setor econômico nos Estados Unidos. O consumo de energia relacionado ao setor da construção foi identificado como um dos maiores responsáveis pela emissão de gases de efeito estufa, especialmente de dióxido de carbono. (Fonte: Sistema de Informação Energética dos Estados Unidos)

Dados da Administração do Sistema de Informação Energética dos Estados Unidos indicam que as edificações são responsáveis por quase metade do total do consumo anual de energia e pela emissão de gases de efeito estufa nos Estados Unidos; no âmbito global, essa porcentagem pode ser ainda maior. É importante ressaltar, em qualquer discussão a respeito de arquitetura sustentável, que a maior parte do consumo de energia do setor não se deve à produção de materiais nem às etapas de construção em si, mas aos processos operacionais, como calefação, resfriamento e iluminação das edificações. Isso significa que, para reduzir o consumo de energia e a emissão de gases de efeito estufa gerados pelo uso e pela manutenção das edificações ao longo do seu tempo de vida útil, faz-se necessário projetá-las adequadamente, levando-se em conta sua localização e função, de modo a incorporar em sua concepção estratégias eficientes de climatização, ventilação e iluminação.

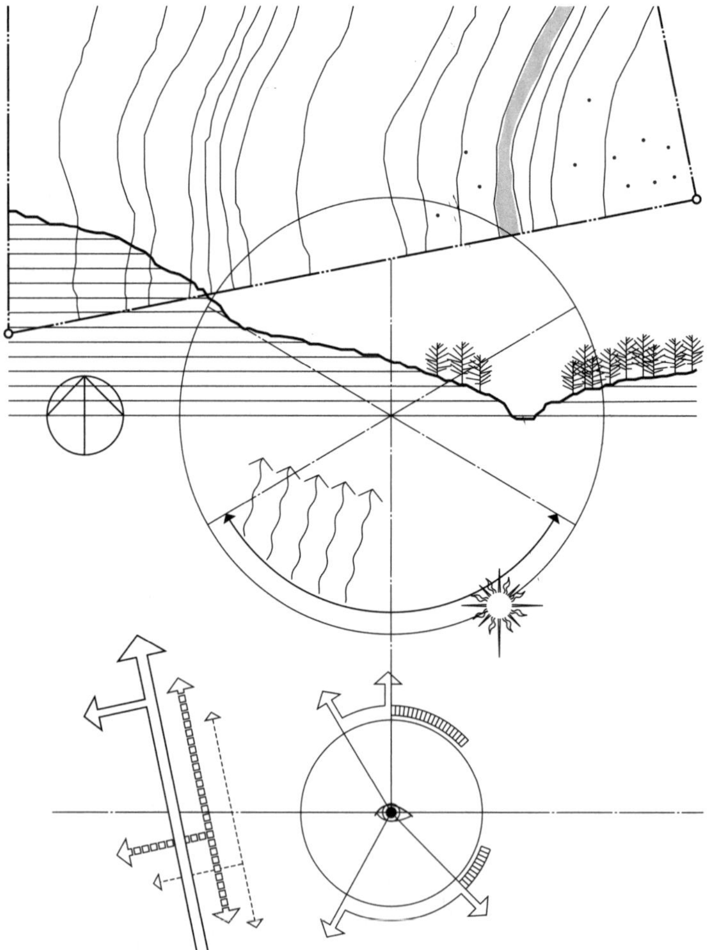

1.06 Edificações bem implantadas e projetadas visando a um consumo eficiente de energia podem reduzir as emissões de carbono também em outros setores, ao reduzir a quantidade de energia necessária para a fabricação e o transporte de materiais de construção, bem como para o transporte de pessoas de uma edificação à outra. Além disso, os benefícios potenciais de uma redução de custos em consumo de energia no futuro podem ser vistos como um investimento inicial necessário para viabilizar a redução das emissões de carbono.

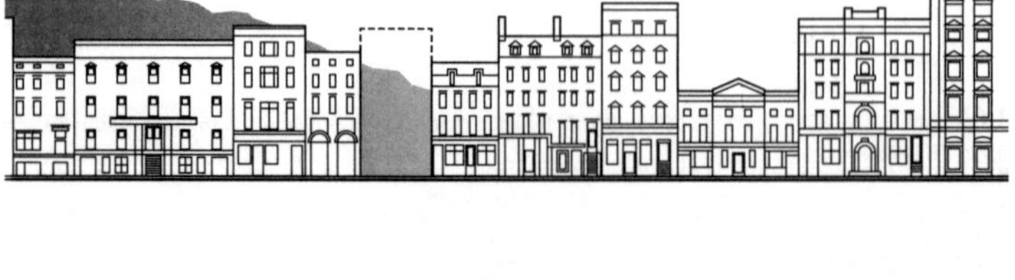

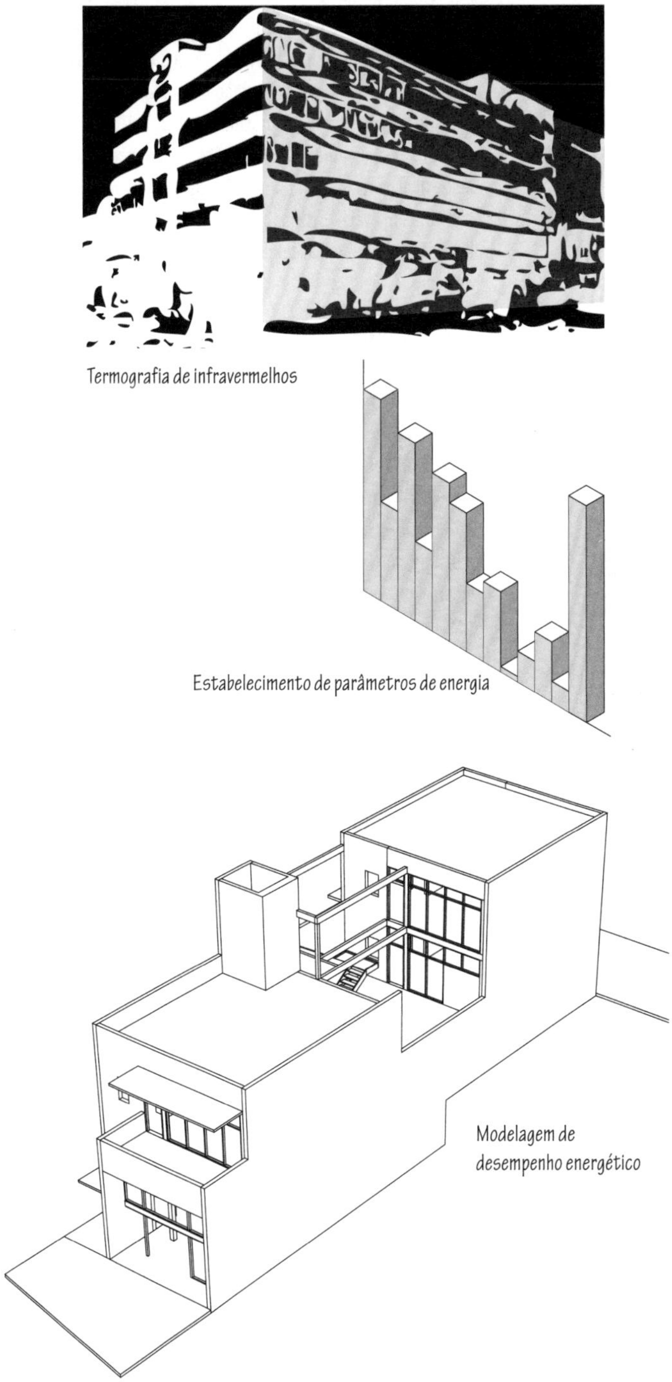

Termografia de infravermelhos
Estabelecimento de parâmetros de energia
Modelagem de
desempenho energético

1.07 A cada ano surgem novas abordagens e novas ferramentas, e novos produtos tornam-se disponíveis, oferecendo formas de reduzir o uso de energia e de materiais em edificações.

Novas informações, novos riscos, novas oportunidades

Ao mesmo tempo em que emergiu o conhecimento a respeito das mudanças climáticas e de outras ameaças climáticas, as pesquisas formais e informais no campo da arquitetura ao longo das últimas décadas vêm nos oferecendo noções mais claras a respeito do funcionamento das edificações, tanto no sentido de como elas podem fracassar do ponto de vista ambiental quanto, de modo igualmente importante, de como tais fracassos podem ser evitados. A convergência entre as demandas advindas de nossas múltiplas crises ambientais, aliada às informações relativamente recentes a respeito do desempenho das edificações a partir de um ponto de vista ecológico e das possibilidades de projeto mais sustentáveis, oferecem novas oportunidades de enfoque do projeto arquitetônico. O campo da arquitetura sustentável é jovem e oferece infinitas possibilidades. São abundantes as novas oportunidades para projetar e construir aprimorando a eficiência de energia e recursos, diminuindo o uso de produtos químicos tóxicos e reduzindo custos.

Entretanto, há muitos riscos e armadilhas em potencial no campo da arquitetura sustentável. É fácil ser atraído por novos produtos ou abordagens que prometem ser ecológicos e sustentáveis, mas na prática são ineficientes ou tão dispendiosos que impedem o investimento em melhorias que ofereçam um melhor custo/benefício. Nosso desafio é utilizar o bom senso, rejeitando melhorias simbólicas, ostentosas ou inefetivas e, ao mesmo tempo, permanecendo abertos a ideias e ferramentas novas e potencialmente válidas. É necessário adotar urgentemente uma postura ao mesmo tempo crítica ao se avaliar novas ideias e flexível ao se adaptar às transformações que estão ocorrendo em ritmo acelerado.

Um projeto de arquitetura sustentável não deve consistir exclusivamente em adicionar características e funcionalidades para tornar as edificações mais ecológicas. Aumentar o isolamento térmico acarreta uma maior eficiência no consumo de energia de uma edificação, e adicionar sistemas solares fotovoltaicos acarreta uma redução da necessidade de eletricidade oriunda de fontes de energia não renováveis. Além disso, tem-se muito a ganhar por meio de um projeto arquitetônico ponderado, que não é simplesmente aditivo, e sim preocupado em possuir um caráter mais orgânico e integrado. Seria possível, por exemplo, optar por superfícies mais refletoras para o acabamento dos interiores, o que demandaria uma quantidade menor de fontes de energia sem afetar os níveis de iluminação. Poderiam, ainda, ser priorizadas as formas de edificação que possuem menos área de superfície exposta, de modo a utilizar menos energia para uma quantidade equivalente de área construída em edifícios com formas mais complexas.

Tendo sempre em mente a natureza estética do projeto arquitetônico, podemos também nos perguntar qual é o efeito da arquitetura sustentável na beleza do ambiente construído. Felizmente, a estética não precisa ser sacrificada para que as edificações sejam sustentáveis. Edificações ecológicas ou sustentáveis podem desafiar as noções tradicionais de beleza, mas oferecem a possibilidade de reavaliarmos nossas noções a respeito do que é considerado atraente, de reexaminarmos como definimos a beleza nas edificações e de explorarmos a estética em novas formas arquitetônicas.

Logotipo oficial do Green Building Council dos Estados Unidos

Logotipo oficial do Forest Stewardship Council

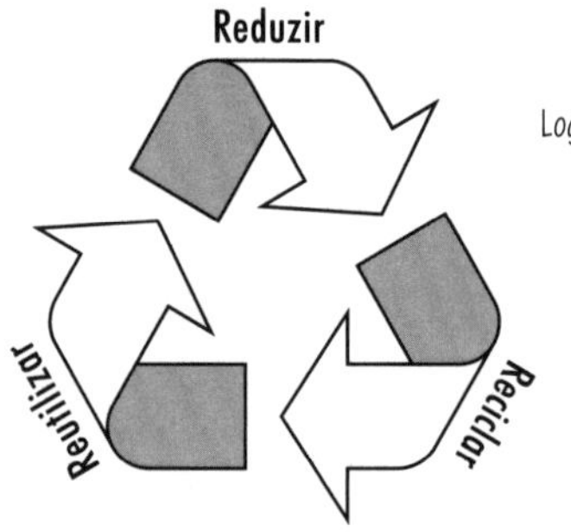

1.08 Símbolos de materiais, processos e práticas ecológicos.

O que é uma edificação sustentável?

Neste livro, a questão "o que é uma edificação sustentável?" é repetidamente feita. Tal questão pode assumir muitas formas: uma edificação mais sustentável seria aquela mais ecológica do que o padrão? Uma edificação é considerada sustentável quando atende a uma norma padrão? Uma edificação sustentável é aquela que tem baixo ou nenhum impacto ambiental ou na saúde humana? Todas as edificações deveriam ser sustentáveis? Edificações sustentáveis são modismos? Edificações sustentáveis permanecem sustentáveis ao longo do tempo?

A resposta para essas perguntas ainda está sendo formulada. Algumas edificações certificadas como ecológicas ou sustentáveis resultaram em altas consumidoras de energia ou mesmo mais poluentes em outros aspectos. Por outro lado, muitas edificações com consumo zero ou quase zero energia foram projetadas e construídas com sucesso apesar de não terem sido certificadas como sustentáveis por nenhum sistema de classificação. Isso não significa que tenhamos o intuito de questionar o desempenho ambiental das edificações certificadas como sustentáveis. Os padrões e sistemas de certificação sustentáveis contribuíram e continuarão contribuindo imensamente para o avanço da arquitetura sustentável. Contudo, ainda se tem um longo caminho a percorrer antes de que uma certificação de edificação sustentável possa garantir um alto nível de eficiência energética ou um baixo nível de poluição.

Paralelamente à questão "o que é uma edificação sustentável", está outra questão similar: "o que é uma edificação mais sustentável?". Em muitos campos específicos do projeto arquitetônico, é possível avaliar os méritos relativos de diferentes abordagens ao se questionar a respeito de qual é, entre as distintas opções disponíveis, a opção mais sustentável. Isso também não significa simplesmente defender a implementação de pequenas melhorias específicas no projeto sustentável. O objetivo geral de uma edificação significativamente sustentável permanece válido. No entanto, quando se lida com as diversas decisões que precisam ser tomadas ao se planejar uma edificação, a pergunta "Essa abordagem é a mais ecológica?" pode ser bastante útil, independentemente de constar em um código, uma norma ou um padrão de sustentabilidade específico.

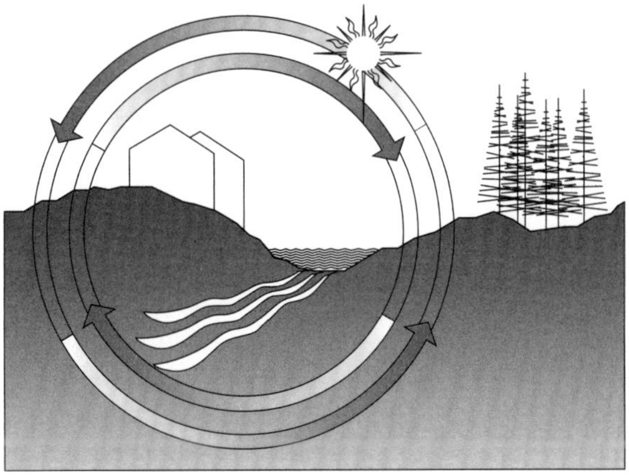

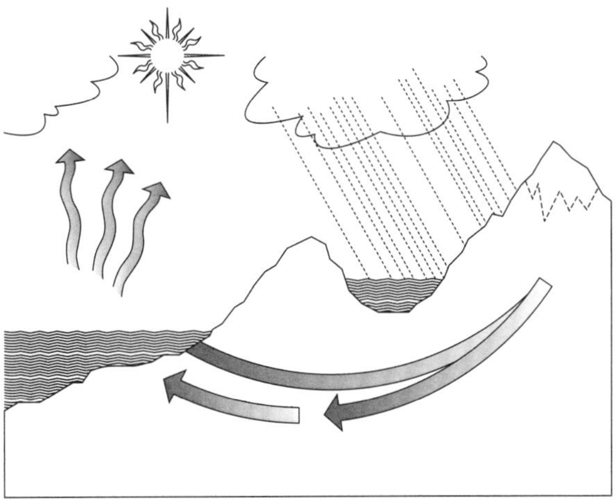

Objetivos da arquitetura sustentável

Há muitos objetivos que motivam o desenvolvimento de projetos de arquitetura sustentável.

Talvez os objetivos mais amplamente reconhecidos sejam aqueles que pretendem evitar a degradação ambiental:

- Diminuir o aquecimento global por meio da conservação de energia, da redução dos gases de efeito estufa emitidos e dos processos de sequestro de carbono por meio de processos biológicos, como o reflorestamento e a recuperação de mananciais.
- Minimizar o impacto ambiental resultante dos processos de extração de carvão, gás natural e petróleo, bem como os vazamentos de petróleo; a remoção de solo devido à extração de minério de carvão; a poluição associada ao fratruramento hidráulico para a extração de gás natural.
- Diminuir a poluição do ar, da água e do solo.
- Proteger as fontes de água potável.
- Reduzir a poluição luminosa que pode prejudicar os ecossistemas noturnos.
- Proteger os habitats naturais e a diversidade biológica, em especial as espécies ameaçadas de extinção.
- Evitar o uso desnecessário e irreversível de terras agrícolas para usos com fins não agrícolas.
- Proteger a camada superior do solo e reduzir o impacto das inundações.
- Reduzir o uso de aterros.
- Reduzir os riscos de contaminação nuclear.

1.09 Mitigar a degradação ambiental por meio da preservação, da redução de poluentes e da proteção dos habitats e das fontes de água e de recursos naturais.

Os objetivos da arquitetura sustentável também contemplam a melhoria das condições de conforto e saúde das pessoas:

- Melhorar a qualidade do ar em ambientes internos
- Melhorar a qualidade da água dentro das edificações
- Melhorar o conforto térmico
- Reduzir a poluição sonora
- Melhorar o estado de ânimo das pessoas

Alguns objetivos podem ser considerados como metas de natureza econômica:

- Reduzir os custos de energia
- Aumentar a produtividade
- Gerar empregos sustentáveis
- Aumentar o apelo comercial
- Melhorar as relações públicas

Outros objetivos podem ser considerados como sendo de natureza política:

- Reduzir a dependência de combustíveis estrangeiros
- Aumentar a competitividade nacional
- Evitar o esgotamento de combustíveis não renováveis, como petróleo, carvão e gás natural
- Reduzir a sobrecarga nas redes de energia elétrica e o risco de blecautes

1.10 Melhoria da saúde ambiental e econômica.

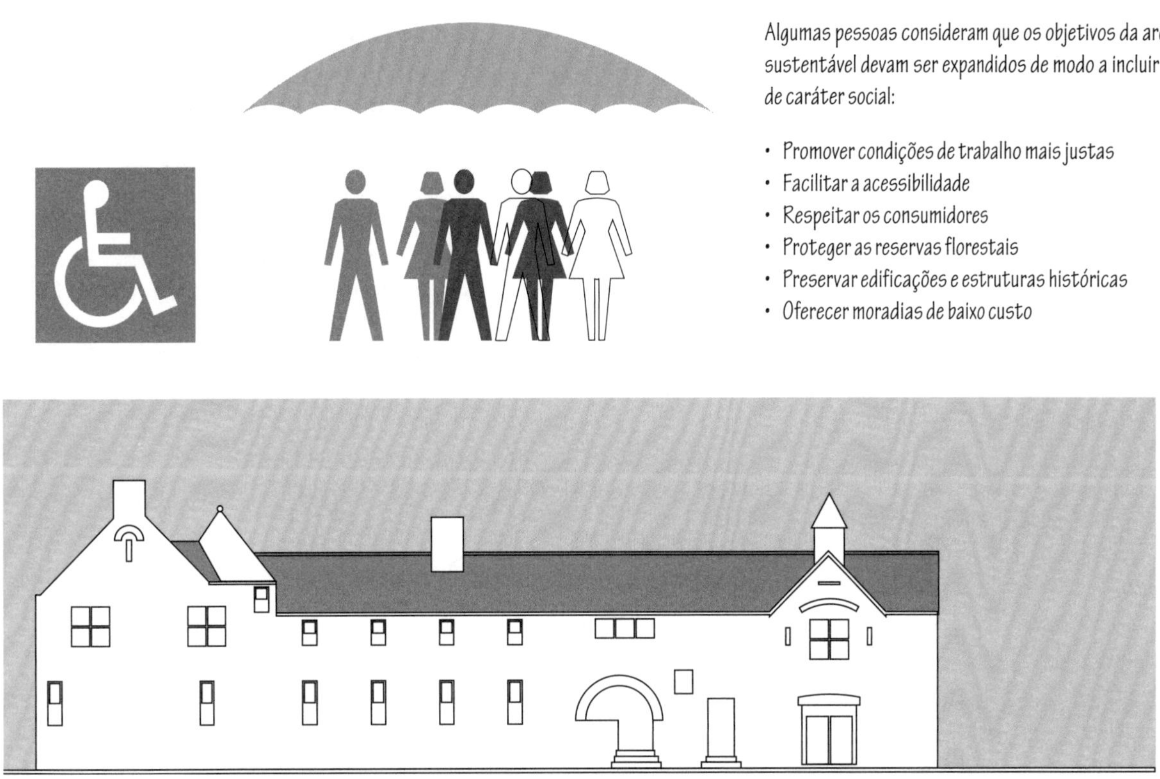

1.11 Cumprimento de metas sociais.

Algumas pessoas consideram que os objetivos da arquitetura sustentável devam ser expandidos de modo a incluir objetivos de caráter social:

- Promover condições de trabalho mais justas
- Facilitar a acessibilidade
- Respeitar os consumidores
- Proteger as reservas florestais
- Preservar edificações e estruturas históricas
- Oferecer moradias de baixo custo

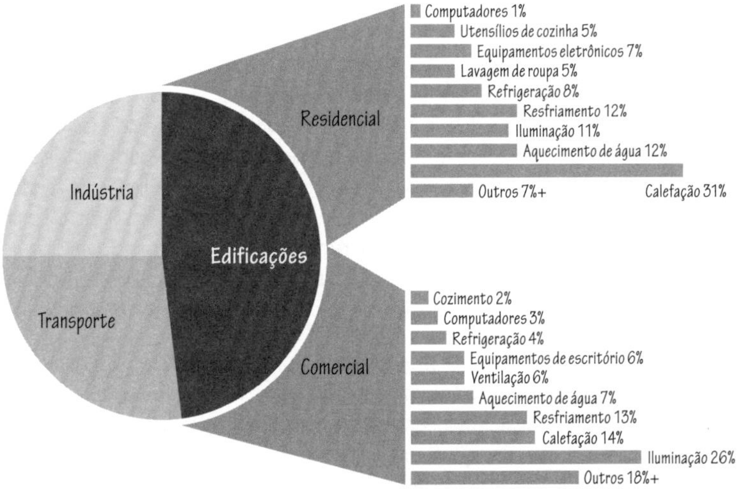

1.12 Consumo energético nos Estados Unidos. (Fonte: DOE) A redução do consumo de energia e das emissões de carbono associadas permanece sendo um dos objetivos primordiais para definir a maneira como planejamos, projetamos e construímos edifícios.

E alguns objetivos são reflexo das necessidades específicas do espírito humano:

- Expressar a conexão e o amor em relação à Terra e à natureza.
- Ser autossuficiente.
- Satisfazer ao prazer estético.

Alguns objetivos não foram explicitamente mencionados, mas representam algumas de nossas necessidades menos nobres, como a busca por *status* ou prestígio.

Independentemente da maneira como os objetivos mencionados estejam agrupados, deve-se manter um debate legítimo e permanente a respeito de quais seriam os objetivos da arquitetura sustentável e de como hierarquizá-los. Na maior parte dos casos, a construção de edificações sustentáveis permite que se atenda harmonicamente a diversos objetivos. Entretanto, em alguns casos, podem ocorrer conflitos entre objetivos, e a resolução desses conflitos exige que se esclareça aquilo que é vital para nós como seres humanos.

Em face de um consenso quase unânime entre a comunidade científica a respeito das consequências das mudanças climáticas, e com os impactos dessas mudanças já visíveis (como a modificação da distribuição das espécies animais e vegetais, o aumento na ocorrência de inundações em áreas mais baixas, o derretimento das geleiras), um dos focos principais da arquitetura sustentável deve ser a redução do consumo de energia e das emissões de carbono associadas.

Abordagens de arquitetura sustentável

No projeto e na construção de edificações sustentáveis, muitas vezes é proveitoso utilizar o bom senso. Grande parte das estratégias e tecnologias que permitem uma utilização eficiente de água e de energia, por exemplo, é prontamente quantificável e pode orientar a tomada de decisões. Os materiais nocivos e tóxicos são razoavelmente bem conhecidos e identificáveis, podendo ser evitados. O bom senso também pode ser útil para lidar com alguns problemas mais complexos, avaliar a viabilidade e a conveniência da utilização de novas tecnologias e evitar os bloqueios criativos que por ventura venham a surgir no momento de lidar com as diversas escolhas necessárias e com aspectos ainda inexplorados na arquitetura sustentável.

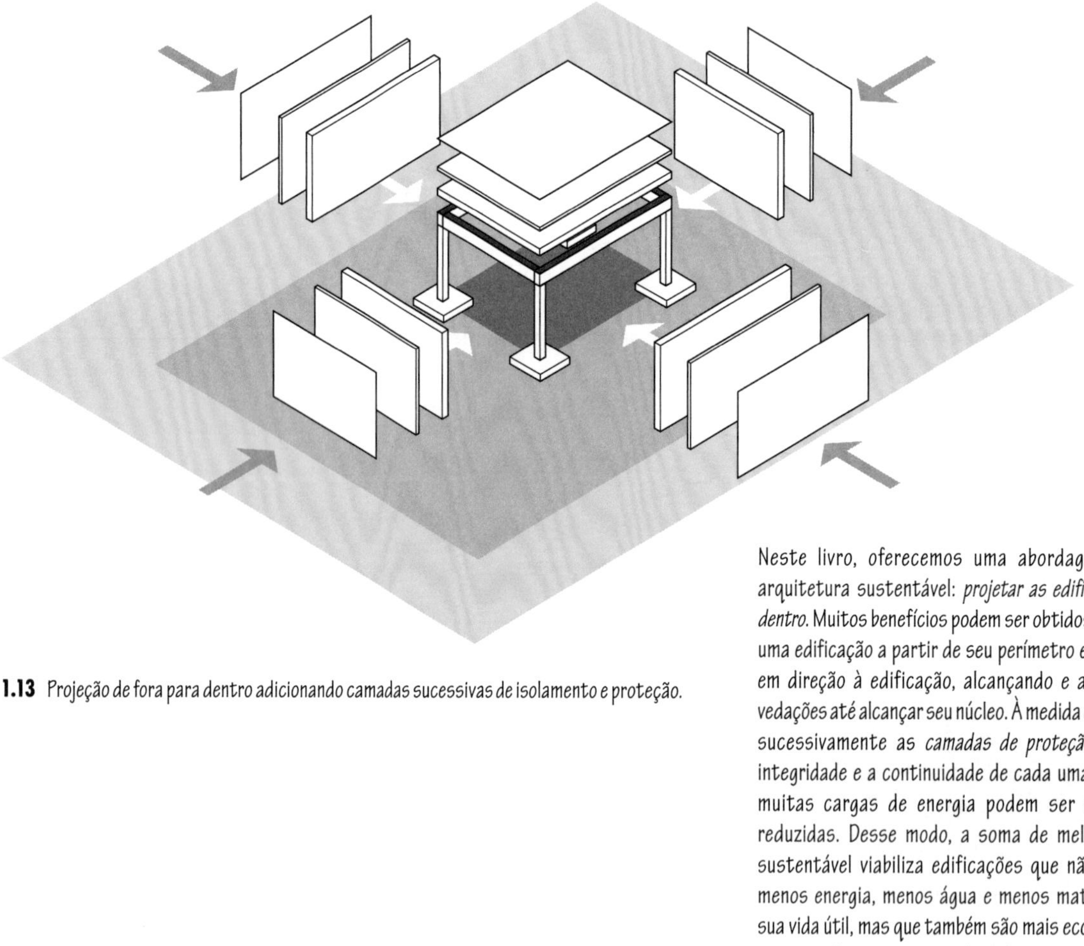

1.13 Projeção de fora para dentro adicionando camadas sucessivas de isolamento e proteção.

Neste livro, oferecemos uma abordagem específica de arquitetura sustentável: *projetar as edificações de fora para dentro.* Muitos benefícios podem ser obtidos quando se projeta uma edificação a partir de seu perímetro exterior, avançando em direção à edificação, alcançando e atravessando suas vedações até alcançar seu núcleo. À medida que acrescentamos sucessivamente as *camadas de proteção* e garantimos a integridade e a continuidade de cada uma dessas camadas, muitas cargas de energia podem ser substancialmente reduzidas. Desse modo, a soma de melhorias de caráter sustentável viabiliza edificações que não apenas utilizam menos energia, menos água e menos materiais ao longo de sua vida útil, mas que também são mais econômicas durante o processo de construção, reduzindo os custos desse processo.

Com base em alguns notáveis avanços recentes na ciência da edificação, este livro tem como foco o desenvolvimento de estratégias de projeto de edificações sustentáveis, mais do que o simples cumprimento de normas, padrões e sistemas específicos de certificação. De qualquer modo, espera-se que os princípios e as abordagens aqui apresentados sejam capazes não apenas de satisfazer como até mesmo de superar as exigências de códigos, normas e guias existentes, como também sejam aplicáveis a todos os tipos de edificação, sejam residências de madeira, sejam arranha-céus de aço e concreto.

Os inúmeros padrões de sustentabilidade existentes são, de modo geral, compatíveis com a abordagem aqui adotada, de projetar uma edificação a partir de seu exterior. Contudo, muitos desses padrões calculam a economia de energia com base em edificações de referência hipotéticas, ou focam a utilização de energia por área de piso, considerando a forma do edifício como algo pré-estabelecido. As normas e os padrões de sustentabilidade não costumam questionar a área de piso ou a forma da edificação. Quando projetamos uma edificação a partir de seu exterior, tudo pode ser questionado, inclusive a planta e o volume do edifício.

Algumas abordagens de arquitetura sustentável partem de um projeto específico e investem no aprimoramento de alguns aspectos específicos da edificação (na utilização de paredes mais grossas que oferecem um maior isolamento, em construções com mais vedação, em janelas que aumentem a eficiência energética ou em formas de aquecimento mais eficientes), tendo como objetivo uma edificação que consuma, digamos, 10%, 20% ou 30% menos energia. Ainda que seja perfeitamente válida, tal abordagem pode ser complementada por outra, que não busca simplesmente aprimorar um projeto de edificação já existente, mas propor um tipo diferente de edificação, que seja capaz de atender plenamente às mesmas necessidades, cujo objetivo seja reduzir significativamente o consumo de energia ou mesmo possibilitar um consumo de energia líquido zero, mantendo-se economicamente viável ao longo de todas as etapas do projeto.

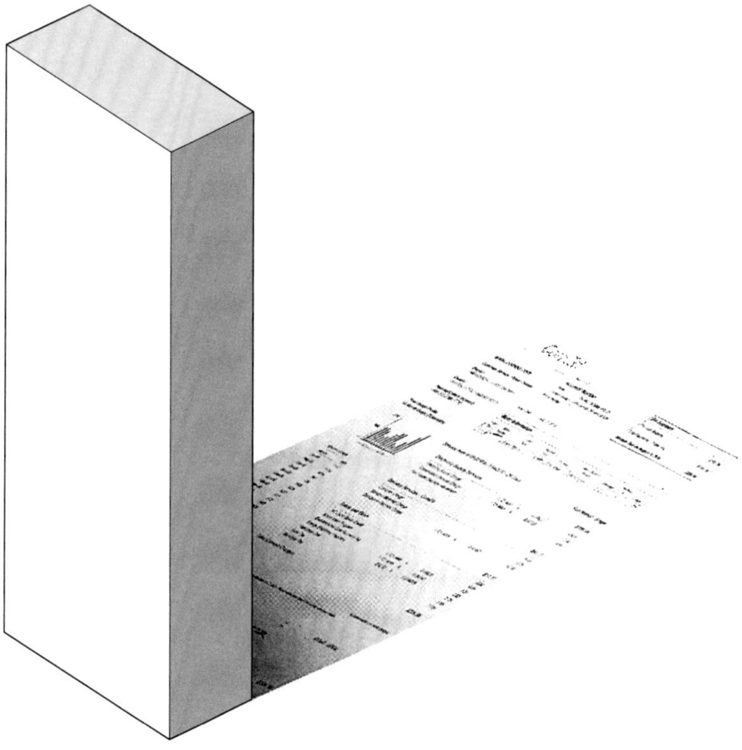

1.14 É possível avaliar o consumo de energia de uma edificação a partir de suas contas de serviços de utilidade pública.

As edificações deixam marcas de sua eficiência ambiental em suas contas de serviços de utilidade pública, marcas que perduram por décadas. Cada vez mais, as edificações são avaliadas por sua eficiência ambiental, à medida que bases de dados *on-line* podem rastrear e registrar os consumos de energia das edificações e comparar o consumo entre as diferentes edificações. O peso das avaliações da história já começou a recair sobre as edificações que desperdiçam energia, especialmente sobre aquelas que alegam ser ecológicas ou sustentáveis. A boa notícia é que os mecanismos necessários para projetar e construir edificações eficientes no consumo energético estão cada vez mais disponíveis. O desafio está em colocar esses mecanismos em prática.

Às dimensões da forma e da função, essenciais na arquitetura, uma terceira dimensão está se apresentando: o desempenho. Além de atender às necessidades de seus usuários e de ser agradável aos olhos, à mente e ao espírito, uma edificação deve, agora, apresentar um bom desempenho, que permaneça bom ao longo do tempo, consumindo menos energia e recursos e ao mesmo tempo oferecendo um alto nível de conforto e condições favoráveis à saúde. Por um lado, uma série de restrições se impõe ao planejamento de edificações. Por outro, surge a oportunidade de estabelecer um padrão de qualidade mais alto, de fazer trabalhos melhores e evitar a criação de edificações insalubres e dispendiosas.

Convidamos o leitor a fazer uma jornada para explorar edificações que possuem o mínimo impacto ambiental possível e que consomem significativamente menos energia, água e materiais do que as edificações atuais. Vamos investigar a possibilidade de projetar edificações que sejam ao mesmo tempo mais baratas, mais confortáveis e mais favoráveis para a saúde humana. Vamos pesquisar a viabilidade de edificações que sejam mais bem integradas com as comunidades humanas e com a natureza. Vamos explorar a promessa de criar edificações das quais possamos nos orgulhar.

Vamos, então, cumprir audaciosamente essas promessas.

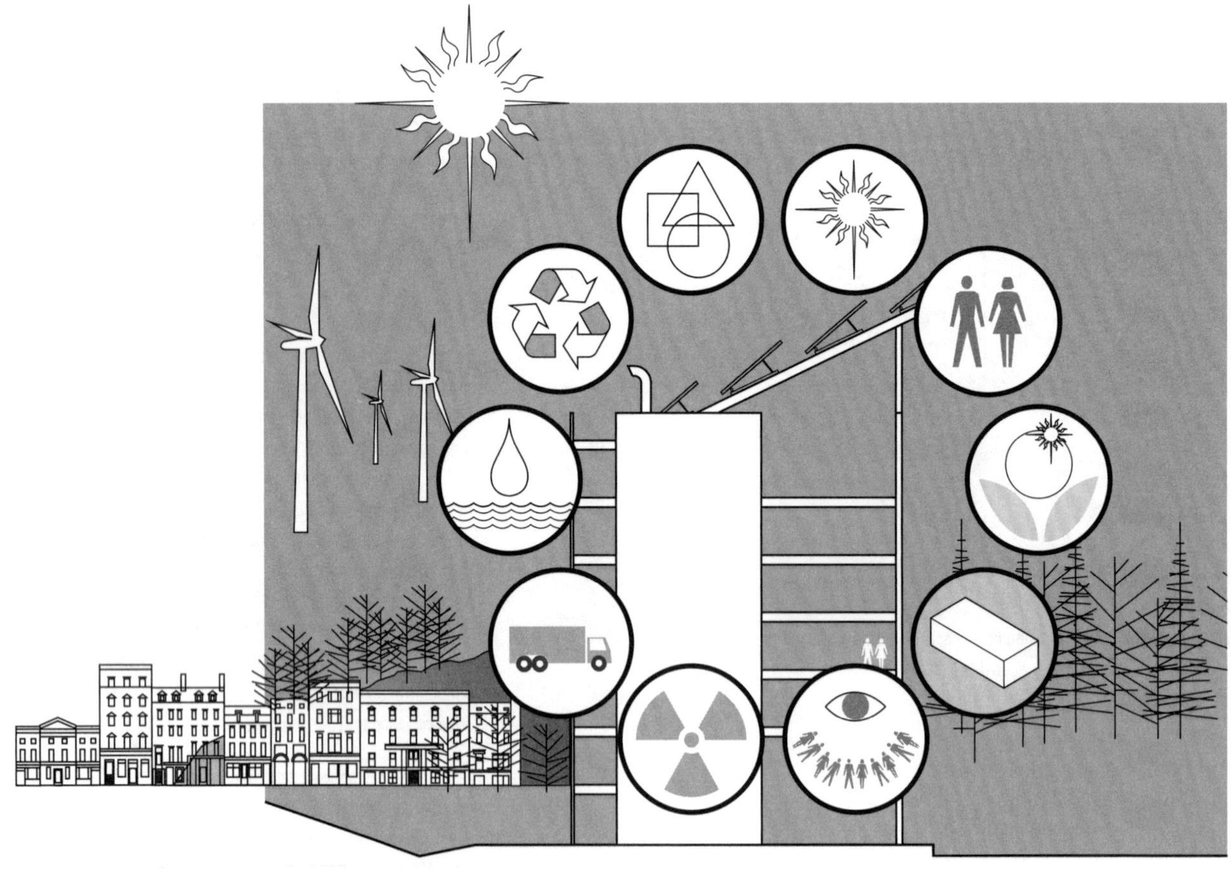

2
Princípios elementares

O que é uma edificação sustentável? Na Introdução, examinamos os significativos impactos que as edificações exercem sobre o meio ambiente e defendemos a opção por edificações que minimizem tais efeitos, não apenas por meio da redução do consumo de energia e água, mas também mediante a redução da quantidade de materiais e recursos utilizados em sua construção. Reduzir o impacto ambiental das edificações é um dos principais objetivos da arquitetura sustentável.

Há algum outro fator que contribua para considerarmos uma edificação sustentável? Nas discussões a respeito de arquitetura sustentável e de seus inúmeros padrões e normas, encontramos alguns objetivos amplamente aceitos que não contribuem diretamente para a redução do impacto das edificações sobre o meio ambiente. Tais objetivos incluem a melhoria da qualidade do ar nos espaços internos, a possibilidade de oferecer vistas do entorno a partir do interior e a melhoria do conforto térmico. Assim sendo, poderíamos e mesmo deveríamos ampliar a definição de arquitetura sustentável de modo a incluir o planejamento de ambientes interiores que contribuam para a melhoria da qualidade de vida e sejam benéficos para a saúde das pessoas.

Comecemos com a seguinte definição: uma edificação sustentável é aquela que tem um impacto ambiental significativamente reduzido e que proporciona ambientes internos benéficos para a saúde das pessoas.

Entretanto, outras questões logo surgem. Quando dizemos "impacto ambiental significativamente reduzido", quão significativa deve ser essa redução? E, se quisermos saber isso, existe alguma maneira para avaliarmos o nível de sustentabilidade de uma edificação? Se existe, o que utilizamos como referência para avaliar esses níveis? Devemos avaliar os níveis de sustentabilidade de um modo relativo, em comparação com uma edificação hipotética de mesmo tamanho e formato que respeitaria algum tipo de norma ou código vigente? Ou avaliamos esse nível a partir de comparações com outras edificações similares?

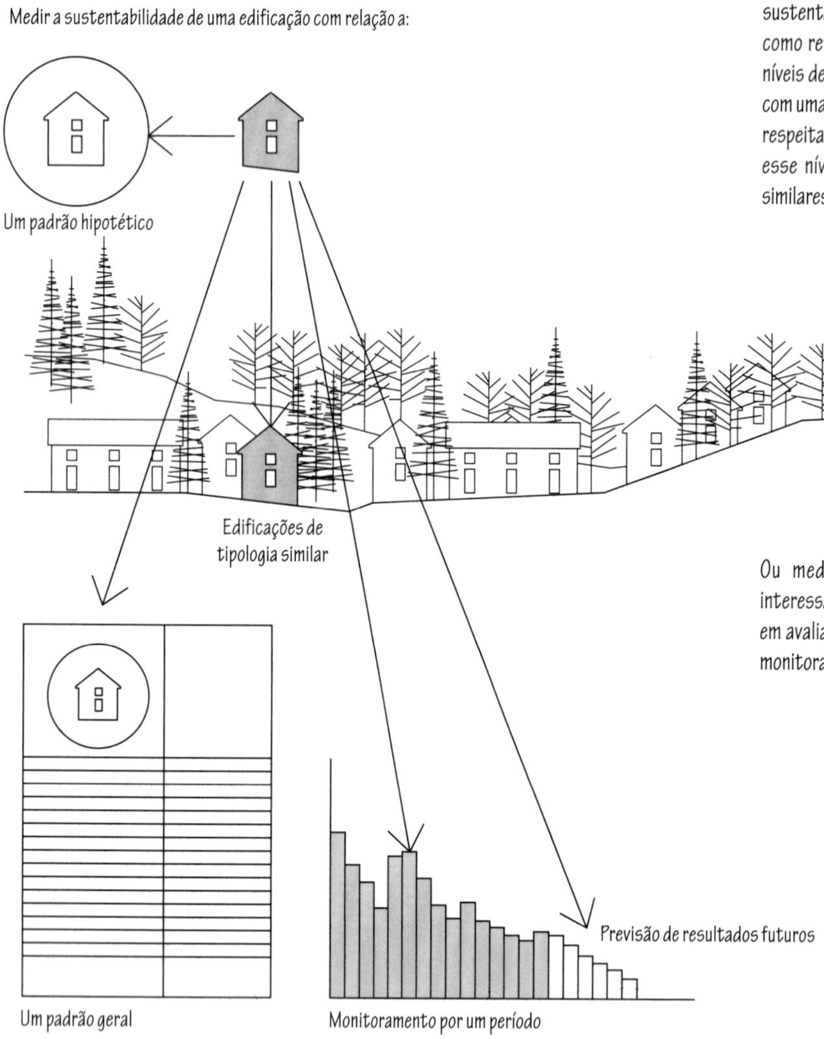

2.01 Como devemos determinar o grau de sustentabilidade de uma edificação?

Ou medimos com base em um padrão geral? Estamos interessados em prever o impacto futuro de uma edificação, ou em avaliar resultados de uma análise de impacto resultante do monitoramento de uma edificação por certo período?

Todas essas perguntas são pertinentes e vêm sendo discutidas pela comunidade envolvida com arquitetura sustentável. São perguntas que talvez estejamos, pouco a pouco, de maneira tipicamente humana – por meio de inúmeros discursos e debates –, respondendo.

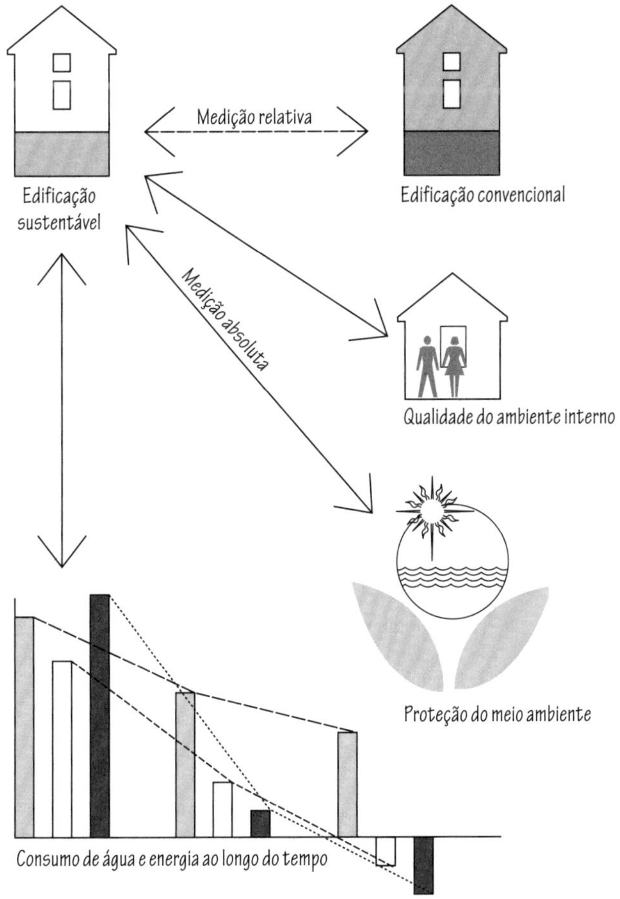

2.02 Sustentabilidade relativa *versus* sustentabilidade absoluta.

Sustentabilidade relativa e absoluta

Em relação à questão "que referência devemos tomar como base?", tem-se muito a ganhar por meio da comparação entre um projeto de arquitetura sustentável e uma edificação hipotética do mesmo tamanho e formato, projetada e construída sem levar em conta as características de sustentabilidade, mas que está em conformidade com os códigos e padrões de construção vigentes. Vamos denominar essa metodologia de abordagem relativa de arquitetura sustentável. O objetivo, nesse caso, é reduzir significativamente o impacto ambiental e oferecer condições mais favoráveis para a saúde das pessoas em comparação com uma "mesma edificação sem características de sustentabilidade". Contudo, uma importante questão vem sendo levantada, a respeito da necessidade de levarmos em conta também as medições absolutas de impacto ambiental e de melhoria de condições de saúde, alcançando metas de consumo de água e energia por área de piso de uma edificação ou até mesmo alcançando o objetivo de consumo zero líquido de energia e água na edificação.

No que diz respeito às áreas de energia e água, a previsão de gastos futuros pode ser extremamente útil e pode determinar muitas decisões e padrões. Cada vez mais tem-se chegado ao consenso de que o uso efetivo de água e energia também deve ser aferido, de modo a demonstrar a economia efetiva desses recursos, sem depender exclusivamente de previsões.

Outras áreas, como a de conservação de materiais e da qualidade dos ambientes interiores, são mais difíceis de definir e avaliar; ainda assim, estão sendo obtidos inúmeros avanços no sentido de alcançar um consenso a respeito de que significa ser sustentável, de modo a definir metas e avaliar o progresso em direção a essas metas.

A resposta para a questão "o que é uma edificação sustentável?" continuará mudando e evoluindo, da mesma maneira que os próprios padrões a respeito de que impactos ambientais são aceitáveis e que nível de saúde humana é desejável. Na verdade, a arquitetura sustentável provavelmente vai sempre envolver o questionamento repetido sobre o que é uma edificação sustentável e a busca contínua de respostas consensuais para essa pergunta.

O desafio de projetar e construir uma edificação sustentável é imenso. Centenas ou mesmo milhares de decisões são necessárias para concluir uma única edificação, na medida em que se avaliam programas, forma, qualidade, custo, cronograma e regulamentos. Uma edificação sustentável apresenta desafios ainda maiores, com maiores restrições e frequentemente com objetivos de desempenho mais difíceis de alcançar. Projetar e construir uma edificação sustentável economicamente viável – que apresente bom desempenho, atenda às necessidades dos seus ocupantes, não prejudique o meio ambiente, seja benéfica à saúde das pessoas e cujo orçamento esteja dentro das possibilidades do proprietário – é o desafio máximo. A definição de alguns princípios orientadores pode nos auxiliar a gerenciar o modo de lidar com tal desafio.

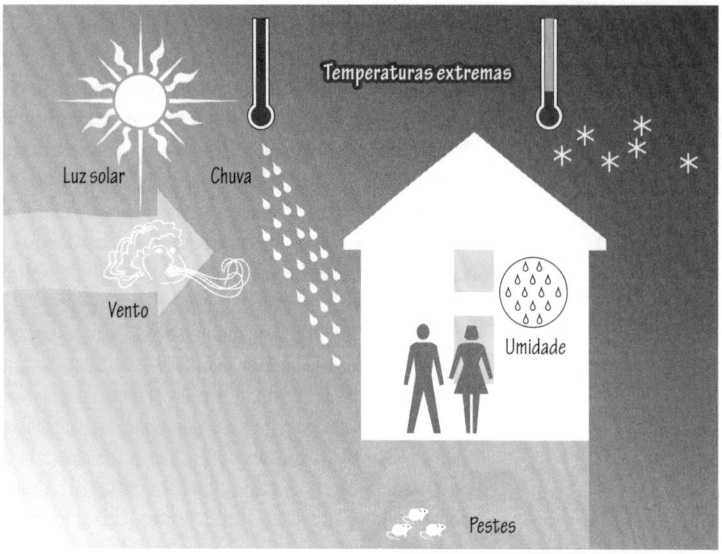

2.03 Tipos de carga.

Cargas e camadas

As edificações protegem seus usuários de uma série de fatores externos, aos quais podemos nos referir como *cargas*. Tais cargas são, de certo modo, tensões e pressões exercidas tanto sobre as edificações quanto sobre nossas próprias vidas. Uma das cargas mais significativas são as variações extremas de temperatura, motivo pelo qual as edificações são climatizadas. Há, ainda, outros tipos de carga, além das variações extremas de temperatura, das quais procuramos nos proteger, como ventos violentos, chuvas torrenciais e sol escaldante. Procuramos nos proteger, também, dos raios ultravioleta, que podem contribuir para o desenvolvimento do câncer de pele e para a deterioração de obras de arte e de materiais de construção. Algumas cargas, como a umidade, possuem efeitos mais sutis, que podem comprometer a saúde humana ou a integridade de nossos bens materiais. Outras cargas são bastante simples, como a escuridão. Outras, ainda, são vivas, como insetos, roedores, aves e outros tipos de vida animal. E há, por fim, cargas que resultam da atividade humana, como as poluições sonora, luminosa e do ar.

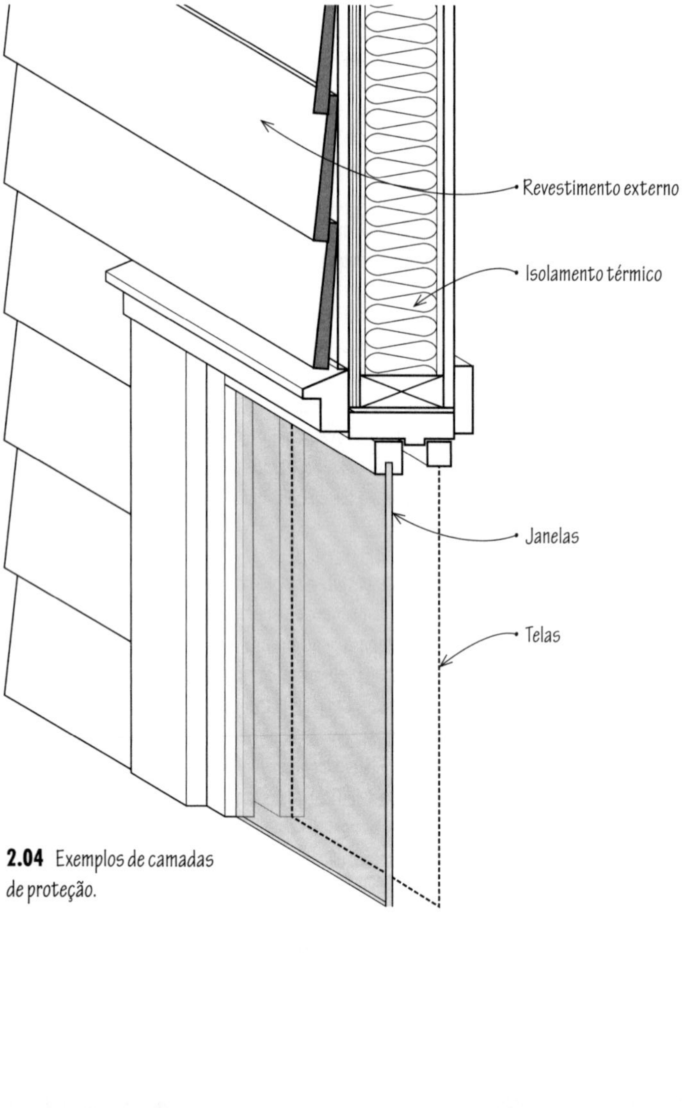

2.04 Exemplos de camadas de proteção.

As edificações são importantes para nós porque configuram os ambientes em que moramos, trabalhamos, ensinamos, aprendemos, compramos e nos reunimos para eventos e atividades sociais. Reconhecemos também o papel fundamental e funcional que as edificações exercem ao nos protegerem das inúmeras intempéries de nosso mundo.

Definimos *camadas de proteção* como os componentes da edificação que nos protegem contra as cargas. O isolamento térmico em uma parede é uma camada de proteção que serve para regular o impacto de temperaturas extremas. O revestimento externo de uma edificação é uma camada de proteção que impede a entrada de vento e chuva, bem como oferece proteção contra os efeitos da radiação ultravioleta e de outras cargas.

Algumas camadas de proteção são intencionalmente seletivas, permitindo a entrada de alguns elementos enquanto impedem a entrada de outros. As janelas, por exemplo, permitem a entrada de luz solar ao mesmo tempo que regulam as temperaturas extremas, enquanto as telas deixam passar o ar e também impedem a entrada de insetos.

Um dos princípios da arquitetura sustentável consiste na utilização de múltiplas camadas de proteção para aumentar a eficácia da proteção contra as cargas. A infiltração de ar, por exemplo, é reconhecida como um dos principais fatores que contribuem para a existência de cargas de calor e frio excessivo em edificações. Barreiras ao ar e vedações irão provavelmente resistir melhor à infiltração de ar se o vento tiver sido anteriormente reduzido por árvores ou por outras barreiras que bloqueiem sua passagem. Em outras palavras, as árvores podem efetivamente servir como uma camada de proteção. Do mesmo modo, se uma parede possui janelas com esquadrias bem vedadas e receptáculos elétricos protegidos com gaxetas, é mais difícil que o ar encontre passagens para o interior da edificação, uma vez que cada uma das camadas de proteção da parede contribui para impedir tal infiltração.

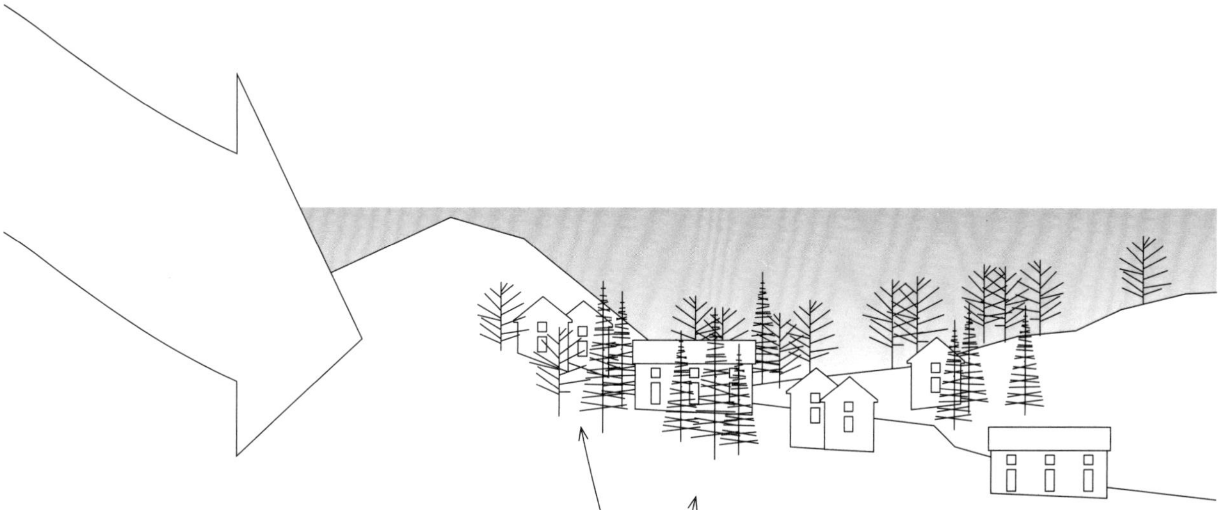

Outro princípio da arquitetura sustentável é projetar a partir dos exteriores, através das diversas camadas de proteção, até chegar ao interior de uma edificação. No exemplo acima, podemos ver a gama completa de possíveis camadas de proteção contra a infiltração de ar e vento, a qual pode incluir:

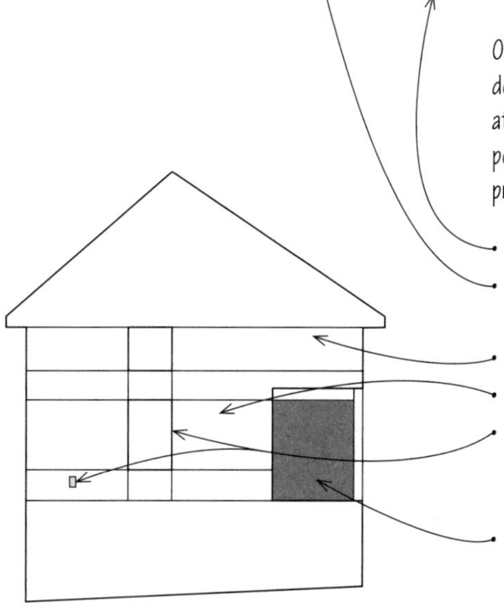

- A escolha de um local naturalmente protegido do vento
- O uso de árvores, cercas e edifícios adjacentes como bloqueadores de vento
- A instalação de um revestimento contínuo
- O uso de camadas isolantes resistentes ao movimento do ar
- A vedação dos sistemas de parede, por meio do uso de juntas exteriores calafetadas e da proteção dos receptáculos elétricos com gaxetas
- A inclusão de um vestíbulo não climatizado como zona de transição térmica até os espaços internos

2.05 Proteções contra o vento e a entrada de ar.

Começar distante da edificação e trabalhar em direção a ela equivale a resolver o problema na fonte em vez de tentar minimizar os sintomas. Se o sintoma é uma edificação fria e cheia de correntes de ar, minimizar os sintomas envolveria adicionar um sistema de calefação, o que seria uma solução simples, mas ineficiente. Solucionar o problema na fonte envolve reduzir as cargas de vento e evitar a infiltração de ar a partir de uma abordagem estruturada, com muitas camadas de proteção. Trabalhar de fora para dentro equivale à perspectiva médica de "prevenir em vez de remediar" ao lidar com questões de saúde.

Estabelecer uma hierarquia das camadas de proteção que podem ser utilizadas para impedir o efeito das cargas sobre uma edificação, trabalhando de fora para dentro, inclui os seguintes aspectos:

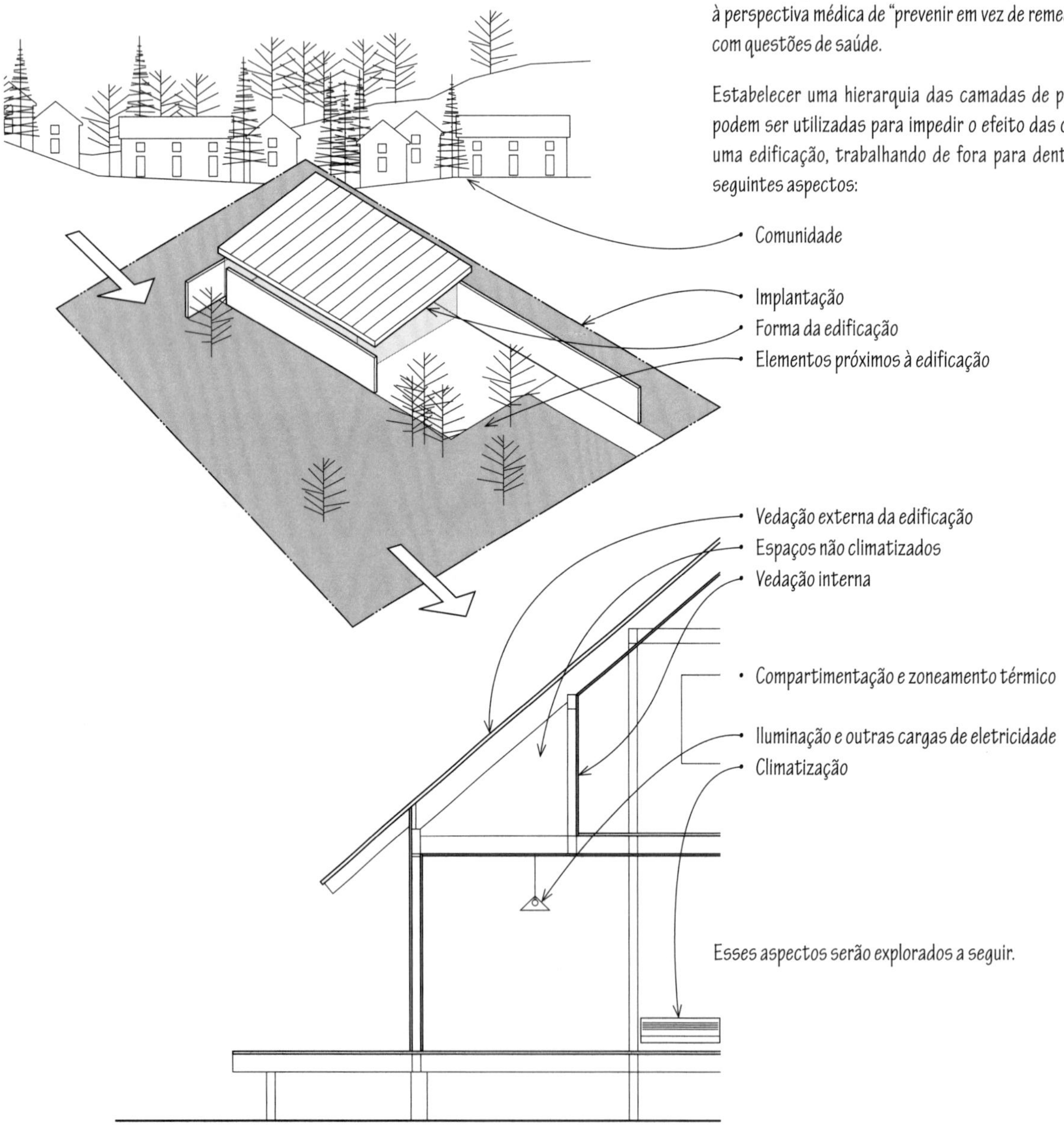

Esses aspectos serão explorados a seguir.

2.06 Hierarquia das camadas de proteção.

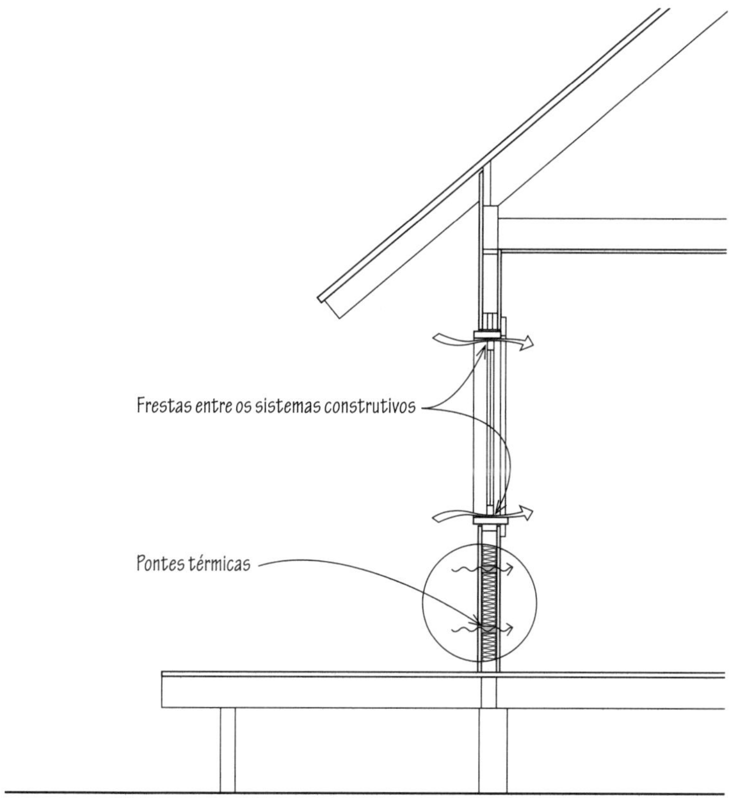

2.07 Uma camada de proteção frágil é aquela que apresenta muitas descontinuidades, quer sejam frestas, quer sejam pontes térmicas.

Continuidade

Outro princípio da arquitetura sustentável reside em não apenas projetar camadas de proteção fortes e resistentes, mas especialmente em garantir a continuidade de cada uma dessas camadas. Nos últimos anos, a importância da continuidade para a qualidade do isolamento térmico das edificações vem sendo amplamente reconhecida, uma vez que as camadas de proteção se enfraquecem quando são interrompidas ou descontínuas. A maior parte das edificações convencionais apresenta inúmeras falhas nesse sentido. Por exemplo, sótãos e pavimentos de cobertura de edificações com telhado em vertente costumam apresentar diversas interrupções e descontinuidades nas camadas de proteção, como *shafts* sem revestimento, frestas ao redor de luminárias, exaustores, tubulações de ventilação e chaminés, além de alçapões mal-vedados.

Espaços vazios não são o único tipo de interferência que uma proteção térmica pode sofrer. As descontinuidades também podem ser criadas por pontes térmicas, constituídas por materiais condutores que perpassam ou interrompem a camada de isolamento térmico em sistemas compostos de parede, piso ou cobertura. Por exemplo, estruturas de madeira ou metal em paredes autoportantes podem agir como pontes térmicas, permitindo que o calor atravesse a parede.

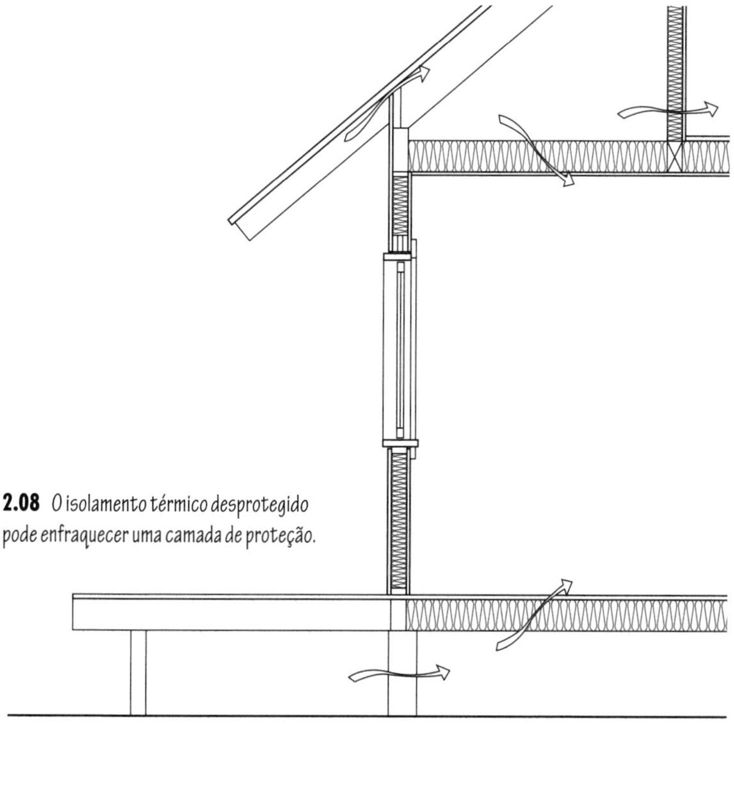

2.08 O isolamento térmico desprotegido pode enfraquecer uma camada de proteção.

Paredes, pisos e coberturas que possuem isolamento em apenas um dos lados são camadas de proteção tipicamente frágeis. Os tetos de porões e depósitos no subsolo possuem, com frequência, um isolamento independente. Paredes baixas em pavimentos de cobertura frequentemente possuem isolamento apenas de um lado, correndo o risco de ser danificado ou mesmo removido. Mesmo que o isolamento permaneça no lugar, o ar pode facilmente circundá-lo em direção ao lado frio do acabamento interior da parede, aumentando a perda de calor no ambiente.

Camadas de proteção frágeis são vulneráveis desde o início. Elas são intrinsecamente frágeis. Podemos definir uma camada de proteção não robusta como aquela que pode ser resistente no início, mas enfraquece como o passar do tempo. Uma entrada com bom isolamento, com uma boa tira de vedação contra intempéries, com frisos e uma porta guarda-vento pode ser, inicialmente, uma camada de proteção robusta. Com o passar do tempo, no entanto, a moldura pode mover-se e se acomodar, o friso pode sair do lugar, a vedação ao redor da moldura da porta pode encolher e fissurar, a tira de vedação contra intempéries pode encolher ou cair, e a porta guarda-vento pode não fechar corretamente devido a uma mola defeituosa. Um sistema de porta é naturalmente não robusto, pois com o tempo se desgasta, o que prejudica sua função como camada de proteção.

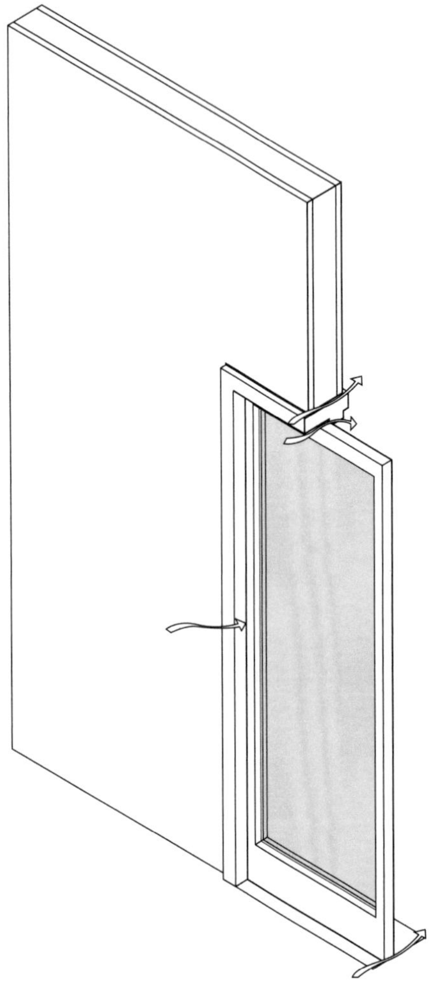

2.09 Enquanto as paredes normalmente são camadas de proteção robustas, as camadas de proteção de um sistema de porta podem enfraquecer com o tempo, à medida que suas estruturas e vedações se movem, se acomodam, encolhem, apresentam rachaduras ou descolam.

2.10 Comparação entre um edifício de apartamentos com corredores internos que fornecem acesso às unidades e um conjunto de casas em fita, no qual cada casa possui seu próprio acesso ao exterior.

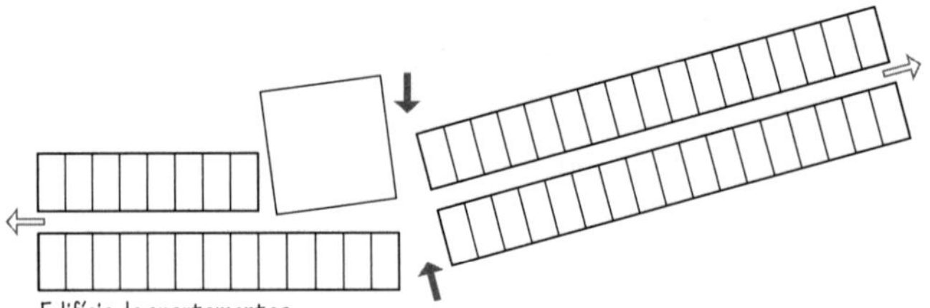

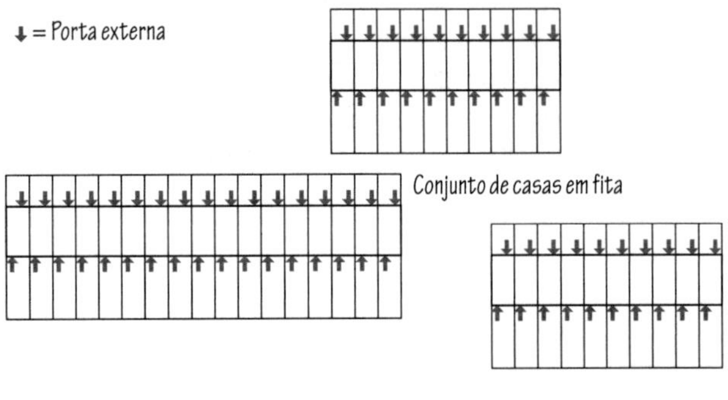

Uma parede rígida é sempre mais robusta do que um sistema de porta, servindo como uma camada de proteção mais resistente por mais tempo. Edificações obviamente não podem ser construídas sem portas externas, mas quando o número de portas externas está em questão, quanto menor for esse número, melhor. Um bloco de apartamentos com duas portas externas e um corredor interno que oferece acesso a cada uma das unidades possui menos portas externas do que um conjunto de casas em fita em que cada unidade possui uma ou mesmo duas portas externas.

Um projeto holístico

Outro princípio da arquitetura sustentável consiste em planejar de modo holístico, considerando a edificação e seu entorno como um todo e examinando todos os seus componentes ao planejar de fora para dentro. A energia pode ser consumida e desperdiçada de muitas maneiras. A energia utilizada para a calefação, por exemplo, é necessária devido às perdas de calor por condução e por infiltrações ao longo das vedações da edificação, além de perdas de calor na distribuição e nos equipamentos de calefação. No intuito de reduzir significativamente as perdas de energia, a edificação deve ser concebida como um todo, e os diferentes tipos de perda devem ser minimizados.

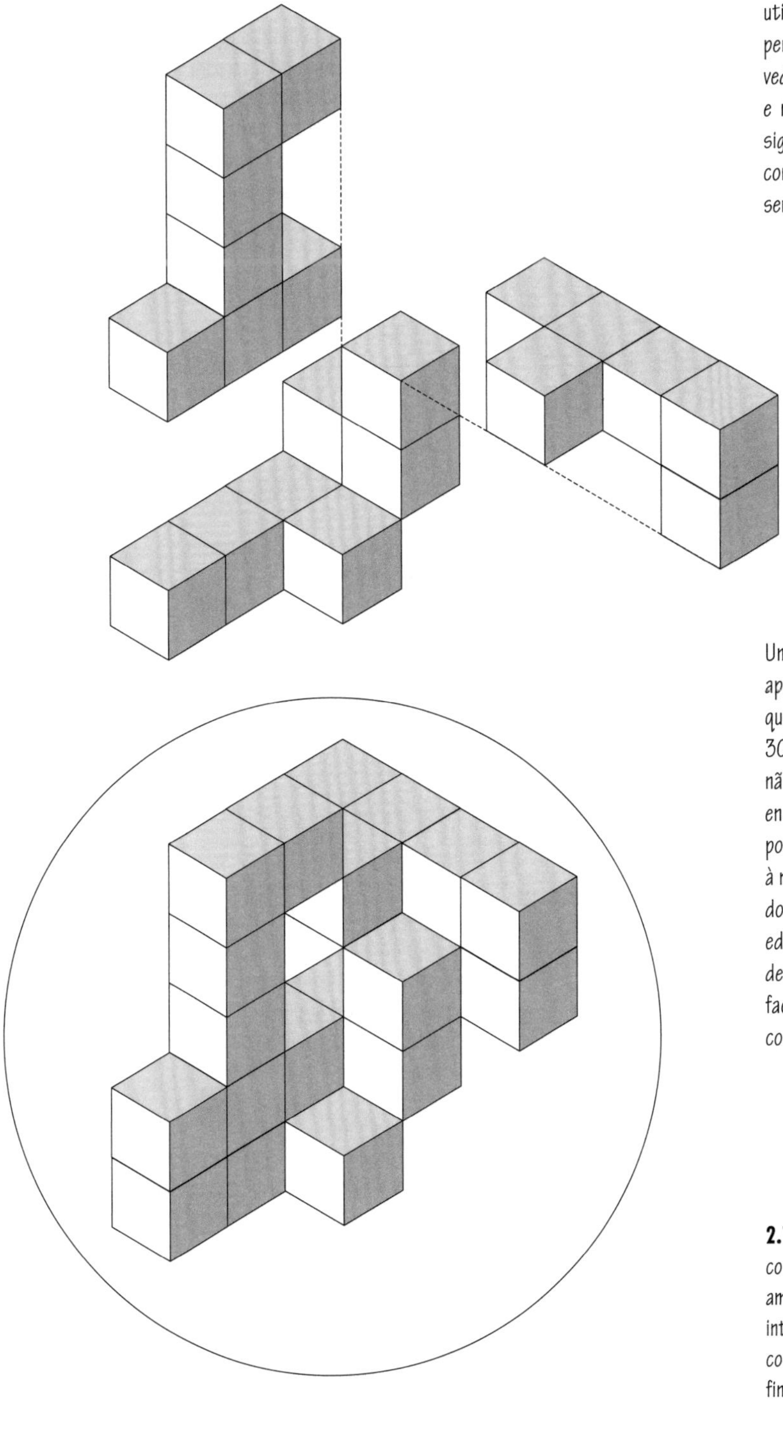

Uma edificação concebida de modo holístico é aquela que apresenta diversas pequenas melhorias, que contribuem para que a diferença do conjunto seja significativa. Uma parede com 30 cm de espessura, com isolamento extremamente eficiente, não pode garantir, por si só, que uma edificação seja eficiente energeticamente se as janelas que a compuserem possuírem pouca resistência térmica, se houver vazamento de ar devido à má qualidade das vedações ou se o método de distribuição do sistema de calefação for ineficiente. Com frequência, as edificações ditas sustentáveis ainda consomem energia em demasia, pois, embora possuam algum aspecto sustentável facilmente identificável, pouca atenção foi dada à edificação como um todo.

2.11 A realização de um projeto sustentável efetivo, assim como a solução de um quebra-cabeças tridimensional, envolve um amplo conjunto de pequenos passos, todos levando em conta os interesses do cliente, de modo a superar o complexo desafio de conceber uma edificação que seja ao mesmo tempo sustentável e financeiramente viável.

Um projeto integrado

Uma prática cada vez mais comum no campo da arquitetura sustentável é aquilo que chamamos de projeto ou planejamento integrado. Com o planejamento integrado, todos aqueles que participam de um projeto, incluindo o proprietário, o arquiteto, os engenheiros, os consultores, os inquilinos e os construtores trabalham em conjunto, como uma equipe, desde os estágios mais iniciais do projeto. Esse enfoque colaborativo possibilita que todos os envolvidos contribuam para tornar a edificação mais sustentável, e que os diversos pontos de vista e necessidades sejam levados em consideração no projeto desde a sua concepção. O planejamento integrado possibilitou inestimáveis contribuições para a arquitetura sustentável, sobretudo por permitir uma avaliação precoce de custos e vantagens energéticos.

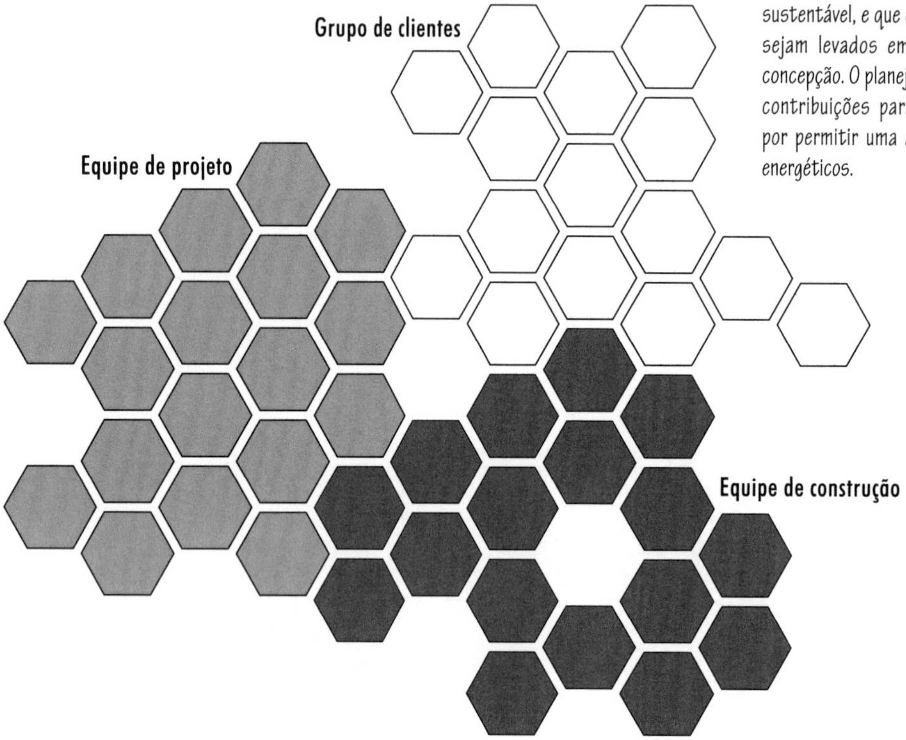

2.12 Um processo integrado de projeto envolve uma série de agentes e enfatiza o contato e a comunicação entre os clientes e as equipes de projeto e construção.

Quando projetamos de fora para dentro, não estamos pretendendo relegar a segundo plano as etapas posteriores do projeto, como o leiaute e as especificações dos sistemas de iluminação, calefação e resfriamento. Essas questões devem ser abordadas e discutidas desde o início. Estamos apenas sugerindo que esses aspectos do projeto não devem ser decididos de modo definitivo antes que uma série de aspectos do projeto seja avaliada.

Precisamos identificar claramente os objetivos do cliente, desde as etapas iniciais do processo, do modo mais detalhado possível, determinando quais espaços devem possuir controle de temperatura, quantas pessoas se espera que venham a fazer uso da edificação e em que situações. Essas decisões iniciais influenciarão profundamente as escolhas posteriores, como o tipo de sistema de climatização a ser utilizado, o que, por sua vez, influenciará decisões a respeito da altura da edificação e da necessidade de espaço para as instalações prediais e os equipamentos mecânicos. O projeto integrado envolve bom senso, permitindo que todos os componentes de uma edificação funcionem em conjunto ao invés de funcionarem como peças isoladas de um quebra-cabeça.

Viabilidade econômica

Os custos sempre tiveram um papel central no projeto e na construção de edificações. As edificações constituem um dos principais investimentos de nossa sociedade. A construção de habitações de baixo custo diz respeito à capacidade de uma sociedade em possibilitar o acesso à moradia para os mais pobres. Possuir uma casa própria virou sinônimo de realizar um sonho. Os investimentos de capital necessários para a construção são tão significativos que raramente é possível arcar com esses custos sem ter de recorrer a empréstimos e financiamentos e sem ter de ficar pagando por esses tipos bem específicos de financiamento habitacional ao longo de décadas.

Para a arquitetura sustentável, esses custos constituem tanto obstáculos como possibilidades. É comum acreditar que as edificações sustentáveis são mais dispendiosas e, que, portanto, só são acessíveis para aqueles que podem arcar com as despesas adicionais. Tal percepção é um dos maiores obstáculos enfrentados pela arquitetura sustentável.

Contudo, uma visão que tem sido cada vez mais difundida é a de que os custos devem ser calculados com base no ciclo de vida, levando em conta a redução de custos operacionais de uma edificação sustentável ao longo de sua durabilidade prevista. De modo geral, os custos de consumo de energia em uma edificação sustentável são bem menores do que os custos de uma edificação construída conforme os padrões tradicionais. Tem-se, ainda, observado que a utilização de algumas melhorias de caráter sustentável, como o uso da climatização geotérmica, vem contribuindo para reduzir os custos de manutenção em relação às abordagens de construção mais tradicionais. É possível perceber ainda que a produtividade das pessoas é maior em edificações sustentáveis, devido ao aprimoramento da qualidade do ar e do conforto térmico e visual, o que resulta em um benefício que com o tempo compensa os custos mais altos do investimento inicial.

Uma análise detalhada das estratégias sustentáveis revela um conjunto de melhorias que podem, de fato, reduzir tanto o consumo de energia quanto os custos de construção. Se o pé-direito de uma edificação, por exemplo, for um pouco menor, os custos com materiais e construção podem ser reduzidos, menos luminárias serão necessárias para a iluminação e haverá uma demanda menor por equipamentos de climatização.

As despesas com o planejamento e a construção de edificações sustentáveis não são irrelevantes, e é essencial avaliar tanto as despesas quanto as economias realizadas ao longo do processo de execução de uma obra, gastos e economias adicionais, e, por fim, reconhecer tanto os impactos reais como os percebidos no que diz respeito aos custos. Se pretendemos que a arquitetura sustentável seja adotada de modo mais amplo do que por alguns poucos inovadores e precursores, e que alcance aquelas pessoas que deixariam de conceber edificações sustentáveis por falta de verba, a viabilidade econômica deve ser tratada de modo franco e aberto nas discussões de projeto.

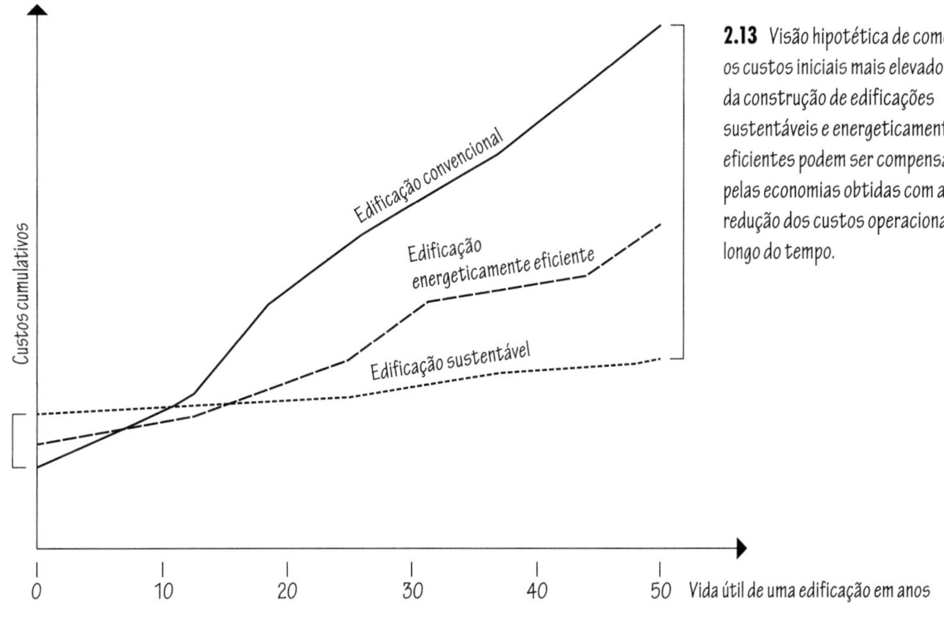

2.13 Visão hipotética de como os custos iniciais mais elevados da construção de edificações sustentáveis e energeticamente eficientes podem ser compensados pelas economias obtidas com a redução dos custos operacionais ao longo do tempo.

Modelagem do desempenho energético

À medida que os projetos vão sendo refinados, torna-se relativamente fácil examinar as vantagens e desvantagens por meio de modelos de simulação de desempenho energético. Os possíveis benefícios de determinado projeto de paredes, janelas, formato da edificação, seleção de sistema de climatização e outros parâmetros esquemáticos são avaliados em menos de um dia. Modelos de análise de desempenho energético mais avançados, capazes de examinar mais detalhadamente as vantagens e desvantagens de sistemas como o de controle da iluminação natural ou do consumo de energia, ainda que levem mais tempo para serem elaborados e interpretados, continuam muitas vezes sendo vantajosos se forem levados em conta os futuros custos de consumo de energia ao longo da vida útil de uma edificação. Não é mais necessário especular quando refinamos o projeto de uma edificação para obter eficiência energética. A modelagem de desempenho energético deve ser considerada como um aspecto fundamental para o projeto de edificações sustentáveis.

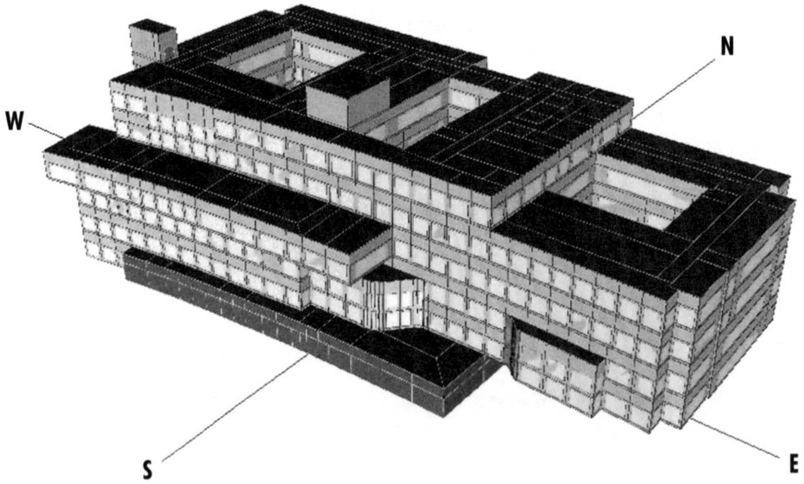

2.14 Complexo de Saúde Mental e Pesquisa, Seattle, Washington, Stantec Architecture and Consulting. A modelagem do desempenho energético faz uso de programas de computador para analisar os diversos componentes térmicos de uma edificação, incluindo os materiais das paredes e o restante das vedações externas da edificação; seu tamanho, formato e orientação solar; o modo como é ocupada e operada; o clima do local; o desempenho do sistema e o consumo de energia ao longo do tempo.

3

Códigos, normas e diretrizes

Nos últimos anos, foi desenvolvida uma variedade de códigos de edificação, normas e diretrizes para a arquitetura sustentável. Cada um deles estabelece um compromisso inestimável com a proteção do meio ambiente e da saúde humana; mas, ao mesmo tempo, reflete pontos de vista e valores levemente diferentes. Cada aspecto contribuiu para o desenvolvimento da arquitetura sustentável embora seja, assim como é qualquer ser humano, em alguns aspectos imperfeito.

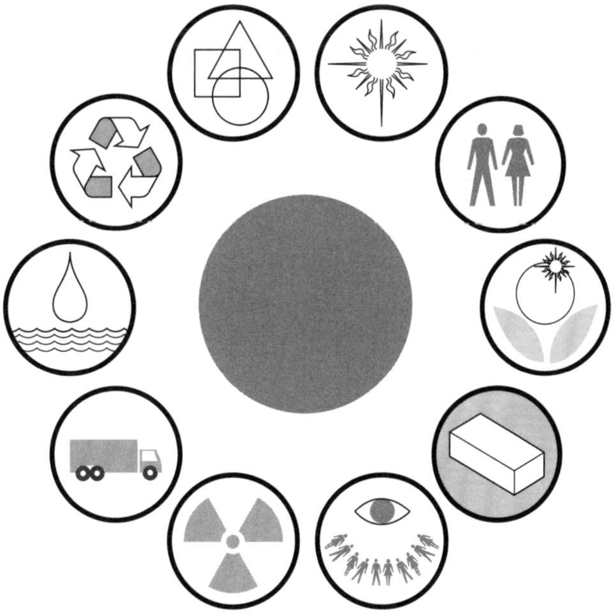

Os códigos de edificação, as normas e as diretrizes para a arquitetura sustentável geralmente incluem disposições a respeito da seleção do terreno, da escolha de materiais, da conservação de água e energia e da qualidade do ambiente interno. Alguns incluem, ainda, questões como acústica, segurança física e patrimonial, importância histórica e cultural e aspectos estéticos.

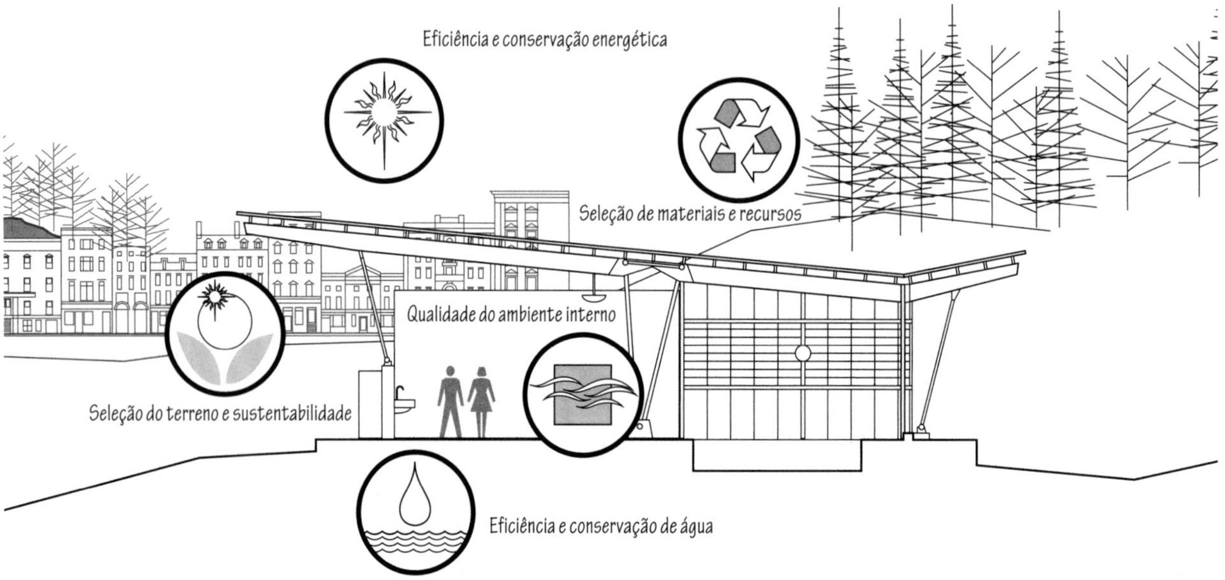

3.01 Categorias típicas das disposições da arquitetura sustentável.

Muitas dessas disposições determinam uma série de pré-requisitos obrigatórios e sugestões que podem ser adotadas para atingir os padrões estabelecidos. O cálculo desses parâmetros está baseado em um sistema de contagem de créditos ou, no caso da conservação de energia, em um cálculo de consumo de unidades de energia. Com base nesse enfoque, algumas características são consideradas obrigatórias, enquanto outras são vistas como aspectos opcionais para a arquitetura sustentável. As exigências obrigatórias determinam o pré-requisito mínimo para considerar uma edificação como sustentável. De modo a permitir certa flexibilidade e equilíbrio, além de reconhecer a singularidade das edificações, os requisitos opcionais são, de forma geral, ofertados como um menu a partir do qual se escolhem determinadas melhorias. Os créditos atribuídos a esses itens são somados de tal modo que, atingido determinado valor, as edificações podem ser certificadas como sustentáveis ou conseguem atingir níveis mais altos de certificação.

Energia e atmosfera (33 pontos possíveis)

[ ] Pré-requisito 1 Comissionamento básico e verificação dos sistemas prediais (Obrigatório)
[ ] Pré-requisito 2 Desempenho energético mínimo (Obrigatório)
[ ] Pré-requisito 3 Medição do consumo total de energia da edificação (Obrigatório)
[ ] Pré-requisito 4 Gestão básica de frigorígenos (Obrigatório)
[ ] Crédito 1 Comissionamento aprimorado 6
[ ] Crédito 2 Desempenho energético otimizado 18
[ ] Crédito 3 Medição avançada do consumo de energia 1
[ ] Crédito 4 Resposta a demandas 2
[ ] Crédito 5 Geração de energias renováveis 3
[ ] Crédito 6 Gestão avançada de frigorígenos 1
[ ] Crédito 7 Energia sustentável e compensação de carbono 2

3.02 Energia e atmosfera, uma das categorias de impacto ambiental incluídas no sistema de certificação LEED 4. Essa categoria possui quatro pré-requisitos obrigatórios, que não são pontuados, além de sete categorias que recebem créditos e contribuem para aumentar a pontuação e possibilitar a obtenção da certificação LEED.

Os sistemas de créditos têm contribuído amplamente para motivar a existência de projetos de arquitetura sustentável. Eles têm se tornado um dos focos principais da atividade de projeto de arquitetura sustentável, talvez porque apelem para uma combinação de tendências humanas – como a autorregulação, a procura por sistemas organizados, a necessidade de obter reconhecimento e de registrar as conquistas e o prazer pela competição.

Ainda que este livro reconheça a importância do sistema de créditos para fomentar o desenvolvimento das discussões, da ciência e da arte da arquitetura sustentável, seu objetivo consiste mais em procurar estratégias para o desenvolvimento de projetos sustentáveis e explorar alguns aspectos complexos e controversos a respeito do significado de projetos sustentáveis do que no cumprimento das normas estabelecidas pelos sistemas de certificação. Procuramos também demonstrar algumas vulnerabilidades existentes nos sistemas de certificação e sugerimos maneiras de projetar edificações mais sustentáveis, indiferentemente das avaliações que venham a receber conforme os sistemas de códigos de edificação, normas e diretrizes sustentáveis existentes.

Códigos de edificação

Começamos por uma inclusão que talvez pareça estranha entre os códigos de arquitetura sustentável, o Código de Edificações dos Estados Unidos (International Building Code, IBC) e as demais normas a ele associadas, que configuram a base da maior parte das disposições a respeito das construções nos Estados Unidos. O IBC inclui um amplo número de disposições a respeito de sustentabilidade, inclusive exigências para a economia de energia (Código de Conservação de Energia dos Estados Unidos), para a ventilação (Código de Instalações Mecânicas dos Estados Unidos) e para a conservação de água. Tais disposições, desenvolvidas ao longo das duas últimas décadas e que provavelmente tiveram como ponto de partida o Título 24 da Califórnia (California's Title), de 1978, e o Código Modelo de Energia (Model Energy Code), de 1983, são os precursores dos padrões atuais de sustentabilidade.

Esses códigos permanecem sendo referências úteis, pois em muitos aspectos continuam servindo como a base para o estabelecimento de outros códigos de edificação, normas e diretrizes sustentáveis. Além disso, o IBC provavelmente está entre as poucas exigências da arquitetura sustentável previstas na legislação de diversas jurisdições norte-americanas. Qualquer esforço no sentido do desenvolvimento da arquitetura sustentável deve aproveitar as exigências já previstas nesse código de edificações e defender que tais disposições sejam ampliadas e aprofundadas. O IBC e suas normas subordinadas são elaborados e desenvolvidos pelo Conselho dos Códigos de Edificações dos Estados Unidos (International Code Council, ICC).

Recentemente, o ICC publicou um código específico relativo à arquitetura sustentável, o International Green Construction Code, em colaboração com o Instituto de Arquitetos dos Estados Unidos (American Institute of Architects, AIA), o Conselho de Arquitetura Sustentável dos Estados Unidos (United States Green Building Council, USGBC), a Sociedade Americana de Engenharia em Calefação, Refrigeração e Ar-Condicionado (American Society of Heating, Refrigerating and Air-Conditioning Engineers, ASHRAE), a Sociedade de Engenharia de Iluminação (Illuminating Engineering Society, IES) e a ASTM International. Esse desenvolvimento engloba um amplo espectro de requisitos para a arquitetura sustentável, é compatível com a longa série de códigos previstos no ICC e proporciona um marco normativo que está pronto para ser adotado nos Estados Unidos.

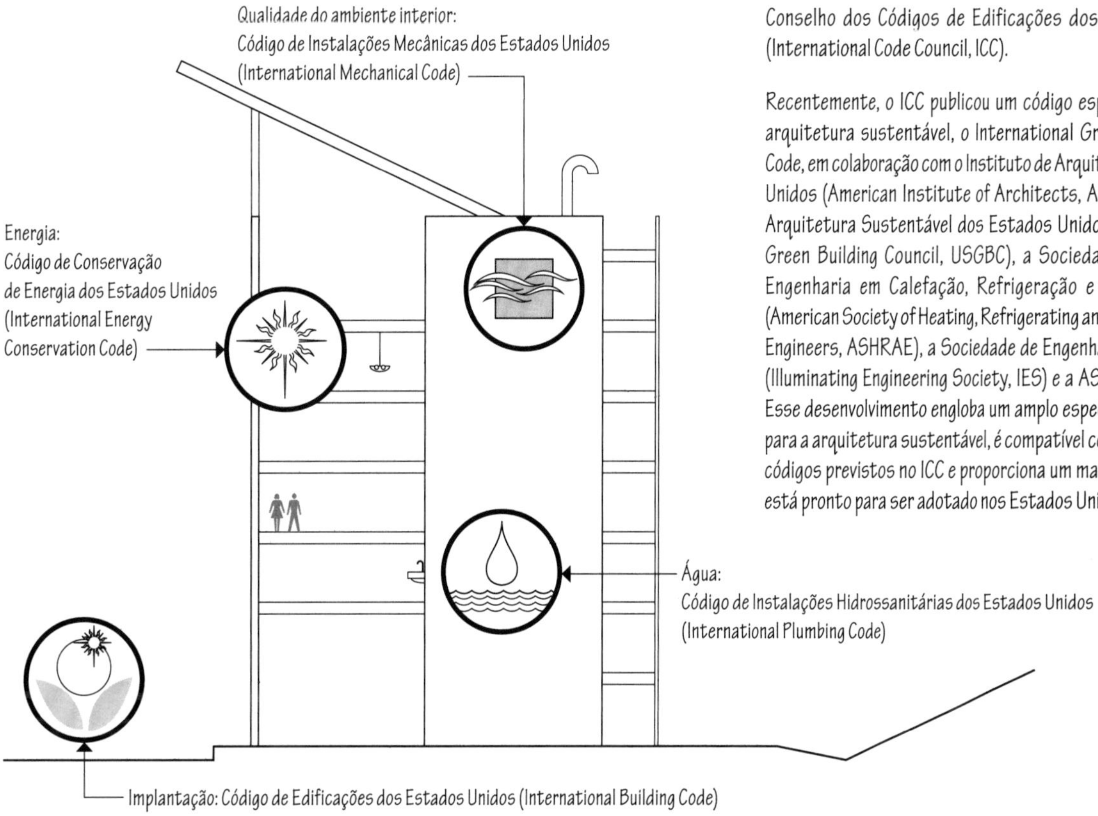

3.03 O Código de Edificações dos Estados Unidos como código de arquitetura sustentável.

Normas

O Sistema de Certificação Liderança em Projetos Energéticos e Ambientais (Leadership in Energy and Environmental Design, LEED) assumiu um papel de protagonismo entre os padrões de arquitetura sustentável, inicialmente apenas nos Estados Unidos e cada vez mais no restante do mundo. Suas cinco áreas principais – terrenos sustentáveis, consumo eficiente de água, energia e atmosfera, materiais e recursos e qualidade do ambiente interno – estão se tornando parte do léxico utilizado na arquitetura sustentável. O Conselho de Arquitetura Sustentável dos Estados Unidos (US Green Building Council, USGBC) desenvolveu o sistema de certificação pelo meio de um consenso entre seus membros – agências federais, estaduais e municipais, fornecedores, arquitetos, engenheiros, empreiteiros e proprietários de edificações –, e esse sistema sofre avaliações e revisões permanentes para atender às demandas oriundas de novas informações e conhecimentos. Em julho de 2003, o Canadá obteve licença do USGBC para adaptar o sistema de certificação LEED para as circunstâncias canadenses.

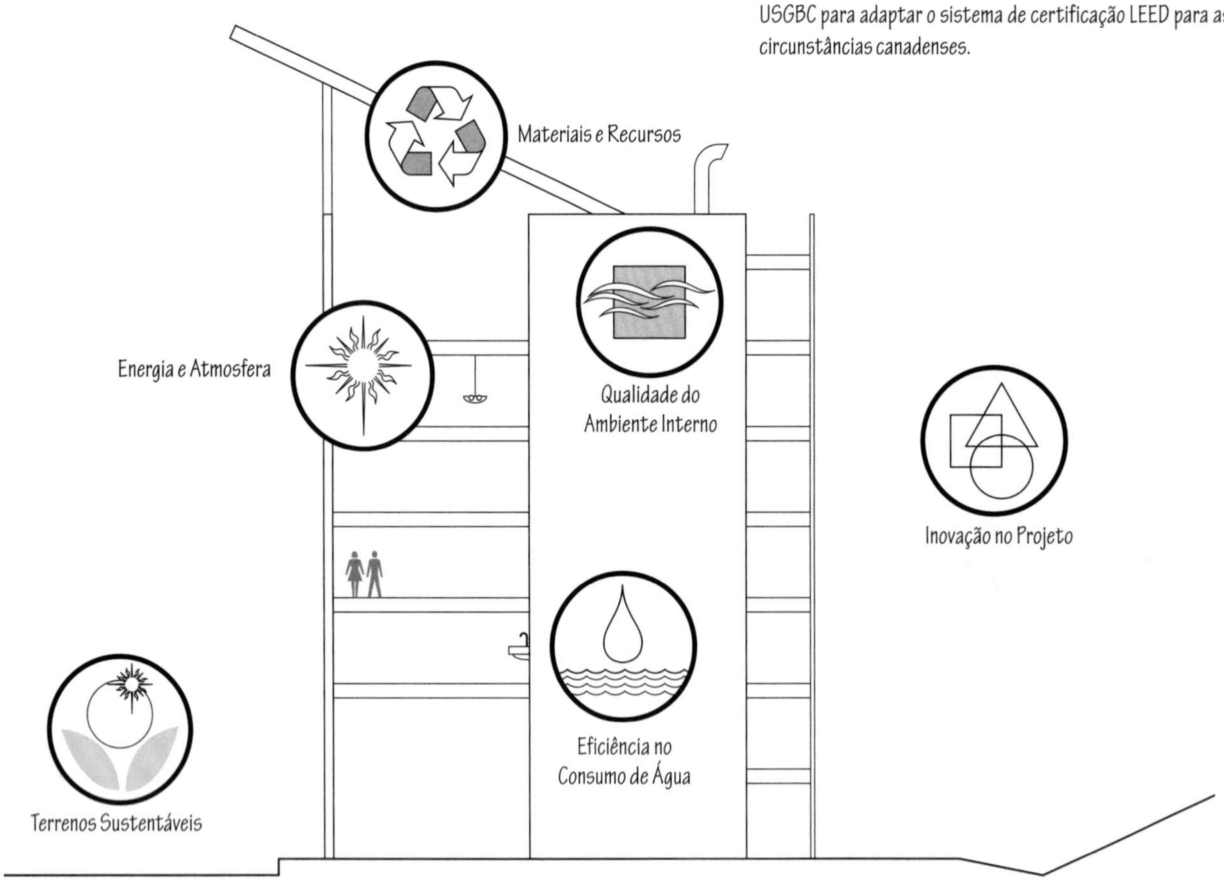

3.04 Principais categorias do sistema LEED de certificação.

A expansão do sistema LEED de um sistema voltado para novas edificações para um sistema que abrange edificações já existentes, bairros, empreendimentos imobiliários, reformas de interiores e os programas específicos para habitações, escolas, centros de saúde e lojas conferem ao sistema amplitude e alcance além do usual.

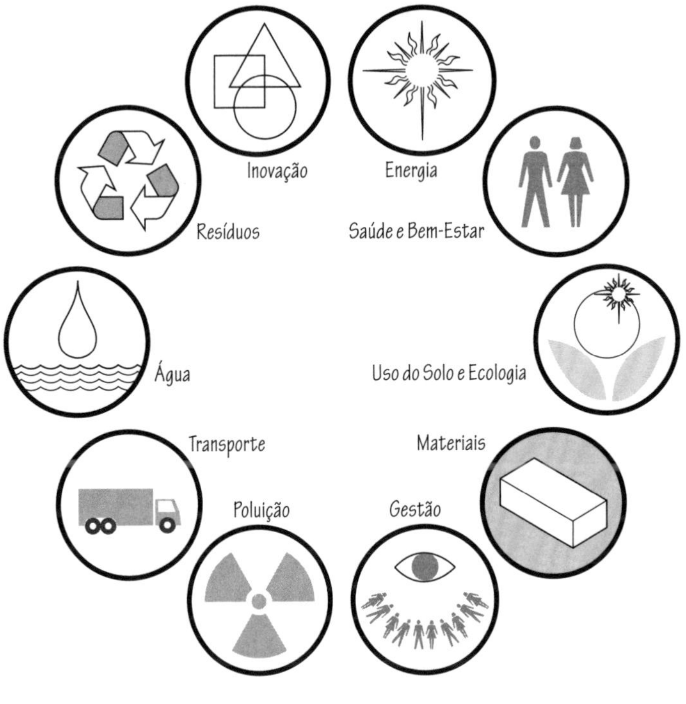

3.05 Categorias adotadas pelo sistema BREEAM de certificação.

3.06 Logotipo do sistema *on-line* Green Globes de avaliação e certificação.

O Método de Avaliação e Pesquisa Ambiental em Edificação (Building Research Environmental Assessment Method, BREEAM) é um sistema desenvolvido na Grã-Bretanha pelo Instituto de Pesquisa em Edificação (Building Research Establishment, BRE) para avaliar e classificar os níveis de sustentabilidade e desempenho ambiental de edificações para fins não domésticos, nas seguintes áreas: gestão, saúde e bem-estar, energia, transporte, água, materiais e resíduos, ecologia e utilização do solo e poluição. A escala BREEAM para certificação de edificações inclui os níveis Aceitável, Bom, Muito Bom, Excelente e Espetacular. Lançado em 1990, é um dos sistemas de certificação de sustentabilidade mais antigos e mais amplamente adotados. Utilizado extensivamente na Europa, o sistema BREEAM também tem sido implementado em diversas partes do mundo. Diversas de suas abordagens são citadas no sistema LEED, bem como em outros códigos, normas e padrões.

Outro padrão de sustentabilidade norte-americano é o Padrão de Projeto de Edificações Sustentáveis de Alto Desempenho Exceto Edifícios Habitacionais Baixos (Standard for the Design of High-Performance Green Buildings Except Low-Rise Residential Buildings), desenvolvido pela ASHRAE em parceria com o USGBC e com a IES e conhecido antigamente como Padrão 189.1 (ANSI/ASHRAE/USGBC/IES Standard 189.1). Essa norma disponibiliza itens mais simples de serem cumpridos e opções de desempenho mais flexíveis, tendo sido desenvolvida na linguagem dos códigos modelo de edificações, de modo a poder ser mais facilmente adotada pelas autoridades federais, estaduais e municipais dos Estados Unidos. A norma em si não consiste em um guia de projeto e tem a pretensão de complementar os sistemas de certificação de sustentabilidade existentes, e não de competir com eles. Embora esteja especialmente centrada no aspecto da economia de energias, também estabelece os requisitos mínimos necessários para terrenos sustentáveis, eficiência no uso da água, qualidade ambiental interna, impacto na atmosfera, materiais e recursos, além da construção e de planos de operação.

O Green Globes é um sistema de avaliação e certificação ambiental *on-line* para edificações comerciais, divulgado como uma alternativa economicamente viável e popular ao sistema LEED de certificação. Esse sistema é direcionado para a análise do ciclo de vida do projeto, da operação e do gerenciamento das edificações e compreende sete áreas: gerenciamento do projeto; terreno; energia; água; recursos, materiais de construção e resíduos; emissões e efluentes; e ambiente interno. O Green Globes originou-se no sistema BREEAM, mas atualmente é desenvolvido no Canadá pela Associação de Proprietários e Síndicos de Edificações do Canadá (Building Owners and Managers Association, BOMA) e nos Estados Unidos pela Green Building Initiative (GBI).

O *Passivhaus* (Casa Passiva) é um padrão desenvolvido na Europa no intuito de maximizar a eficiência energética das edificações e reduzir sua pegada ecológica. Apesar de seu nome sugerir que se destine ao setor residencial, os princípios do padrão Passivhaus também podem ser aplicados às esferas comerciais, industriais e de edifícios públicos. A força do padrão Passivhaus está na simplicidade de sua abordagem: produzir edificações com consumo mínimo de energia por meio da combinação de um excelente desempenho térmico e estanqueidade ao ar, com sistemas de ventilação que recuperem o calor ao mesmo tempo que ofereçam ar fresco para garantir a qualidade do ambiente interno. O padrão Passivhaus, devido ao seu ousado objetivo de consumo mínimo de energia, encontra-se perfeitamente alinhado com a necessidade urgente de redução da emissão de gases de efeito estufa. Ele possui objetivos tanto de caráter preditivo – demanda máxima de consumo de energia de 120 kWh por metro quadrado – quanto objetivos de desempenho – infiltração de ar de, no máximo, 0,60 troca de ar por hora (a 50 Pascais). O último quesito implica a necessidade de que uma edificação seja meticulosamente projetada, de modo a limitar a infiltração, reconhecendo o papel especial que esta desempenha no que diz respeito ao consumo de energia e vulnerabilidade das edificações à infiltração.

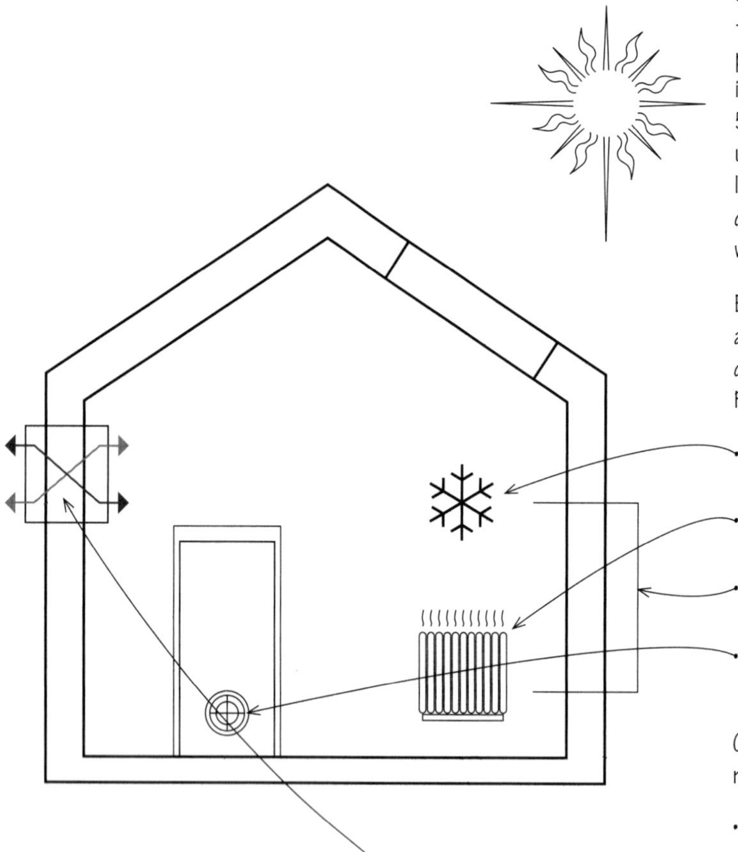

Esse padrão exige níveis muito baixos de infiltração de ar, altos níveis de isolamento térmico e uma ocorrência mínima de pontes térmicas, além de janelas com fator-U muito baixos. Para que esteja dentro do padrão, uma edificação deve ter:

- Consumo energético em resfriamento de, no máximo, 15 kWh por metro quadrado
- Consumo energético anual em calefação de, no máximo, 15 kWh por metro quadrado
- Consumo total de energia de, no máximo, 120 kWh por metro quadrado
- Infiltração de ar máxima de 0,60 troca de ar por hora a 50 Pascais

O conforto térmico é obtido com a adoção das seguintes medidas:

- altos níveis de isolamento e o mínimo de pontes térmicas;
- ganhos de energia solar passiva e fontes internas de calor;
- excelentes níveis de estanqueidade ao ar;
- boa qualidade do ar do interior, obtida por um sistema de ventilação mecânica que permita uma alta eficiência de recuperação de calor e que abarque a totalidade da edificação.

3.07 Recomendações e exigências do padrão Passivhaus.

Um sistema amplamente utilizado nos Estados Unidos para o projeto e a construção de moradias é o Sistema de Classificação do Rendimento de Energia de uma Casa (Home Energy Rating Systems Standard), desenvolvido pela Rede de Serviços Energéticos Residenciais (Residential Energy Services Network – RESNET) e pela Associação Nacional de Servidores Estatais de Energia (National Association of State Energy Officials). Mais conhecido como sistema de certificação HERS, a norma foi largamente adotada e usada nos Estados Unidos. Esse sistema de avaliação e classificação tem como foco principal a redução do consumo de energia, mas envolve uma série de especificações para a qualidade do ambiente interno, especialmente no que tange ao controle da umidade, à ventilação e à segurança dos equipamentos de combustão. O Sistema HERS também tem sua atenção dirigida para o controle de qualidade, ao incluir uma extensa lista de exigências para o envolvimento e a qualificação de profissionais terceirizados, para a validação de previsões de consumo de energia e para a inspeção e testagem das residências ao término da construção (comissionamento). O Sistema HERS é utilizado como padrão de referência para o Sistema de Certificação LEED para residências.

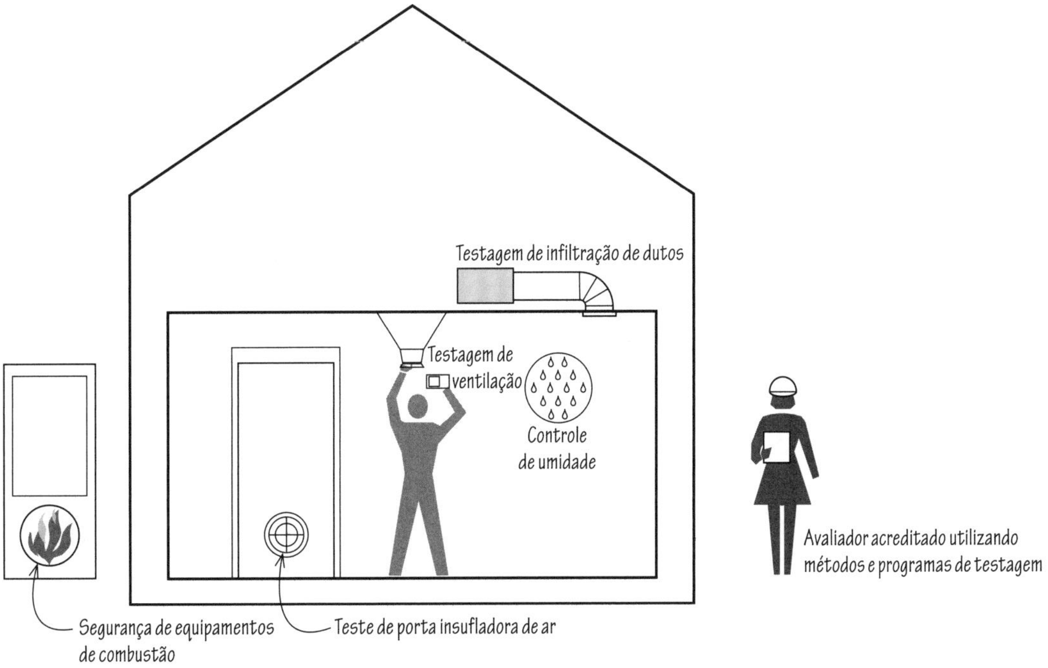

3.08 Exigências do Sistema HERS de avaliação.

Um novo padrão de planejamento, projeto e construção de edificações sustentáveis é proposto pelo Desafio do Edifício Vivo (*Living Building Challenge*), criado e mantido pelo Instituto Internacional para um Futuro Vivo *(International Living Future Institute)* para ser desenvolvido em todas a escalas, tanto em edificações como em infraestruturas, seja em projetos de paisagismo, seja em projetos urbanos. Sua principal diferença em relação aos demais se deve ao fato de defender um consumo líquido zero de água e energia, além de propor o processamento integral dos resíduos *in loco* para períodos de, pelo menos, 12 meses de ocupação. Esse padrão também apresenta exigências ousadas em outras áreas da arquitetura sustentável, como a seleção e a preservação do terreno, a seleção de materiais e a área da saúde. Cabe ressaltar que inclui aspectos como a beleza e a equidade entre as questões principais para o projeto de arquitetura sustentável.

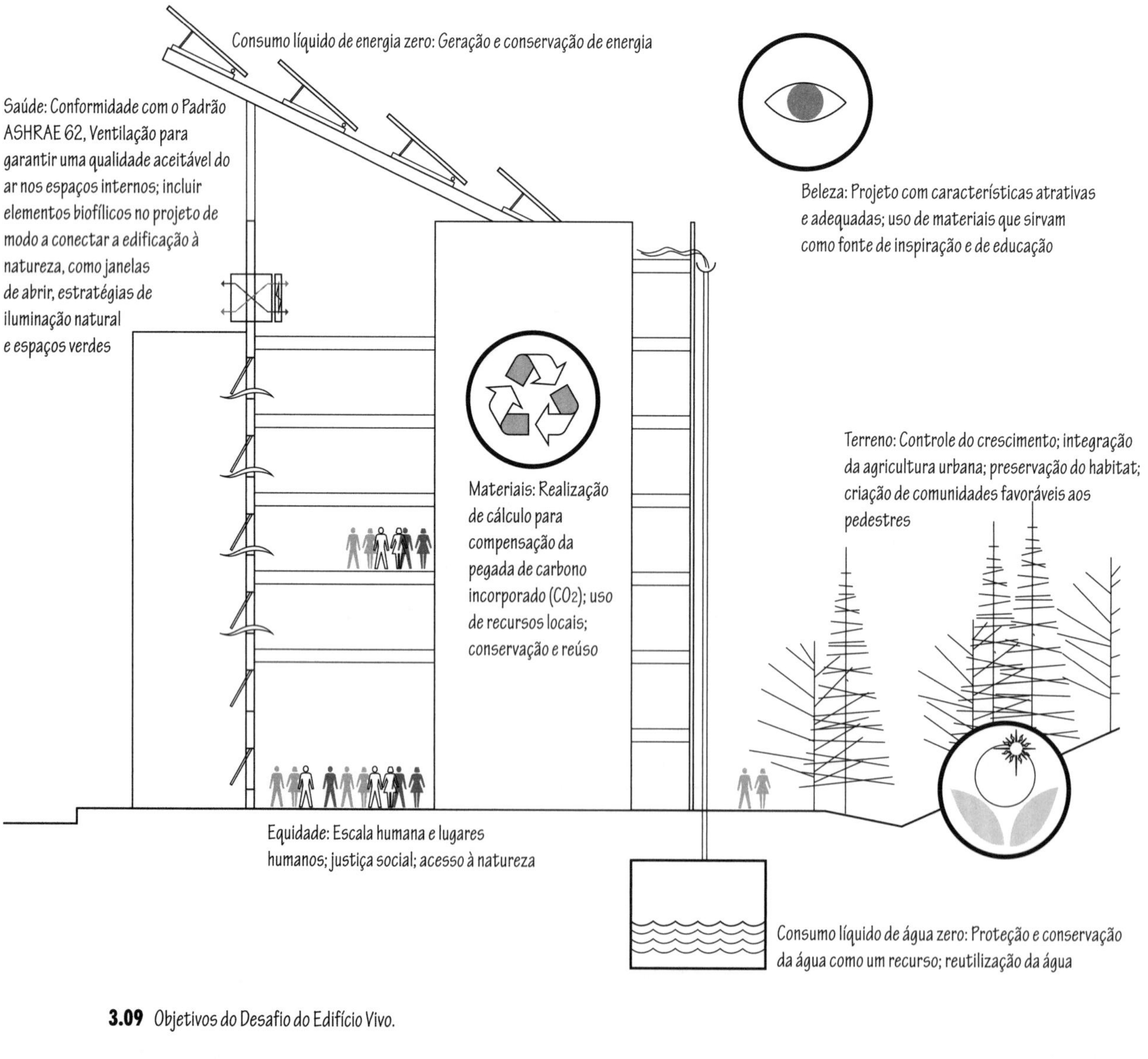

Consumo líquido de energia zero: Geração e conservação de energia
Saúde: Conformidade com o Padrão ASHRAE 62, Ventilação para garantir uma qualidade aceitável do ar nos espaços internos; incluir elementos biofílicos no projeto de modo a conectar a edificação à natureza, como janelas de abrir, estratégias de iluminação natural e espaços verdes
Beleza: Projeto com características atrativas e adequadas; uso de materiais que sirvam como fonte de inspiração e de educação
Materiais: Realização de cálculo para compensação da pegada de carbono incorporado (CO2); uso de recursos locais; conservação e reúso
Terreno: Controle do crescimento; integração da agricultura urbana; preservação do habitat; criação de comunidades favoráveis aos pedestres
Equidade: Escala humana e lugares humanos; justiça social; acesso à natureza
Consumo líquido de água zero: Proteção e conservação da água como um recurso; reutilização da água

3.09 Objetivos do Desafio do Edifício Vivo.

Diretrizes

Um número considerável de diretrizes para a arquitetura sustentável foi desenvolvido por entidades e agências estatais, universidades, organizações não governamentais, empresas privadas e até mesmo pelos municípios.

Um exemplo de diretriz sustentável são as Diretrizes para Residências Ambientais (*Residential Environmental Guidelines*), desenvolvidas pela Hugh L. Carey Battery Park City Authority, na cidade de Nova York, escritas em 1999 e publicadas em 2000. Assim como o sistema LEED de certificação, as diretrizes abordam a eficiência de consumo energético, o aprimoramento da qualidade do ar em ambientes internos, a conservação de materiais e recursos, a conservação de água e a gestão do terreno. Também é incluída uma seção relativa a educação, funcionamento e manutenção.

Algumas diretrizes são produzidas tendo em vista uma área específica da arquitetura sustentável. Um exemplo disso é a Iniciativa Terrenos Sustentáveis (*Sustainable Sites Initiative*), desenvolvida pela Sociedade Norte-Americana de Arquitetos Paisagistas (*American Society of Landscape Architects, ASLA*), pelo Lady Bird Johnson Wildflower Center, na Universidade do Texas, em Austin, e pelo Jardim Botânico dos Estados Unidos. Produzidas com base no sistema LEED de certificação, essas diretrizes exploram espaços mais vulneráveis do ponto de vista do meio ambiente, abordando os benefícios de diversos ecossistemas – como a polinização, por exemplo –, articulando um conjunto de princípios de sustentabilidade do terreno e apresentando uma longa série de exemplos de boas práticas por meio do estabelecimento de um sistema de pontuação a partir de pré-requisitos e créditos.

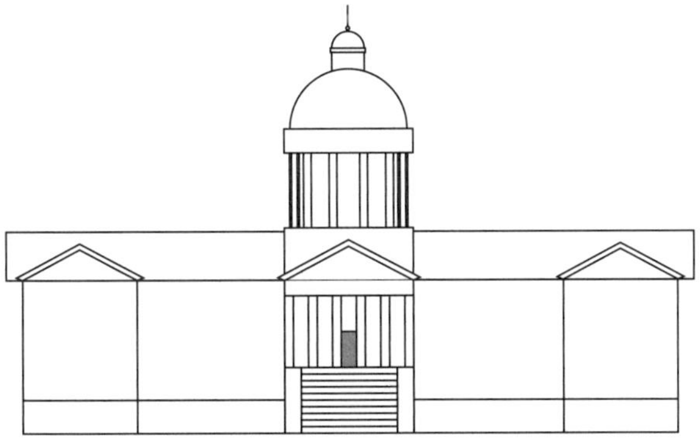

Governos estaduais

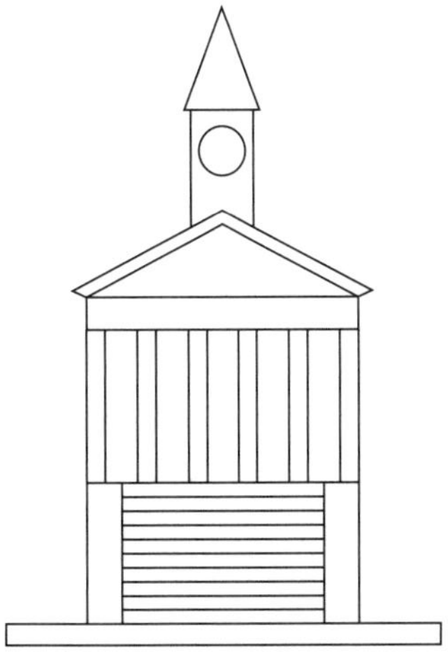

Governos municipais

Universidades

Empreendimentos privados

3.10 Entidades que utilizam diretrizes de arquitetura sustentável.

O Desafio 2030

A conservação de energia é provavelmente a área da arquitetura sustentável que atrai maior atenção. Isso se deve tanto à crise histórica do petróleo na década de 1970 quanto aos riscos atuais decorrentes das alterações climáticas. Uma diretriz que tem particularmente chamado a atenção é o Desafio 2030, lançado pelo Architecture 2030, um grupo ambientalista fundado em 2002 pelo arquiteto Edward Mazria, pioneiro e especialista em estratégias passivas de aproveitamento da energia solar.

Apoiado pelo Departamento de Energia dos Estados Unidos (DOE), USGBC, ASHRAE e pela AIA, o Desafio 2030 exige que todas as novas edificações, empreendimentos e grandes reformas sejam projetados de modo a utilizar menos da metade da quantidade de combustível fóssil que consumiriam normalmente, e para que uma quantidade equivalente de áreas já construídas seja renovada anualmente para atender a especificações similares. O Architecture 2030 defende, ainda, que a taxa de redução na utilização de combustível fóssil deveria alcançar 70% em 2015, 80% em 2020 e 90% em 2025, até que, em torno de 2030, todas as edificações sejam neutras em carbono (não utilizando combustível fóssil nem emitindo gases geradores de efeito estufa em sua construção e utilização).

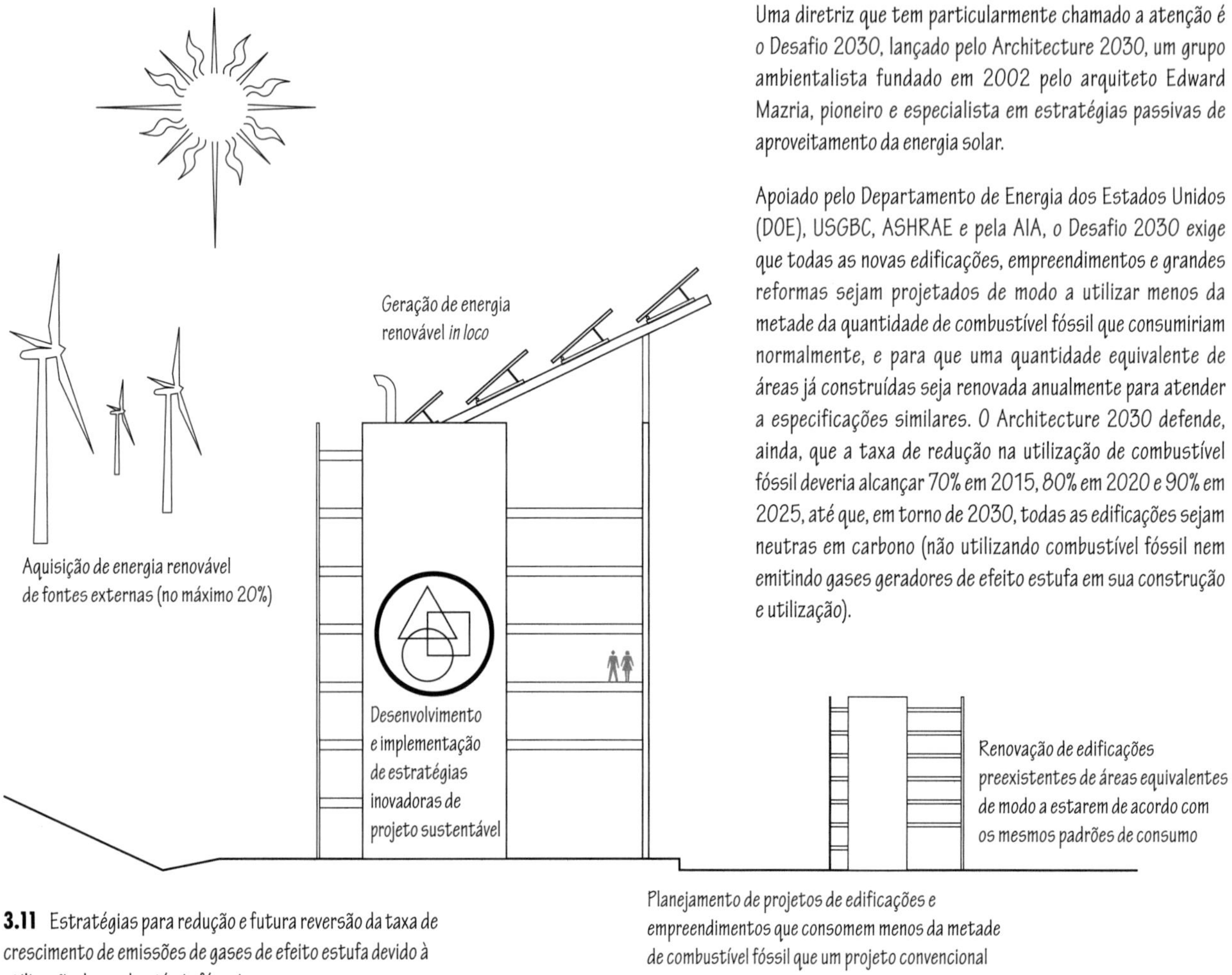

3.11 Estratégias para redução e futura reversão da taxa de crescimento de emissões de gases de efeito estufa devido à utilização de combustíveis fósseis.

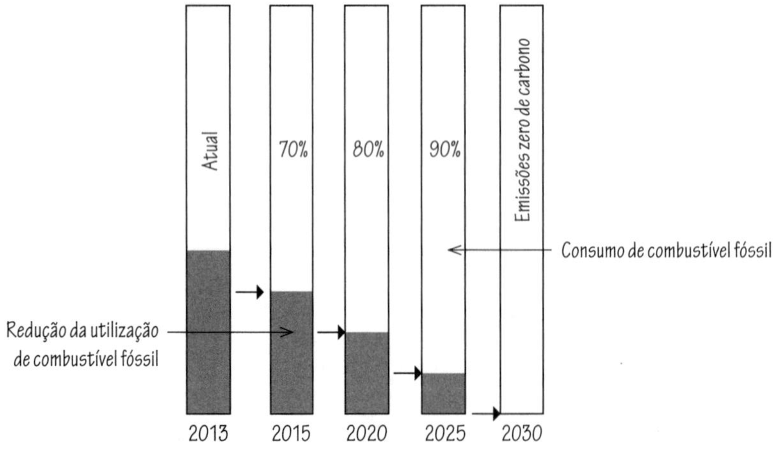

3.12 Metas estabelecidas pelo Desafio 2030.

4

Comunidade e terreno

A comunidade e o terreno em que construímos podem basear e influenciar cada aspecto da edificação que desejamos construir.

Os principais objetivos na escolha da comunidade e do terreno para a construção de edificações sustentáveis são a proteção de sítios sensíveis, a preservação de terrenos não urbanizados, a restauração e a reutilização de terrenos anteriormente urbanizados, a diminuição dos impactos na flora e na fauna, a promoção da conexão com a comunidade e a minimização dos impactos do transporte no ambiente e no consumo de energia.

Nesses objetivos estão implícitos um respeito profundo pelo que é natural e selvagem e a procura por um equilíbrio entre áreas urbanas e não urbanas, em vez de considerar as áreas naturais meramente como recursos para um assentamento humano. Ao mesmo tempo, precisamos ficar atentos à redução da poluição luminosa, à minimização dos desperdícios na construção, à gestão da água pluvial e ao controle do uso de água do terreno.

É interessante notar que, nesta fase inicial do projeto, existem opções disponíveis para diminuir consideravelmente o consumo de água e energia, assim como para melhorar as condições de habitabilidade da futura edificação. Essas opções, que têm impacto no que acontece no interior da edificação por meio do que é feito fora dela, vão ser exploradas em mais detalhes e fundamentar um tema que continuará por todo este livro.

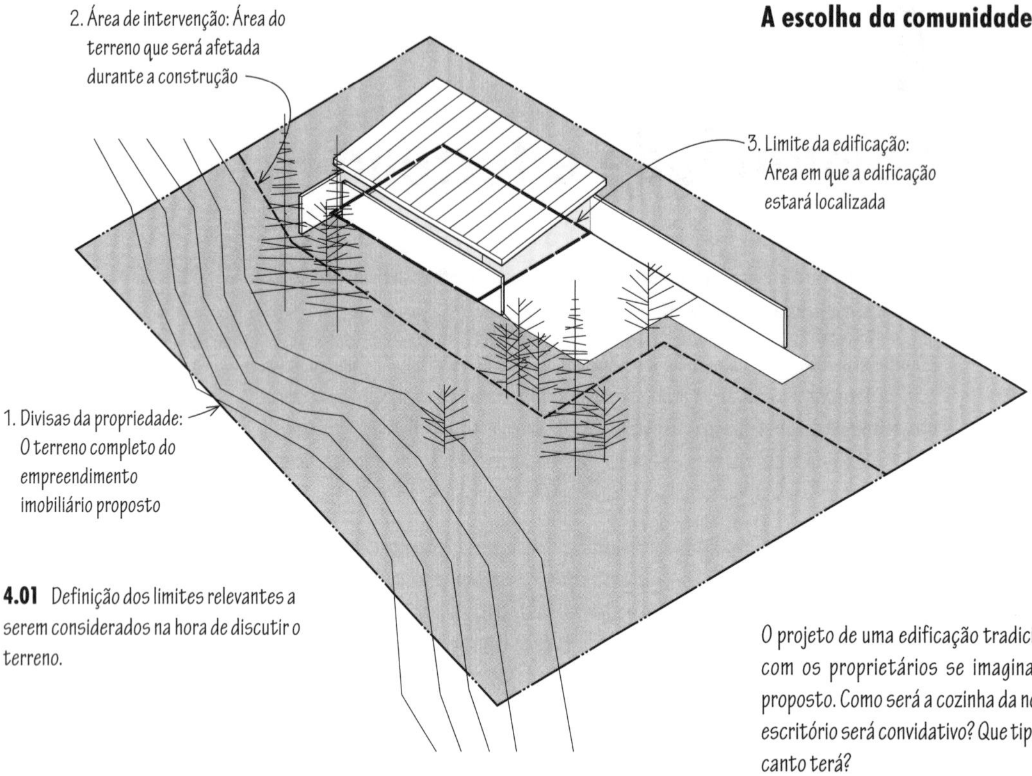

4.01 Definição dos limites relevantes a serem considerados na hora de discutir o terreno.

A escolha da comunidade e do terreno

O projeto de uma edificação tradicional muitas vezes começa com os proprietários se imaginando dentro do ambiente proposto. Como será a cozinha da nova casa? O saguão do novo escritório será convidativo? Que tipos de vistas o escritório do canto terá?

Com a arquitetura sustentável, usamos uma abordagem diferente. Em vez de nos imaginar dentro de uma edificação, começamos nossa jornada imaginando a edificação dentro de uma comunidade. Onde a edificação será implantada em relação a escolas, locais de trabalho e centros comunitários? Quais serão as opções de transporte? Existem opções de transporte público que levem a este lugar?

Projetar de dentro para fora

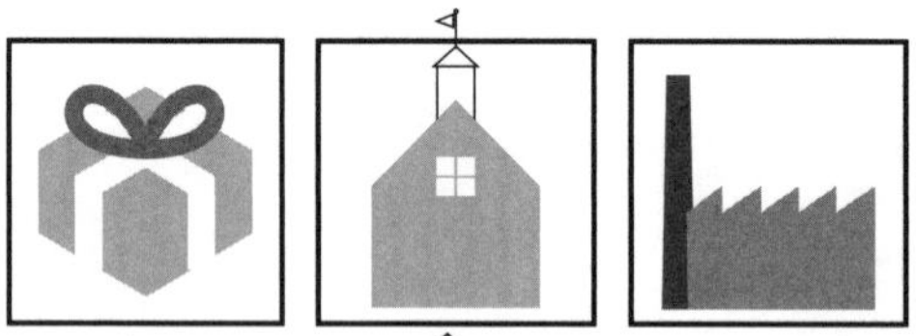

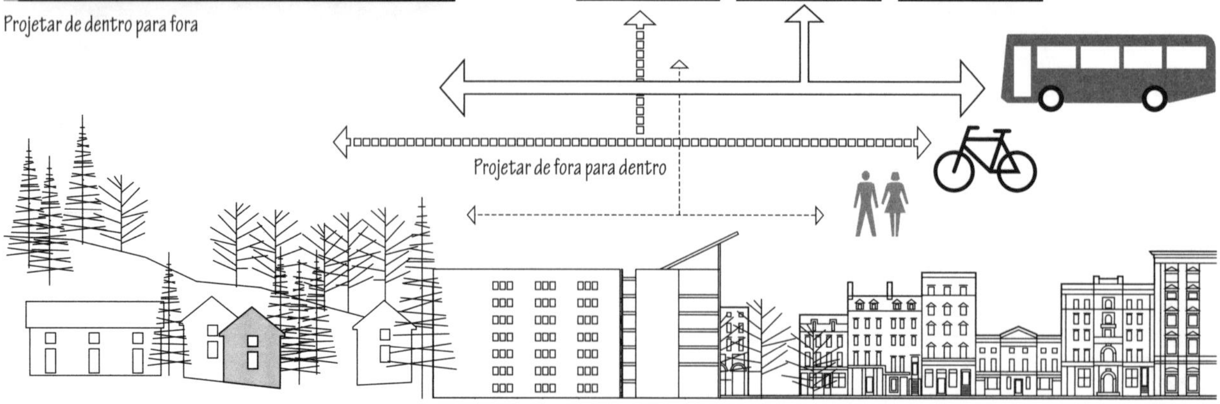

4.02 Abordagem do projeto de uma edificação de fora para dentro (com a visão do seu lugar dentro da comunidade), em vez de de dentro para fora.

Quando procuramos imaginar a edificação dentro da comunidade, nos perguntamos se recuperar uma edificação abandonada no centro da cidade pode ser uma opção melhor do que construir em uma área rural não urbanizada. Também averiguamos se um há um terreno disponível em um contexto urbano consolidado ou se existe um terreno disponível que seja próximo do transporte público, mesmo em uma área suburbana ou rural. Podemos consultar a Prefeitura para verificar se existe algum projeto que possa mitigar o impacto do meio ambiente da nova edificação. Em vez de pensarmos como indivíduos, tentamos pensar como uma comunidade.

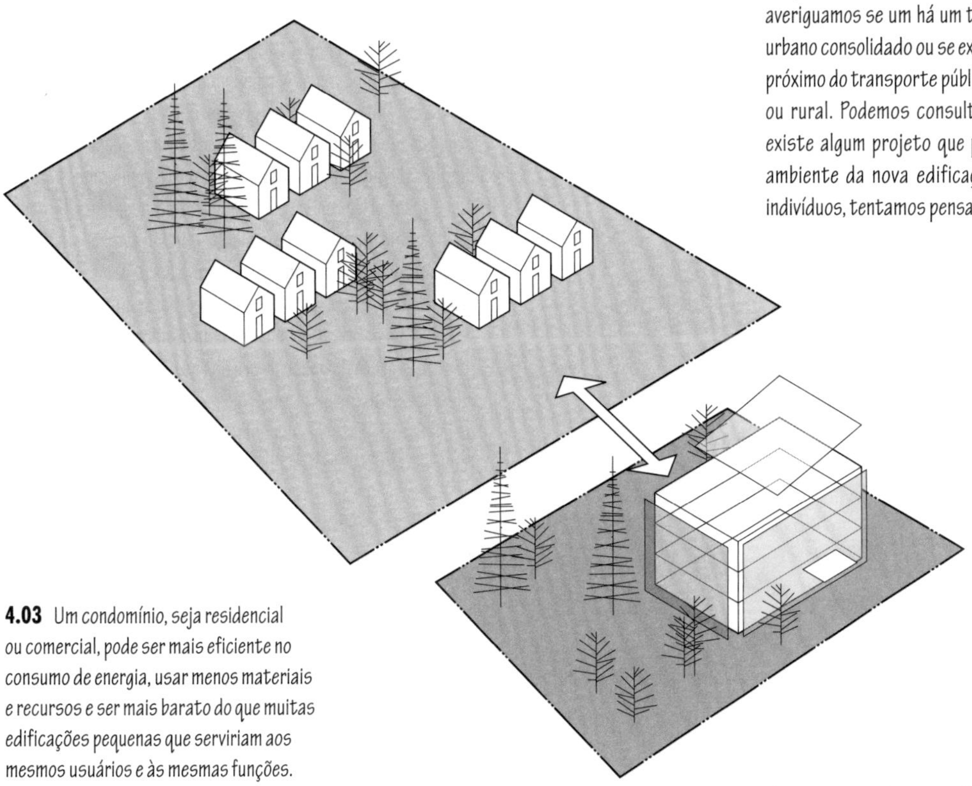

4.03 Um condomínio, seja residencial ou comercial, pode ser mais eficiente no consumo de energia, usar menos materiais e recursos e ser mais barato do que muitas edificações pequenas que serviriam aos mesmos usuários e às mesmas funções.

Os moradores de uma edificação não são os únicos usuários cujo consumo energético depende da localização da edificação. Dependendo da distância do prédio em relação à comunidade e aos locais de trabalho, também varia o consumo de energia feito por entregadores e outros prestadores de serviço. Além disso, o gasto para bombear água e transportar eletricidade aumentam em edificações muito distantes de uma comunidade centralizada.

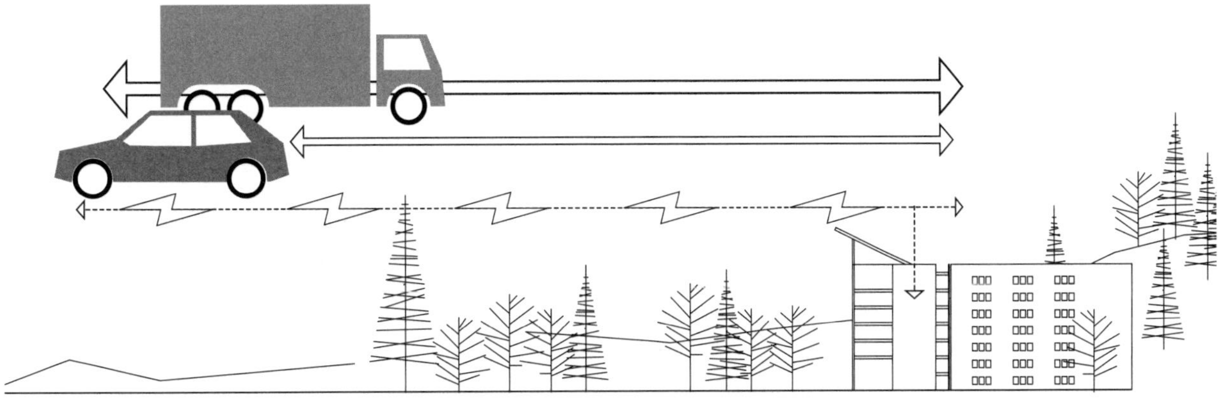

4.04 O transporte de pessoas, mercadorias e utilidades públicas por grandes distâncias consome muita energia.

Quando começamos a observar o contexto urbano, surgem aspectos mais amplos do que aquilo que é chamado de *lugar* pela arquitetura. As zonas climáticas têm um impacto significativo no projeto das edificações. O fato de um clima ser frio, quente ou temperado (como um clima quente e úmido ou quente e seco) impacta o projeto. As cargas que as zonas climáticas impõem são principalmente a temperatura, a umidade relativa do ar, as precipitações e a radiação solar externa. Esses impactos podem ser tão grandes que mudarão significativamente a maneira como um mesmo tipo de edificação seria projetado em climas diferentes. As diferenças no clima afetam todos os aspectos de um projeto, incluindo o material e método construtivo das paredes, o tamanho e a orientação das janelas, a seleção do sistema de aquecimento e os métodos para controlar a umidade de acordo com a variação da temperatura do ponto de orvalho nas vedações externas da edificação. Microclimas regionais podem ainda impactar o nível de iluminação natural, a quantidade de chuva, a velocidade do vento e o tipo de vegetação disponível para o paisagismo.

A hidrologia local pode contribuir significativamente para os impactos de uma edificação no ambiente e pode afetar a edificação em si, inclusive a qualidade de seu ambiente interno. Uma variedade de outras condições do terreno, desde a vegetação a intervenções anteriores, soma-se ao efeito da edificação no ambiente e do ambiente sobre a própria edificação.

Ao nos concentrarmos primeiro na comunidade, podemos identificar os impactos das escolhas da arquitetura sustentável que vão além dos prédios em si e minimizar os impactos de longo prazo das escolhas da comunidade na edificação individual.

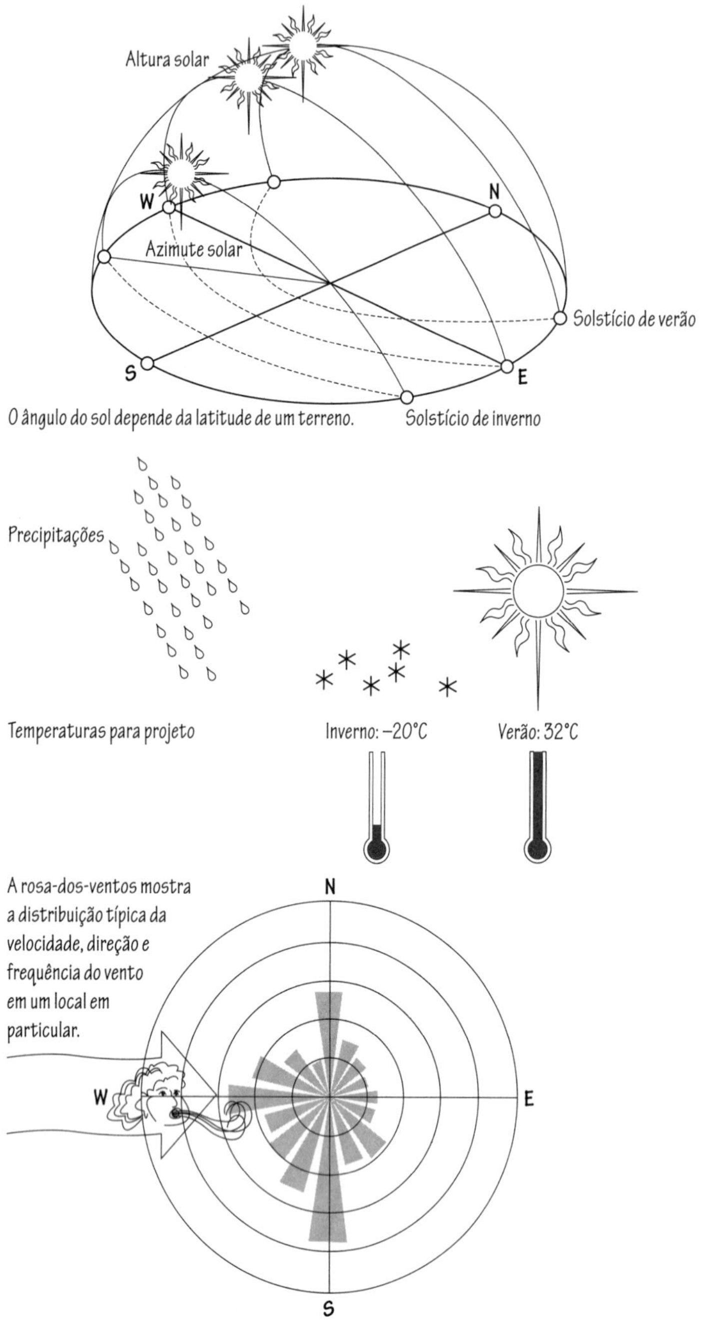

4.05 No projeto de edificações, devemos considerar a latitude, a geografia e o clima dominante de uma localização ou terreno em particular (Hemisfério Sul).

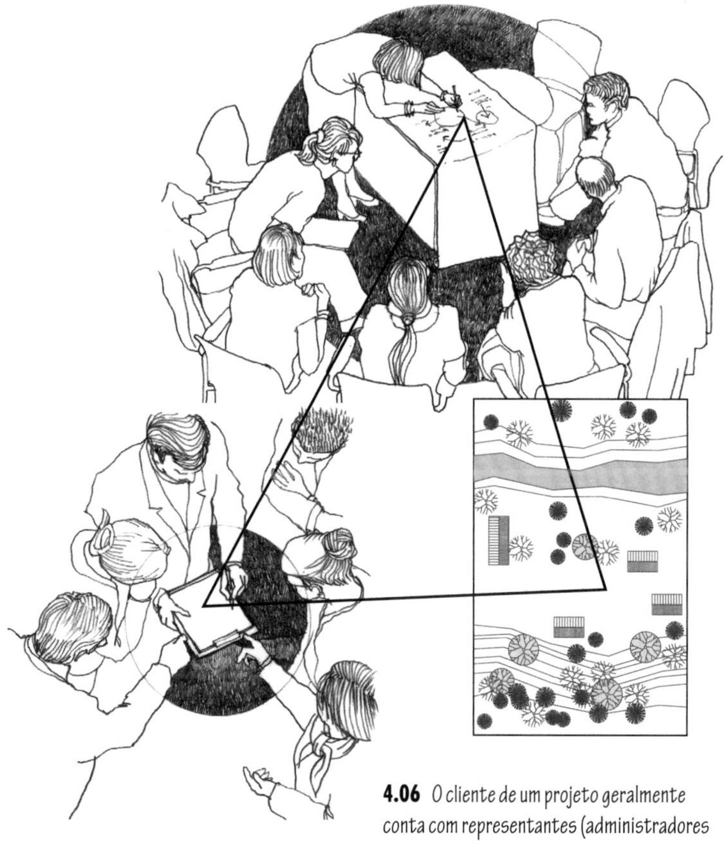

4.06 O cliente de um projeto geralmente conta com representantes (administradores de imóveis e inclusive usuários finais) que participam do processo projetual.

Neste contexto inicial, o objetivo do proprietário é estabelecido. O documento com as Exigências de Projeto do Proprietário, descritas em mais detalhes no Capítulo 18, Controle de qualidade no projeto e na construção sustentáveis, é escrito e assinado por todas as partes envolvidas. É possível conseguir benefícios significativos com a clara identificação das exigências do proprietário na fase inicial do desenvolvimento do projeto. Para muitos clientes, construir um prédio é uma nova experiência, e o processo se torna uma experiência de aprendizado que os proprietários nunca irão esquecer, assim como é uma oportunidade de ensino para os projetistas e construtores. Essa situação é ainda mais comum em construções sustentáveis, para as quais há uma abundância de escolhas e concessões e para as quais as exigências de projeto do proprietário podem ser um exercício para esclarecer seus valores. Não há um momento melhor para fazer esses esclarecimentos do que durante as primeiras discussões sobre a escolha da comunidade e do terreno.

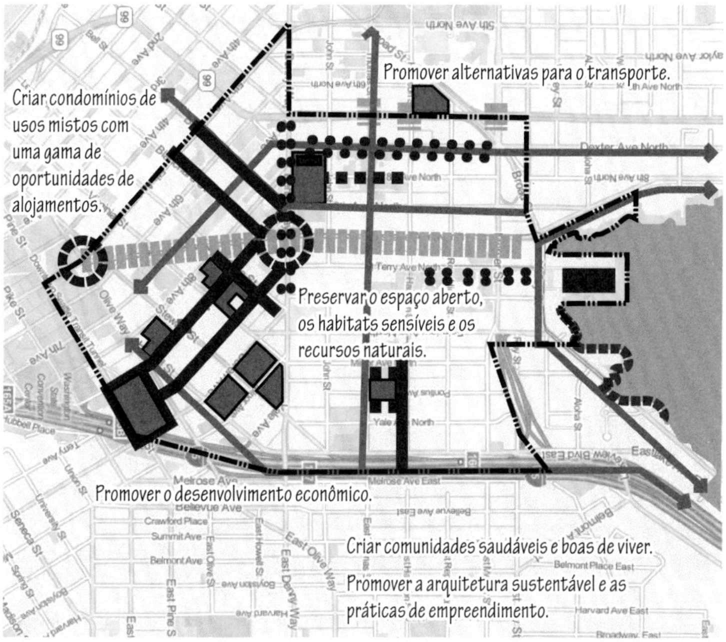

4.07 O sistema de classificação urbano sustentável LEED para desenvolvimento de bairros integra princípios de crescimento urbano inteligente, urbanismo e arquitetura sustentável.

Uma discussão mais ampla estende a valorização da comunidade e do terreno para bairros e cidades e abordagens sustentáveis para melhorar essas conexões. Tais tópicos vão além do escopo deste livro, mas são altamente relevantes para a escolha de um terreno específico para construir. A teoria do crescimento urbano inteligente foca o desenvolvimento de comunidades centralizadas e com uma forte base de sustentabilidade. O LEED desenvolveu um sistema de classificação sustentável para bairros, que trata de uma variedade de traços sustentáveis, como compacidade, conectividade e permeabilidade ao pedestre. Muitas dessas questões estão intimamente relacionadas com as escolhas, as necessidades e os impactos de uma edificação específica em relação a uma comunidade ou um terreno e são muito valiosas para informar as escolhas de qualquer projeto de arquitetura sustentável.

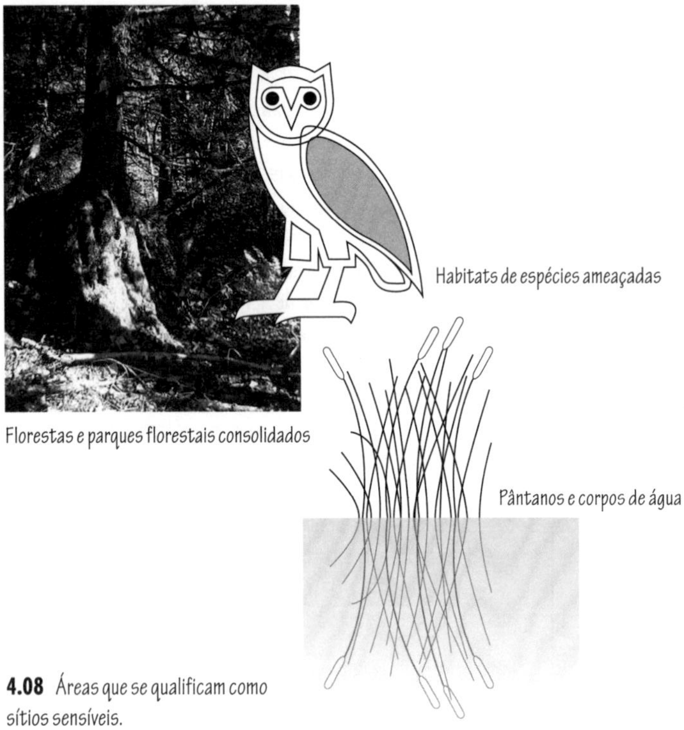

4.08 Áreas que se qualificam como sítios sensíveis.

Proteção de sítios sensíveis

Os projetos de edificação ecológica priorizam a proteção de sítios sensíveis. As definições do que são sítios sensíveis geralmente estão de acordo com os códigos ou normas federais e normalmente incluem terras cultiváveis, parques florestais, áreas sujeitas a enchentes, habitats de espécies em perigo ou ameaçadas, litorais, florestas antigas, pântanos, outros corpos de água e áreas protegidas.

A proteção de sítios sensíveis começa com um levantamento do terreno antes de sua seleção e continua com a documentação das características antes de se começar a trabalhar em um terreno. Proteger significa não edificar nessas áreas assim como em seus espaços de transição, que fornecem uma camada adicional de proteção. As intervenções incluem a construção não só de prédios, mas também de estradas, estacionamentos e outras infraestruturas.

São feitas algumas exceções para construções que contribuem ou se relacionam especificamente com o objetivo da área. Por exemplo, em uma área de conservação, pode ser permitida a construção de um prédio que tenha relação com a área protegida se determinado por um órgão ou agência responsável pela área. Algumas vezes, essa permissão tem como propósito oferecer atividades didáticas ou de interpretação; outras vezes, a exceção é limitada a edificações que contribuem ativamente para a proteção da área. Em casos de florestas protegidas, a urbanização é ocasionalmente admissível se a área urbanizada for substituída por uma floresta igual ou maior, que normalmente deve ser contígua aos limites da propriedade.

4.09 Nas áreas protegidas, algumas exceções podem ser feitas para a edificações com fins didáticos, de interpretação ou de conservação.

Nos Estados Unidos, estão entre os recursos para a identificação de sítios sensíveis os levantamentos de florestas nativas do Departamento de Agricultura (USDA), as informações sobre planícies aluviais da Agência Federal de Administração de Emergências (FEMA), o inventário de habitats de espécies ameaçadas ou em perigo fornecido pelo Serviço de Animais Aquáticos e de Vida Selvagem (FWS) e as diretrizes para identificação de pântanos do Corpo de Engenheiros do Exército.

Áreas virgens

Terrenos subutilizados

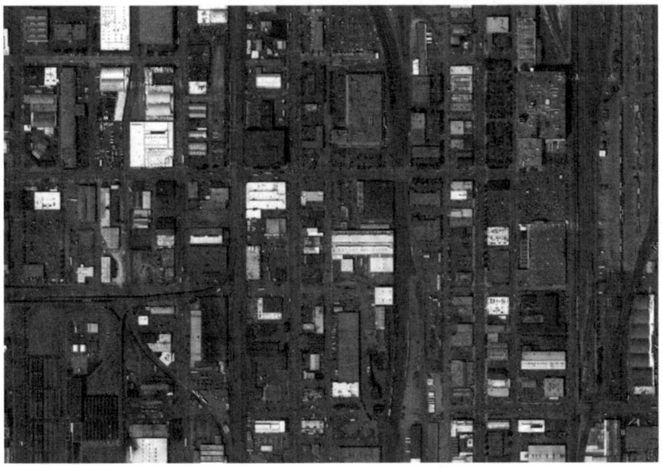

Terrenos contaminados recuperados

4.10 Classificação de terrenos para empreendimentos imobiliários.

Preservação e restauração

As *áreas virgens* são definidas como áreas não urbanizadas anteriormente. *Terrenos contaminados recuperados* são instalações comerciais e industriais abandonadas que possuem ou que parecem possuir contaminação ambiental. Os *terrenos subutilizados* são áreas anteriormente urbanizadas, mas que não estão contaminadas, não necessitam de remediação, mas que têm um resíduo visível de construções e de infraestruturas, como prédios vazios, utilidades públicas e asfalto. Terrenos que foram anteriormente ocupados, mas que não são conhecidos como terrenos subutilizados ou contaminados recuperados são chamados de terrenos urbanizados. É importante observar que áreas anteriormente desmatadas, rurais ou florestais costumam ser consideradas áreas virgens para a edificação.

Em intervenções de arquitetura sustentável, a restauração e a reutilização de sítios são vistas positivamente, pois satisfazem a dois objetivos distintos. Primeiro, evitam a urbanização de áreas virgens ou de sítios sensíveis; segundo, o processo de empreendimento inclui a remediação de qualquer ambiente contaminado. Da mesma maneira, são incentivados os empreendimentos em terrenos subutilizados ou em outras áreas anteriormente urbanizadas.

Para preservar áreas não urbanizadas, os empreendimentos em áreas virgens não são incentivados. O grau de contraindicação de construções em áreas virgens varia de acordo com diferentes códigos, padrões e objetivos que estão no centro das discussões sobre arquitetura sustentável. O LEED desaconselha as construções em áreas virgens indiretamente, ao incentivar projetos de renovação urbana em terrenos contaminados recuperados, promover a densidade urbana e limitar os empreendimentos em áreas virgens às áreas próximas a acessos de automóveis, estacionamentos e prédios em si. O Código de Edificação Sustentável dos Estados Unidos (*International Green Construction Code*) recomenda proibir a construção de qualquer novo empreendimento em áreas virgens. O Desafio das Edificações Vivas (*Living Building Challenge*) também não permite construções em áreas virgens.

A sugestão de que deveríamos não só desencorajar os empreendimentos em áreas virgens como também os proibir levanta talvez a maior questão em relação a terrenos: de agora em diante, vamos construir em algum lugar além daqueles que já ocupamos?

Proteção dos elementos naturais

Em áreas virgens em que é permitido construir, a perturbação dos elementos naturais deve ser mínima. Por mais que existam vários códigos e padrões que variam em nível de exigência, existe consenso com relação a limitar essas intervenções a uma distância máxima de 12 metros de outros prédios e a uma distância máxima de 4,5 metros para caminhos de pedestres e acessos de veículos.

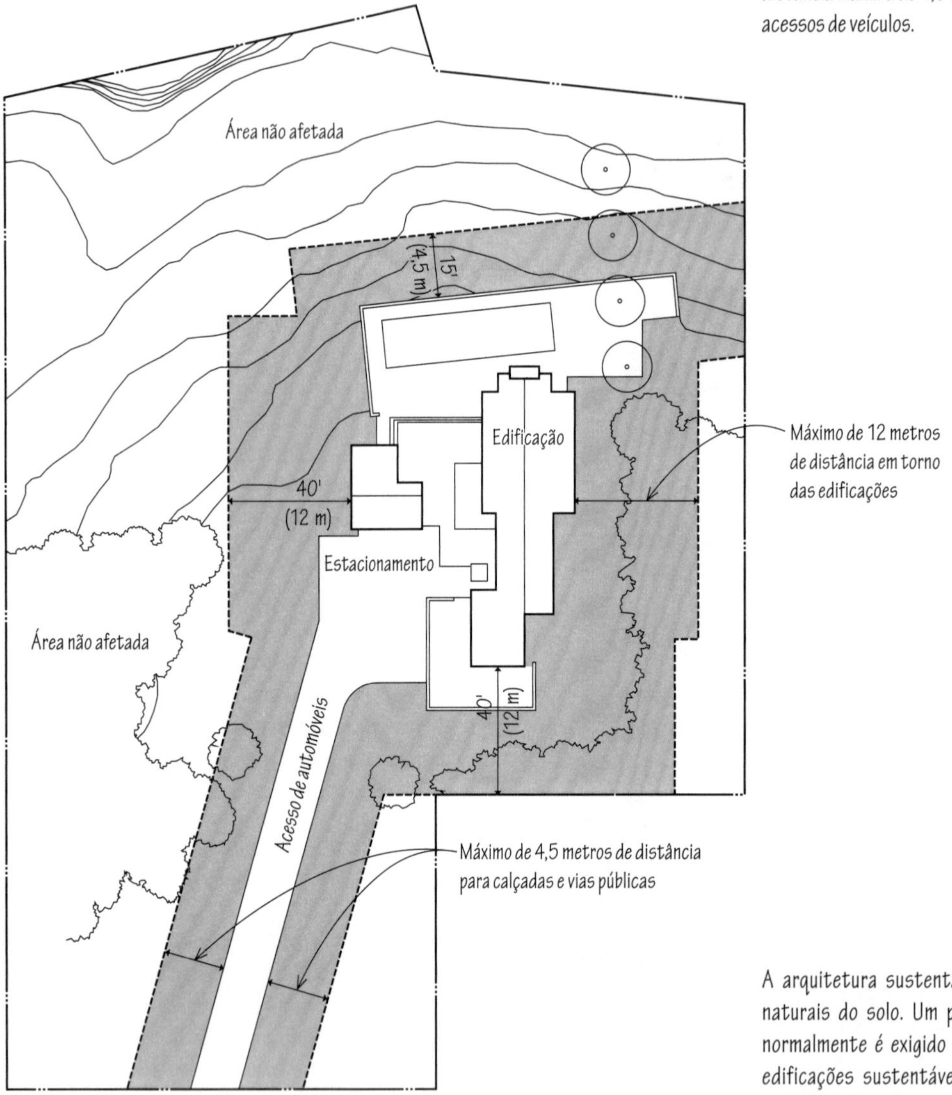

4.11 Limitação das perturbações em áreas virgens.

A arquitetura sustentável busca proteger as condições naturais do solo. Um plano escrito de proteção do solo normalmente é exigido para a construção de projetos de edificações sustentáveis. Dentre as estratégias para a proteção estão manter o solo intocado, aterrar com solo escavado no próprio local, replantar e restaurar os terrenos afetados, planejar cuidadosamente o canteiro de obras e os estacionamentos, além de algumas medidas para impedir a lavagem do solo ou a erosão pelo vento durante a construção. Da mesma forma, a vegetação que for trazida para dentro do terreno não deve vir de áreas sensíveis.

A proteção da vegetação e a reintrodução da flora também são desejáveis, por ajudarem a absorver as emissões de carbono.

Redução da ilha de calor urbana

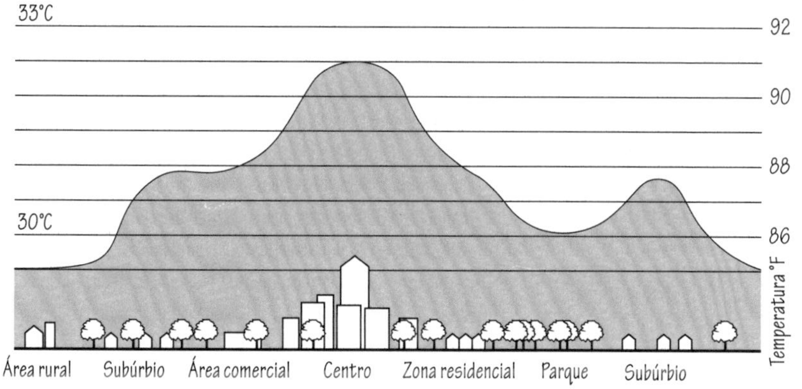

4.12 Ilhas de calor urbanas são criadas pela elevação da temperatura advinda de prédios e superfícies construídas, particularmente em áreas urbanas. (Fonte: EPA)

O efeito de ilha de calor urbana diz respeito à absorção e à retenção de radiação solar pelos prédios e por outras superfícies construídas de áreas urbanas. Quando este calor é liberado à atmosfera nos arredores, ilhas de calor urbanas relativamente únicas podem se formar com uma temperatura mais alta que a de seus arredores rurais. O efeito pode se agravar com o consumo de energia das edificações e de suas interferências na capacidade do vento de carregar para longe o calor.

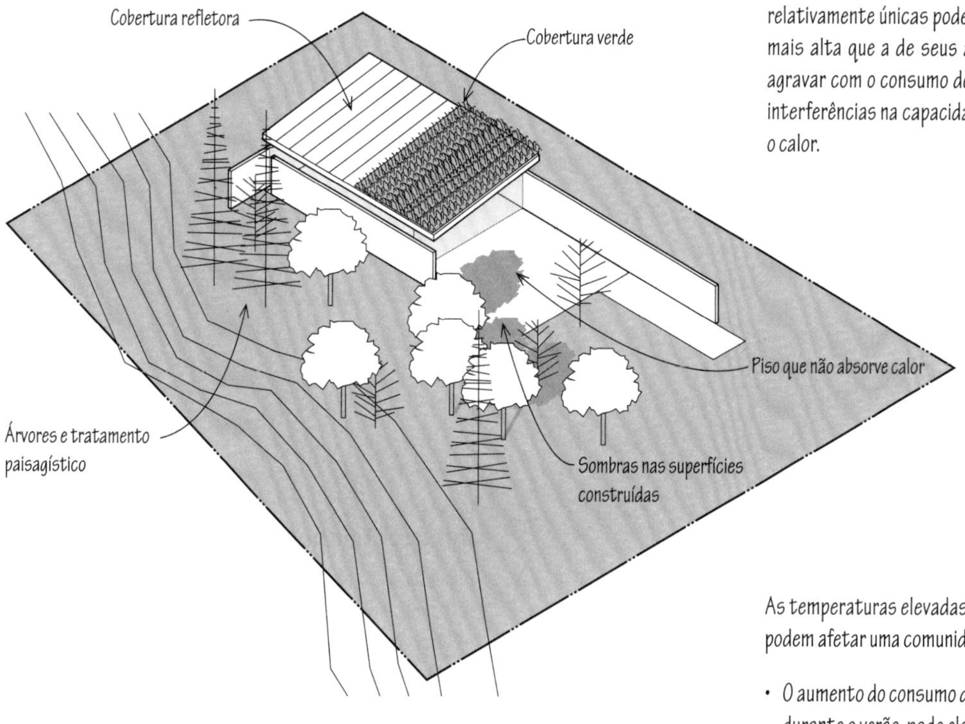

4.13 Uma das estratégias para diminuir o efeito de ilhas de calor urbanas é o uso de coberturas de cor clara que tenham uma refletância solar alta e a instalação de coberturas verdes. Para o solo do terreno existem as opções de usar pisos de um material que não absorva o calor e plantar árvores e arbustos para fazer sombra em estacionamentos e outras superfícies construídas.

As temperaturas elevadas do efeito de ilhas de calor urbanas podem afetar uma comunidade de diversas formas:

- O aumento do consumo de energia para o resfriamento, durante o verão, pode elevar as emissões de poluição do ar e gases do efeito estufa e pode promover a formação de ozônio em áreas próximas ao solo.
- As temperaturas elevadas podem contribuir para a exaustão por calor e para a mortalidade de peixes ligada ao calor.
- O escoamento superficial de água da chuva aquecida pode aumentar a temperatura de arroios, rios, lagoas e lagos, prejudicando os ecossistemas aquáticos.

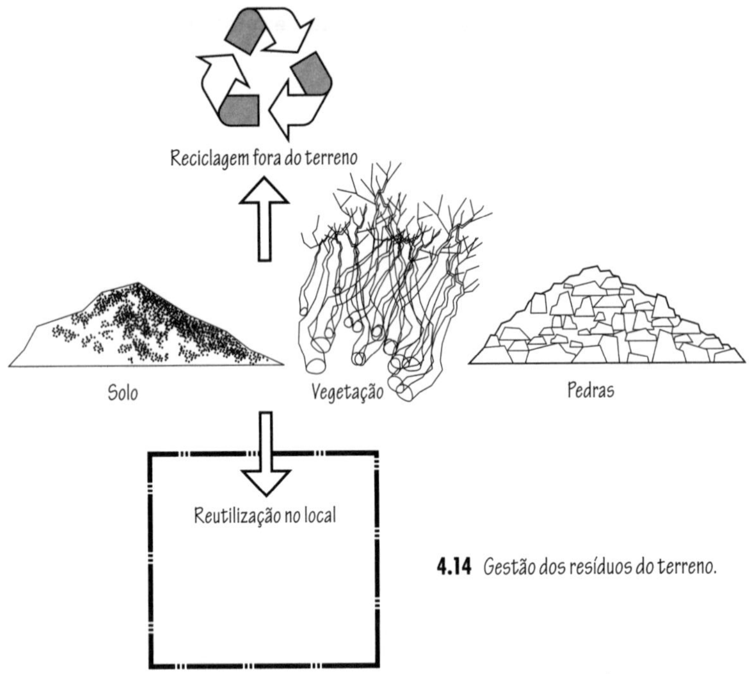

4.14 Gestão dos resíduos do terreno.

Evite: Levar os resíduos para aterros... ... ou para sítios sensíveis, como pântanos.

Gestão de resíduos do terreno

Ao preparar um terreno para edificação, são gerados muitos resíduos, como pedras, solo removido e plantas, muitas vezes antes mesmo que os materiais construtivos cheguem ao canteiro de obras. Projetos de edificações ecológicas devem impedir que tais detritos sejam transportados para aterros ou sítios sensíveis. A reutilização de materiais no terreno e a reciclagem dos detritos fora dele são estratégias utilizadas. Da mesma maneira, os resíduos nocivos à saúde devem ser manejados de forma ecologicamente sensível. Um projeto de edificação ecológica deve ter um plano de gestão de resíduos do terreno que, preferencialmente, esteja integrado com o plano de manuseio do lixo dos materiais da construção, que será discutido mais tarde.

Média das emissões de gás carbônico nos Estados Unidos

Meio de transporte	Kg de CO_2 por passageiro por quilômetro
Carros (somente um ocupante)	0,60
Ônibus	0,40
Trem suburbano	0,22
Bicicleta, caminhada	0,00

4.15 Diferentes meios de transporte geram níveis variados de emissões de gás carbônico.

Questões relacionadas ao transporte

Além da escolha do terreno, que impacta os meios de transporte e, posteriormente, o consumo de energia e a poluição associados ao transporte, podem ainda ser tomadas outras decisões para promover formas mais ecológicas de transporte.

Uma planta de localização cuidadosa inclui recursos que incentivem meios de transporte menos poluentes. Exemplos de tais incentivos podem ser as instalações de bicicletário (inclusive cobertos) e a disponibilização de caminhos de pedestres para acesso. Para manter a segurança de pedestres e ciclistas, são muito importantes os passeios, as faixas exclusivas para bicicletas (ciclofaixas) e os sinais de trânsito no terreno.

O LEED incentiva o ciclismo por meio de seus créditos para bicicletários, e algo que pode ser uma exigência ainda mais importante: o crédito só é dado se o prédio incluir chuveiros e instalações para troca de roupa que permitam aos ciclistas da comunidade se lavarem e se refrescarem depois de andar de bicicleta.

Pode-se promover a utilização de veículos automotores eficientes com a disponibilização de vagas preferenciais para veículos pequenos, de alta eficiência, de uso compartilhado ou de baixa emissividade. Estações de carregamento elétrico incentivam o uso de veículos elétricos.

A proximidade aos meios de transporte público também promove a eficiência do transporte, assim como a limitação do número de vagas no estacionamento, que traz o benefício adicional de reduzir a quantidade de pisos secos no terreno.

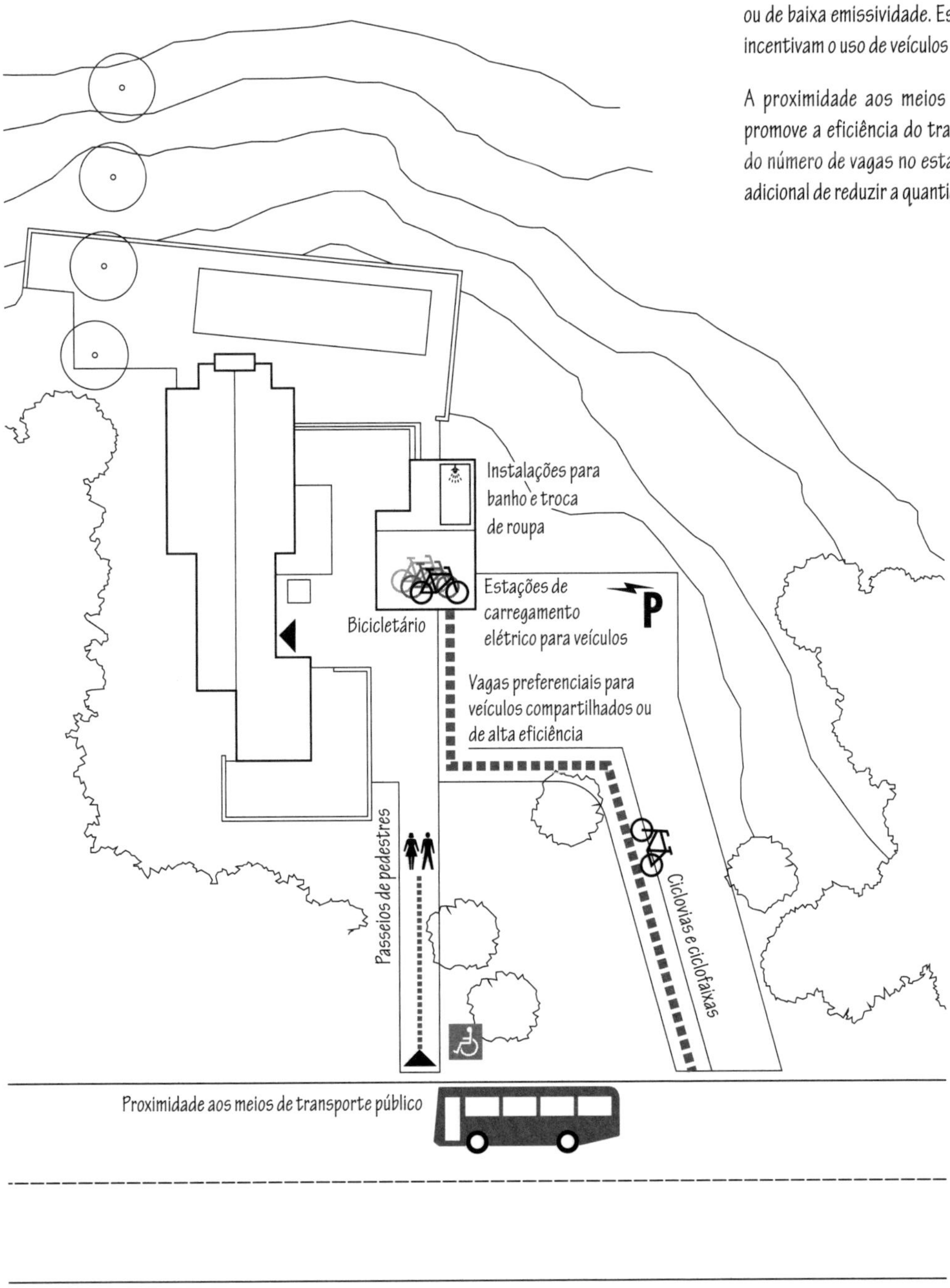

4.16 Maneiras de incentivar os meios de transporte menos poluentes.

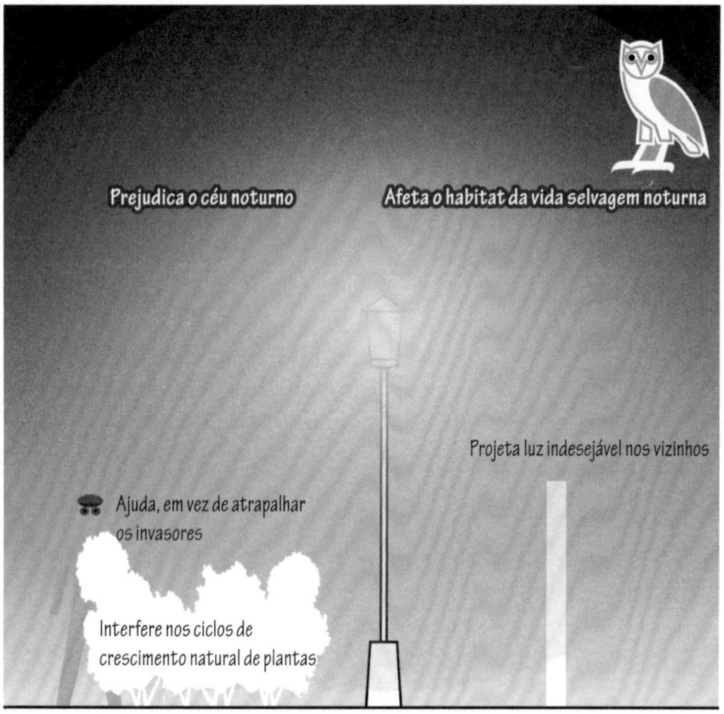

4.17 A iluminação noturna pode afetar o ambiente externo de várias maneiras.

Minimização da poluição luminosa

A poluição luminosa está relacionada com a introdução da luz artificial ao ambiente externo. São muitos os seus impactos. A poluição luminosa prejudica os padrões diurnos de luzes e sombras e o ritmo de vida ao qual plantas, animais e humanos estão adaptados, interrompendo os ciclos circadianos de sono, interferindo no crescimento natural da vegetação e perturbando o habitat da fauna noturna.

A poluição luminosa interfere na possibilidade de ver e observar o céu noturno, as estrelas e os planetas. Ela causa a projeção indesejável da luz de uma propriedade para outra, aumentando os riscos de conflitos entre vizinhos. Pode trazer riscos à segurança, como ofuscamento e cegueira temporária em motoristas. Além disso, desperdiça energia, causando impactos econômicos e ambientais.

A iluminação noturna por motivos de segurança pode, na verdade, ter o efeito contrário. Por mais que a iluminação exterior possa criar uma percepção de segurança, pesquisas mostraram que a iluminação noturna pode não diminuir os níveis de crimes. Luzes ligadas durante toda a noite não dão sinal de atividades ilegais, enquanto as que se ligam por sensores de movimento podem servir como um sinal e têm mais chance de deter invasores. Luzes externas podem também brilhar em algumas áreas fazendo sombra em outras, o que pode ajudar a ocultar invasores.

Entre as estratégias para reduzir ou eliminar a poluição luminosa estão a seleção de luminárias que minimizem a projeção e foquem a luz para baixo em vez de para os lados e para cima, em direção ao céu. Também existem várias outras escolhas de projeto que podem reduzir a poluição luminosa, como especificar a iluminação no caminho de pedestres em vez de por meio de postes altos para iluminação geral; usar iluminação em frades em vez de em paredes; selecionar o local de amenidades externas, como estacionamentos e anexos, deixando-os mais próximos dos prédios principais aos quais eles servem; projetar luzes em um nível mais baixo e eliminar as luzes ascendentes; e especificar controles de iluminação com o uso dos sensores de movimento que mantêm as luzes externas apagadas na maior parte do tempo. As estratégias para a instalação incluem o direcionamento das luminárias para baixo e o uso de controles programados com temporizadores e sensores de movimento. Outra opção, ainda, é eliminar a iluminação exterior sempre que possível.

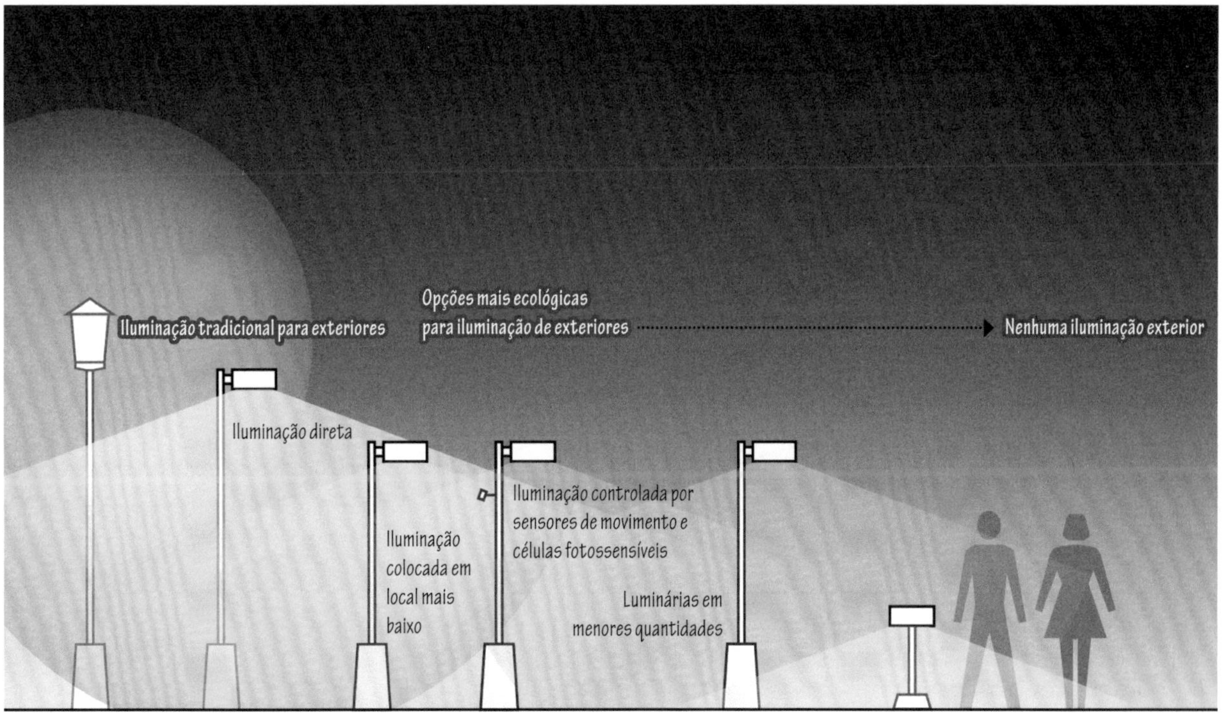

4.18 Opções de projeto que diminuem os efeitos da iluminação noturna.

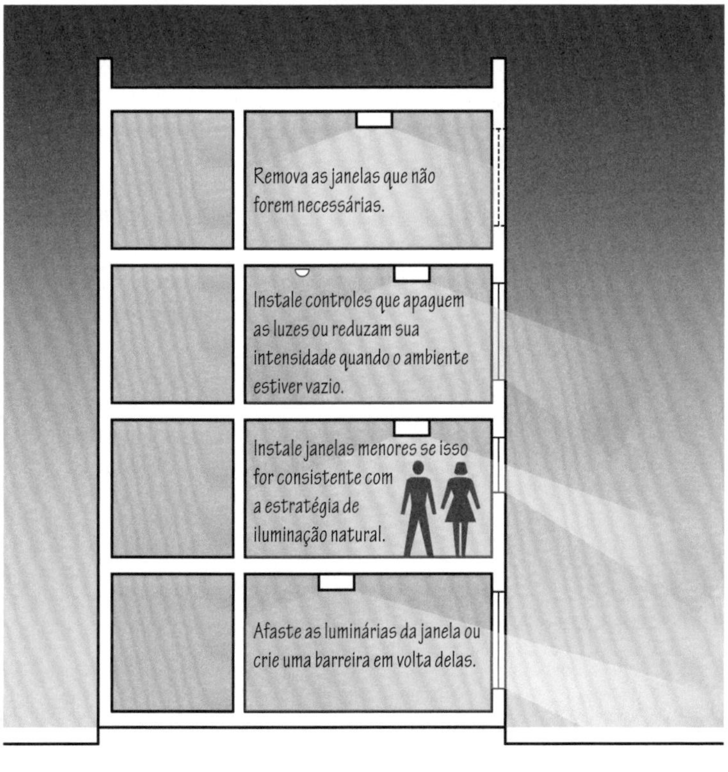

Uma questão relacionada com a projeção indesejada da luz é a iluminação que passa do interior para o exterior, ou seja, se dispersa. Entre as soluções para esse problema está instalar controles de luz que desliguem as luminárias quando elas não forem necessárias durante a noite; reduzir os níveis de iluminação a partir de certas horas da noite; eliminar janelas em espaços em que elas não sejam necessárias, como certas áreas de serviço e caixas de escada; reduzir o tamanho das janelas em ambientes que não necessitem de aberturas grandes; ajustar a localização das luminárias em relação às janelas; reduzir a quantidade de luz perto das janelas; usar quebra-luzes nas luminárias; e não voltar as luminárias para as janelas.

4.19 Maneiras de evitar que a luz elétrica dos ambientes internos saia de uma edificação.

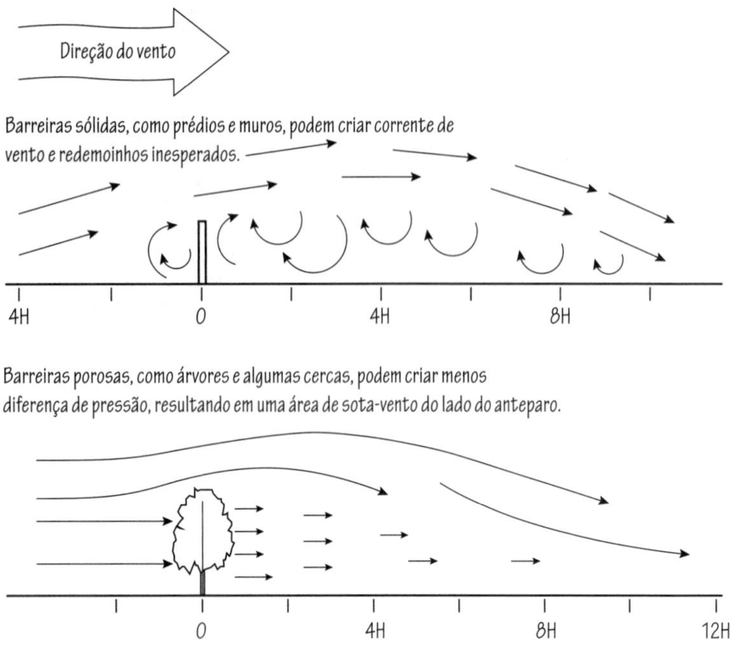

4.20 Árvores, edificações, cercas e outras formas de proteger um prédio ajudam a reduzir a velocidade do vento antes que ele o atinja. A redução máxima do vento ocorre em uma faixa de 5 a 8 vezes a altura da barreira. H = altura do anteparo.

Estratégias de localização e de consumo energético

A implantação de um prédio pode ter um efeito significativo no uso de energia. Uma edificação sem proteção e no topo de uma colina consome mais energia do que uma abrigada por árvores ou próxima a outras edificações. Isso acontece porque o vento carrega o calor para longe do prédio no inverno e força o ar quente para dentro no verão. Uma simulação feita por computador comparou uma edificação exposta com outra bem protegida e mostrou a redução de 12% do uso de energia. Um estudo sobre o uso de árvores para proteger prédios de escritórios na Escócia mostrou uma economia acima de 4% na energia para calefação.

Além das árvores, pode-se proteger uma edificação do vento com a localização estratégica de anexos, garagens, galpões, cercas, muros de contenção, serviços de terraplenagem, arbustos e matagais.

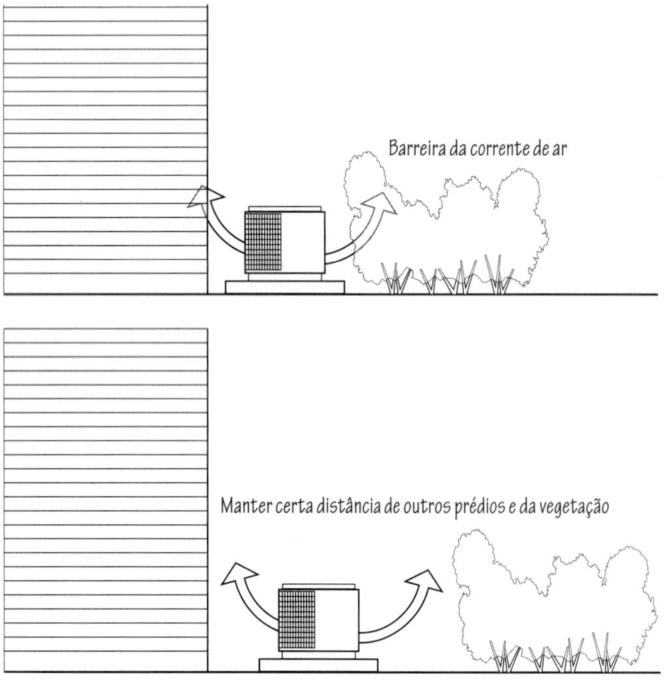

4.21 Plantas, paredes e outros anteparos à corrente de ar em volta de bombas de calor e condensadores de ares-condicionados aumentam o consumo de energia.

Da mesma forma, sombrear uma edificação com árvores decíduas reduz o ganho solar no verão e aumenta o ganho solar no inverno. Uma grande variedade de estudos estimou que é possível economizar até 18% de energia com resfriamento, dependendo de quantas árvores são plantadas e de onde se encontram, com uma economia adicional de gastos em calefação devido à proteção do vento.

A implantação não diz respeito somente ao paisagismo e às características naturais. As edificações muitas vezes exigem equipamentos exteriores no terreno, como condensadores de ares-condicionados e torres de arrefecimento.

Ao contrário das edificações, equipamentos como os de ar-condicionado externo, as unidades de bombas de calor e as torres de resfriamento trabalham de forma mais eficiente se não estiverem bloqueados pela vegetação ou por outras estruturas.

Este problema é crítico para ares-condicionados, especialmente se o sistema também possui bombas de calor que fornecem a calefação para o prédio. Existem três riscos distintos, cada qual podendo provocar um aumento do consumo de energia de 20% ou mais:

- Barragem do ar pela vegetação ou por outras obstruções
- Contaminação dos trocadores de calor com poeira ou pólen
- Recirculação do ar exaurido

Os dois primeiros riscos reduzem a corrente de ar e, assim, prejudicam a transferência de calor. A redução da corrente de ar aumenta a pressão de resfriamento contra a qual o compressor precisa trabalhar e, portanto, aumenta o consumo de energia. Quando existe a boa intenção de ocultar unidades externas, essas muitas vezes são construídas perto demais das edificações ou são rodeadas de arbustos. Os arbustos crescem e os trocadores de calor, com o tempo, ficam cobertos de folhas, causando um aumento significativo no consumo de eletricidade. Um espaço livre entre as unidades e a edificação ou vegetação evita esses problemas. Instalar uma torneira de jardim próxima a essas unidades também facilita a limpeza dos equipamentos.

O terceiro risco é diferente, mas tem o mesmo resultado. Como o condensador do ar-condicionado envia o calor de dentro do ambiente para a corrente externa, o ar que sai do condensador é quente. Quando ele opera em modo de aquecimento, o oposto acontece: já que a unidade externa atrai o calor do ar de fora para liberar o calor na parte interna, o ar que sai da unidade externa é frio. Se esse ar recircula e entra novamente no condensador, esteja ele quente ou frio, o consumo de energia aumenta significativamente. Instalar uma unidade externa em um local fechado ou coberto, como um alpendre, uma caixa de escada ou um pátio interno, fará o ar recircular, aumentando o consumo de energia.

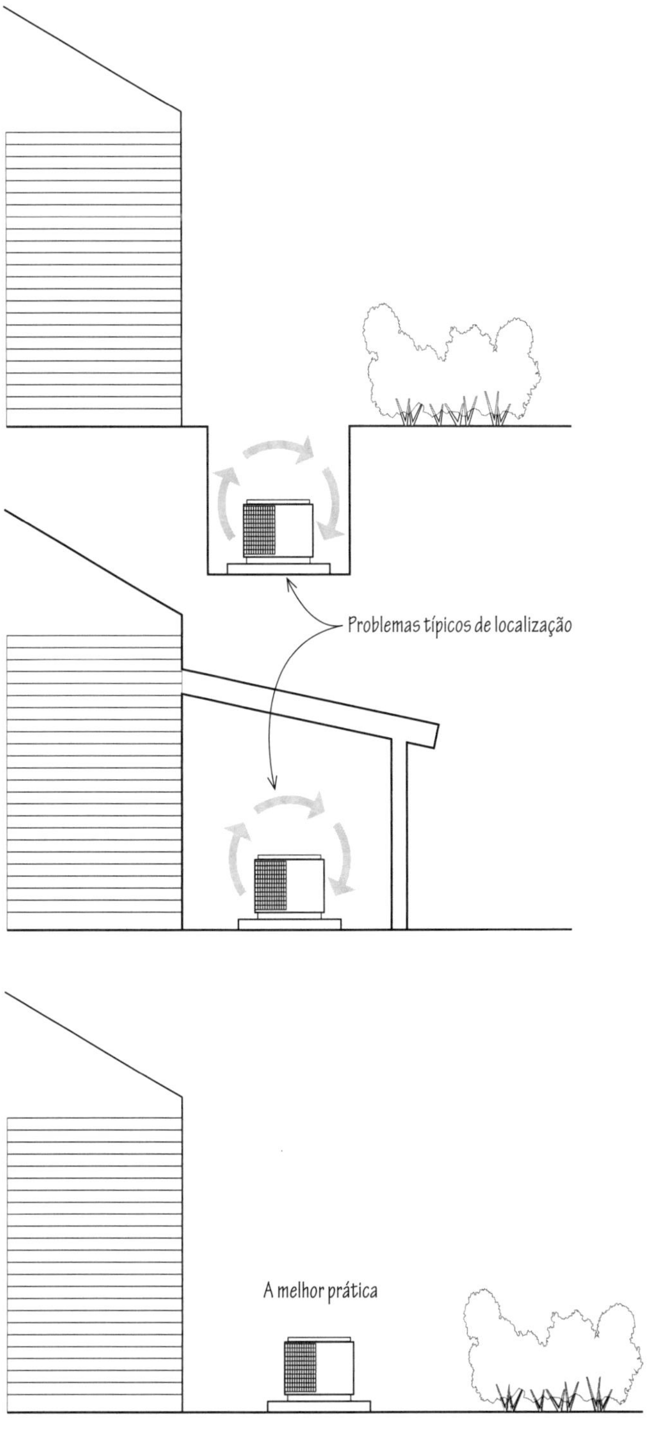

4.22 Bombas de calor e condensadores de ar-condicionado não devem ser instaladas em lugares em que o ar que sai recircula para as unidades, pois isso pode causar um aumento significativo no consumo de energia.

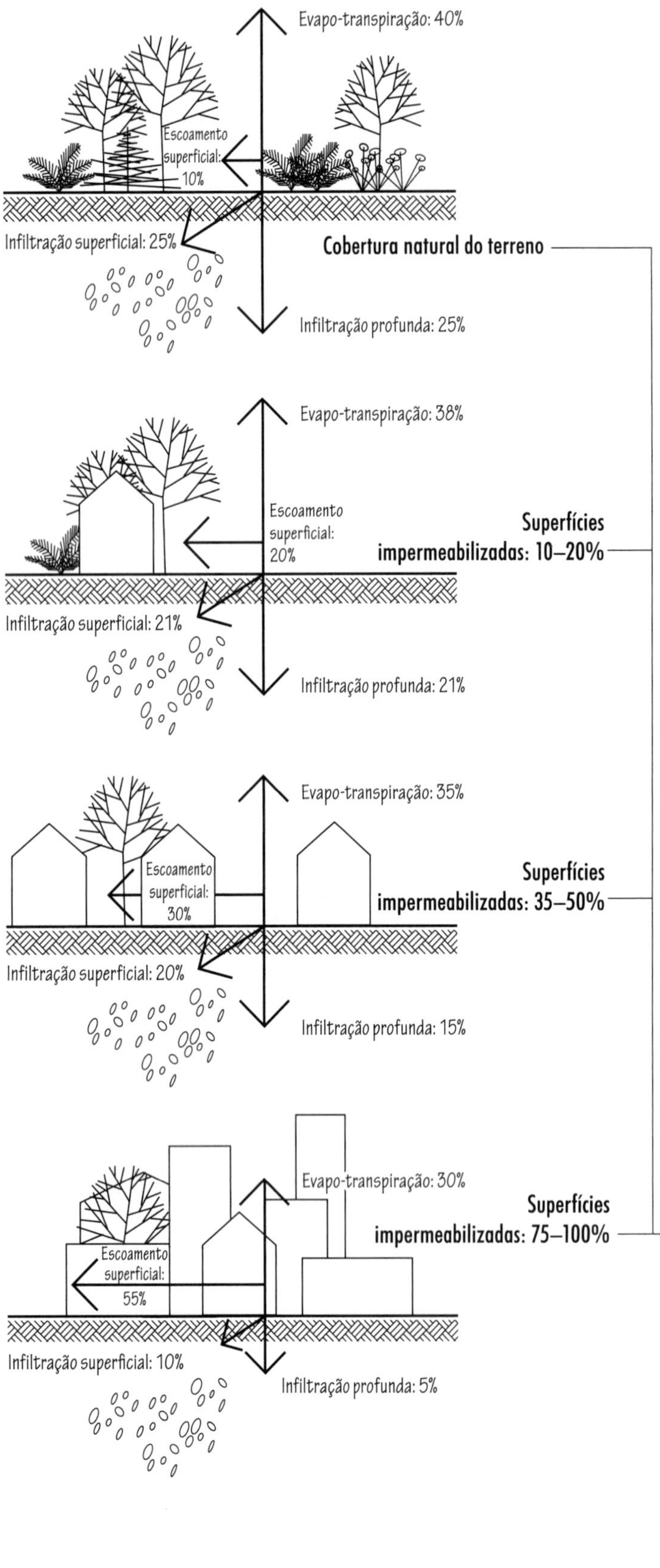

4.23 Mudanças no ciclo da água associadas à urbanização. Fonte: Agência de Proteção Ambiental dos Estados Unidos.

Melhorias na conservação, administração e qualidade da água no terreno

Além de proteger corpos de água e pântanos ao criar um anteparo separando-os do projeto do terreno, os projetos ecológicos têm por objetivo diminuir os efeitos ambientais negativos de escoamentos pluviais superficiais e reduzir o consumo externo de água potável.

Superfícies impermeáveis, edificações e sistemas de drenagem convencionais fazem um percurso de alta velocidade que se desvia do ciclo hidrológico natural, impedindo que a água da chuva se infiltre de volta ao solo. Isso causa uma variedade de problemas, incluindo erosão do solo, danos ao habitat, enchentes, poluição da água, esgotamento de aquíferos e degradação física e química dos corpos de água. Enquanto isso, o uso da água que foi transportada para o local, normalmente tratada e aproveitável para irrigação e chafarizes, somente aumenta a quantidade de escoamento superficial e agrava os problemas associados.

Quantidade do escoamento superficial de água pluvial

Os escoamentos superficiais são o fluxo de água da chuva de superfícies construídas que aumentam o volume nos coletores pluviais e agravam o risco de enchentes e de erosão no caminho do percurso da água, além de carregar contaminantes. Os escoamentos superficiais também diminuem a circulação de água pelos ciclos hidrológicos naturais. A redução do fluxo da água para dentro e através do solo causa o esgotamento dos lençóis freáticos e reduz a possibilidade de filtragem que acontece quando a água da chuva se infiltra na camada superior do solo e no subsolo.

Quando projetamos de dentro para fora, a escolha do terreno procura reduzir a necessidade de estacionamentos com superfícies construídas ao otimizar o uso de transportes públicos e de veículos sem motor e ao minimizar a necessidade de um estacionamento no terreno por meio de conectividade com a comunidade e da densidade da urbanização.

Outra estratégia para reduzir o escoamento superficial é promover a infiltração da água no terreno ao substituir superfícies impermeáveis por opções permeáveis, como lajotas permeáveis, asfaltos porosos, concreto permeável e superfícies vegetais.

Outras formas de reduzir o escoamento superficial são o aproveitamento da água da chuva e a reutilização da água para fins que não precisem de água potável, como a irrigação e a descarga de vasos sanitários.

Enfim, o objetivo é que a hidrologia após a construção se comporte como a hidrologia pré-construção, retendo o máximo possível de água no terreno.

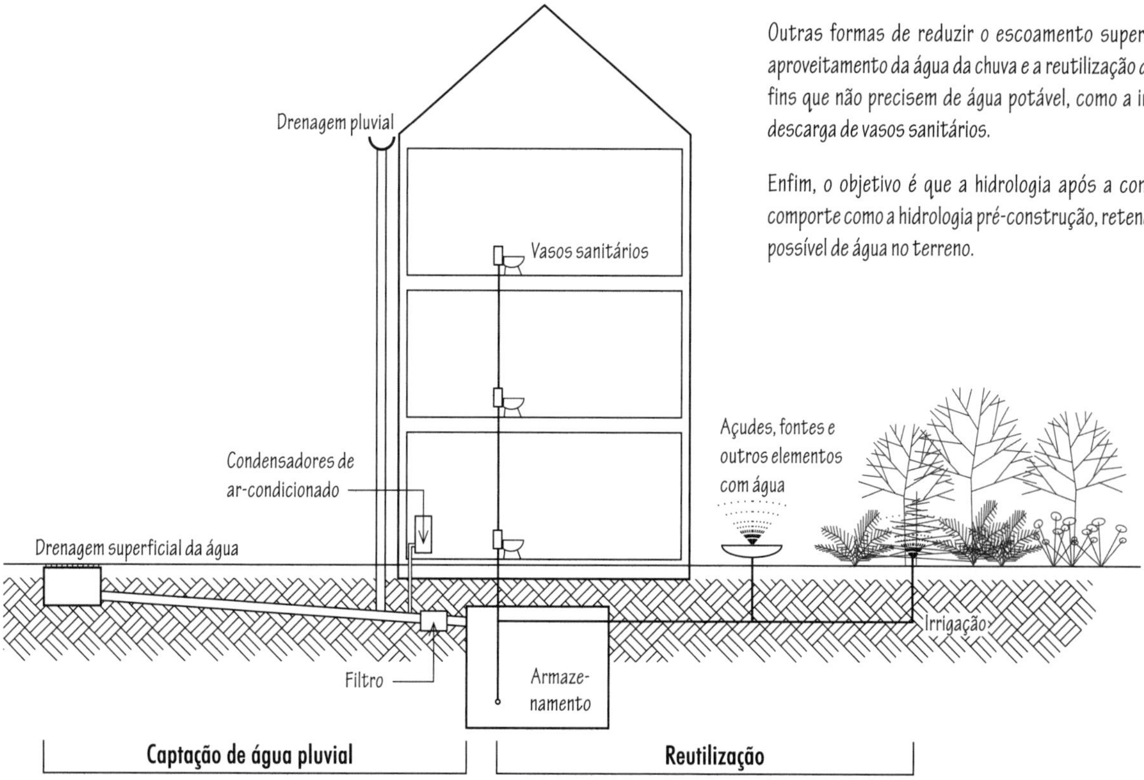

4.24 Redução da quantidade de escoamento superficial da água por meio da captação e reutilização.

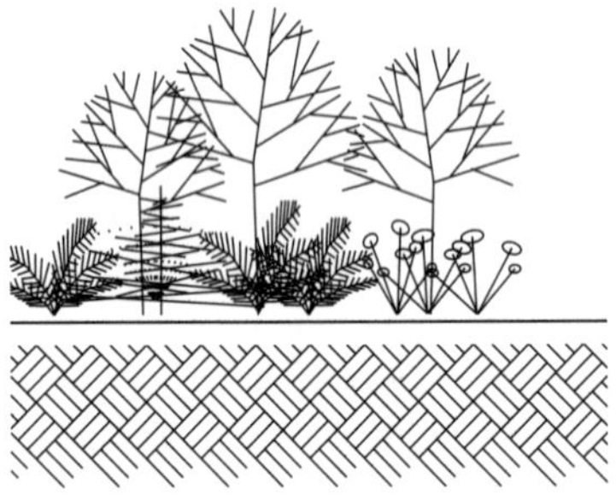

Plantar espécies nativas e resistentes para minimizar o uso de herbicidas.

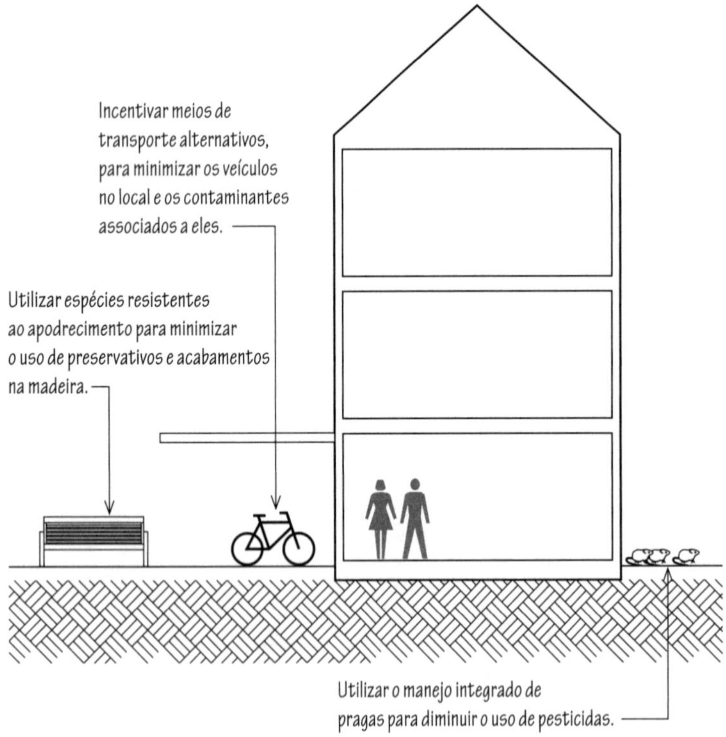

Incentivar meios de transporte alternativos, para minimizar os veículos no local e os contaminantes associados a eles.
Utilizar espécies resistentes ao apodrecimento para minimizar o uso de preservativos e acabamentos na madeira.
Utilizar o manejo integrado de pragas para diminuir o uso de pesticidas.

4.25 Estratégias para melhorar a qualidade do escoamento superficial da água pluvial.

Qualidade do escoamento superficial de água pluvial

Não apenas queremos reduzir a quantidade de escoamento superficial, como também buscamos melhorar sua qualidade. Entre os benefícios estão a melhoria da qualidade de água no terreno para a reutilização e da qualidade da água fora do local em rios, lagos e mares em níveis inferiores ao local. Uma água de qualidade superior beneficia a fauna e a flora em habitats naturais assim como o nosso próprio consumo e uso da água.

A qualidade da água já foi parcialmente melhorada pela gestão da quantidade de água. A diminuição da quantidade e da velocidade do escoamento superficial da água pluvial reduz a captação de contaminantes, como pesticidas, metais pesados, óleos e graxas, resíduos sépticos e sedimentos.

O próximo passo é minimizar as fontes de poluentes. De novo, um passo importante já foi dado na escolha do terreno, antes do projeto da construção começar. A localização do terreno dentro ou perto do centro da comunidade e com fácil acesso ao transporte público diminui, especialmente, a necessidade para transporte por veículos a motor e as contaminações associadas a eles, como a graxa e o óleo, carregados por pneus até o terreno.

As edificações ecológicas também devem diminuir as fontes de poluição no local. As fontes de poluição geradas em uma edificação serão tratadas no Capítulo 13, Habitabilidade dos interiores. São fontes de poluição dentro do local, porém fora da edificação: pesticidas, herbicidas, fungicidas, fertilizantes, resíduos animais e materiais de acabamento dos exteriores e das amenidades do terreno. Existem abordagens específicas para tratar de cada uma dessas fontes de poluição, como o manejo integrado de pragas e métodos orgânicos de jardinagem.

O desafio da arquitetura ecológica se torna, então: como pode o projeto da construção contemplar essas técnicas durante a construção e depois que a edificação estiver completa? Podemos especificar estruturas, amenidades e materiais exteriores que não precisem de tratamentos ou de acabamentos de alta toxidade ou acabamentos. Podemos incentivar o paisagismo com plantas nativas e resistentes, diminuindo a necessidade de pesticidas, herbicidas, fungicidas e fertilizantes. Em geral, menos é mais quando tratamos de reduzir as fontes de poluentes. Menos edificações externas e paisagismo artificial reduzido levam a menos uso de produtos químicos de todos os tipos.

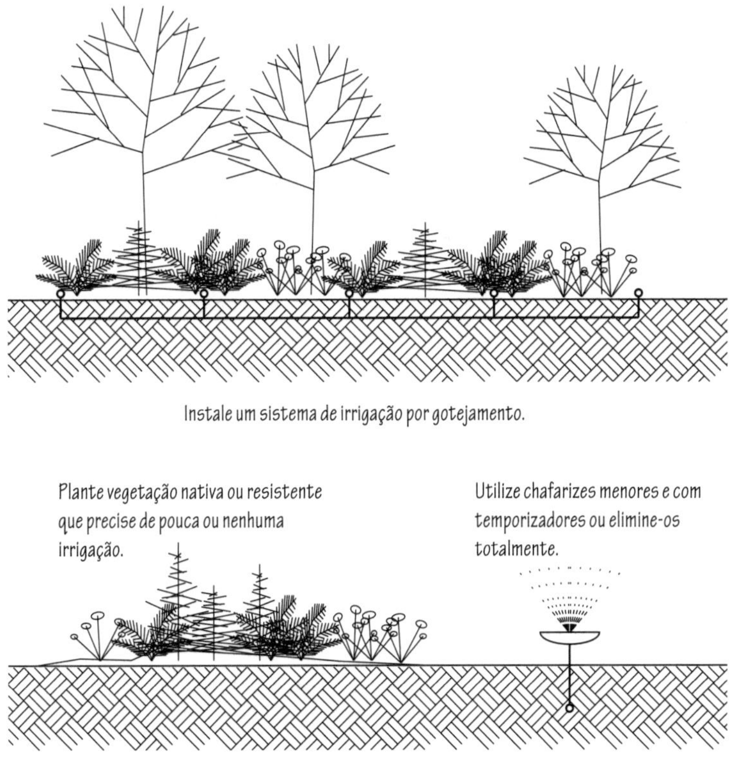

Instale um sistema de irrigação por gotejamento.
Plante vegetação nativa ou resistente que precise de pouca ou nenhuma irrigação.
Utilize chafarizes menores e com temporizadores ou elimine-os totalmente.

4.26 Estratégias para reduzir o consumo de água no local.

Quando a captação de poluentes pelo solo não pode ser evitada, devemos incentivar a filtragem da água pluvial com sua percolação no solo e no subsolo.

Deve-se dar atenção especial à redução da produção e da incorporação de sedimentos e de outros contaminantes durante a construção. O processo de construção é tão agressivo intrinsicamente que o volume de poluição que pode produzir é considerável, e, mesmo que temporário, este pode causar danos significativos e duradouros ao ambiente. Uma das fontes de contaminação é a lavagem de restos de concreto de caminhões e outros equipamentos. Recomenda-se fazer a lavagem de restos de concreto fora do local. Se ela for feita no local, deve ser longe dos corpos de água ou dos sistemas de escoamento, para um fosso protegido e temporário, onde o concreto possa solidificar, ser quebrado e ser removido do terreno, para descarte. Os espaços para a lavagem dos restos do concreto e para o descarte de resíduos devem constar no caderno de encargos da construção. Câmaras de sedimentos podem ser usadas para impedir que os sedimentos sejam transportados para fora do local ou para sítios sensíveis.

Água transportada

A água transportada é a água que é trazida para o canteiro de obras, seja ela potável fornecida por um sistema de água municipal, seja bombeada de um poço de um aquífero subterrâneo que normalmente se estende além do local e é tratada.

A principal meta quando houver o transporte de água é minimizar o uso de água potável para aplicações que não necessitam de potabilidade. A meta busca reduzir o esgotamento de fontes de água potável, diminuir a energia consumida por bombas, reduzir o uso de produtos químicos para o tratamento da água e diminuir o volume de escoamento superficial de água. As estratégias para reduzir o uso de água transportada são empregar medidas de eficiência no consumo de água e usar água não potável para aplicações apropriadas a isso sempre que possível.

O consumo de água potável pode ser reduzido no terreno mediante o tratamento paisagístico com espécies e plantas nativas e resistentes que precisem de pouca ou nenhuma irrigação. Métodos mais eficientes de irrigação, como por gotejamento, e sistemas de irrigação regulados com as condições do tempo também podem reduzir significativamente o consumo de água. Chafarizes decorativos também podem ser projetados para reduzir o consumo de água, selecionando fontes com vazão e área menores, nas quais é mais difícil ocorrer a evaporação. A operação programada ou temporizada de chafarizes também reduz o consumo de água, assim como a eliminação total deles. Um hidrômetro também pode nos ajudar a monitorar a quantidade de água utilizada.

O impacto da água externa na qualidade do ambiente interno

A água superficial não controlada pode ter impacto negativo na qualidade do ambiente interno. Problemas sérios na qualidade de ambientes internos, como mofo, são consequência de umidade muito alta, que muitas vezes está associada à infiltração de água na edificação. Essa infiltração pode não ser somente proveniente da água da chuva que cai no telhado e nas paredes. Também pode ser de água superficial que entra em locais como pavimentos de subsolo. Esses problemas são difíceis de se resolver depois que já ocorreram, quando os ocupantes do prédio já estiverem sofrendo de alergias, sentindo odores e experimentando outras reações diversas ao mofo. Os problemas são mais facilmente solucionados antes que tenham acontecido, impedindo-se que o fluxo de água superficial vá em direção ao prédio e nele ingresse.

Por exemplo: instale superfícies permeáveis para permitir que a água se infiltre no solo em vez de ir em direção à edificação. Formamos uma camada de proteção ao criar uma rampa que permita que a água superficial flua em direção oposta ao prédio. Instalar um sistema de drenagem nas fundações serve como mais uma camada de proteção, usando pedras britadas, mantas de drenagem e tubos perfurados para coletar e distribuir a água para longe antes que ela possa penetrar na edificação. A impermeabilização externa também cria outra camada protetora. O uso de um impermeabilizante interno e da drenagem são as últimas opções, mas não queremos depender delas; queremos trabalhar de fora para dentro. É mais eficiente impedir o problema direto na fonte do que resolvê-lo depois que ele se desenvolveu dentro da edificação finalizada.

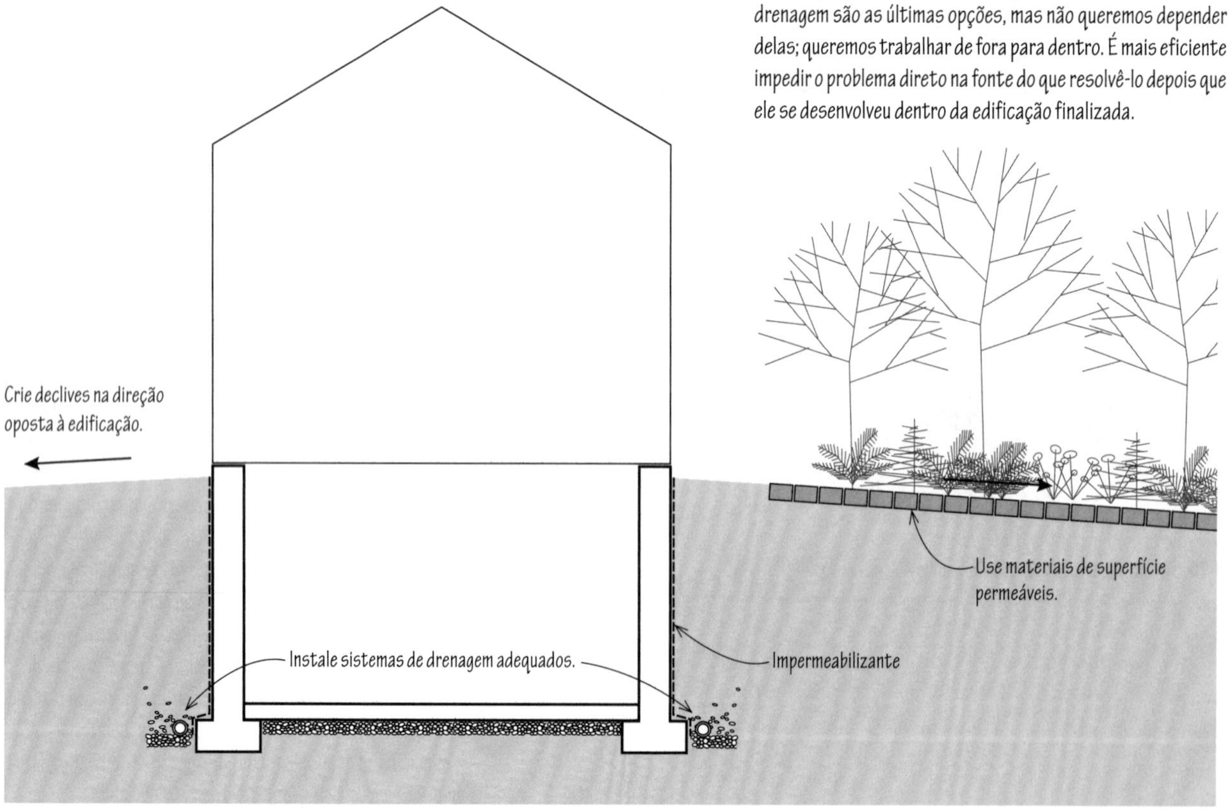

4.27 Estratégias para evitar a penetração da água na edificação.

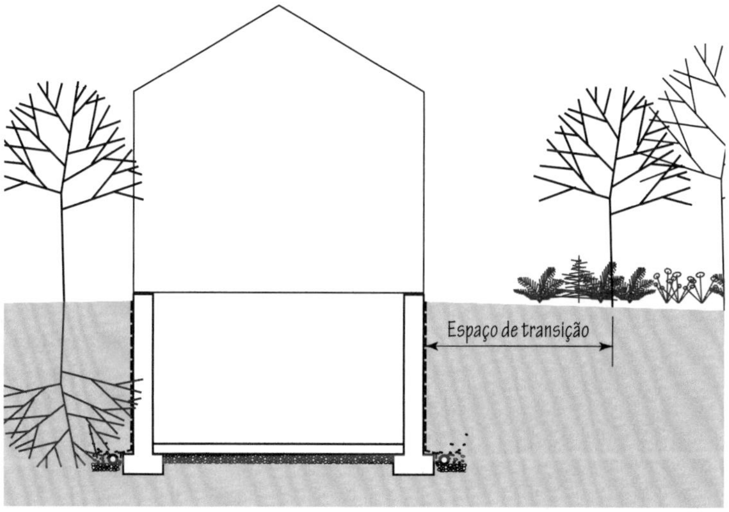

4.28 Um espaço de transição entre uma edificação e sua vegetação circundante é aconselhável, já que as raízes e os ramos das árvores podem penetrar as vedações externas e danificá-las.

Outras questões relacionadas ao terreno

É interessante observar que árvores e outras formas de vegetação, muito eficientes para proteger uma edificação dos efeitos energéticos provindos da exposição ao sol e ao vento, podem, ao mesmo tempo, contribuir para o aumento da umidade e para outros problemas relacionados ao interior se forem colocadas muito próximas ao prédio. As raízes e ramos das plantas também podem ameaçar a estrutura da edificação. As espécies trepadeiras podem penetrar janelas, separá-las de seus batentes e causar um dano extenso às laterais e à cobertura da edificação. As edificações precisam de um anteparo para protegê-las de tais plantas, e essa zona de anteparo serve como uma camada de proteção. A única exceção à regra são as coberturas verdes, que protegem o prédio reduzindo os efeitos da ilha de calor urbana, diminuindo o escoamento superficial da água pluvial e absorvendo dióxido de carbono do ar. As coberturas verdes são tratadas no Capítulo 7, Vedações externas.

O projeto ecológico de um sítio pode promover uma qualidade maior ao ambiente interno ao proteger o prédio da sujeira e da umidade que pode ser trazida com os sapatos de seus usuários.

Um sistema de barragem eficiente começa com as abordagens em relação à edificação em si e inclui a escolha apropriada dos materiais de paisagem e plantas de paisagismo o uso de pisos externos texturizados em vez de cascalho, e a instalação efetiva de capachos e grades especiais para a remoção de sujeira em todas as entradas. Podemos até mesmo considerar a colocação de um friso de borracha permanente ou com escova na porta de entrada principal. Cada uma dessas medidas reduz progressivamente o risco de entrada de sujeira no prédio e serve como uma camada de proteção para manter o pó e a umidade fora da edificação.

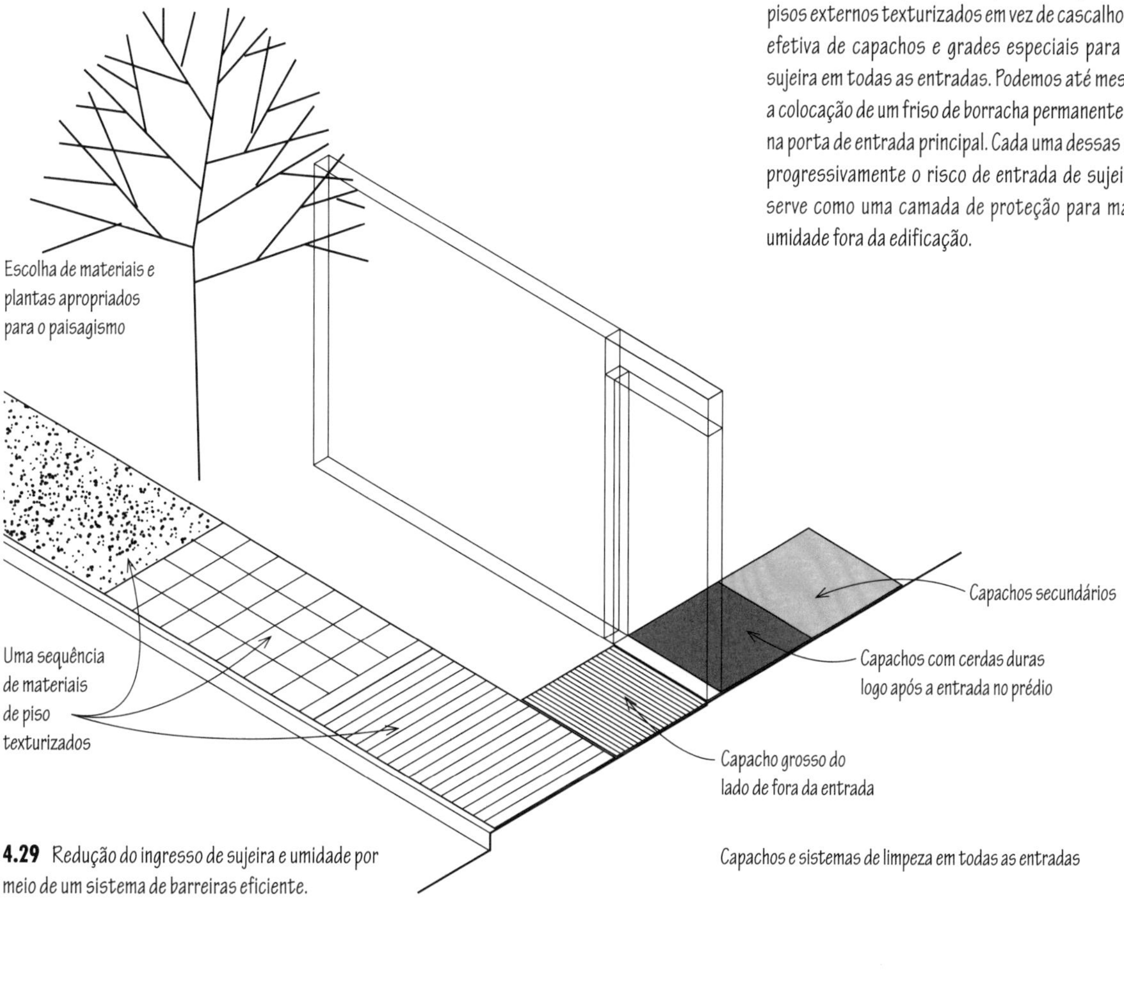

4.29 Redução do ingresso de sujeira e umidade por meio de um sistema de barreiras eficiente.

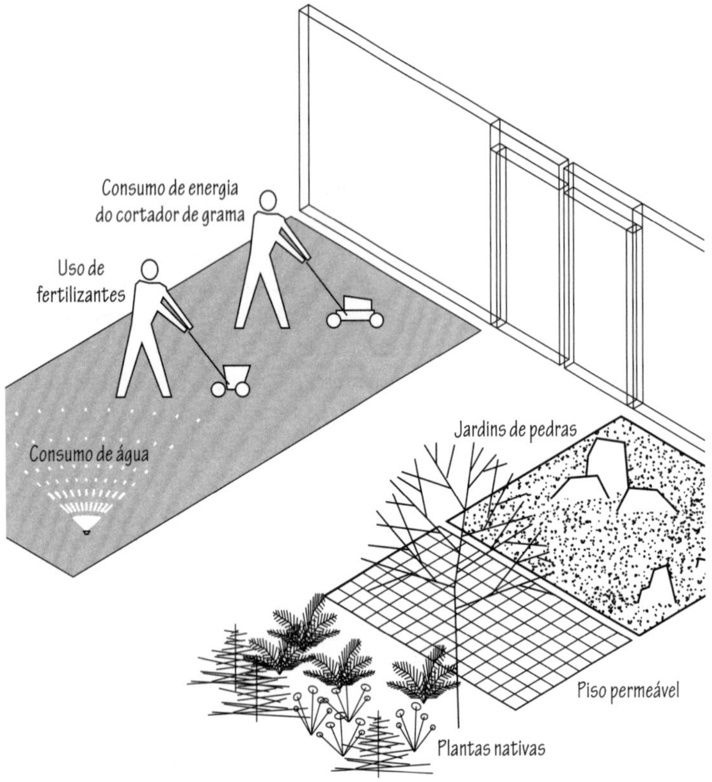

4.30 Alternativas ao gramado tradicional.

Se estiver sendo considerado o uso de um sistema de bomba de calor geotérmico com ciclo fechado, uma análise inicial das condições do solo deve ser feita para avaliar a fundo a eficiência de tal equipamento. Por exemplo, se as características de transferência de calor do solo forem precárias, será preciso um poço mais profundo, e o custo do sistema de bomba de calor geotérmico será mais alto.

Uma questão é se gramados tradicionais seriam apropriados em edificações ecológicas. Gramados são, muitas vezes, mantidos com fertilizantes, pesticidas e outros produtos químicos. Os gramados também exigem uma irrigação constante em climas mais secos e o uso de máquinas de cortar de alto consumo de energia. Jardins de pedras, plantas nativas e pisos permeáveis são algumas das alternativas aos gramados tradicionais.

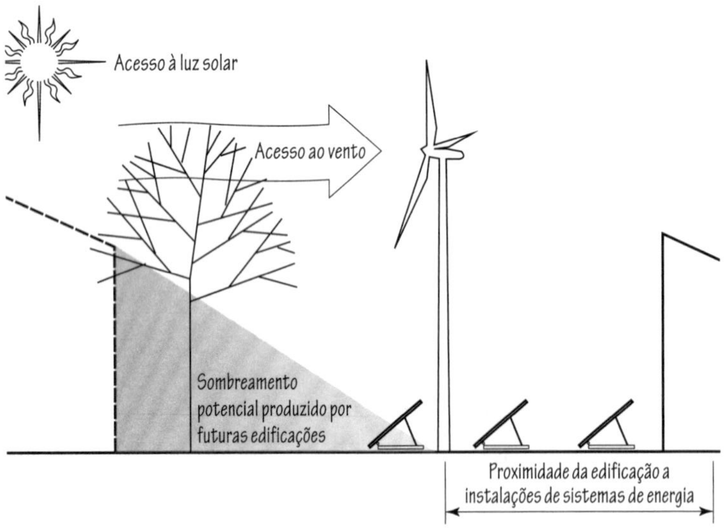

4.31 Considerações do terreno para a instalação de turbinas eólicas e painéis solares instalados no solo.

O sítio e as energias renováveis

Uma nota final relativa ao terreno se refere às energias renováveis. Por uma variedade de razões, a melhor localização para painéis solares é em coberturas. Se, no entanto, a cobertura não puder acomodar o arranjo solar, uma opção é instalá-lo no solo. O planejamento do terreno para a instalação de painéis solares precisa incluir estudos sobre sombreamento, incluindo o risco de sombreamento causado por árvores próximas à edificação. Se quisermos proteger o prédio do sol com a plantação de árvores, elas deverão estar a uma distância grande o suficiente do prédio para não causar sombra no arranjo solar.

Da mesma forma, se turbinas eólicas estão sendo consideradas, o melhor momento para um estudo de viabilidade é durante a escolha do terreno e a fase de estudos preliminares. A instalação de painéis solares ou turbinas eólicas no solo também deve levar em consideração a distância do prédio, para manter razoáveis os custos com a abertura de valas. Por fim, as questões estéticas dos sistemas de conversão de energia renovável instalados no solo podem ser complexas e devem ser estudadas nos desenhos feitos no início do desenvolvimento do projeto.

5
Formato das edificações

Ao tratarmos do formato de uma edificação, estamos falando de sua planta baixa – a área em que a edificação é instalada –, de seu tamanho, altura, número de pavimentos e configuração geral. Tradicionalmente, o foco de tais discussões é a orientação – como ela fica em relação ao sol, à rua ou às suas vistas. Examinaremos a orientação, mas também duas características geométricas: a área de piso e a superfície das vedações externas. Essas duas características podem causar impactos importantes na eficiência energética, na conservação de materiais e na viabilidade financeira do prédio.

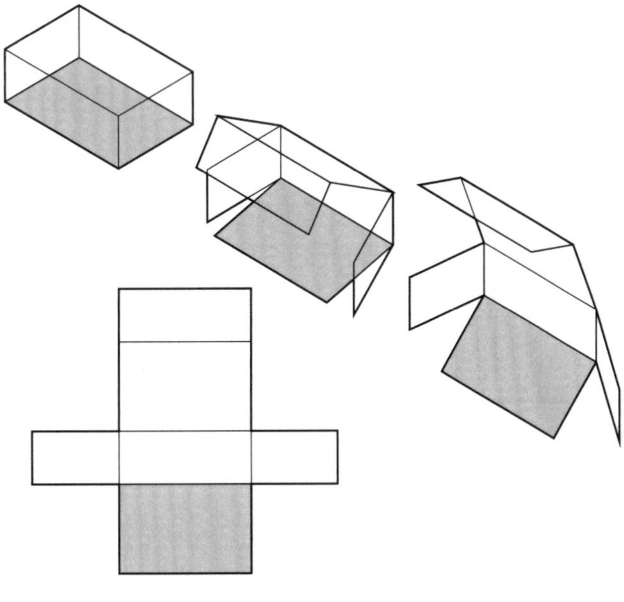

Área de piso

A área de piso de um prédio, em suma, impactará no consumo de material e de energia, porque quanto maior ela for, não só aumentará a necessidade de material para construí-lo, como mais energia será necessária para calefação e resfriamento, iluminação, ventilação e outras cargas energéticas que variam com o tamanho.

A questão sobre o tamanho que um prédio pode ou deve ter é relevante para projetos de edificações ecológicas. Por exemplo, nos Estados Unidos, a média de tamanho das habitações cresceu 50% em 35 anos, de 154 m^2 em 1973 para 234 m^2 em 2008. A habitação comum nos Estados Unidos é quase o dobro de uma holandesa, mais que o dobro de uma japonesa e quase o triplo da típica moradia britânica, independentemente de a quantidade de pessoas em um lar nos Estados Unidos ser a mesma desses três outros países – em média, 2,5 pessoas. Até mesmo reduções mínimas nas dimensões de um prédio, ainda que se mantenham todas as suas funções, geram economias substanciais no consumo de energia e materiais e nos custos da construção.

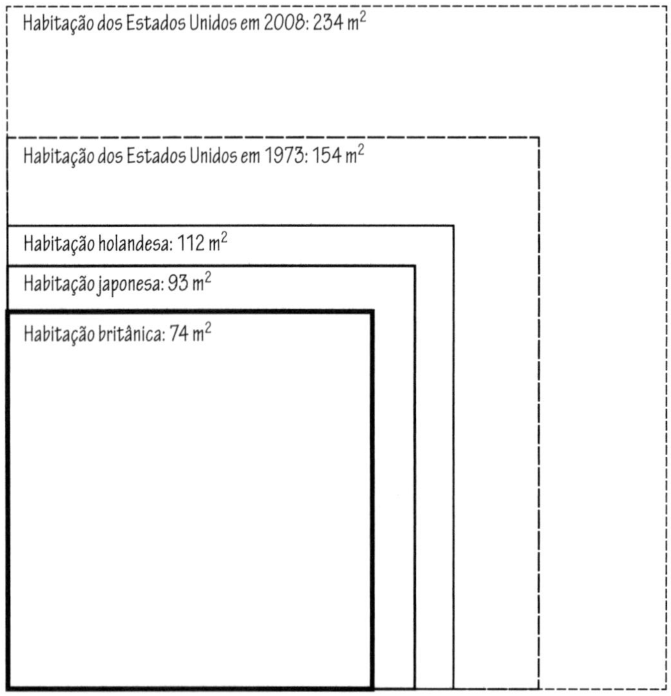

5.01 Tamanho médio de habitações em diferentes países.

O sistema de certificação residencial do LEED, LEED para habitações (LEED for Homes), reconhece a relação entre a área de piso de um prédio e seu consumo de energia e ajusta seus créditos para recompensar as moradias menores. No entanto, a maioria dos outros sistemas de certificação ecológicos não dá crédito extra para áreas de piso modestas.

Esta pequena discussão sobre a área do piso é concluída enfatizando, novamente, o que pode parecer evidente por si só, mas que vale repetir: uma edificação pequena consome menos energia e menos material que uma grande. Reduzir as dimensões de um cômodo ou aumentar a densidade de ocupação é uma maneira de fazer isso, mas outras opções são o uso criativo de espaços de armazenamento e a mudança de ambientes não climatizados para fora do fechamento térmico.

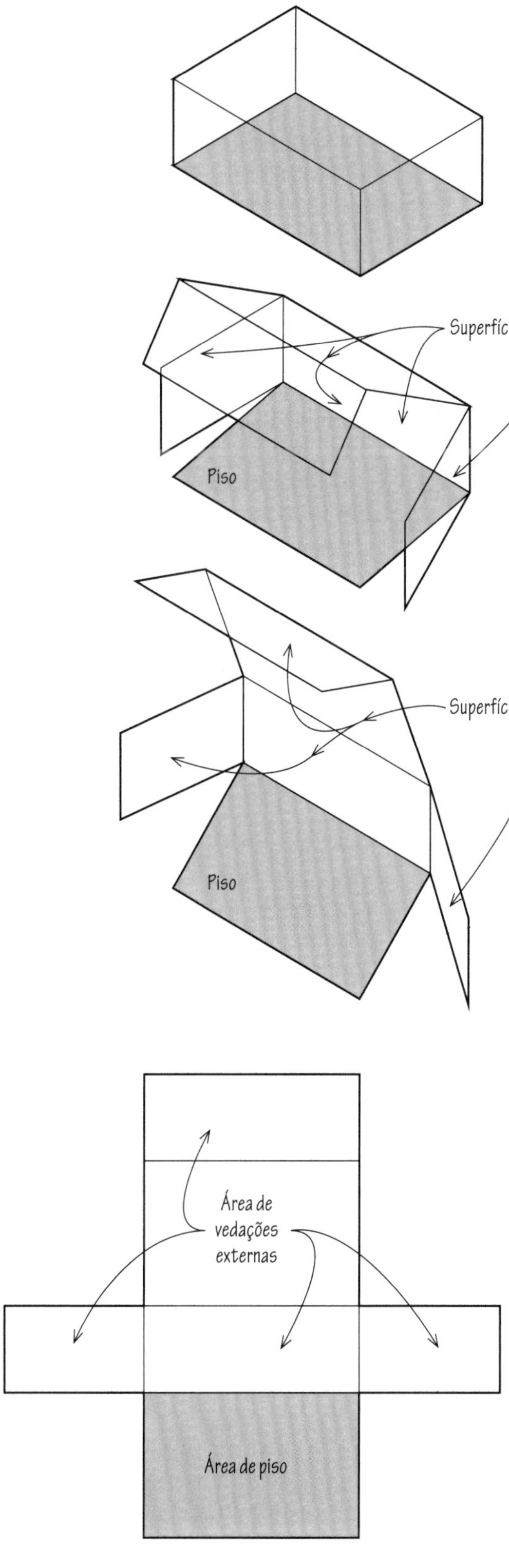

5.02 Razão de superfícies = Área de vedações externas / Área de piso.

Área de vedações externas

A área de vedações externas, a segunda característica geométrica de uma edificação, também pode ser determinada para a redução do consumo energético. Por área de vedações, nos referimos, especificamente, àquela que está em contato com o exterior do prédio. Um prédio perde calor no inverno em uma proporção direta à sua área de vedações. No verão, essa área também impactará fortemente nos equipamentos de resfriamento. A área de vedações de uma edificação se torna uma característica crucial na eficiência do consumo de energia, porque, na maioria das edificações, ele é dominado pela calefação e pelo resfriamento.

Da mesma forma, reduzir a área da pele de um prédio diminui significativamente o uso de materiais e o custo da construção, pois as paredes externas e a cobertura de uma edificação consomem muito material.

Seu impacto no consumo de energia é visto na equação de transferência de calor que determina as perdas térmicas de uma edificação:

$$\text{Perdas térmicas} = (A/R) \times (T_{interna} - T_{externa})$$

em que:
A é a área de vedações externas de uma edificação,
R é a sua resistividade térmica (valor-R),
$T_{interna}$ e $T_{externa}$ se referem às temperaturas do ar dentro e fora de um prédio, respectivamente.

Historicamente, o foco das edificações ecológicas tem sido aumentar a resistividade térmica ou valor-R das vedações externas para reduzir as perdas de calor. Isso faz sentido e funciona. No processo, a área de vedações externas (A) talvez não tenha recebido a atenção que merece, ainda que tenha um importante papel. Além disso, diferentemente de aumentar a resistividade térmica, que eleva a utilização de material e o custo da construção, reduzir a área de vedações diminui não só as perdas de calor, mas também a utilização de materiais e os custos da construção.

A importância da área de piso foi discutida anteriormente. Então, se presumirmos que a área de piso de uma edificação está finalizada e fixa servindo aos propósitos de um prédio específico, um dado interessante é a razão da sua área de vedações externas por sua área de piso. Ela permite a comparação de prédios de diferentes formatos com um sistema de medidas único. Essa razão entre área de vedações e área de piso será chamada de *razão de superfícies*. Quanto maior for a razão de superfícies de uma edificação, maior seu consumo de energia em calefação e resfriamento por unidade de área de piso.

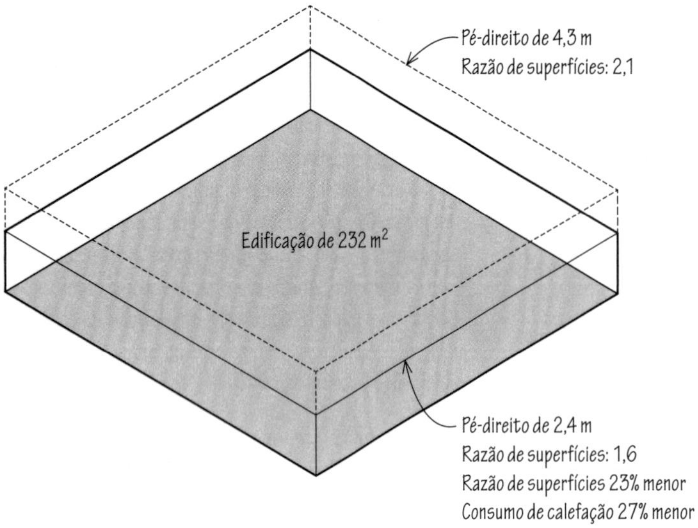

5.03 Razão de superfícies em função da altura do pé-direito.

Por exemplo, para uma edificação térrea quadrada, com cobertura plana e 232 m^2 de área de piso, podemos examinar o impacto da redução de seu pé-direito de 4,3 m^2 para 2,4 m^2. A razão de superfícies para uma altura de 4,3 m^2 é 2,1. Já a de 2,4 m^2 é de apenas 1,6. Qual é o impacto de um pé-direito e uma razão de superfícies menores no consumo de energia? A redução de 23% na razão de superfícies resulta em uma diminuição de 27% no consumo de energia. A razão de superfícies impacta significativamente no consumo de energia, e as economias desse consumo não são tão diferentes das reduções na razão de superfícies. Na verdade, as economias têm um percentual um pouco maior do que o da redução da razão de superfícies. Existem muitas oportunidades para examinar e selecionar diferentes pés-direitos em projetos de edificações. Por exemplo, um supermercado comum tem um pé-direito que varia entre 3,7 e 5,5 m de altura; no entanto, o espaço acima dos 3,7 m normalmente não é utilizado, porque fica mais alto do que uma pessoa conseguiria alcançar. Edificações ecológicas não requerem necessariamente pé-direito baixo, mas a necessidade de pés-direitos exageradamente altos merece ser examinada. Pés-direitos altos muitas vezes são espacialmente ineficientes, e a redução de sua altura poderia gerar uma diminuição no consumo de energia e de material e nos custos da construção sem sacrificar as funções da edificação.

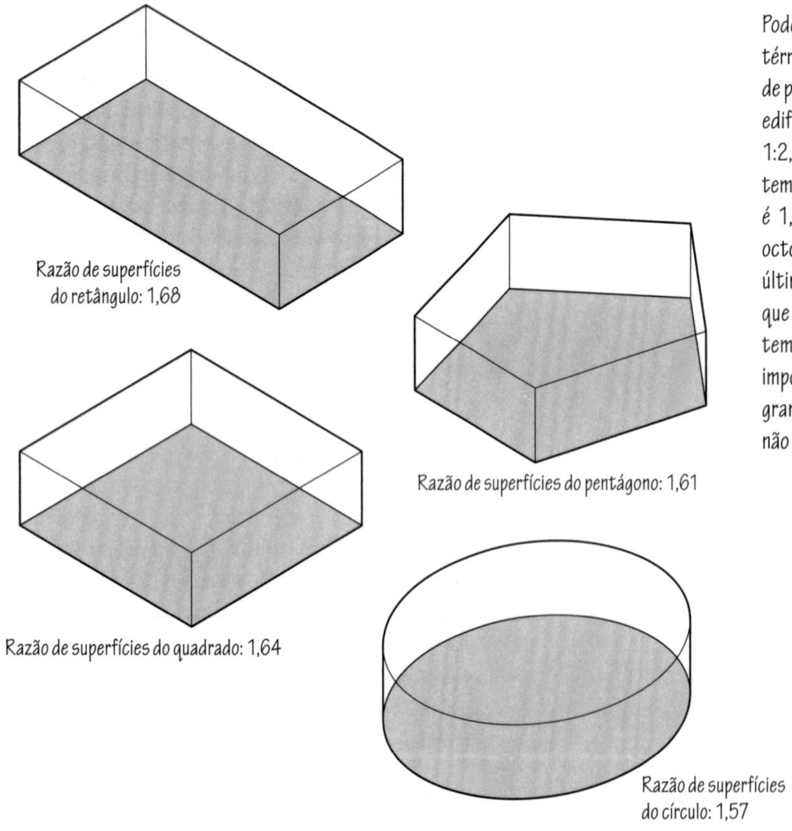

5.04 Razão de superfícies em função do formato da planta baixa.

Podemos examinar diferentes plantas baixas de edificações térreas com um pé-direito de 2,4 m de altura e 232 m^2 de área de piso. Considere, especificamente, os seguintes formatos de edificações: quadrados, retângulos com proporção lateral de 1:2, pentágonos, octógonos e círculos. Um prédio retangular tem razão de superfícies de 1,68, enquanto a de um quadrado é 1,64. O pentágono tem razão de superfícies de 1,61, o octógono, 1,58 e o círculo, 1,57. Levando em conta que os três últimos formatos são incomuns, ainda temos que observar que um prédio com um piso circular e uma forma cilíndrica tem a razão de superfícies mais eficiente. Talvez seja mais importante notar que as diferenças entre suas razões não são grandes. Temos flexibilidade com essas plantas baixas; elas não causam um impacto significativo na razão de superfícies.

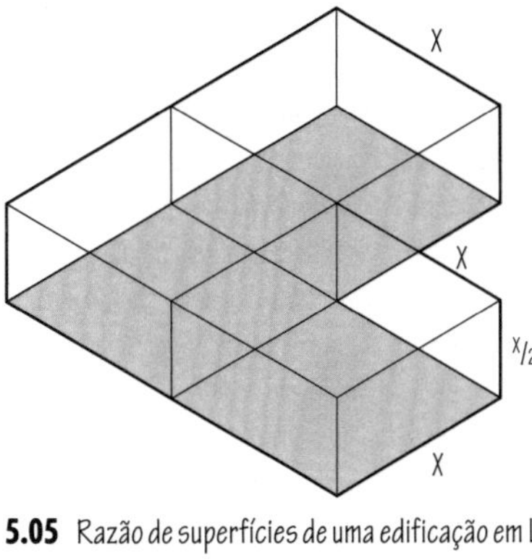

5.05 Razão de superfícies de uma edificação em L.

Área de piso = $3X^2$
Área de vedações externas = $7X^2$
Razão de superfícies = 7/3 = 2,33

Plantas baixas mais complexas têm um efeito maior na razão de superfícies e no consumo de energia. Uma planta em L é comum em habitações e não é incomum em edificações comerciais. Por exemplo, considere a planta baixa de três quadrados adjacentes que formam uma planta em L de uma edificação térrea. Se o pé-direito for metade da dimensão do lado de um dos quadrados, a razão de superfícies será 2,33. Para a mesma área de piso quadrada, a razão de superfícies será 2,15. A redução é de 8% da planta em L para a quadrada. Há ganhos sensíveis na eficiência do consumo de energia em uma edificação de formato mais simples em relação a uma em L.

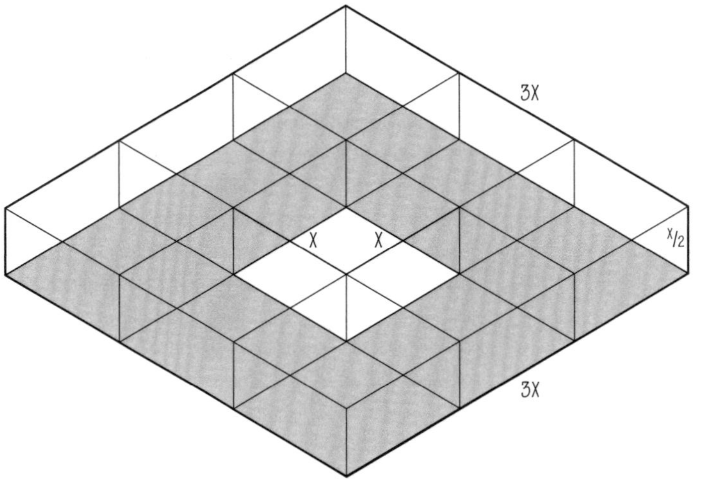

5.06 Razão de superfícies de uma edificação com pátio central.

Área de piso = $8X^2$
Área de vedações externas = $16X^2$
Razão de superfícies = 16/8 = 2,00

Uma planta com pátio central é outro formato comum. Considere um prédio quadrado com cada lado equivalente a três vezes o comprimento de um pátio central quadrado no centro. Considere, novamente, uma edificação térrea que tenha o pé-direito equivalente à metade da lateral do pátio central. O prédio com o pátio central tem uma razão de superfícies de exatamente 2. Em comparação, uma edificação quadrada sem o pátio central e com a mesma área de piso tem a razão de superfícies de 1,71, uma redução substancial de 14% de um prédio para o outro.

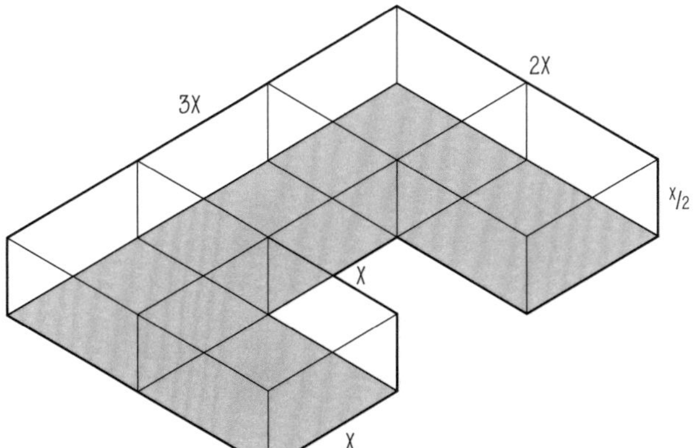

5.07 Razão de superfícies de uma edificação em C.

Área de piso = $5X^2$
Área de vedações externas = $11X^2$
Razão de superfícies = 11/5 = 2,20

Se considerarmos uma planta baixa em C em vez de um quadrado, a razão de superfícies é, como a do exemplo do pátio central, 14% menor. Edificações com formatos complexos também têm custo mais alto do que as de formato mais simples. Os prédios em C costumam custar 3,5% mais que os de planta quadrada ou retangular.

A seguir, considere os benefícios das edificações residenciais chamadas casas em fita – unidades dispostas lado a lado em uma fila com uma única unidade de habitação na profundidade. Começando com um prédio retangular de dois pavimentos que tenha 149 m² de área, 6,1 m de largura, 12,2 m de profundidade e 2,7 m de altura por pavimento, vemos que sua razão de superfícies é de 1,85. Transformando ele em um par de casas geminadas, sua razão de superfícies reduz significativamente, 24%, ficando em 1,40. A parede-meia reduz a área de vedações dos dois prédios. Adicionando uma terceira unidade, a razão de superfícies diminui para 1,25; uma quarta, para 1,18; uma quinta, para 1,13; e uma sexta, ela fica em 1,10. O prédio de seis unidades tem redução substancial de 41% na razão de superfícies em relação ao prédio com uma única unidade. Podemos reparar, também, que a maior redução ocorre quando passamos de uma para duas unidades.

Mesmo se não expandirmos para uma edificação de seis unidades, um par de casas geminadas é muito mais eficiente que a unidade isolada. No entanto, a diferença entre um prédio de duas unidades (24% menos que o de uma unidade) e um de seis unidades (41% menos) é, ainda, significativa. Edificações em fita economizam quantidades substanciais de material e energia e reduzem o custo da construção. Reconhecemos que, em tese, a parede-meia em edificações em fita priva as unidades de vistas e iluminação natural, e isso nem sempre é aceitável em um projeto específico. No entanto, a abordagem pode ser aplicada para muitos tipos de prédios, como lojas, para as quais as únicas vidraças necessárias são as da fachada, além disso, paredes cegas são necessárias para prateleiras de mercadorias.

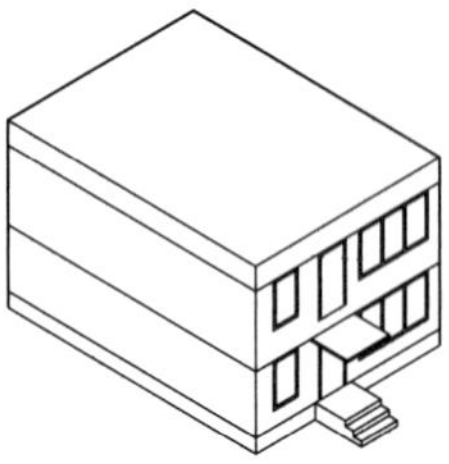

Razão de superfícies de uma edificação de uma unidade: 1,85

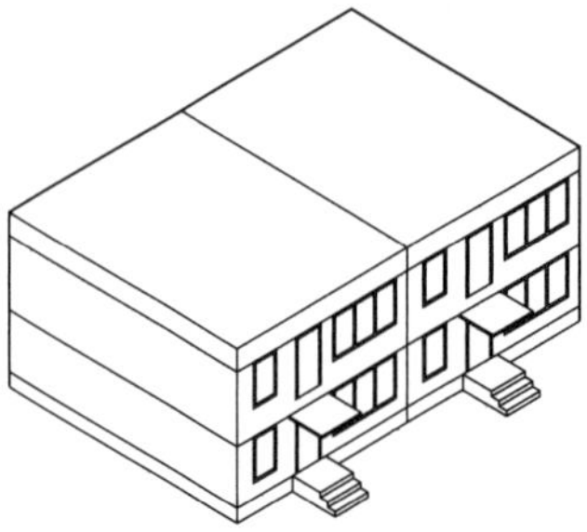

Razão de superfícies de um par de casas geminadas: 1,40

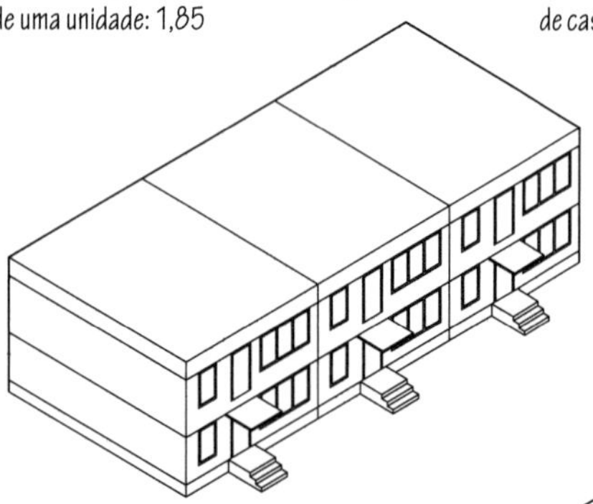

Razão de superfícies de uma edificação de três unidades: 1,25

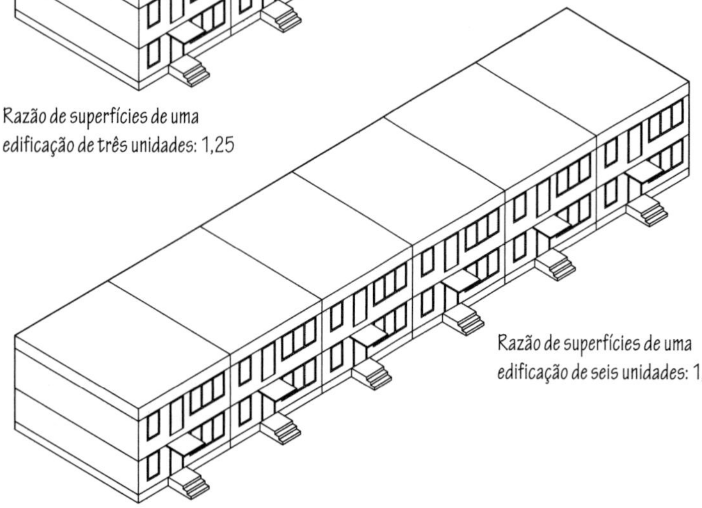

Razão de superfícies de uma edificação de seis unidades: 1,10

5.08 Razão de superfícies de diferentes tipologias de habitações.

Quais são as razões de superfícies de edificações reais atualmente? Os prédios pequenos típicos, como habitações, muitas vezes têm razões de superfícies que variam entre 2,0 e 3,0. As edificações de verdade aumentam substancialmente a razão de superfícies de formatos simples ao adicionar protuberâncias, deslocamentos, balanços, águas-furtadas, áreas de piso e coberturas expostas e outras complexidades, todas as quais contribuem para a razão de superfícies. Seria possível reduzir facilmente a razão para 1,5 mantendo-se a área de piso, mas diminuindo-se as complexidades do formato da edificação. Os formatos mais simples de edificações sempre consomem menos energia. Dado que os formatos mais simples também utilizam menos material e custam menos para construir, começamos a ver uma teoria a favor da simplicidade, tanto para a sustentabilidade quanto para a viabilidade financeira. Os formatos mais singelos podem não ser desejáveis para algumas edificações, mas naquelas em que isso é aceitável, o potencial de redução de energia e de custo pode ser significativo.

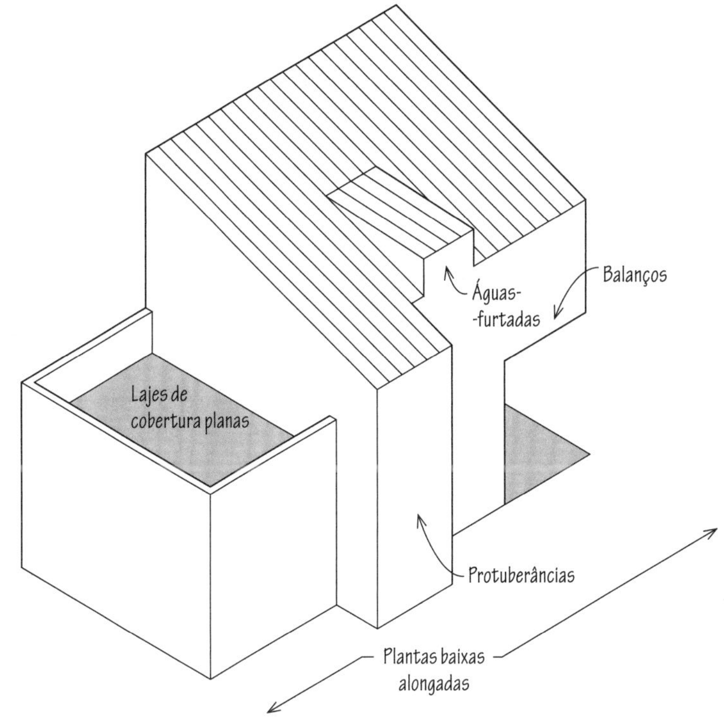

5.09 Elementos de uma edificação que aumentam a razão de superfícies.

Coberturas em vertente também podem impactar a razão de superfícies. Por exemplo, um prédio quadrado e solto no terreno, de 6,1 m com cobertura plana e pé-direito de 2,7 m, tem uma razão de superfícies aumentada em 36% se uma linha da cobertura for elevada em mais 2,7 m. Se, em vez disso, a cobertura for elevada em mais 2,7 m na linha central, sua razão de superfícies será 17% maior do que se o prédio tivesse uma cobertura plana.

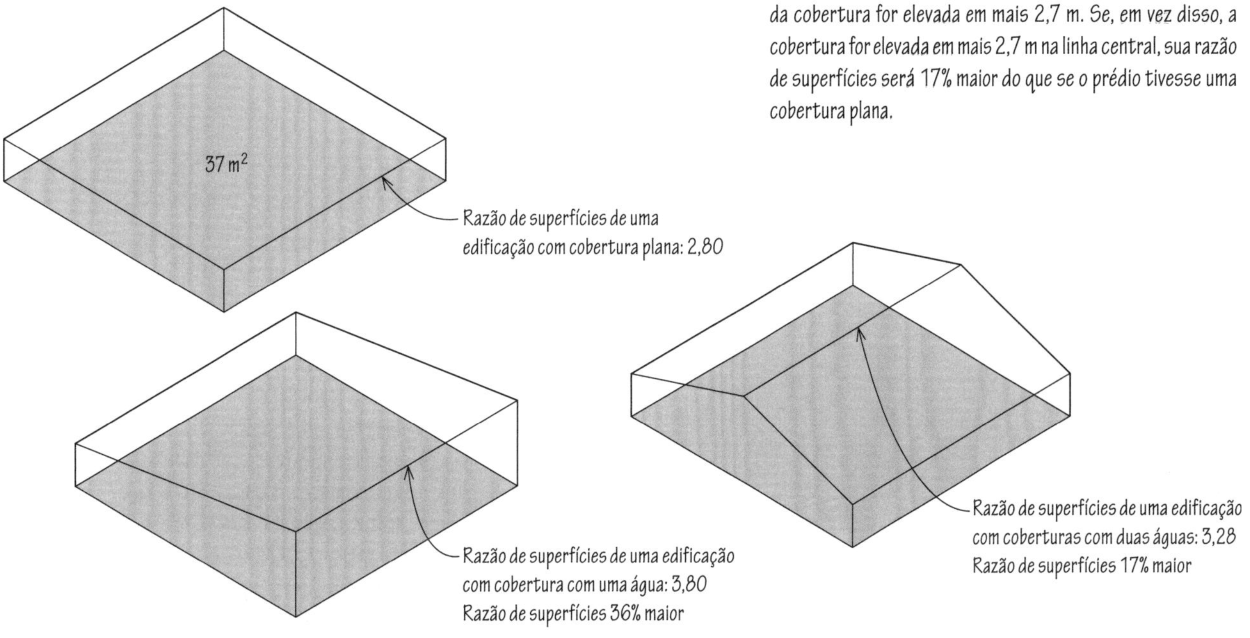

5.10 Razões de superfícies de diferentes coberturas.

As razões de superfícies também são afetadas pelo número de pavimentos de uma edificação. Novamente, examinemos um prédio quadrado de 232 m² de área de piso e 2,4 m de pé-direito. Aqui, os 232 m² se referem à área de piso total da edificação, não à área de ocupação do terreno. Neste exemplo, os 232 m² são divididos igualmente em cada um dos pavimentos. Se tivesse somente um pavimento, sua razão de superfícies seria de 1,64. Com uma edificação de dois pavimentos, muda para 1,41, e, com uma de três pavimentos, ela é 1,44. Existem, claramente, benefícios em acomodar a mesma área de piso em dois pavimentos menores que em um pavimento somente, já que a área de cobertura exposta é reduzida. Porém, à medida que o prédio passa a ter três pavimentos, se tornando mais alto e mais esbelto, a área de vedações externas começa a dominar, e a razão de superfícies aumenta novamente. Isso indica que o número ideal de pavimentos para uma edificação de 232 m² é dois.

Para edificações térreas, a área de cobertura é dominante. Razão de superfícies: 1,64

Dois pavimentos são ideais para edificações de 232 m². Razão de superfícies: 1,41

Com três pavimentos ou mais, a área de paredes domina. Razão de superfícies: 1,44

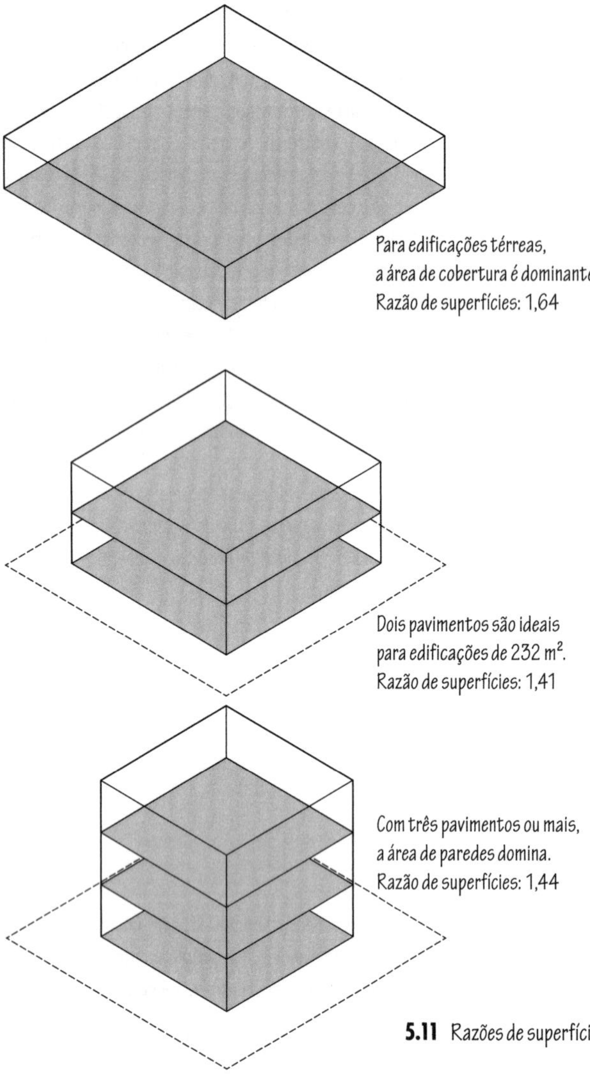

5.11 Razões de superfícies ideais para uma edificação de 232 m².

Áreas de piso em m²	Número ideal de pavimentos
93	1
94–465	2
466–929	3
930–2.787	4
2.788–5.574	5
5.575–9.290	6
9.291–13.935	7
13.936–22.297	8

O número ideal de andares varia um pouco com a dimensão entre pisos. Esta tabela é para altura de 3,0 m entre pisos.

5.12 O melhor número de pavimentos em função da área de piso.

Edificações térreas oferecem a menor razão de superfícies, desde que sua área seja 93 m² e seu pé-direito, 3 m. De, aproximadamente, 94 a 465 m² de área de piso, o melhor número de pavimentos é dois; de 466 a 929 m², o melhor número de pavimentos é três; de 930 a 2.787 m², o melhor número é quatro e assim por diante. Com 18.580 m², o melhor número de pavimentos é oito. Devemos notar também que, enquanto o número ideal de pavimentos para produzir uma razão de superfícies menor aumenta com a área de piso, as edificações muito provavelmente terão um núcleo.

Algumas edificações, como apartamentos e hotéis, não podem ter cômodos no núcleo devido à necessidade de vistas. Elas são chamadas de edificações sem núcleo. Um prédio alto, que precisa ter vistas e não pode ter um núcleo substancial, tem uma razão de superfícies que simplesmente fica cada vez mais baixa à medida que o prédio fica mais alto. Por exemplo, considere uma edificação de 15 por 61 m, de 3 m de altura entre pisos e uma área de piso de 929 m^2 por pavimento. Como uma edificação térrea, sua razão de superfícies é de 1,5. Com dois pavimentos, a razão de superfícies cai para um; em dez pavimentos, cai para 0,6; e, em 20 pavimentos, sua razão é de 0,55. Para edificações sem núcleo e somente sob a perspectiva da razão de superfícies, quanto mais altas elas forem, melhor.

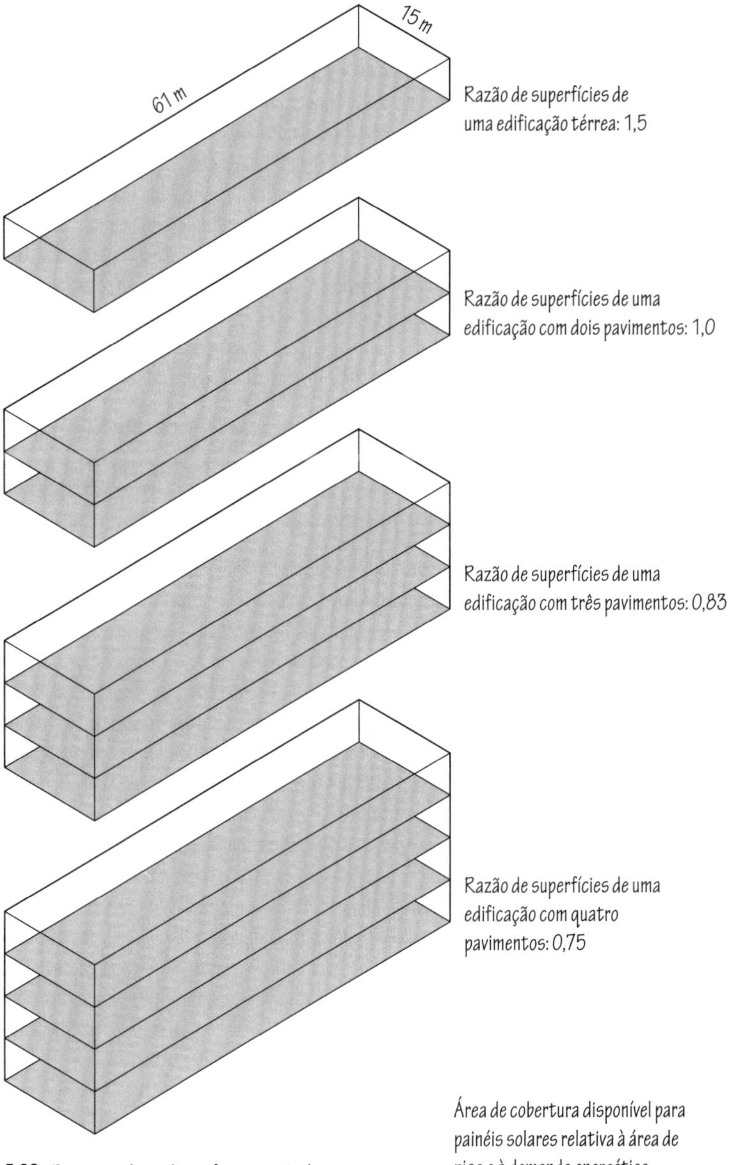

5.13 Para uma planta baixa fixa, a razão de superfícies é inversamente proporcional ao número de pavimentos.

No entanto, à medida que o prédio vai ficando mais alto, dois fatores não relacionados podem ir contra as economias de energia por razão de superfícies: a perda da proteção contra o vento proveniente de árvores e outros prédios e o aumento do efeito chaminé, que ocorre quando a movimentação do ar resultante de diferenciais de temperatura leva o ar para cima do prédio no inverno. Para edificações sem núcleo, como apartamentos e hotéis, é provável que a melhor altura seja a média, em que as razões de superfícies são bem menores das de prédios com um ou dois pavimentos, mas em que o efeito chaminé e a exposição ao vento ainda não se tornaram forças dominantes.

Em projetos ecológicos que buscam alcançar um consumo líquido de energia zero, mas que não têm espaço de solo suficiente em seu terreno, outro fator limitante para a altura de uma edificação é a área de cobertura disponível para sistemas de energia solar. Pesquisas comprovaram que a possibilidade de ter área de cobertura suficiente para abastecer o prédio com eletricidade gerada por energia solar diminui, significativamente, quando há dois pavimentos.

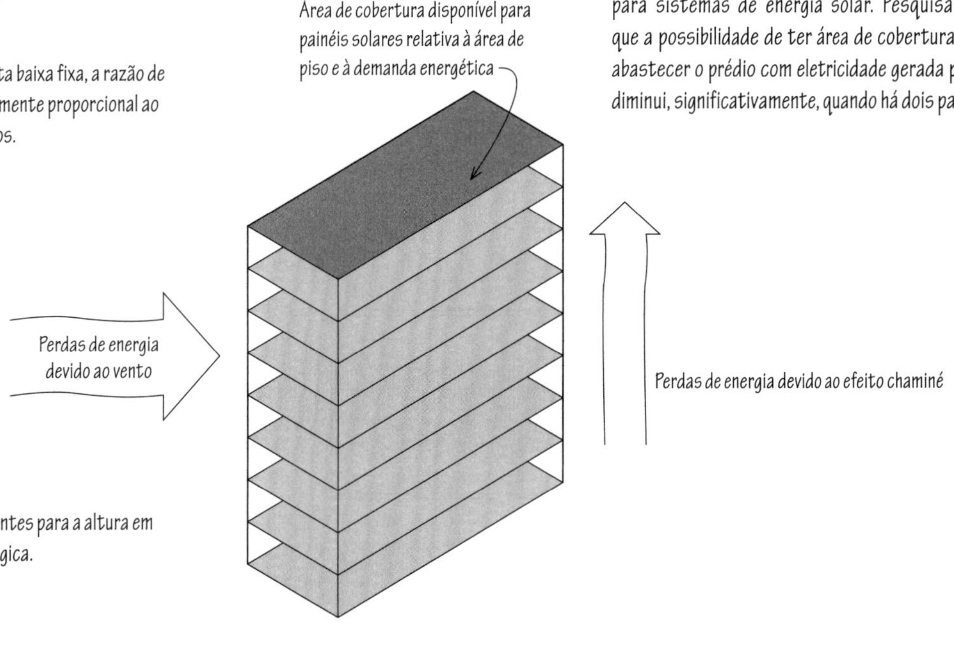

5.14 Fatores limitantes para a altura em uma edificação ecológica.

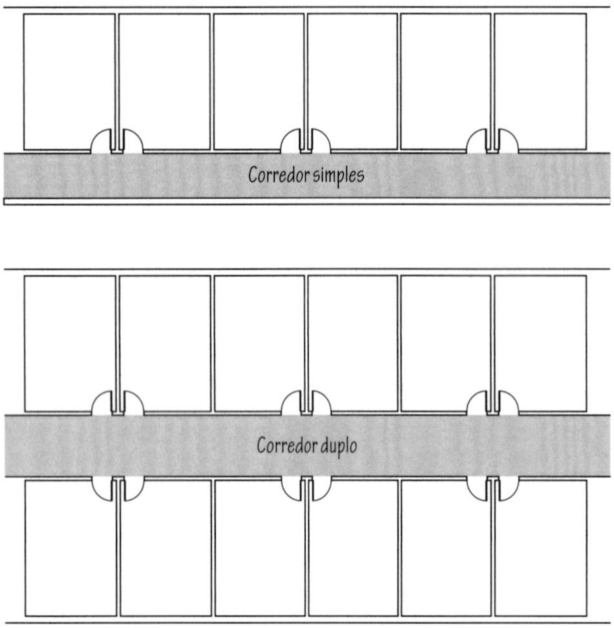

5.15 Edificações com corredores duplos têm razão de superfícies menor do que edificações parecidas, mas com corredores simples.

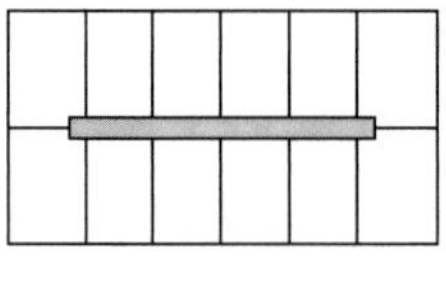

Outras melhorias na eficiência energética podem ser obtidas se o corredor não chegar até o fim do prédio.

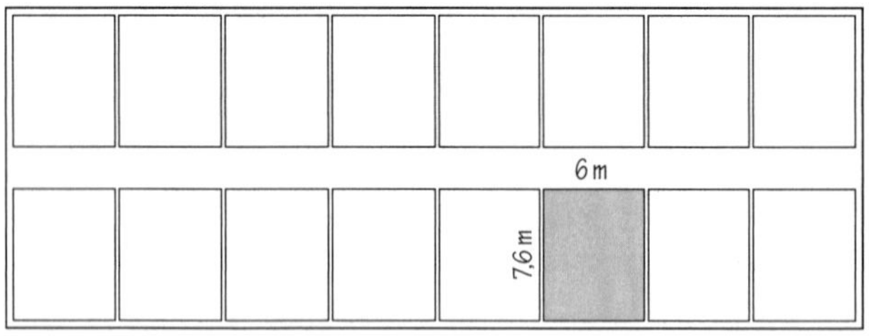

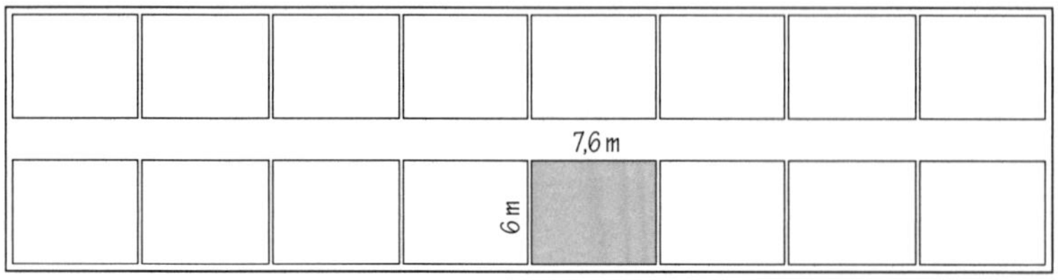

5.16 Invertendo-se a posição dos apartamentos, o prédio fica com razão de superfícies menor, é mais eficiente no consumo de energia e tem custo de construção inferior, mesmo que a área útil continue a mesma.

Para edificações sem núcleo que requeiram vistas, como edifícios de apartamentos e hotéis, uma dúvida comum é: o que é preferível, um corredor duplo ou simples? A resposta é que um prédio com corredor duplo sempre terá uma razão de superfícies significativamente menor. Suponha que um edifício de apartamentos tenha 61 m de comprimento, 5 pavimentos de altura, apartamentos de 6,1 metros de profundidade, um corredor com largura de 1,5 metro e altura entre pisos de 3 metros. Se o prédio tem corredor simples, sua razão de superfícies será de 1,1, mas se for convertido em corredor duplo, sua razão de superfícies fica 32% menor e é de 0,74. Os benefícios de um arranjo com corredor duplo podem ser aumentados se não projetarmos o corredor de ponta a ponta do prédio.

Outra estratégia para prédios sem núcleo é reduzir o espaço ocupado pelas paredes externas. Isso significa projetar perímetros de espaços mais profundos, com os comprimentos dos cômodos perpendiculares à parede externa.

Tomando o exemplo acima, a razão de superfícies de um prédio de cinco pavimentos com corredor duplo é 0,74. Suponha que ele tenha sido inicialmente projetado com oito apartamentos em cada lado do corredor, cada um de 6,1 por 7,6 m, e um lado de 7,6 m ao longo da parede externa. Se fôssemos mudar a orientação de cada apartamento para que o lado de 6,1 m ficasse na parede externa, mas não mudássemos a área dos cômodos, a parede externa de cada unidade agora diminuiria de 7,6 m para 6,0 m. A edificação se torna um pouco mais curta e espessa, mas as áreas dos apartamentos continua a mesma (46 m^2 cada). A redução da exposição da parede reduz a razão de superfícies em 7,5%, ficando 0,69. Esse é o resultado de uma mudança mínima nas dimensões da edificação e de uma pequena perda da exposição das paredes para vistas, mesmo que aparentemente a área total para aberturas pudesse ser mantida. No entanto, isso produz uma economia substancial em calefação e resfriamento devido à redução da área de vedações externas sem que haja qualquer perda na área dos apartamentos. Notamos que quando o corredor se torna um pouco mais curto, o que gera uma economia na iluminação, a área total do pavimento e a área total das paredes externas também diminuem, resultando em economias adicionais nos custos de construção.

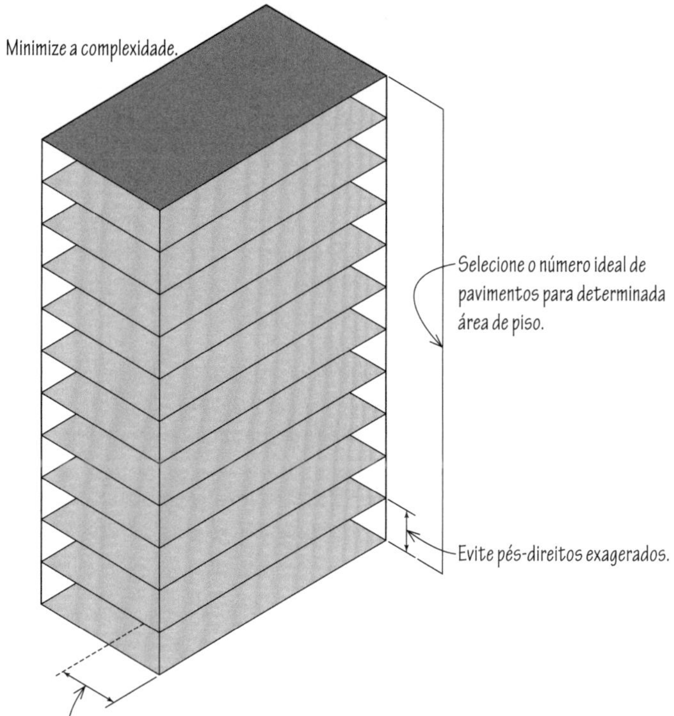

5.17 Maneiras de minimizar a razão de superfícies de uma edificação.

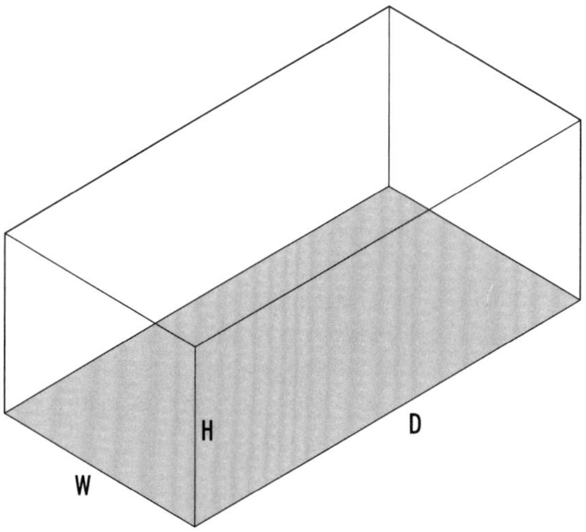

Volume = H • W • D

Superfície = 2 (H • W + H • D) + (D • W)

$$\frac{\text{Superfície}}{\text{Volume}} = \frac{2(H \cdot W + H \cdot D) + (D \cdot W)}{H \cdot W \cdot D}$$

5.18 Razão entre superfícies e volume.

Vimos como é poderoso o impacto da razão de áreas de vedações por área de piso de um prédio em seu consumo de energia. Uma variedade de estratégias pode ser utilizada para minimizar a razão de superfícies, incluindo reduzir as alturas entre pisos e evitar pés-direitos altos; utilizar edificações em fita ou combinar prédios menores em um único prédio grande; utilizar o número ideal de pavimentos para uma área de piso particular; criar espaços mais profundos em relação às paredes externas; e minimizar a complexidade das superfícies.

Manter razões de superfícies menores resulta em uma série de benefícios secundários. Evitar pés-direitos altos reduz a energia necessária para iluminação artificial. O conforto também é melhorado quando a estratificação da temperatura é menor, o que, além disso, reduz o consumo energético. Linhas mais simples nas coberturas das edificações também podem ajudar a fornecer espaços para painéis solares.

As razões de superfícies são mais bem aplicadas se comparamos opções de projetos com a mesma área de piso ou a mesma densidade de usuários. Comparar razões de superfícies em prédios com áreas de piso diferentes ou usuários diferentes pode ser enganoso. Por exemplo, uma habitação com quatro dormitórios com 279 m^2 de área pode muito bem ter uma razão de superfícies menor que uma com quatro quartos com apenas 139 m^2 de área de piso, mas a razão de superfícies menor em uma habitação maior não significa necessariamente que ela seja mais eficiente em energia. A área de piso de uma edificação deve ser reduzida antes de examinarmos sua razão de superfícies. A redução da razão de superfícies é mais bem feita depois de determinadas sua área de piso e sua densidade de usuários.

Para alguns formatos de edificações, razões de superfícies menores podem reduzir a área de paredes necessária para vistas e o potencial de iluminação natural. As vistas devem ser disponibilizadas quando e onde forem necessárias. No entanto, frequentemente existem opções para reduzirmos a razão de superfícies enquanto mantemos as vistas necessárias e permitimos economias de energia provindas da iluminação natural. O uso de razões de superfícies menores deve ser tratado como uma ferramenta adicional útil à disposição de um arquiteto de edificações ecológicas e não como uma exigência inflexível de minimizar as razões de superfícies independentemente do impacto do projeto de uma edificação.

Alguns arquitetos de edificações ecológicas têm utilizado, como alternativa, a razão entre superfícies e volume como uma medida que deveria ser minimizada, em vez de a razão superfície por área de piso. A razão de superfícies pela área de piso tem o benefício de não ter dimensões e, portanto, ser idêntica nos dois sistemas de unidades comuns (o Sistema Internacional de Unidades e o Sistema Inglês), enquanto a razão entre superfícies e volume vai variar dependendo da unidade de medida de comprimento utilizada. A razão entre superfícies e volume também diminui com qualquer aumento no pé-direito, talvez sugerindo artificialmente uma ótima eficiência para pés-direitos altos. No entanto, as duas medidas – razão de superfícies por área de piso e superfícies por volume – reconhecem a importância das superfícies das vedações externas e a importância de minimizá-las.

Orientação

Agora que examinamos a poderosa influência tanto da área de piso quanto do formato da edificação no consumo de energia, podemos retornar à orientação, a maneira como uma edificação se posiciona perante o sol. A orientação afeta quanto ganho solar é coletado para aquecimento útil no inverno e, por outro lado, quanto resfriamento é necessário devido ao ganho solar indesejado no verão. A orientação também afetará a quantidade de ar quei flui através de um prédio devido a diferenças de pressão do vento.

Concentremos nossa atenção nas edificações sem as características passivas do sol, como massas termoacumuladoras e outras formas de armazenamento de energia, ou sem controles passivos do sol, como o isolamento nas janelas à noite. Abordemos também a calefação e o resfriamento; uma discussão sobre luz natural será feita separadamente.

5.19 Prédios que tenham janelas em somente uma parede devem tê-las voltadas para o norte (no Hemisfério Sul).

Para otimizar a orientação de um prédio, é melhor tomar decisões baseando-se em simulações por computador. Simulações por computador podem ser feitas rapidamente, e muitos programas até mesmo permitem que um prédio seja girado para que diferentes orientações possam ser examinadas rapidamente. Primeiro, pode parecer evidente por si só, mas destacamos que uma edificação quadrada que tenha aberturas iguais nos quatro lados não terá uma orientação ideal. Por exemplo, se a entrada principal for orientada em direção a qualquer dos pontos cardeais, o prédio utilizará, nesse caso, a mesma quantidade de energia. Então, o foco de qualquer discussão sobre a orientação ideal de uma edificação, relativa aos ganhos solares e às perdas térmicas está nas edificações que não têm áreas de aberturas iguais em todos os lados.

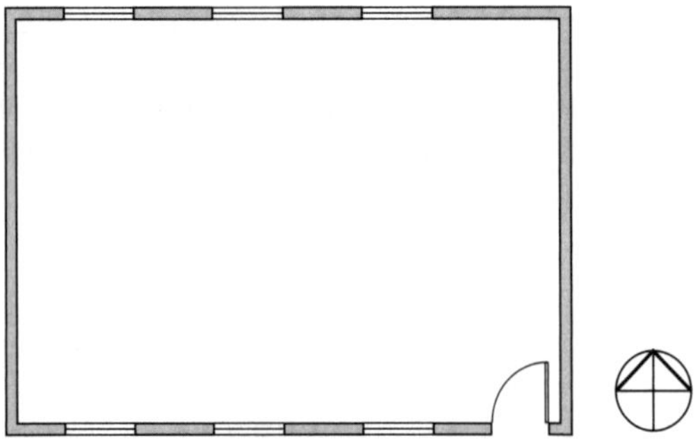

5.20 Prédios que tenham janelas de tamanhos similares em lados opostos devem colocá-las em paredes voltadas para o norte e para o sul.

Para edificações com janelas em somente um dos quatro lados, no Hemisfério Sul, a orientação que necessita de menos energia normalmente é aquela em que as janelas se voltam para o norte. Isso é verdade para prédios localizados tanto em regiões frias (dominadas pela calefação) ou em quentes (dominadas pelo resfriamento). Perceba que a conclusão não é "coloque o máximo possível de janelas na parede norte", mas sim, "se forem colocadas janelas somente em uma parede, a melhor parede para serem colocadas é aquela que está orientada para o norte."

Para configurações em que as janelas são localizadas em paredes opostas, ter janelas para o norte e o sul resulta em um consumo de energia menor do que se as janelas estivessem nas paredes leste e oeste. As economias de energia são mais pronunciadas em climas mais quentes.

Quando se implantam janelas em duas paredes contíguas, precisa-se de menos energia elétrica quando as janelas estão voltadas para o leste e o norte, tanto nos climas quentes, quanto nos climas frios. Em segundo lugar, utilizando quase tão pouca energia quanto o outro, estão as janelas instaladas nas elevações oeste e norte. Se as janelas estiverem em duas paredes contíguas, elas de preferência não devem estar voltadas para sul e leste ou para sul e oeste. As economias em gastos de energia podem ser acentuadas tanto em climas quentes quanto frios.

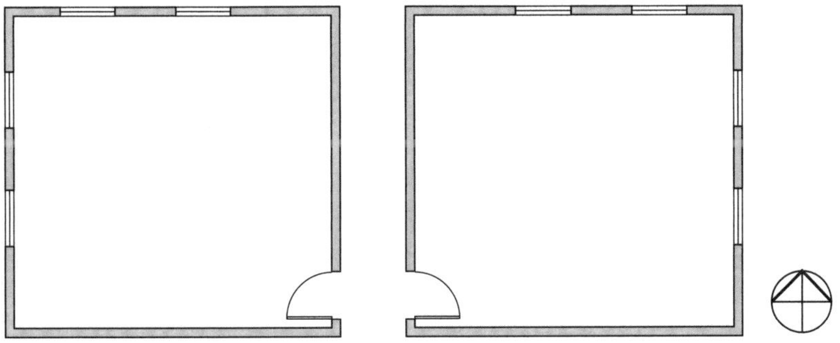

5.21 Edificações que tenham janelas em paredes contíguas devem orientá-las para norte e oeste ou norte e leste.

Os exemplos acima estão focados em edificações quadradas. Em uma edificação retangular que tenha uma razão entre janelas e paredes igual em todos os lados e, portanto, tenha mais área para janelas nos dois lados mais compridos, o resultado é o mesmo que para um prédio quadrado com janelas em lados opostos: utiliza-se menos energia em prédios que estão orientados ao longo de um eixo leste-oeste em seu eixo maior, com mais janelas voltadas para o norte e o sul que para leste e oeste. Para ser mais claro, a conclusão não é "instale a maior quantidade possível de janelas para o norte e para o sul...", mas sim "se as janelas forem uniformemente distribuídas em termos de razão entre janelas e paredes em uma edificação retangular, a melhor orientação seria com seu eixo maior voltado para leste-oeste." Novamente, os ganhos são mais acentuados pelas cargas de calefação no norte e pelas cargas de refrigeração no sul (Hemisfério Sul).

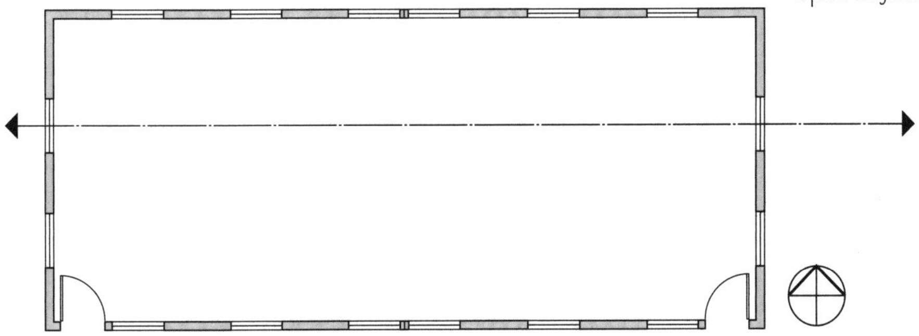

5.22 Edificações retangulares que tenham janelas uniformemente distribuídas em todos os quatro lados devem ser orientados ao longo do eixo leste-oeste.

Esta discussão não leva em conta os benefícios de orientação relacionados à direção do vento, como quando as brisas são desejáveis para ventilação cruzada. É possível que a melhor orientação para ventilação cruzada seja diferente da melhor orientação para ganhos solares e perdas térmicas.

Normas de edificações ecológicas e formatos preferíveis

A abordagem de duas normas de edificações ecológicas diferentes dá origem a interessantes, porém diferentes, implicações para o formato da edificação.

O sistema de certificação LEED relaciona o projeto de um prédio a uma edificação de referência de formato idêntico. O prédio hipotético de referência tem o mesmo formato do proposto pelo LEED, mas não tem atributos ecológicos como paredes bem isoladas termicamente. Embora o prédio proposto pelo LEED receba créditos por ser mais eficiente no consumo de energia que o de referência, ele não recebe crédito algum por ter um formato mais eficiente.

O prédio de referência ou de base tem o mesmo formato do que o avaliado pela LEED, mas não possui atributos ecológicos.

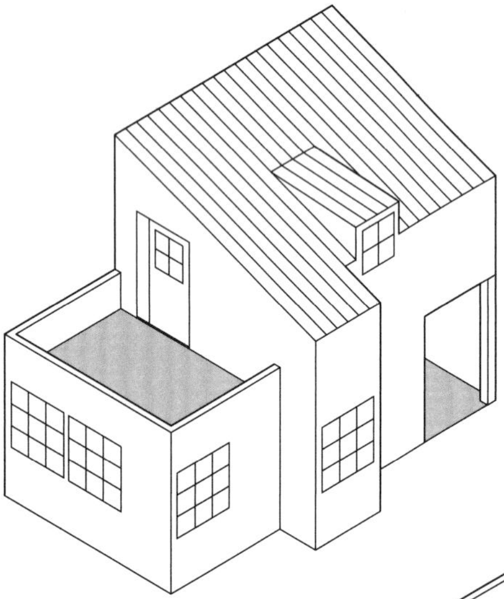

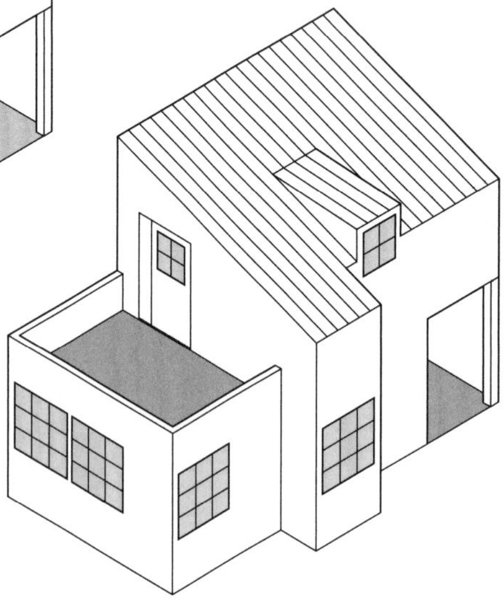

A edificação avaliada pelo LEED tem o mesmo formato que a de referência, mas tem atributos ecológicos agregados, como vedações bem isoladas termicamente, janelas de alto desempenho e sistemas de calefação eficientes.

5.23 Uma edificação certificada pelo LEED ganha pontos para o consumo de energia projetado ou modelado menor do que a edificação de referência.

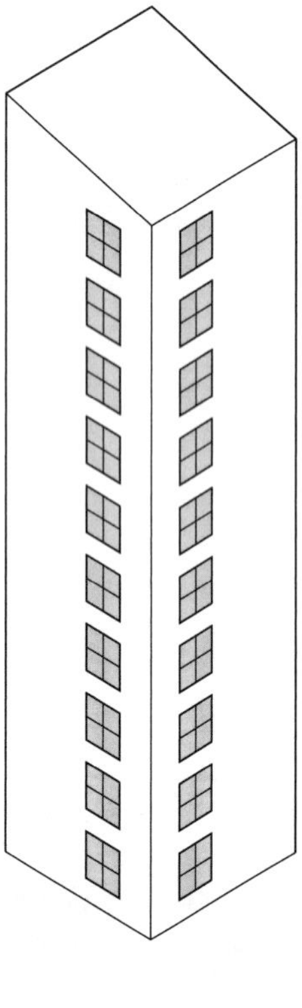

5.24 Um exemplo extremo: uma edificação alta e com um único cômodo poderia consumir menos energia que a edificação de referência do mesmo formato, mas, se não precisasse ser tão alta, poderia consumir ainda menos energia.

Consideremos um exemplo hipotético e bastante extremo: um prédio de escritórios térreo e com 93 m² com um único cômodo com o pé-direito de 30 m de altura. Esse prédio, se bem isolado termicamente, pode ganhar muitos pontos de energia com o LEED, podendo até mesmo estar no topo da classificação Platina do LEED, mesmo que o consumo de energia por unidade de área de piso seja alto.

Contrastando com o Sistema de Certificação LEED, o Passivhaus enfatiza o consumo de energia por unidade de área de piso. Para esse sistema de certificação, o exemplo anterior não terá uma boa pontuação, e, na verdade, provavelmente não teria certificação devido a seu alto consumo de energia por unidade de área de piso. Porém, seu foco em área de piso torna o Passivhaus vulnerável ao problema oposto.

Considere outro exemplo extremo, uma edificação térrea com uma grande área de piso, como uma moradia unifamiliar que tenha 9.290 m^2 de área de piso. Se esta grande habitação tiver paredes e coberturas bem isoladas termicamente, baixa infiltração e pequenas janelas, poderá muito bem estar de acordo com o critério de eficiência energética do Passivhaus, que, lembrando, é baseado no consumo energético por unidade de área de piso. Todavia, se a casa for ocupada por uma família de quatro pessoas, as contas de energia seriam extremamente altas comparadas a uma casa típica.

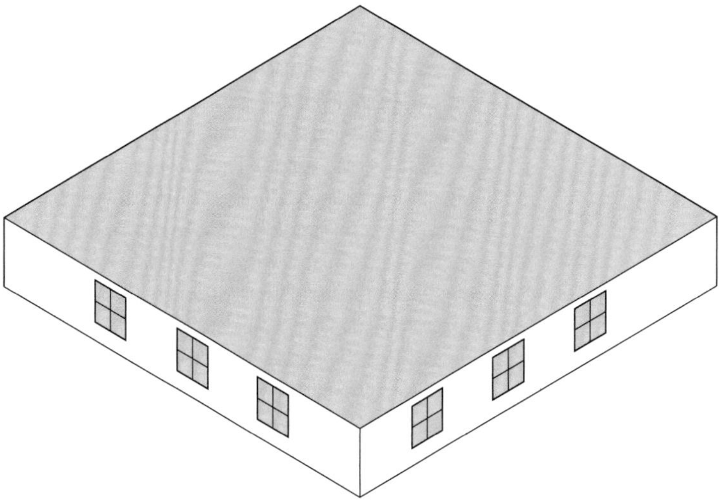

5.25 Um exemplo extremo: uma edificação grande, baixa e achatada, com baixo consumo de energia por unidade de área de piso, poderia consumir menos energia se não precisasse ter este formato.

A partir dos dois exemplos anteriores podemos ver que tanto o Sistema de Certificação LEED quanto o Passivhaus possuem vulnerabilidades relativas ao tamanho e ao formato de uma edificação. É interessante notar que um prédio alto e fino pode se enquadrar no critério do LEED e ainda assim ser muito ineficiente, assim como um prédio largo, baixo e achatado pode se enquadrar nas exigências do Passivhaus e também ser muito ineficiente. Na verdade, uma edificação larga, baixa e achatada também pode ter uma boa pontuação com o Sistema de Certificação LEED e ainda ser altamente ineficiente, mesmo que o LEED for Homes faça uma correção pelo tamanho da habitação, penalizando aquelas com grande área de piso, mas não as com pés-direitos altos. Outros sistemas de certificação têm problemas semelhantes. O sistema HERS (Sistema de Classificação do Rendimento de Energia de uma Casa), assim como o LEED, baseia sua classificação em um prédio de referência, enquanto o ENERGY STAR, assim como, o Passivhaus, baseia sua classificação na área de piso.

O formato de uma edificação pode influenciar mais no consumo de energia que o valor-R das paredes, o fator-U das janelas ou outras características térmicas. Por isso, o formato de um prédio deve ser examinado cedo e estudado atentamente. Ele pode dominar o consumo de energia de uma edificação, não importando quanto isolamento térmico haja nas paredes, o quão eficiente seja o sistema de calefação e que outras melhorias na eficiência do consumo de energia sejam projetadas.

O poder está em fazer as perguntas certas. Em vez de perguntar "como podemos escolher um formato de prédio que esteja de acordo com nossas necessidades para depois, aos poucos, deixar sua estrutura passo a passo mais ecológica?", seria melhor perguntar "como podemos enquadrar nossas necessidades em uma edificação de formato intrinsicamente mais ecológico?"

Se examinarmos atentamente muitos dos prédios com certificação ecológica, talvez vejamos uma tendência oposta. Possivelmente, em uma tentativa de salientar "nós podemos ser ecológicos e ainda assim ser vistosos", os formatos de edificações ecológicas certificadas muitas vezes são complexos ou altos e finos, com uma razão de superfícies alta. Com componentes individuais eficientes, como altos valores-R e baixos valores-U nas janelas, os prédios conseguem declarar que não se envolvem em *greenwashing*, um termo que descreve o uso de declarações artificiais e superficiais sobre ser ecológico. Porém o formato do prédio por trás, muitas vezes, é intrinsicamente ineficiente. Então, chegamos em um risco diferente do *greenwashing*, mas ao qual ainda podemos nos referir como *greenwhasing*, as edificações aparentemente sustentáveis, que são chamadas ou certificadas como ecológicas, mas que são ineficientes por causa de seus formatos complexos ou ineficientes.

Núcleos *versus* perímetros

Edificações grandes, como os escritórios de tamanhos consideráveis e *shoppings centers* fechados, podem ter núcleos que não tenham paredes externas ou coberturas. Os espaços internos normalmente só precisam de resfriamento durante todo o ano, mesmo se estiverem em um clima frio.

Uma parte desse resfriamento pode ser feita ao trazer o ar fresco externo para dentro quando a temperatura externa for menor que a interna. Alguns dos sistemas de bombas de calor permitem que o calor seja movido da zona do núcleo para a do perímetro, aumentando significativamente a eficiência no consumo de energia geral quando existe uma necessidade simultânea de resfriar o núcleo e aquecer o perímetro. Essas características de prédios que são dominados pelo núcleo levantam uma série de questões: existe um benefício energético em edificações com grandes espaços centrais que não exijam calefação? Existe uma razão ideal entre a área de piso do núcleo e área de piso do perímetro? Existe alguma vantagem em termos de custo?

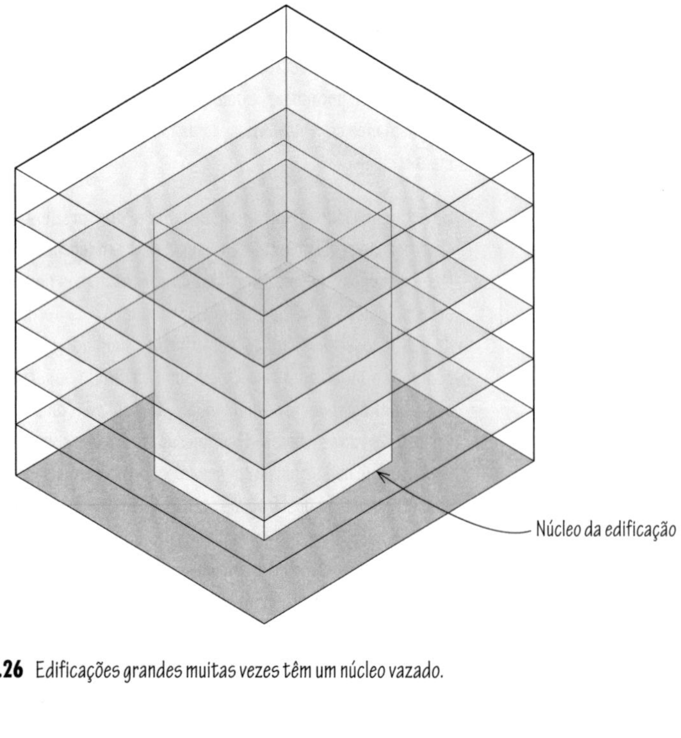

5.26 Edificações grandes muitas vezes têm um núcleo vazado.

Uma questão surge, por exemplo, quando o calor do núcleo não está sendo gerado sempre ao mesmo tempo em que o perímetro precisa dele. As zonas de perímetro costumam precisar de calefação somente no inverno, enquanto as zonas centrais geram calor o ano todo. Zonas perimétricas precisam de mais calefação durante a noite quando não há luz solar e possivelmente precisam de menos iluminação, enquanto as zonas centrais de muitos prédios, como escritórios, costumam produzir mais calor durante o dia, em horário comercial. Ainda assim, existem ganhos potenciais significativos se o calor gerado pelo núcleo for usado para calefação do perímetro. Para uma análise definitiva das compensações de núcleo *versus* perímetro de um prédio em particular, é necessária uma modelagem energética.

Se é aceitável para qualquer edificação ecológica em particular ter um núcleo de espaço interno – em outras palavras, se é aceitável que um núcleo tenha janelas para vistas ou iluminação natural e se bombas de calor forem empregadas para transferir o calor do centro para o perímetro –, pode ser eficiente ter tal núcleo. Perceba que ter zonas centrais internas também reduz o custo de construção por metro quadrado. As zonas centrais não precisam de vedações externas caras em paredes ou coberturas, com seus requisitos de isolamento térmico nem resistência às condições meteorológicas, revestimentos e portas externas.

Faz sentido continuar adicionando área ao espaço central? A resposta é: provavelmente não. Se a área do núcleo cresce até duas ou mais vezes a área da zona perimétrica, são diversas as consequências. Primeiro, o núcleo gera mais calor do que pode ser utilizado pela zona perimétrica, assim o ganho em eficiência do propósito duplo, de aquecer e esfriar simultaneamente, é perdido. Segundo, quando a temperatura externa estiver baixa, aumenta a profundidade de planta na qual é necessário frio do exterior para o núcleo. Como resultado disso, a energia parasita dos motores de ventiladores e/ou motores de bombas aumenta. Por fim, o núcleo pode se tornar tão grande que a maioria de seus usuários não tem conexão com o exterior por meio de vistas ou de iluminação natural, e, assim, a qualidade do ambiente interno diminui. No entanto, se grandes áreas centrais forem aceitáveis, a questão energética é respondida de forma mais definitiva por simulações de computadores. Sob certas condições, o aumento da área de núcleo pode perfeitamente trazer ganhos significativos em energia e economia.

6

Elementos externos

Os elementos externos incluem estruturas e componentes como beirais e brises, toldos, painéis solares, sacadas e venezianas. Muitos desses componentes podem ser aplicados de forma útil como camadas extras de proteção. Se mal-empregados, no entanto, alguns desses elementos externos podem, inadvertidamente, aumentar o consumo de energia de um prédio.

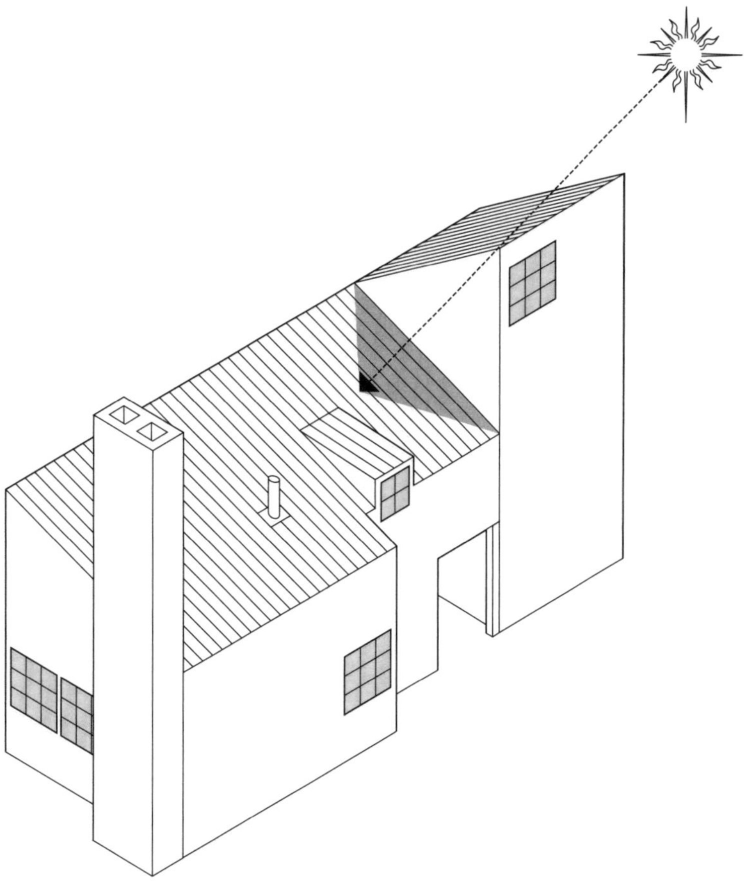

Beirais, brises e toldos

Os beirais, os brises e os toldos, orientados para o norte, leste ou oeste, reduzem os ganhos solares no verão e, com isso, reduzem a energia necessária para condicionamento de ar. Se tiverem dimensões corretas, podem permitir ganhos solares no inverno nas regiões em que o calor do sol é útil. Beirais e brises também resguardam as paredes e as janelas da entrada de água e protegem os materiais do prédio, como a madeira e alguns tipos de calafeto, da deterioração causada pela exposição aos raios ultravioleta do sol. Venezianas externas atendem a finalidades semelhantes. É preferível bloquear o sol antes que ele alcance um prédio do que tentar protegê-lo de seus raios com cortinas e persianas pelo lado de dentro, depois que eles passaram pela janela e trouxeram o calor para dentro do prédio.

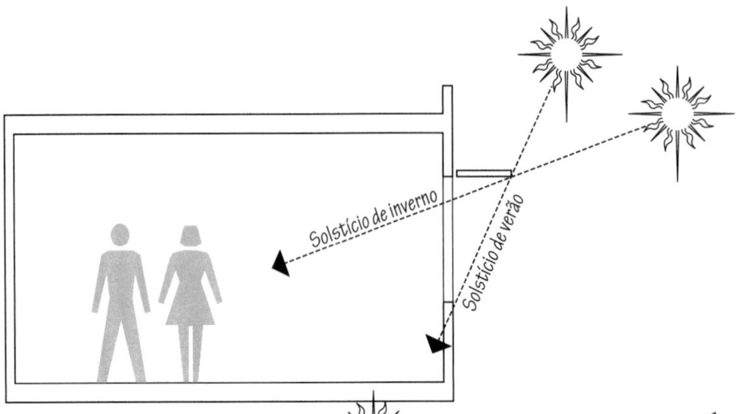

Beirais e brises horizontais são mais eficazes quando orientados para o norte.

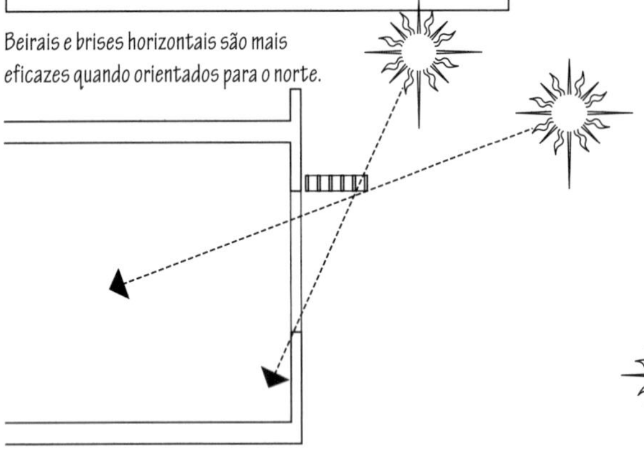

Uma faixa de microbrises horizontais paralelos a uma parede permite a circulação do ar próximo à parede e reduz os ganhos de calor por condução. A faixa de microbrises pode ser operada manualmente ou regulada automaticamente com temporizador ou controles fotoelétricos para que se adapte ao ângulo solar.

Uma faixa de microbrises verticais é mais eficiente para exposições leste ou oeste. A faixa de microbrises pode ser operada manualmente ou regulada automaticamente com temporizador ou controles fotoelétricos para que se adapte ao ângulo solar.

6.01 Os elementos de proteção solar protegem janelas e outras áreas envidraçadas da iluminação solar direta, reduzindo o ofuscamento e o ganho de calor solar excessivos em temperaturas mais quentes.

Beirais e brises podem ser dimensionados em uma variedade de maneiras, incluindo cálculos numéricos, modelos de edificação e simulação por computador. A tabela a seguir mostra a profundidade necessária para janelas com 1,2 m de altura e voltadas para o sul (Hemisfério Norte), ao meio-dia, em 22 de agosto, para que forneçam uma proteção solar total ao longo da altura da janela, em várias latitudes. Felizmente, em climas quentes nos quais eles são mais necessários, os beirais e brises necessários são mais curtos.

°Latitude	Profundidade em centímetros (cm)
24	28,0
32	40,5
40	66,0
48	91,5

Os beirais e brises necessários em orientações a leste e oeste precisam ser bem maiores, com 1,85 m ou mais, e podem facilmente se tornar grandes demais. Uma alternativa para isso são os microbrises e brises verticais, que oferecem uma proteção solar mais efetiva para exposições leste ou oeste. Pérgolas, outras estruturas externas, e até mesmo vegetação são outras opções para proteção externa.

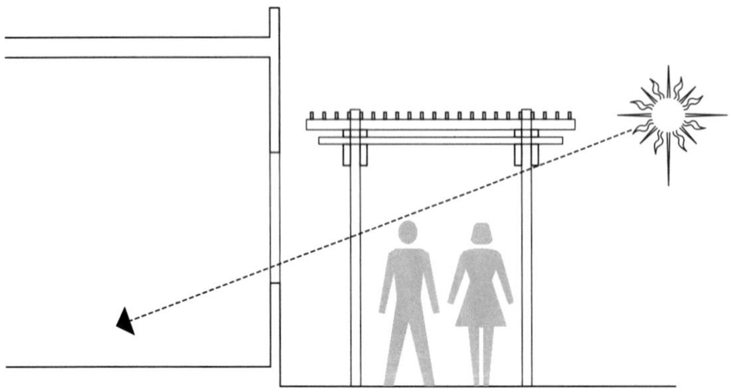

6.02 Pérgolas e outras estruturas externas podem fornecer proteção, dependendo da sua proximidade, altura e orientação, especialmente em exposições a leste ou oeste que necessitem de elementos com maior profundidade.

Painéis solares

Os painéis solares consistem em arranjos de coletores térmicos solares ou de módulos fotovoltaicos. Quando projetamos de fora para dentro, é importante atentarmos a localizações que permitam a instalação de painéis solares antes de finalizar a construção da cobertura de uma edificação.

As coberturas são localizações lógicas para painéis solares. A estrutura típica de um prédio torna as instalações sobre a cobertura mais baratas do que sobre o solo, que exigem sua própria fundação. A elevação de uma cobertura reduz o risco de sombra provinda do prédio, de outros prédios e de estruturas ou da vegetação. O acesso limitado à cobertura também ameniza o risco de roubos, vandalismos e outros danos aos painéis solares.

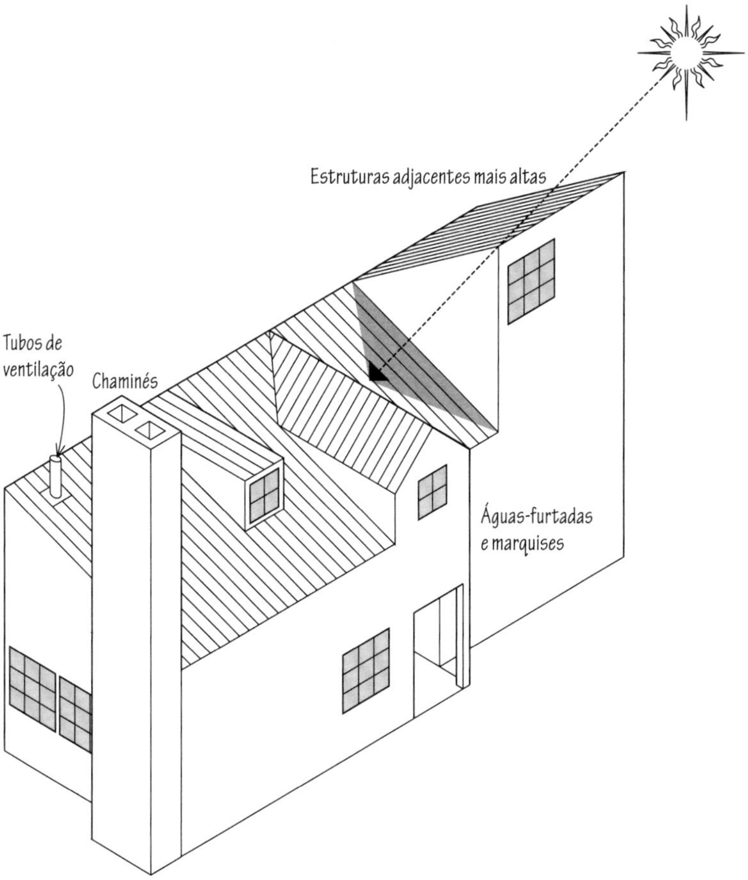

6.03 *Obstruções que podem interferir na eficiência dos painéis solares.*

Todavia, as coberturas muitas vezes não são projetadas para abrigar painéis solares. A orientação da cobertura em relação ao sol frequentemente não é a ideal. Além disso, componentes instalados na cobertura, como chaminés, instalações hidrossanitárias e de ventilação, águas-furtadas, caixas de escada, alpendres e antenas parabólicas, muitas vezes diminuem a eficiência dos painéis solares. Esses outros componentes podem obstruir o que seriam grandes áreas contíguas de cobertura, separando-as em seções e tornando mais difícil a instalação de arranjos solares contínuos. Algumas seções da cobertura podem ser pequenas demais para receber um único painel solar. Partes de uma cobertura algumas vezes são sombreadas por seções mais altas do mesmo prédio, reduzindo sua efetividade como locais para a instalação de painéis solares.

Áreas de cobertura limitadas e obstruídas muitas vezes limitam a capacidade de um sistema de energia solar. A obtenção de contribuições substanciais de energia solar para o abastecimento energético e até mesmo a possibilidade de instalações com consumo líquido de energia zero é seriamente dificultada pela quantidade insuficiente de locais para a instalação de painéis solares. Especialmente em edificações mais altas, a área de cobertura limitada tem sido identificada como um dos principais fatores limitantes para atingir o consumo zero de energia. Portanto, barreiras na cobertura se tornam obstáculos significativos quando esse é um objetivo. Além disso, o custo dos sistemas solares aumenta se for preciso adaptá-los para instalação na cobertura.

A estética de painéis solares em coberturas é igualmente importante. Se o telhado ficar feio com os painéis solares, muitos proprietários simplesmente não instalarão o sistema de energia solar. Se a cobertura puder ser projetada de modo que os painéis solares não prejudiquem a estética, aumentamos as chances de eles serem instalados, seja no momento da construção, seja no futuro.

Os tipos de cobertura são agrupados, de modo geral, em coberturas planas ou em vertente. Telhados em vertente típicos incluem os de uma água, de duas águas, de quatro águas e de duas águas desiguais (*saltboxes*). Entre os menos comuns estão o telhado *gambrel* e o piramidal. Muitas vezes há uma combinação deles em um único prédio. Os tipos de telhados variam em termo de sua capacidade de acomodar painéis solares.

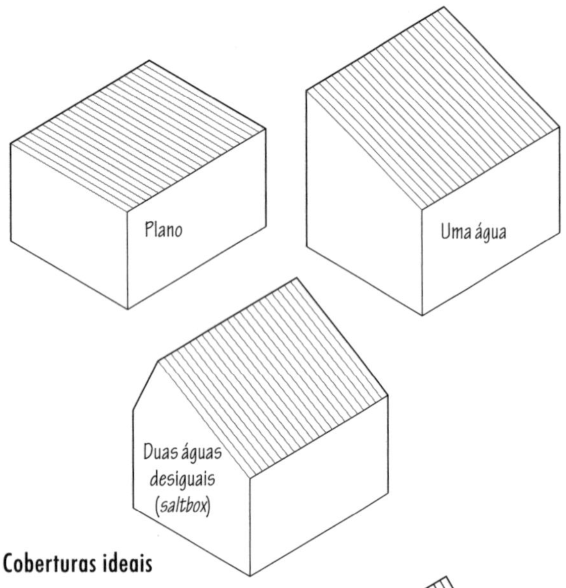

Coberturas ideais

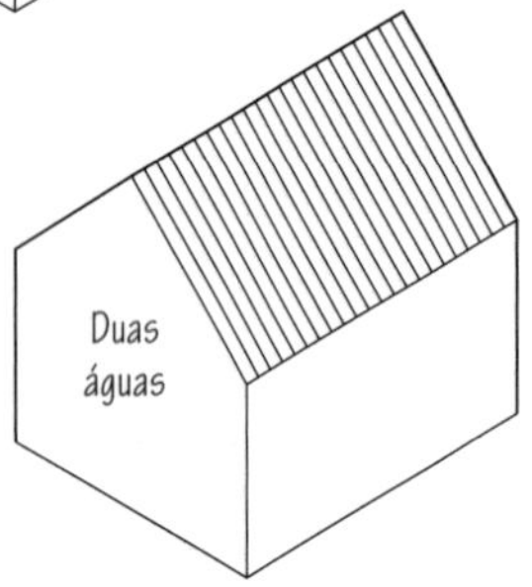

Cobertura viável

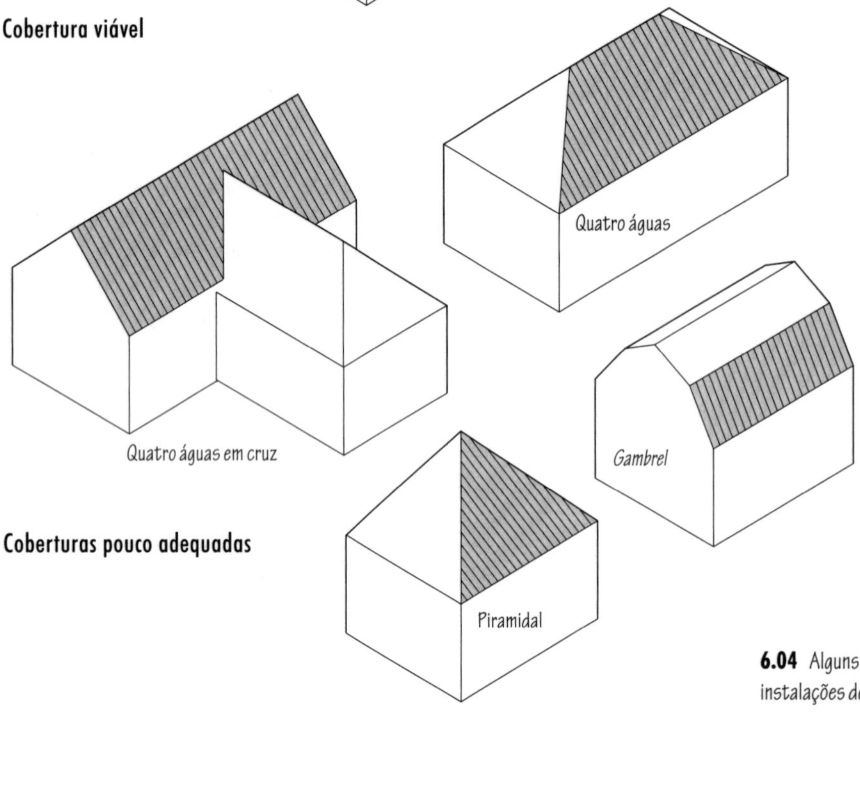

Coberturas pouco adequadas

6.04 Alguns formatos de telhados e a possibilidade de instalações de painéis solares.

Coberturas planas aceitam painéis solares facilmente, seja no momento da construção, seja no futuro, e fornecem flexibilidade para a orientação do arranjo solar. No Hemisfério Sul, telhados de uma água voltada para o norte ou de duas águas com a maior inclinação para o norte também acomodam com facilidade painéis solares.

Portanto, as melhores práticas para que as coberturas possam receber painéis solares são:

- Escolher um projeto de cobertura adequado à instalação de painéis solares. Em ordem de preferência:
  - Telhado plano
  - Telhado de uma água
  - Telhado de duas águas desiguais
  - Telhado de duas águas iguais
  - Telhado de quatro águas

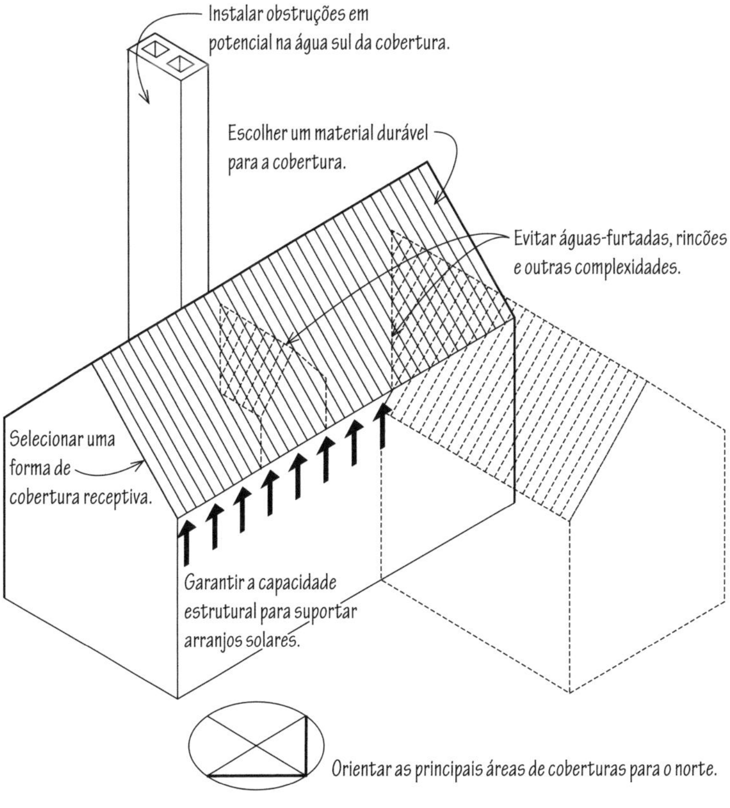

6.05 Tornar a cobertura propícia à instalação de painéis solares.

- Orientar a principal inclinação para a linha do Equador (norte verdadeiro no hemisfério sul).
- Instalar perfurações na cobertura, como aberturas para ventilações e exaustores, na água sul de uma cobertura ou em uma parede quando for possível (hemisfério sul).
- Fornecer áreas grandes e contínuas para painéis solares ao agrupar as perfurações da cobertura e minimizar o uso de águas-furtadas e de outras projeções.
- Manter simples e retangulares as linhas da cobertura sempre que possível e evitar projetos complexos de coberturas que incluam características como rincões.
- Evitar projetos de telhados em que uma porção faça sombra sobre outra parte.
- Projetar uma cobertura estruturalmente adequada para suportar o peso extra dos painéis solares.
- Escolher um material durável para a cobertura para evitar a necessidade de remoção dos painéis solares para a troca da cobertura.

A inclinação ou o caimento dos painéis solares afetam sua geração de energia. Simulações em computadores identificarão prontamente o caimento ideal e o azimute dos painéis solares para a geração anual máxima de energia solar para uma localização geográfica específica. Algumas vezes, o caimento é selecionado a fim de maximizar a geração de energia no verão ou no inverno para melhor se adequar ao perfil mensal de carga em um prédio específico.

As exigências para o caimento e a orientação de um arranjo solar são flexíveis até certo ponto. Uma geração de energia razoável ainda é possível em painéis com caimentos e orientações não ideais. Por exemplo, com uma inclinação de 10° a mais ou a menos da ideal, o prejuízo na capacidade dos sistemas fotovoltaicos solares é, em geral, menos de 2%. Entretanto, variações maiores reduzem de forma mais significativa a geração de energia. Painéis orientados verticalmente têm uma geração de energia aproximadamente 30% menor que sistemas inclinados idealmente no Norte dos Estados Unidos e, aproximadamente, 50% menor no Sul. Painéis orientados horizontalmente têm 20% menos de capacidade do que os sistemas com inclinação ideal no Norte e, aproximadamente, 10% menos capacidade no Sul desse país.

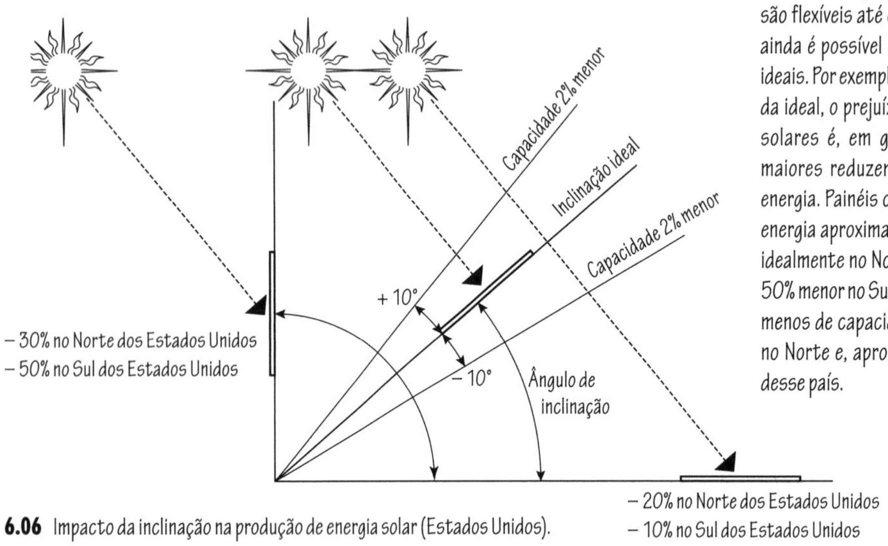

6.06 Impacto da inclinação na produção de energia solar (Estados Unidos).

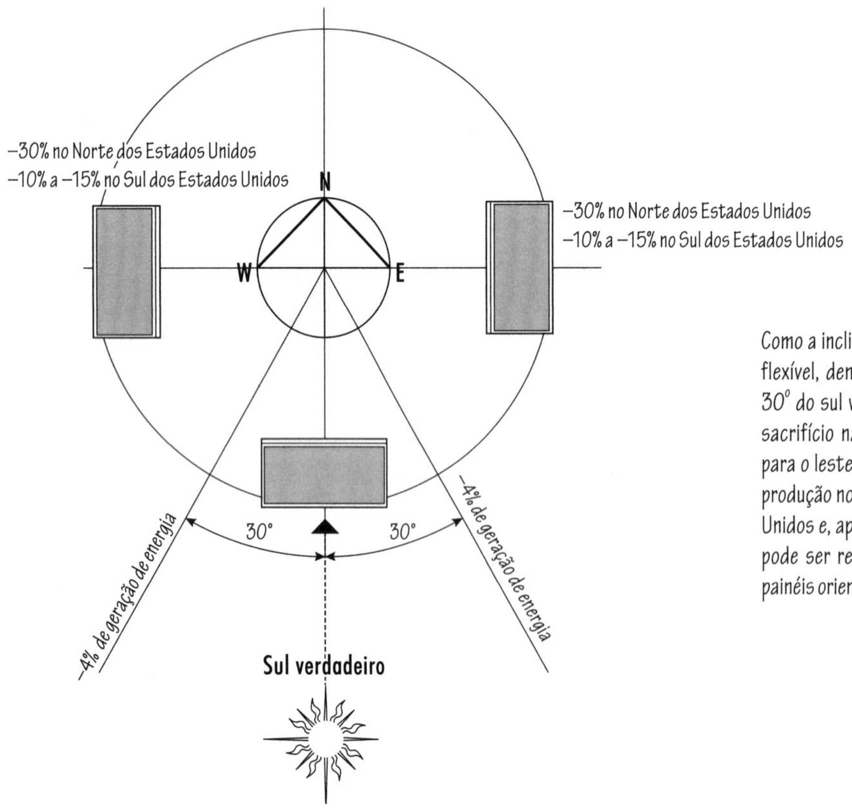

Como a inclinação, a orientação de um arranjo solar é também flexível, dentro de limites. Orientações com mais ou menos 30° do sul verdadeiro, no Hemisfério Norte, resultam em um sacrifício na produção de menos de 4%. Painéis orientados para o leste ou oeste sacrificarão, aproximadamente, 30% da produção no extremo Norte da parte continental dos Estados Unidos e, aproximadamente, de 10% a 15% no Sul. Essa perda pode ser reduzida se reduzirmos a inclinação ideal para os painéis orientados para o Sul (no Hemisfério Norte).

6.07 Impacto da orientação na geração de energia solar (Estados Unidos).

Em coberturas planas, em que o espaço é mais do que suficiente para o sistema solar necessário, os painéis devem ficar inclinados para eficiência ideal a fim de minimizar o material utilizado e maximizar a relação custo/benefício. Fileiras de painéis inclinados precisam ser separadas de modo que nenhuma delas faça sombra na fileira adjacente. Costuma-se fazer isso avaliando o sombreamento às 15h de 21 de junho para uma determinada localização no Hemisfério Sul. Em coberturas planas, em que o espaço é limitado e procura-se colocar o máximo de painéis possível para maximizar a capacidade – por exemplo, para atingir o consumo líquido de energia zero em um prédio –, a capacidade máxima é obtida ao usar um único arranjo de painéis sobrepostos uns sobre os outros, resultando em uma aparência de telhado de uma água. Contudo, isso pode não ser prático devido à altura do conjunto. Para fileiras de painéis inclinados, orientar painéis retangulares com seu lado longo paralelamente à cobertura pode resultar em uma capacidade um pouco maior do que se os painéis estivessem com seus lados curtos paralelos à cobertura. Para manter um perfil mais baixo, em que os painéis não se ergam acima da cobertura, uma opção é deitar os painéis horizontalmente na cobertura.

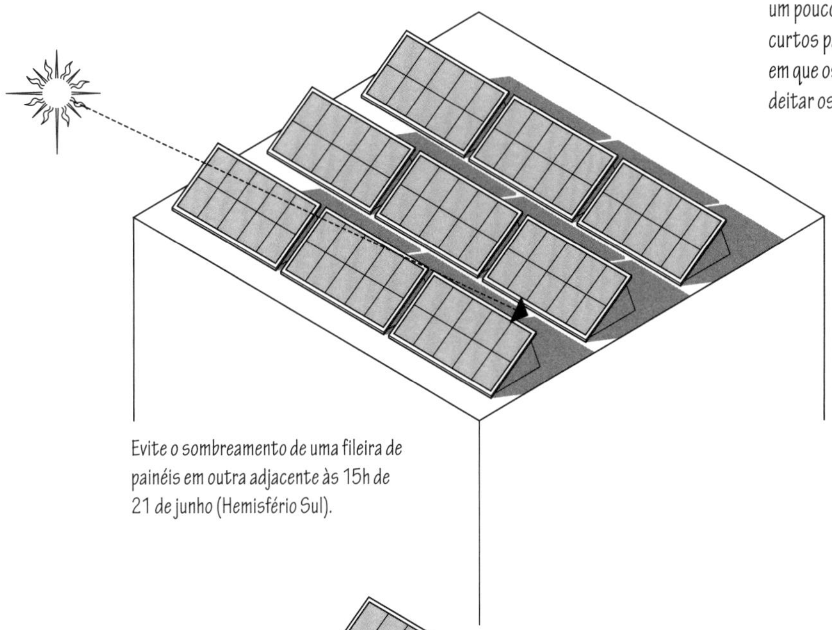

Evite o sombreamento de uma fileira de painéis em outra adjacente às 15h de 21 de junho (Hemisfério Sul).

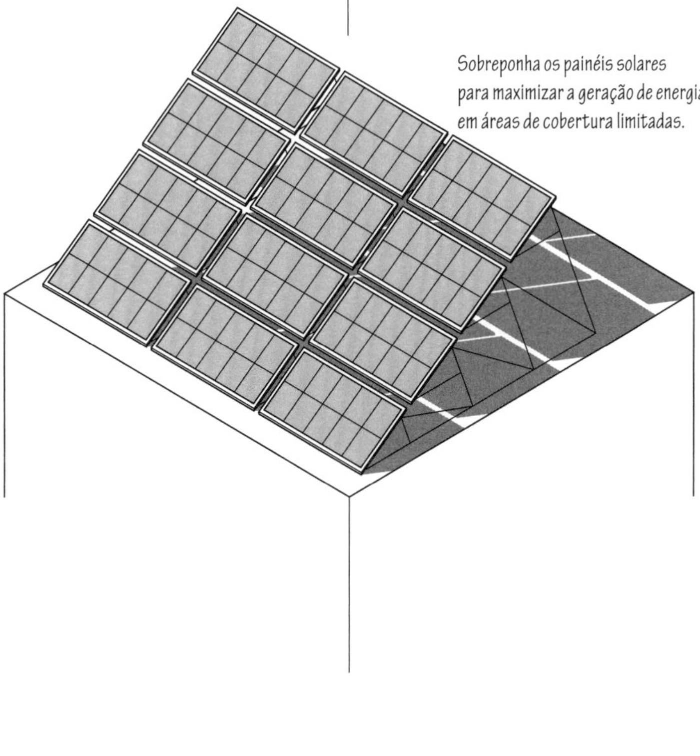

Sobreponha os painéis solares para maximizar a geração de energia em áreas de cobertura limitadas.

6.08 Instalação de painéis solares em coberturas planas.

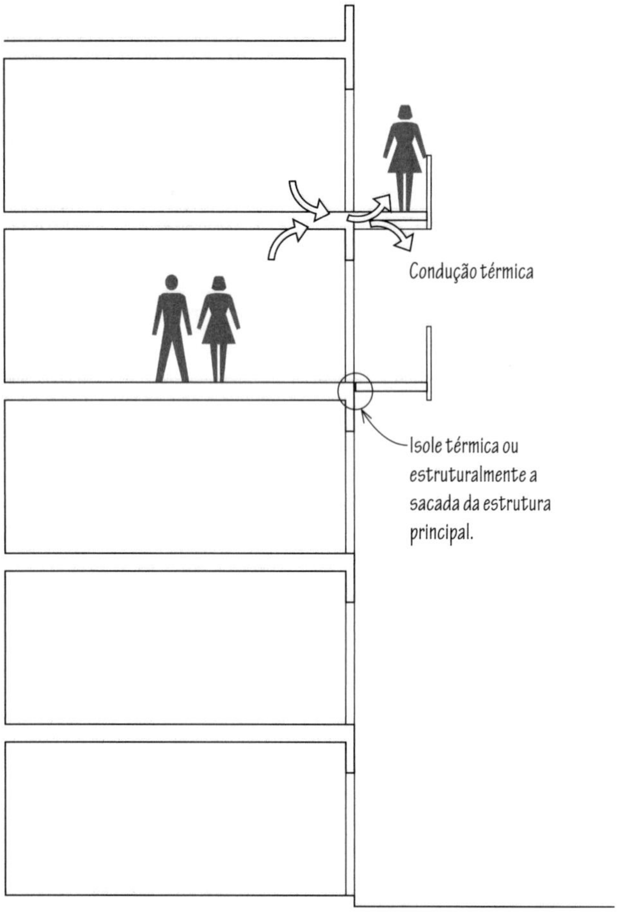
Condução térmica
Isole térmica ou estruturalmente a sacada da estrutura principal.

6.09 Sacadas podem dissipar o calor de uma edificação.

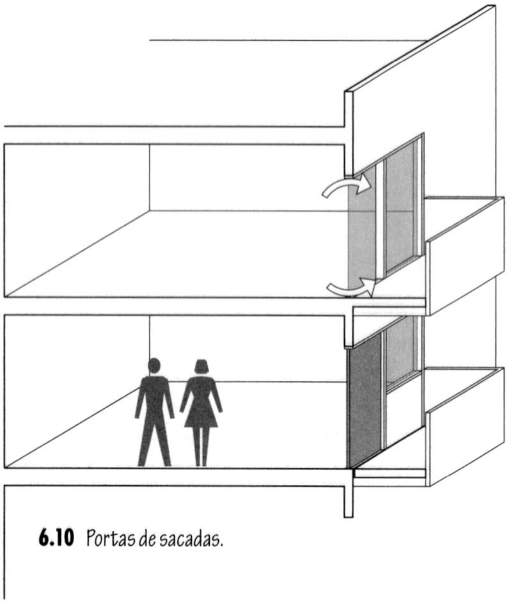
Evite sacadas grandes com portas de vidros duplos ou corrediças.
Em vez disso, considere o uso de uma porta de uma folha e isolada termicamente.

6.10 Portas de sacadas.

Sacadas

Antes que o projeto de uma estrutura esteja finalizado, o papel das sacadas deverá ser considerado. No campo das perdas térmicas, as sacadas podem ser consideradas uma extensão da superfície que aumenta o coeficiente de transferência de calor, semelhante ao papel de aletas ou radiadores em carros ou trocadores de calor em equipamentos de calefação e resfriamento. Há evidências de que as sacadas podem causar perdas de energia significativas, dissipando o calor dos prédios no inverno. Em suma, elas aumentam a área de vedações externas de uma edificação sobre a qual o calor pode se perder.

Podemos considerar algumas abordagens para isolar termicamente as estruturas das sacadas de um prédio, de forma que o calor de dentro dele não seja conduzido para fora pelo piso e pelas paredes das sacadas. Pode-se conseguir o isolamento com o uso de espaçadores com baixa condutividade térmica entre a estrutura da sacada e a estrutura do prédio principal ou sustentando-a com uma estrutura externa à estrutura principal.

Balcões e sacadas também costumam ter grandes portas de vidro, outro ponto de vulnerabilidade. As grandes portas de vidro de correr, em geral com esquadrias metálicas, não somente têm infiltrações de ar em seus longos perímetros como apresentam valores-R relativamente baixos e fatores-U altos, o que pode acarretar perdas ou ganhos térmicos indesejáveis através das próprias vidraças. Uma opção para lidar com esse problema é usar portas menores e isoladas termicamente no acesso a balcões e sacadas.

A fachada da edificação

Procedendo de fora para dentro, a fachada de um prédio possui um papel central em edificações ecológicas. Janelas, razão entre janelas e paredes, portas, elementos decorativos, alturas entre pisos, linhas de cobertura, entradas e vestíbulos, iluminação externa e iluminação interna vista do lado de fora – tudo isso contribui para a visão crítica de uma edificação pelo lado de fora. Contudo, muitos desses elementos também contribuem substancialmente para o consumo de energia de um prédio. O lugar da fachada no desenvolvimento da aparência de uma edificação se relaciona fortemente com sua sequência no projeto, em geral desenvolvido como um dos primeiros elementos de conceitualização de um prédio. É importante lembrar que as propostas preliminares de fachadas muitas vezes são desenvolvidas antes que se faça o projeto da energia. Elas podem receber a aprovação dos proprietários, assim como outras autorizações, como de prefeituras municipais, e, consequentemente, estabelecer expectativas antes que as concessões energéticas sejam avaliadas, desse modo impedindo a otimização da energia.

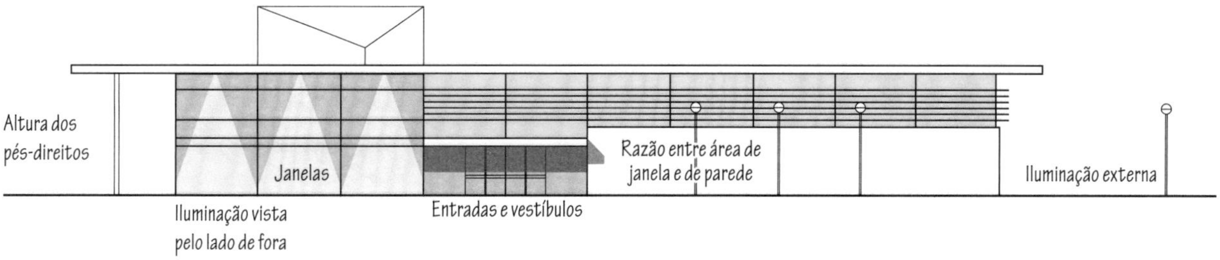

6.11 Elementos de uma edificação que podem reduzir a eficiência no consumo de energia de um prédio ou contribuir para ela.

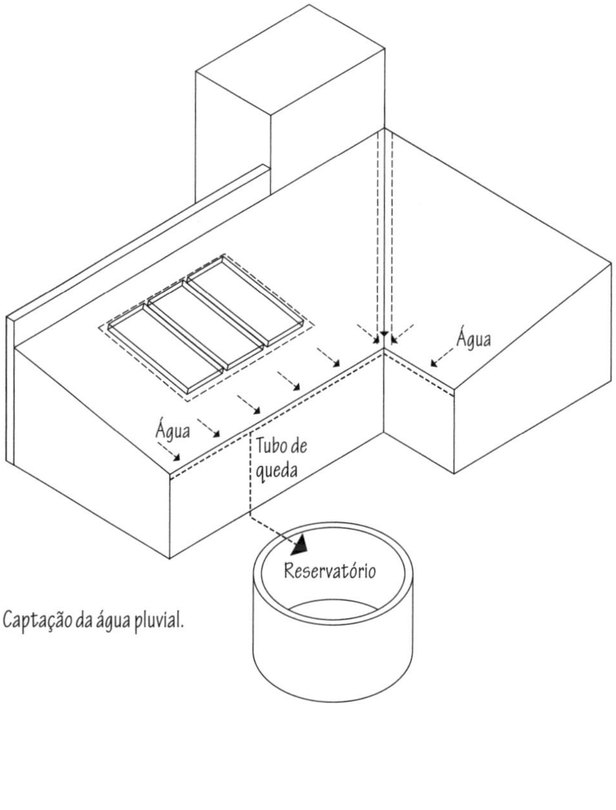

6.12 Captação da água pluvial.

Para edificações ecológicas, o processo integrado do projeto pode evitar comprometimentos preliminares com a fachada de um prédio e sua aparência final antes que as questões energéticas sejam avaliadas. Ele permite que as aprovações reforcem intrinsicamente uma abordagem ecológica desde o início. Avaliar, logo no começo, as vantagens e desvantagens energéticas dos elementos da fachada é realmente projetar de fora para dentro e provavelmente representa um dos impactos mais importantes para tornar um prédio mais ecológico.

Captação da água pluvial

As questões da captação da água pluvial devem ser trabalhadas durante as considerações sobre os elementos externos. Por exemplo, drenos e tubos de queda precisam estar coordenados com o percurso da água da chuva para um único ponto, preferencialmente para maximizar o armazenamento para o futuro, em vez de ir simplesmente para longe do prédio e para o sistema de tubulação de esgoto. Se esse armazenamento ficar do lado de fora de uma edificação, sua localização deve ser avaliada cuidadosamente. A captação da água pluvial será tratada em mais detalhes no Capítulo 12, Água quente e fria.

Utilização da cobertura

Edificações ecológicas possuem muitos elementos que exigem espaço na cobertura. Além dos componentes convencionais, como equipamentos de calefação e resfriamento e exaustores, e outros usos para a cobertura, como jardins e alpendres, uma variedade de elementos ecológicos pode competir pelo espaço no telhado:

- Módulos fotovoltaicos solares
- Coletores térmicos solares e possíveis componentes de armazenamento
- Claraboias ou lanternins para iluminação natural
- Coberturas verdes
- Ventiladores com recuperação de calor

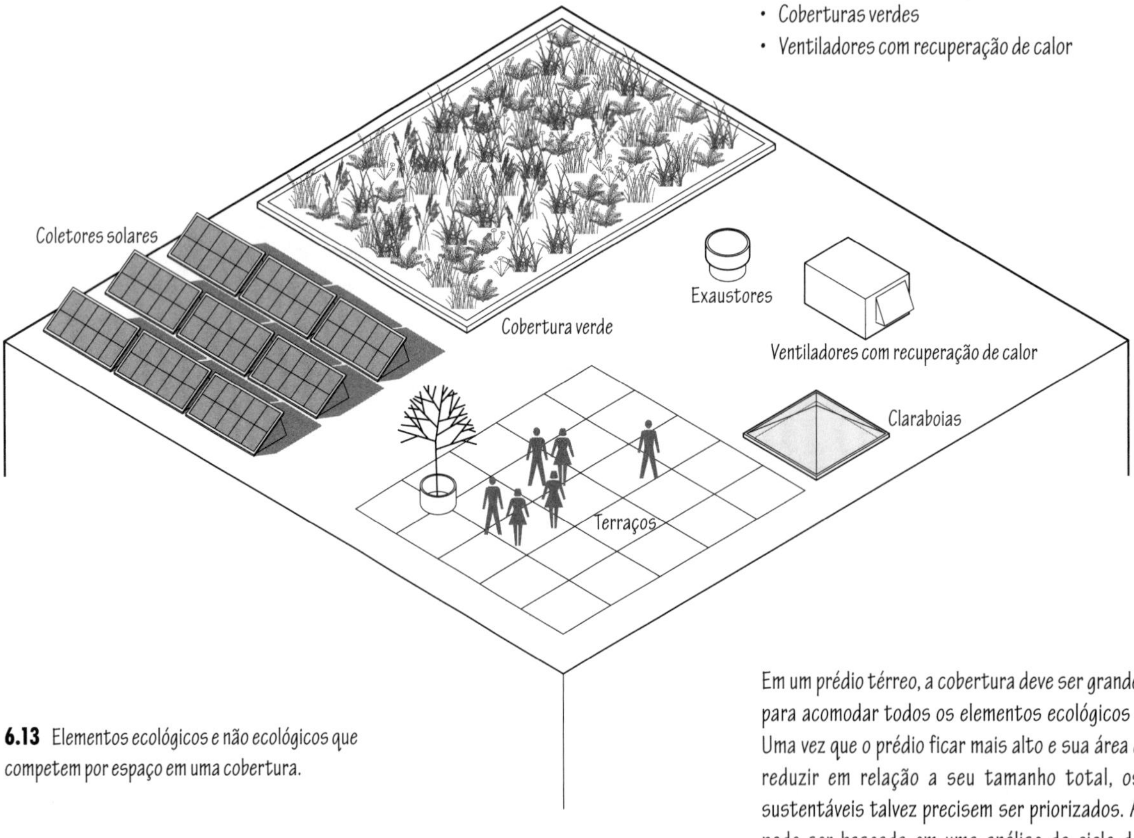

6.13 Elementos ecológicos e não ecológicos que competem por espaço em uma cobertura.

Em um prédio térreo, a cobertura deve ser grande o suficiente para acomodar todos os elementos ecológicos necessários. Uma vez que o prédio ficar mais alto e sua área de cobertura reduzir em relação a seu tamanho total, os elementos sustentáveis talvez precisem ser priorizados. A priorização pode ser baseada em uma análise do ciclo de vida ou do potencial de redução no consumo de energia ou de emissões de gases carbônicos. Por exemplo, em uma edificação que tenha um espaço disponível limitado em sua cobertura e para a qual se almeja o consumo zero de energia, deve-se priorizar a energia solar, por sua maior contribuição a economias no consumo de energia, antes de considerar claraboias ou uma cobertura verde, pois estas ofereceriam poucas economias.

Elementos não ecológicos, como alpendres, terraços e equipamentos de calefação e resfriamento, devem ser analisados cuidadosamente para serem instalados, possivelmente, em outros lugares que não a cobertura, se existe o risco de deslocar elementos da cobertura que seriam necessários para alcançar os objetivos ecológicos da edificação.

7

Vedações externas

O termo "vedações externas" refere-se à camada externa de uma edificação. Essa "pele" inclui componentes como paredes, janelas, portas, coberturas e lajes de piso sobre o solo (*radiers*). Também são usados os termos "fechamento" e "envolvente" para se referir às vedações externas de uma edificação.

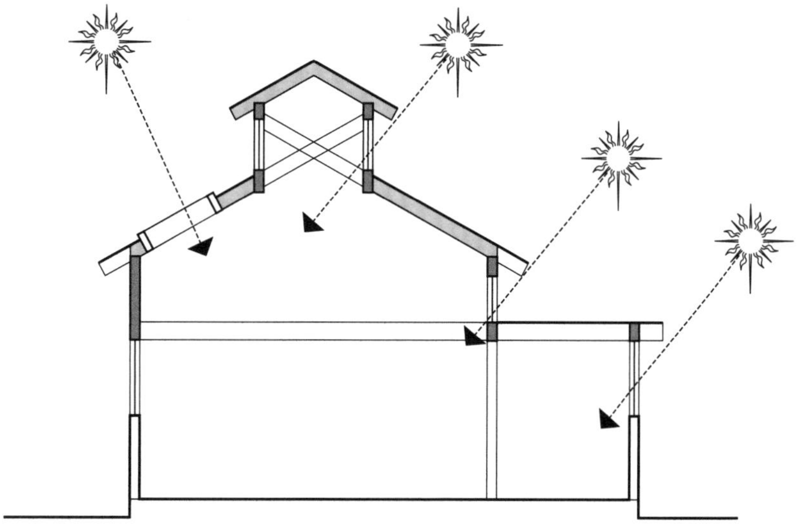

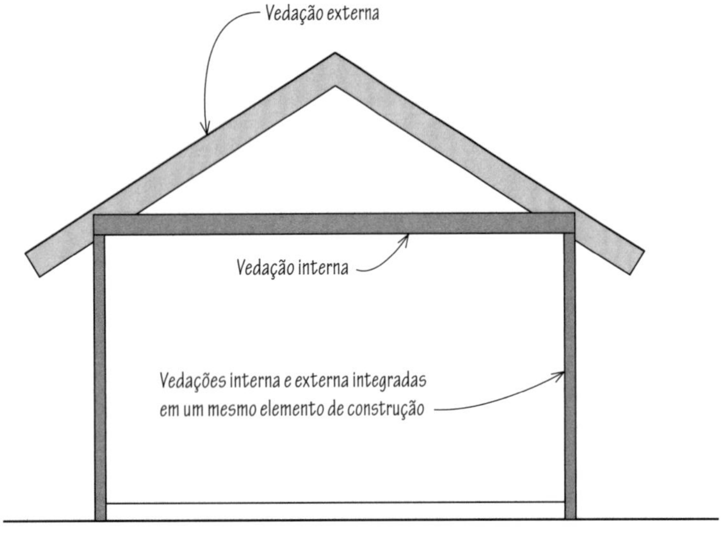

7.01 Vedações internas e externas.

Vedações internas e externas

Fazemos essa distinção entre as vedações internas e as externas porque uma construção frequentemente tem duas peles ou vedações. Por exemplo, em uma casa com telhado de duas águas e sótão, as vedações externas da cobertura são a camada do telhado, enquanto o piso do sótão serve de vedação interna. As vedações externas incluem componentes que entram em contato com o ar externo ou com o solo. As internas, por outro lado, consistem em componentes que estão em contato com os espaços geralmente climatizados: o interior. É claro que muitas vezes, como ocorre com diversas paredes, as vedações externas e as internas são integradas em um mesmo sistema construtivo.

Frequentemente as vedações externas são a camada de proteção mais importante de uma edificação. Quando projetamos do exterior para dentro, continuamente buscamos agregar camadas protetoras, de modo que a pele externa não fique sozinha na função de proteger os usuários das cargas externas, como o vento e as temperaturas extremas. Ao mesmo tempo, reconhecemos que ela é fundamental para a construção de um prédio e tentamos reforçar essa camada tão importante, para que tanto a proteção exercida por ela como o combate às perdas térmicas sejam duradouros.

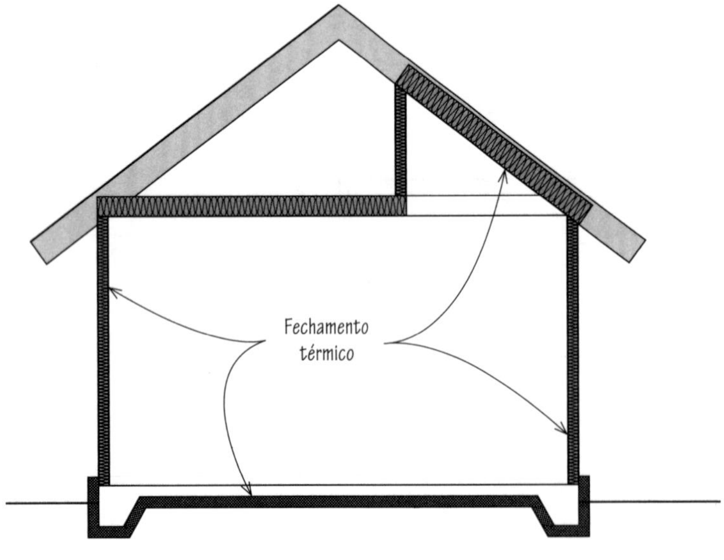

7.02 O fechamento térmico de uma edificação.

Paralelamente aos conceitos de vedações externas e internas, também devemos considerar a ideia de fechamento térmico. O fechamento térmico, que consiste nas superfícies ao longo das quais o isolamento térmico envolve uma edificação, pode equivaler à pele externa, como é o caso de uma cobertura isolada na laje ou junto às telhas; pode equivaler à pele interna, como ocorre em quando o isolamento é instalado no piso do sótão; ou pode estar em um local intermediário.

A própria presença das vedações externas e internas pode acarretar confusões, especialmente quando o fechamento térmico é definido de modo inadequado. Exploraremos vários cenários comuns que resultam em um fechamento térmico indefinido ou que nem chegam a estabelecer qualquer limite térmico. Se definirmos o fechamento térmico de modo claro e robusto, conseguiremos fazer as vedações internas e externas trabalharem a nosso favor, criando camadas múltiplas de proteção que podem servir para resistir de modo efetivo às cargas externas.

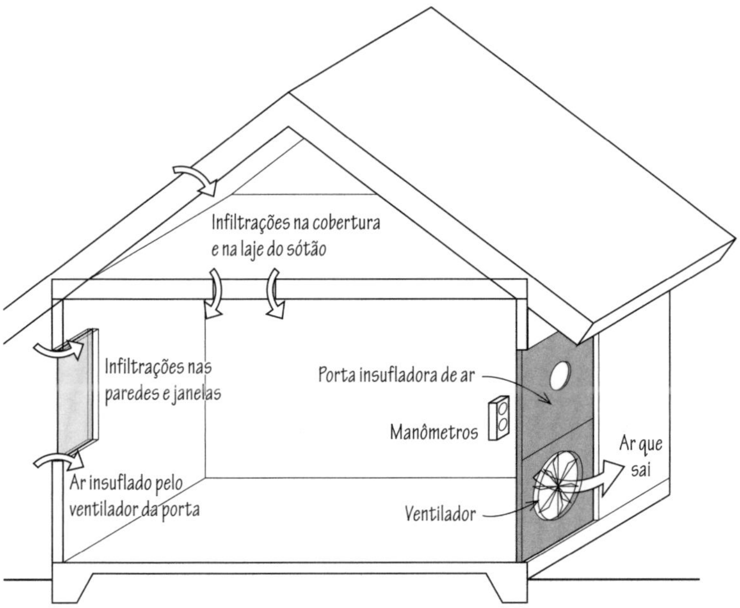

7.03 Teste da porta insufladora.

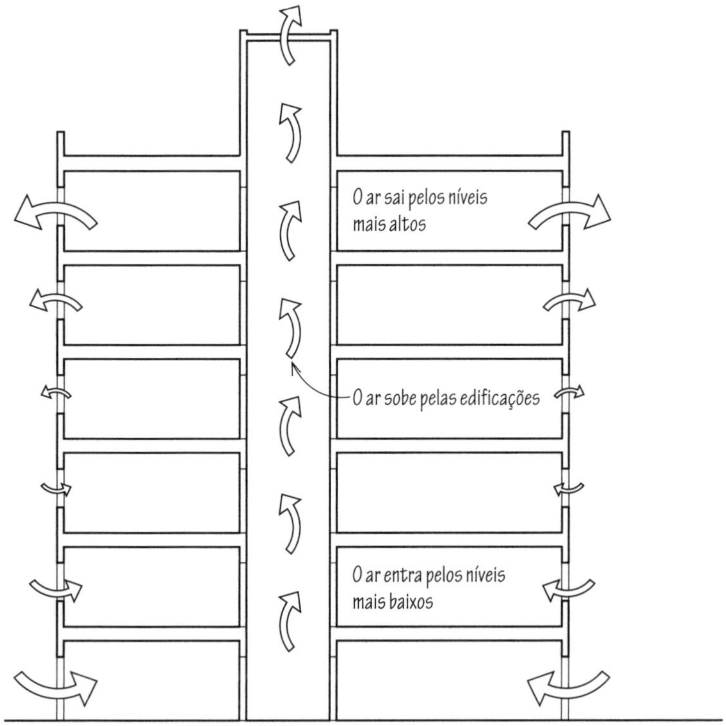

7.04 O fluxo de ar provocado pelo efeito chaminé no inverno.

Infiltração de ar

O impacto da infiltração de ar no consumo de energia das edificações é significativo. "Infiltração" é a palavra comumente utilizada para descrever a troca de ar que ocorre entre um prédio e o exterior. Embora a definição exata de infiltração seja o ar que entra (ao contrário do ar que sai devido à má vedação), o termo é mais utilizado para se referir ao ar que entra e sai de uma construção, seja simultaneamente, seja em ciclos alternados. O entendimento da infiltração de ar e de seu efeito sobre o consumo de energia tem se aprofundado bastante nos últimos anos. O surgimento do teste de porta insufladora de ar, que pressuriza ou despressuriza uma edificação, tem permitido medir as infiltrações e entender onde elas ocorrem. O teste da porta insufladora de ar geralmente é aplicado a habitações unifamiliares, mas às vezes também em prédios maiores, e o conhecimento que tem sido adquirido vale para ambos os casos.

As informações fornecidas pelo teste da porta insufladora de ar são imediatamente lidas durante o procedimento de análise. Em um prédio despressurizado com uma porta insufladora, o ar externo pode ser percebido correndo por toda a edificação: ao redor das esquadras de porta e janela; através das tomadas de eletricidade; ao redor das grelhas de insuflamento de ar e das luminárias; através das juntas de painéis de parede; através de dutos e tubos de exaustão ou fumaça; e através das perfurações para a passagem de tubos e cabos.

Nos últimos anos, muito tem sido aprendido a respeito do efeito chaminé, que é um causador significativo das infiltrações, sugando o ar externo para dentro dos níveis mais baixos dos prédios durante o inverno e forçando-o para fora nos pavimentos mais altos. O efeito chaminé também pode ocorrer em modo reverso, direcionando-se para baixo, no caso de um prédio com condicionamento artificial de ar. Embora seja mais pronunciado em prédios altos, o efeito chaminé também é evidente em construções de apenas dois pavimentos ou mesmo térreas com porão. Ele pode ser observado quando abrimos de leve uma janela do porão ou do segundo pavimento durante o inverno e sentimos a corrente imediata de ar frio.

O efeito chaminé não é o único causador da infiltração. A pressão do vento também é um contribuinte substancial. Além disso, mesmo sem o efeito chaminé e a ventilação cruzada, uma edificação pode sofrer com a infiltração provocada por muitas fissuras e aberturas, que é provocada por várias diferenças de pressão do ar dentro dela, como aquelas induzidas por exaustores, sistemas de tomada de ar, sistemas de calefação e resfriamento e a própria abertura e fechamento de portas e janelas.

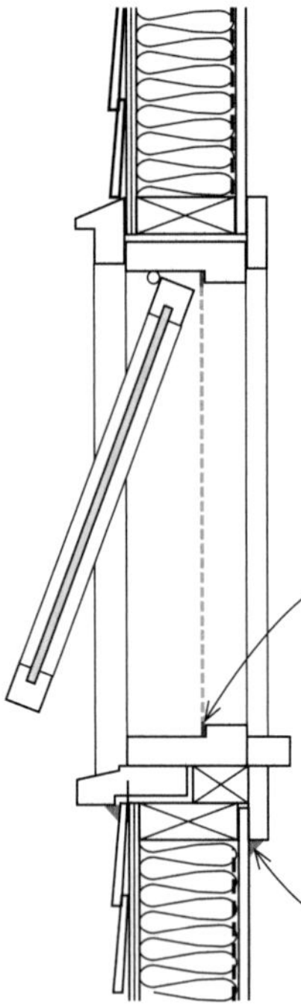

7.05 Tipos de juntas que exigem vedação contra o ar.

Há inúmeros locais de infiltração, mesmo em prédios que parecem terem sido bem projetados e bem construídos. As principais fontes são as janelas e portas, que apresentam dois modos de infiltração. O primeiro modo é o ar que flui através de componentes móveis (como uma porta vaivém) ou um caixilho de uma janela de guilhotina. A necessidade de que uma porta ou um caixilho de janela seja móvel em relação a seu batente cria uma oportunidade natural para a infiltração. O segundo modo de infiltração é a passagem do ar através das frestas de uma esquadria de porta ou janela e a própria parede, algo muitas vezes oculto pelas guarnições. Essa segunda forma de infiltração é entre os componentes que são fixos em seus lugares.

Os métodos para combater a infiltração são diferentes para cada um desses modos. Por um lado, evitar a infiltração nos componentes que têm movimento relativo exige o uso de vedações que permitam tais oscilações. Esses componentes costumam ser chamados de gaxetas ou simplesmente vedações. Eles estão disponíveis em muitas formas, incluindo perfis em V e muitas faixas de plástico esponjoso ou borracha que são comprimidas com o fechamento da janela ou porta. Por outro lado, a infiltração de ar entre superfícies fixas, como entre um batente e uma parede, pode ser evitada com o uso de materiais (como calafeto e plástico esponjoso) que não precisam permitir o movimento dos componentes da edificação.

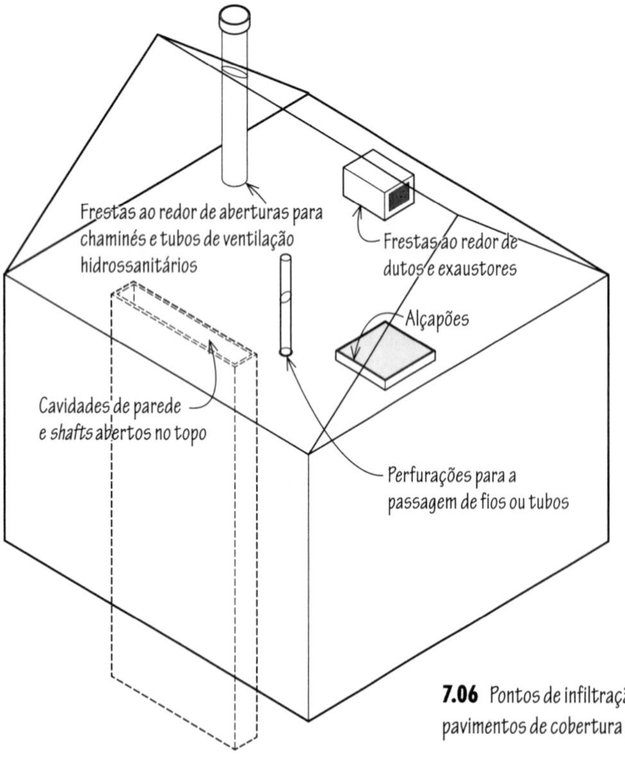

7.06 Pontos de infiltração comuns em pavimentos de cobertura como sótãos.

Outro grupo comum de pontos de infiltração é encontrado nos sótãos. Essas aberturas incluem frestas em alçapões, cavidades de parede mal vedadas no topo; fissuras ao redor de luminárias embutidas, chaminés, tubos de ventilação hidrossanitária, dutos e exaustores; e aberturas para a passagem de cabos elétricos e tubos de *sprinklers*.

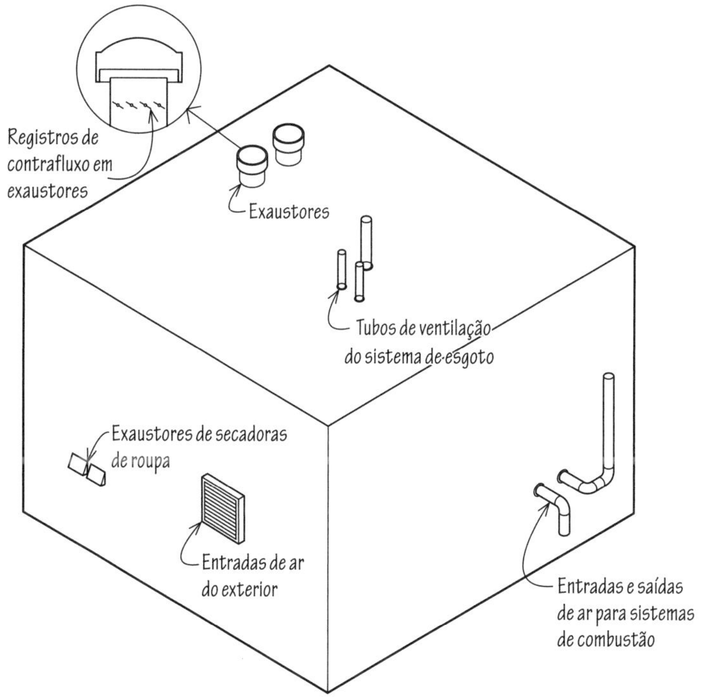

7.07 Aberturas propositais nas vedações externas.

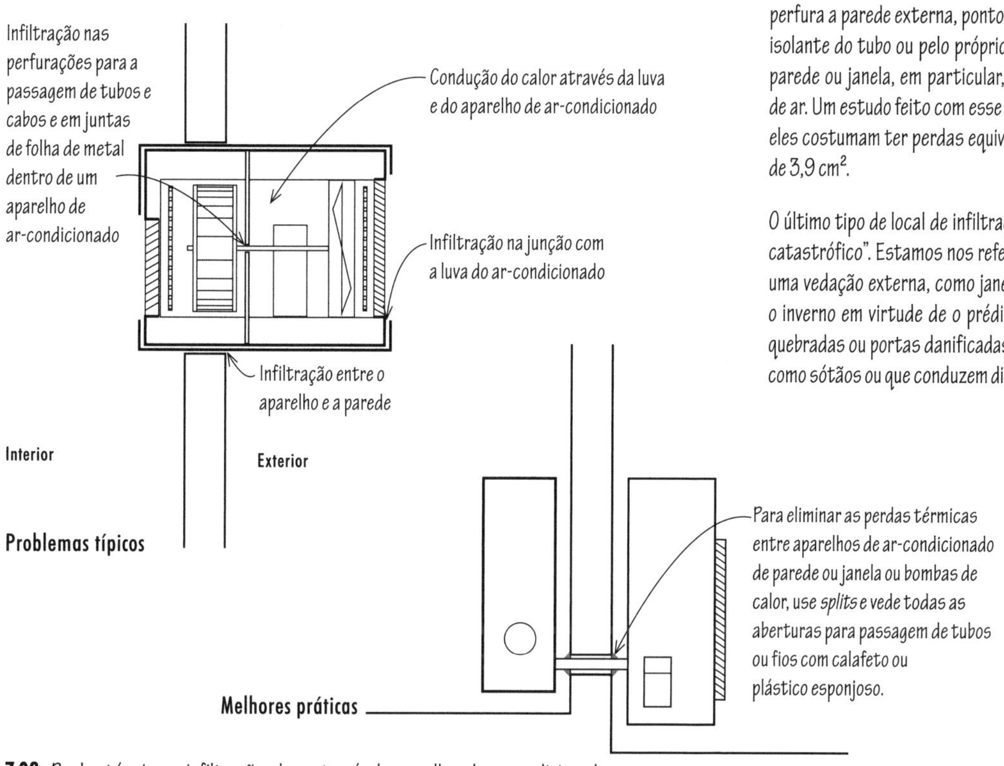

7.08 Perdas térmicas e infiltrações de ar através de aparelhos de ar-condicionado.

As aberturas propositalmente feitas nas vedações de uma edificação para a passagem de ar ou outro gás representam um terceiro tipo de local de infiltração. Elas incluem as aberturas das chaminés de lareiras e de fogões a lenha, de saídas de gases de combustão, de secadoras de roupa, de exaustores e as entradas de ar para ventilação. Quando não são utilizadas, essas aberturas se tornam locais de infiltração, assim devem ser controladas.

Algumas dessas aberturas têm registros a fim de reduzir a infiltração, mas esses sistemas não costumam ser bem vedados. Os registros que evitam o contrafluxo de ar costumam evitar o fluxo em apenas um sentido, mas permitem o fluxo intencional de ar ou de outros gases no sentido oposto. O sentido no qual esses registros permitem o fluxo costuma ser aquele em que a pressão do gás do efeito chaminé está exercendo sua força, assim eles podem se abrir de modo imprevisto, deixando o ar sair de um prédio, mesmo quando deveriam estar fechados.

Outro percurso bastante comum para infiltrações, embora seja mais sutil, é através das paredes e ao redor delas. O ar pode entrar pelas fissuras entre as chapas de revestimento interno de uma parede e então atravessar as barreiras ao ar mal vedadas e sair por fissuras no revestimento externo ou por isolantes porosos entre os elementos estruturais. Ele também pode entrar no prédio através dos receptáculos elétricos e interruptores ou outros furos ou fissuras nas paredes internas. Nas paredes de montantes leves, o ar pode se infiltrar ao redor das travessas superiores e das travessas inferiores, onde a parede se apoia em um muro de fundação. O ar pode entrar nos locais em que uma tubulação de ar-condicionado do tipo *split* ou uma bomba de calor perfura a parede externa, pontos que podem ser ocultos por um isolante do tubo ou pelo próprio equipamento. Os aparelhos de parede ou janela, em particular, criam pontos de grande perda de ar. Um estudo feito com esse tipo de aparelhos descobriu que eles costumam ter perdas equivalentes às geradas por um furo de 3,9 cm^2.

O último tipo de local de infiltração pode ser chamado de "local catastrófico". Estamos nos referindo a aberturas incomuns em uma vedação externa, como janelas que ficam abertas durante o inverno em virtude de o prédio ter aquecido demais; janelas quebradas ou portas danificadas; e dutos danificados em locais como sótãos ou que conduzem diretamente para fora do prédio.

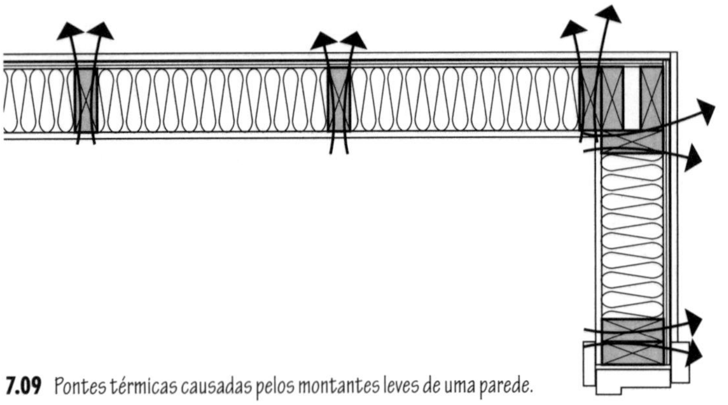

7.09 Pontes térmicas causadas pelos montantes leves de uma parede.

Pontes térmicas

Uma área da construção de edificações que cada vez mais vem recebendo atenção são as pontes térmicas. Esse termo refere-se à penetração da camada de isolamento térmico por materiais maciços e não isolantes, por meio dos quais o calor pode ser transferido entre o espaço interno climatizado de um prédio e o ambiente externo. O exemplo mais usual de ponte térmica ocorre através dos montantes leves de madeira ou metal empregados em alguns sistemas construtivos de parede ou cobertura. Já foi comprovado que as pontes térmicas reduzem a resistência térmica (valor-R) das paredes de montantes leves de madeira em 10% e, no caso dos montantes de aço, em até 55%.

Outros exemplos de pontes térmicas incluem vergas, peitoris e placas de topo; vigas estruturais e lajes de concreto que sustentam paredes externas; perfis prateleira; paredes portantes que avançam em relação à laje de cobertura, formando platibandas; balcões e sacadas; e os vários detalhes das lajes do tipo *radier* ou em contato com o solo e das paredes de fundação.

Agora nos voltaremos à discussão das vedações externas, mas manteremos em mente os problemas das infiltrações de ar e das pontes térmicas e consideraremos maneiras de como minimizar seus efeitos.

Continuidades e descontinuidades

A transferência de calor provocada pelas infiltrações e pontes térmicas destaca como é necessária a continuidade de um fechamento térmico, ou seja, vedações isoladas termicamente. Todavia, são muitos os obstáculos para que se consiga a continuidade nessas vedações isoladas. Os prédios são construídos com muitos componentes conectados entre si, e cada junta entre esses elementos traz o risco de uma descontinuidade. A pele da edificação também precisa ter diversas aberturas para janelas, portas, tubos, dutos e cabos, e cada uma delas aumenta o risco de descontinuidades.

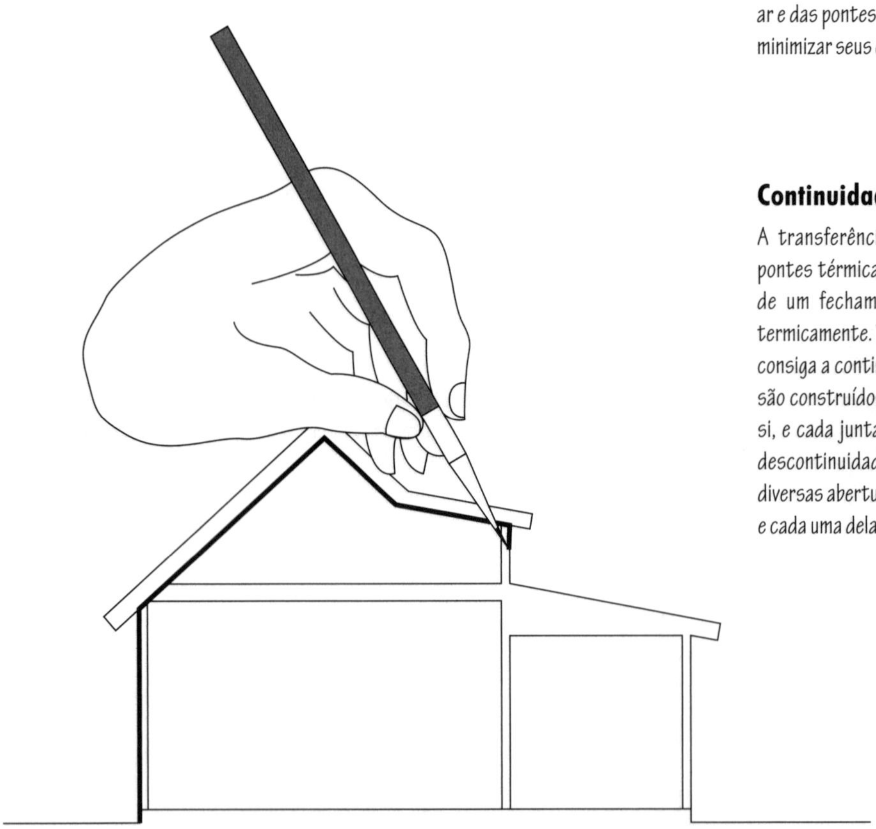

7.10 Se imaginarmos um corte através de um prédio representado em uma folha de papel, deveríamos, sem afastar o lápis, ter a possibilidade de traçar um percurso contínuo ao seu redor, sem qualquer interrupção por frestas ou aberturas que possam provocar infiltrações de ar ou pontes térmicas.

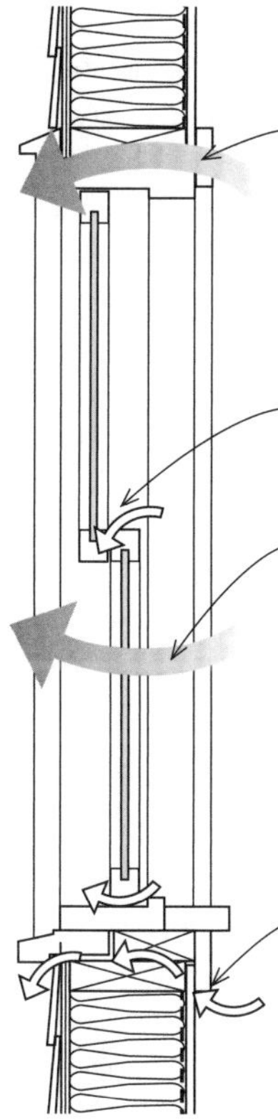

7.11 Caminhos das perdas térmicas e das infiltrações de ar através de uma janela.

Além de tudo, até mesmo uma única abertura em um prédio (uma janela, porta, alçapão, luminária embutida) ou qualquer descontinuidade pode gerar percursos múltiplos para perdas de energia. Por exemplo, uma janela perde energia não apenas por meio da condução térmica através das vidraças, mas também por convecção do calor para cima e para baixo das superfícies de vidro; por condução através das esquadrias e da verga da janela; pelas frestas de ar entre os caixilhos e batentes; pelas frestas de ar entre a esquadria e a parede; pelo ar que passa entre a esquadria e a cavidade de uma parede; e pela radiação entre o interior e o exterior do prédio. Além disso, perdas de energia inesperadas podem ocorrer se uma janela for deixada aberta por engano, se estiver quebrada ou rachada ou se sua veneziana ficar aberta ou estiver quebrada.

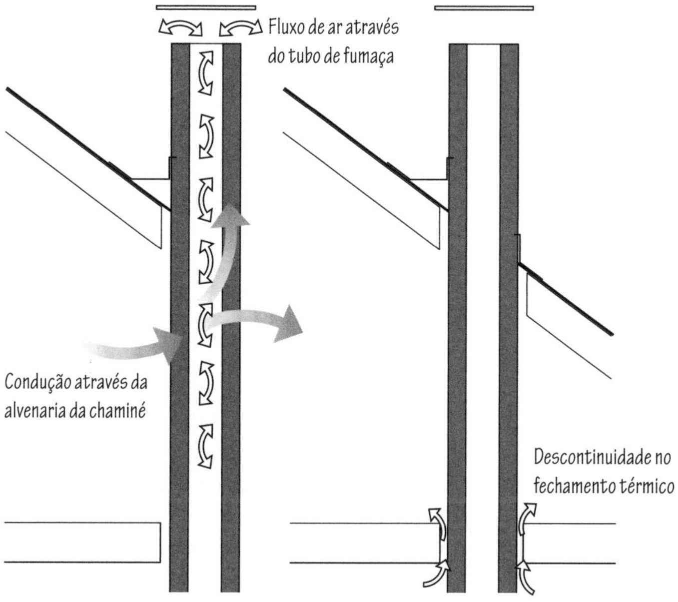

7.12 Possíveis descontinuidades provocadas por chaminés.

Outro grupo comum de descontinuidades pode ser criado pelas chaminés de alvenaria tradicionais. Se as chaminés ficarem localizadas em uma parede externa, a alvenaria permitirá que o calor seja conduzido do interior para o exterior, tanto lateral quanto verticalmente (em direção à cobertura). O tubo de fumaça também serve como uma descontinuidade, permitindo que o ar quente suba e saia do prédio no inverno e fazendo com que o ar frio entre, descendo por ele. Se a chaminé estiver localizada no interior de um prédio, ela geralmente terá distâncias necessárias até os materiais combustíveis ao redor de seu perímetro em todo o percurso em direção à cobertura, formando mais uma descontinuidade no fechamento térmico.

Grande parte das perdas de energia geradas por essas descontinuidades aumenta com o passar do tempo. Mais uma vez, podemos usar o exemplo das janelas, que não são robustas termicamente por sua própria natureza. As perdas de energia aumentam à medida que as esquadrias cedem e se deformam, que a massa de vidraceiro seca e fissura, que as vedações se soltam com a abertura e o fechamento repetidos das janelas, que o gás das janelas de vidro duplo ou triplo vaza e que as vedações térmicas se rompem. Uma deterioração similar ocorre nas portas e em outras aberturas que têm superfícies móveis, como alçapões de sótão, que frequentemente são deformados e quebrados. Alguma deterioração também ocorre nas descontinuidades que não têm partes móveis de propósito, como em perfurações de paredes e sótãos com rachaduras. Quando há uma fresta ou um furo em um prédio, ele provavelmente tenderá a ficar cada vez maior à medida que o prédio se assentar no terreno ou deformar.

Em muitas das áreas do fechamento térmico, criar uma continuidade no isolamento é um desafio espacial. É quase um problema de topologia, o estudo matemático das superfícies no espaço e de suas conexões. O isolamento não costuma ser um material estrutural. Ele não tem como atender às propriedades portantes necessárias para transferir cargas, resistir ao cisalhamento ou contraventar. Também preferimos que o isolamento térmico fique no lado de fora de uma edificação por várias razões, inclusive a necessidade de controlar a umidade e de manter as massas termoacumuladoras pelo lado de dentro do fechamento térmico. No entanto, quando colocamos o isolamento do lado externo de um prédio, ele não fica protegido do intemperismo e deve seguir um percurso tortuoso para fechar totalmente a edificação, com suas fundações, paredes, cobertura e diversos elementos que se projetam, como platibandas e sacadas.

Podemos passar o isolamento térmico para o interior, mas então perdemos os benefícios de ter uma massa termoacumuladora internamente. Também precisamos estar cientes dos problemas de umidade que resultam da possível condensação do vapor de água dentro da estrutura da parede ou da cobertura. Podemos colocar o isolamento pelo interior em alguns locais (por exemplo, na cobertura) e pelo exterior em outros (como nas paredes), mas ainda assim temos o desafio das interfaces entre as várias superfícies. Podemos aplicar o isolamento entre os elementos estruturais, como tem sido prática comum em construções com montantes leves de madeira ou metal, mas então perdemos energia por meio das pontes térmicas.

Por fim, podemos envolver o isolamento continuamente entre as vedações externas ou internas e a estrutura principal do prédio, e essa solução parece estar se tornando mais aceita tanto em edifícios altos quanto baixos. Ainda assim, é preciso resolver o problema de manter a continuidade, que é um desafio em uma variedade de perfurações nas estruturas e nas interfaces entre parede e cobertura, parede e piso e parede e fundação.

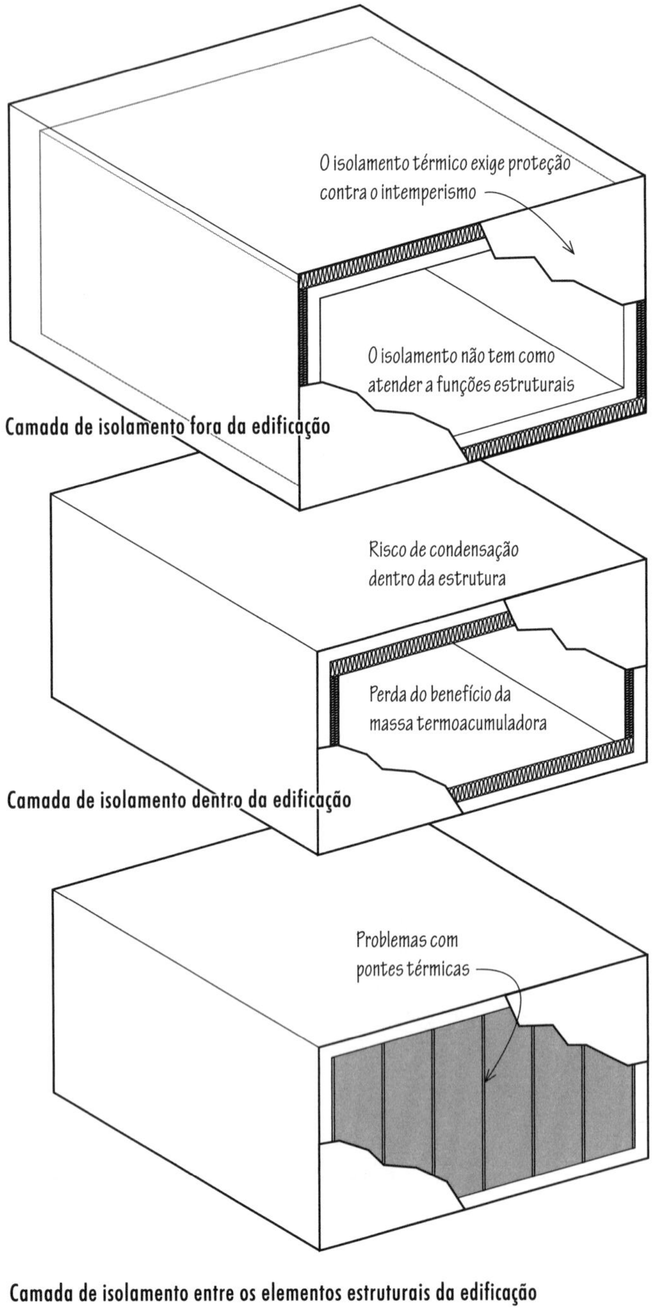

7.13 Cada local de instalação do isolamento térmico traz problemas na continuidade do fechamento térmico.

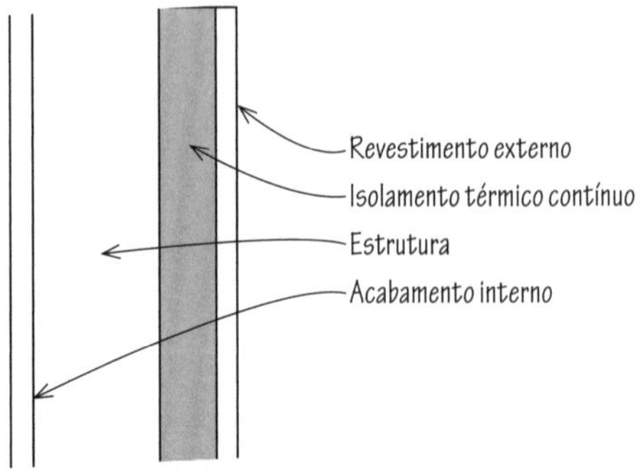

Uma possível solução

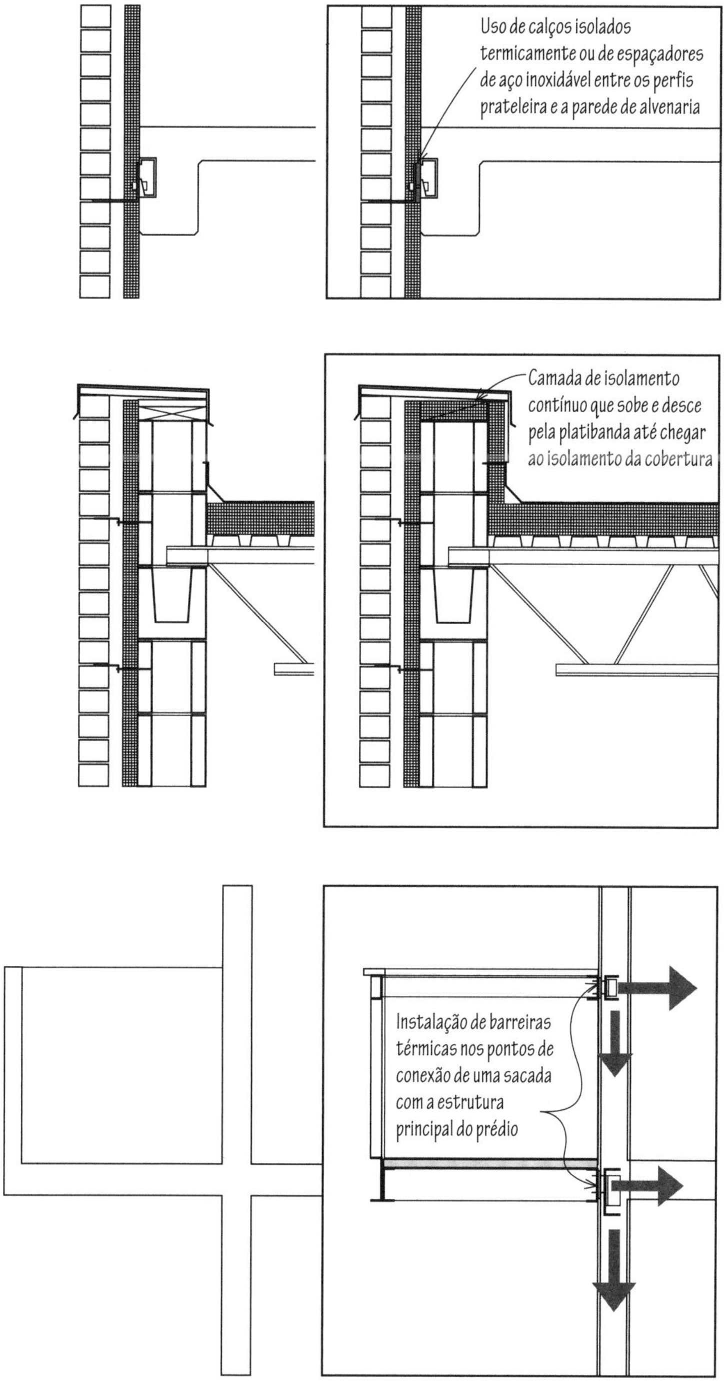

7.14 Maneiras de reduzir ou eliminar pontes térmicas em paredes de alvenaria.

Paredes

Paredes de alvenaria

As paredes de alvenaria muitas vezes usam blocos de concreto como o principal material estrutural tanto em prédios baixos quanto altos. Uma grande variedade de revestimentos serve para dar acabamento e proteger o exterior da edificação, incluindo tijolos, pedras, reboco e painéis de terracota ou metal. Da mesma maneira, nos interiores, uma variedade de acabamentos pode ser utilizada, como as chapas de gesso acartonado instaladas com montantes de madeira ou metal e sarrafos de apoio. Em alguns casos, os blocos de concreto podem ficar aparentes no interior.

Há blocos de concreto de alto desempenho, que costumam ser 40% mais leves do que os tradicionais e com valores-R entre R-2,5 e R-3,0, oferecendo mais de 30% no aumento da resistência térmica. Quando isolados com perlita ou outro *filler* de isolamento similar, os blocos de concreto de alto desempenho têm valores-R entre R-7 e R-10.

As pontes térmicas surgem de várias maneiras nas paredes de alvenaria, e cada uma delas pode ser reduzida ou eliminada:

- Os perfis prateleira utilizados para sustentar os revestimentos externos de tijolo criam caminhos de condutância térmica. Uma maneira de melhorar o isolamento é empregar espaçadores isolados entre os perfis prateleira e a parede de blocos de concreto ou usar calços de aço espaçados entre os perfis prateleira e os blocos de concreto.
- Quando uma parede de alvenaria se eleva acima da linha da laje de cobertura, formando uma platibanda, esta pode agir como uma ponte térmica, atravessando entre a camada de isolamento rígido externo e o isolamento da cobertura, que termina ao chegar à platibanda. Pode-se obter uma melhoria envolvendo-se toda a platibanda, sem interrupções. O topo da platibanda, ainda assim, será protegido por uma chapa de proteção com pingadeira, instalada sobre o isolamento.
- Todo elemento estrutural de aço que penetrar uma barreira térmica agirá como ponte térmica. Uma opção é usar aço inoxidável em vez do aço-carbono simples nessas perfurações, pois aquele tem menor condutividade térmica. Outra opção é isolar o exterior de qualquer elemento estrutural que crie uma perfuração.
- Estruturas externas, como sacadas, podem afetar a continuidade da camada de isolamento térmico. Uma melhoria em termos térmicos é suportar as sacadas externamente em vez de conectá-las estrutural e termicamente ao prédio. Outra opção é usar calços não condutores de calor entre a estrutura do balcão e aquela do prédio em si.

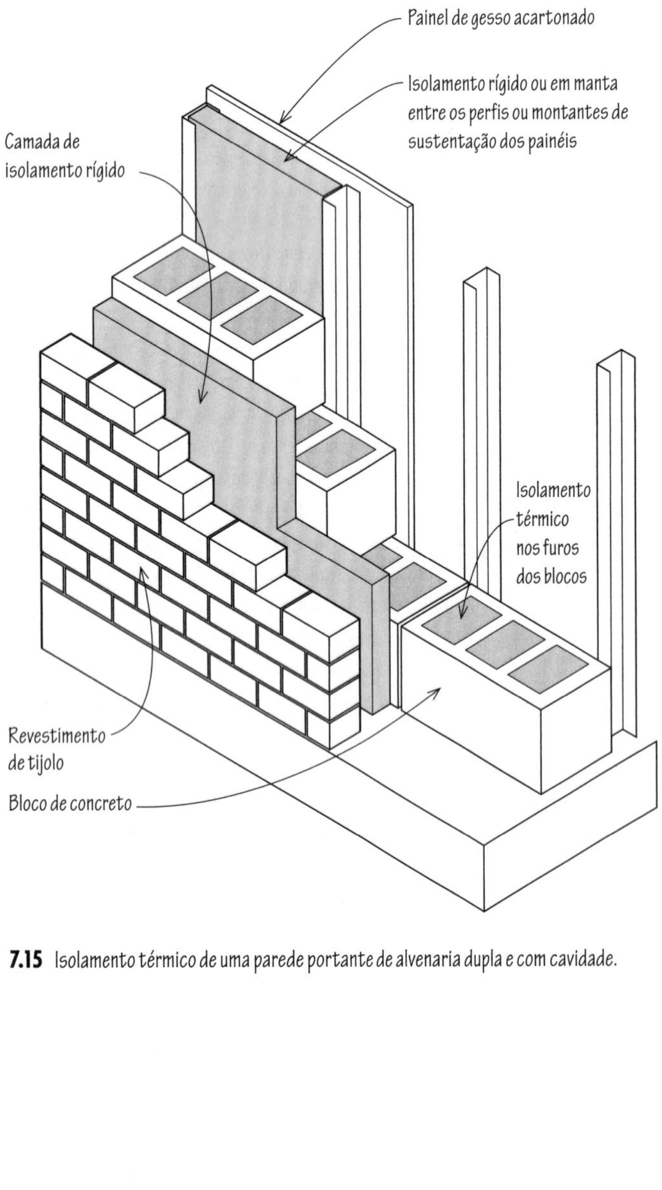

7.15 Isolamento térmico de uma parede portante de alvenaria dupla e com cavidade.

As paredes duplas de alvenaria ficam mais bem isoladas termicamente com o isolamento dentro da câmara de ar, seja junto à camada externa, seja junto à camada interna da parede. Isso permite à massa termoacumuladora ficar na parte interna do fechamento térmico do prédio, ajudando a moderar as oscilações de temperatura e servindo como uma segunda massa termoacumuladora. Essa localização também reduz o risco de condensação que há em climas frios. Se o isolamento for instalado pelo lado de dentro do paramento principal, há o risco, em climas frios, de que a face interna dessa parede fique fria e entre em contato com o ar quente e úmido que passou pela camada de isolamento, fazendo a umidade do ar se condensar na superfície fria.

O isolamento térmico entre uma parede portante de alvenaria e o revestimento costuma ser do tipo rígido. O tipo e a espessura do isolamento são pré-definidos pelos códigos de edificações, mas podem ser melhorados a fim de reduzir o consumo de energia, embora isso implique maior investimento.

Uma segunda camada térmica pode ser agregada isolando-se o interior da cavidade formada pela fixação das placas de gesso acartonado aos montantes leves, no lado interno da parede (Figura 7.15). Como o exterior da parede já foi isolado, esse aquecimento extra do interior da parede, interessante para climas frios, não acarretará o risco de condensação. Montantes leves de perfil U ou perfil Z geralmente são utilizados na estrutura de sustentação dos painéis de gesso acartonado, mas também é possível usar montantes de madeira, que têm condutância térmica mais baixa. Como a cavidade da parede de gesso geralmente fica vazia para acabamento ou passagem de cabos elétricos, é interessante adicionar essa segunda camada de isolamento, seja em manta, seja rígido. Outra camada extra de isolante pode ser colocada nos furos dos blocos de concreto.

Uma vez que o isolamento rígido é a principal forma de proteção térmica das paredes de alvenaria, a aplicação correta de uma fita sobre as juntas assume importância. A fita ajuda a reduzir a passagem de ar através das paredes e também serve para barrar uma eventual passagem de água pelo revestimento externo.

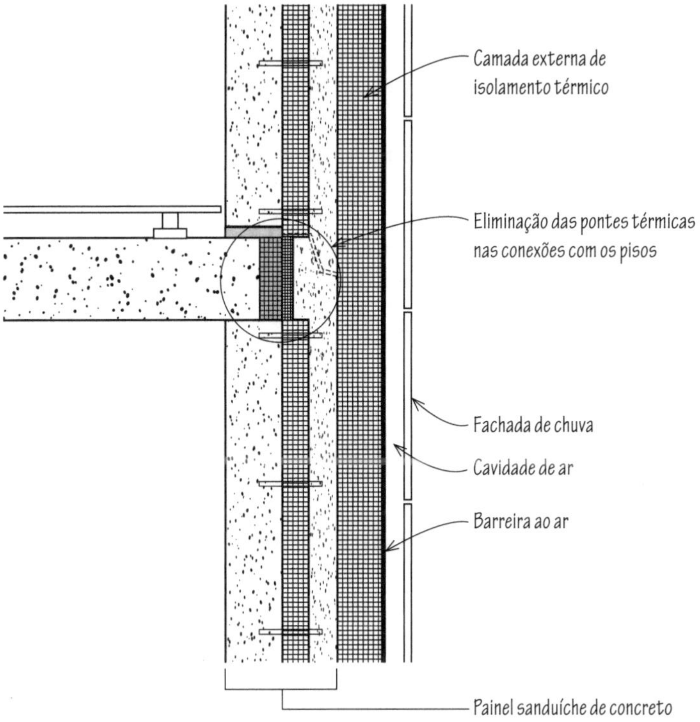

7.16 Como melhorar o isolamento térmico dos edifícios com painéis sanduíche de concreto.

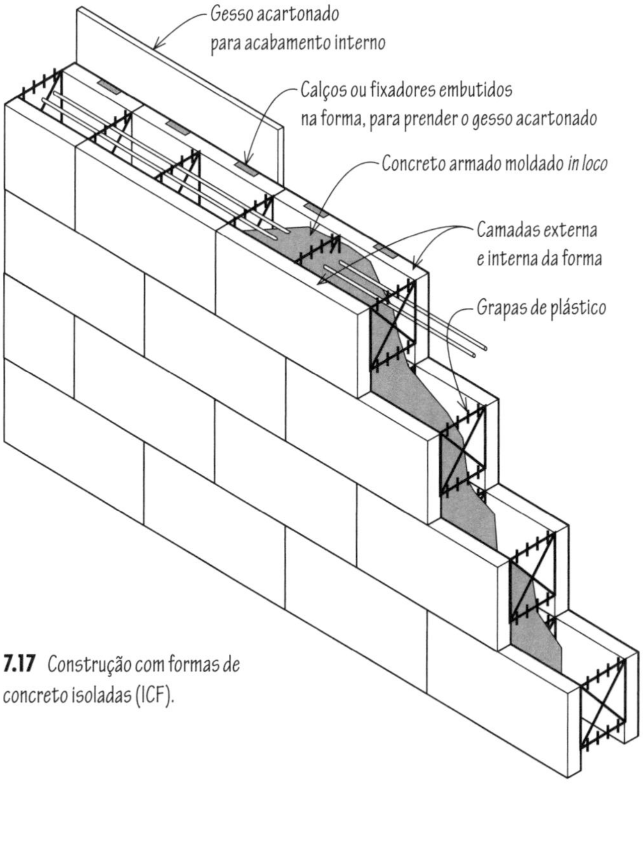

7.17 Construção com formas de concreto isoladas (ICF).

Paredes de concreto moldado

As paredes de concreto moldado podem assumir diversas formas. Elas podem ser pré-moldadas, feitas de painéis moldadas no chão do canteiro de obras e então erguidas (sistema *tilt-up*) ou moldadas *in loco*, sistema convencional no Brasil (com formas). Assim como ocorre com as paredes de alvenaria, há diversos acabamentos para suas superfícies internas e externas, além da opção de deixá-las à vista, sem acabamento.

Uma opção sustentável ecologicamente são os elementos de concreto portantes chamados de painéis sanduíche, que são fabricados prendendo-se uma lâmina fina de concreto armado em ambos os lados de uma camada de isolamento rígido, por meio de uma série de conectores ou fixadores de baixa condutividade térmica. Os elementos resultantes são relativamente leves, duradouros e resistentes ao fogo. Para manter a continuidade da camada térmica e evitar a formação de pontes térmicas, as bordas do isolante devem permanecer em contato ao longo de toda a extensão.

Deve-se observar que os painéis sanduíche de concreto são similares às paredes de alvenaria com cavidade e isolamento térmico, pois as duas camadas de concreto dos painéis são análogas aos panos de alvenaria, e a camada de isolamento rígido atende à mesma função que o isolamento rígido da cavidade da parede dupla de alvenaria. Em alguns casos, uma camada extra de isolamento é instalada no exterior dos painéis sanduíche e então coberta por um revestimento.

Outro tipo de concreto moldado *in loco* são as formas de concreto isoladas (ICF), que são o inverso dos painéis sanduíche. Neste caso, em vez de a camada de isolamento estar entre as duas lâminas de concreto, o concreto fica preso por duas camadas de isolamento, que pode ser, por exemplo, feito de espuma de poliestireno expandido, que serve como se fosse uma forma na qual o concreto é vertido. Também nesse sistema as faces interna e externa da parede podem ser acabadas de diversas maneiras. Um acabamento interno típico são as chapas de gesso acartonado, que podem ser presas por fixadores colocados na própria forma. Uma das vantagens das formas de concreto isoladas é que a camada de isolamento térmico que fica no interior do prédio não tem o problema das pontes térmicas associado ao uso de calços ou montantes. O concreto vertido *in loco* dentro da parede também garante a continuidade do fechamento térmico.

Paredes de montantes leves de madeira

O sistema convencional de construção de paredes com montantes leves costuma espaçá-los a cada 40 cm entre eixos, colocando-se um enchimento isolante entre eles. Nesta técnica, as chapas de gesso acartonado são o modo de acabamento interno mais comum, enquanto, no exterior, usa-se uma combinação de painéis e revestimentos de madeira, vinil ou outro material composto. Os montantes nas paredes de madeira convencionais desse sistema criam pontes térmicas, e as inúmeras juntas da estrutura tornam essas vedações vulneráveis à infiltração do ar.

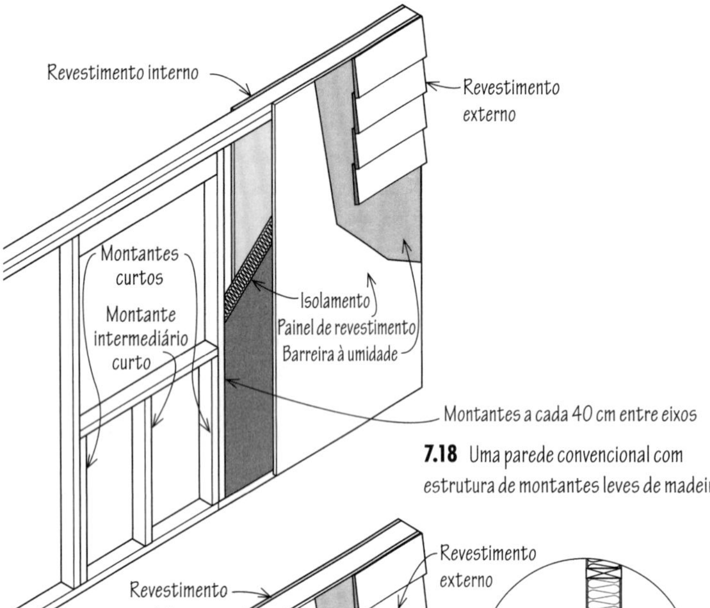

7.18 Uma parede convencional com estrutura de montantes leves de madeira.

"Técnicas estruturais avançadas" é o termo genérico empregado para uma diversidade de detalhes de estruturas convencionais que reduzem as pontes térmicas. Seus exemplos incluem espaçar os montantes a cada 60 cm entre eixos, em vez dos 40 cm convencionais; usar placas de topo simples, montantes simples nas aberturas de janela e porta e vergas simples ou não usar vergas em paredes não estruturais; e simplificar a estrutura das quinas. Frequentemente agrega-se um isolante rígido ao exterior da estrutura de montantes, entre eles e a camada de revestimento externo.

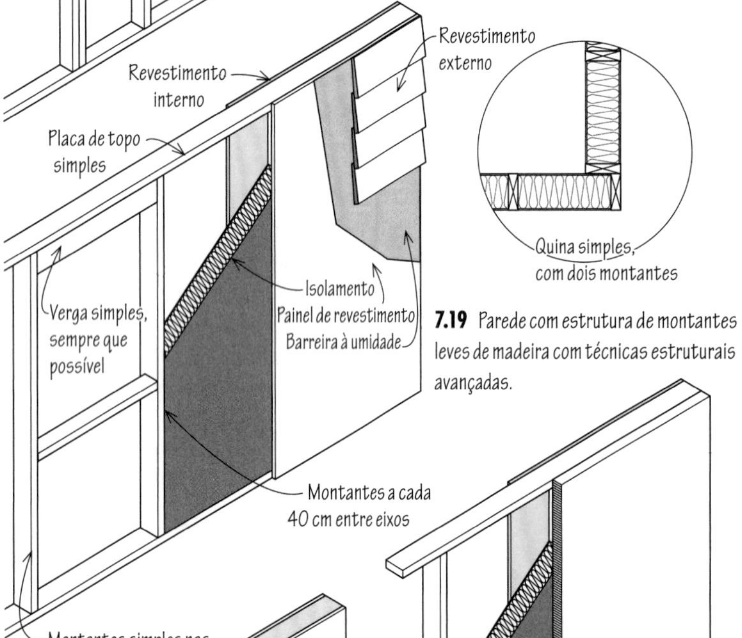

7.19 Parede com estrutura de montantes leves de madeira com técnicas estruturais avançadas.

Há diversas variações de paredes de montantes leves de madeira que são eficientes em energia. Elas incluem o uso de montantes duplos cujas fileiras são deslocadas ou separadas para reduzir as pontes térmicas; a substituição de painéis estruturais isolados e pré-fabricados pela estrutura de montantes normal; e o emprego de distintos materiais de isolamento resistentes à infiltração, como celulose prensada, espuma injetada e painéis de espuma rígida.

Essas paredes de estrutura leve de madeira comuns em muitos países têm pouca energia incorporada*, usam um material estrutural renovável, podem ser montadas com forte resistência térmica (se as pontes térmicas forem minimizadas) e podem ser construídas a fim de evitar infiltrações, caso se dê atenção aos detalhes de estanqueidade ao ar.

* Veja o Capítulo 16, Materiais de construção, para uma discussão sobre energia incorporada.

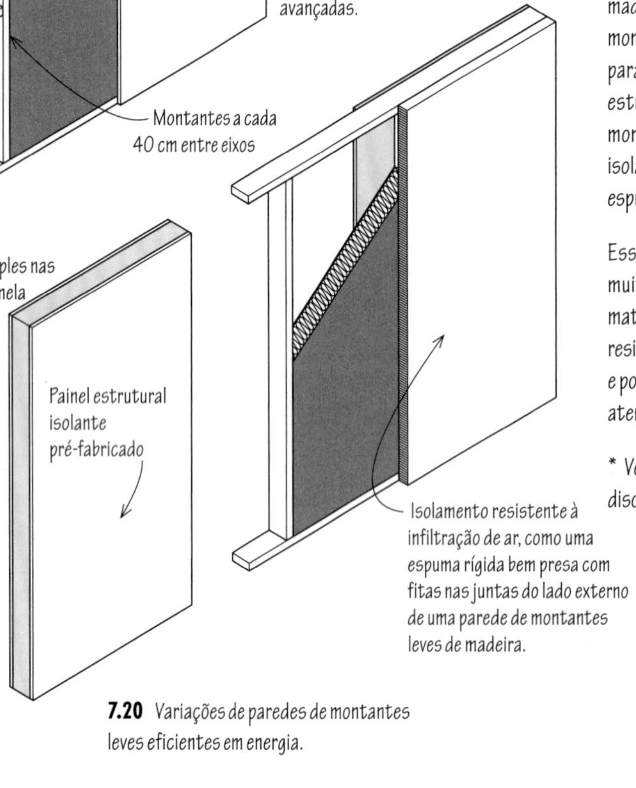

7.20 Variações de paredes de montantes leves eficientes em energia.

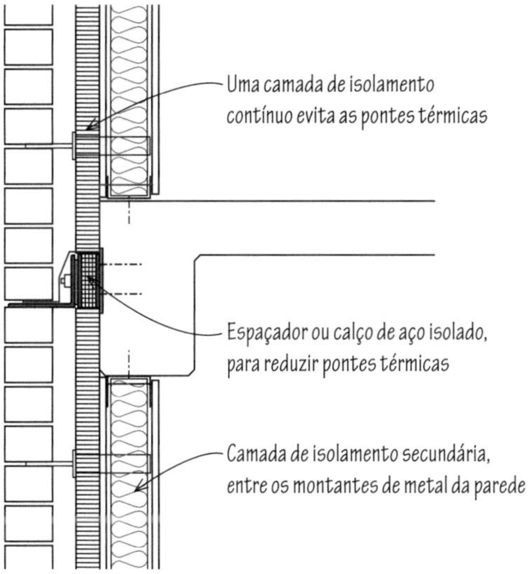

7.21 Corte de pele em uma parede de montantes leves de metal.

Paredes de montantes leves de metal

Essas paredes têm muitas semelhanças com as paredes de montantes leves de metal. Trata-se de um sistema estrutural comum em diversos países, e seus projetistas e construtores têm muita experiência com ele.

Sua energia incorporada é similar à das paredes de montantes leves de madeira, sendo uma das mais baixas para sistemas de paredes compostas. Contudo, as limitações de ambos os sistemas são similares em termos de sustentabilidade. Nos dois, os montantes formam pontes térmicas e as muitas juntas na estrutura criam vários locais para infiltração de ar. Além disso, a alta condutividade de aço resulta em pontes térmicas ainda mais sérias do que as das paredes de montantes leves de madeira. O modo de superar esse problema também é semelhante em ambos os métodos de construção. Devem ser consideradas as técnicas estruturais avançadas, como o espaçamento de montantes de 60 cm entre eixos, para reduzir o consumo de materiais e as pontes térmicas. Um isolamento rígido com boa aplicação de fitas nas juntas pode ser colocado no exterior das paredes, para aumentar a resistência térmica e reduzir os efeitos das pontes térmicas e da infiltração de ar. Também deve-se tomar cuidado para garantir uma boa estanqueidade ao ar nas juntas e em outros locais sujeitos à infiltração, como as perfurações nas paredes.

Paredes-cortina

As paredes-cortina são comuns em prédios altos. Elas são sistemas não estruturais que costumam consistir em uma combinação de painéis de tímpano opacos e envidraçados sustentados por uma estrutura própria metálica, geralmente de alumínio. Elas são chamadas de paredes-cortina ou fachadas-cortina por literalmente ficarem penduradas na estrutura do prédio. Ainda que não tenham função portante, precisam ter a capacidade de resistir a cargas laterais do vento e a cargas sísmicas, transmitindo-as à estrutura do prédio. Esses sistemas podem ser pré-fabricados ou criados *in loco*. No caso dos pré-fabricados, cada módulo é chamado de painel unitizado.

As paredes-cortina são vulneráveis a uma diversidade de perdas térmicas, inclusive pela condução e radiação através das vidraças, pela condução através de seus elementos estruturais de alumínio, pelas pontes térmicas nos elementos da estrutura do prédio e pelos defeitos de vedação nos elementos dos painéis.

Mesmo com vidros de alto desempenho, painéis de tímpano isolados e estruturas sem pontes térmicas, esses sistemas têm baixo desempenho em termos energéticos. Sua resistência térmica é ruim, com valores-R entre R-2 e R-3. Às vezes, o desempenho é um pouco melhor (ao redor de R-4), mas as melhores paredes-cortina não conseguem mais do que entre R-6 e R-9.

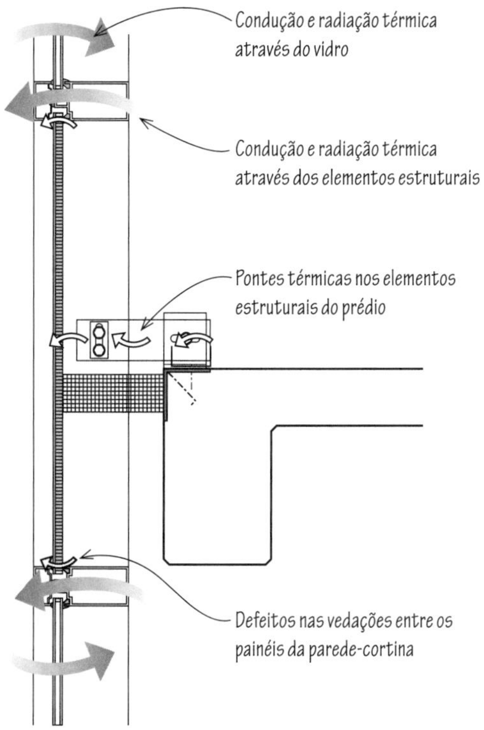

7.22 Perdas térmicas através das paredes-cortina.

Tipo de parede externa	Energia incorporada (MBTU/m²) Norte dos Estados Unidos	Sul dos Estados Unidos
Parede de montantes leves de aço (5 × 10 cm)		
a cada 40 cm entre eixos, com revestimento externo de tijolo	0,009	0,009
a cada 60 cm entre eixos, com revestimento externo de tijolo	0,009	0,008
a cada 40 cm entre eixos, com revestimento externo de madeira	0,006	0,006
a cada 60 cm entre eixos, com revestimento externo de madeira	0,005	0,005
a cada 40 cm entre eixos, com revestimento externo de aço	0,022	0,022
Parede de montantes leves de madeira (5 × 15 cm)		
a cada 40 cm entre eixos, com revestimento externo de tijolo	0,008	0,008
a cada 40 cm entre eixos, com revestimento externo de aço	0,021	0,021
a cada 60 cm entre eixos, com revestimento externo de argamassa	0,006	0,006
a cada 60 cm entre eixos, com revestimento externo de madeira	0,004	0,004
Painel estrutural isolante (SIP)		
com revestimento externo de tijolo	0,014	0,013
com revestimento externo de aço	0,028	0,027
com revestimento externo de argamassa	0,013	0,012
com revestimento externo de madeira	0,011	0,010
Parede de blocos de concreto de 20 cm		
com revestimento externo de tijolo	0,024	0,024
com revestimento externo de argamassa	0,023	0,023
com revestimento externo de aço	0,038	0,038
com revestimento externo na forma de parede de montantes leves de aço (5 × 10 cm) a cada 40 cm entre eixos	0,022	0,022
Parede de 15 cm de concreto moldado *in loco*		
com revestimento externo de tijolo	0,012	0,012
com revestimento externo de argamassa	0,010	0,010
com revestimento externo de aço	0,026	0,026
com revestimento externo na forma de parede de montantes leves de aço (5 × 10 cm) a cada 40 cm entre eixos	0,010	0,010
Parede de concreto de 20 cm do sistema *tilt-up*		
com revestimento externo de tijolo	0,013	0,013
com revestimento externo de argamassa	0,011	0,011
com revestimento externo de aço	0,027	0,027
com revestimento externo na forma de parede de montantes leves de aço (5 × 10 cm) a cada 40 cm entre eixos	0,011	0,011
Parede de formas de concreto isoladas		
com revestimento externo de tijolo	0,015	0,015
com revestimento externo de argamassa	0,013	0,013
com revestimento externo de aço	0,028	0,028

Fonte: Departamento de Energia dos Estados Unidos.

7.23 Energia incorporada nas paredes externas norte-americanas.

A escolha entre diferentes sistemas de parede

Tradicionalmente, a escolha de um sistema para a construção de paredes envolve a análise das vantagens e desvantagens em termos de custo, exigências estruturais, classificações de resistência ao fogo, materiais disponíveis e experiência dos profissionais de projeto e dos construtores locais. A estética de uma edificação, inclusive da fachada ou de seu revestimento, também influencia na seleção dos sistemas construtivos. A sustentabilidade de uma edificação também agrega outras considerações, como as características térmicas (tanto a resistência térmica quanto a massa termoacumuladora), o controle de infiltrações e umidade e a energia incorporada.

As paredes de montantes leves de madeira são as que têm a menor energia incorporada (0,006 MBTU/m²*), seguidas das de montantes leves de aço (0,007 MBTU/m²), que têm resistência térmica total equivalente, se considerarmos o mesmo revestimento de argamassa. Os vários tipos de parede de concreto, como as moldadas *in loco*, os painéis *tilt-up* e as formas isolantes de concreto (ICFs), têm energia incorporada entre 0,010 e 0,013 MBTU/m². Os painéis estruturais isolantes (SIPs) têm energia incorporada de 0,013 MBTU/m². As paredes de blocos de concreto de 20 cm têm energia incorporada de 0,023 MBTU/m². Veja o Capítulo 16, Materiais de construção, para mais informações sobre a energia incorporada.

Os revestimentos externos de madeira têm a menor energia incorporada, sendo seguidos pelos de argamassa e tijolo. A maior energia incorporada está nos revestimentos de aço.

*N. de T.: Milhões de BTU (unidades térmicas britânicas) por metro quadrado.

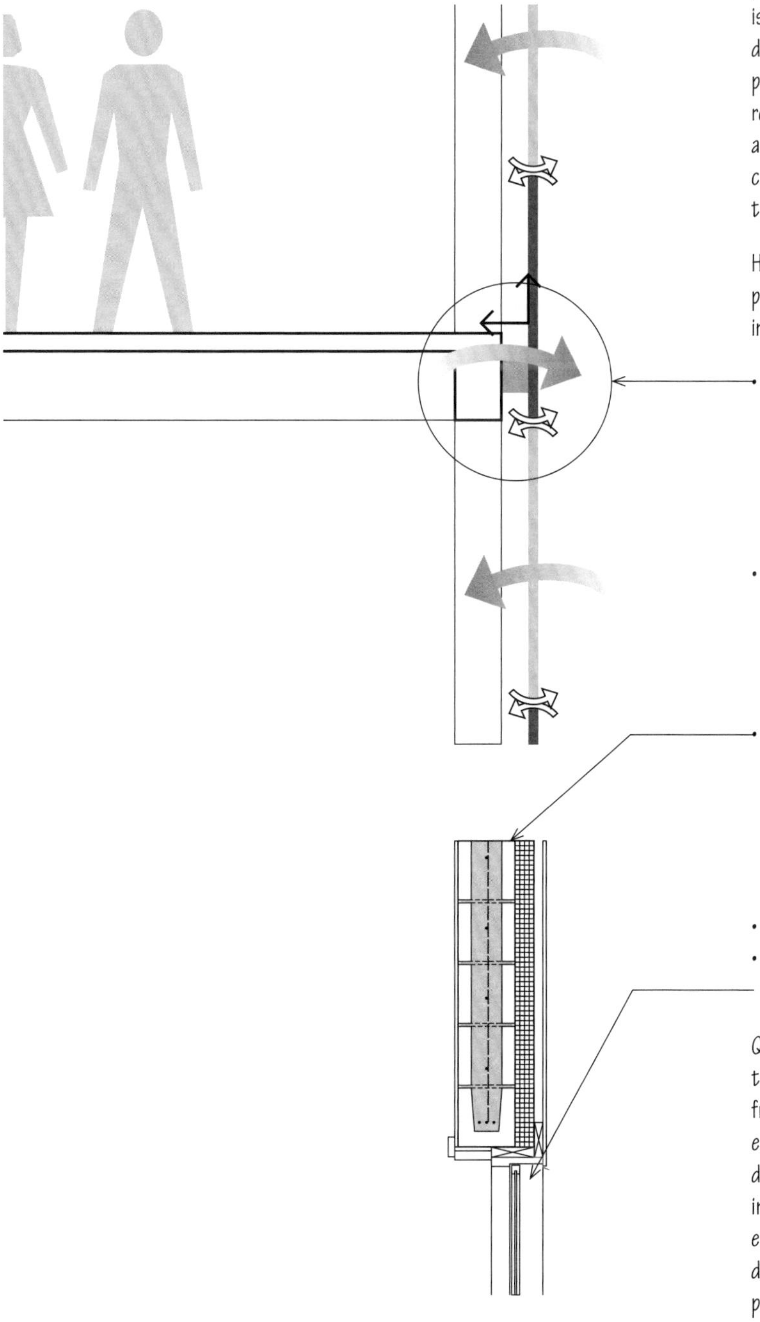

7.24 Maneiras de minimizar os efeitos das infiltrações de ar e das pontes térmicas.

Garantia da continuidade das paredes

Tradicionalmente, uma das maiores preocupações do projeto de edificações sustentáveis tem sido a melhoria do isolamento térmico das paredes. Isso também tem sido um dos principais métodos que os códigos de edificação utilizam para a conservação de energia. A melhoria do isolamento resulta em economias de energia. Todavia, há limites quanto ao benefício de se aumentar o isolamento térmico se questões como a infiltração de ar e as pontes térmicas não tiverem sido tratadas.

Há várias abordagens que permitem que as paredes sejam projetadas e construídas a fim de minimizar os efeitos da infiltração e das pontes térmicas:

- Preste atenção aos detalhes. Reduzir as infiltrações envolve o projeto e a construção que focam a estanqueidade ao ar dos vários locais dos sistemas de parede propensos a elas. De maneira similar, para evitar as pontes térmicas, detalhes apropriados devem ser desenvolvidos durante a fase de projeto e implementados durante a construção.
- Crie um controle de qualidade. Tanto para uma estanqueidade ao ar efetiva como para evitar as pontes térmicas, é necessário o controle de qualidade, garantindo que os detalhes que ainda não são completamente aceitos pelas melhores práticas sejam de fato executados.
- Escolha sistemas naturalmente contínuos e, portanto, menos propensos a apresentar problemas durante a construção e o uso. Um exemplo de camada contínua por natureza é a dos isolamentos rígidos presos às superfícies de paredes também rígidas, em vez dos isolantes soltos que são colocados nas cavidades de paredes duplas.
- Use camadas contínuas, para resistirem à infiltração.
- Reduza o número de descontinuidades, como ocorre em janelas e portas, sempre que possível.

Quanto aos detalhes estruturais relacionados às pontes térmicas, há um desafio específico, pois esses detalhes frequentemente são responsabilidade dos engenheiros de estruturas ou dos projetistas que também se encarregam da construção, que nem sempre estão familiarizados com as implicações energéticas das pontes térmicas e talvez não estejam envolvidos com a modelagem de energia e a avaliação das opções. Neste caso, surge o valor do projeto integrado, pois uma boa comunicação entre arquiteto, engenheiro de estruturas, consultor em energia e construtor permite que as opções sejam avaliadas e se reduzam as perdas decorrentes das pontes térmicas.

Janelas

Considerando-se as muitas partes que compõem uma edificação, as janelas representam um dos maiores dilemas. Elas são ótimas para trazer a luz natural para os interiores, oferecer aos usuários vistas e conexões com o exterior e a comunidade e, para muitas pessoas, conferem uma beleza natural aos prédios. Por outro lado, as janelas contribuem significativamente para as perdas de energia de um prédio, além de poderem criar desconforto, como correntes de ar frio, ofuscamentos, correntes de ar por convecção e perdas térmicas e de radiação.

Janelas de alto desempenho

A primeira opção para as edificações ecológicas é considerar o uso de janelas de alto desempenho. A evolução das janelas de alto desempenho tem uma longa história, iniciando com o surgimento da sopragem do vidro na Babilônia, por volta de 250 a.C., e passando pelo desenvolvimento do processo de prato (ou seja, das chapas planas de vidraça) na França, no final do século XVII.

Aproximadamente em 1950, foram desenvolvidas as esquadrias externas de proteção nas janelas para agregar uma segunda chapa de vidro, embora separada da janela principal. O propósito original desses componentes, como sugere seu nome em inglês (*storm windows*), não foi para aumentar sua eficiência em energia, mas para proteger a janela principal e o prédio do impacto das tempestades. Também conhecidas *como hurricane windows* ("janelas contra furacões"), essas chapas criam uma camada de ar entre elas e a vidraça principal, criando uma boa camada de isolamento térmico. Esse foi um progresso efetivo, praticamente dobrando a resistência térmica de uma janela com vidro simples. Uma janela com vidros simples tem fator-U de 1,1 em uma parede de montantes leves de madeira e 1,3 no caso de montantes leves de metal. Uma esquadria externa de proteção na janela reduz o fator-U para aproximadamente 0,5.

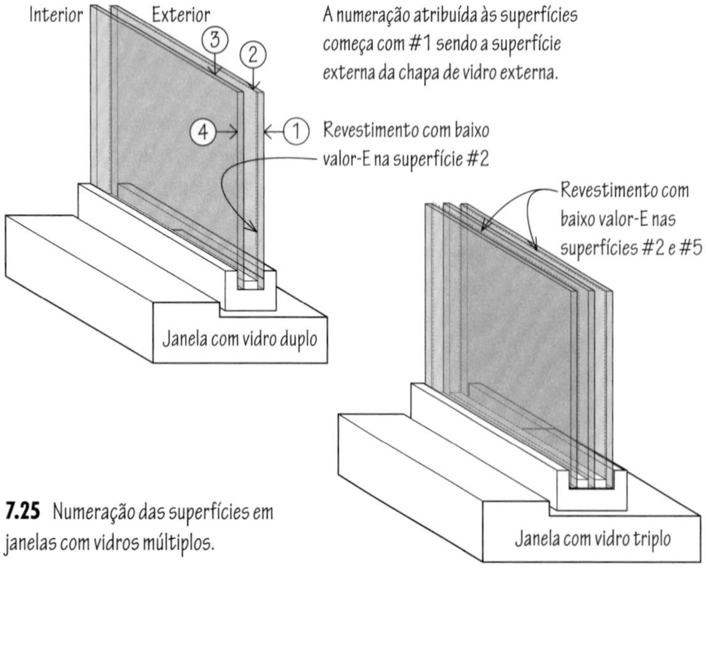

7.25 Numeração das superfícies em janelas com vidros múltiplos.

A janela com vidros duplos, inventada na década de 1930, tornou-se comercialmente disponível nos anos 1950, na forma de um sistema pré-fabricado com esquadria de madeira e ferragens. A janela de vidros duplos oferece ganhos de eficiência similares aos das esquadrias externas de proteção nas janelas, mas com a vantagem de ser mais confiável, pois estas tendem a ficarem abertas por descuido dos usuários.

Como resultado da crise energética do início dos anos 1970, a tecnologia de baixa emissividade foi desenvolvida e introduzida no início da década seguinte. As janelas de baixa emissividade (valor-E) são fabricadas geralmente revestindo-se a superfície interna da chapa de vidro externa com uma película de metal ou óxido de metal, de modo que apenas a luz visível seja transmitida, mas os comprimentos de onda mais longos do calor radiante sejam refletidos. No inverno, isso significa que uma parcela maior do calor seja retida nos interiores e, no verão, mais calor seja mantido de fora. Hoje, as janelas com vidros duplos de baixa emissividade têm fatores-U de aproximadamente 0,40.

Na década de 1980, os fabricantes de janelas lançaram as esquadrias de vinil e compósito de vinil com madeira, que reduziram a perda térmica através das esquadrias. Posteriormente, colocou-se isolamento dentro das esquadrias de janela ocas. Mais ou menos na mesma época, foram introduzidos nas janelas espaçadores não metálicos, para reduzir as perdas térmicas nas esquadrias.

As janelas com vidros duplos ou triplos e câmaras de gás, introduzidas no final da década de 1980, usam uma combinação de gases inertes e incolores. Sendo mais densos do que a atmosfera, os gases minimizam as correntes de convecção dentro do espaço entre as vidraças, reduzindo a transferência térmica total através dos vidros. O argônio é o gás mais comum. O criptônio é mais denso e mais efetivo, porém também é mais caro do que o argônio. As janelas com vidro duplo preenchidas com argônio e com revestimentos de baixo valor-E alcançam fatores-U de aproximadamente 0,30. As janelas com vidro triplo, revestimentos de baixo valor-E e preenchidas com um gás inerte têm valores-U entre 0,20 e 0,25.

Janelas de alto desempenho oferecem valores-R mais altos e fatores-U mais baixos, reduzem o consumo de energia e diminuem a possibilidade de condensação e acúmulo de gelo. Elas também melhoram o conforto das edificações no inverno, ao aumentar a temperatura das superfícies internas dos vidros, deixando-a próxima da temperatura do espaço interno e, portanto, reduzindo as correntes formadas por convecção e as perdas térmicas. No verão, as janelas com coeficientes de ganho térmico solar baixos reduzem a radiação solar e o desconforto associado com o superaquecimento de um espaço.

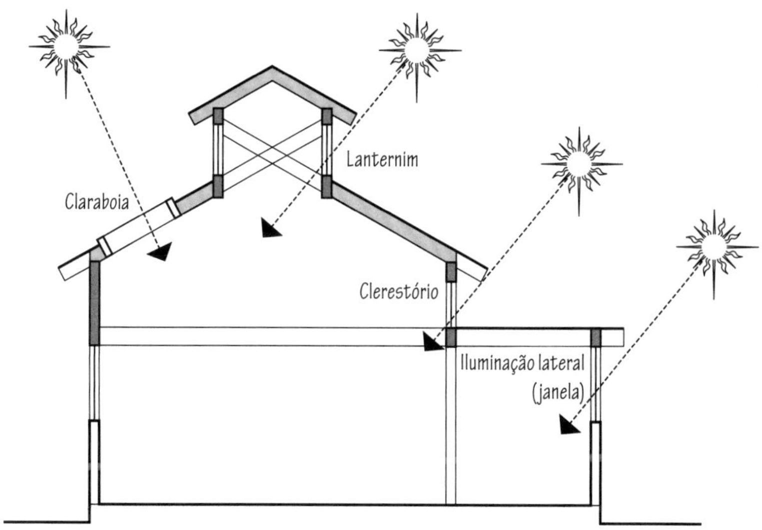

7.26 Opções de iluminação natural.

Iluminação natural

Nas edificações sustentáveis, as janelas oferecem-nos a possibilidade de economizar energia com o uso da luz diurna. A luz diurna pode ser obtida por aberturas laterais ou zenitais. A iluminação lateral é fornecida por janelas nas paredes, enquanto a zenital pode ser captada por vários tipos de aberturas em uma cobertura, como claraboias e lanternins.

A quantidade ideal de vidraças para iluminação natural é diferente daquela para uma boa visibilidade. A melhor abordagem à iluminação natural é usar aberturas zenitais espaçadas homogeneamente em uma cobertura plana, trazendo uma luz também homogênea. Esse recurso limita-se a edificações térreas, ao pavimento de cobertura dos prédios com vários níveis ou àqueles pavimentos que podem ser iluminados com o uso de tubos de luz. No caso da iluminação lateral, a melhor posição para as janelas é no alto de uma parede, perto do teto, de modo que a luz incidirá no espaço profundamente, sem ofuscar.

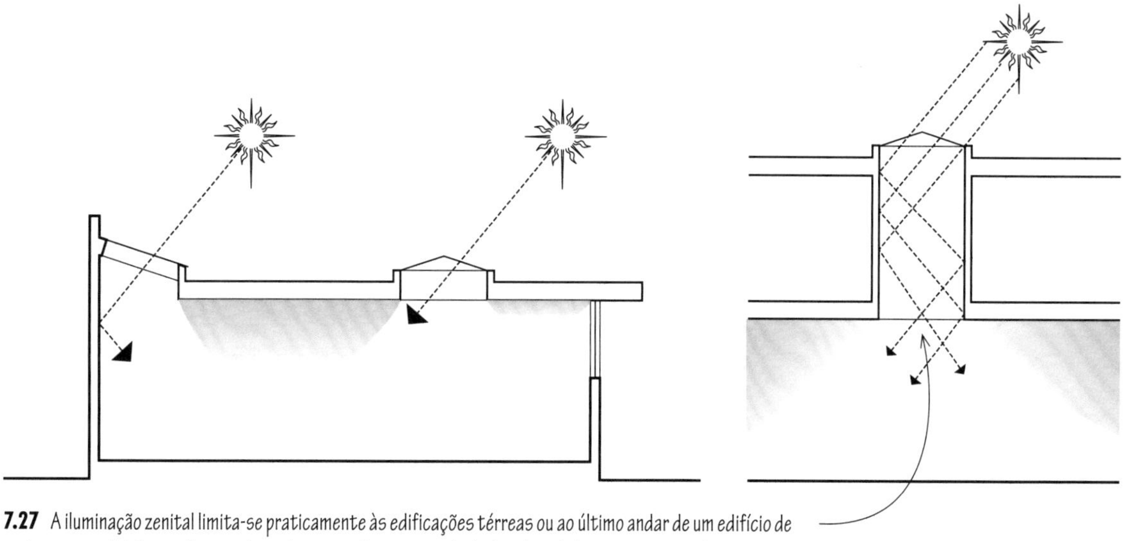

7.27 A iluminação zenital limita-se praticamente às edificações térreas ou ao último andar de um edifício de pavimentos múltiplos, embora tenha sido inventada uma variedade de tubos de luz que permitem fazer com que a luz cruze esse andar, penetrando através de sótãos e pavimentos de cobertura para alcançar os níveis abaixo.

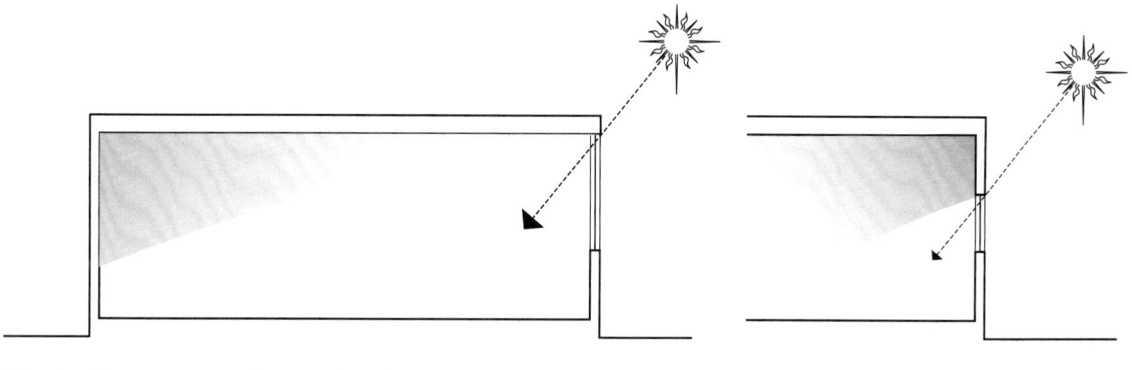

7.28 O ideal é que as janelas para iluminação fiquem bem altas, para que a luz penetre o máximo possível nos espaços.

7.29 Exemplo de uma técnica de iluminação global que usa sofisticados algoritmos para simular com mais acuidade a iluminação de um espaço ou cena. Esses algoritmos levam em consideração não somente os raios de luz que são emitidos diretamente de uma ou mais fontes, mas também acompanham os raios de luz à medida que são refletidos ou refratados de uma superfície a outra, especialmente as reflexões cruzadas e difusas que ocorrem entre as superfícies de um espaço ou cena.

A iluminação natural é um tópico complexo, trabalhado com mais precisão por meio de modelos de iluminância, e deve ser bem equilibrada, para que seja eficiente em termos de energia (pesando os ganhos de luminosidade em relação aos ganhos e perdas térmicas acarretados pelas janelas) e não provoque ofuscamento. O aproveitamento da luz natural também exige atenção cuidadosa a seus controles. É mais fácil abordar a iluminação natural nesta fase do projeto, quando estão sendo consideradas as vedações externas e ela pode ser otimizada, antes que se comece a projetar a iluminação artificial.

A iluminação natural envolve mais do que apenas agregar janelas a edificações. Uma grande área de janelas, apesar de proporcionar economia de energia, devido ao aumento da luz diurna, gera perdas de calefação e resfriamento. Junto à maior economia de eletricidade, as perdas térmicas também aumentam com a expansão da área de janelas. Quando as áreas de janela são pequenas, a redução da necessidade de luz elétrica (em virtude da luz natural) costuma compensar o impacto negativo das perdas térmicas da janela nas cargas de calefação ou resfriamento, assim há economias líquidas. Contudo, as economias de eletricidade acarretadas pela luz natural são limitadas (ou seja, desaparecem a partir de determinada área de janela), enquanto o impacto negativo das perdas térmicas aumenta ininterruptamente com a área de janelas. Em outras palavras, há um tamanho ideal para a janela, acima do qual as perdas térmicas reduzem as economias obtidas com a iluminação natural.

As economias com energia relativas que podem ser obtidas com o aproveitamento da luz natural têm diminuído nos últimos anos, em virtude do aumento da eficiência dos equipamentos de iluminação elétrica e do maior uso dos controles para reduzir o tempo de uso das luzes artificiais. Também há uma redução dessas economias relativas se for aumentada a refletância das superfícies internas. Com essas modificações, a relação ideal entre área de janelas e de paredes também tem diminuído.

Para muitos tipos de edificação e ocupação, se os tamanhos de vidraça recomendados para iluminação natural forem aplicados indiscriminadamente, sem se levar em consideração as perdas térmicas das janelas, o consumo de energia do prédio pode aumentar junto com o tamanho das janelas, em vez de diminuir.

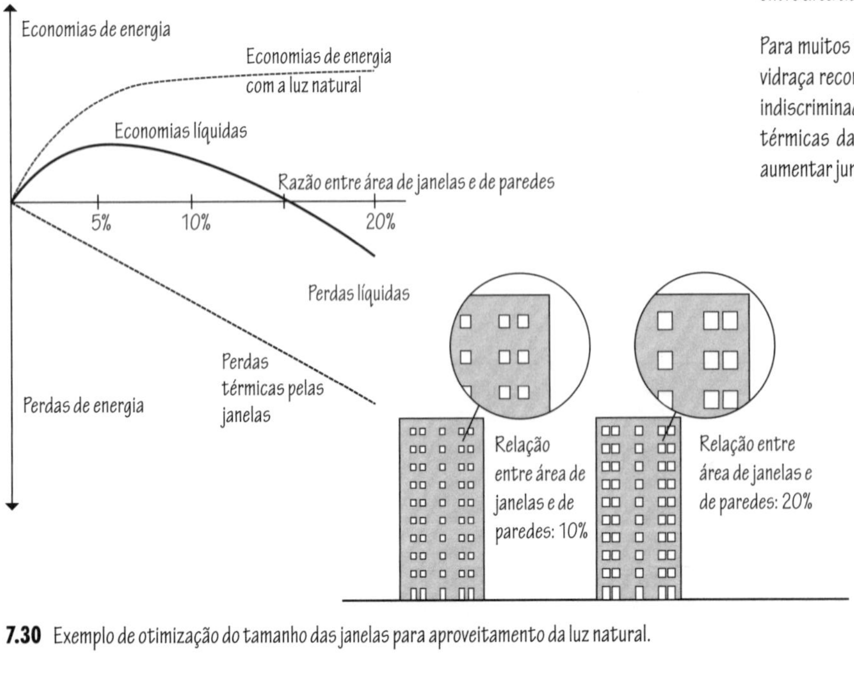

7.30 Exemplo de otimização do tamanho das janelas para aproveitamento da luz natural.

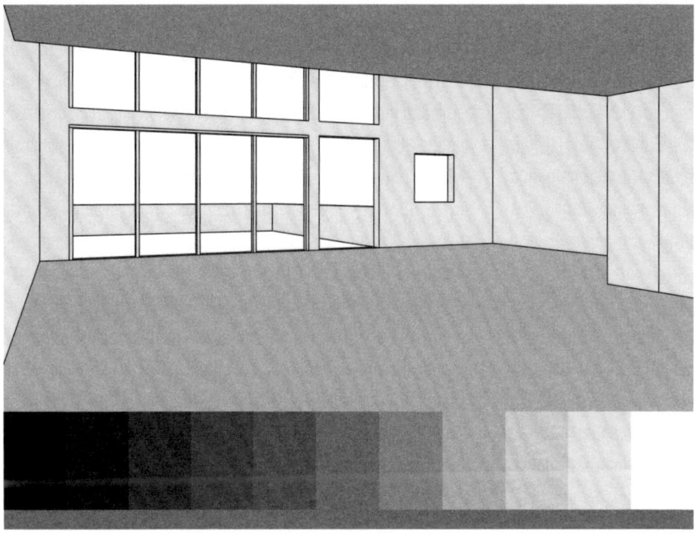

7.31 Os valores de refletância das superfícies de um cômodo afetam a estratégia de iluminação natural para o espaço.

O sucesso de uma estratégia de iluminação diurna depende muito da refletância das superfícies internas, como tetos, paredes e móveis. Por exemplo, se aumentarmos a refletância interna média de 50% para 75%, a área de vidraça exigida para iluminar naturalmente um escritório de 3,7 × 4,6 m é reduzida em mais de 50%, de 2,3 m² para 1,1 m². Assim, a escolha de acabamentos reflexivos para tetos, paredes, pisos, cortinas, persianas e móveis se torna uma característica de sustentabilidade potencialmente importante e barata. Porém, para aproveitar os benefícios de refletâncias mais altas para a iluminação natural, as refletâncias melhores precisam ser combinadas com a redução dos tamanhos ou números de janelas, consequentemente diminuindo as perdas térmicas.

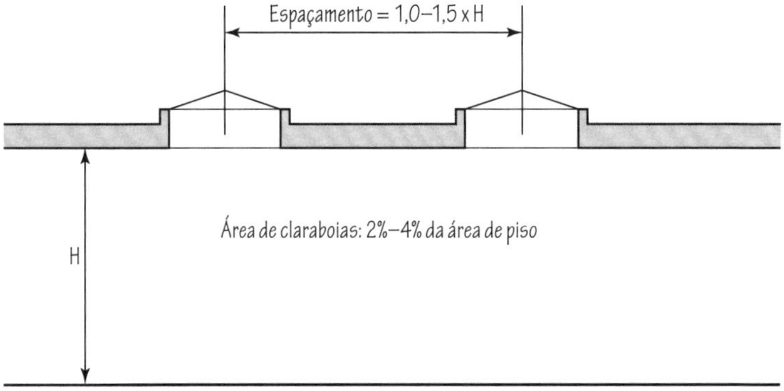

7.32 Regras rápidas para o pré-dimensionamento de iluminação zenital com claraboias.

É útil diferenciar a iluminação natural que é projetada a fim de reduzir o consumo de luz elétrica daquela que é obtida como resultado das vidraças para visualização e que não podem ser eliminadas por motivos estéticos. Esta última pode ser chamada de iluminação natural incidental, que não é um mero benefício extra das vidraças para vistas, mas um meio de evitar um problema duplo de energia (o aumento do consumo de energia tanto devido ao maior uso de luz artificial como às perdas térmicas da janela).

Há diversas vantagens no uso da iluminação zenital, inclusive a maior uniformidade da iluminação, a simplicidade dos controles, a maior cobertura espacial e o menor número de problemas de ofuscamento. Porém, assim como no caso da iluminação lateral, as vidraças zenitais não podem ser superdimensionadas; caso contrário, as perdas térmicas seriam maiores do que os ganhos de luz diurna. Os tamanhos ideias para as vidraças zenitais devem ser calculados com simulações feitas em computador. Uma regra para o pré-dimensionamento sugere que a área das claraboias deve ser apenas de 2% a 4% da área de piso, e as unidades devem ficar afastadas entre si entre 1,0 e 1,5 vez o pé-direito. Nos Estados Unidos, como a maioria dos edifícios comerciais tem apenas um ou dois pavimentos, 60% da área de piso sob as coberturas norte-americanas pode ser iluminada zenitalmente. Dentre as várias escolhas para iluminação zenital, as claraboias oferecem uma luz mais uniforme e fornecem mais luz natural durante mais horas por ano do que os lanternins.

Os benefícios da iluminação natural apenas podem ser obtidos com o controle associado da iluminação artificial no interior. Sem esse controle, em vez de economizar energia, a iluminação natural aumentaria o consumo de energia, ao elevar sua carga térmica sem economia em sua carga de iluminação. Há dois tipos principais de controles de iluminação: o acionamento gradual das luminárias e a dimerização contínua. Ambos os sistemas reduzem o consumo de energia por meio do uso de fotossensores para detectar os níveis de iluminação e automaticamente ajustar o nível de potência das lâmpadas e criar o nível de claridade desejado ou recomendado para determinado espaço. Se a iluminação natural das janelas for suficiente para atender às necessidades dos usuários, o sistema de controle poderá desligar automaticamente todas as lâmpadas ou parte delas, ou dimerizá-las, e imediatamente reativá-las quando a iluminação ficar abaixo de um nível pré-estabelecido. Esses controles de iluminação natural podem ser integrados a sensores de presença, para ligar e desligar automaticamente as lâmpadas e aumentar ainda mais as economias de consumo; a mesma estratégia pode ser feita com controles manuais, para que os usuários ajustem a iluminação conforme desejarem. Alguns sistemas de controle também podem ajustar o equilíbrio de cores da luz, ao variar a intensidade de lâmpadas de LED individuais, de diferentes matizes, instaladas nas luminárias de teto.

Os controles de iluminação automáticos precisam ter interruptores cuidadosamente regulados, de modo que possam resultar em economias de energia sem provocar uma operação incômoda das luzes. Por exemplo, um escritório com apenas uma luminária controlada por um sistema de controle gradual pode exigir 300 candelas/m^2. De manhã, quando as nuvens que passam escurecem o espaço para uma iluminação de apenas 100 candelas/m^2, o controle automático da iluminação aciona as lâmpadas. Quando o sol reaparece, rapidamente aumentando o nível de iluminação de 100 candelas/m^2 para bem mais de 300 candelas/m^2, a luz elétrica é desligada. Se o controle for regulado para desligar quando o nível de luz no espaço ficar acima de 310 candelas/m^2 e para ligar a lâmpada quando a luz ficar abaixo de 300 candelas/m^2, há o risco de que, a cada nuvem que passar, a lâmpada rapidamente ligará e desligará, o que logo se tornará um incômodo.

Por outro lado, se o controle for regulado para ligar a lâmpada quando o nível de iluminação ficar abaixo de 300 candelas/m^2 e para desligá-la quando o nível ficar acima de 500 candelas/m^2, a lâmpada já não ficará ligando e desligando a cada nuvem que passa, mas o nível de iluminação do escritório oscilará muito, o que pode resultar em um tipo diferente de incômodo. Além disso, a luz talvez fique ligada por períodos de tempo muito superiores aos que seriam necessários, aumentando o consumo de eletricidade. Encontrar o equilíbrio certo entre um ciclo incômodo e as flutuações de iluminação também incômodas pode ser um desafio. Os *dimmers* automáticos podem resolver esse problema até certo ponto, mas, ainda assim, os controles precisarão ser cuidadosamente regulados. O sensor de iluminação natural também precisa estar bem localizado e orientado para evitar seu acionamento por uma outra luz artificial.

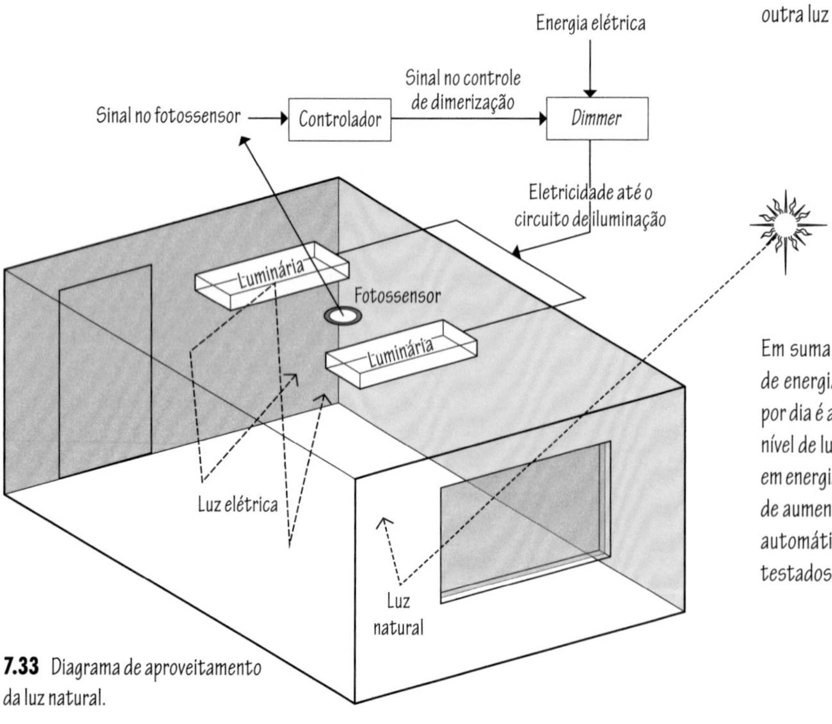

7.33 Diagrama de aproveitamento da luz natural.

Em suma, a iluminação natural pode proporcionar economias de energia naqueles prédios em que o número de horas de luz por dia é alto e quando são aceitáveis as possíveis variações no nível de luz ao longo do tempo e pelo espaço. Para ser eficiente em energia, a vidraça não pode ser superdimensionada ao ponto de aumentar as perdas térmicas, e os controles de iluminação automática devem ser corretamente projetados, instalados, testados, operados e mantidos.

Vistas

As vistas através das janelas oferecem uma conexão vital com o exterior, dão aos usuários uma ideia das condições climáticas externas e contribuem para a saúde mental e a produtividade. Uma vidraça para vista é definida pelo Sistema de Certificação LEED como ocupando uma altura entre 76,0 e 228,5 cm em relação ao piso. BREEAM define uma vista como a possibilidade de se ver o céu a partir de uma mesa com 71,0 cm de altura, além de estabelecer que uma vista existe quando a proporção entre janela e parede é de, no mínimo, 20%.

Assim como acontece com a iluminação natural, o tamanho das janelas necessárias para as vistas deve ser cuidadosamente analisado, a fim de evitar a introdução de perdas térmicas indevidas. Por exemplo, o peitoril de uma janela pode ter mais de 76,0 cm em relação ao piso e, ainda assim, permitir uma boa vista. A altura da verga também não precisa chegar a 228,5 cm para que a vista seja boa. A definição do LEED para essa dimensão tem como objetivo definir a zona acima na qual uma janela para iluminação natural começa a provocar o ofuscamento, e não para estabelecer a altura máxima de uma vidraça. Além disso, as janelas não precisam ir de um lado a outro de uma parede para proporcionar boas vistas. BREEAM define uma vista como aquela de um ponto interno a, no máximo 7m de uma parede externa e oferece, no mínimo, 20% de relação entre janela e parede.

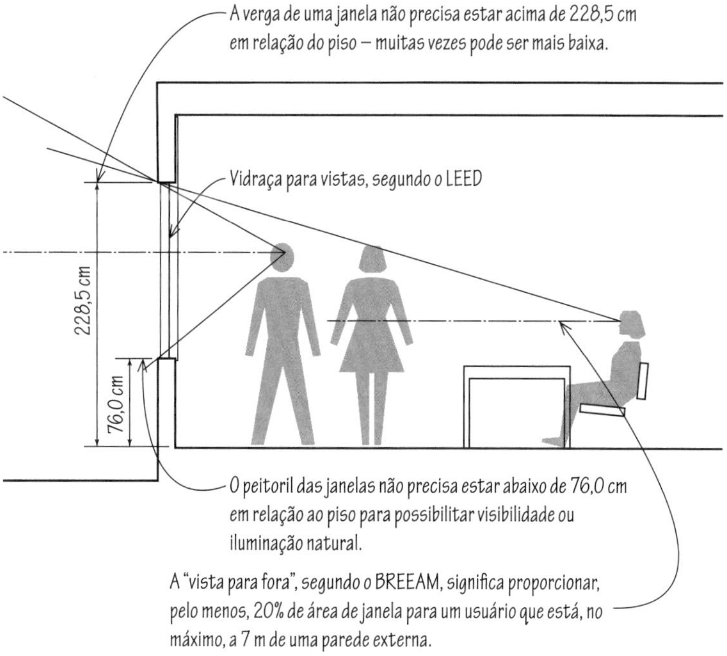

7.34 Alturas de uma janela para permitir vistas.

O LEED sugere que as janelas para vistas são necessárias apenas em espaços de ocupação regular, ou seja, prolongada. Elas não seriam necessárias em espaços de permanência transitória. A cada passo de um projeto, precisamos nos lembrar das grandes perdas de energia que as janelas acarretam e considerar maneiras pelas quais poderíamos reduzir esse problema.

O LEED sugere outras estratégias para proporcionar vistas externas, como o uso de aberturas no interior que permitam aos usuários dos espaços internos ver a rua através dos espaços do perímetro e o uso de paredes internas baixas para evitar a obstrução de vistas.

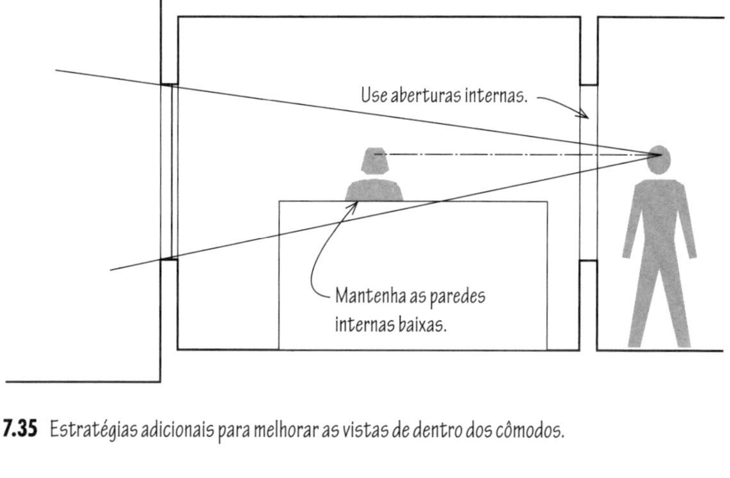

7.35 Estratégias adicionais para melhorar as vistas de dentro dos cômodos.

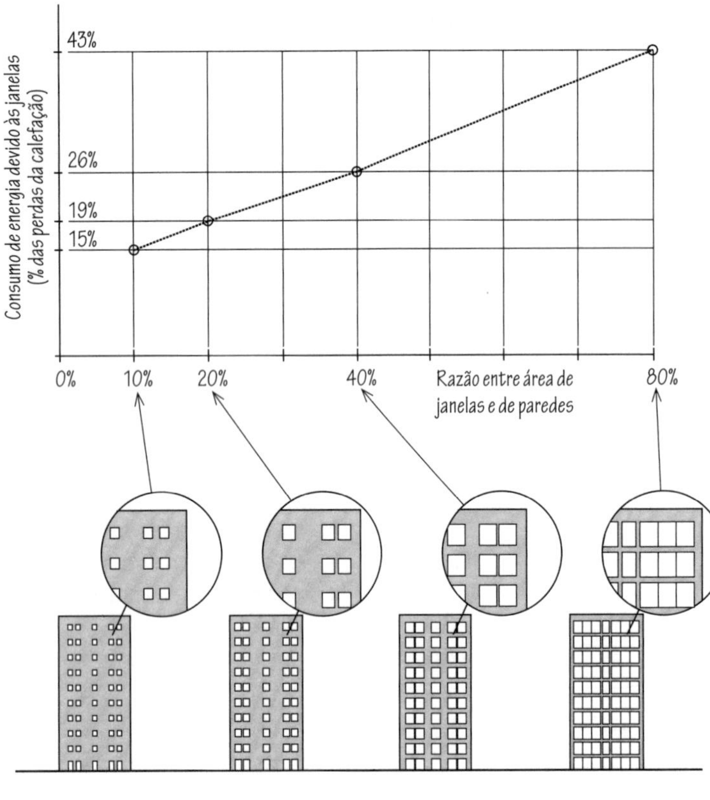

7.36 Perda de energia através das janelas.

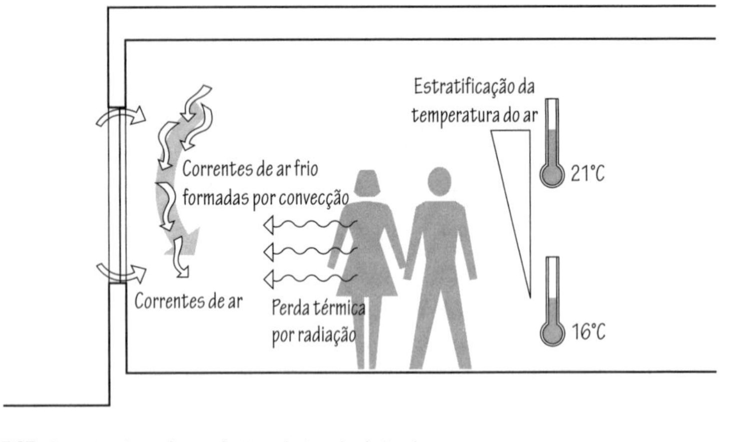

7.37 Questões de conforto térmico relacionadas às janelas.

Perdas térmicas pelas janelas e outros problemas

Contrastando com os benefícios da iluminação natural e das vistas, as janelas acarretam várias ineficiências significativas em termos de energia. Elas perdem calor no inverno com a condução térmica, a infiltração do ar e a radiação e, por outro lado, no verão são uma fonte substancial de calor, gerando mais necessidade de condicionamento do ar. As janelas também costumam acarretar custos de construção mais elevados tanto em prédios altos quanto baixos, se comparadas às áreas de parede que elas substituem.

Para que tenhamos uma ideia das perdas de energia acarretadas pelas janelas, uma parede típica tem resistência térmica (valor-R) entre R-10 e R-30, com uma média de R-20, enquanto uma janela com dois caixilhos tem valor-R de cerca de R-2, ou seja, é 10 vezes mais ineficiente em termos de energia do que uma parede média. Até mesmo as janelas de alto desempenho têm valor-R de apenas R-3 a R-5. Isso não leva em consideração as perdas por infiltração, por radiação e através das pontes térmicas da esquadria ao redor delas. Também há perdas mais sutis, pois uma janela, durante a noite, reflete pouca luz de volta para o cômodo e, portanto, pode exigir mais luz artificial no interior. Considerando-se todas essas perdas das janelas, é provável que elas geralmente sejam responsáveis por bem mais do que 10 vezes o consumo de energia do que as superfícies de parede que elas substituem. Por essa razão, um prédio típico perde 25% de sua energia através de suas janelas, e essas perdas são ainda mais acentuadas nas edificações que possuem uma razão alta entre janela e parede.

O impacto das janelas não é sentido apenas no aumento do consumo de energia e dos custos de construção, mas também no desconforto. Sinais desse desconforto podem ser vistos na prática comum de se colocar equipamentos de calefação sob as janelas, para compensar o frio desses locais, ou na necessidade de afastar os móveis das janelas, para evitar a percepção das correntes de ar frio. Além disso, colocar uma fonte de calor sob uma janela apenas exacerba as perdas durante o inverno, pois o interior das superfícies da janela entra em contato com uma temperatura mais elevada que a temperatura média do ar do espaço interior. O corpo humano também perde calor no inverno por meio da transferência térmica por radiação à janela e através das janelas para as superfícies frias do exterior. Até mesmo janelas com caixilhos fixos causam desconforto. Não é raro encontrar uma estratificação de temperaturas significativa em cômodos com janelas grandes ou que chegam ao teto, que apresentam variações de temperatura de 5,6°C ou mais entre as cabeças e os pés dos usuários. Por fim, as janelas também provocam ofuscamento, resultando na necessidade de vidros escuros ou de se manter persianas ou cortinas fechadas, o que elimina as vistas e a iluminação natural para as quais elas foram projetadas.

No caso das janelas expostas ao sol, as perdas térmicas são parcialmente compensadas pelos ganhos solares no inverno.

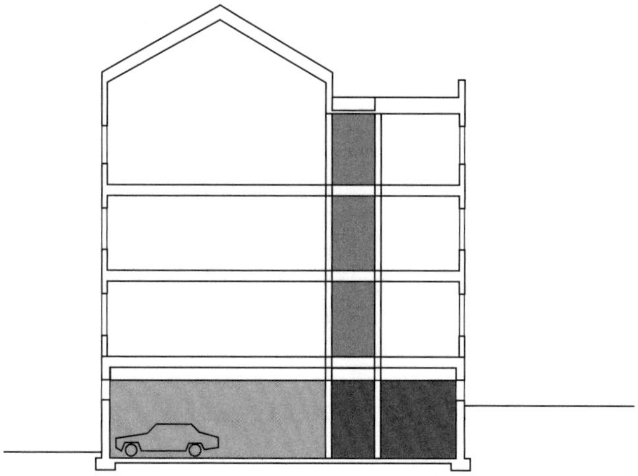

7.38 Minimize ou elimine as janelas nos espaços de serviço ou de permanência transitória.

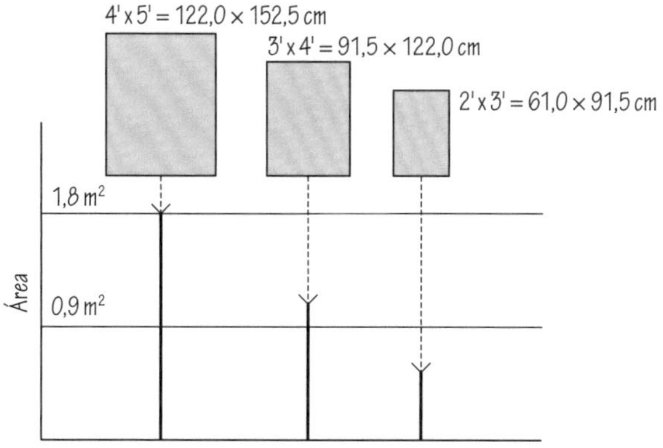

7.39 Comparação entre tamanhos e áreas de janelas.

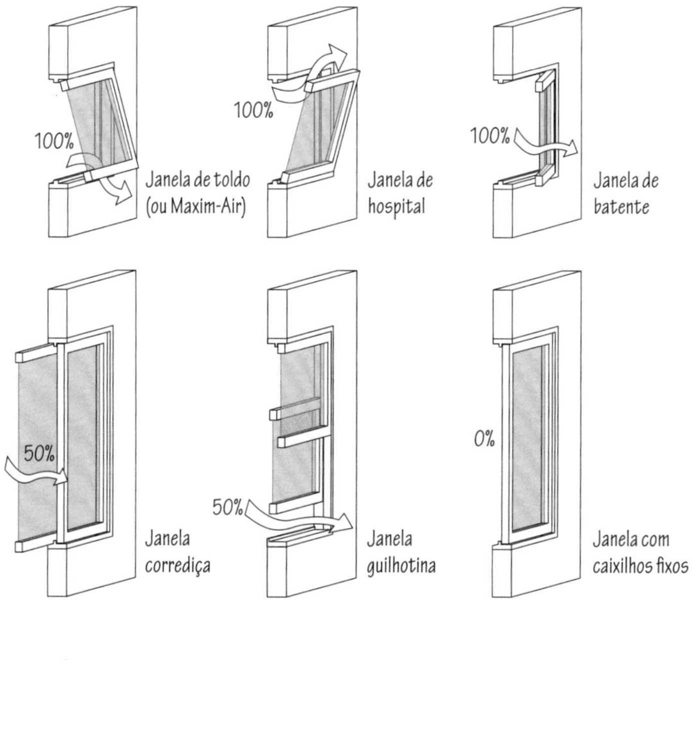

Redução das perdas térmicas provocadas pelas janelas

Como as perdas provocadas pelas janelas podem ser reduzidas nas edificações sustentáveis? Em primeiro lugar, evite o uso de janelas em espaços nos quais elas não são necessárias (ou diminua sua quantidade), como garagens, caixas e patamares de escada, corredores, *closets*, porões, lavanderias, vestíbulos e outros espaços de serviço nos quais a permanência de um usuário seja curta.

Em segundo lugar, sempre que possível, coloque uma ou duas janelas em cômodos comuns, como pequenos escritórios ou dormitórios residenciais, em vez de usar três ou mais janelas. O tamanho das janelas também deve ser selecionado com cuidado. Uma janela de 91,5 × 122,0 cm tem quase a metade da área de uma de 122,0 × 152,5 cm, ou uma janela de 61,0 × 91,5 cm tem quase a metade do tamanho de uma de 91,5 × 122,0 cm.

Uma terceira estratégia é a utilização de janelas com caixilhos fixos sempre que for possível. Essas janelas reduzem as infiltrações, embora ainda assim seja preciso cuidado para evitar a infiltração de ar entre elas e as paredes. Por exemplo, uma janela de guilhotina que tem apenas um de seus caixilhos móveis tem menos risco de infiltrações do que outra na qual ambos os caixilhos são móveis, embora a área de abertura seja exatamente a mesma.

Se as janelas forem dimensionadas para a ventilação natural, as janelas de batente ou de toldo oferecerão uma área de abertura maior do que as de correr ou guilhotina, que, por suas próprias naturezas, podem ser abertas no máximo pela metade. As janelas de batente e as de toldo geralmente são mais precisas, com menos frestas do que as janelas corrediças verticais ou horizontais. Assim, se o tamanho total de uma janela não for necessário para iluminação ou visualização, uma janela de batente ou de toldo oferecerá mais ventilação por meio de um sistema menor, mais barato e mais eficiente em energia.

7.40 Efetividade relativa quanto à ventilação dos diferentes tipos de janela.

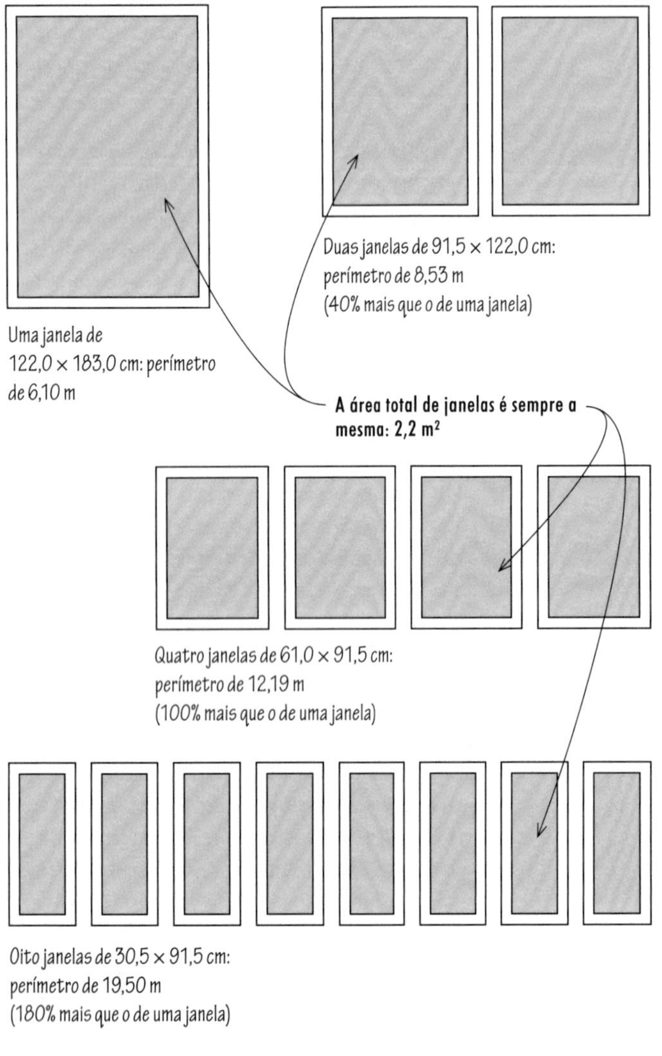

7.41 Quanto maior for a janela, menor será sua razão entre área e perímetro e, portanto, menores serão suas infiltrações e suas perdas térmicas por condução por área.

Para determinada área de janela, ter menos unidades, porém cada uma com área maior, é mais eficiente do que ter um grande número de unidades de área menor. Um dos principais "elos fracos" quanto às perdas de energia são as esquadrias, ao longo das quais a infiltração de ar ocorre através das partes móveis e entre a parede ou a estrutura que fixa a janela a esta, e ao longo das quais as perdas de condução também são mais altas do que no centro da vidraça. Uma janela de 122,0 × 183,0 cm tem 6,10 m de perímetro. Contudo, duas janelas menores (91,5 × 122 cm), que têm a mesma área (2,2 m^2), têm perímetro total de 8,53 m, um acréscimo de 40%. Quatro janelas de 61,0 × 91,5 cm também têm a mesma área (2,2 m^2), mas têm um perímetro total de 12,19 m, 100% mais do que uma janela de 122,0 × 183,0 cm. E oito janelas de 30,5 × 91,5 cm têm mais do que três vezes o perímetro de uma janela de área equivalente a essas oito. Observe que a proporção também é importante. Uma única janela em fita que mede 30,5 × 731,5 cm e oferece a mesma área de 2,2 m^2 tem um perímetro de 15,2 m. Portanto, uma janela mais quadrada é melhor do que outra mais longa e estreita, embora as diferenças entre uma janela perfeitamente quadrada e outra levemente retangular sejam pequenas.

Um número menor de janelas maiores também reduz o custo construtivo em relação a um número maior de janelas menores, mesmo que se mantenha a área de janela. Por exemplo, uma janela de guilhotina com dois caixilhos móveis e dimensões de 91,5 × 122,0 cm custa aproximadamente 25% menos (já incluída a instalação) do que duas janelas de 61,0 × 91,5 cm, que teriam a mesma área daquela.

Outras características das janelas, como sua massa visual e a qualidade das vistas e da iluminação natural que elas proporcionam, também devem ser levadas em conta, além das questões de desempenho energético relacionadas ao tamanho e ao número de unidades. Em qualquer uma dessas análises, é preciso atentar à preservação das vistas e da iluminação natural que as pessoas valorizam tanto em espaços de permanência prolongada.

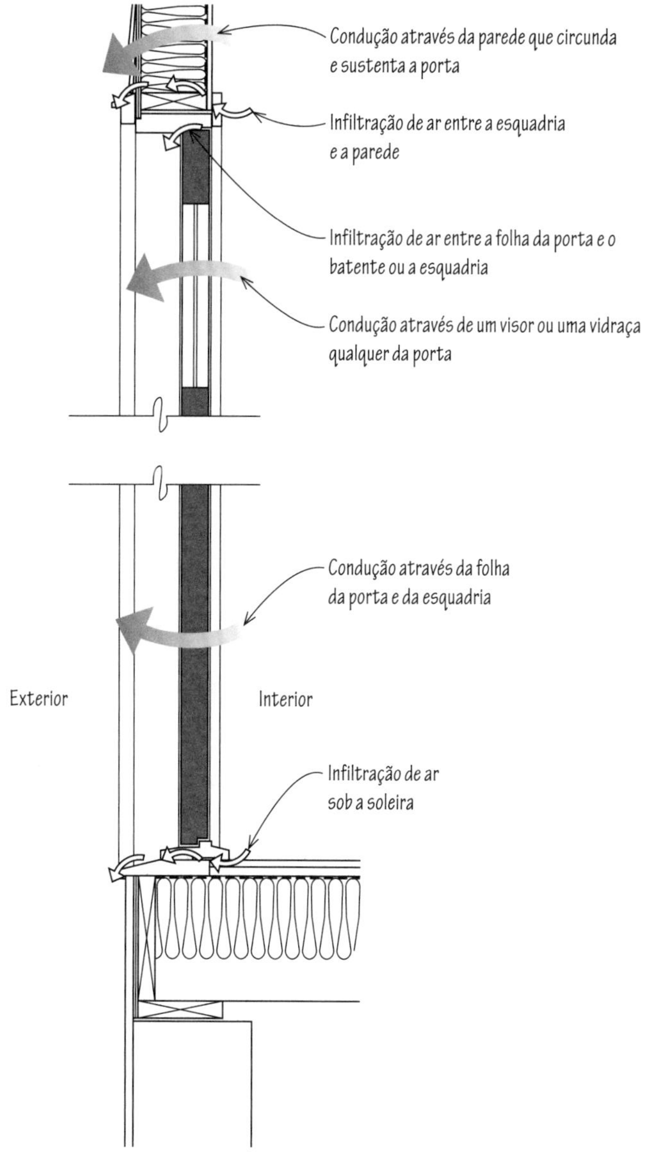

7.42 Perdas térmicas e infiltrações através de uma porta.

Portas

As portas são similares às janelas em vários aspectos. Em primeiro lugar, as portas externas também criam aberturas nas vedações externas de uma edificação, ou seja, são descontinuidades no fechamento térmico. Cada porta possui vários locais por meio dos quais o ar pode infiltrar: entre a folha e a esquadria; entre a esquadria e a parede em si; e junto à soleira. Todas as portas também acarretam perdas ou ganhos térmicos indesejados, por meio da condução: através da folha, através de um visor de vidro, através da esquadria e através da parede que a circunda.

Todavia, as portas externas são, de certa maneira, diferentes das janelas no que concerne às perdas térmicas. As portas maciças permitem menos perdas e ganhos térmicos do que as janelas, especialmente se forem isoladas. Além disso, o número de portas em uma edificação costuma ser menor do que o de janelas, embora alguns tipos de prédio tenham muitas portas, como é o caso de pequenos edifícios residenciais e hotéis com entradas pelo exterior.

Um erro comum com as portas é usar, por falta de cuidado, uma porta interna sem isolamento térmico como se fosse uma porta externa, especialmente entre espaços climatizados e espaços contíguos não climatizados, como garagens e pavimentos de cobertura.

Mesmo que haja menos portas externas do que janelas nos prédios, portas são abertas e fechadas mais vezes se comparadas a janelas. Essa operação frequente faz com que os componentes que evitam a infiltração do ar, mas estão sujeitos a movimentos, como gaxetas e frisos, estejam mais suscetíveis ao desgaste do que os componentes móveis das janelas.

As portas de duas folhas são mais difíceis de vedar bem, pois não há apenas um componente móvel (uma folha) e um fixo (o batente): há nelas duas folhas que precisam ser vedadas nos pontos em que se aproximam. Além disso, muitas vezes não se colocam gaxetas nas portas, ou o espaço é grande demais para que uma vedação consiga cobrir.

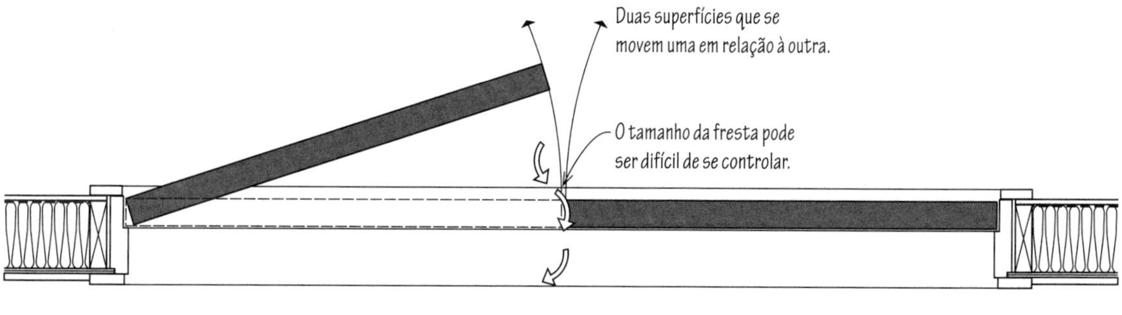

7.43 Dois desafios para a vedação de uma porta de duas folhas.

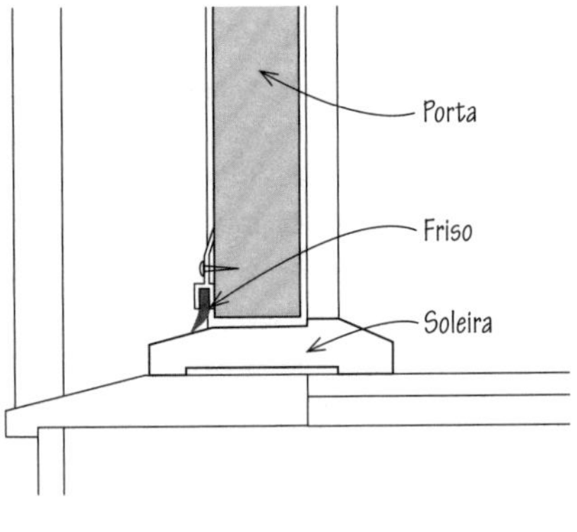

7.44 Vedação da aresta inferior de uma porta externa.

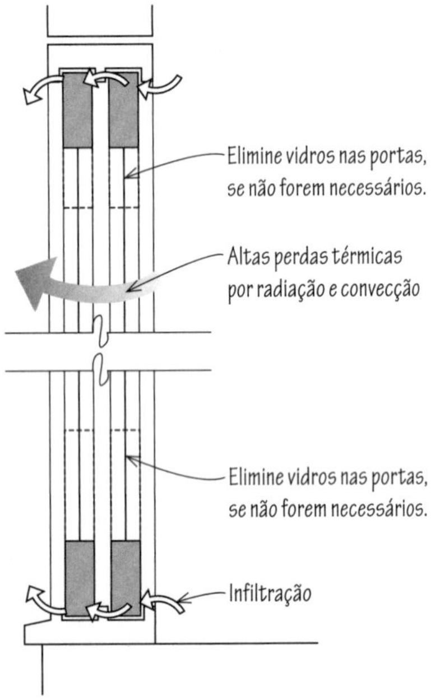

7.45 Porta corrediça de vidro.

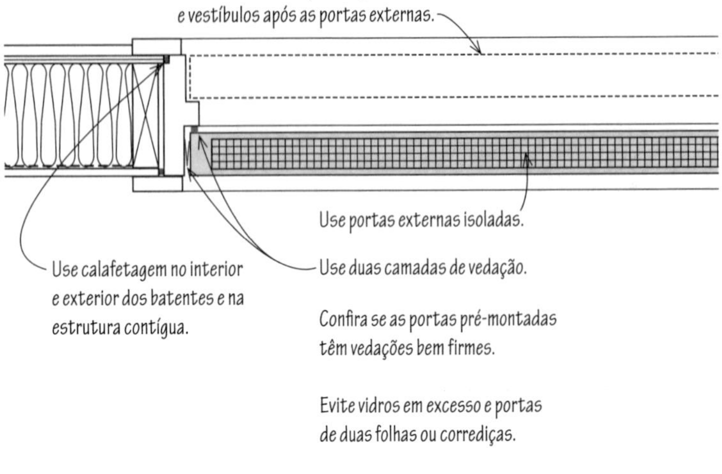

7.46 As melhores práticas para portas.

Uma vez que as portas externas costumam ficar nos pavimentos mais baixos e nos mais altos das edificações, elas também estão mais sujeitas às pressões do efeito chaminé do que as janelas.

A aresta inferior de uma porta externa é única, na medida em que a vedação entre ela e a superfície fixa, a soleira, não é viável, por estar sujeita à passagem de pessoas. Para lidar com esse problema, foi desenvolvido o friso para portas. A parte flexível do friso costuma ser uma escova ou faixa de vinil ou borracha. Contudo, os frisos de porta às vezes não vedam bem, além de serem danificados com o passar do tempo. Como este é um ponto vulnerável, há necessidade de outra camada de proteção, que pode ser uma porta guarda-vento. Porém, para que ela seja eficaz, ela também deve ter um bom friso, vedações e calafetos na esquadria.

As portas externas de correr, que muitas vezes são totalmente de vidro, são particularmente suscetíveis a problemas de alinhamento e infiltração de ar.

Qualquer vidro em uma porta a torna similar a uma janela em termos das grandes perdas térmicas. Assim, o vidro nas portas deve ser limitado àqueles casos em que é necessário para visualização ou segurança. Evite o uso de portas totalmente de vidro, como as portas corrediças instaladas em varandas ou balcões, a menos que sejam absolutamente necessárias. As portas de saguão de prédios comerciais, bem como as de entrada lateral ou posterior, são outros exemplos que nem sempre exigem envidraçamento total.

As melhores práticas para as portas de edificações sustentáveis incluem:

- Minimize o número de portas externas em um prédio.
- Evite portas corrediças.
- Evite portas de duas folhas.
- Evite portas com vidros excessivos.
- Use portas externas e isoladas entre espaços com e sem condicionamento térmico, isto é, em áreas de transição térmica.
- Use portas guarda-vento, se possível. Elas criam uma camada extra de proteção, não apenas para o aumento da resistência térmica, mas também para proteção contra infiltrações de ar.
- Use calafetagem nas esquadrias de porta e sob a soleira, tanto no interior quanto no exterior. Também não se esqueça de usá-la nas portas guarda-vento.
- Considere a inclusão de vestíbulos nas entradas de edificação.
- Isole o perímetro das esquadrias de porta.
- Coloque vedações nas portas e garanta uma compressão adequada, exigindo a testagem.

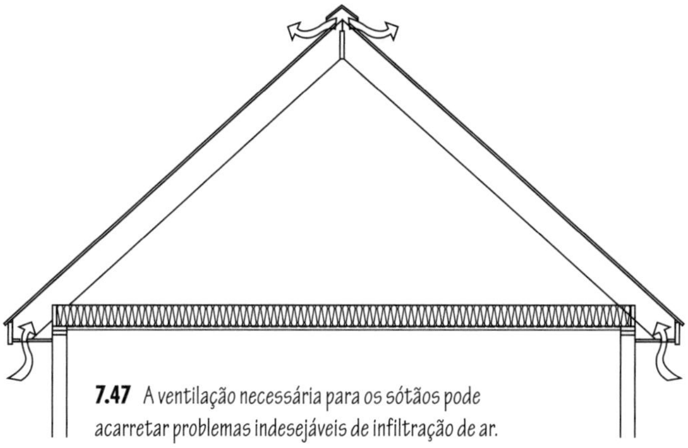

7.47 A ventilação necessária para os sótãos pode acarretar problemas indesejáveis de infiltração de ar.

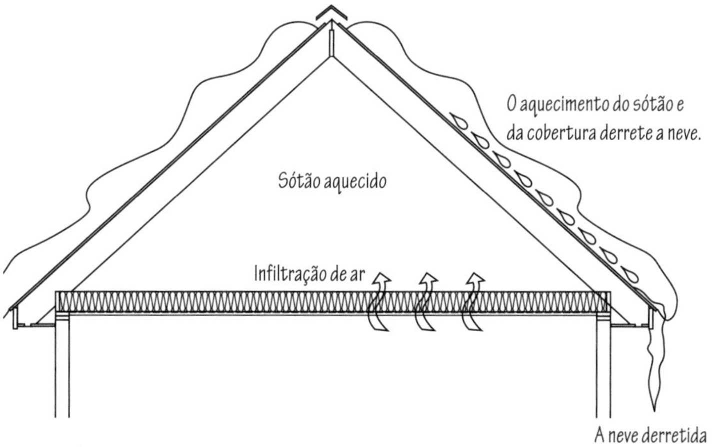
O aquecimento do sótão e da cobertura derrete a neve.
Sótão aquecido
Infiltração de ar
A neve derretida recongela no beiral.

7.48 Surgimento de depósitos de gelo.

Coberturas

Os códigos de energia e as normas de alto desempenho energético, como a ASHRAE 189, apresentam as exigências para o isolamento de coberturas, que costumam ser otimizadas para localizações geográficas específicas. Assim como as paredes, as coberturas têm perdas de calor devido às pontes térmicas, embora uma camada contínua de isolamento possa evitar esse problema. As coberturas não permitem a infiltração do ar, pois são construídas para também prevenir a passagem da água. Contudo, os respiros que existem nas coberturas, como aqueles instalados em cumeeiras, são parte da estratégia de ventilar sótãos e pavimentos de cobertura, e isso pode trazer problemas inesperados, especialmente em prédios com telhado em vertente.

Telhados em vertente

Sob a perspectiva do desempenho energético, o avanço mais significativo em relação às coberturas foi a descoberta de como é sério o problema de falta de estanqueidade ao ar entre as edificações e seus espaços sob a cobertura, bem como através das aberturas de ventilação dos telhados com águas. Existem vários pontos de infiltração de ar em um pavimento de cobertura. O ar pode infiltrar-se por frestas em alçapões e pelo topo de paredes com cavidades; ao redor de chaminés e tubos de ventilação; por *shafts*; ao redor de aberturas para cabos elétricos e de outros tipos; ao redor de exaustores e luminárias embutidas; e ao longo das bordas de paredes-meias.

Outro impacto negativo desses vazamentos de ar é a formação de depósitos de gelo nas coberturas, em locais de clima frio, provocada quando o ar que sai derrete a neve nas coberturas e a água escorre, recongelando nos rincões, nas bordas da cobertura e nas calhas.

Por que as coberturas em vertente e os sótãos têm tantos problemas de infiltração de ar? A resposta provavelmente está na confusão que surge entre o papel de uma cobertura e o papel do teto do último pavimento, isto é, do piso do sótão. A principal função de um telhado em vertente é evitar que a chuva entre em um prédio. Por sua vez, o papel do piso do sótão é servir de barreira térmica. Contudo, essa divisão de funções tem feito com que o piso de um sótão (ou pavimento de cobertura) seja mal vedado. Se esse piso precisasse ser impermeável à água (como é o caso das paredes e lajes de cobertura planas), ele provavelmente não permitiria a saída do ar.

Talvez pudéssemos inclusive afirmar que as coberturas planas são mais sustentáveis do que as em vertente, por duas razões: elas evitam os vazamentos de ar significativos aos quais as coberturas em vertente e os espaços de cobertura ventilados estão sujeitos e são mais adequadas à instalação de sistemas de apoio à sustentabilidade, como painéis solares e coberturas verdes.

As coberturas planas também são mais baratas do que as em vertente. Um telhado com águas basicamente implica o custo de duas estruturas de cobertura separadas, uma na linha da cumeeira, outra no piso do sótão ou pavimento de cobertura, enquanto as coberturas planas exigem apenas uma estrutura. Estima-se que as coberturas planas custem 22% menos do que os telhados em vertente. Contudo, é verdade que uma cobertura plana tem várias vulnerabilidades: é mais pobre em termos de estética, tende a acumular água e não consegue escoar a neve. Se um telhado em vertente for escolhido por ser vital à estética de um projeto ou por outras razões, deve-se atentar à criação de uma barreira térmica contínua, seja ao longo da linha da cobertura em si, seja no nível do piso de cobertura.

Outra questão é quanto às coberturas verdes. Discute-se o seu alto custo e os seus benefícios relacionados ao desempenho térmico de uma edificação. Apesar de tudo, é inegável que haja certos benefícios em termos da redução dos efeitos das ilhas de calor urbanas, do controle do escoamento superficial da água da chuva e da criação de um espaço verde no topo das edificações. Caso se comprove, com o passar dos anos, que as coberturas verdes são confiáveis e efetivas em termos de custo, as coberturas planas serão mais receptivas a elas do que aquelas em vertente.

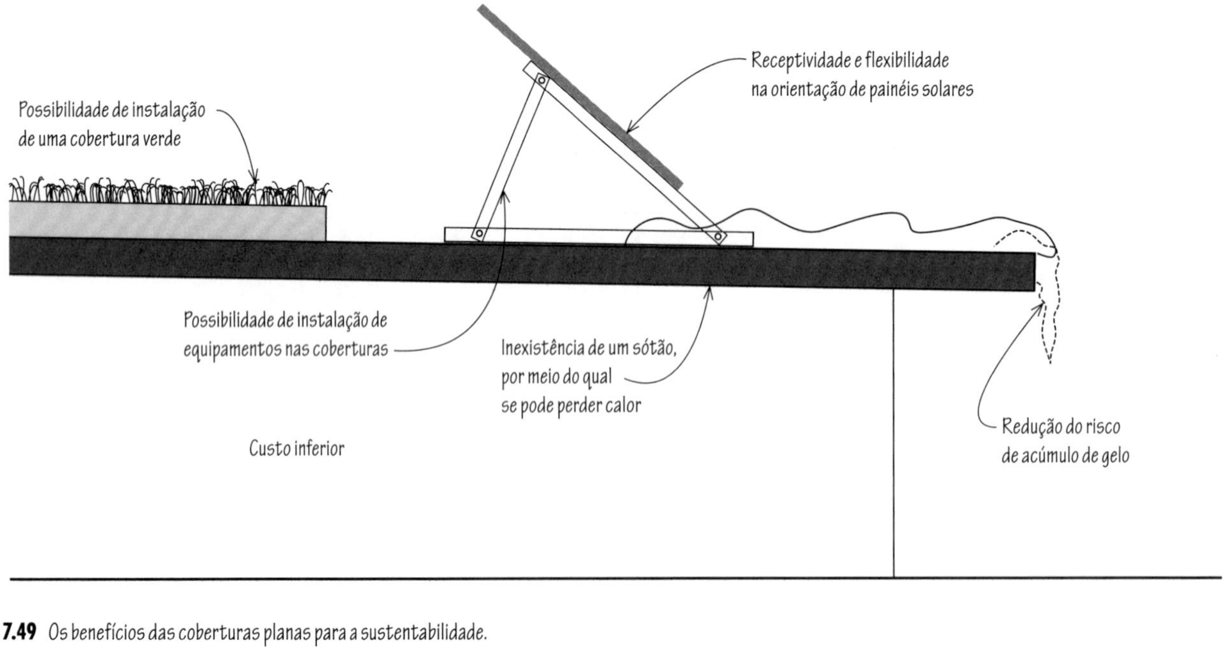

7.49 Os benefícios das coberturas planas para a sustentabilidade.

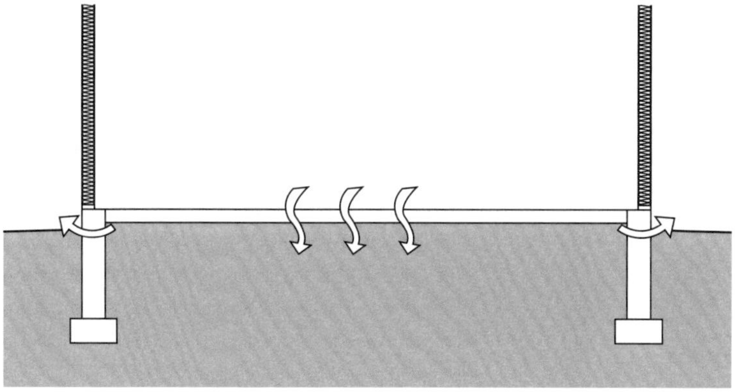

7.50 Perdas térmicas através de lajes de piso em contato com o solo.

Lajes de piso térreas

Concluiremos nossa análise sobre as vedações externas discutindo as lajes, especificamente as lajes de piso em contato com o solo, uma vez que os porões e pavimentos de subsolo são tratados no Capítulo 8, Espaços não climatizados.

As edificações perdem calor através de suas lajes de piso que estão em contato com o solo. Isso acontece por que o solo costuma ser mais frio do que o ar dos interiores. É claro que a temperatura superficial do solo varia conforme a localização geográfica, mas, especialmente no inverno, ela pode ficar próximo a zero ou mesmo negativa. Como o ar dentro de um prédio deve estar a aproximadamente 21,0°C no inverno, o solo abaixo dele sugará o calor, esfriando os ambientes. Um estudo feito com 33 casas eficientes em consumo de energia descobriu que as perdas térmicas para o solo correspondem a 24% das perdas de calor totais, e imagina-se que esses valores sejam ainda mais elevados em casas não eficientes em energia. O isolamento das bordas das lajes é especialmente importante, pois o calor também pode ser conduzido através da laje para o ar frio do exterior durante o inverno. As imagens obtidas com câmeras de radiação infravermelha mostram essas perdas térmicas. A borda de uma laje de piso costuma ficar vermelha nessas imagens, uma vez que o calor é conduzido para fora.

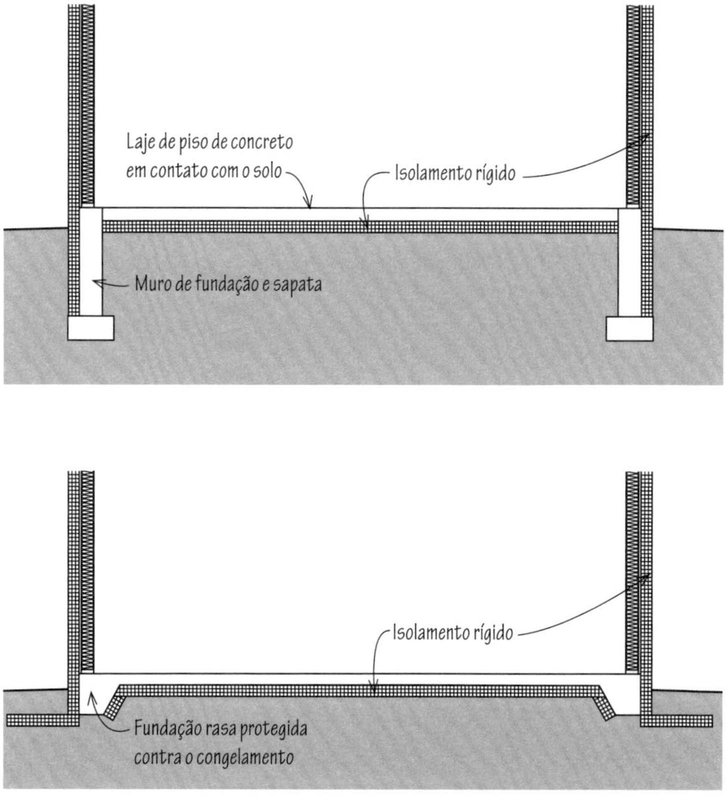

7.51 A solução ideal para o isolamento térmico contínuo de lajes de piso em contato com o solo.

Neste caso, o desafio é manter a continuidade térmica. Uma parede isolada termicamente costuma se apoiar em uma laje de piso, que é condutora de calor. Se o isolamento da laje estiver em sua superfície superior, a laje ficará fora do fechamento térmico, criando-se pontes térmicas entre as estruturas externas e internas e através da laje. Por outro lado, se a laje for isolada por baixo, haverá pontes térmicas em suas bordas, a menos que elas também sejam isoladas. Por uma questão de continuidade, provavelmente seja mais efetivo isolar-se o exterior da laje, tanto em seu perímetro quanto abaixo dela.

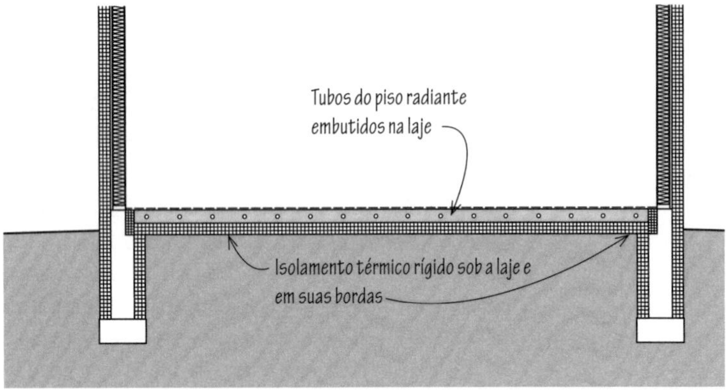

7.52 Um sistema de piso radiante com isolamento térmico.

Em muitos países, existe a tendência de usar sistemas de piso radiante para aquecer os prédios, em virtude do conforto e da uniformidade de temperatura que eles oferecem. Esses sistemas também contribuem para a conservação energética, uma vez que as temperaturas do ar do interior podem ser mantidas um pouco mais baixas, pois os pisos radiantes oferecem mais conforto. Todavia, no caso das lajes de piso em contato com o solo, há o risco de se perder calor para a terra, ainda que a laje seja isolada por baixo. Caso esteja sendo considerado o uso de um piso radiante em uma laje em contato com o solo, deve-se realizar uma análise das perdas de energia para ele, ainda que a laje seja totalmente isolada.

O isolamento da laje é importante não somente para a economia de energia, mas também para o conforto térmico. Uma laje fria é desconfortável para os pés, além de ser um dissipador de calor, acarretando perdas térmicas do corpo por radiação e causando a sensação de frio.

Também é crucial evitar que a umidade suba por uma laje de piso em contato com o solo, ou os materiais apoiados na laje se tornarão úmidos, assim como o espaço. É preciso usar todo um conjunto de camadas de proteção para evitar tais problemas: criar caimentos para afastar as águas da edificação; usar uma drenagem no perímetro para afastar qualquer água que se aproxime da construção; criar um leito de cascalho sob a laje para minimizar o contato dela com o solo; e instalar uma barreira ao vapor contínua e resistente sob a laje.

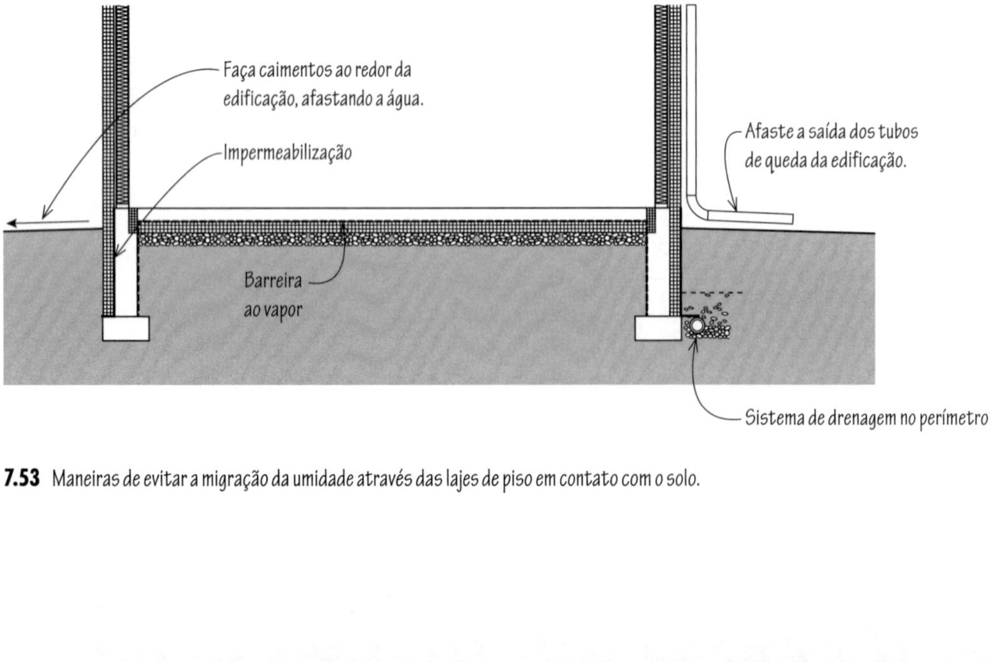

7.53 Maneiras de evitar a migração da umidade através das lajes de piso em contato com o solo.

8

Espaços não climatizados

Espaços não climatizados são aqueles sem calefação ou resfriamento mecânicos. Pode haver uma variedade de espaços não climatizados entre as vedações externas e as internas de uma edificação. Esses espaços incluem sótãos, porões, garagens anexas, áreas de serviço, vestíbulos, casas de máquinas e depósitos.

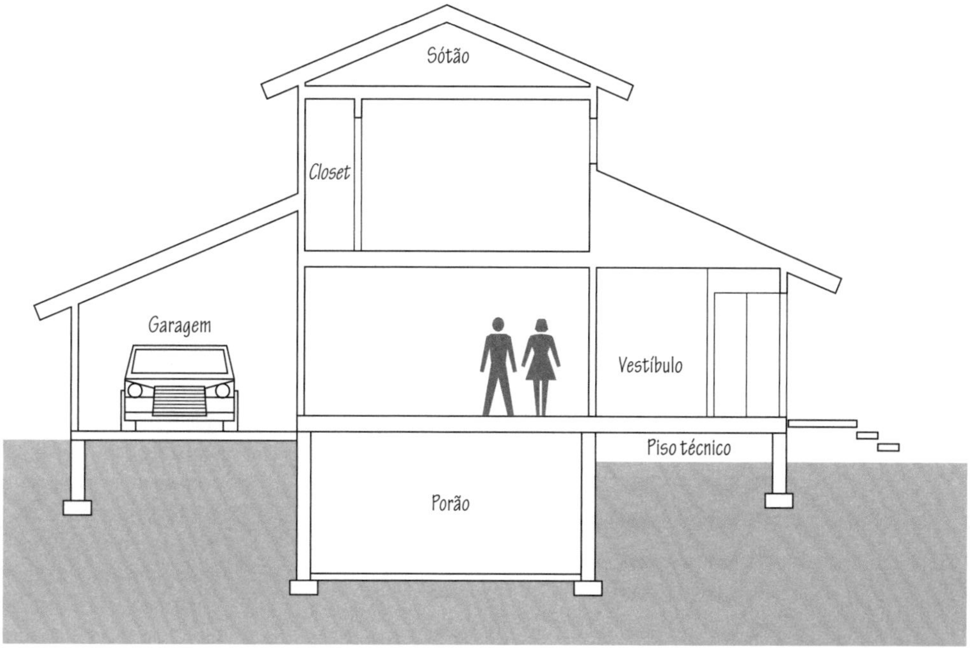

8.01 Espaços não climatizados.

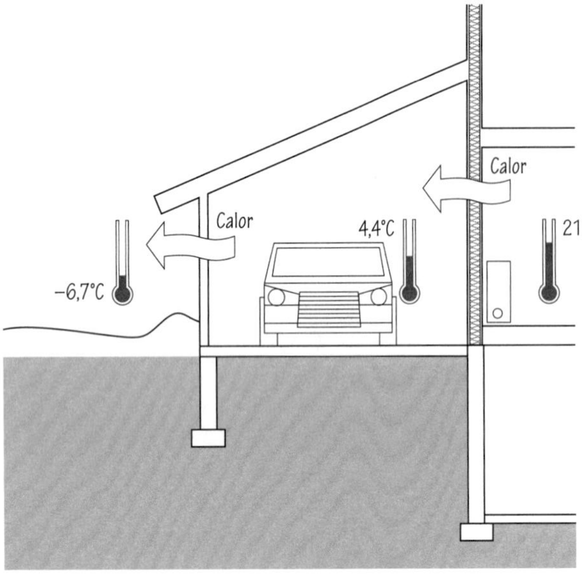

8.02 Perdas térmicas através de espaços não climatizados.

As perdas térmicas dos dutos e tubos de um espaço não climatizado frequentemente correspondem a 15% ou mais do consumo de energia com calefação e resfriamento de um prédio, mesmo que esse espaço seja isolado.

8.03 Perdas térmicas dos sistemas de distribuição do condicionamento de ar.

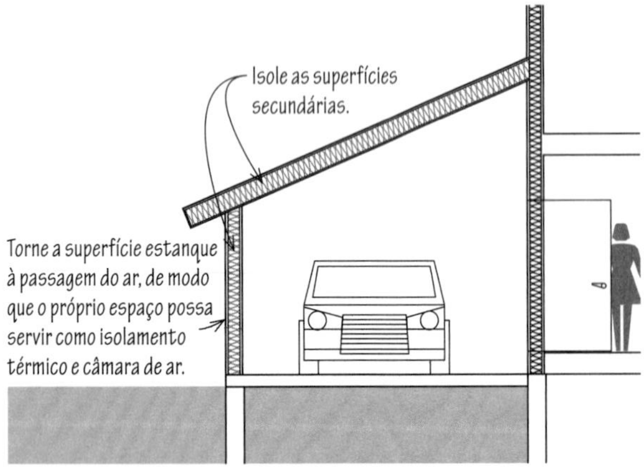

Isole as superfícies secundárias.
Torne a superfície estanque à passagem do ar, de modo que o próprio espaço possa servir como isolamento térmico e câmara de ar.

8.04 Como aproveitar os espaços não climatizados para a redução do consumo de energia.

Apesar de não contarem com sistemas mecânicos de climatização, os espaços não climatizados recebem alguma calefação ou resfriamento passivamente. No inverno, o calor é transferido dos espaços com calefação aos não climatizados através das paredes e destes recintos ao exterior. O oposto ocorre no verão, quando o calor flui para dentro do prédio. Os espaços não climatizados costumam estar em uma temperatura de equilíbrio intermediária à temperatura dos espaços climatizados e a do exterior. Como resultado, mesmo que os espaços não climatizados recebam calefação ou resfriamento de modo passivo, essa transferência térmica tem de ser compensada pelos espaços climatizados, de forma que a perda ou o ganho térmico através dos espaços não climatizados consome energia.

Os espaços não climatizados têm uma segunda vulnerabilidade relacionada à energia: eles frequentemente são espaços através dos quais passam os sistemas de distribuição da calefação ou do resfriamento. Esses sistemas compreendem dutos, tubos ou ambos. Como os espaços não climatizados, por definição, não precisam de condicionamento térmico, as trocas térmicas com esses sistemas de distribuição são desperdiçadas.

Esses dois problemas relacionados ao consumo de energia dos espaços não climatizados merecem nossa atenção. Podemos inclusive ir além de apenas resolver esses problemas e tirar partido desses espaços, aproveitando-os como espaços de transição térmica, ou seja, para criar mais uma camada de proteção. Os espaços não climatizados são, basicamente, câmaras de ar que podem ser aproveitadas como uma forma de isolamento térmico. Além disso, esses espaços geralmente têm pelo menos uma de suas superfícies não isolada, seja entre o espaço e o exterior, seja entre ele e o espaço adjacente que é climatizado. Isso permite o acréscimo do isolamento térmico, muitas vezes de forma barata, criando mais uma camada de proteção. Por fim, os espaços não climatizados podem reduzir as infiltrações de ar provocadas pela entrada e saída de pessoas em uma edificação.

Mais adiante neste capítulo, examinaremos uma variedade de tipos comuns de espaços para ver quais recintos que costumam ser climatizados podem ser transformados em espaços sem climatização. Isso pode reduzir ainda mais o consumo de energia, além dos custos de construção.

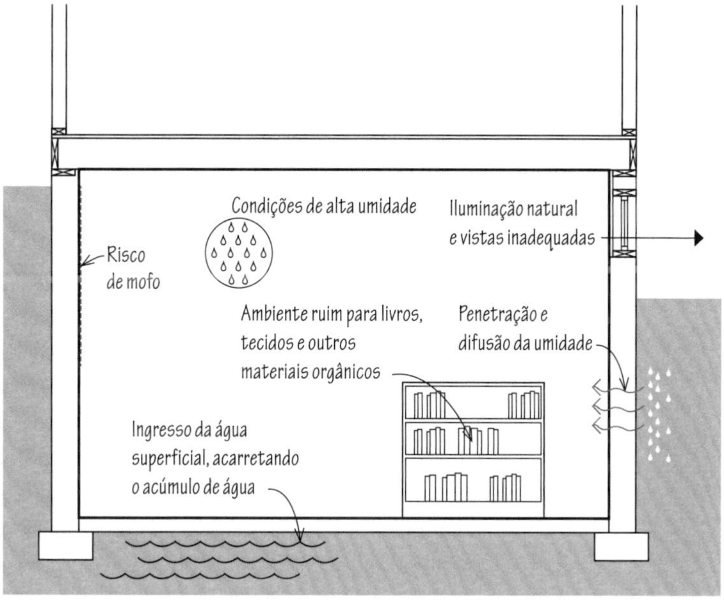

8.05 Problemas de habitabilidade comuns em pavimentos de subsolo.

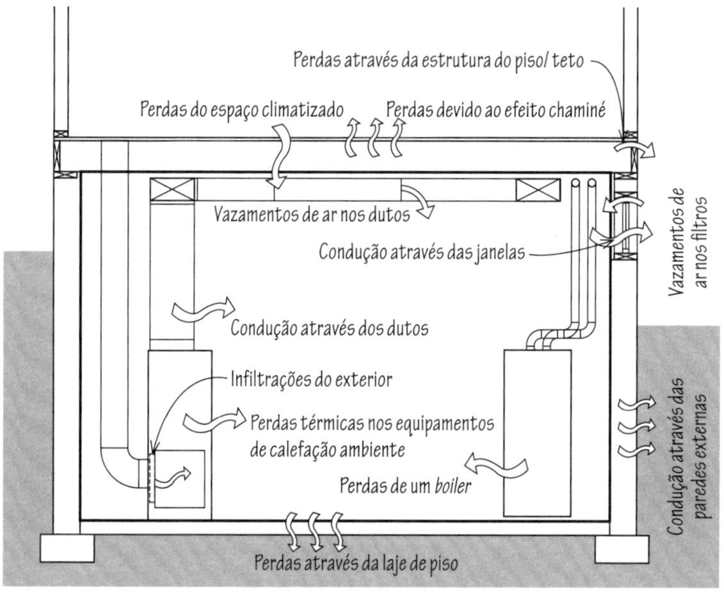

8.06 Perdas de energia em pavimentos de subsolo.

Pavimentos de subsolo

Pavimentos de subsolo e porões são mais comuns em moradias, mas também são encontrados em prédios comerciais. Esses espaços total ou parcialmente enterrados são convenientes como áreas para se armazenar ou trabalhar, colocar equipamentos mecânicos e ocultar as várias instalações prediais, como tubos, dutos e sistemas de distribuição elétrica. Os pavimentos de subsolo às vezes são utilizados como salas de televisão, salas de estar íntimas e – se a iluminação natural e a ventilação forem apropriadas – também como escritórios, dormitórios ou mesmo apartamentos completos. Do ponto de vista da calefação e do resfriamento, os pavimentos de subsolo são espaços que ficam predominantemente abaixo do nível do solo e, portanto, têm trocas térmicas menores do que aqueles espaços totalmente expostos ao ar do exterior. Tais pavimentos, contudo, perdem ou ganham quantidades significativas de calor.

O lado negativo desses pavimentos é que eles podem sofrer com a umidade elevada, caso ela seja internalizada através do concreto dos muros de arrimo e lajes. A água superficial também pode entrar por meio da gravidade. Como espaços não climatizados que têm função utilitária, os pavimentos de subsolo são relativamente caros, devido às obras de escavação e fundações exigidas para sua construção. Eles oferecem pouca ou nenhuma luz natural e vistas e podem ser inóspitos como espaços de permanência prolongada.

Eles nem sempre são reconhecidos como sendo espaços climatizados ou não, o que pode levar a uma indecisão quanto à necessidade de condionamento térmico. Seus tetos às vezes são isolados, embora isso seja raro, assim essas superfícies servem de caminho para perdas térmicas dos espaços aquecidos acima.

Os pavimentos de subsolo são locais em que uma grande quantidade de energia é perdida por meio dos sistemas de distribuição do condicionamento térmico. Estudos recentes têm confirmado o efeito significativo dessas perdas. Perde-se energia por meio da condução dos equipamentos e seus sistemas de distribuição, como caldeiras, dutos, tubos, válvulas e bombas. A energia também é desperdiçada por infiltrações de ar para dentro e para fora dos sistemas de ar forçado, ao longo das juntas, nas conexões, nos circuladores de ar e nos filtros. No caso de edificações nas quais os equipamentos de calefação, resfriamento e distribuição de ar estão localizados no subsolo, 15% ou mais da energia consumida com a climatização podem ser perdidos nos sistemas de distribuição instalados nesses pavimentos. Os sistemas de distribuição do ar climatizado também estão sujeitos à deterioração com o passar dos anos. Os isolamentos de dutos e tubos podem se soltar ou ser removidos e não substituídos. Além disso o isolamento térmico de dutos, quando na forma de mantas, pode ser esmagado, o que acarreta a redução de sua resistência térmica. As infiltrações nos dutos de ar podem surgir e piorar com o passar do tempo; e suas grelhas que deveriam ficar fechadas podem ficar abertas por engano.

Outro custo energético que pode ser atribuído aos pavimentos de subsolo relaciona-se com o efeito chaminé. Esses pavimentos, por se constituírem em um nível extra, amplificam o efeito chaminé, mesmo nas edificações que têm apenas um pavimento principal. Como esses níveis costumam ser mal vedados, o frio do inverno é facilmente interiorizado nos pavimentos de subsolo através de placas de apoio de paredes, janelas mal vedadas e portas. Os pavimentos de subsolo raramente são estanques quando os comparamos com os espaços climatizados acima, assim o efeito chaminé pode surgir rapidamente através de portas, tubos, dutos e perfurações para o sistema elétrico e inclusive através das tábuas ou juntas de um contrapiso. Assim que o ar entra no espaço aquecido, ele se torna uma carga extra para o consumo de energia da edificação. O ar aquecido então sairá do prédio através das janelas e paredes dos pavimentos superiores e da cobertura.

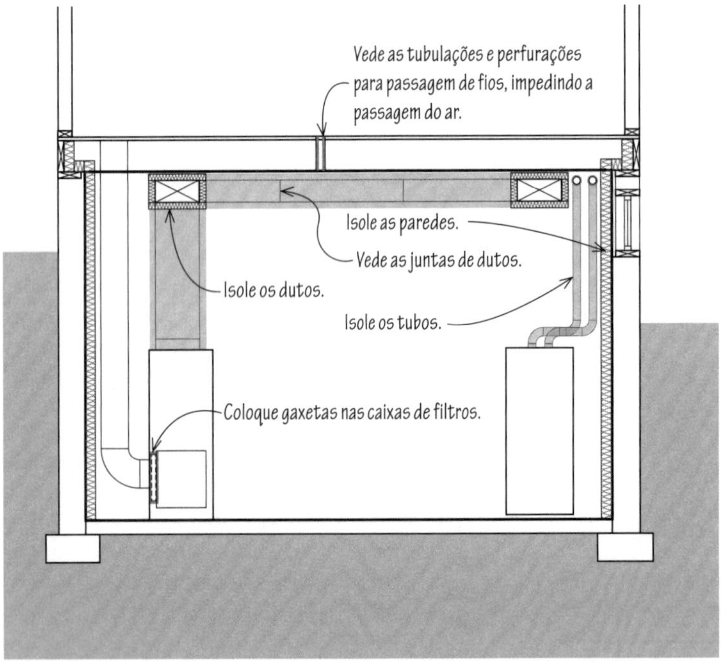

8.07 Como reduzir as perdas de energia nos pavimentos de subsolo.

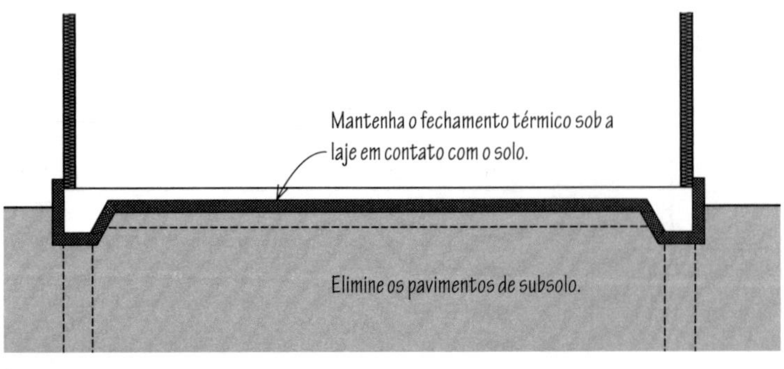

8.08 A solução radical para eliminar as perdas térmicas dos pavimentos de subsolo.

Os pavimentos de subsolo podem se tornar mais eficientes em energia se tornarmos estanques ao ar suas paredes, janelas e tetos e garantirmos que suas portas tenham boas gaxetas. Dutos, tubos e conexões também podem ser isolados; e os dutos podem ser vedados contra infiltrações de ar. As perdas por condução podem ser reduzidas por meio do isolamento das paredes e do teto dos pavimentos de subsolo e com a melhoria do desempenho térmico das janelas.

Um equívoco comum é que o isolamento térmico das paredes do subsolo pode inseri-las dentro do fechamento térmico, evitando quaisquer perdas térmicas desse pavimento. Na verdade, enquanto o pavimento de subsolo ficar sem isolamento, as perdas continuarão sendo significativas. Por exemplo, o Método para Determinação das Eficiências de Projeto e Sazonais dos Sistemas de Distribuição Térmica Residenciais da ASHRAE estima uma pequena redução nas perdas por distribuição: entre 19,1% e 17,6% para uma casa típica quando o pavimento de subsolo não tem suas paredes isoladas.

Outra opção é não incluir esses pavimentos em edificações sustentáveis. As perdas de energia potenciais podem ser significativas quando considerarmos a eliminação das perdas por distribuição dos sistemas de calefação e resfriamento; o efeito chaminé reduzido e as perdas por infiltração aos espaços aquecidos acima; e a remoção das perdas térmicas por condução dos pavimentos superiores ao de subsolo e através das paredes externas e da laje de piso deste.

Antigamente, os pavimentos de subsolo não climatizados eram, na maior parte, utilizados como casas de máquinas. Embora há um século fossem necessárias grandes casas de máquinas, pois os *boilers* e as caldeiras eram muito maiores do que são hoje, os pavimentos de subsolo atuais são maiores do que seria necessário para servirem apenas como casas de máquinas.

Contudo, os pavimentos de subsolo muito úmidos não são ideais para o armazenamento de papéis, livros, roupas e outros materiais orgânicos. O excesso de umidade e o acúmulo de água também podem trazer problemas para a qualidade do ar do interior. Como esses espaços são total ou parcialmente enterrados, um dos desafios é fazê-los ter acesso à luz natural e às vistas externas.

Quando a ponderação total dos problemas de energia, qualidade total e ausência de vistas e luz natural é feita, resta uma questão: os pavimentos de subsolo podem ser considerados espaços saudáveis para edificações sustentáveis? A resposta é sim – desde que sejam tomadas medidas substanciais para evitar toda essa gama de problemas.

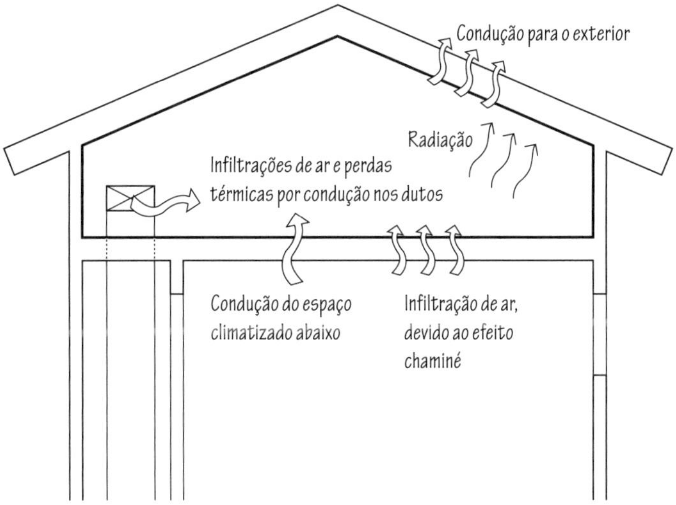

8.09 Perdas de energia nos pavimentos de cobertura.

Pavimentos de cobertura

Os pavimentos de cobertura, assim como os de subsolo, contribuem significativamente para o efeito chaminé das edificações. Isso acontece principalmente devido ao fato de esses níveis sofrerem infiltrações de ar durante o inverno. As perdas de calor por condução também são problemáticas e exacerbadas pelas grandes superfícies desses pavimentos. Os sistemas de distribuição da calefação nos pavimentos de cobertura não são tão comuns quanto aqueles instalados nos níveis de subsolo, mas, quando isso ocorre, as perdas térmicas podem ser ainda mais pronunciadas. Ao contrário dos pavimentos de subsolo, os de cobertura são ventilados de propósito, assim, no inverno, suas temperaturas são mais próximas às do exterior e ainda superiores ao do exterior durante o verão, devido ao ar que fica retido no cômodo. A diferença de temperatura entre o ar condicionado que está dentro dos dutos e o ar do ambiente ao redor dos dutos também é mais acentuada junto à cobertura e, portanto, as perdas térmicas são maiores quando os dutos passam pelos pavimentos de cobertura.

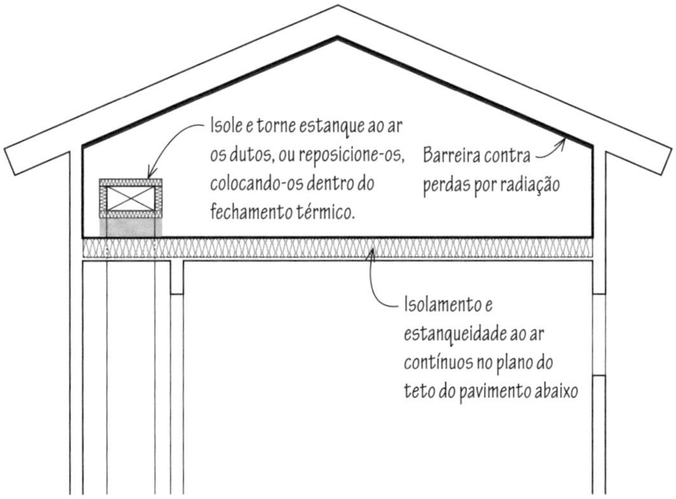

8.10 Como reduzir as perdas térmicas nos pavimentos de cobertura.

Assim como os pavimentos de subsolo, os de cobertura podem se tornar mais eficientes com uma boa estanqueidade ao ar, adicionando-se isolamento no piso ou no teto do pavimento ou em ambos e isolando-se e vedando-se todos os sistemas de distribuição ali instalados. Não se recomenda a instalação de sistemas de distribuição em pavimentos de cobertura. Outra possibilidade é inserir esse pavimento dentro do fechamento térmico, isolando os planos da cobertura. Uma terceira opção para maior eficiência de energia da edificação é a mesma que sugerimos para os pavimentos de subsolo: elimine o pavimento de cobertura.

Pisos técnicos subterrâneos

Os pisos técnicos subterrâneos são porões baixos para a instalação de equipamentos mecânicos e instalações prediais. Adotados principalmente após a Segunda Guerra Mundial, eles costumam ser espaços ventilados. As casas móveis, comuns na América do Norte, também usam espaços similares, embora nem sempre sejam subterrâneos.

Pesquisas recentes descobriram que a abordagem tradicional de ventilar esses pavimentos acarreta muitos problemas. Os pisos técnicos subterrâneos sofrem com a maioria dos problemas dos pavimentos de subsolo e porões: umidade elevada, perdas por condução, perdas por distribuição e perdas térmicas decorrentes da infiltração acarretada pelo efeito chaminé, além de serem inadequados para uso como espaços, de permanência prolongada. Também, é frequente o risco de que a tubulação desses espaços congele no inverno ou que o isolamento instalado sob o piso que está acima desses ambientes se solte.

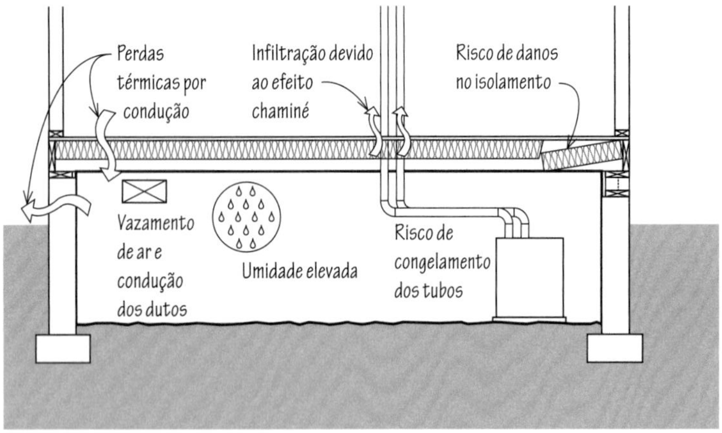

8.11 Os problemas dos pisos técnicos subterrâneos.

Está se chegando ao consenso de que os pisos técnicos subterrâneos devem ser trazidos para dentro do fechamento térmico dos prédios, eliminando-se suas aberturas para ventilação, isolando-se suas paredes externas e colocando-se barreiras ao vapor robustas no piso, a fim de retardar a transferência da umidade do solo para dentro desses espaços. Essas medidas tornam os pisos técnicos subterrâneos mais eficientes em energia, eliminam o risco de suas tubulações congelarem e reduzem a presença de umidade, bem como dos problemas de qualidade do ar associados a ela. Além disso, o isolamento térmico do teto desses espaços cria mais uma camada de proteção.

Assim como ocorre com os pavimentos de cobertura e os pavimentos de subsolo com pé-direito normal, outra solução seria simplesmente não incluí-los nos projetos de edificações sustentáveis, uma abordagem que eliminaria todos os problemas associados a esses espaços, em vez de apenas reduzi-los.

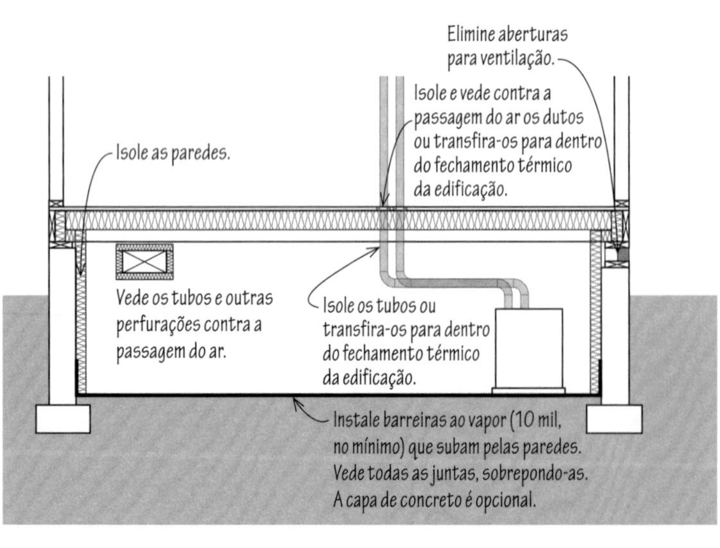

8.12 Como reduzir as perdas térmica em pisos técnicos subterrâneos.

Garagens

As garagens podem ser independentes ou conectadas a uma edificação, fechadas ou abertas.

As garagens contíguas e fechadas têm muitos dos problemas de desempenho energético dos pavimentos de cobertura ou de subsolo e de outros espaços não climatizados: perdas térmicas por condução, perdas por infiltração e perdas devidos aos sistemas de distribuição que passam através delas. Os problemas associados a um fechamento térmico indefinido nas garagens já foram discutidos nesta obra. Outra vulnerabilidade das garagens é sua baixa qualidade do ar, devido aos gases de combustão emitidos pelos automóveis e por produtos químicos que ali costumam ser depositados. Um problema que também ocorre em determinados locais é o congelamento de tubos.

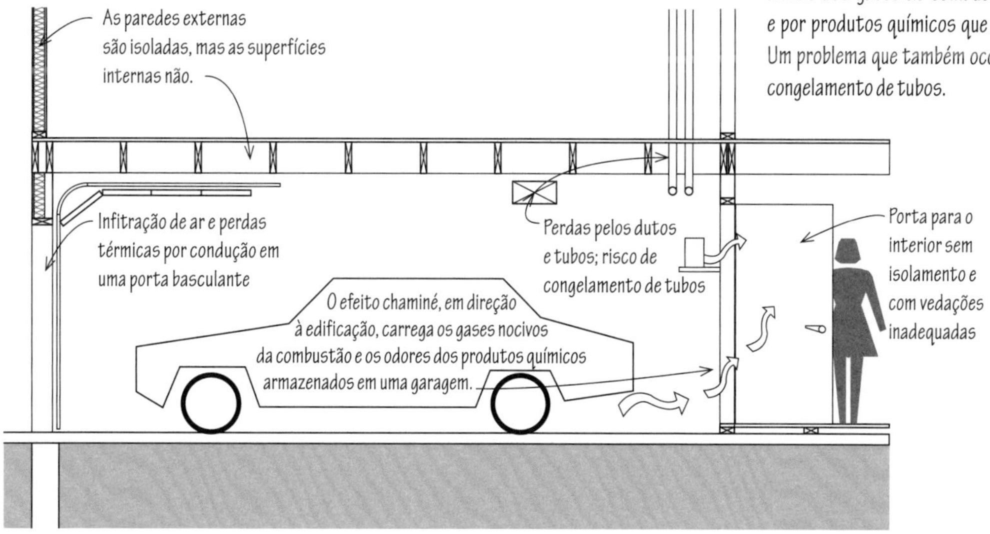
As paredes externas são isoladas, mas as superfícies internas não.
Infitração de ar e perdas térmicas por condução em uma porta basculante
Perdas pelos dutos e tubos; risco de congelamento de tubos
O efeito chaminé, em direção à edificação, carrega os gases nocivos da combustão e os odores dos produtos químicos armazenados em uma garagem.
Porta para o interior sem isolamento e com vedações inadequadas

8.13 Problemas comuns nas garagens.

As garagens podem ser utilizadas produtivamente como ambientes de transição térmica (amortecimento térmico) entre os espaços climatizados e o exterior. É preciso tomar cuidado com a definição, o projeto e a execução do fechamento térmico desses ambientes. As paredes externas de uma garagem podem ser melhoradas com a estanqueidade ao ar, o isolamento térmico e o uso de portas basculantes isoladas. Todas essas medidas contribuem para a vedação térmica total, tornando a garagem uma camada adicional de proteção para o prédio.

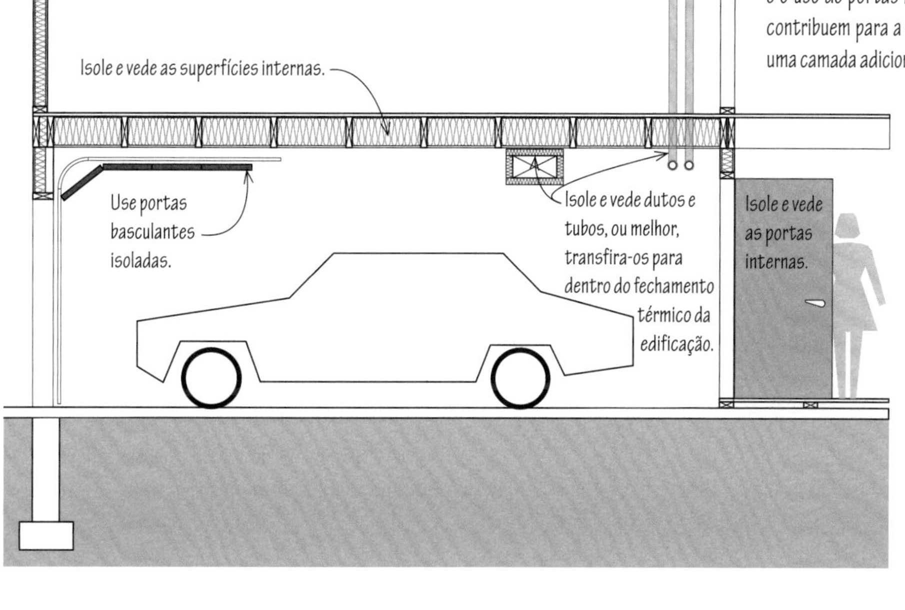
Isole e vede as superfícies internas.
Use portas basculantes isoladas.
Isole e vede dutos e tubos, ou melhor, transfira-os para dentro do fechamento térmico da edificação.
Isole e vede as portas internas.

8.14 Como reduzir as perdas térmicas das garagens.

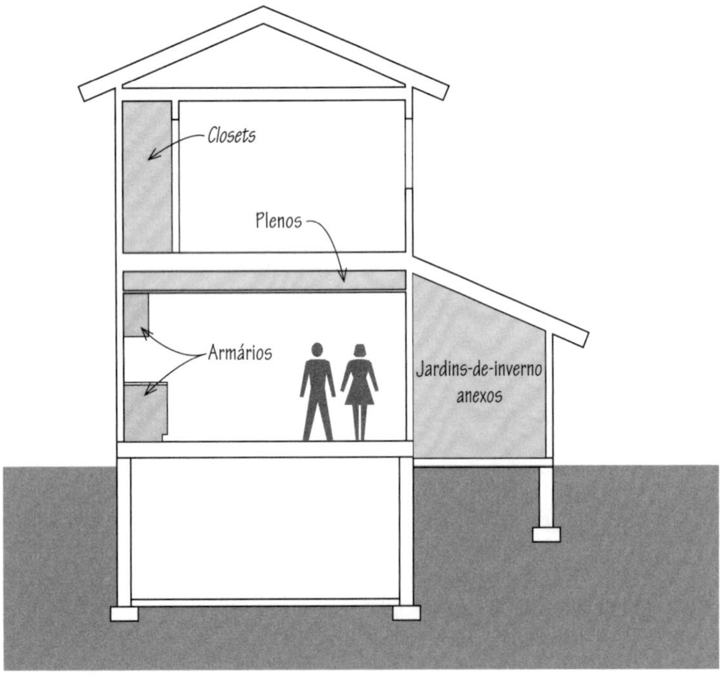

8.15 Espaços não climatizados e desconsiderados.

Espaços "desconsiderados"

Existe uma classe de espaços que poderiam ser chamados de "espaços não climatizados e desconsiderados" (ou não identificados), que seriam jardins-de-inverno anexos, *closets* e os espaços entre os forros e os tetos (plenos). Esses espaços podem ser aproveitados como camadas extras de proteção térmica. Para isso, é preciso:

- Localizar esses espaços de modo que tenham ao menos uma superfície adjacente a uma parede externa ou à cobertura.
- Adotar medidas adicionais para reduzir a troca de ar entre esses espaços e o interior (se eles estiverem dentro do fechamento térmico da edificação) ou o exterior (se estiverem fora do fechamento térmico, como é o caso dos jardins-de-inverno anexos).
- Considerar o acréscimo de isolamento térmico, formando mais uma camada de proteção.

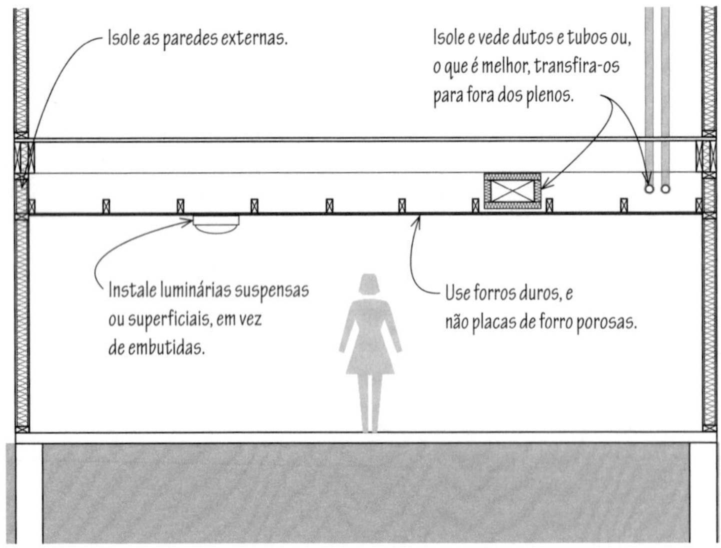

8.16 Como reduzir as perdas térmicas dos plenos.

Um espaço muito utilizado são os plenos, entre os forros e as lajes. Em prédios comerciais, esse espaço é onde, em geral, se colocam os sistemas de distribuição da climatização e outras instalações. Tradicionalmente, os códigos de energia não exigiam que os tubos e dutos fossem isolados quando em plenos, pois esses espaços são considerados como dentro do fechamento térmico de uma edificação. Contudo, qualquer perda de energia em um pleno pode aquecer ou resfriar o espaço abaixo de modo desnecessário, afetando seu equilíbrio de temperatura e, portanto, aumentando perdas e ganhos térmicos com o exterior através das paredes externas que circundam o pleno e através da cobertura, caso o pleno esteja em um pavimento de cobertura. As placas de forro permitem uma troca de ar bastante livre entre os plenos e os espaços climatizados abaixo. As estratégias mais sustentáveis para a construção dos plenos incluem não colocar sistemas de distribuição neles e, caso isso seja inevitável, pelo menos isolá-los e vedá-los; evitar o uso de luminárias embutidas em forros; e usar forros duros e maciços em vez de placas porosas. Essas melhorias tornam os plenos espaços sem condicionamento térmico, porém mais robustos, transformando-os em zonas de transição térmica entre o interior e o exterior.

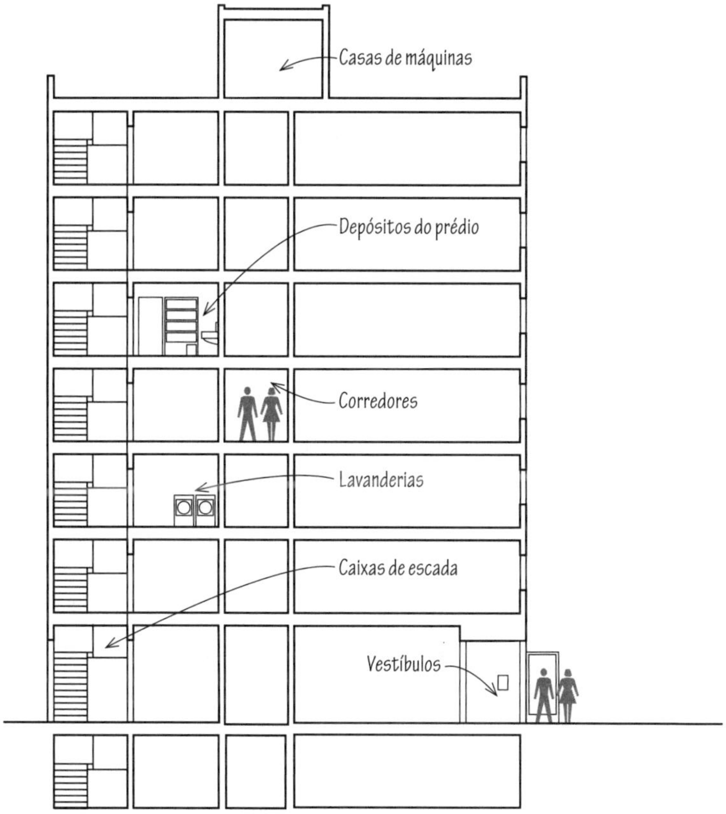

8.17 Espaços que às vezes são climatizados desnecessariamente.

Corredores, caixas de escada e outros espaços

Há inúmeros espaços em uma edificação que às vezes são climatizados sem necessidade. Entre os exemplos, podemos citar corredores, caixas de escada, casas de máquinas, lavanderias, depósitos do prédio e vestíbulos. A não climatização desses espaços evidentemente acarreta economias no consumo de energia.

Corredores e caixas de escadas são ótimos exemplos de recintos que nem sempre exigem condicionamento térmico. As pessoas que entram ou saem de um prédio, no inverno, costumam estar vestindo casacos enquanto se deslocam entre a entrada e os espaços de permanência prolongada aos quais se destinam. Quando um vestíbulo de entrada, os corredores e a caixa de escada são aquecidos, se tornam desconfortavelmente quentes no inverno (ou frios, no verão). Tal climatização se justifica se estes espaços forem utilizados ativamente durante o dia, como ocorre em prédios como lares para idosos ou clínicas de repouso.

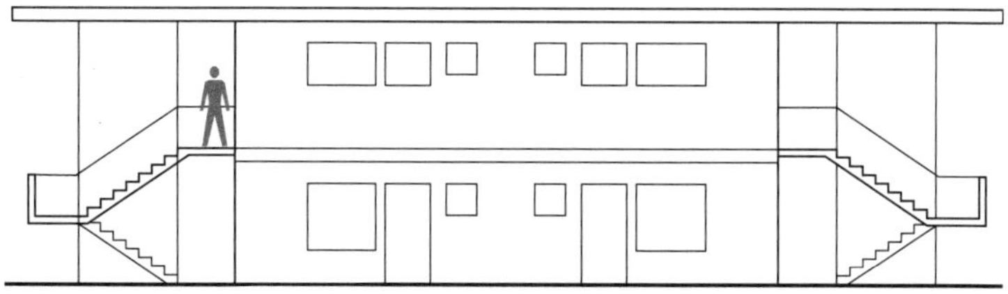

8.18 Caixas de escada externas às vezes são uma opção viável.

Às vezes, vale a pena inclusive exteriorizar algumas caixas de escada, como é comum em prédios localizados em zonas de clima ameno. Muitos prédios têm apenas dois pavimentos e, portanto, apenas um lanço de escada. Se é necessário apenas o acesso externo ao segundo nível – ou seja, se o pavimento térreo e o segundo não precisam ter acesso interno entre si e a caixa de escada pode ser exteriorizada –, há vários benefícios: a área de piso climatizada é reduzida, o efeito chaminé diminui, e provavelmente também caem os custos de construção. O posicionamento de caixas de escada no exterior era comum em prédios antigos de muitas cidades, e essa estratégia ainda é adotada internacionalmente para muitas tipologias de edificação. Se um prédio de dois pavimentos tiver 186 m^2, a exteriorização da caixa de escada acarretará uma redução de 2% a 3% na área de superfícies construída, bem como no consumo do sistema de climatização. No caso de prédios de múltiplos pavimentos, é claro que as escadas externas são menos viáveis, embora ainda assim elas não precisariam ser climatizadas e talvez valha a pena colocá-las fora do fechamento térmico do prédio, mesmo que sejam fechadas.

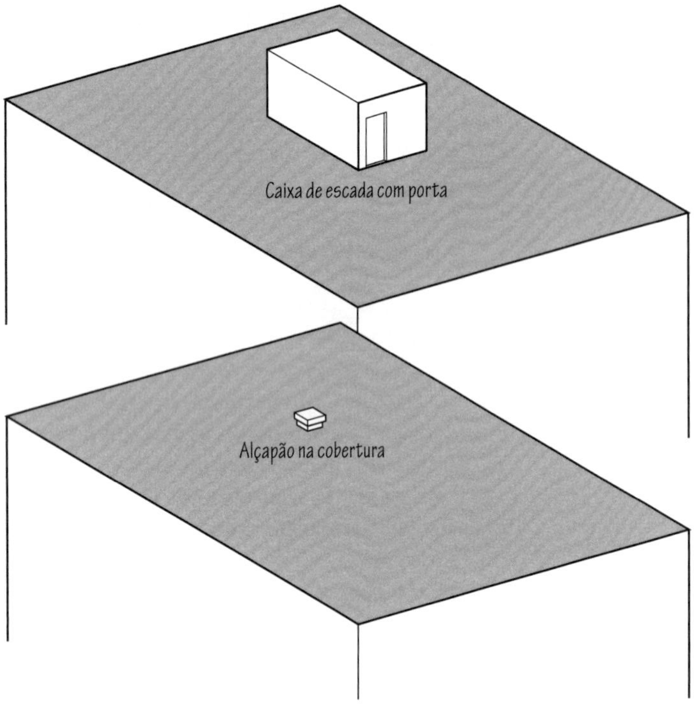

8.19 Às vezes, é possível substituir o topo da caixa de escada por um simples alçapão na cobertura.

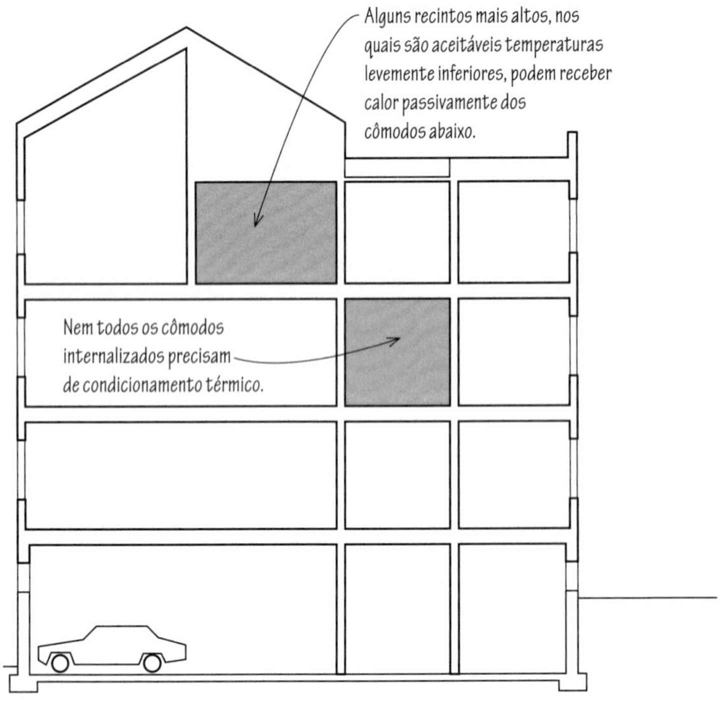

8.20 Outros cômodos que dispensam climatização.

Outra discussão interessante pode ser feita quanto à necessidade de as caixas de escada terem de chegar ao pavimento de cobertura de prédios com coberturas planas. Em edifícios altos, uma ou mais caixas de escada frequentemente chegam a um pequeno patamar no nível da cobertura, com uma porta que oferece acesso conveniente para esse nível. Contudo, essa área coberta ocupa um espaço na laje de cobertura que poderia ser aproveitado para a instalação de painéis solares ou outros elementos de apoio à sustentabilidade. Esse recinto também aumenta a área de superfícies, resultando em maiores perdas térmicas, eleva o custo da edificação e cria uma grande abertura no fechamento térmico do prédio. O uso de um simples alçapão atenuaria os problemas energéticos e reduziria os custos, porém dificultaria o acesso à cobertura.

Os vestíbulos na entrada de um prédio são com frequência superaquecidos ou superesfriados. A climatização de vestíbulos apenas causa desperdício de energia, especialmente devido ao trânsito de pessoas e à alta taxa de infiltrações no local quando as portas são abertas e fechadas. É claro, contudo, que se essa área de vestíbulo ou entrada for ocupada continuamente por funcionários, ela deverá ser climatizada. Caso contrário, a calefação e o resfriamento desses espaços é opcional e podemos considerar sua eliminação.

Quando não climatizamos espaços desnecessariamente, reduzimos os custos de construção, calefação e resfriamento, além de melhorarmos o conforto ambiental.

Outros cômodos que dispensam climatização

Especificamente em edificações sustentáveis, parte da carga de calefação e resfriamento pode ser eliminada se não condicionarmos termicamente alguns outros espaços onde uma temperatura um pouco menos agradável seria aceita ou cuja permanência seja transitória. Um fechamento térmico bem projetado e construído reduz significativamente as variações de temperatura do ar dentro de um prédio, barra correntes de ar frio e reduz o problema do frio nas superfícies internas de janelas e paredes durante o inverno, diminuindo o número de ambientes climatizados.

Por exemplo, os cômodos totalmente internos a um prédio nem sempre precisam de calefação. Além disso, há alguns ambientes periféricos ou no topo de prédios que ficam expostos ao exterior e também dispensam calefação, pois estão submetidos ao efeito estufa. Existem evidências de que, nos apartamentos, a calefação e o resfriamento dos ambientes podem ser limitados apenas àqueles espaços de permanência prolongada (salas e dormitórios) e, mesmo assim, o nível de climatização não precisa ser igual em todos esses recintos. A decisão de não aquecer ou resfriar os cômodos em que o conforto térmico é crucial deve se basear em simulações feitas por computador. Muitos programas de computador podem prever a temperatura mínima de equilíbrio do ar em recintos não climatizados que garantiria que as temperaturas ambientes ficarão dentro da faixa de conforto exigível.

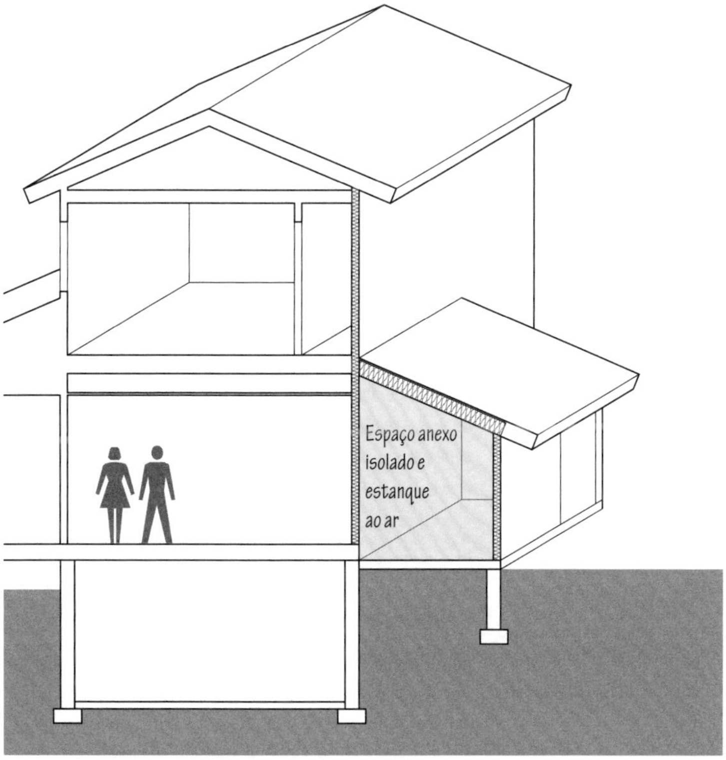

8.21 Um anexo à edificação, se for bem isolado, vedado e estanque ao ar, pode servir de camada extra de proteção térmica ao volume principal.

Localização dos espaços para armazenamento

Se consideramos a possibilidade de eliminar espaços como pavimentos de cobertura ou subterrâneos (sótãos, porões e pisos técnicos no subsolo, por exemplo), as áreas para armazenamento talvez tenham de ser aumentadas, para compensar esses espaços que tradicionalmente também servem de depósitos. A eliminação desses espaços problemáticos traz benefícios energéticos e ambientais, mas a necessidade resultante de mais espaço para armazenamento será então crucial para o projeto de uma edificação sustentável.

Se o acesso direto aos depósitos não precisar ser pelo interior, e se temperaturas mais baixas forem aceitáveis nesses locais, poderão ser considerados espaços anexos ao prédio. Uma vantagem dessa estratégia é que tais recintos poderão servir como uma camada de proteção extra, ou seja, serão espaços de transição térmica. Às vezes pode ser possível o acesso a esses anexos pelo interior, mas, neste caso, a integridade do fechamento térmico deverá ser preservada. É preferível que o acesso seja apenas pelo exterior, por meio de uma porta bem vedada, e que tanto a parede-meia com a edificação climatizada quanto as paredes externas do anexo sejam isoladas e estanques ao ar.

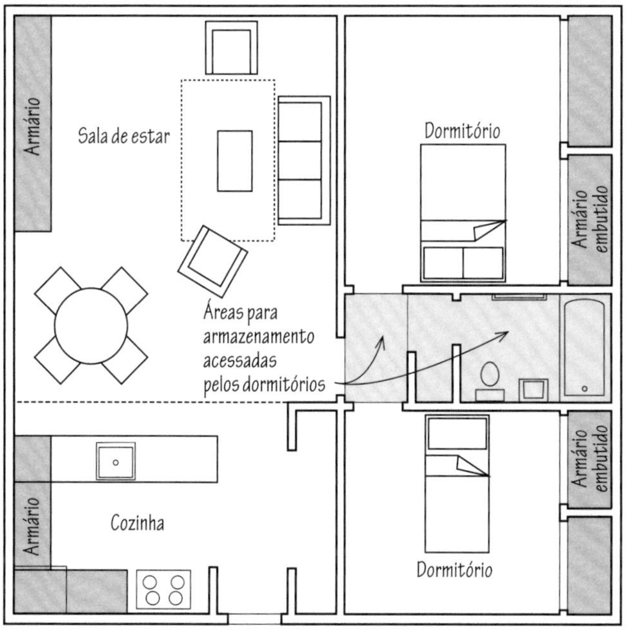

8.22 Os espaços para armazenamento podem servir como camadas de proteção térmica extra.

Quando é importante que o acesso às áreas de depósito seja pelo interior ou que sua climatização seja melhor, pode-se considerar a criação de armários embutidos e *closets*, de preferência adjacentes a paredes externas, para servirem de camada extra de proteção térmica. O forro (pleno) de algumas áreas que podem ter pé-direito mais baixo, como corredores e banheiros, também pode servir para armazenamento.

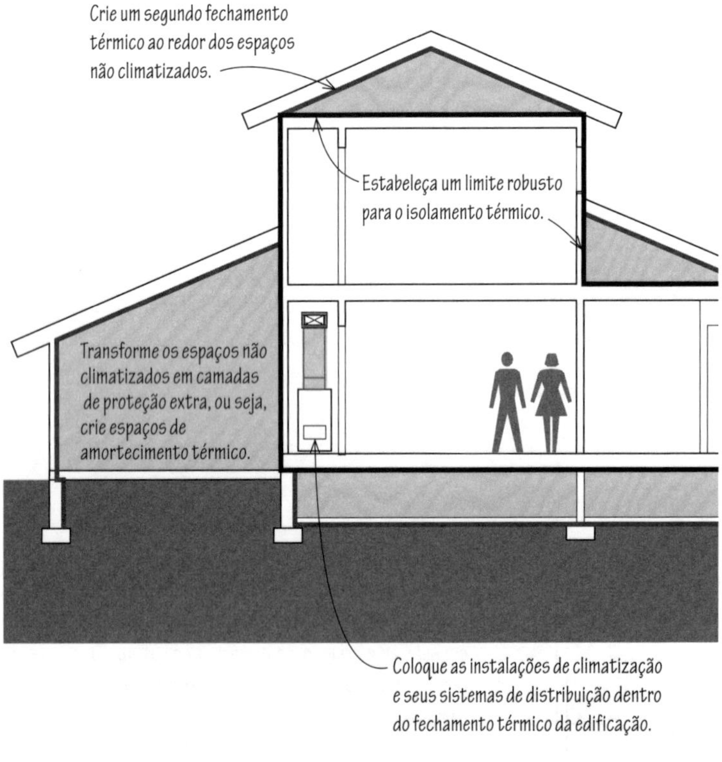
Crie um segundo fechamento térmico ao redor dos espaços não climatizados.
Estabeleça um limite robusto para o isolamento térmico.
Transforme os espaços não climatizados em camadas de proteção extra, ou seja, crie espaços de amortecimento térmico.
Coloque as instalações de climatização e seus sistemas de distribuição dentro do fechamento térmico da edificação.

8.23 Como evitar perdas térmicas através de espaços não climatizados.

Controle de temperaturas em espaços não climatizados

Embora as temperaturas de espaços não climatizados não precisem ser controladas com exatidão, podemos ter um controle relativo por meio do simples projeto dessas áreas.

Para aumentar a temperatura de um espaço não climatizado no inverno, a fim de evitar o congelamento de tubos ou líquidos armazenados, podemos isolar as superfícies externas entre o espaço não climatizado e o exterior e não isolar as superfícies entre esses espaços e os recintos climatizados adjacentes a eles. Para manter a temperatura de um espaço não climatizado intermediária entre aquela do interior e a do exterior, a solução é isolar igualmente todas as suas superfícies. O movimento do ar entre o espaço não climatizado e o interior e o exterior também pode afetar sua temperatura. Caso sejam necessárias previsões mais precisas da temperatura do ar nos espaços não climatizados, uma simulação por computador pode ser utilizada.

Espaços não climatizados: um resumo

Em suma, devemos atentar a vários detalhes do projeto dos espaços não climatizados para evitar perdas significativas de energia e, inclusive, fazer tais ambientes contribuírem para a conservação de energia.

- Estabeleça ao menos um fechamento térmico robusto e bem definido, tanto para o isolamento térmico como para a redução máxima de infiltrações de ar.
- Considere a criação de um segundo fechamento térmico, de modo que o espaço não climatizado crie uma camada de proteção substancial. Por exemplo, uma garagem anexa que já tenha isolamento na parede que a separa da parte principal da edificação também pode ter suas demais paredes externas isoladas e vedadas contra infiltrações de ar.
- Evite instalar sistemas de calefação, refrigeração e distribuição em espaços não climatizados.
- Localize os espaços não climatizados de modo que sirvam como uma camada extra de proteção, ou seja, tornando-os uma zona de transição térmica.
- Considere a possibilidade de não climatizar espaços como corredores, caixas de escada, casas de máquinas e depósitos, transformando-os em espaços simplesmente não climatizados ou de transição térmica.

9

Vedações internas

No Capítulo 7, fizemos uma distinção entre as vedações externas e as internas: vedação externa é a pele externa que está em contato direto com o exterior da edificação ou com as áreas não climatizadas e vedação interna é a camada que está em contato com os espaços internos climatizados.

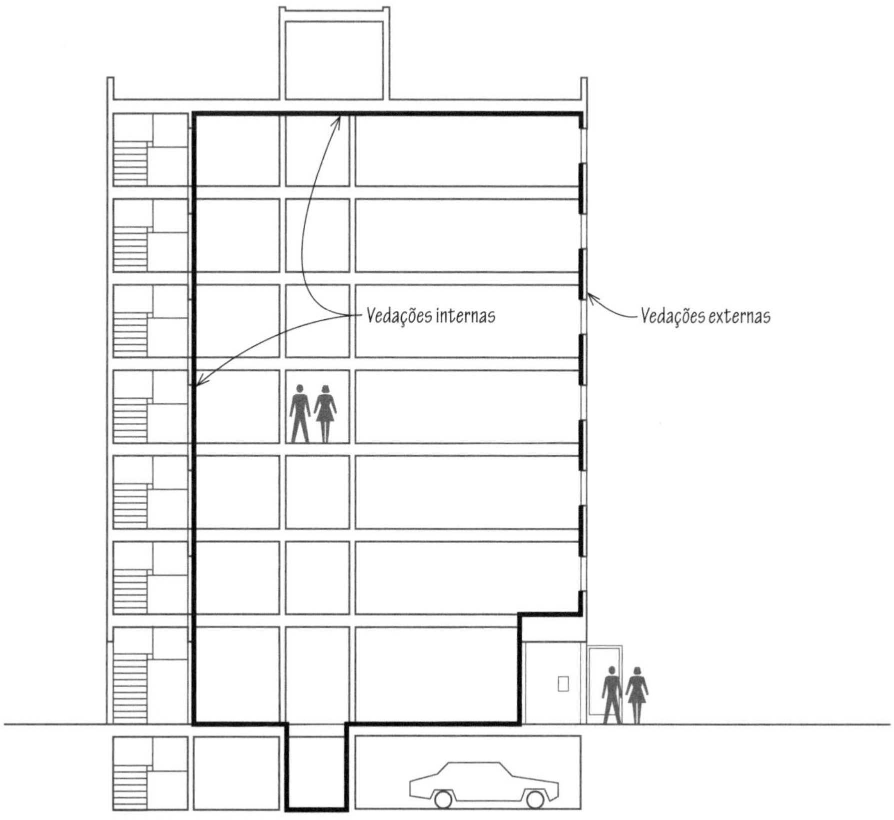

9.01 O fechamento interno que delimita as áreas climatizadas de um prédio.

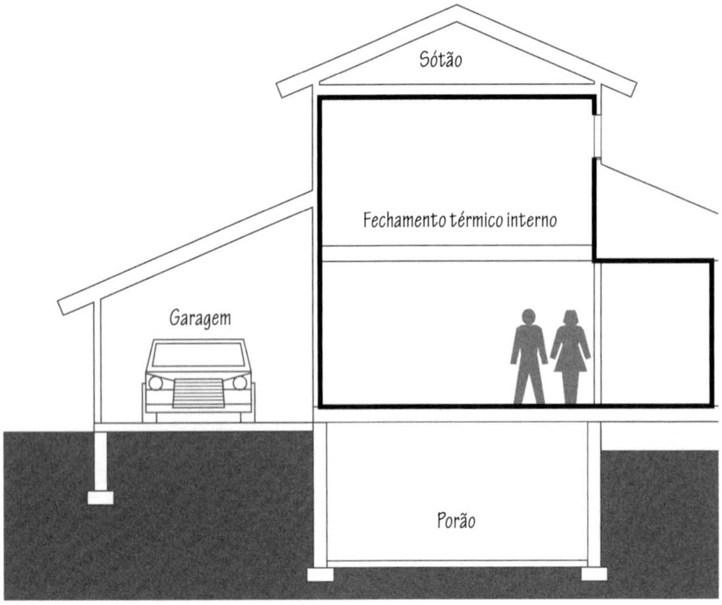

9.02 O fechamento térmico interno de uma edificação baixa.

Vulnerabilidades

Abordamos a questão das vulnerabilidades das vedações internas quando discutimos os pavimentos de cobertura e outros espaços não climatizados no Capítulo 8. Com muita frequência, as vedações externas (como um telhado em vertente ou uma parede de garagem anexa) darão a falsa ideia de que o fechamento térmico interno não precisa ser íntegro. No entanto, isso não é verdade: todos os fechamentos térmicos têm de ser robustos. Suas superfícies não podem ter grandes vazamentos de ar, pois eles são uma das principais causas de perdas de energia. Além disso, o isolamento exige a proteção de ambas as faces de uma parede, um piso ou uma cobertura. Sem essa proteção dupla, o isolamento está sujeito a danos físicos, remoção acidental e vazamentos de ar através de sua camada e ao redor dela. O importante surgimento de isolantes que resistem à passagem do ar, como a celulose prensada, as placas de isolamento rígidas e as espumas injetadas, podem evitar esses vazamentos de ar. No entanto, os danos físicos e de remoção acidental permanecem como riscos.

Em sótãos, por exemplo, é comum retirar ou danificar uma camada de isolamento térmico. Um sótão ou pavimento de cobertura frequentemente está sujeito a reformas, como a instalação e distribuição de cabos elétricos ou de dados, de exaustores ou sistemas fotovoltaicos ou de aquecimento solar de água. Para se fazer até mesmo um pequeno furo, às vezes é necessário retirar uma área significativa de isolamento, pois o acesso à superfície da laje ou do piso não é fácil. E, nesses casos, é comum não se reaplicar o isolante térmico. Assim, com o passar do tempo, o piso do sótão mais parece uma colcha de retalhos, com inúmeras partes expostas.

Uma camada robusta é aquela que tem superfícies rígidas em ambos os lados do isolamento, de preferência com uma camada de isolante rígido para reduzir as perdas de calor pelas pontes térmicas e que seja bem vedada contra infiltrações de ar. Uma camada fraca é aquela que tem isolante e apenas um de seus lados rígidos. Por fim, uma camada muito frágil tem apenas isolante, que costuma ser fixado por uma fita ou uma base de papelão. As camadas fracas são comuns em sótãos, tanto em seus pisos como em suas paredes baixas, e em pavimentos de subsolo, no teto. As camadas muito frágeis não são tão comuns, mas mesmo assim regularmente aparecem em prédios novos, em locais como paredes baixas nos pavimentos de cobertura e acima de forros. Tanto as camadas fracas quanto as muito fracas acarretam problemas seríssimos no desempenho de uma edificação.

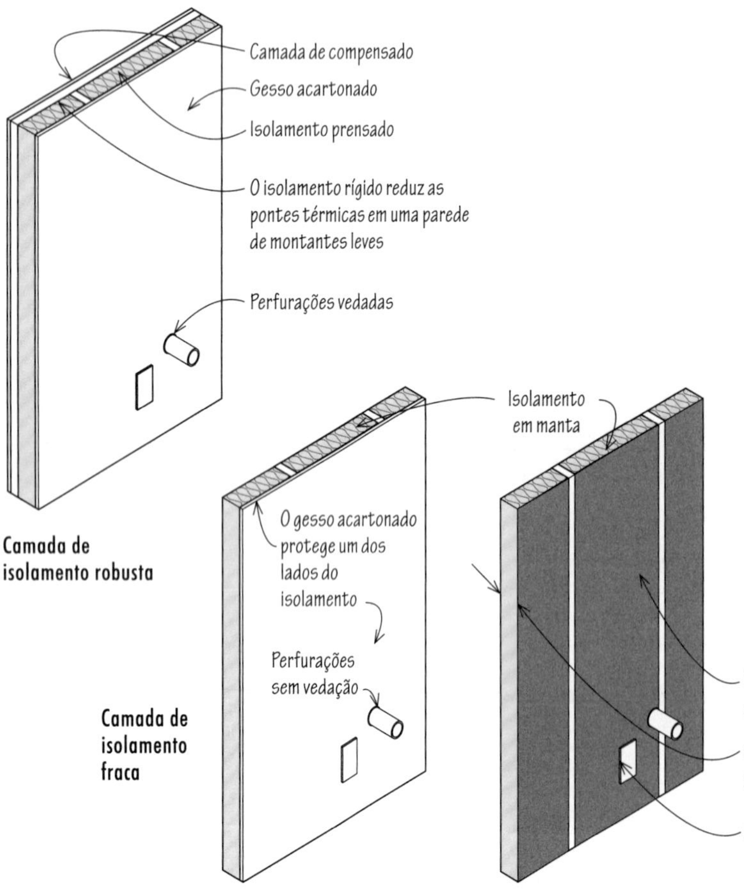

9.03 As camadas de isolamento térmico variam de robustas a muito frágeis.

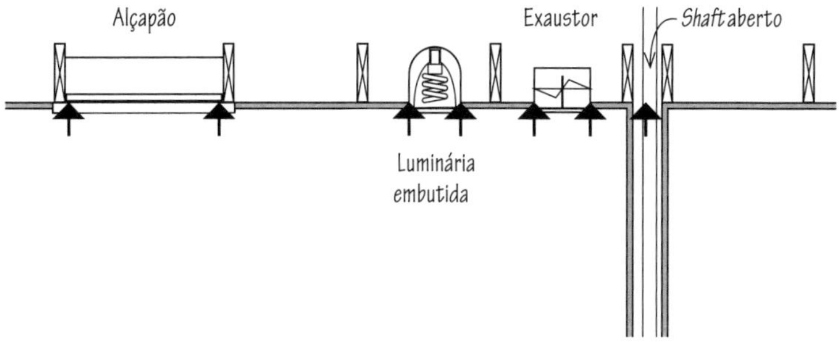

9.04 Locais do piso de um nível de cobertura que costumam ter infiltrações de ar.

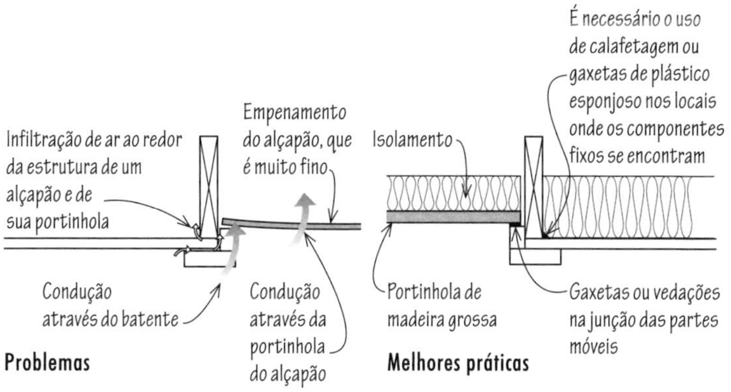

9.05 Alçapões.

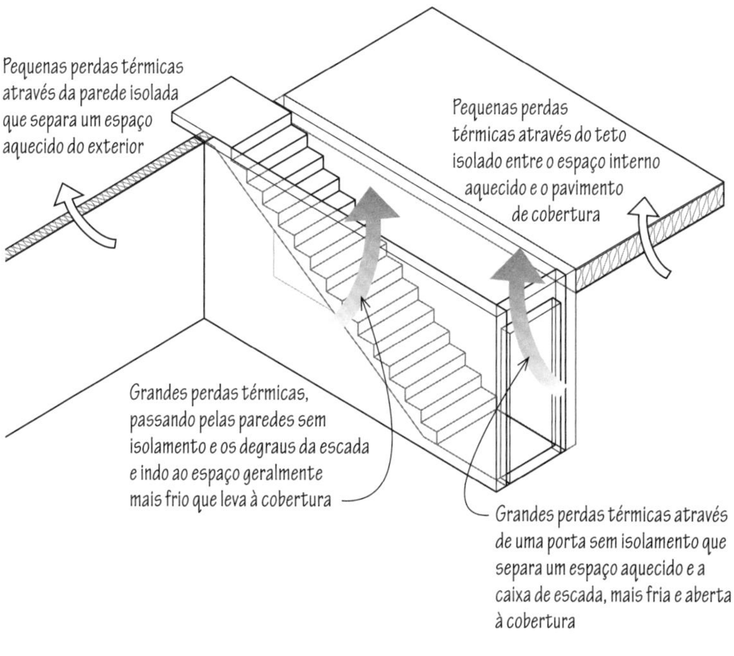

9.06 Perdas térmicas nas caixas de escada que levam a pavimentos de cobertura.

A laje do pavimento de cobertura é uma camada fraca comum no fechamento térmico interno de uma edificação. Nela são feitas muitas aberturas para a instalação de luminárias embutidas, exaustores de ar, dutos, fios e alçapões. Os *shafts* que passam por eles nem sempre são fechados no topo. Pode haver frestas ao redor das chaminés e dos tubos de ventilação. Além disso, seu isolamento muitas vezes fica sujeito a danos e remoções.

Uma área particularmente vulnerável no fechamento térmico interno é o ponto de acesso a esse nível. Um estudo recente demonstrou que até mesmo um mero alçapão costuma ter vários pontos fracos. Um alçapão geralmente é feito com uma fina chapa quadrada de madeira compensada de 6,3 ou 12,7 mm, que está sujeita ao empenamento pelos esforços térmicos, resultando em infiltrações de ar entre ela e o batente. Apenas os alçapões feitos de madeira compensada de 19 mm têm a rigidez necessária para que não se deformem. Mesmo um vedante rígido entre a portinhola e o batente de madeira não é suficiente garantir a estanqueidade ao ar. É necessário o uso de uma boa gaxeta para reduzir as infiltrações de ar nessas juntas, mas uma vedação perfeita somente é garantida se também for instalada uma tranca que garanta a compressão das gaxetas. Estando a portinhola do alçapão bem vedada, o próximo passo é usar juntas calafetadas entre a estrutura do alçapão e o piso. Por fim, a portinhola deve receber isolamento, para reduzir as perdas térmicas por condução.

As caixas de escada que levam aos pavimentos de cobertura são ainda mais vulneráveis termicamente do que os alçapões. A porta que conduz a esse pavimento, como geralmente é do tipo instalado em interiores, não costuma ser isolada, ainda que um pavimento de cobertura ventilado esteja a uma temperatura próxima à do exterior. Em geral, ela também não tem gaxetas, permitindo que o ar suba pela escada com o efeito chaminé. A esquadria da porta, em geral, também não é calafetada. Outro problema é que se costuma tratar as paredes entre os espaços aquecidos e a caixa de escada que leva até a cobertura como paredes internas, deixando-as sem isolamento nem vedação ao ar. O topo das paredes que fecham a caixa de escada raramente é isolado, permitindo a comunicação térmica entre o pavimento de cobertura e as cavidades das paredes dos espaços climatizados abaixo. Até mesmo os degraus da escada não são tratados como parte do fechamento térmico, carecendo de vedação ao ar e isolamento, ainda que sejam separados do espaço quente do pavimento de cobertura não climatizado. Essa falta de isolamento também é comum em caixas de escada que conduzem de um pavimento térreo a um segundo pavimento em que o espaço acima da escada (sob a cobertura) não é vedado, e seu teto e paredes não são isolados.

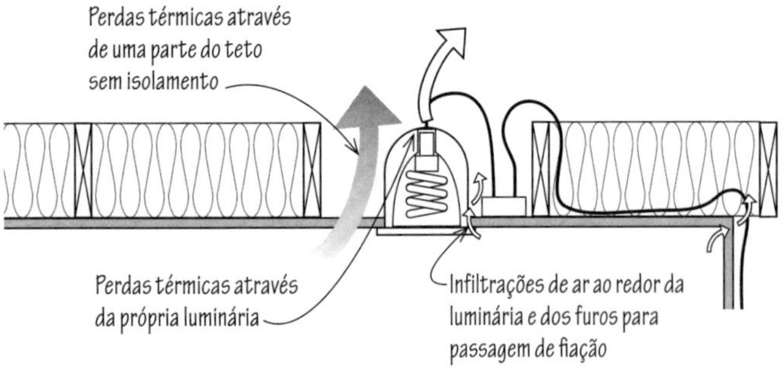

9.07 Problemas térmicos típicos do uso de luminárias embutidas.

Outras áreas vulneráveis no fechamento térmico interno do pavimento de cobertura das edificações são os pontos onde há luminárias embutidas no teto. Mais uma vez, as perdas térmicas não são de apenas um tipo – os problemas são múltiplos. O calor emitido pelas lâmpadas entra no nível de cobertura e é distribuído aos outros ambientes. As próprias luminárias funcionam como pontes térmicas entre os espaços aquecidos e o espaço não climatizado sob a cobertura. Pode haver infiltrações de ar ao redor das luminárias. Os cabos elétricos desses pontos de iluminação também costumam correr pelo piso acima, mas se originam dos ambientes inferiores, criando outro percurso para a passagem do ar.

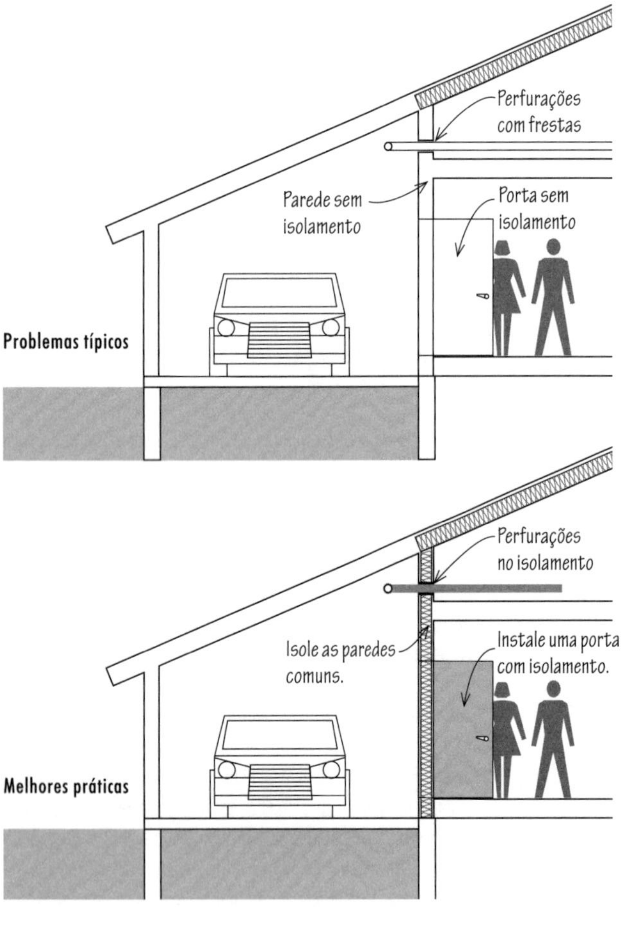

9.08 Como preservar o fechamento térmico entre uma garagem não climatizada contígua a uma edificação.

As garagens anexas, sejam em prédios baixos como casas, sejam em prédios maiores que têm garagens integradas, frequentemente têm camadas frágeis no fechamento térmico interno das paredes ou dos tetos entre as garagens e os espaços climatizados contíguos a elas. Essa fragilidade térmica inclui a falta de isolamento em paredes, tetos, portas e perfurações que permitem a passagem do ar.

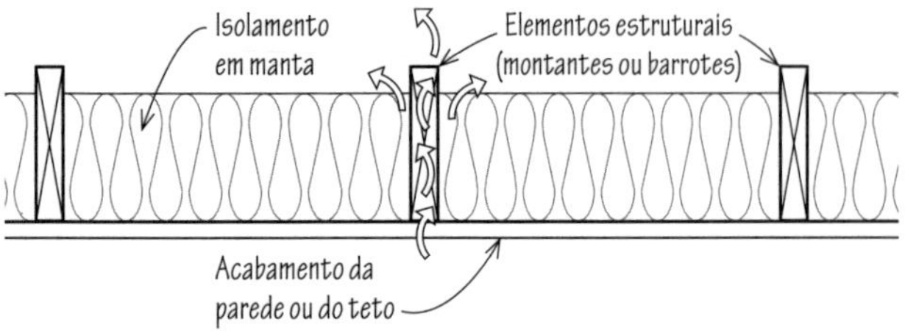

9.09 Conduções térmicas através de montantes ou barrotes.

Já discutimos como uma seção das vedações internas, como uma laje no pavimento de cobertura ou uma parede entre uma garagem contígua e um espaço climatizado, podem criar uma vulnerabilidade na camada térmica, pois ela tem um lado rígido e isolante, mas não tem o outro lado rígido para proteger esse isolamento. Outro aspecto negativo desse tipo de camada frágil é que os elementos estruturais, sejam eles montantes leves de parede ou barrotes de cobertura, servem de ponte térmica, exacerbando as perdas do espaço climatizado para o espaço não climatizado. Neste caso, ao contrário das pontes térmicas de uma cavidade de parede dupla típica, não há uma segunda superfície rígida, como a camada de painéis de revestimento de uma parede externa, para agir como forma mínima de isolamento. Assim, a estrutura de madeira não somente cria pontes térmicas, como age como se fosse uma série de aletas de radiador, dissipando o calor. As perdas térmicas ocorrem tanto em uma dimensão (através dos elementos estruturais) quanto em duas (pelos lados dos elementos estruturais)

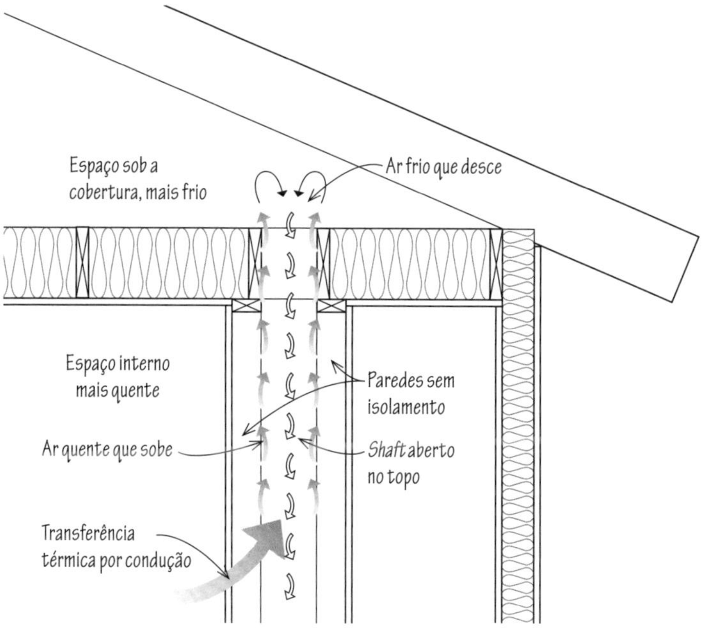

9.10 Transferências térmicas entre os espaços internos aquecidos e um *shaft* mais frio.

Shafts e cavidades de parede abertos no topo são pontos significativamente vulneráveis nos pisos dos níveis de cobertura. A gravidade desse problema resulta do tamanho das aberturas por meio das quais o ar pode fluir, junto à área das paredes internas nos *shafts* e cavidades de parede abaixo, por meio das quais o calor pode ser transferido para o ar que sobe. Mesmo que as paredes sejam estanques ao ar, as cavidades são grandes o suficiente para sustentar o fluxo do ar por termossifonamento, no qual o ar frio desce pelas cavidades da cobertura e, após ser aquecido, sobe novamente a esse pavimento.

Outras áreas vulneráveis nos pavimentos de cobertura são as paredes-meias, isto é, aquelas paredes (geralmente com classificação de resistência ao fogo) que separam duas unidades como apartamentos e sobem das fundações e vão até a cobertura. Fotografias infravermelhas dessas paredes em pavimentos de cobertura mostram que elas são quentes em relação ao espaço em que se inserem, indicando que estão perdendo calor. As paredes-meias sofrem as três formas de perda de energia: com a infiltração de ar nas frestas entre elas e o piso do nível de cobertura; com transferência de calor por termossifonamento através dos furos dos blocos de concreto que às vezes compõem essas paredes, quando o ar aquecido pelo prédio sobe, é resfriado no pavimento de cobertura (se ele estiver mais frio) e então desce novamente; e por meio da condução que ocorre ao longo da estrutura da parede-meia.

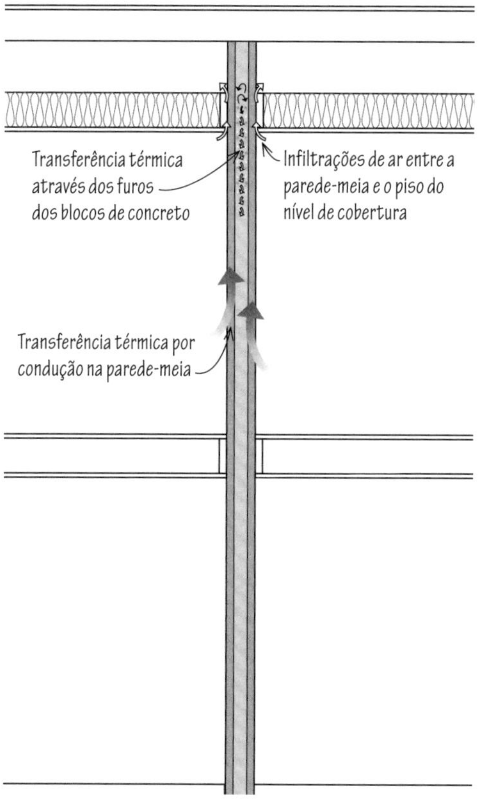

9.11 Perdas de energia através de paredes-meias de alvenaria de blocos de concreto vazados.

Em pavimentos de subsolo, a fragilidade da camada térmica muitas vezes encontra-se no isolamento suspenso entre os elementos estruturais do teto, que são facilmente removidos e ficam mal instalados. Quando a base de papelão do isolante é grampeada ao longo das bordas da estrutura de suporte, o ar dificilmente deixará de fluir livremente ao redor dessas bordas. Por exemplo, um porão de 93 m^2 com isolamento desse tipo terá mais de 400 m de bordas de isolante grampeadas. O ar então sobe através do isolamento, que costuma ser de fibra de vidro porosa, tocando a face inferior do contrapiso, ou sobe através de furos ou frestas no piso, chegando ao espaço climatizado acima.

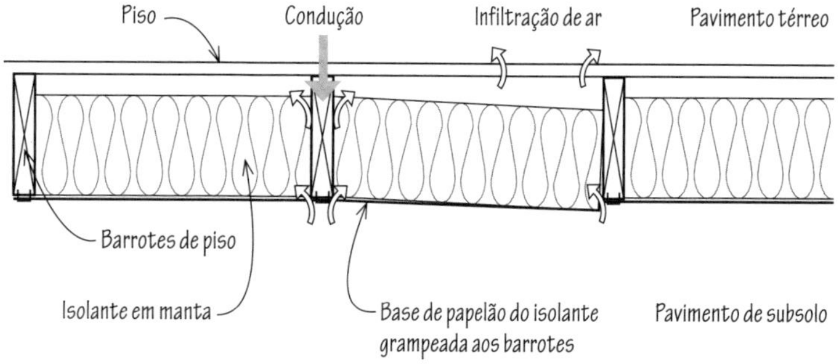

9.12 Perdas térmicas no forro de pavimentos de subsolo.

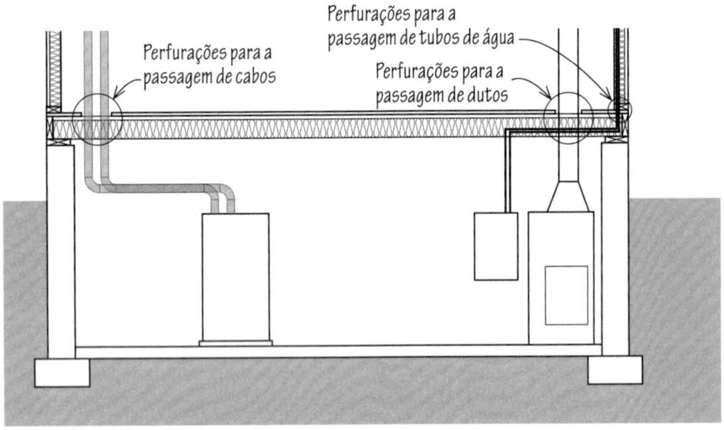

9.13 Locais propensos a infiltrações de ar nos tetos de pavimentos de cobertura.

O fechamento térmico interno no teto do pavimento de subsolo é um local em que se costuma perfurar para a passagem de instalações. Tubos de água fria ou quente, dutos, cabos elétricos e de dados, tubos de esgoto pluvial e cloacal e outras utilidades geralmente atravessam esse fechamento térmico. Se essas aberturas não forem vedadas, o ar do pavimento subterrâneo será sugado para cima, em virtude do efeito de chaminé.

Esse pavimento, assim como o de cobertura, também é vulnerável em suas portas e alçapões, embora nesse caso o problema talvez não seja tão grave, pois a temperatura típica dos espaços não é tão extrema quanto a de um pavimento de cobertura. Contudo, as pesquisas têm comprovado que, ainda assim, se uma porta for deixada aberta, as perdas térmicas da edificação poderão aumentar.

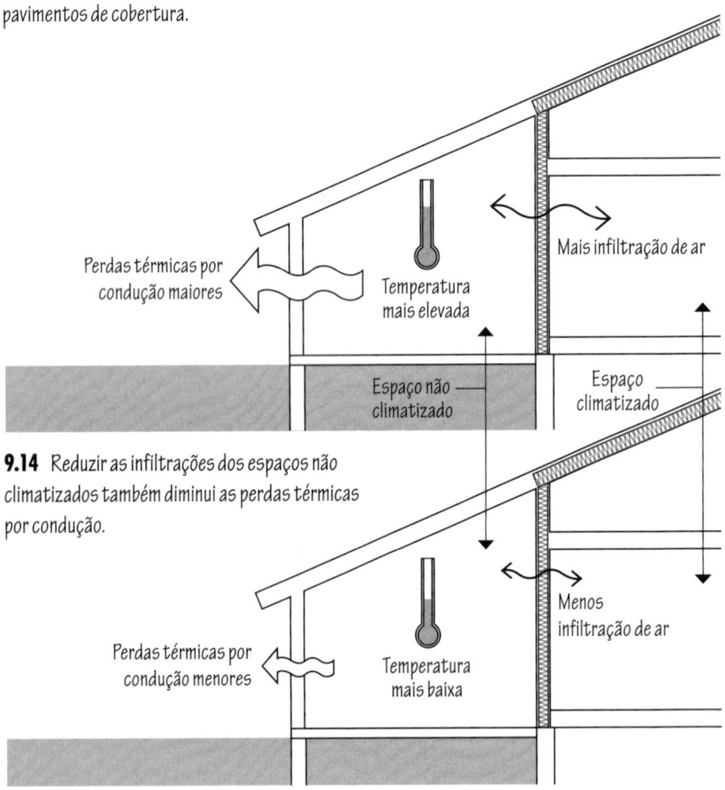

9.14 Reduzir as infiltrações dos espaços não climatizados também diminui as perdas térmicas por condução.

Soluções

Há diversas soluções para as camadas frágeis dos fechamentos térmicos internos.

A prioridade inicial é reduzir o movimento do ar que passa através do fechamento interno, elminando-se perfurações em suas superfícies. Há boas razões para que a estanqueidade ao ar seja prioritária:

- O fluxo de ar que entra e sai dos espaços climatizados adjacentes ao fechamento térmico interno reduz a possibilidade de que tais recintos possam servir como uma espécie de isolamento – como espaços de transição térmica.
- A vedação dos furos nessas superfícies deve ser feita antes do isolamento dos sistemas construtivos. Se o isolamento for instalado primeiro, será difícil encontrar onde os furos estão e vedá-los.

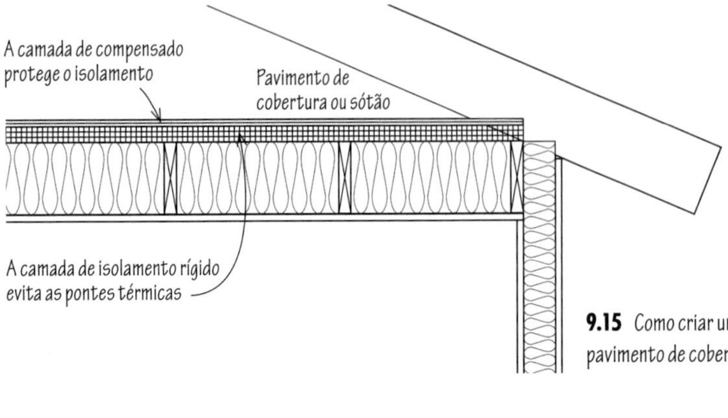

9.15 Como criar uma camada robusta de isolamento no piso do pavimento de cobertura.

A seguir, deve-se instalar uma camada robusta com superfícies rígidas em ambos os lados do isolamento. Sempre que possível, o isolamento deve ser contínuo, para evitar o surgimento de pontes térmicas.

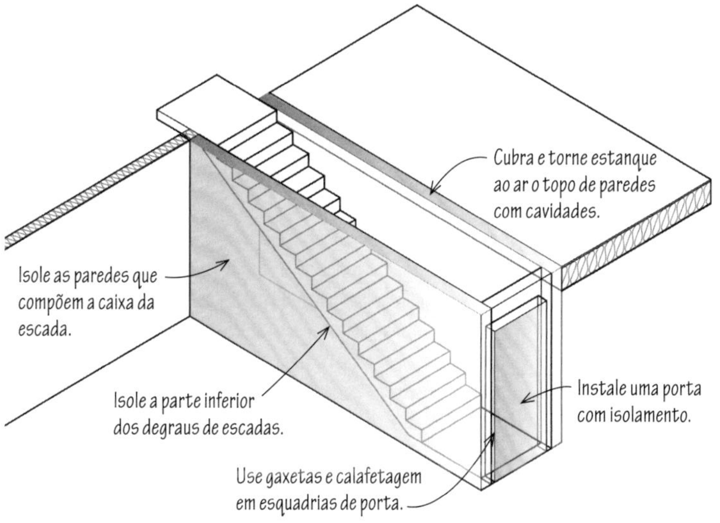

9.16 Como evitar perdas térmicas em escadas que conduzem a pavimentos de cobertura.

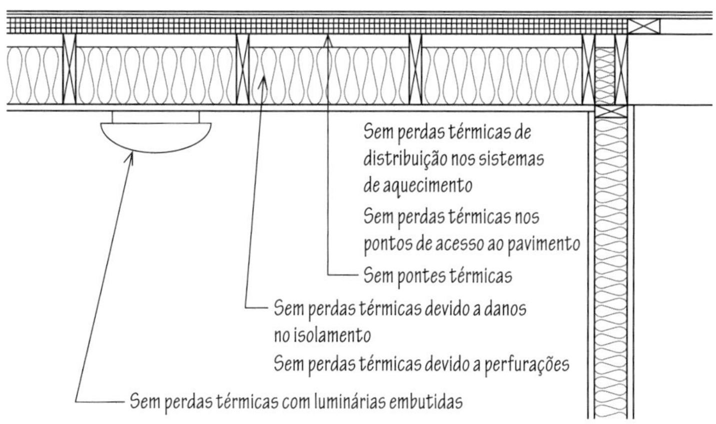

9.17 Os benefícios de sustentabilidade obtidos com a eliminação de pavimentos de cobertura.

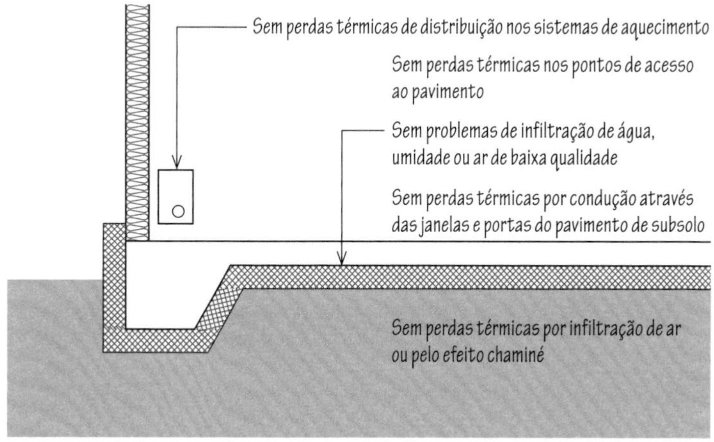

9.18 Os benefícios de sustentabilidade obtidos com a eliminação de pavimentos de subsolo.

Sempre que possível, devem ser eliminadas outras descontinuidades, como as luminárias embutidas. As caixas de escada e os alçapões que conectam um espaço climatizado a outro não climatizado devem ser tratados de modo completo e holístico, de maneira que não haja descontinuidades no fechamento térmico interno, seja no isolamento, seja na vedação ao ar. A complexidade desses locais de acesso exige atenção especial ao detalhamento, não somente da porta ou do alçapão, mas também das esquadrias e passagens. Portas e alçapões devem ser isolados, receber gaxetas ao longo das superfícies nas quais movimentos relativos ocorrem e ser calafetadas nas juntas de superfícies fixas, como nos locais onde uma esquadria de porta se encontra com a parede circundante. Em pavimentos de cobertura, *shafts* e cavidades de parede devem ser fechados no topo, vedados e isolados.

A complexidade, em pavimentos de cobertura, traz alto risco de descontinuidades e problemas de energia. Linhas de cobertura simples podem ajudar a reduzir esse risco. Como sugerido anteriormente, uma solução possível é evitar os pavimentos de cobertura por completo, projetando edificações com coberturas planas ou pequenos caimentos. Considere os problemas que seriam eliminados. Sem o uso desses pavimentos, não há perfurações na laje; nenhuma superfície é enfraquecida por isolamento defeituoso; não há vulnerabilidades em portas ou alçapões; não há problemas associados às luminárias embutidas; não há perdas térmicas nos sistemas de distribuição; não há problemas com pontes térmicas; e reduz-se o risco de depósitos de gelo em climas frios.

Similarmente, considere os benefícios da eliminação dos pavimentos de subsolo e, em vez disso, construa uma laje diretamente sob o terreno. No caso das lajes de piso sob o terreno, as instalações hidrossanitárias, elétricas e de transmissão de dados podem ficar acima de lajes de concreto bem vedadas. Já não haverá as grandes perdas térmicas dos sistemas de distribuição do aquecimento; o pavimento de subsolo não mais contribuirá para o efeito chaminé; não haverá perdas térmicas por portas ou alçapões; e desaparecerão as perdas térmicas por condução dos espaços aquecidos acima para o pavimento de subsolo e para o exterior deste, por meio de suas paredes e janelas. Como benefício extra, serão eliminados os problemas de qualidade do ar nos interiores associados à umidade dos espaços subterrâneos.

Em suma, o fechamento térmico interno costuma ser uma camada de proteção fraca, que merece atenção e reforço. Quais são os custos de se reforçar esse fechamento térmico? A criação de superfícies rígidas em ambos os lados de um isolante aumenta os custos construtivos, e o mesmo vale para que se garanta a continuidade térmica em caixas de escada e alçapões, ao longo dos pisos de pavimentos de cobertura e nos tetos de pavimentos de subsolo. No entanto, outras melhorias podem reduzir os custos de construção, como a não instalação de luminárias embutidas. Além disso, se considerarmos a opção de eliminar completamente tais pavimentos com tantas fragilidades em termos de desempenho térmico, os custos de construção serão ainda menores, embora a função de armazenagem desses espaços talvez tenha de ser transferida para outras áreas.

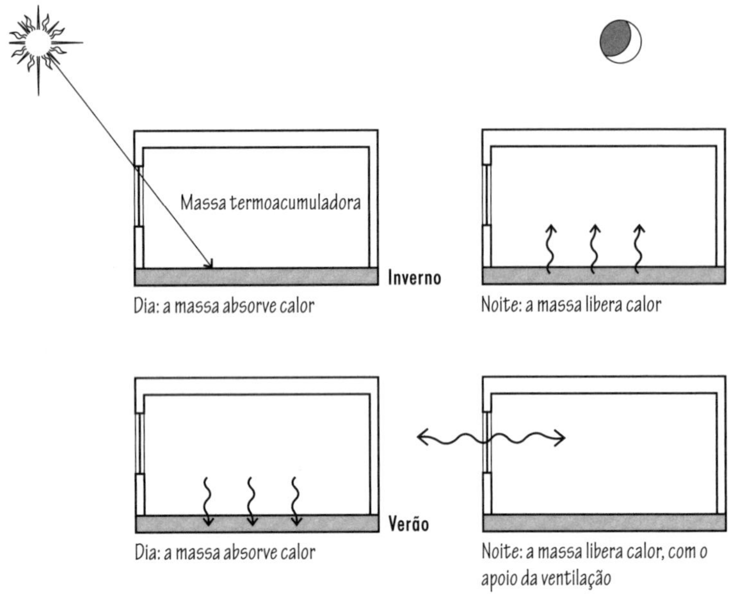

9.19 Diagramas que mostram como funcionam as massas termoacumuladoras.

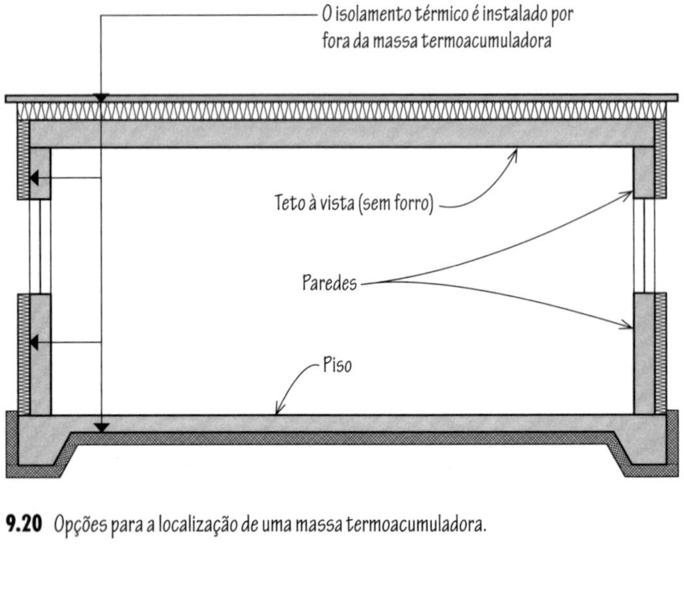

9.20 Opções para a localização de uma massa termoacumuladora.

Massas termoacumuladoras

Essas massas são formadas por elementos construtivos que têm a capacidade de absorver e reter energia térmica. Elas são mais efetivas se forem localizadas internamente ao fechamento térmico de uma edificação. No inverno, as massas termoacumuladoras servem para absorver e armazenar o calor do sol quando há radiação solar disponível e, posteriormente, liberar essa energia lentamente no interior de uma edificação, quando já não há luz solar. As massas térmicas também podem ser empregadas junto à ventilação noturna durante o verão para formar uma espécie de resfriamento passivo, emitindo o calor absorvido no ar noturno mais frio e, depois resfriando os ambientes durante o dia, absorvendo seu calor. As massas térmicas são preferencialmente localizadas no espaço a que atendem, que costumam ser aqueles voltados para o norte, quando utilizadas no inverno (no Hemisfério Sul). Quando isso não é possível, a massa termoacumuladora deve ser termicamente conectada ao espaço servido por meio de dutos de circulação de ar ou tubos com água.

Essas massas podem assumir diversas formas, mas, geralmente, consistem em paredes, pisos e tetos com grande massa. As massas termoacumuladoras empregadas na calefação ou no resfriamento passivo costumam ser parte de uma estratégia integrada que usa um sistema de coleta apropriado e controles como isolamentos móveis em janelas ou cortinas com isolamento térmico para evitar perdas térmicas durante a noite (no caso do aquecimento noturno) ou para permitir a ventilação de resfriamento noturno.

Uma massa termoacumuladora deve ser incluída em uma edificação apenas se a modelagem de energia prever uma redução no consumo de energia, pois, caso seja usada indiscriminadamente, a massa pode ter o efeito contrário, aumentando o consumo energético. Vários estudos feitos mostram que essa estratégia resulta em economias de energia que podem ser tanto mais de 10% positivas quanto negativas (ou seja, a massa termoacumuladora aumentou o consumo de energia).

Como usar uma massa termoacumuladora geralmente significa aumentar a energia incorporada, deve-se avaliar com cuidado se vale a pena utilizá-la. Por exemplo, uma parede de concreto com 15 cm de espessura e 10 cm de isolamento com plástico esponjoso rígido tem valor-R de 17, mas uma resistência térmica equivalente à de uma parede de montantes leves de madeira com R-27, devido aos benefícios da massa termoacumuladora. Contudo, o R-10 extra do isolamento equivalente fornecido pelos 15 cm de concreto representa um aumento na energia incorporada que é mais do que o dobro do que aquele do uso de 6,3 cm extras de isolamento com plástico esponjoso rígido na parede de montantes de madeira que seriam suficientes para alcançar a resistência térmica equivalente (R-27).

Uma massa térmica também pode ser fornecida por uma laje de piso ou teto. Para que um teto seja efetivo como massa termoacumuladora, ele precisa ficar à vista, ou seja, não se pode usar um forro.

Revestimentos e acabamentos

Depois de sair da comunidade, entrar no terreno, cruzar o fechamento térmico externo (passando pelos espaços de amortecimento – sem climatização) e cruzar o fechamento térmico interno, encontramo-nos dentro da área climatizada de um prédio. Entretanto, ainda há outras camadas de proteção térmica que podemos aproveitar. Por exemplo, os revestimentos e acabamentos podem ser empregados para usar a energia de modo produtivo ou economiza-la ou, se forem mal aplicados, podem ir contra a eficiência energética.

As propriedades térmicas e a radiação dos acabamentos

Os carpetes têm resistência térmica moderada, entre R-0,5 e R-2,5. Quando um acolchoado é instalado sob o carpete, pode-se esperar uma resistência térmica adicional entre R-0,6 e R-2.1. Além desses ganhos térmicos por condução, a radiação também faz um ambiente acarpetado absorver calor, o que pode permitir a redução da temperatura do ar. Os carpetes também reduzem a transmissão de ruídos em um prédio. Assim, faz sentido usar um carpete sobre toda a área de piso, pois um isolamento térmico deve ser contínuo para que crie uma camada de proteção efetiva. Ainda assim, um carpete não substitui o uso de um isolante rígido no contrapiso ou de um isolante superficial em geral.

Um aspecto negativo dos carpetes é que muitos deles contêm produtos químicos (emitindo compostos orgânicos voláteis cancerígenos), embora hoje já se encontrem carpetes com baixo conteúdo de produtos químicos. Além disso, eles precisam ser aspirados, o que aumenta o consumo de energia de um prédio. Os carpetes também podem reduzir a eficácia do uso de uma massa termoacumuladora em um piso de concreto, e, o que é mais significativo, os carpetes têm baixa refletância, resultando em maior consumo de luz artificial e no aumento da área de janelas, no caso da iluminação natural.

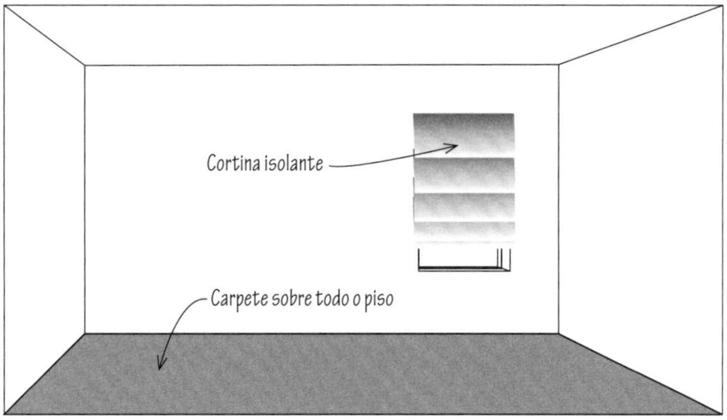

9.21 Acabamentos que podem ser utilizados como camada de proteção.

Em janelas, é interessante o uso de cortinas ou persianas com isolamento térmico. Tendo seu valor de isolamento aumentado em cerca de R-5, essas cortinas podem duplicar ou triplicar a resistência térmica das janelas. Se forem bem fixadas à esquadria das janelas, as persianas também podem incluir uma barreira à radiação, para reduzir as perdas térmicas, bem como melhorar um pouco o problema das correntes de ar.

Os outros acabamentos dos interiores podem trazer vários benefícios térmicos e contra a radiação solar. Os vidros corados podem reduzir os ganhos térmicos solares indesejados nos climas quentes. Os radiadores de superfície podem ter barreiras radiantes instaladas na parede, para reduzir as perdas térmicas. As cortinas podem reduzir o ofuscamento, dar alguma proteção contra os ganhos solares no verão e reduzir as perdas por radiação para o exterior. Lembre-se, no entanto, de que um elemento de proteção solar externa, como um brise, é muito mais efetivo para a redução desses ganhos solares. Outra vantagem de algumas persianas é que elas podem ter alta refletância, reduzindo a quantidade necessária de iluminação artificial.

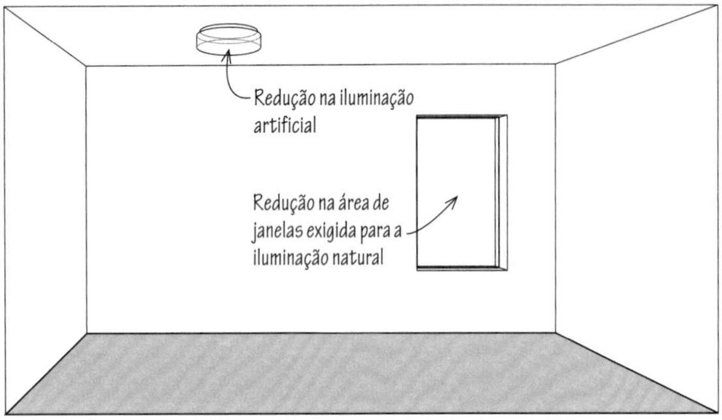

9.22 Alguns dos benefícios do uso de revestimentos e acabamentos refletores.

Refletância luminosa

Embora as características de proteção térmica e radiação dos acabamentos ofereçam ganhos modestos, sua refletância à luz pode ter um impacto significativo no consumo de energia de um prédio. Dois tipos de economia resultam do uso de superfícies internas refletoras:

1. Uma menor necessidade de iluminação artificial, o que economiza eletricidade.
2. Uma menor necessidade de iluminação natural para que se obtenha o mesmo nível de claridade, o que acarreta um número menor de janelas e/ou uma área de janelas menor, com as economias de climatização associadas. Também há outros benefícios obtidos em cascata, como a redução dos gastos com luminárias e equipamentos de climatização.

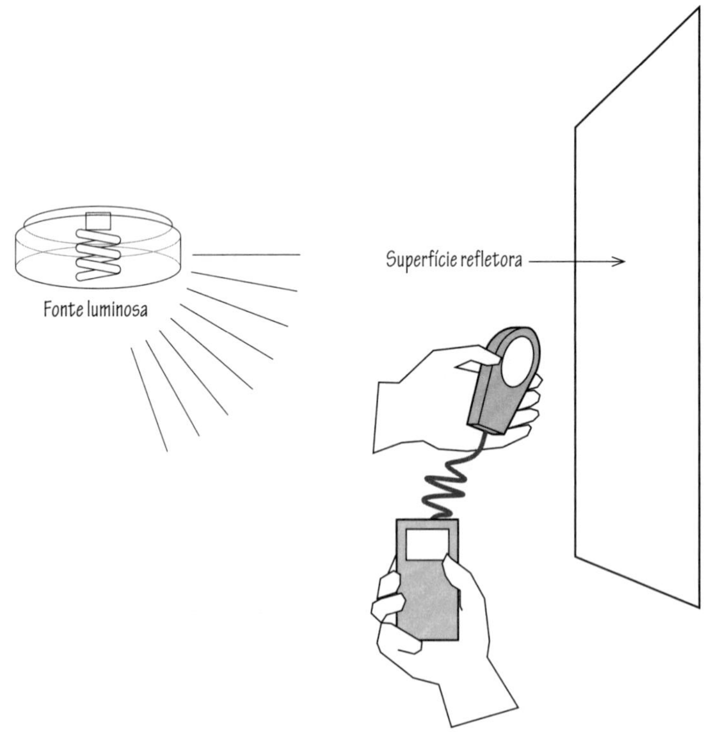

9.23 Como se mede a refletância de uma superfície.

A refletância pode ser medida colocando-se um fotômetro junto a uma superfície, direcionando-o para a fonte luminosa e medindo quanta luz alcança aquela superfície e, depois, voltando o equipamento diretamente para a superfície para ver qual é a fração da luz incidente que é refletida.

Exemplo:
Fotômetro orientado para a fonte luminosa: 1.000 cd/m^2. Fotômetro orientado para a superfície refletora: 450 cd/m^2.
Refletância = 450/1.000 = 45%

9.24 Valores de refletância para diferentes acabamentos (%)

Tintas	
Branco muito brilhante	90
Branco comum	70–80
Creme comum	70–80
Amarelo-claro	55–65
Verde-claro*	53
Verde azulado*	49
Azul médio*	49
Amarelo médio*	47
Laranja médio*	42
Verde médio*	41
Vermelho médio*	20
Marrom médio*	16
Cinza azulado escuro*	16
Marom escuro*	12

* Estimativa para tintas foscas. Para tintas alto-brilho, aumente em 5%–10%.

Madeiras	
Bordo	54
Álamo	52
Pinheiro branco	51
Pinheiro vermelho	49
Pinheiro do Oregon	38
Bétula	35
Faia	26
Carvalho	23
Cerejeira	20
Carpete	
Manutenção baixa, escuro	2–5
Manutenção moderada	5–9
Manutenção alta	9–13
Manutenção muito alta	13+
Linóleo	
Branco	54–59
Preto	0–9

Concreto	
Polido, preto	0
Polido, cinza	20
Polido, de cor clara	60
Revestimentos refletores em pisos de concreto	66–93
Paredes	
Painéis de madeira escura	10
Tecidos grossos	10
Compensado	30
Acessórios	
Bancada de aço revestida de plástico cinza	63
Quadros de aviso	10
Divisórias revestidas de tecido cinza	51
Tampos de mesa	4–85
Placas de forro	
Placas típicas	76–80
Placas com alta refletância	90

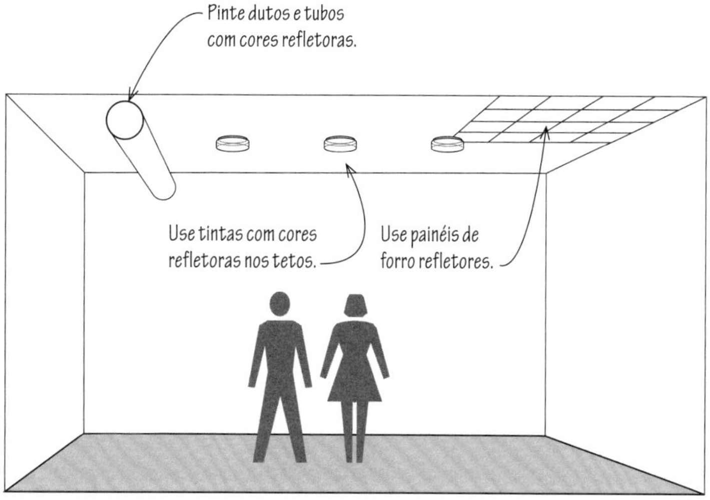

9.25 Estratégias para tornar os tetos e forros mais refletores.

No caso de paredes e tetos, deve-se dar prioridade a superfícies refletoras que minimizem a necessidade de iluminação artificial. Pisos, móveis e acessórios refletores também podem contribuir para isso. Embora em geral pressuponha-se que os pisos tenham uma refletância padrão de 20%, isso nem sempre corresponde à realidade. Alguns pisos de madeira de lei têm refletância acima de 50%, vários laminados têm refletância superior a 75% e já se registrou que alguns pisos de concreto têm mais de 93% de refletância. Os tampos de mesa e balcão também variam muito em termos de refletância: ela pode ser inferior a 10% ou mesmo chegar a 85%. Se os acabamentos e revestimentos são escolhidos em uma etapa inicial do projeto, a iluminação poderá ser otimizada, tirando-se partido das superfícies internas refletoras.

Embora as superfícies brancas sejam de fato muito reflexivas, elas não são a única opção possível. Pesquisas têm comprovado que uma variedade de cores de tinta pode ser altamente refletora, e o mesmo é verdadeiro para muitas outras superfícies, como algumas de metal e madeira, as persianas refletoras e alguns concretos.

Por exemplo, um prédio com superfícies internas refletoras, como 90% nos tetos, 60% nas paredes e 30% nos pisos, exige 11% a menos de iluminação artificial do que um prédio com refletâncias de superfície mais típicas, de 80% nos tetos, 50% nas paredes e 20% nos pisos. Refletâncias mais elevadas economizariam ainda mais energia elétrica: 90% nos tetos, 70% nas paredes e 40% nos pisos resultariam em nada menos do que 28% de economia com energia gasta para iluminação. Observe também que o uso de refletâncias superficiais mais altas significa uma redução proporcionalmente menor no número de luminárias e nos custos de construção.

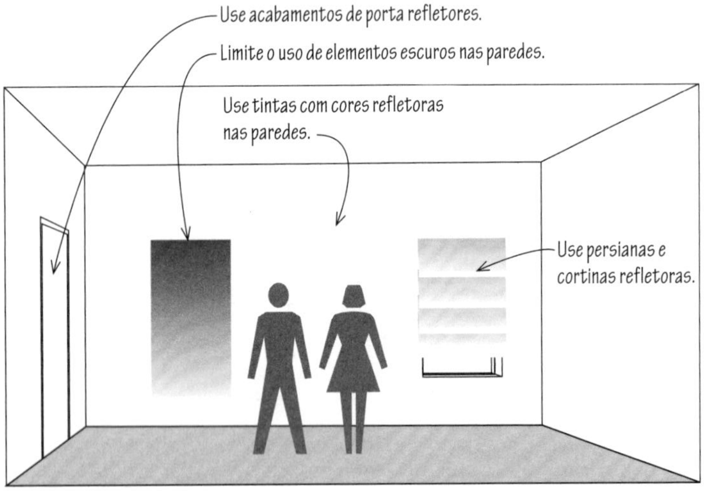

9.26 Estratégias para aumentar a refletância das paredes.

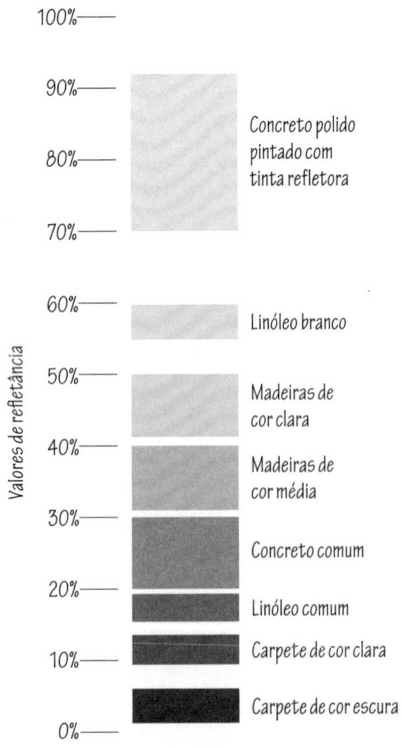

9.27 Estratégias para aumentar a refletância dos pisos. Como um projeto de iluminação geralmente é feito considerando-se uma refletância padrão no piso – 20% –, essa superfície oferece mais oportunidades para a melhoria do valor de refletância do que forros, tetos e paredes.

Como geralmente considera-se que as paredes, em um projeto de iluminação, terão refletância de 50%, a margem para melhorias é evidente. O segredo é não somente escolher acabamentos de parede refletores, mas também evitar revestimentos de parede não refletores, como tecidos, e considerar o uso de acabamentos mais refletores em portas e acessórios instalados junto a paredes, como balcões e armários. De modo semelhante, os revestimentos de janela refletores podem ser melhores do que aqueles não refletores, como a maioria das cortinas. Observe que as janelas que não ficarem cobertas à noite, quando as luzes elétricas serão mais necessárias, são péssimas refletoras de luz, assim aumentarão o consumo de energia com iluminação, a menos que sejam cobertas por cortinas ou persianas refletoras.

A refletância relativamente baixa dos carpetes merece atenção particular. Há registros de que os carpetes com refletância acima de 9% exigem mais manutenção. Quando ela chega a 13%, a manutenção se torna muito elevada. Considerando-se que os carpetes têm refletância típica de 10%, o uso de um piso de madeira ou cerâmica de cor mais clara que tenha, por exemplo, refletância de 50%, reduz o consumo de eletricidade com iluminação e o número de luminárias em um valor significativo – 36% –, além de possibilitar a otimização do aproveitamento da luz natural.

Para aproveitar ao máximo as econominas de energia com o uso de superfícies que tenham altos valores de refletância, é preciso que se faça um esforço múltiplo:

- selecione esses revestimentos e acabamentos no início do projeto;
- forneça os valores de refletância aos responsáveis pelo projeto de luminotécnica, de modo que este possa ser otimizado;
- certifique-se de que os acabamentos corretos sejam instalados na obra; e
- especifique detalhadamente os acabamentos, para posteriores repinturas ou substituições de materiais (como painéis de forro).

O proprietário da edificação também precisa ser conscientizado de como os valores de refletância são importantes. É aqui que o projeto integrado entra, pois, neste caso, o proprietário estará ativamente envolvido com o desenvolvimento do projeto, assim como estarão os responsáveis pelo projeto de iluminação, e todos poderão chegar ao consenso sobre o uso de superfícies altamente refletoras para reduzir o consumo de eletricidade com iluminação e a área de fenestração necessária para iluminação natural. Historicamente, um projeto de iluminação considera refletâncias de 80% para tetos, 50% para paredes e 20% para pisos. Esses valores são tão arraigados que se tornaram o padrão na maior parte dos programas de computador utilizados para tais projetos. Para que as economias com iluminação ocorram quando se usam acabamentos com alta refletância, deve-se focar não apenas a seleção de acabamentos e revestimentos, mas projetar o sistema de iluminação de acordo.

10

Zoneamento térmico e compartimentação

O zoneamento térmico e a compartimentação ajudam a reduzir o consumo energético ao usarem camadas de proteção internas para limitar os fluxos indesejados de calor e ar dentro de uma edificação.

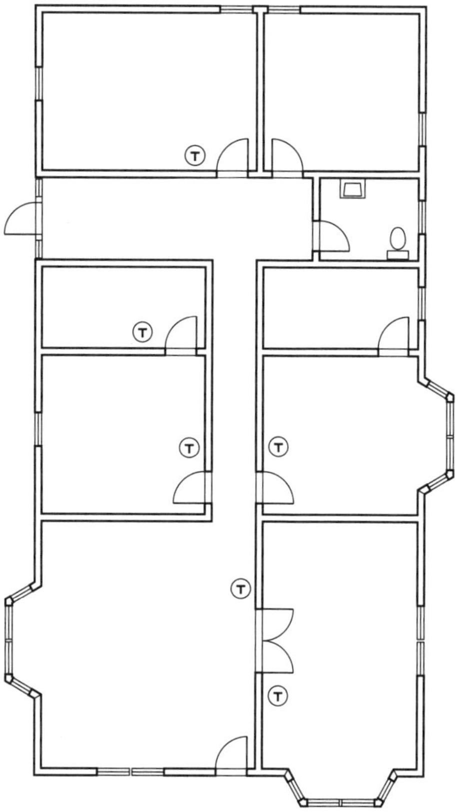

10.01 O zoneamento térmico exige o uso de controles de temperatura separados por áreas da edificação.

Zoneamento térmico

O zoneamento térmico permite que diferentes áreas de um prédio tenham controles de temperatura separados e, por conseguinte, respondam melhor a preferências de temperatura individuais. Ele também permite a economia de energia, basicamente de duas maneiras:

- Evitando o superaquecimento de espaços que recebem calor de outras fontes, como ocorre quando há ganhos solares na elevação norte, taxas de ocupação muito mais elevadas (como em salas de aula, de reunião ou auditórios) ou ganhos internos muito grandes devido a máquinas ou iluminação elétrica.
- Permitindo que o condicionamento de ar permaneça desligado em horários apropriados. Dessa maneira, estabelecer uma temperatura de conforto um pouco mais baixa durante o inverno e levemente mais alta no verão reduz as cargas de calefação e resfriamento.

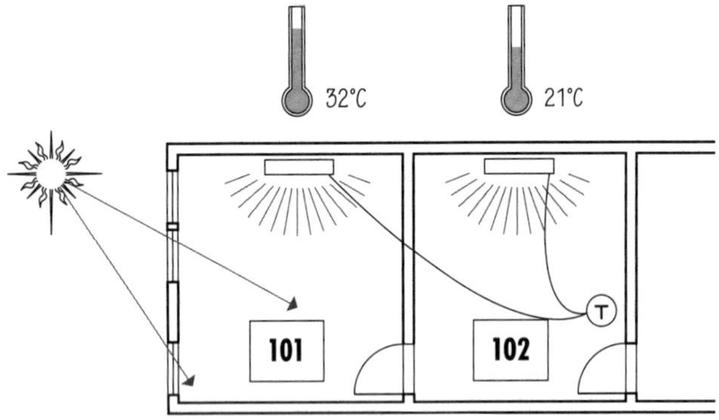

Sem zoneamento Um termostato controla a temperatura em diferentes espaços. Os ganhos térmicos solares superaquecem a Sala 101.

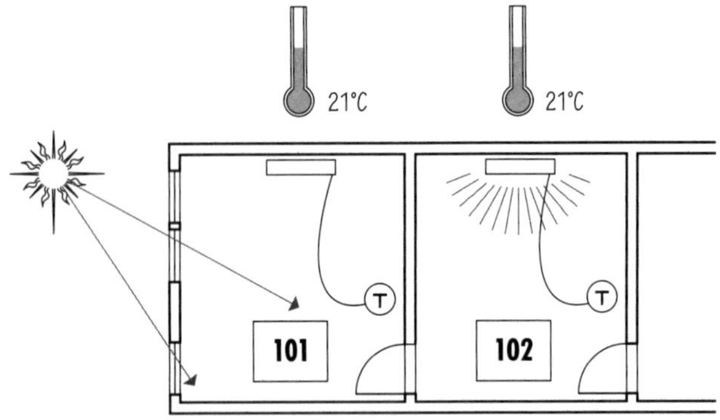

Com zoneamento Um termostato separado, na Sala 101, evita a operação simultânea do sistema de calefação durante os períodos de ganho térmico solar e, consequentemente, economiza energia.

10.02 Prevenção do superaquecimento de espaços que recebem calor de outras fontes.

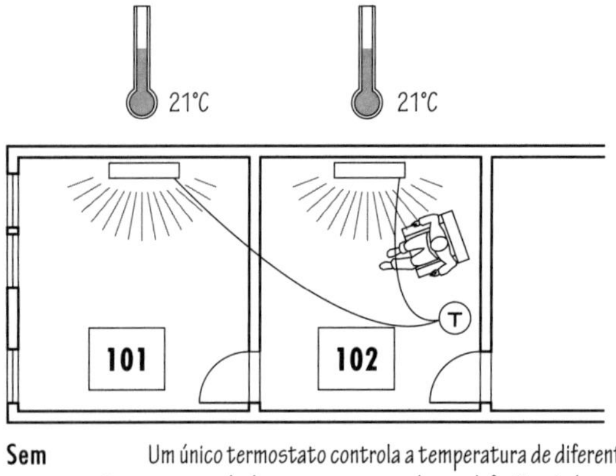

Sem zoneamento Um único termostato controla a temperatura de diferentes espaços. Ambos os espaços recebem calefação, ainda que a Sala 101 esteja desocupada.

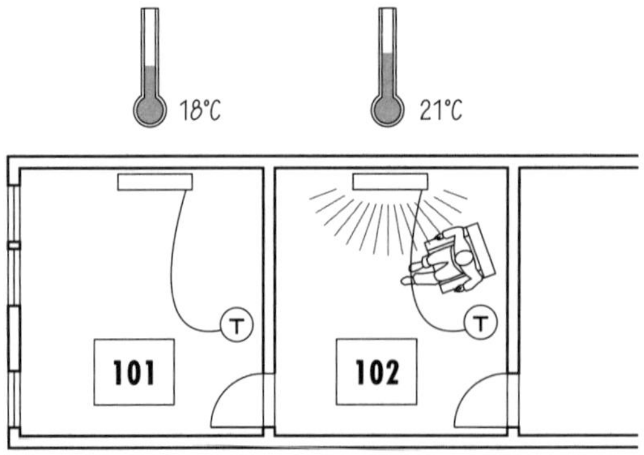

Com zoneamento O termostato separado, da Sala 101, evita o uso da calefação quando o recinto está desocupado e, portanto, economiza energia.

10.03 Com o zoneamento, os espaços climatizados podem ter seus sistemas de condicionamento do ar desligados em horários adequados.

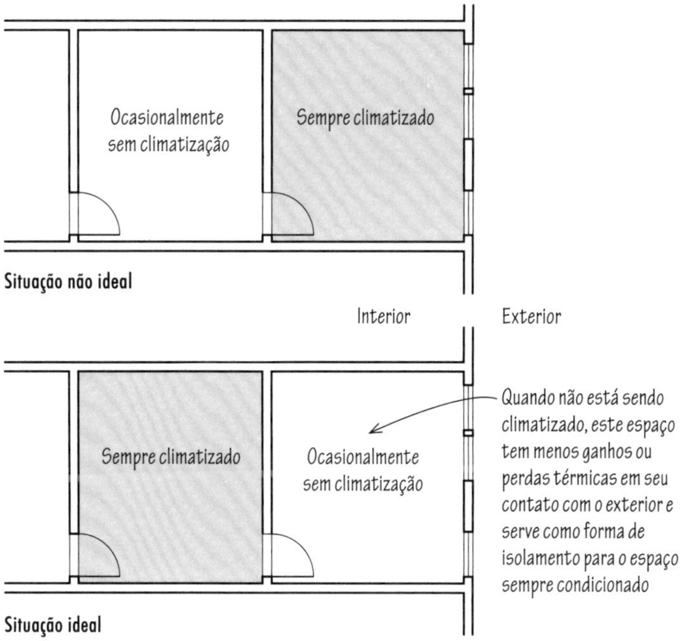

10.04 A localização dos espaços ocasionalmente não condicionados.

Uma vez que o zoneamento térmico pode acarretar economias significativas de energia (por ambas as razões apresentadas), é importante a identificação de espaços que nem sempre exigem calefação ou resfriamento.

Esses espaços que às vezes podem ficar sem condicionamento térmico devem ser localizados junto a paredes externas, sempre que viável. Dessa maneira, eles podem ajudar a reduzir as perdas térmicas para o exterior dos espaços permanentemente condicionados.

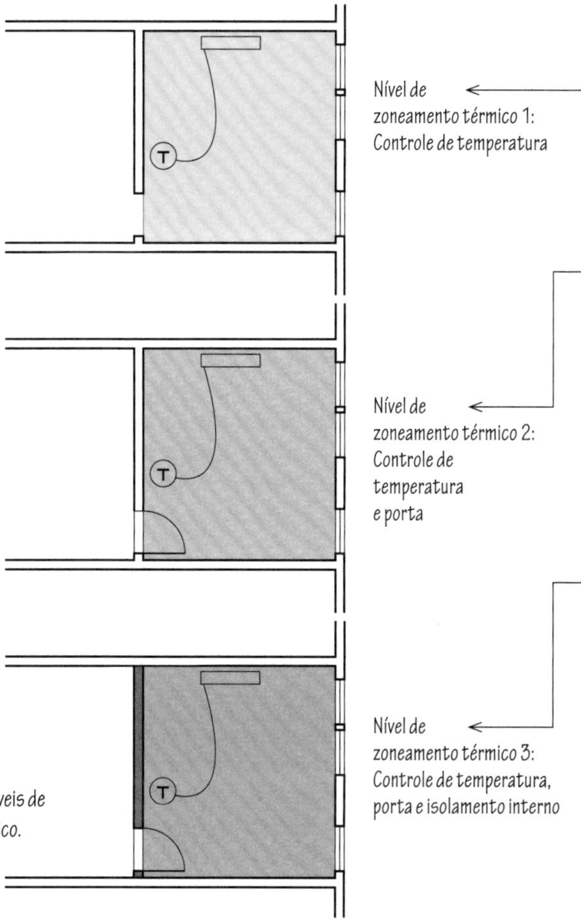

10.05 Os três níveis de zoneamento térmico.

Podemos considerar três níveis de zoneamento térmico:

1. Controle de temperatura: fundamental. Sem esse controle, o zoneamento térmico é impossível. Um controle de temperatura significa que uma zona tem seu próprio termostato ou outro meio de controlar esse equipamento, aquecendo ou esfriando a zona que interessa.
2. Portas para o fechamento de uma zona térmica: recomendáveis. Para aumentar as economias de energia em uma zona térmica, as portas podem evitar perdas de calor provocadas pela migração do ar entre zonas climatizadas ou temporariamente não climatizadas. Um exemplo é a colocação de uma porta no topo e outra na base de uma caixa de escada, criando duas zonas térmicas (uma acima e a outra abaixo da escada) em um prédio de escritório de dois pavimentos.
3. Isolamento térmico de uma zona: opcional. As paredes internas, o piso e o teto que separam uma zona da outra devem ser isolados e vedados à passagem do ar, e as portas devem receber vedação. Isso faz sentido especialmente se um espaço zoneado ficar desocupado por longos períodos de tempo. Alguns exemplos são a inclusão de um quarto para hóspedes ou um gabinete em uma casa ou os apartamentos de um hotel.

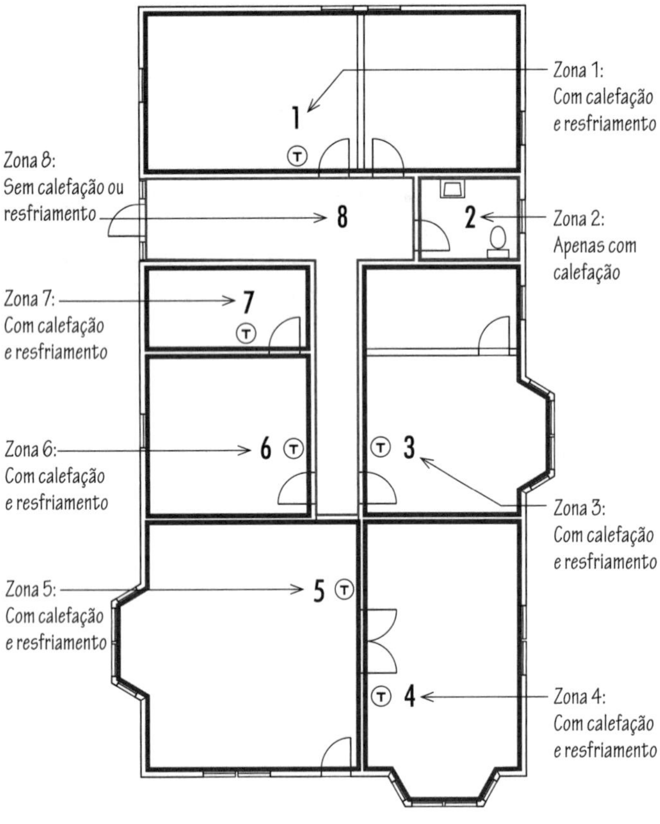

10.06 Diagrama de zoneamento térmico.

Como alguns sistemas de calefação e resfriamento não permitem o zoneamento térmico, é interessante definir primeiramente as zonas térmicas e depois selecionar um sistema de climatização que permita o zoneamento térmico.

Pode-se incluir um diagrama de zonas térmicas no projeto executivo, para ajudar a sugerir quais zonas seriam controladas por determinados controles de temperatura, quais espaços seriam aquecidos, mas não resfriados, e quais espaços não teriam qualquer condicionamento térmico.

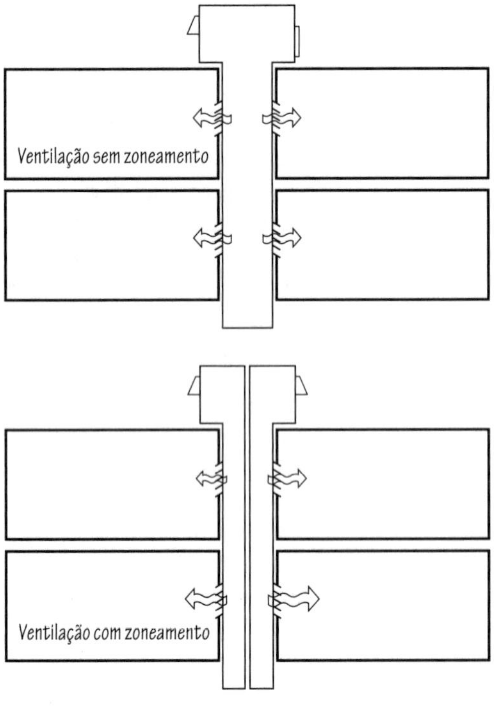

10.07 Sistemas de ventilação com zoneamento.

O conceito da divisão de um prédio em zonas também pode ser aplicado à ventilação. Um prédio comercial grande muitas vezes tem grandes circuladores de ar, que tendem a ser partes significativas da edificação. Esses equipamentos não são tão propícios a atender a necessidades de ventilação localizadas, então acarretam o risco de ventilar em excesso uma zona em particular, desperdiçando energia, ou ventilar insuficientemente uma zona, colocando em risco a qualidade do ar do interior. Se dividirmos um prédio em zonas menores, o sistema de ventilação de cada zona poderá responder apropriadamente a suas próprias necessidades de ventilação e garantir uma qualidade aceitável do ar no interior, com um consumo de energia menor.

O impacto do zoneamento térmico nos custos de construção pode ser negativo ou positivo. Quando são necessários controles de temperatura, portas ou isolamento adicionais, os custos sobem. Entretanto, quando se consegue remover a calefação ou o resfriamento dos espaços, obtêm-se economias.

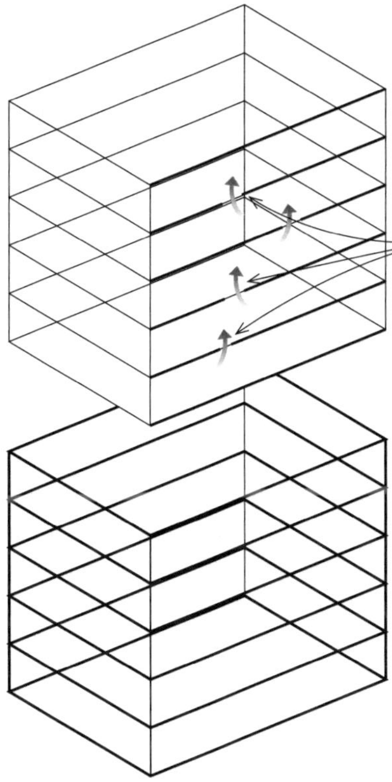

10.08 O benefício da compartimentação.

Compartimentação

Um tópico relacionado ao zoneamento térmico, mas que tem características próprias, é a compartimentação. Trata-se da separação física das áreas de um prédio a fim de reduzir o fluxo de ar indesejável entre essas áreas. O principal objetivo da compartimentação é reduzir o movimento do ar provocado pelo efeito chaminé. Essa estratégia é aplicável tanto para espaços climatizados como não climatizados.

Já mencionamos algumas formas de compartimentação quando discutimos a estanqueidade ao ar do teto de pavimentos de cobertura e de subsolo. A compartimentação torna-se ainda mais importante em prédios altos ou relativamente altos, pois sua verticalidade é uma das forças que promove o efeito chaminé. No entanto, ela não deve ser relegada apenas a prédios de dois pavimentos ou térreos com um porão, pois estudos mostram que o efeito chaminé ocorre inclusive em prédios baixos com mais de dois níveis.

Quais são alguns desses percursos entre diferentes níveis? As escadas são os principais percursos, especialmente se não tiverem portas. Outros caminhos são as caixas de elevador e os *shafts* para tubos, dutos e outros sistemas que acompanham toda a altura de um prédio.

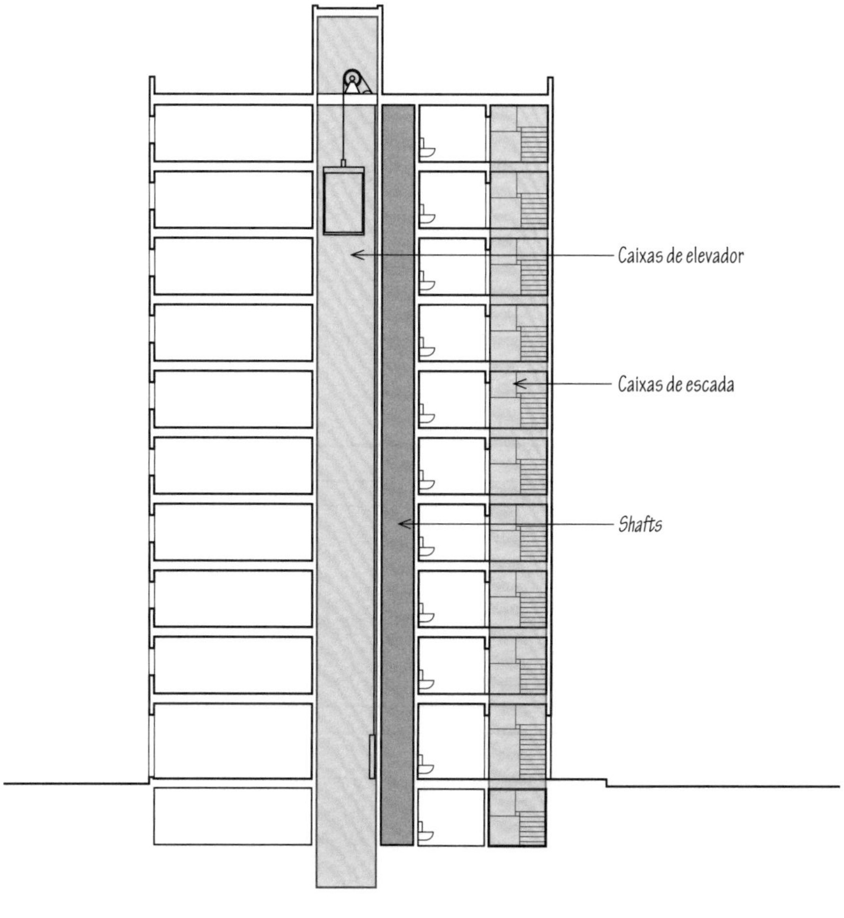

10.09 Os percursos verticais do ar em um prédio.

Uma vez que buscamos limitar esses fluxos de ar, é interessante acompanhar o percurso criado pelo efeito chaminé durante o inverno. Imagine que o ar chega do exterior, entra e sobe através da edificação e então sai novamente quando chega a seu topo. O ar entra em uma edificação em qualquer ponto abaixo de um plano de pressão neutra. No plano de pressão neutra, não há diferença na pressão do ar entre o interior e o exterior e, portanto, não há infiltração devido às pressões do efeito chaminé. Podemos visualizar o plano de pressão neutra como sendo, em geral, no nível intermediário de um prédio (embora sua localização exata varie), dependendo da localização relativa dos pontos de infiltração ao longo da altura do prédio.

Quanto mais longe o plano de pressão neutra estiver do nível do solo, o efeito chaminé trará mais ar para dentro da edificação, pois maior será a pressão negativa (ou vácuo) no prédio causada pelo efeito chaminé. Imagina-se, portanto, que o ar entre pelos níveis mais baixos do prédio, especialmente no nível térreo ou de subsolo. O ar também pode ingressar por uma porta de entrada deixada aberta, por uma fissura ao redor de uma esquadria ou através de uma abertura de serviço, como uma porta traseira ou uma doca para carga e descarga. Os níveis de subsolo e térreo têm a mais forte pressão negativa do ar gerada pelo efeito chaminé e, frequentemente, são os que mais têm aberturas. Assim, a primeira linha de defesa contra o efeito chaminé deve ser nessas grandes entradas nos níveis mais baixos. Por exemplo, uma antecâmara (isto é, um vestíbulo fechado por portas) oferece uma boa prevenção contra o movimento do ar gerado pelo efeito chaminé e deve ser considerada até mesmo nas portas de outros pavimentos. Além disso, muitas outras aberturas devem ser identificadas e vedadas.

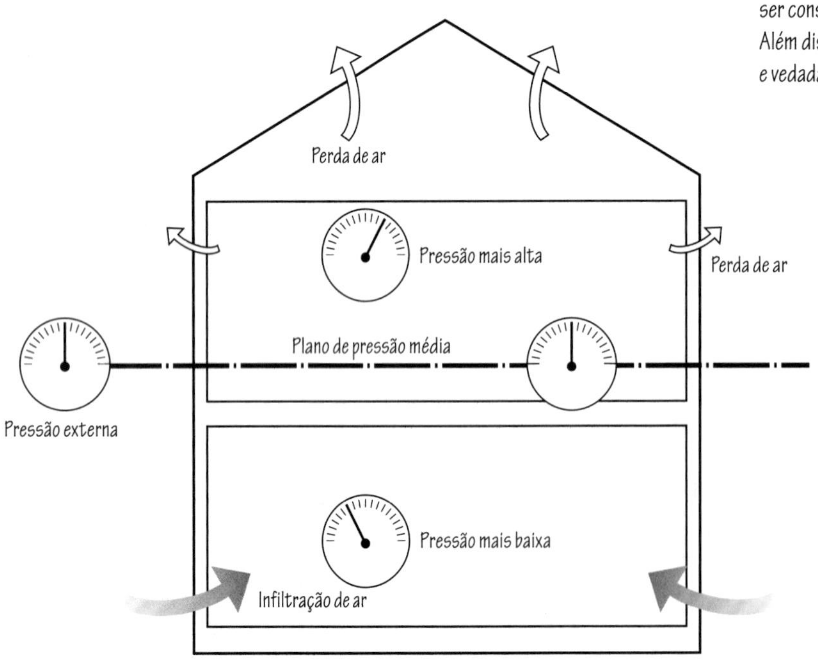

10.10 O plano de pressão média e o efeito chaminé.

A seguir, para que possa subir por uma edificação, o ar precisa se deslocar horizontalmente até um *shaft* ou uma caixa de escada ou de elevador. Como esse ar pode se deslocar através de portas abertas, sob portas fechadas e através de recintos e corredores, podemos dar uma segunda função às portas que são necessárias para o zoneamento térmico: evitar que ocorra esse fluxo de ar horizontal. As portas que interrompem esse percurso reduzirão as correntes de ar. Uma boa vedação das portas internas será ainda mais efetiva. Observe a aplicação da estratégia das camadas de proteção, uma vez que buscamos interromper as correntes de ar geradas pelo efeito chaminé em diversos pontos do percurso.

Depois, o ar deve entrar em um condutor vertical: o *shaft* ou a caixa de escada ou de elevador. As conexões com os *shafts* de instalações hidrossanitárias ou do sistema de ventilação geralmente são nas cozinhas e banheiros. O ar procura as aberturas nas quais os tubos entram nos *shafts*, vindo de pias e bacias sanitárias ou dos pontos onde as grelhas de ventilação conectam-se aos dutos. A melhor maneira de reduzir esse fluxo de ar é envolver totalmente os tubos e dutos com uma vedação em determinados pontos.

Nos *shafts*, as vedações que vão de piso a piso são altamente efetivas para barrar o fluxo de ar gerado pelo efeito chaminé, além de muitas vezes serem exigidas pelos códigos de prevenção e combate a incêndio. No caso de caixas de escada, uma maneira efetiva de reduzir o fluxo de ar gerado pelo efeito chaminé é vedar as portas e usar frisos sob elas. Para evitar que o ar entre em um *shaft*, vindo de um duto e subindo pelo efeito chaminé, o duto deve ser bem vedado, bem como a conexão com cada grelha (veja a Figura 10.12).

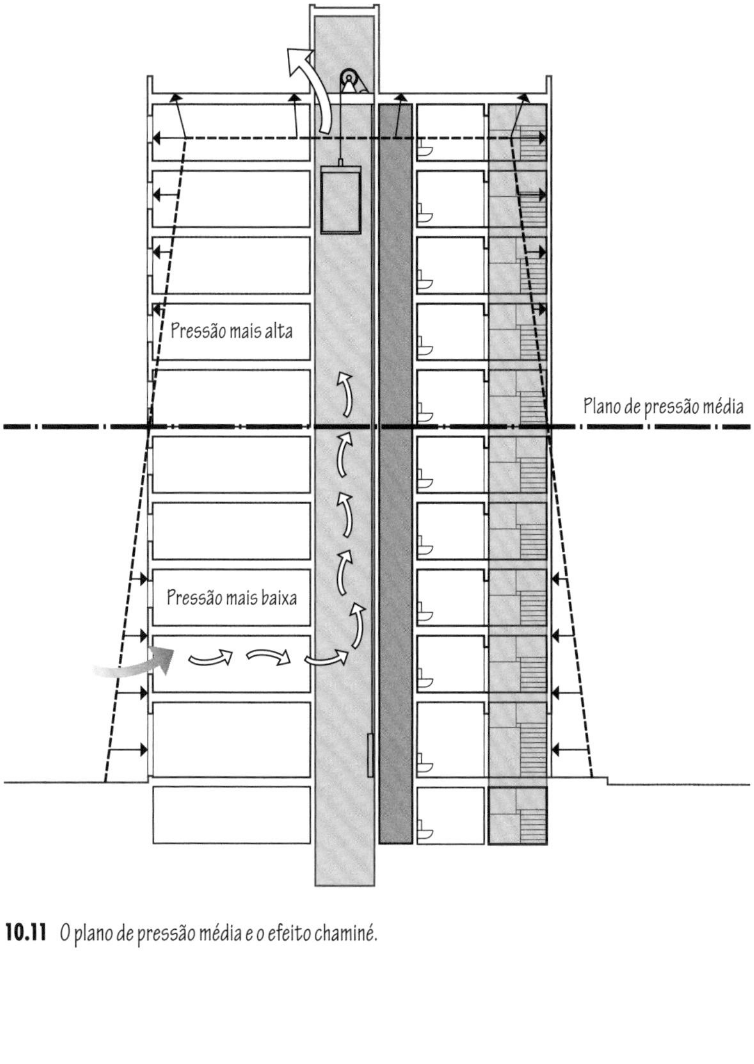

10.11 O plano de pressão média e o efeito chaminé.

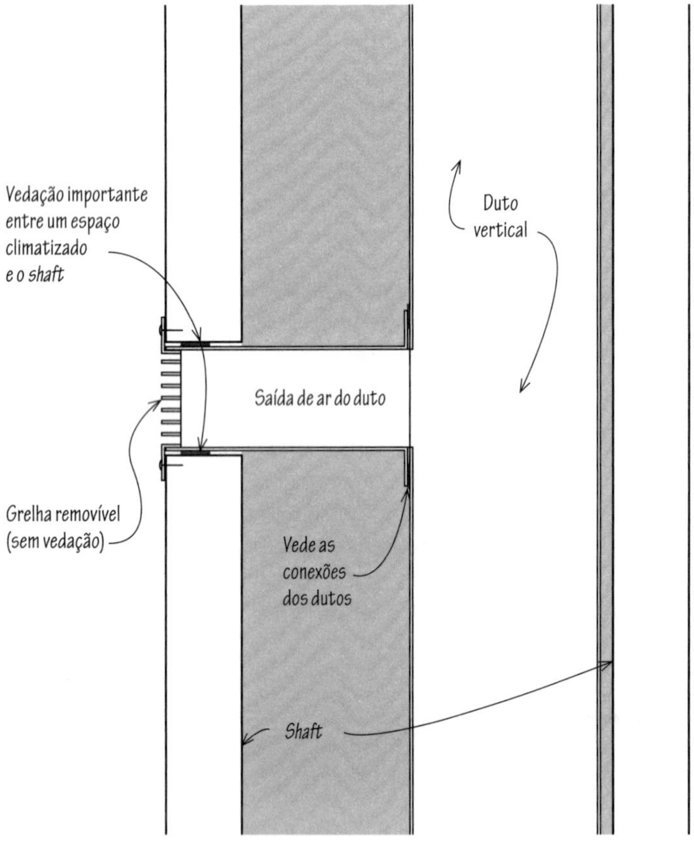

10.12 Como evitar que o ar vindo de um duto ou espaço climatizado entre em um *shaft* e suba, contribuindo para o efeito chaminé.

Quando o ar sobe até os pavimentos mais altos, a pressão do ar gerada pelo efeito chaminé é cada vez maior, forçando o ar a sair de *shafts* e caixas de escada ou de elevador. Portanto, as mesmas vedações empregadas para evitar que o ar entre nesses percursos também serve para prevenir que ele saia deles nos pavimentos mais altos. De maneira semelhante, as portas internas servem para evitar a saída do ar. É por isso que uma cobertura robusta é tão importante e os sótãos ou pavimentos de cobertura são tão vulneráveis. Se um prédio tem um fechamento superior eficaz (como uma laje de cobertura plana e rígida), o fluxo de ar gerado pelo efeito chaminé não consegue sair pelo telhado, ficando forçado a buscar janelas e portas para sair. Se as paredes forem bem vedadas, o ar forçará as janelas. Se as janelas forem menores, em pouco número e bem vedadas, teremos interrompido de modo efetivo a circulação do ar gerada pelo efeito chaminé. É preciso prestar atenção especial às esquadrias de janela, nas quais as guarnições e os arremates muitas vezes ocultam frestas mal vedadas.

Como as portas de elevador não são estanques ao vento, devemos evitar que o fluxo do ar alcance os elevadores, e isso significa impedir que o ar entre nos corredores que levam a eles. As saídas de ar das caixas de elevador podem ser equipadas com registros motorizados que reduzam infiltrações e as mantenham na posição fechada, embora seja necessária uma conexão com os sistemas de combate a incêndio.

Qual é o impacto financeiro da compartimentação? Em geral, ela aumenta os custos de construção. Tornar os pavimentos de um prédio estanques ao ar aumenta os custos de construção, bem como evitar que o ar entre e saia dele.

11

Iluminação e outras instalações elétricas

No projeto de fora para dentro, o projetista examinará as alternativas de iluminação natural como parte do projeto das vedações externas antes de iniciar o projeto da iluminação artificial. Neste capítulo, examinaremos maneiras de tornar a iluminação artificial mais eficiente.

A iluminação elétrica nos protege das sombras e da escuridão. Até que sejamos capazes de fazer a luz natural entrar nas edificações e alcançar seus espaços mais profundos e que consigamos armazená-la para uso à noite, continuaremos dependendo da luz artificial (por mais estranha que seja sua denominação).

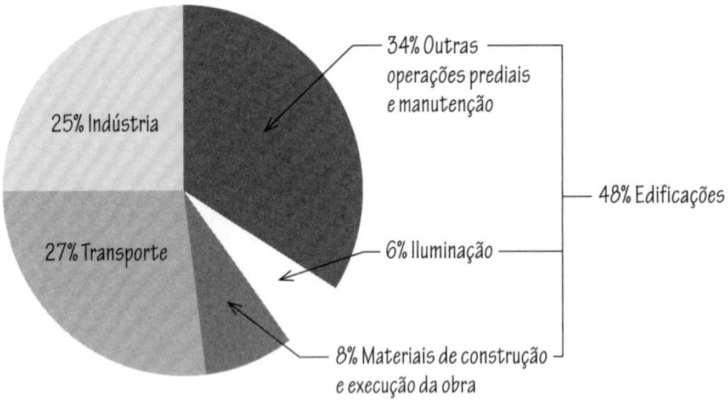

11.01 Percentual do consumo energético atribuído à iluminação das edificações: 6%.

Iluminação

A iluminação é uma importante carga energética para os edifícios, respondendo pelo segundo maior consumo da energia primária atribuída a eles, atrás apenas da climatização. É fácil projetar de modo que a iluminação demande 50% ou menos da energia tradicionalmente consumida para esse fim – e muitas vezes se consegue uma eficiência muito superior.

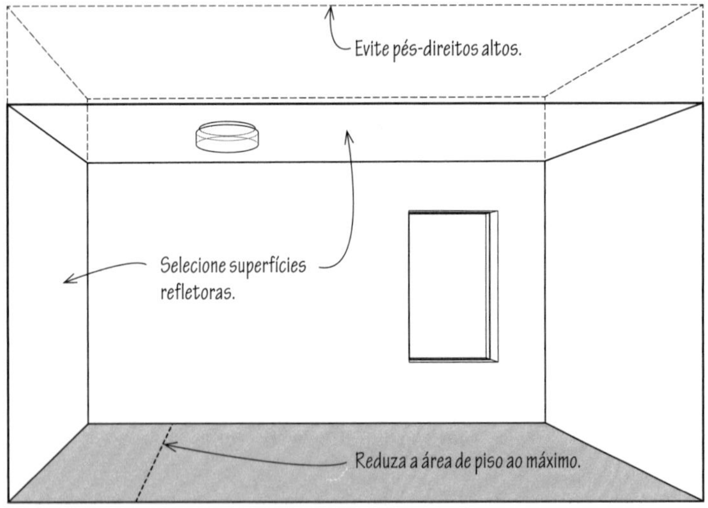

11.02 Estratégias de como projetar um espaço interno a fim de minimizar o consumo de eletricidade com a iluminação.

Projeto de espaços para minimizar a necessidade de iluminação

A necessidade de iluminação artificial já foi relativizada com o projeto de recintos inteligentes. Em relação às fases anteriores do projeto, se um prédio específico puder ser projetado de modo que tenha menos área de piso, menor será a quantidade de luz artificial necessária e, portanto, de energia consumida pela iluminação.

Além disso, quando o prédio é menor, a luz natural captada penetra em uma proporção maior do interior do que seria possível em um prédio que atendesse à mesma finalidade.

Uma melhor iluminação também terá sido possível evitando-se pés-direitos altos. Por exemplo, um espaço com pé-direito de 2,45 m requer 5% menos luz artificial para obter o mesmo nível de iluminação que seria possível naquele espaço com um pé-direito de 3,05 m.

Da mesma maneira, também seria possível minimizar o consumo de energia elétrica para iluminação mediante a seleção prévia de acabamentos reflexivos. Lembre-se do exemplo que apresentamos anteriormente, em que 10% de aumento no nível de refletância do teto, das paredes e do piso resultavam em economias de energia de 13% para o mesmo nível de iluminação. O aumento da refletância dessas superfícies pode, inclusive, levar a economias de até 30% no consumo de eletricidade para iluminação.

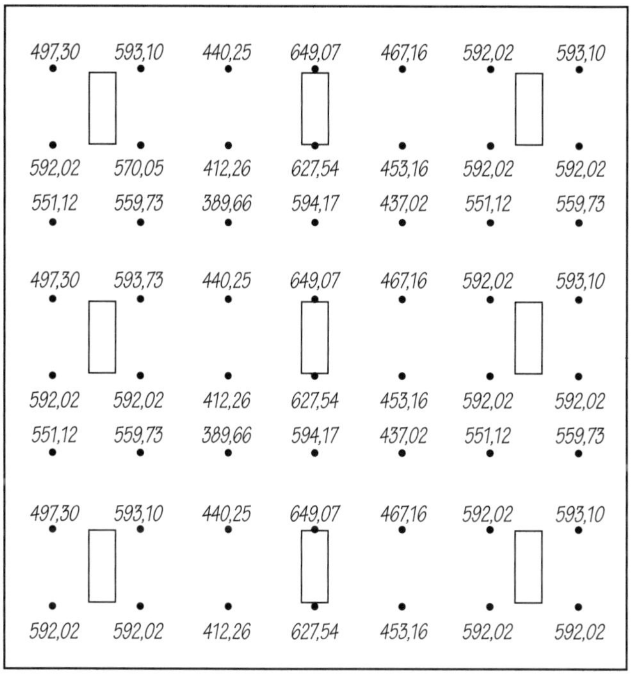

11.03 Exemplo de um cálculo fotométrico:

Número de luminárias	9
Iluminância média	596 lux*
Iluminância máxima	649 lux*
Iluminância mínima	390 lux*
Potência total	540 Watts
Densidade da potência de iluminação	8,81 W/m^2

O projeto de iluminação otimizado

Uma vez que o espaço foi projetado a fim de reduzir ao máximo a necessidade de iluminação elétrica, podemos passar para o projeto desta. No caso das edificações sustentáveis, isso exige o uso de cálculos fotométricos ou de programas de computador que possam examinar a seleção e o leiaute de luminárias em cada área do espaço. Historicamente, a iluminação vem sendo superdimensionada em função do uso de regras práticas. Uma boa prática para edificações sustentáveis é o projeto do sistema de iluminação cômodo por cômodo. Se essa estratégia não for empregada, o prédio provavelmente terá luz artificial demais, consumirá mais energia e terá mais luminárias do que seria necessário e usará mais materiais para sua construção, o que, por sua vez, resulta na elevação da energia incorporada.

Ambiente	Lux
Auditórios	215–540
Escritórios em geral	540–1.080
Salas de aula	540–800
Ginásios	320–540
Comércio	320–1.620
Fábricas	540–5.400
Corredores e escadas	110–220

11.04 Exemplos dos níveis de iluminação recomendados pela Sociedade de Engenharia de Iluminação dos Estados Unidos.

Na hora de projetar a iluminação, há um grande leque de níveis de iluminação recomendados. Para projetar edificações sustentáveis, considere o uso dos valores mínimos recomendados pela Sociedade de Engenharia de Iluminação dos Estados Unidos. Por exemplo, o consumo de energia para um nível de iluminação de 500 lux é mais do que o dobro do que para uma iluminação de 200 lux.

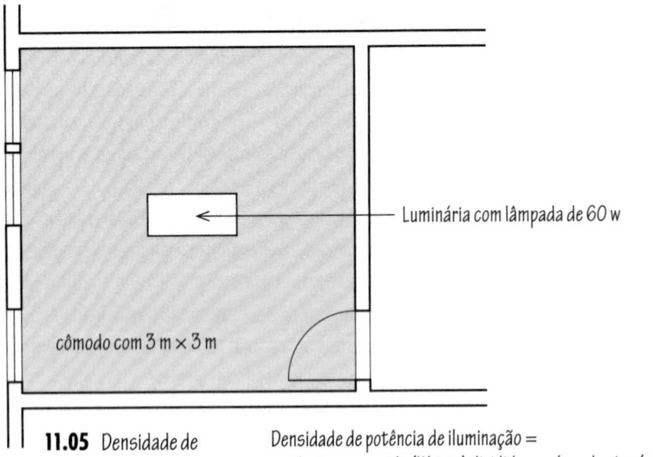

11.05 Densidade de potência de iluminação.

Densidade de potência de iluminação = potência consumida (Watts) dividida por área de piso (m^2) = 60 W/3 m × 3 m = 6,67 W/m^2

A densidade de potência luminosa é o consumo de potência de iluminação (medida em Watts) dividido pela área de piso (em m^2). Esse valor é uma referência útil para o projeto de iluminação. Várias normas e códigos de energia exigem ou recomendam densidades de potência luminosa máxima, seja para todo o prédio, seja para cada recinto. A densidade de potência de iluminação máxima exigida é chamada de densidade de potência de iluminação.

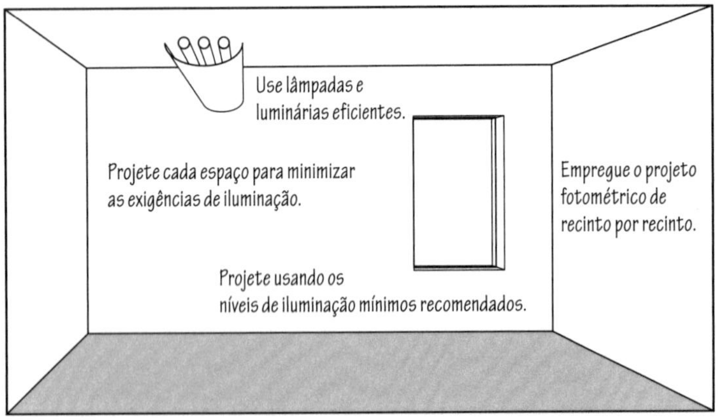

11.06 Estratégias integradas para o projeto de iluminação.

Como as densidades máximas de potência de iluminação citadas nas normas e nos códigos oferecem alguma flexibilidade no projeto de uma edificação, os valores exigidos costumam ser mais altos do que os necessários ou que se podem obter. As edificações sustentáveis conseguem obter valores mais baixos imediatamente, mesmo em relação ao que normas e códigos de alto desempenho exigem. Entretanto, para obter densidades de potência de iluminação mais baixas é preciso combinar as abordagens já mencionadas, inclusive o projeto fotométrico em cada recinto, o projeto de acordo com os mais baixos valores recomendados pelas entidades profissionais, o uso de superfícies internas reflexivas (tetos, paredes e pisos) e a instalação de luminárias eficientes.

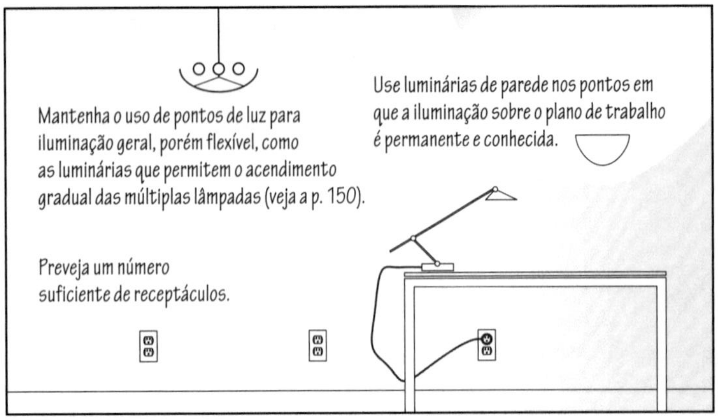

Mantenha o uso de pontos de luz para iluminação geral, porém flexível, como as luminárias que permitem o acendimento gradual das múltiplas lâmpadas (veja a p. 150).
Use luminárias de parede nos pontos em que a iluminação sobre o plano de trabalho é permanente e conhecida.
Preveja um número suficiente de receptáculos.

11.07 Estratégias de iluminação sobre o plano de trabalho.

Costuma-se considerar que iluminação sobre o plano de trabalho permite níveis de iluminação geral e de consumo de eletricidade mais baixos, mas, ainda assim, oferece aos usuários a iluminação local adequada para as atividades visuais. Contudo, pesquisas indicam que é difícil conseguir uma iluminação sobre o plano de trabalho que seja bem-sucedida e economize eletricidade. Assim, como esta estratégia ainda está sendo aprimorada, talvez seja melhor, no caso das edificações sustentáveis, não depender unicamente da possibilidade da iluminação sobre o plano de trabalho. Em vez dela, uma abordagem mais prudente seria o uso da iluminação geral eficiente em energia e com controle flexível. Para permitir que futuramente se possa adotar a iluminação sobre o plano de trabalho, é preciso prever receptáculos suficientes nos locais em que ela possa ser necessária.

Lâmpadas e luminárias eficientes

Alguns tipos de fontes de luz são mais eficientes do que outros. Por exemplo, uma lâmpada fluorescente é significativamente mais eficiente do que uma incandescente ou halógena. Além disso, mesmo para determinado tipo de iluminação, certas categorias genéricas de luminária são mais eficientes do que outras. Por exemplo, as luminárias com lâmpadas fluorescentes tubulares instaladas externamente a um forro são bem mais eficientes do que as de lâmpadas do mesmo tipo instaladas em sancas ou embutidas. Elas também são mais eficientes do que as luminárias de formato circular. Os LEDs estão se tornando uma fonte luminosa muito econômica por terem baixíssimo consumo de eletricidade e não emitirem quase nada de calor, embora esses produtos ainda sejam muito irregulares em termos de qualidade e eficiência.

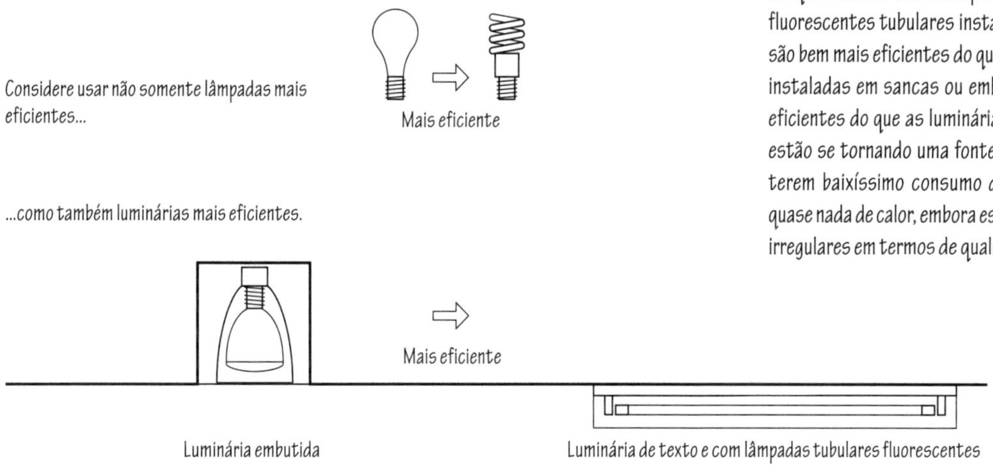

11.08 Use lâmpadas e luminárias mais eficientes.

Uma medida útil para a seleção das luminárias é a eficiência luminosa, expressa em lúmens/Watt (lm/W). Como referência, uma vela tem eficiência luminosa de 0,3 lm/W; as lâmpadas incandescentes, entre 10 e 20 lm/W; as lâmpadas fluorescentes compactas, entre 40 e 65 lm/W; e as lâmpadas fluorescentes tubulares, entre 50 e 100 lm/W, o que comprova o fato de que as luminárias com lâmpadas fluorescentes tubulares são mais eficientes do que as outras. As lâmpadas de LED atuais variam muito em termo de eficácia luminosa: entre 20 e 120 lm/W.

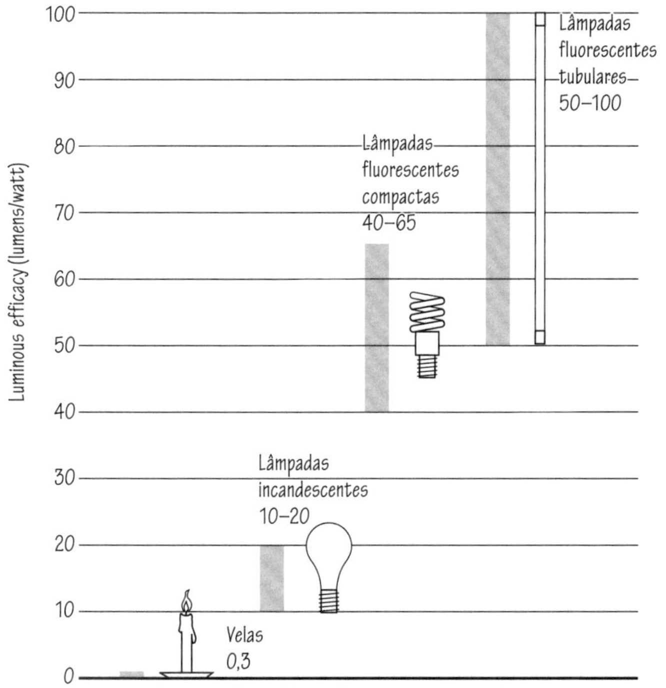

11.09 Quadro comparativo das eficácias luminosas aproximadas.

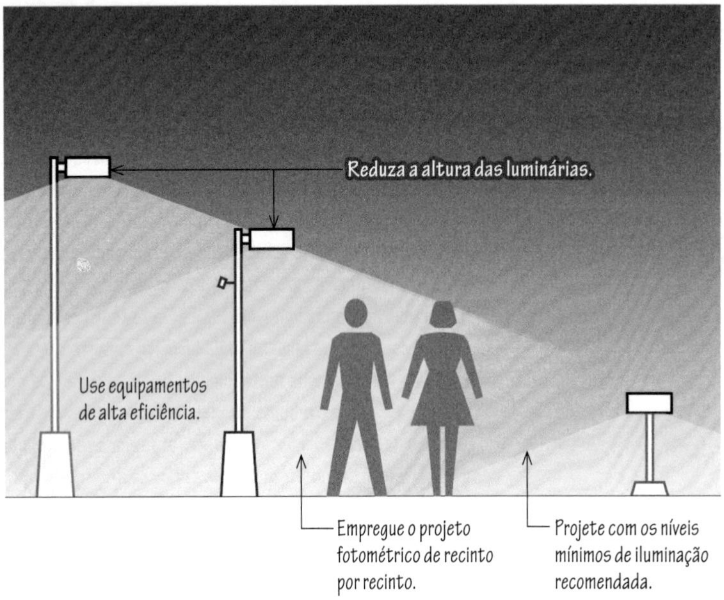

11.10 Algumas estratégias para aumentar a eficiência da iluminação externa.

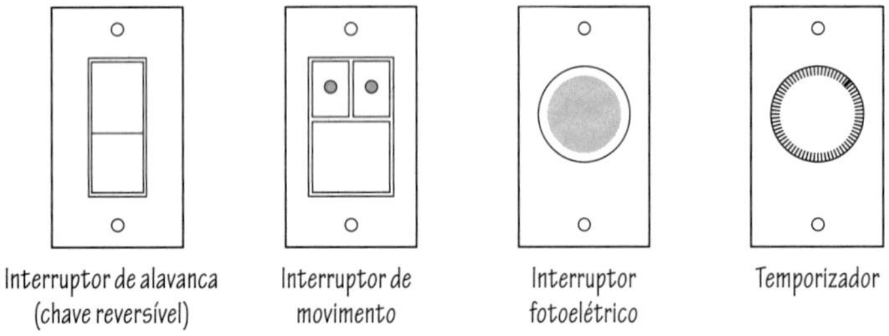

11.11 Quatro tipos de controle de iluminação.

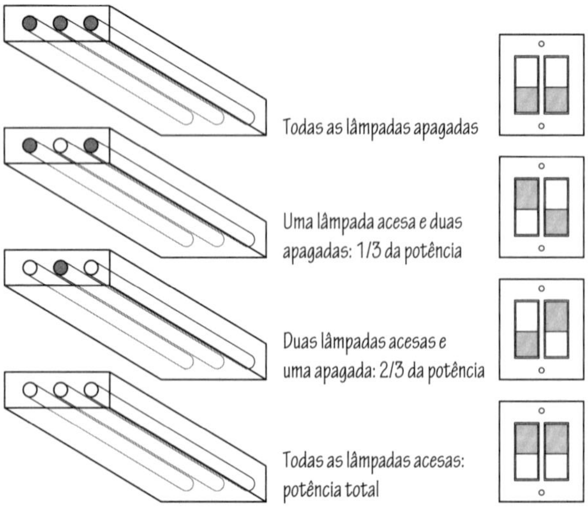

11.12 Controle de iluminação multinível em uma luminária com lâmpadas fluorescentes tubulares.

Iluminação de exteriores

A iluminação dos exteriores se torna mais eficiente quando usamos muitas das ferramentas da iluminação dos interiores: luminárias de alta eficiência; projeto computadorizado por cômodo a fim de se obter um nível de iluminação seguro, mas não acima do necessário; redução da altura das luminárias, para colocar as fontes de luz mais próximas dos usuários e das superfícies; e controles eficientes. Já discutimos o desafio adicional de minimizar a poluição luminosa, e isso é coerente com o objetivo de reduzir ao máximo o consumo de energia.

Para que minimizemos a quantidade de luz necessária, os custos gerais, o consumo de energia e a poluição luminosa, é preciso que sejam feitas discussões profundas com o proprietário já nas fases preliminares de projeto e se analise cuidadosamente quanta luz é necessária em cada área externa. Por exemplo, um passeio pode ser iluminado no nível do piso, sem a necessidade do uso de postes. O programa de necessidades deve detalhar os vários níveis de exigências de iluminação externa: estacionamento, acesso à edificação, segurança, decoração, lazer ou esporte noturno em áreas externas, etc. Uma questão fundamental é decidir se são imprescindíveis todos os tipos de iluminação. Cada luminária desnecessária que for retirada de um projeto reduzirá o custo de construção, o uso de materiais e o consumo de energia.

Controles

Há quatro tipos básicos de controle, e cada um deles pode ser utilizado para reduzir o consumo de energia com iluminação, seja ele empregado isoladamente, seja em combinação com outro: controles manuais, controles de movimento, fotossensores e temporizadores (*timers*).

O controle manual costuma ser feito com interruptores comuns ou *dimmers*. O uso de mais de um controle no mesmo espaço oferece mais flexibilidade para os níveis de iluminação e para as economias de energia. Essa estratégia de controle é chamada de sistema ou comutação multinível. Mesmo em recintos pequenos, recomenda-se o uso de pelo menos dois interruptores, cada um controlando algumas das luminárias. Os controles podem ligar, desligar ou dimerizar luminárias separadas ou algumas das lâmpadas de uma luminária. No caso de ambientes mais amplos, recomenda-se o uso de mais interruptores e, se o recinto tiver duas entradas, uma estratégia interessante é usar um interruptor em cada local de acesso, ou seja, uma chave hotel.

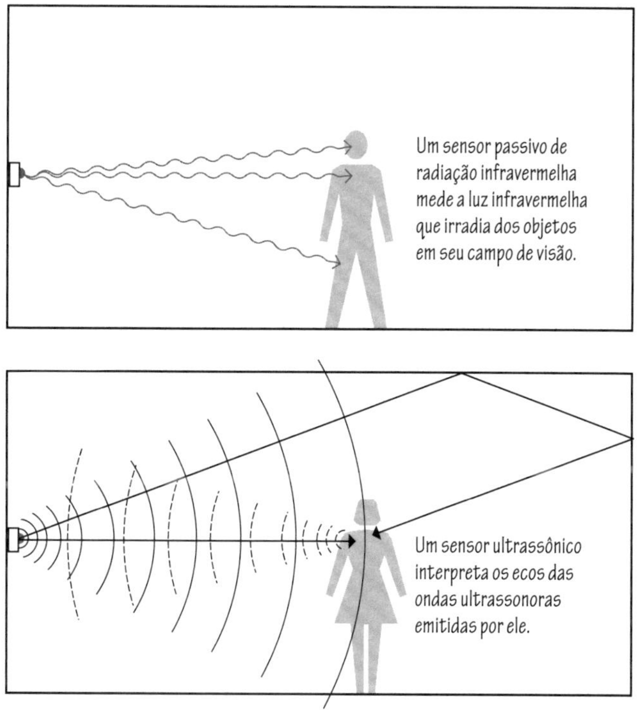

11.13 Sensores passivos de ondas infravermelhas e ultrassonoras.

A seleção do sensor de movimento correto para determinada aplicação garante seu uso apropriado. Os sensores de raios infravermelhos funcionam detectando o calor dos usuários em um espaço e são adequados nos casos em que os sensores têm linha de visão direta até as pessoas. Os sensores ultrassônicos detectam respostas aos sinais enviados pelos aparelhos, assim não exigem uma linha de visão direta até os usuários do recinto. Contudo, esses sensores às vezes são ativados por engano quando há movimentos em espaços adjacentes. Os controles duais de movimento incluem sensores tanto de infravermelhos quanto de ultrassons.

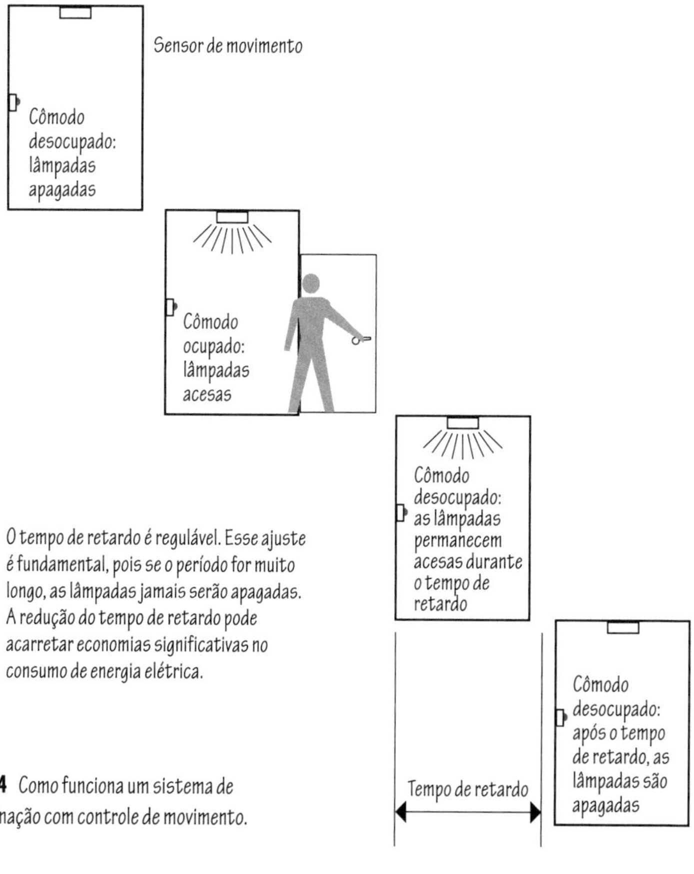

11.14 Como funciona um sistema de iluminação com controle de movimento.

No caso dos sensores de movimento, a programação correta é importante. Um sensor de movimento mantém a luz acesa durante um período de tempo pré-estabelecido após a ocupação deixar de ser detectada, o denominado retardo. Por exemplo, embora a norma 90 da ASHRAE exija retardos de, no máximo, 30 minutos, já se comprovou que a redução desse tempo pode praticamente triplicar as economias com o consumo de eletricidade, que passariam de 24% a 74%, no caso da iluminação dos corredores de um prédio de apartamentos alto. Esses corredores de acesso a apartamentos às vezes ficam desocupados 97% do tempo, mas usar um retardo de 30 minutos implica deixar as lâmpadas acesas ao longo de todo o início das manhãs, pois os sensores de movimento desses locais detectam usuários a uma frequência superior a cada 30 minutos. Assim, o uso de um retardo menor permite que o sensor realmente detecte os momentos em que o corredor está desocupado. Em outras áreas de alta ocupação, como saguões e corredores de escolas e edifícios de escritórios, podem ser esperadas economias com retardos inferiores. Lembre-se, contudo, de que retardos muito pequenos podem afetar a vida útil das lâmpadas. Como no caso de todos os controles de iluminação, o projeto executivo deve estabelecer o tempo de retardo apropriado.

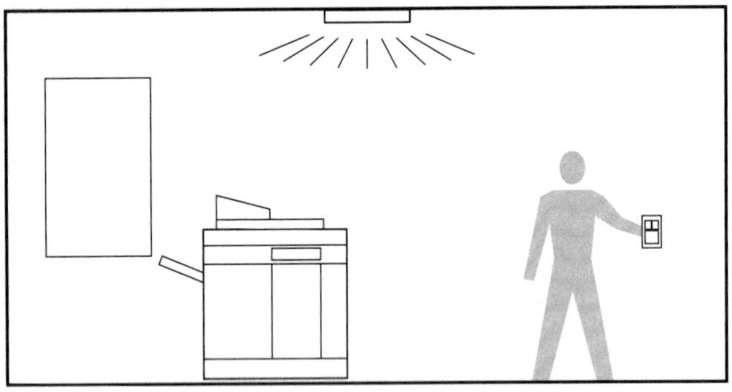

Os sensores de movimento acionados manualmente exigem que o usuário ligue as lâmpadas de um espaço manualmente. O sensor de movimento as apagará automaticamente quando as pessoas não forem detectadas após determinado período (tempo de retardo).

Se o interruptor não for acionado, as lâmpadas permanecerão apagadas durante uma ocupação transitória, como a passagem rápida de alguém.

11.15 Sensores de movimento acionados manualmente.

Os sensores de movimento acionados manualmente exigem que o usuário ligue as lâmpadas de um espaço manualmente, mas o sensor de movimento as apagará automaticamente quando as pessoas já não forem detectadas. Esse tipo de interruptor é aplicável em espaços nos quais a luz artificial nem sempre é necessária, como é o caso de escritórios onde pode haver luz diurna adequada ou de lavanderias nas quais uma ocupação muito breve talvez nem exija o acendimento das luzes. Os sensores de movimento acionados manualmente são especialmente efetivos para evitar o acendimento equivocado das lâmpadas de um espaço. Por outro lado, os interruptores de movimento acionados automaticamente são mais apropriados para espaços com usuários não familiarizados com o recinto ou que não sabem bem onde estão os interruptores, como é o caso de banheiros públicos, garagens e corredores.

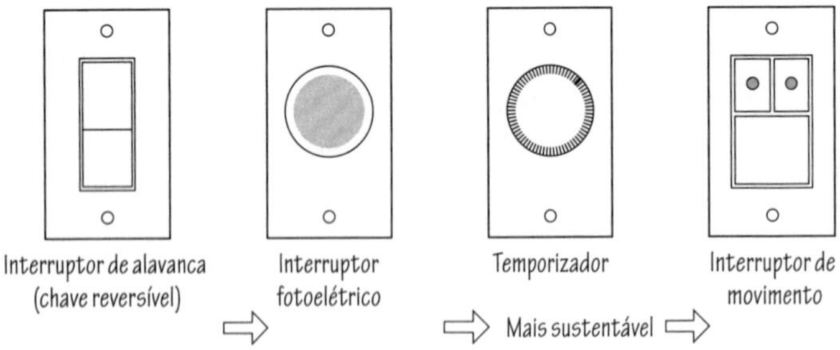

11.16 O nível de sustentabilidade das alternativas de controle de iluminação externa.

O controle mais eficiente em energia para a iluminação externa é obtido quando se conseguem as respostas para duas perguntas:

1. Para as diversas necessidades de iluminação externa, que lâmpadas podem ser controladas por sensores de movimento? Sensores de movimento bem aplicados costumam resultar no consumo mínimo de energia e em menos poluição luminosa. Assim como os sensores de movimento instalados em interiores, eles precisam ser especificados e regulados de modo que o tempo de retardo seja o mínimo possível – de preferência cinco minutos ou menos. Os sensores de movimento para o controle da iluminação externa são mais bem empregados junto a fotossensores, para evitar que lâmpadas sejam acesas acidentalmente durante o dia. Observe a hierarquia desse tipo de controle: as luminárias externas não serão acionadas a menos que haja tanto movimento como insuficiência de luz.

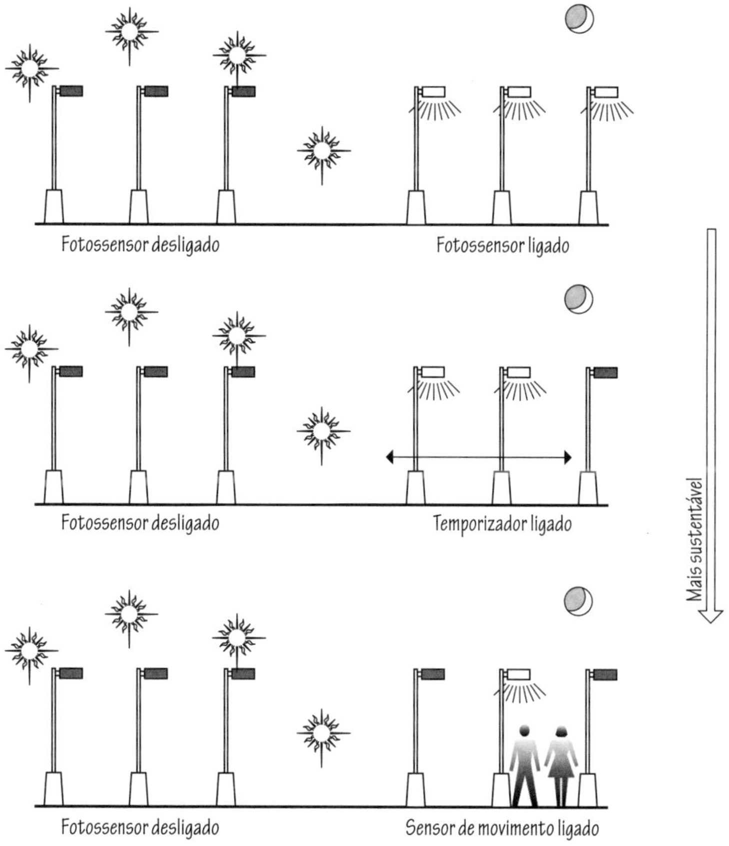

11.17 Alternativas mais sustentáveis para o controle da iluminação externa.

Situação	Lux
Sol direto	100.000
Céu limpo	10.000
Céu nublado	1.000
Final da tarde	100
Início do anoitecer	10
Anoitecer	1
Lua cheia	0,1
Lua crescente ou minguante	0,01
Lua nova	0,001
Noite nublada	0,0001

11.18 Níveis típicos de iluminação externa.

Se algumas das lâmpadas devem ficar continuamente acesas durante a noite, os fotossensores podem ser utilizados para ligá-las apenas quando está escuro. Para um projeto eficiente em energia, mais algumas perguntas devem ser feitas:

2. A iluminação é necessária para a segurança ou o acesso durante a noite inteira, ou ela é necessária apenas para o acesso no início da noite? O segundo caso exige o uso de um fotossensor para acender as luzes e de um temporizador para desligá-las. Dessa maneira, talvez se possa economizar 50% da energia que seria necessária para manter as lâmpadas acesas a noite toda. Mais uma vez, o programa de necessidades poderia especificar as exigências de segurança e acesso noturno para cada luminária externa, inclusive o horário do início da noite em que as lâmpadas poderiam ficar desligadas, de modo que os temporizadores possam ser regulados de acordo.

Observe como as lâmpadas externas geralmente precisam ter dois controles separados, para evitar que fiquem acesas quando não seria necessário, seja uma combinação de fotossensor com sensor de movimento, seja de um fotossensor com temporizador. Os interruptores manuais são outra opção, mas neste caso também é melhor combina-los com fotossensores para evitar que as luminárias externas fiquem acesas por engano durante o dia.

Assim como os sensores de movimento, os fotossensores externos devem ser instalados de modo apropriado e cuidadosamente regulados. É preferível que eles não fiquem voltados para locais onde uma luz artificial, como o farol de um veículo que passa à noite, possa ser detectada, desligando as lâmpadas. Para que se obtenha o máximo de economia com o uso de fotossensores, eles devem estar regulados no nível de iluminação apropriada. Em usos externos, eles devem estar regulados para o nível de luz artificial almejado.

Os fotossensores muitas vezes são vendidos com uma pré-regulagem que aciona as lâmpadas quando o nível de iluminação fica abaixo de 100 lux, um valor excessivamente alto. Esse nível elevado pode fazer as luzes externas serem erroneamente acesas em uma tarde nublada. Vários códigos e normas recomendam níveis de iluminação de apenas 5 a 20 lux para diferentes usos na iluminação externa, como em passeios e estacionamentos. O nível da iluminação externa deve estar registrado no projeto executivo e no manual do proprietário da edificação, e o controle das fotocélulas deve ser regulado para ligar as lâmpadas quando o nível da iluminação externa ficar abaixo desse valor.

Também deve ser especificada a faixa morta dos fotossensores, ou seja, a diferença entre o ponto de acionamento e o ponto de desligamento. Ela deve ser ligada em um valor suficientemente alto, para evitar ciclos de luzes acesas e apagadas. Por exemplo, se o nível de projeto for 10 lux, a fotocélula deve ser regulada de modo que as lâmpadas sejam ligadas quando o nível de iluminação do ambiente ficar abaixo desse valor e desligadas quando ficar acima de 30 lux. Neste exemplo, a banda neutra é 30 – 1 = 20 lux.

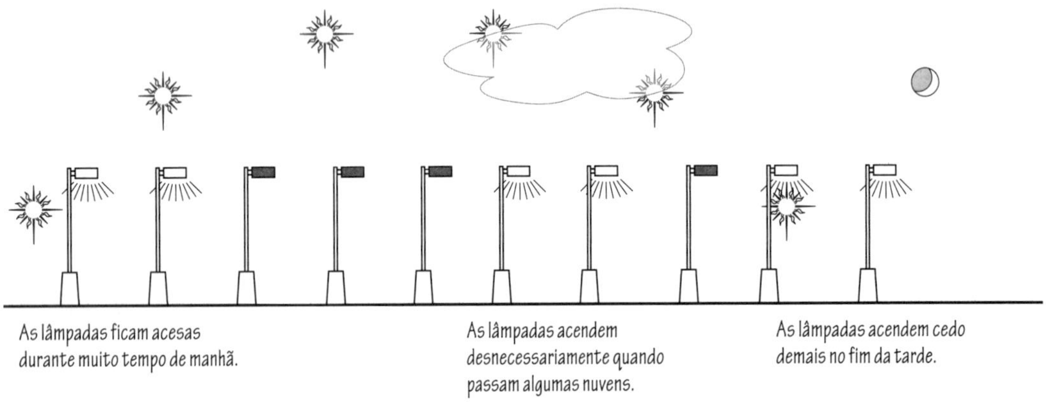

As lâmpadas ficam acesas durante muito tempo de manhã.
As lâmpadas acendem desnecessariamente quando passam algumas nuvens.
As lâmpadas acendem cedo demais no fim da tarde.

11.19 As consequências de se regular um ponto de acionamento alto demais nos fotossensores.

O ajuste correto dos controles de iluminação externa pode ser averiguado por uma inspeção após o término da obra. Se uma lâmpada externa acende quando passam algumas nuvens, se ficam acesas durante tempo demais após o crepúsculo ou são acesas cedo demais no fim da tarde e as luminárias não mudam o nível de iluminação do ambiente perto delas quando acesas, então o controle dos fotossensores está alto demais. Observe que a regulagem apropriada somente pode ser feita durante horários com baixa luminosidade. Simplesmente cobrir o fotossensor para ver se a luz sai não revela se o ponto de ajuste está correto.

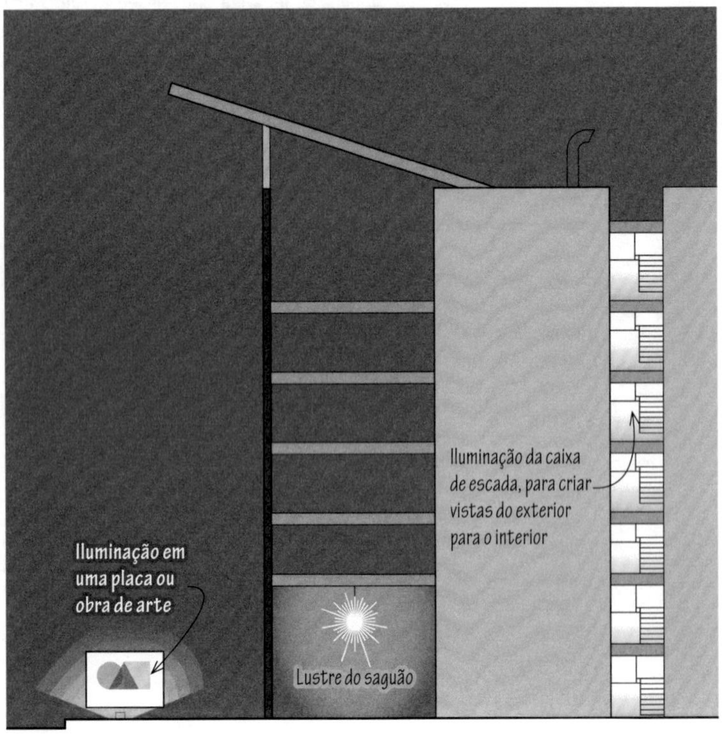

11.20 Iluminação decorativa em edifícios.

Iluminação decorativa

A iluminação decorativa merece sua própria discussão dentro do contexto das edificações sustentáveis. Esse tipo de decoração inclui as luminárias internas que visam a chamar a atenção do exterior para o interior do prédio, a iluminação externa que busca destacar fachadas ou outros elementos externos, a iluminação de letreiros e placas e a iluminação de destaque de obras de arte ou vitrines de lojas. A iluminação decorativa muitas vezes é ineficiente, embora haja luminárias e lâmpadas de alta eficiência disponíveis para isso e que podem ser acionadas por controles de alta eficiência.

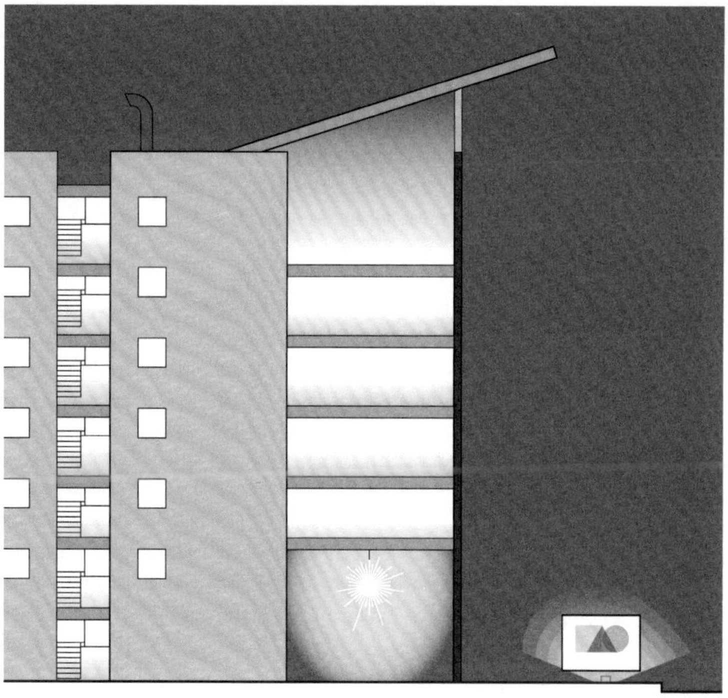

11.21 As representações gráficas dos projetos costumam enfatizar um esquema de iluminação que prioriza a estética do prédio, e não as necessidades de luz dos usuários.

Além das luminárias e dos controles de alta eficiência, os projetos de edificações sustentáveis geralmente exigem que façamos a seguinte pergunta: a iluminação decorativa é necessária para aquele prédio específico? Historicamente, o conceito de uma edificação é lançado por meio de representações gráficas que mostram as janelas iluminadas por lâmpadas internas, tentando-se transmitir a sensação de aconchego. Essas imagens podem levar a um projeto de iluminação e de seus controles que mantenha as lâmpadas ligadas à noite e a um desenho das janelas que seja determinado mais pelas vistas externas do que pelas necessidades de iluminação interna.

A iluminação decorativa desfruta de certa tolerância em alguns códigos, normas e diretrizes de edificações sustentáveis. Contudo, como ela muitas vezes é ineficiente, a necessidade de iluminação decorativa é mais bem avaliada caso a caso nesse tipo de prédio.

Outras questões relacionadas à iluminação

Reduzir o consumo de energia da iluminação oferece o benefício extra da diminuição da carga de condicionamento de ar. Como as lâmpadas emitem calor, reduzir a iluminação de um espaço aumenta sua necessidade de aquecimento no inverno, mas, como a eletricidade é uma maneira ineficiente de gerar energia térmica, ainda assim a redução do nível de luz é vantajosa em termos de consumo de eletricidade e custo de construção. Além disso, como os sistemas de calefação não são dimensionados para considerar essa carga das lâmpadas acendidas, não se gastará mais dinheiro com o aquecimento se a iluminação for controlada. Contudo, como os sistemas de resfriamento são dimensionados considerando-se que as lâmpadas estejam ligadas no verão, reduzir o nível de iluminação de fato gera economias nesses sistemas, especialmente quando se trata de sistemas de resfriamento menores. Lembre-se de que essas economias apenas existirão se o projeto de iluminação for especificado antes do dimensionamento do sistema de resfriamento.

11.22 Menos iluminação, em geral, também resulta em cargas menores nos sistemas de climatização.

O projeto de iluminação eficiente muitas vezes reduz o custo de construção, pois são instalados sistemas corretos, em vez de excessivos. Por outro lado, luminárias, lâmpadas e controles mais eficientes geralmente custam mais do que os convencionais.

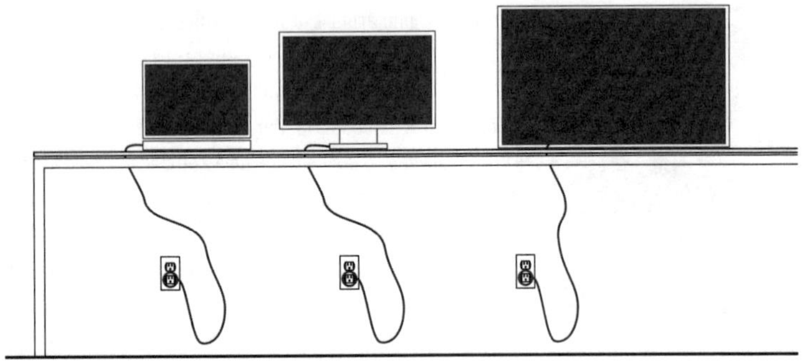

11.23 O crescimento da carga de eletrodomésticos.

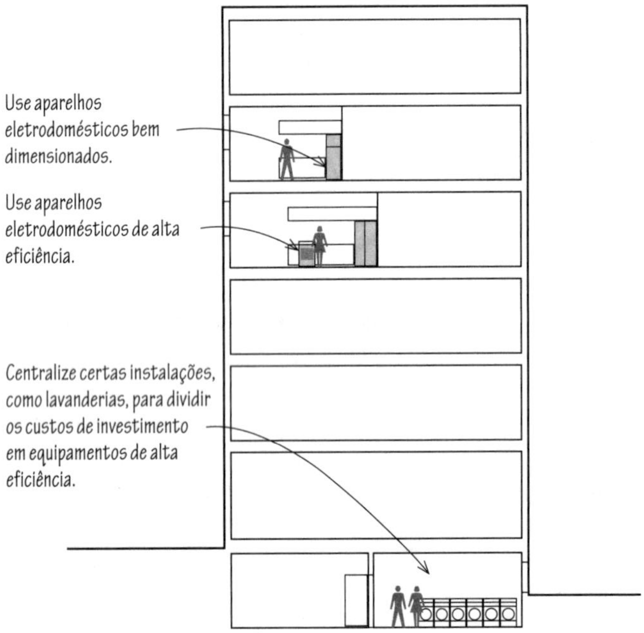
Use aparelhos eletrodomésticos bem dimensionados.
Use aparelhos eletrodomésticos de alta eficiência.
Centralize certas instalações, como lavanderias, para dividir os custos de investimento em equipamentos de alta eficiência.

11.24 Algumas estratégias para a redução da carga de eletrodomésticos.

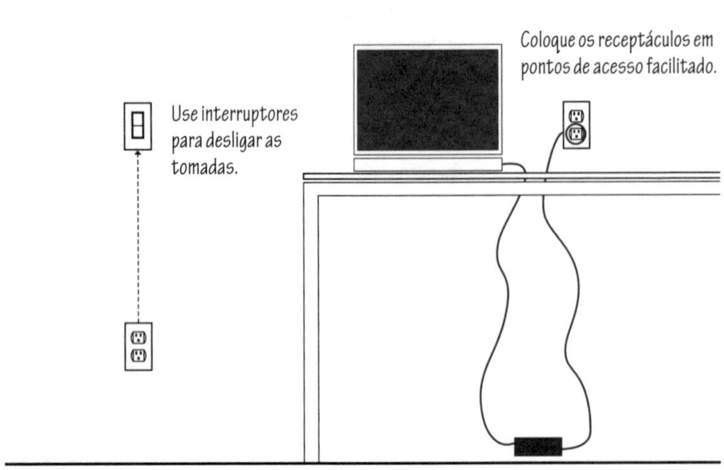
Coloque os receptáculos em pontos de acesso facilitado.
Use interruptores para desligar as tomadas.

11.25 Estratégias para a redução das cargas de eletrodomésticos dentro dos recintos.

Carga de eletrodomésticos

O uso de diferentes aparelhos eletrodomésticos é uma das causas do aumento rápido do consumo de energia nas edificações. Televisores cada vez maiores, computadores, consoles de jogos eletrônicos, refrigeradores e freezers extras e carregadores para todo tipo de aparelho eletrônico estão contribuindo para esse aumento da demanda elétrica.

O projeto de edificações tradicionais transfere a responsabilidade da carga de eletrodomésticos ao proprietário ou aos usuários da edificação. Contudo, em alguns casos, os eletrodomésticos já estão sendo escolhidos pelos projetistas e, no futuro, o consumo de energia dessas cargas também pode influenciar os projetos de outras maneiras.

No caso de aparelhos grandes – geladeiras, máquinas de lavar pratos ou roupa –, podem ser especificadas versões de alta eficiência. Às vezes, a mudança da fonte energética ou do tipo de aparelho resulta na redução do consumo ou das emissões de carbono, como é o caso das secadoras de roupa com bomba de calor.

A concentração do uso de eletrodomésticos – por exemplo, criando uma lavanderia central em um bloco de apartamentos em vez de instalar máquinas individuais em cada unidade de habitação – permite que o investimento maior em máquinas de alta eficiência seja distribuído entre múltiplos usuários. Neste caso, pode-se usar um sistema de aquecimento de água para consumo doméstico mais eficiente. Uma lavanderia centralizada também resulta em menos perfurações no prédio para o fornecimento de água, a passagem dos tubos de ventilação e de gás e a própria ventilação dos apartamentos, o que diminui as taxas de infiltração do ar.

Os diferentes aparelhos eletrodomésticos também podem ser dimensionados adequadamente. Por exemplo, uma geladeira com espaço interno de 0,6 m^3 não deve ser especificada para um quitinete quando um modelo de 0,4 m^3 seria suficiente. Os aparelhos de alta eficiência devem ser utilizados de modo também eficiente. Por exemplo, geladeiras não devem ser instaladas em locais quentes ou ao lado de fogões, pois elas perderão eficiência. Equipamentos de resfriamento, como compressores de câmaras frias e outros aparelhos comerciais, não devem ficar em locais aquecidos.

Os inúmeros carregadores de aparelhos eletrônicos, como notebooks e telefones celulares, consomem energia continuamente, mesmo que não estejam conectados a seus aparelhos. Já foi comprovado que, quando projetamos tomadas em uma altura mais acessível do que o nível do piso, aumentamos a probabilidade de que as pessoas retirem essas fontes da tomada ou as desliguem quando fora de uso. Outra alternativa é usar interruptores altos que desliguem as tomadas, facilitando o controle.

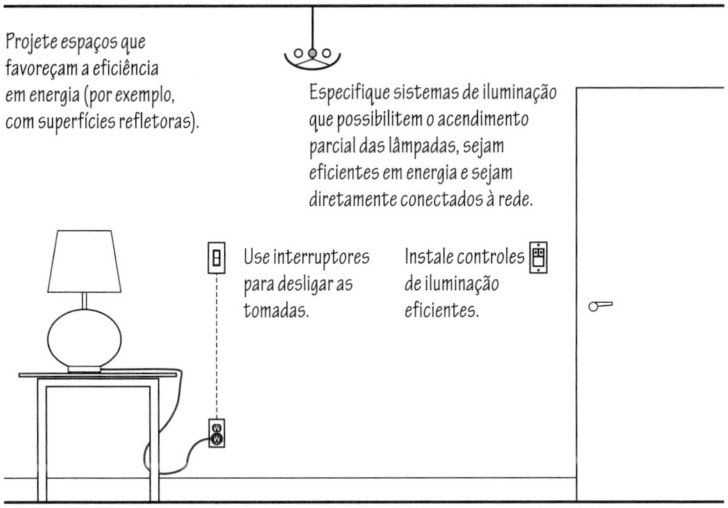

11.26 Algumas estratégias para a redução das cargas de iluminação.

11.27 Uma estratégia para a redução do consumo de eletricidade das secadoras de roupa.

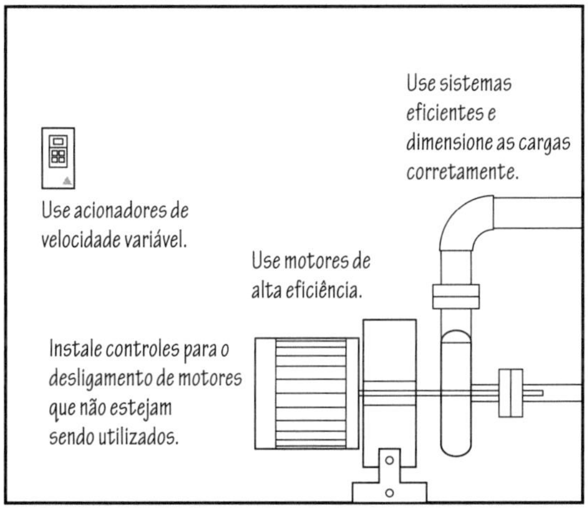

11.28 Estratégias para a redução do consumo de energia de grandes motores.

No caso das cargas elétricas associadas à iluminação, o projeto pode reduzi-las com o uso de lâmpadas e luminárias de alta eficiência e diretamente conectados à rede. Isso seria uma alternativa ao uso de luminárias portáteis, que frequentemente têm bulbos incandescentes ou halógenos, que consomem muita eletricidade. Além disso, o projeto de iluminação pode ser aprimorado não só com o uso de luminárias mais eficientes, mas também com luminárias uniformes e bem distribuídas. O controle da iluminação deve ser eficiente, seja com o uso de sensores de movimento, fotossensores ou temporizadores, seja com a instalação de interruptores em locais que ajudem as pessoas a lembrar de apagar as lâmpadas. Também é importante que se preveja um número adequado de tomadas a fim de permitir o uso da iluminação sobre o plano de trabalho, pois essa estratégia reduz o consumo geral de eletricidade.

Existem outras abordagens criativas para a redução das cargas de eletrodomésticos no projeto de uma edificação. Por exemplo, o BREEAM dá crédito à previsão de um local para a instalação de um varal para a secagem de roupa.

A chegada de controles conectados à Internet oferece novas oportunidades para o controle das cargas de eletrodomésticos e a redução do consumo de energia. A tendência é que esses controles se tornem cada vez mais comuns e mais baratos.

Grandes cargas elétricas

As grandes cargas elétricas incluem os motores que acionam elevadores e escadas rolantes, e os ventiladores ou as bombas de equipamentos mecânicos. Além disso, os grandes transformadores são um tipo comum de carga elétrica.

Deve-se prestar atenção especial aos grandes motores que ficam ligados durante muitas horas. As opções mais sustentáveis incluem o uso de motores extremamente eficientes, com velocidade variável, projeto eficiente e controles que permitam o desligamento quando não precisarem ser utilizados.

Estima-se que os elevadores correspondam a entre 3% e 5% do consumo de energia de um prédio moderno de múltiplos pavimentos. Os edifícios baixos às vezes usam elevadores hidráulicos, em virtude de seu baixo custo; já os altos equipamentos com motores de corrente alternada e de voltagem e frequência variáveis, para maior eficiência e rapidez.

O consumo de energia de um elevador depende de inúmeros fatores, como a frequência de uso, a capacidade da cabina e a eficiência do motor. Esse consumo pode ser reduzido se usarmos elevadores com motor de alta eficiência e elementos como a frenagem regenerativa. Os elevadores também podem poupar eletricidade se forem dotados de lâmpadas de alta eficiência e que desligam quando a cabina está vazia, e de ventiladores que também desligam automaticamente. O uso de controles avançados pode reduzir ainda mais o consumo energético se forem otimizados os logaritmos que definem a ordem das viagens e colocam as cabinas nos locais onde provavelmente serão aproveitadas, bem como por meio do desligamento do motor de certas cabinas durante períodos de baixo uso em prédios com elevadores múltiplos. Para estimar o consumo de eletricidade, considere que os elevadores hidráulicos consomem aproximadamente 0,02–0,03 kWh por viagem com carga leve e em prédios baixos, sendo esse valor mais elevado com carga pesada e em prédios altos. Esse consumo pode ser reduzido para 0,01–0,02 kwh por viagem se forem empregados motores de alta eficiência. Os elevadores de voltagem e frequência variáveis de prédios altos consumem cerca de 0,03–0,04 kWh por viagem, mas esse valor baixa para 0,02–0,03 kWh por viagem com motores com frenagem regenerativa ou máquinas com corrente contínua e modulação por largura de pulsos.

As escadas rolantes convencionais gastam entre 4.000 e 18.000 kWh de eletricidade por ano. Esse consumo também pode ser reduzido com motores de velocidade variável, que percebem quando não há passageiros sendo transportados e reduzem a velocidade ou mesmo param as escadas em períodos de uso muito baixo.

Nos Estados Unidos, os transformadores devem atender a normas federais de eficiência, que exigem entre 97% de eficiência para transformadores de 15 kVA, e 98,9% para os aparelhos de 1.000 kVA. Atualmente os transformadores de alta eficiência são aqueles de 97,9% de eficiência (para 15kVA), valor que se eleva a 99,23% para os de 1.000 kVA. Os transformadores devem ser bem ventilados e funcionar sob alta eficiência quando instalados em ambientes com temperaturas baixas. Portanto, não podem estar em recintos quentes ou áreas externas fechadas e sem circulação de ar adequada.

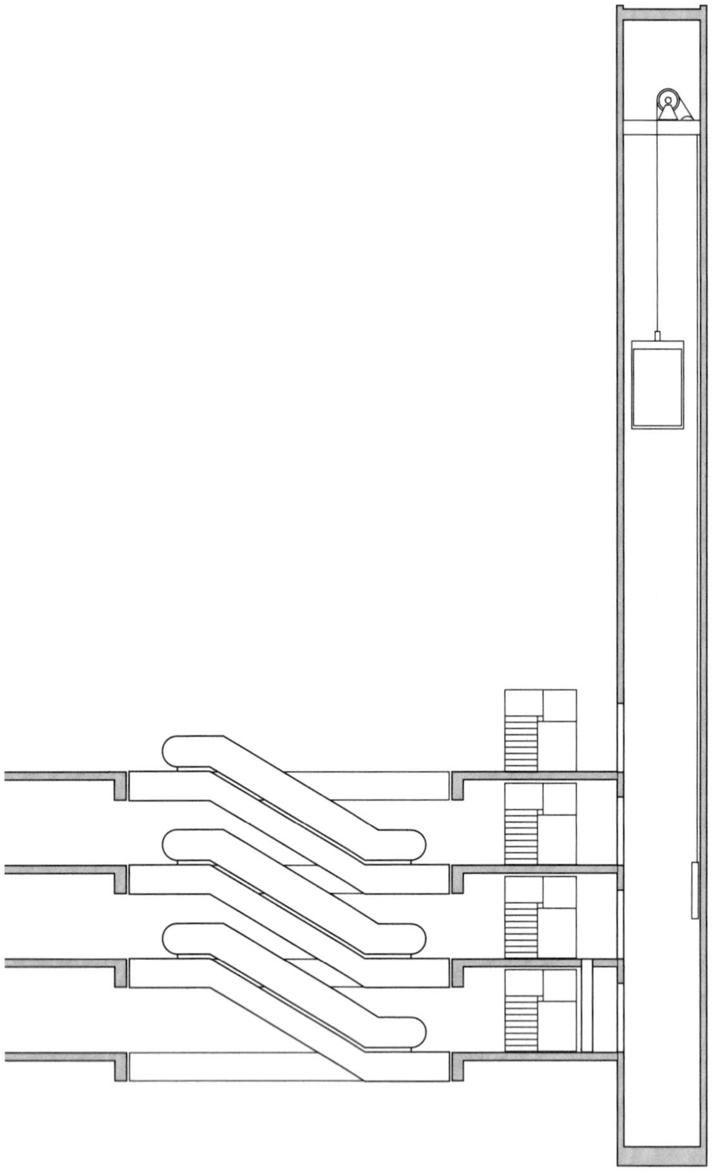

11.29 Os elevadores e as escadas rolantes correspondem a uma parcela significativa do consumo de energia de um prédio.

12
Água quente e fria

A água cada vez mais é vista como um recurso finito. O fornecimento e o consumo tanto de água fria quanto quente deve ser considerado na avaliação das melhorias possíveis para as edificações sustentáveis. A redução do consumo de água quente resulta em economia de água e de energia para aquecê-la.

O uso de água no terreno já foi abordado no Capítulo 4, Comunidade e terreno. Este capítulo focará o consumo da água nos interiores.

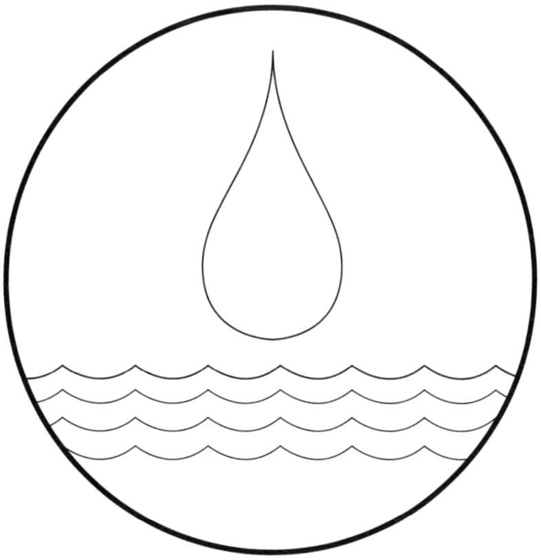

Redução do consumo

A redução do consumo da água e da energia é mais efetiva quando primeiro se avaliam as cargas de água. Começando-se pelo ponto de consumo final, o primeiro passo é usar aparelhos e acessórios hidrossanitários e máquinas eficientes, ou seja, que têm o mesmo resultado final, mas gastam menos água.

As máquinas lava-louças eficientes consomem 20% menos água do que as convencionais. As máquinas de lava-roupa eficientes consomem 50% menos água do que as convencionais. Duchas de baixa vazão e torneiras com aerador também reduzem o uso de água.

As bacias sanitárias com descarga dupla usam menos água para remover os dejetos. Os mictórios sem água não consomem água alguma, usando, em vez dela, um sifão com líquido à base de óleo para evitar que os odores retornem para o interior da edificação. As bacias sanitárias de compostagem também não usam água.

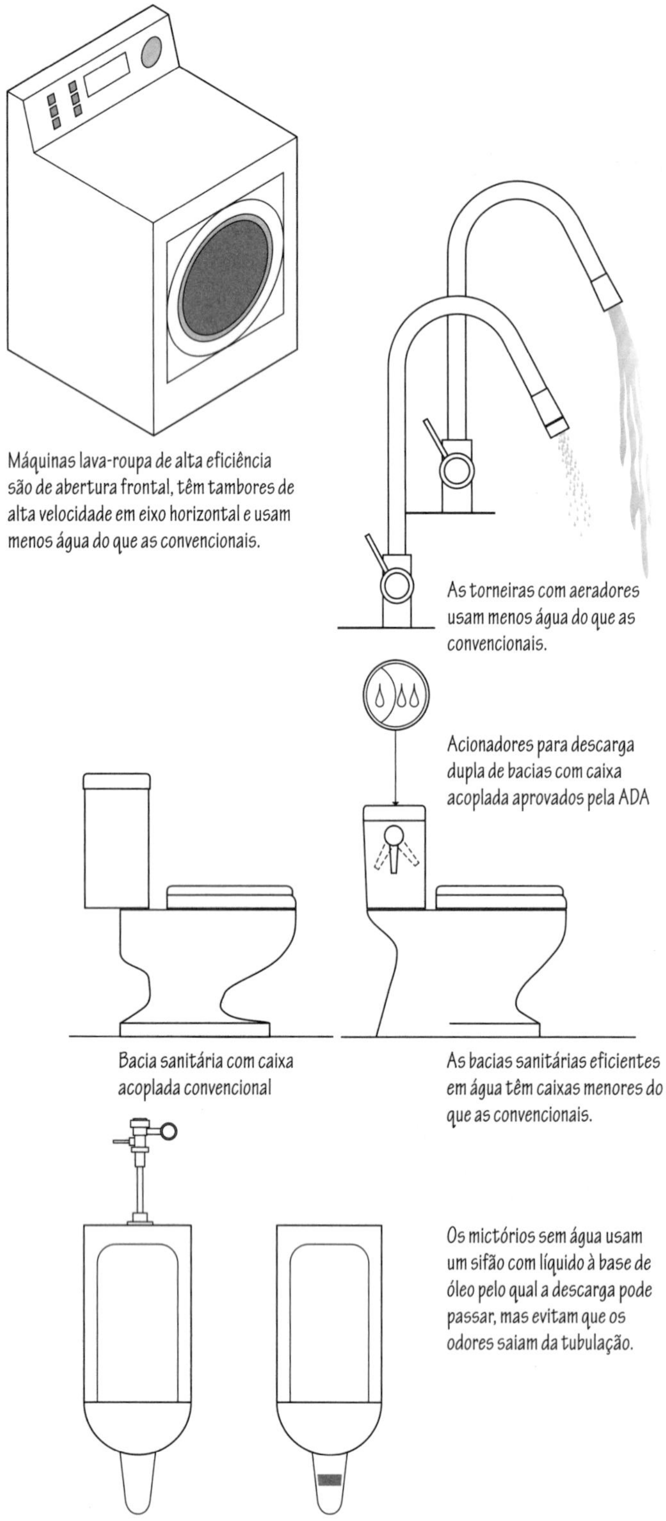

Máquinas lava-roupa de alta eficiência são de abertura frontal, têm tambores de alta velocidade em eixo horizontal e usam menos água do que as convencionais.
As torneiras com aeradores usam menos água do que as convencionais.
Acionadores para descarga dupla de bacias com caixa acoplada aprovados pela ADA
Bacia sanitária com caixa acoplada convencional
As bacias sanitárias eficientes em água têm caixas menores do que as convencionais.
Os mictórios sem água usam um sifão com líquido à base de óleo pelo qual a descarga pode passar, mas evitam que os odores saiam da tubulação.
Mictório convencional

12.01 Aparelhos e metais sanitários e máquinas eficientes em água.

Aparelho	Exigência Federal dos Estados Unidos	Exigência do Programa Water Sense (EPA)
Duchas	9,46 l/min	7,57 l/min
Mictórios (por descarga)	3,81 l/min	1,90 l/min
Bacias sanitárias		
residenciais (por descarga)	6,06 l/min	4,85 l/min
Torneiras comerciais		
Lavatórios privativos	8,33 l/min	5,68 l/min
Torneiras residenciais		
Banheiros	8,33 l/min	5,68 l/min

12.02 Aparelhos sanitários de baixo consumo listados pelo programa *WaterSense*, da Agência de Proteção Ambiental dos Estados Unidos (EPA).

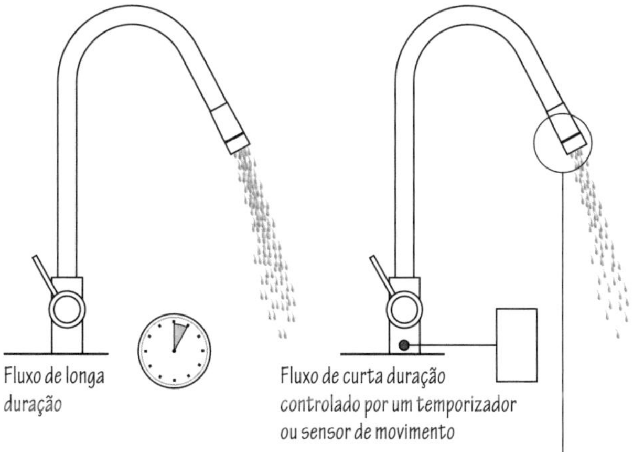

12.03 A duração do fluxo como estratégia para redução do consumo de água.

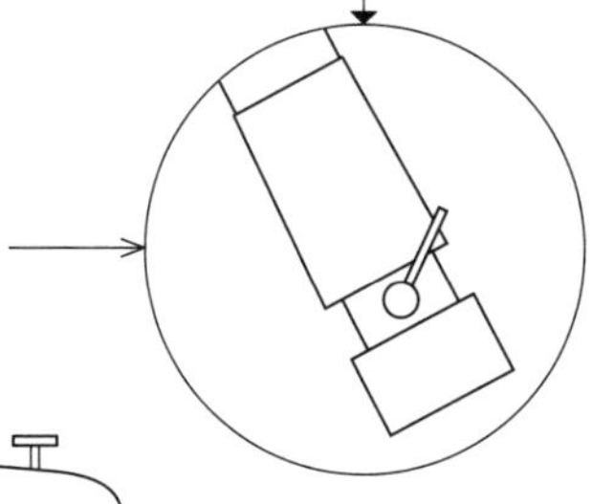

12.04 Um aerador de torneira com alavanca de fechamento temporário pode manter a mistura de água quente e fria e, ao mesmo tempo, economizar energia e água.

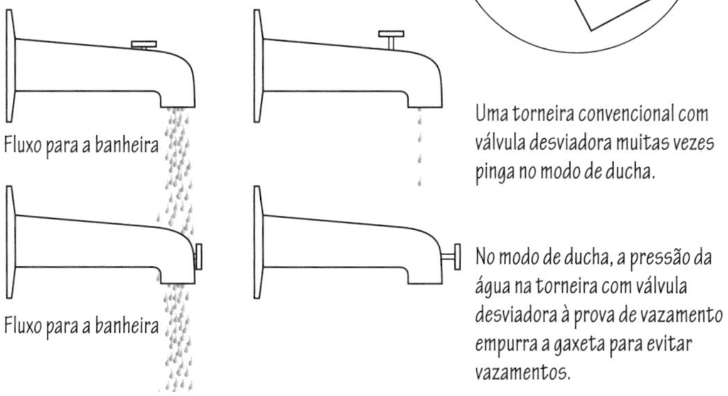

Fluxo para a banheira
Uma torneira convencional com válvula desviadora muitas vezes pinga no modo de ducha.
Fluxo para a banheira
No modo de ducha, a pressão da água na torneira com válvula desviadora à prova de vazamento empurra a gaxeta para evitar vazamentos.

12.05 Torneiras e válvulas desviadoras convencionais e à prova de vazamentos.

Sendo uma carga, a água não compreende apenas seu fluxo, mas também o tempo de uso. A redução do consumo de água pode ser obtida tanto reduzindo-se a taxa como a duração do fluxo. Os limitadores de duração de fluxo, como aqueles de lavatórios públicos que fecham a água automaticamente, podem reduzir o consumo da água ao limitar a duração do fluxo. De modo similar, as alavancas de acionamento de torneiras e duchas que permitem o fechamento temporário mas mantêm a mistura selecionada de água quente e fria também economizam energia, ao reduzir a duração do fluxo.

Uma carga de água importante é causada por vazamentos. Geralmente consideramos os vazamentos como uma condição atípica, um defeito que não tem como ser controlado por meio do projeto. No entanto, alguns vazamentos são generalizados por serem intrínsecos a certos tipos de equipamentos. Eles podem ser eliminados simplesmente evitando-se seu uso no projeto. Por exemplo, as torneiras de banheira do tipo alavanca frequentemente vazam água quando manuseadas para enviar água para a ducha. Um estudo descobriu vazamentos em 34% desses equipamentos, a uma taxa média de 3 l/min. Outro exemplo são as válvulas de abastecimento de bacias sanitárias que acusam vazamentos.

Um tipo de equipamento que costuma vazar água é o aquecedor de água a vapor. Esta tecnologia típica do século XIX vem sendo resgatada nos últimos tempos. Contudo, os aquecedores de água a vapor geralmente vazam vapor de água, pois tais sistemas são abertos à atmosfera e as suas perdas não costumam ser detectadas. Uma maneira de evitar esses vazamentos por meio do projeto de uma edificação é evitar usar os aquecedores de água a vapor. Além disso, pode-se evitar o fluxo de água de reposição automático a uma caldeira, seja ela a vapor, seja a água, pois isso pode mascarar perdas no sistema. A água de reposição deve ser controlada com uma válvula e utilizada apenas para encher a caldeira, sem substituir continuamente a água que está vazando.

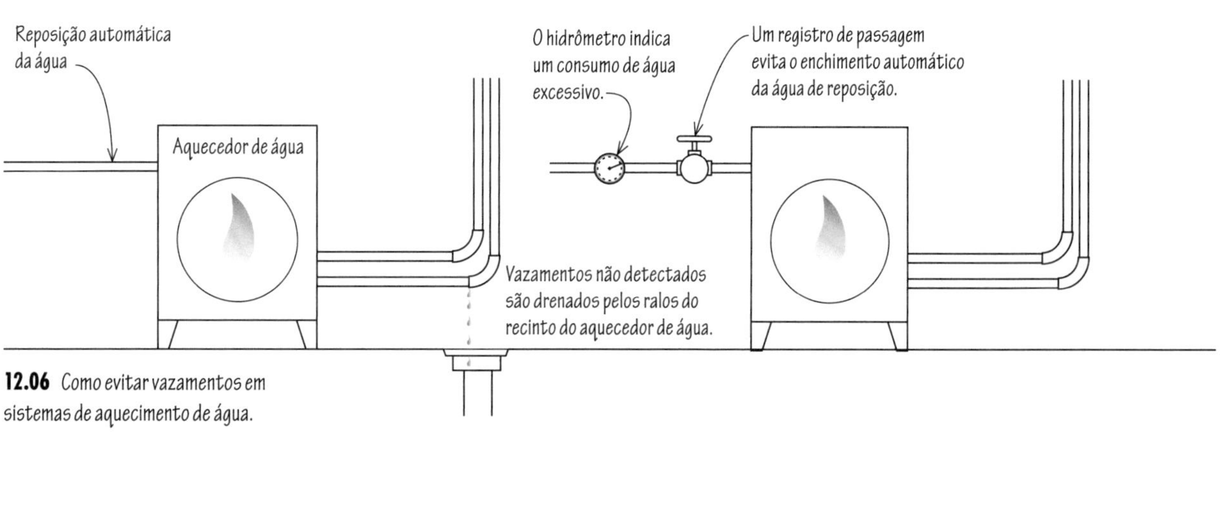

12.06 Como evitar vazamentos em sistemas de aquecimento de água.

Água quente

A água quente utilizada em cozinhas, banheiros, lavanderias e outros locais muitas vezes é uma grande carga de energia: a segunda maior carga energética em prédios residenciais, correspondendo a mais de 9% do uso de energia primária em todas as edificações, e a quarta maior carga após as da calefação ambiente, iluminação e resfriamento ambiente. Escritórios geralmente consumem pouca água quente, enquanto outras tipologias, como hospitais, apartamentos e fábricas, são grandes consumidoras. Essa água quente consumida costuma ser chamada de água quente para uso doméstico e não deve ser confundida com aquela dos sistemas destinados à calefação dos espaços de uma edificação.

A carga energética da água quente não se relaciona diretamente com forças externas, como a temperatura, o sol e o vento, embora a carga de fato aumente um pouco no inverno, quando a temperatura da água que entra em uma edificação está mais baixa.

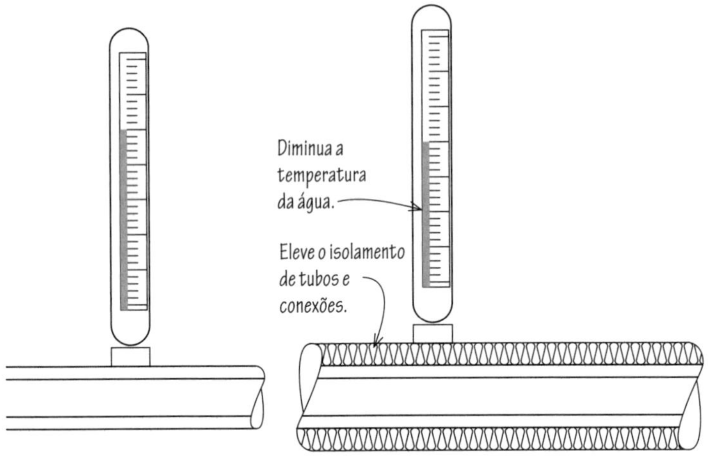

12.07 Diminuir a temperatura da água e aumentar o isolamento de tubos e conexões pode ajudar a reduzir as perdas térmicas da água quente.

Para o suprimento de calor, faz sentido manter os aquecedores de água quente para uso doméstico totalmente dentro do fechamento térmico, de modo que as perdas de inatividade possam ser aproveitadas para a calefação ambiente no inverno, especialmente em climas mais frios. Em outras palavras, é melhor evitar que os aquecedores de água estejam localizados em espaços não climatizados e vinculados ao exterior, como os pavimentos de subsolo. Da mesma maneira, se os tubos de distribuição forem mantidos nos espaços aquecidos, as perdas por distribuição poderão ser aproveitadas na maior parte do tempo, embora afetem negativamente o condicionamento de ar. Portanto, é importante minimizar tais perdas por meio do isolamento dos tubos.

Outra estratégia para limitar o consumo de energia é reduzir ao máximo a distância entre o aquecedor de água e os pontos de consumo. Isso se consegue com o uso de *boilers* nos próprios pontos de consumo ou com o agrupamento desses locais, como em banheiros e cozinhas.

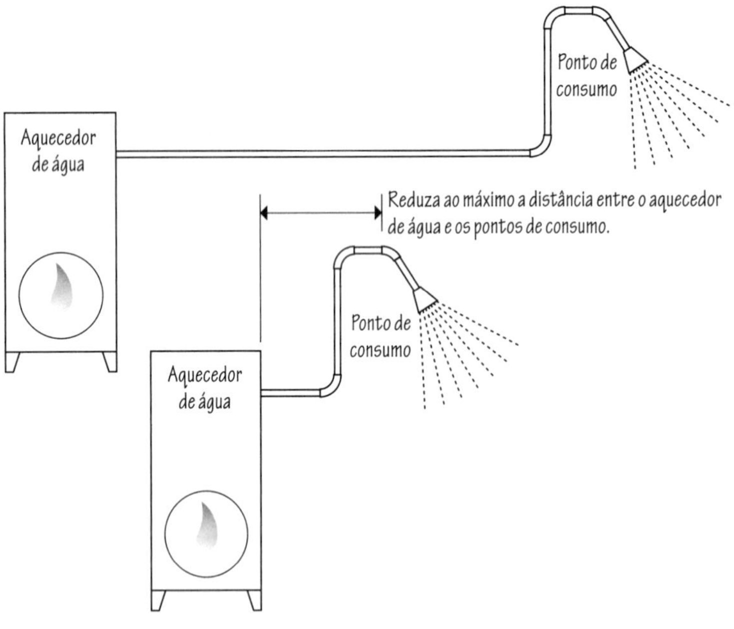

12.08 Reduzir ao máximo a distância entre o aquecedor de água e os pontos de consumo pode ajudar a diminuir o gasto com energia.

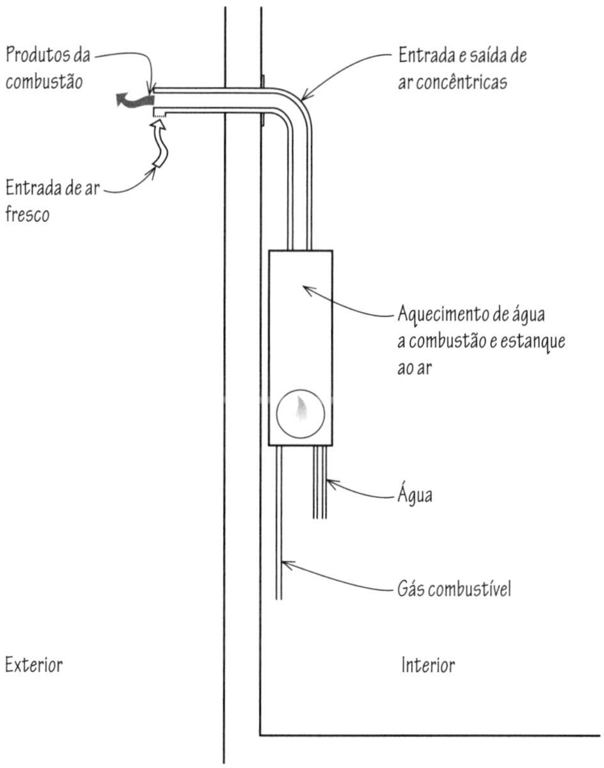

12.09 Aquecedor de água a gás de alta eficiência.

Os aquecedores de água que queimam combustíveis fósseis como o gás natural e as caldeiras herméticas costumam funcionar com eficiências mais altas, além de eliminar as infiltrações provocadas pela combustão em sistemas não herméticos. Alguns combustíveis fósseis são mais eficientes do que outros. Por exemplo, os aquecedores a gás natural ou propano geralmente têm eficiências mais altas do que aqueles de aquecedores a óleo.

Um tipo de aquecedor de água que está se tornando cada dia mais comum é o aquecedor de água com bomba de calor. Este aparelho usa a eletricidade para alimentar uma bomba que transfere o calor do ar circundante para a água quente. Esses sistemas geralmente são mais eficientes, embora sua tecnologia ainda não seja madura. Como o ar do entorno fornece o calor, as bombas de calor geralmente resfriam o espaço no qual a bomba se localiza. É preciso que haja espaço suficiente para se obter este calor; caso contrário, a eficiência da bomba de calor cairá e o consumo de energia subirá. Além disso, como a bomba de calor resfria o espaço no qual se encontra, um espaço frio talvez não seja desejável. Esse resfriamento pode resultar no aumento do calor necessário para o prédio no inverno.

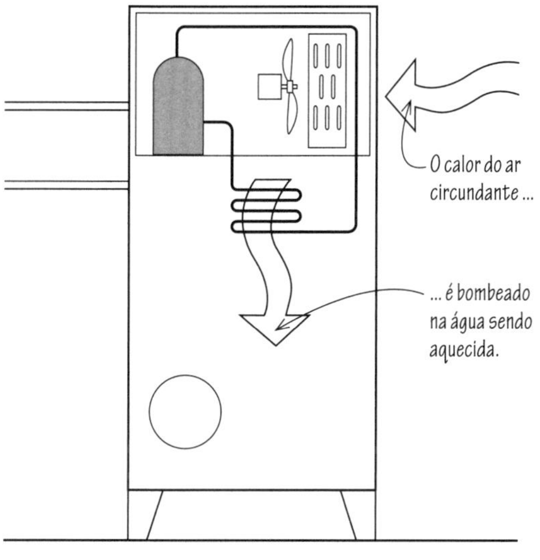

12.10 Aquecedor de água com bomba de calor.

Os aquecedores de água com bomba de calor também são limitados em termos da temperatura que podem gerar. Sob temperaturas mais elevadas, sua eficiência e capacidade diminuem e eles talvez não consigam obter as altas temperaturas necessárias para o aquecimento de água em cozinhas comerciais. Apesar desses pontos negativos, devemos considerar esse tipo de aquecedor nas edificações sustentáveis. Prevemos que, à medida que os sistemas de calefação e resfriamento geotérmicos se tornarem mais aceitos, os circuitos geotérmicos serão cada vez mais empregados como fonte térmica para os aquecedores de água para uso doméstico e serão sistemas eficientes para o aquecimento de água, sem os problemas de trazer ou rejeitar calor para dentro dos prédios.

Em prédios grandes, a água quente para uso doméstico pode ser gerada como subproduto de sistemas de cogeração de energia elétrica e térmica.

Para a água quente de uso doméstico, o calor necessário para elevar a temperatura da água costuma ser menor do que o calor perdido na produção e distribuição da água quente. Pode haver muitas perdas, inclusive as perdas por condução no modo de espera que saem pelas laterais do reservatório de água quente; as perdas que, no modo de espera, ocorrem pela chaminé dos aquecedores de água a combustão; as perdas devido às chamas-piloto que queimam continuamente; as perdas devido à infiltração induzida; as perdas térmicas nos tubos de distribuição; o fluxo acima do necessário nas torneiras e chuveiros; e as perdas por vazamento de tubos, torneiras pingando e válvulas. O foco da melhoria das eficiências no aquecimento de água deve, em primeiro lugar, estar na redução das perdas. A combustão em recipientes herméticos e os aquecedores de água sem reservatório (ou seja, de passagem), têm várias perdas térmicas reduzidas: perdas de espera, perdas pela chaminé e perdas pela infiltração induzida. Os aquecedores de água de passagem de fato têm algumas características peculiares, como a exigência de uma vazão mínima para seu funcionamento; o tempo que levam para acender; as flutuações de temperatura da água que ocorrem sob certas circunstâncias; e a susceptibilidade a problemas, se a água for dura. Os aquecedores de água instalados nos pontos de uso (como torneiras e chuveiros elétricos) reduzem ainda mais as perdas térmicas nas tubulações.

As perdas podem ser eliminadas em muitos casos simplesmente pelo não fornecimento de água quente a uma local em particular. Uma opção, por exemplo, é não ter água quente nos lavabos. Esses pequenos quartos de banho muitas vezes podem operar sem água quente, uma prática comum em muitos países. A análise quanto à necessidade ou não da água quente pode ser feita a outros usos, embora os códigos de edificações devam ser consultados para se confirmar se a água quente é necessária para um uso particular.

O aquecimento de água para consumo doméstico e para os sistemas de calefação ambiente podem ser integrados, por exemplo, em sistemas de aquecedores combinados. Historicamente, essa energia era desperdiçada, pois os *boilers* operavam o ano inteiro, fornecendo água quente mesmo nas estações que não eram frias. É possível que haja perdas térmicas inaceitáveis mesmo quando a água quente para consumo doméstico é mantida em um reservatório, como parte de um sistema de aquecedor com condensador de alta eficiência. Esses sistemas também usam eletricidade para acionar uma bomba que circula calor do aquecedor ao reservatório de água.

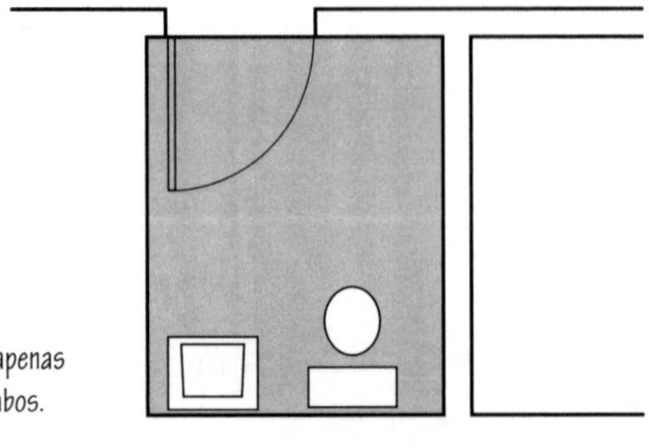

12.11 Considere usar apenas água fria em pias de lavabos.

Novas fontes de água e calor

Uma vez reduzidas as cargas nos pontos de consumo e minimizadas as perdas e os vazamentos, a demanda por água e o calor necessário para aquecê-la podem ser reduzidos mais um pouco com o uso de diversas abordagens de reciclagem de calor.

Reciclagem de água e calor

A reciclagem de água permite que a mesma água possa ser utilizada para diferentes propósitos. Por exemplo, há lavatórios integrados a bacias sanitárias, cuja água é utilizada primeiro para lavar as mãos e, depois, para encher a caixa acoplada da bacia. As águas servidas podem ser filtradas e reutilizadas dentro de um prédio. De modo similar, o calor da água quente usada pode ser reciclado. Isso reduz a carga da água fria que entra no prédio, elevando sua temperatura.

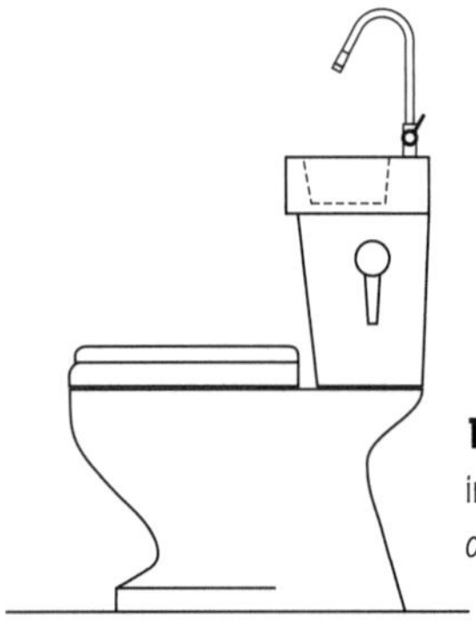

12.12 Um lavatório integrado a bacia sanitária com caixa acoplada.

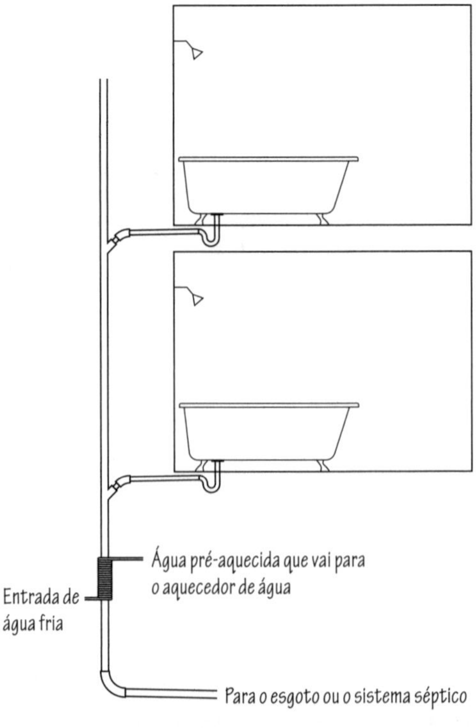

12.13 Reciclagem de calor das águas servidas.

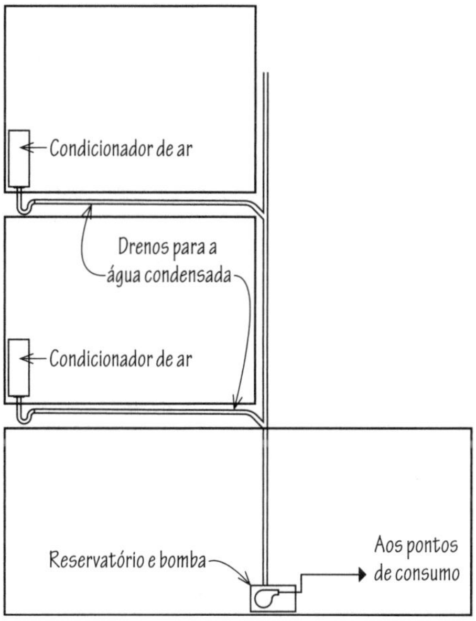

12.14 Um sistema de recuperação de água condensada.

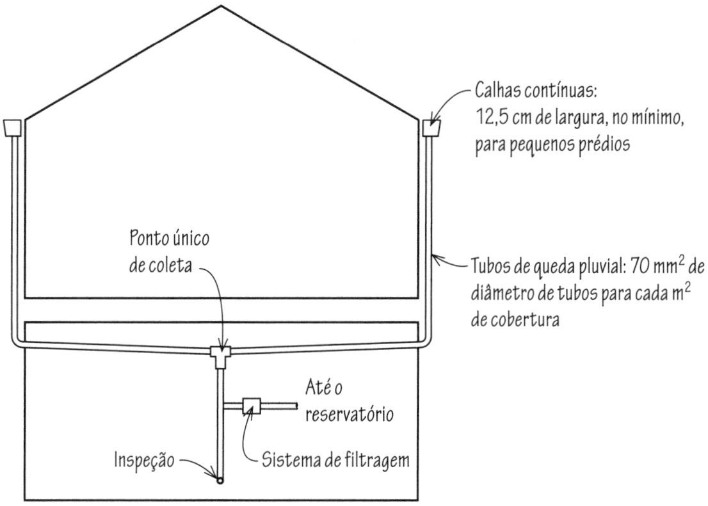

12.15 Captação de água pluvial: coleta e filtragem.

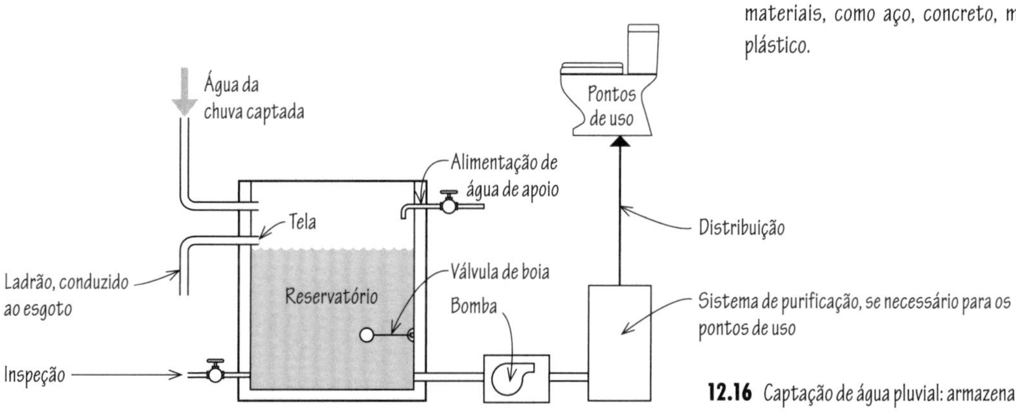

12.16 Captação de água pluvial: armazenamento e distribuição.

Recuperação da água condensada

A condensação pode ser recuperada de condicionadores de ar, que produzem água que, em geral, não contém impurezas, embora os fluxos sejam pequenos, intermitentes e cheguem a zero quando a umidade relativa do ar está muito baixa. A quantidade de água condensada que será gerada varia, dependendo da edificação e do clima. Uma regra prática estima esse volume entre 38 e 75 l/m²/ano, mas o valor varia bastante conforme o nível de resfriamento e desumidificação utilizado, sendo, por exemplo, mais elevado no Sul e Sudeste do Brasil e inferior no Nordeste. A água condensada deve ser coletada e enviada a um reservatório (como uma caixa d'água utilizada para a coleta de água da chuva) ou a um tanque de torre de arrefecimento (neste caso, o uso é imediato).

Por fim, uma vez reduzidas ao máximo as cargas e perdas, devemos voltar nossa atenção às fontes de água renováveis e às fontes de calor.

Captação de água da chuva

A água pluvial pode ser coletada para aproveitamento em um prédio, consequentemente reduzindo o consumo da água da rede pública ou de um poço artesiano. O sistema de coleta inclui uma área de captação (geralmente uma cobertura); um sistema de condução que levará a água da chuva a um reservatório; o reservatório (também chamado de tanque ou cisterna); um sistema de filtragem e provavelmente tratamento para desinfecção; um sistema de apoio que fornecerá água quando as precipitações diminuírem; um sistema de extravazão (ladrões); e um sistema de distribuição, que levará a água aos pontos de consumo.

Como já mencionamos, calhas, tubos de queda e drenos devem ser localizados e inclinados de modo que centralizem e coletem a água pluvial. Uma regra prática é que os tubos de queda devem ter 12,5 cm de diâmetro em prédios pequenos, totalizando 70 mm² para cada m² de área de cobertura.

Em climas frios, o armazenamento deve ser interno ou subterrâneo, para evitar o congelamento da água da chuva coletada. Os reservatórios são fabricados com diferentes materiais, como aço, concreto, madeira, fibra de vidro e plástico.

O destino mais comum para a água da chuva coletada é a descarga de bacias sanitárias. Neste caso, os banheiros do prédio têm tubulação que leva ao reservatório de água pluvial, e não ao sistema de distribuição de água fria. Em geral, essas instalações usam uma bomba para transportar a água até os pontos de consumo. Contudo, se o reservatório ficar em um ponto elevado em relação aos banheiros, talvez não seja necessário o uso de uma bomba. Os sistemas de captação de água pluvial geralmente têm uma válvula de boia, que permite que o reservatório seja abastecido com água da rede pública durante os períodos de pouca chuva. Se os banheiros usarem válvulas de descarga, a bomba terá de ser selecionada a fim de fornecer a pressão mínima exigida por elas (cerca de 50 kgf/m^2). Outra opção é usar bacias sanitárias com caixa acoplada e um sistema de abastecimento por gravidade.

Embora a água da chuva em si seja considerada limpa, ela pode ser contaminada ao cair, se o ar for poluído, ou durante sua coleta e condução ao reservatório e aos pontos de consumo. A melhor maneira de evitar a contaminação é evitar que a cobertura possa acumular água, o que promove a proliferação de bactérias. Outros contaminantes biológicos possíveis são a urina e as fezes de pássaros e outros animais pequenos. Ao descer da cobertura, a água da chuva também pode trazer consigo contaminantes químicos, tanto da poeira que se acumula na cobertura quanto da lixiviação dos materiais de construção. Outro poluente que pode ser trazido com a água da chuva é matéria particulada, como folhas, galhos, etc. Se o uso destinado não exige água potável (como a descarga de bacias sanitárias), o principal tratamento necessário é feito com um filtro removível para limpeza que possa reter esses particulados. Entretanto, se a água da chuva tiver de ser potável, será necessário um tratamento adicional para desinfetá-la dos contaminantes, especialmente os biológicos.

Os sistemas de coleta da água pluvial são projetados com mais precisão quando empregamos programas de computador baseados nas precipitações anuais, na área de cobertura disponível e na demanda de água prevista.

Energia solar

A energia solar pode ser facilmente aproveitada para aquecer a água para uso doméstico. Porém, faz mais sentido usá-la em edificações que consomem água quente em locais centralizados e ao longo de todo o ano. Seu aproveitamento tem sido bastante difundido em casas unifamiliares ao redor do mundo, especialmente em climas que não sofrem com o congelamento da água, pois, neste caso, a tubulação externa é mais simples e não é necessário proteção contra esse problema. A energia solar será abordada com mais detalhes no Capítulo 15, Energias renováveis.

O custo das melhorias com a gestão da água

Qual é o impacto financeiro das diversas melhorias introduzidas na gestão da água? Aparelhos e metais sanitários de alta eficiência e baixo consumo geralmente são mais caros do que os convencionais, embora essa diferença de preço esteja diminuindo. Porém, a redução das distâncias entre os aquecedores de água e os pontos de consumo pode diminuir esses custos extras, bem como a eliminação da água quente em torneiras nas quais ela é desnecessária. Os aquecedores de água de alta eficiência também são mais caros do que os equipamentos convencionais. É evidente que a instalação de sistemas de coleta de água pluvial ou de painéis solares também elevará o custo de construção. Em suma e de modo geral, espere gastar mais com uma edificação que tenha economias substanciais de água e que busque eliminar o uso de combustíveis fósseis para aquecer a água, embora os investimentos costumem se pagar após alguns anos de uso.

Resumo sobre as estratégias de gestão avançada da água

Em resumo, os sistemas mais eficientes de gestão da água reduzem o consumo o máximo possível, diminuindo as perdas, usando aquecedores de água de alta eficiência e instalando-os, bem como os sistemas de distribuição, totalmente dentro do fechamento térmico da edificação e o mais perto possível dos pontos de consumo. O objetivo final é reduzir a demanda de aquecimento a um nível em que ela possa ser suprida pela energia solar. De maneira similar, no caso da água fria, as cargas e perdas devem ser reduzidas ao máximo para que o consumo se aproxime de um volume que possa ser atendido pela água da chuva coletada.

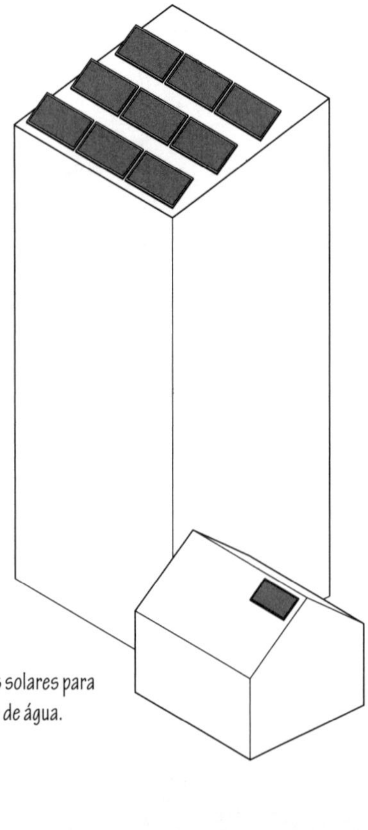

12.17 Painéis solares para o aquecimento de água.

13
Habitabilidade dos interiores

O ar de qualidade em um ambiente interno é aquele que não tem concentrações perigosas de contaminantes aéreos, como particulados, dióxido de carbono, produtos químicos nocivos à saúde, fumaça de tabaco, odores, umidade e contaminantes biológicos. Os contaminantes aéreos constituem uma carga sobre a edificação, com o complicador de que essa carga não se origina apenas no espaço externo: ela também pode surgir nos espaços internos.

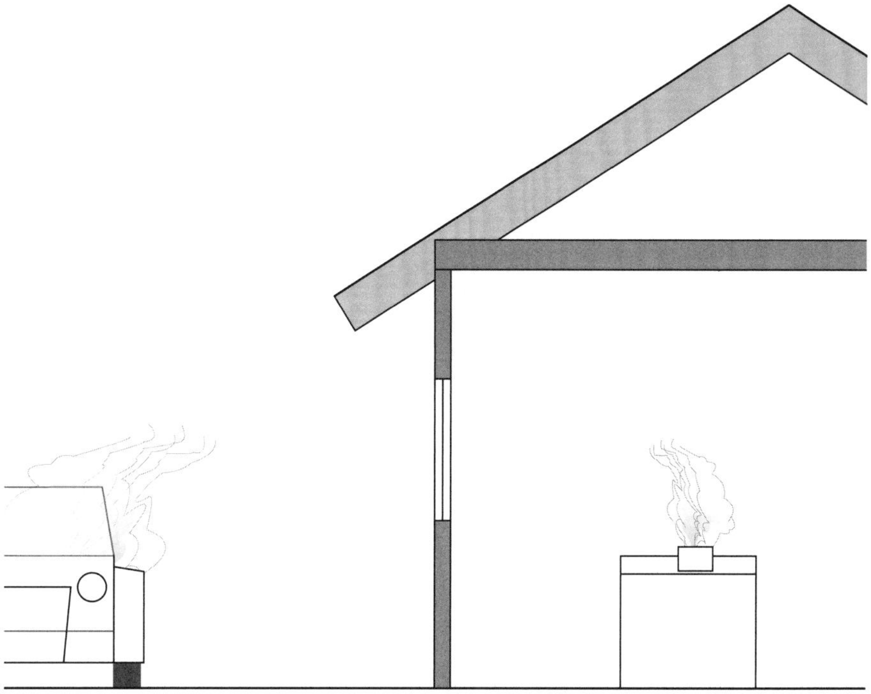

13.01 Os contaminantes aéreos não se originam apenas fora de uma edificação: eles também surgem nos interiores.

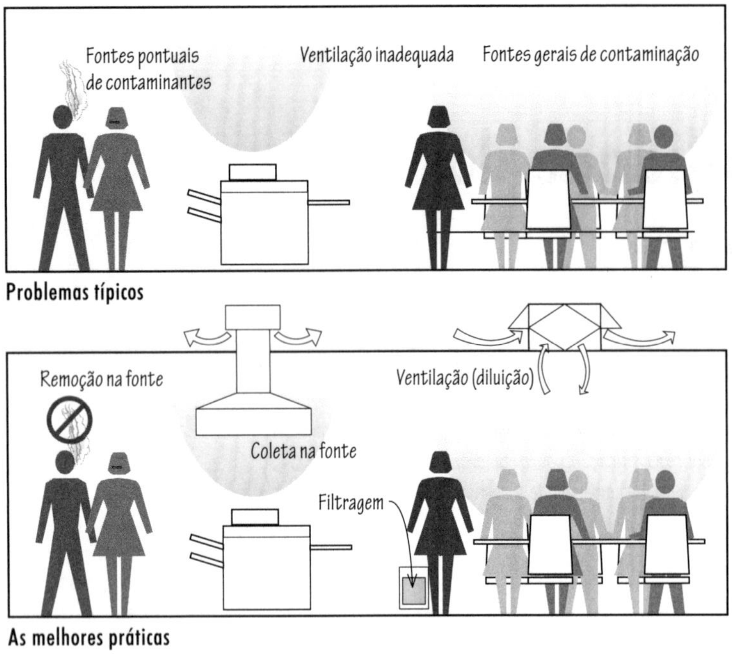

13.02 Abordagens para que se consiga um interior com ar de boa qualidade.

As quatro abordagens para a obtenção de um interior com ar de boa qualidade são: a redução da fonte contaminante, a captura dos contaminantes, a filtragem e a diluição. A melhor abordagem é começar na fonte. Primeiro procuramos eliminar as fontes internas de contaminantes, por meio, por exemplo, do uso de tintas e carpetes que emitam menos produtos químicos ou da proibição do fumo nos interiores. A captura dos contaminantes envolve sua interceptação antes que eles alcancem a zona de respiração humana. Em geral, isso significa a instalação de exaustores em cozinhas e banheiros, coifas para a extração de fumaça, etc. A filtragem remove os contaminantes do ar. As primeiras três abordagens são corretas, mas não resolvem o problema totalmente, pois há contaminantes que não podem ser eliminados, capturados ou filtrados. Os exemplos incluem a identificação dos produtos químicos que emanam de produtos novos e do dióxido de carbono exalado por nossa respiração. Esse é o propósito da estratégia final para que se obtenha um ar no interior com boa qualidade: sua diluição com o ar do exterior, que também é chamada de ventilação.

Quando essa abordagem é utilizada, presume-se que o ar do exterior seja limpo, mas também se tomam medidas para garantir que ele realmente seja o mais limpo possível.

13.03 A distinção entre os exaustores e as tomadas de ar externo para ventilação.

Às vezes as pessoas fazem uma certa confusão entre o objetivo dos exaustores, que são meios para a captura de contaminantes, e o da ventilação com o ar do exterior, que é a diluição dos contaminantes. Essa confusão surge porque ambas as estratégias costumam ser chamadas de ventilação e são analisadas juntas. As duas também costumam interagir, pois a exaustão faz o ar do exterior entrar em uma edificação.

Outra causa de confusão se deve às relações entre a ventilação e a infiltração. A ventilação costuma ser induzida por ventiladores. Contudo, a infiltração pode ter o mesmo efeito da ventilação, ao trazer o ar externo para diluir os contaminantes aéreos de um interior. Além disso, assim como ocorre na interação entre exaustores e a infiltração, a ventilação com o ar externo e a infiltração também podem interagir. Se o ar for trazido para dentro de um prédio por meio da ventilação mecânica, mas não for acompanhando pela exaustão, parte do ar vazará. Assim, as discussões sobre a ventilação inevitavelmente também incluem as discussões sobre a infiltração.

Por fim, pode haver uma confusão entre ventilação e resfriamento, pois a ventilação às vezes é empregada para esse fim.

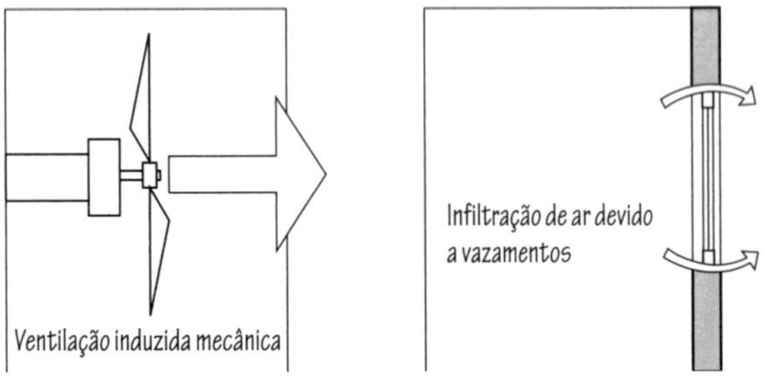

13.04 A diferença entre ventilação e infiltração.

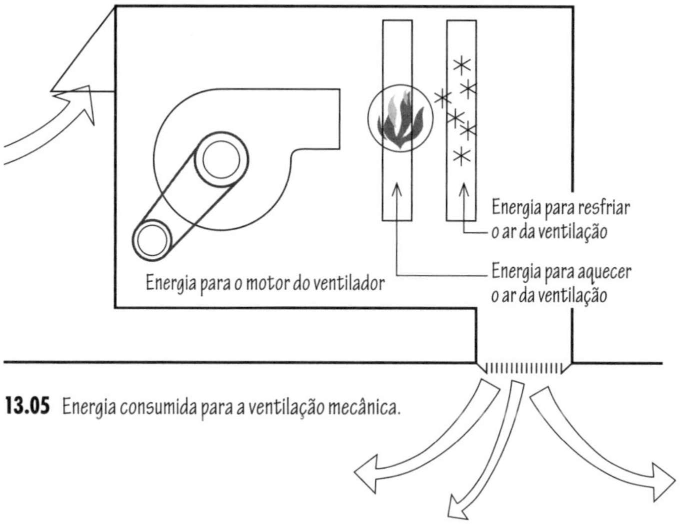

13.05 Energia consumida para a ventilação mecânica.

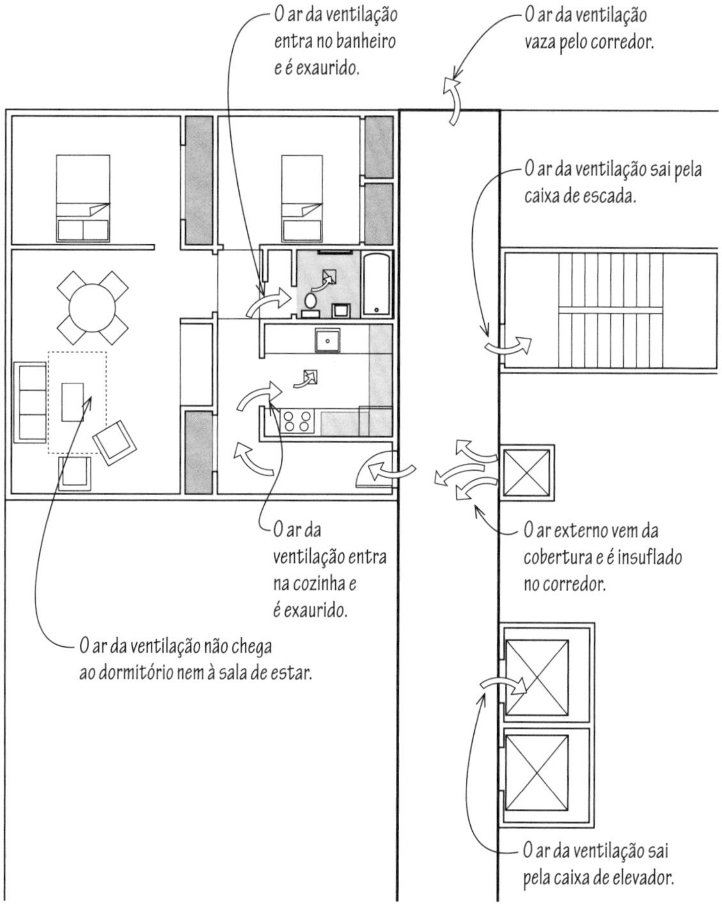

13.06 O ar da ventilação nem sempre alcança as pessoas a quem deveria atender.

Os desafios à ventilação mecânica

A abordagem tradicional para a melhoria da qualidade do ar dos interiores é a ventilação, mas ela também traz inúmeros desafios.

A ventilação consome muita energia. Em primeiro lugar, os motores que giram as pás de movimentação do ar consomem eletricidade. Porém – algo ainda mais significativo –, usa-se energia para aquecer e resfriar o ar de ventilação que é trazido para os interiores. A taxa de consumo de energia em uma edificação é extremamente sensível à ventilação. Um aumento significativo da taxa de ventilação resulta em um acréscimo imediato e considerável no consumo de energia do prédio.

É um desafio trazer o ar do exterior para o interior sem provocar desconforto nos usuários. O ar do exterior, se não for aquecido ou resfriado, entrará no prédio a uma temperatura qualquer, e é completamente diferente trazer ar externo à temperatura de –18°C ou a 0°C, 21°C ou 38°C. O principal desafio é que a energia exigida para aquecer ou resfriar o ar externo variará conforme a mudança da temperatura externa. O problema é especialmente crítico para a calefação, pois o risco de desconforto é elevado. Entre os problemas já comprovados estão o superaquecimento do ar utilizado para ventilação e para os espaços associados nos quais o ar é insuflado, os aquecedores de ar defeituosos e os sistemas de ventilação que são fechados devido ao controle de temperatura inadequado.

A ventilação nem sempre chega às pessoas que deveria. Por exemplo, em muitos hotéis e edifícios de apartamentos altos, o ar da ventilação é trazido do topo da cobertura e insuflado nos corredores por meio de grades, geralmente logo acima da altura da cabeça das pessoas. O sistema de ventilação é projetado para que o ar flua para dentro dos corredores e sob as portas dos apartamentos do edifício ou hotel. Entretanto, uma parte significativa desse ar jamais alcança as pessoas às quais ele se destinava. Em vez disso, sai novamente do prédio através de janelas dos corredores, caixas de elevador, caixas de escada e outros dutos verticais. Um pouco do ar realmente flui sob as portas, entrando nos apartamentos, mas a maior parte simplesmente é exaurida pelos pontos de tiragem de ar da cozinha ou dos banheiros. As cozinhas e os banheiros costumam ficar localizados perto da entrada do apartamento, afastados da zona periférica do prédio, assim o ar fresco sai do prédio sem ter chegado às pessoas que estão nos dormitórios ou nas salas de estar.

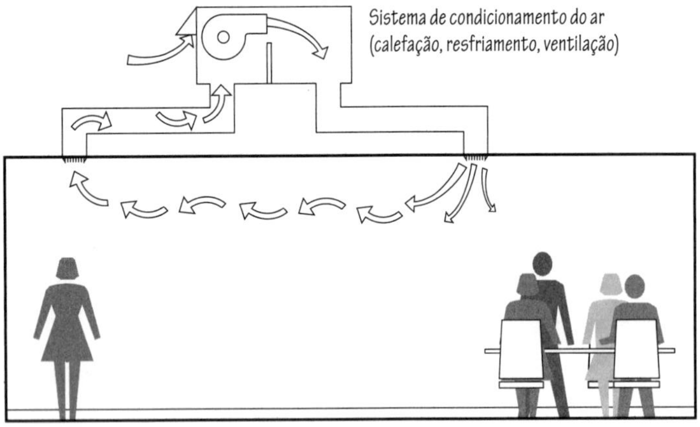

13.07 A ventilação às vezes não passa pela zona de respiração dos usuários.

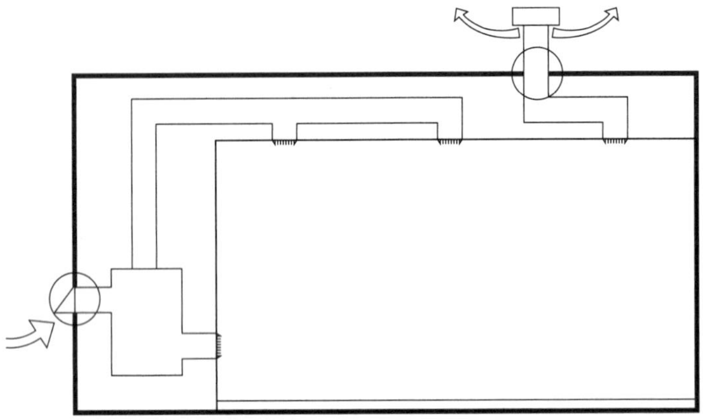

13.08 As aberturas para ventilação rompem a continuidade de um fechamento térmico.

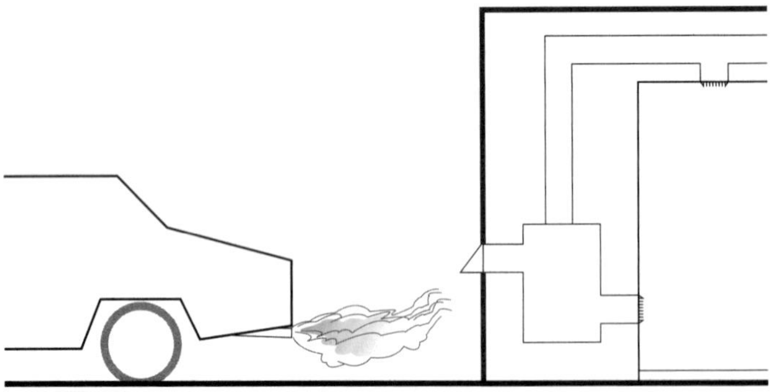

13.09 A ventilação pode introduzir contaminantes em um prédio se as aberturas para tomada de ar ficarem muito próximas das fontes de poluição.

Outros problemas de desvio similares, também chamados de ineficácias, ocorrem em prédios que têm seu ar de ventilação transportado junto ao ar da calefação ou do resfriamento. Em muitos desses prédios, o ar é insuflado pelo forro e também retorna, via dutos, a ele, de modo que grande parte da ventilação não alcança a zona de respiração dos usuários.

Outro problema da ventilação é a consequência inesperada da criação de perfurações em um prédio, que afeta a continuidade do fechamento térmico. Essas aberturas visam a facilitar a ventilação. Um sistema de ventilação projetado de modo adequado opera apenas quando necessário. Por exemplo, um prédio de escritórios não precisaria de ventilação durante a noite, quando está desocupado. As aberturas para ventilação costumam ser fechadas nesses horários com o uso de registros, que são acessórios do tipo válvula, ou seja, abrem e fecham. No entanto o ar é um fluido e consegue fugir dos registros – ou seja, ele vaza. Além disso, os registros quebram ou emperram, ficando permanentemente abertos (e liberando mais ar do que seria necessário) ou permanentemente fechados (não permitindo ventilação alguma).

A ventilação é difícil de medir, e os sistemas de ventilação são difíceis de inspecionar e entender. Como resultado, os inspetores de edificações geralmente não conseguem dizer se há algum problema no projeto ou na instalação desses sistemas. Assim, os sistemas de ventilação não apresentam defeitos apenas depois que um prédio é construído – muitas vezes, eles têm problemas mesmo antes da ocupação. E mesmo quando um sistema de ventilação está com problemas, os usuários ou operadores da edificação frequentemente não se dão conta de que ele não está funcionando corretamente. Compare a ventilação com outras coisas que estragam em um prédio. Se o sistema de calefação ou resfriamento não funcionar bem, saberemos dentro de poucas horas, pois o prédio ficará quente ou frio. Ou se um elevador estragar, ficaremos sabendo imediatamente. Se o aquecimento da água não funcionar, em geral descobriremos assim que abrirmos uma torneira. A ventilação é diferente. Se ela não funcionar, muitas vezes isso não será detectado antes que meses ou anos tenham passado.

Mesmo que o sistema de ventilação esteja funcionando e consiga enviar ar aos lugares certos, é um desafio reduzir e aumentar a ventilação de acordo com o número de usuários, que varia o tempo todo. O mais próximo que conseguimos disso é a ventilação controlada pela demanda, que costuma usar sensores de dióxido de carbono para aumentar o nível de ventilação quando a concentração desse gás se torna elevada demais. Isso é um progresso significativo. Contudo, uma ventilação controlada pela demanda costuma ser aplicada apenas em instalações profissionais. Esse sistema ainda não foi disponibilizado para uma variedade de outros tipos de edificação comuns, como habitações unifamiliares, edifícios de apartamentos ou hotéis.

Outro problema da ventilação é que as aberturas para entrada de ar às vezes são localizadas perto das fontes de contaminantes. Assim, em vez de diluir os contaminantes do ar interno com o ar externo mais fresco, a ventilação introduz poluentes no prédio. Uma evidência desse fenômeno pode ser vista nos vestígios de fumaça do escapamento de veículos, como as manchas pretas que ficam nas grelhas de ar de prédios que têm docas de carga e descarga ou estacionamentos perto das tomadas de ar.

Soluções para melhoria da qualidade do ar dos interiores

Usando-se a abordagem típica da sustentabilidade nas edificações – "projetar de fora para dentro" –, começamos longe do prédio e trabalhamos cada vez mais em direção ao interior.

Localização

Buscamos escolher uma localização que não sofra com a poluição severa do ar e tentamos reduzir a poluição aérea em nossas comunidades, sabendo que o ar de nossos interiores não tem como ser melhor do que o da rua. Evitamos as fontes pontuais de poluição aérea, especialmente as descargas de veículos, como as vias com trânsito intenso ou as esquinas com semáforos, onde os veículos costumam parar com seus motores ligados. As fontes industriais de poluição do ar também devem ser estudadas e evitadas. Queremos que nossos prédios, para serem mais sustentáveis, fiquem afastados dessas fontes de poluição ou, pelo menos, mantemos as entradas de ar para ventilação longe dessas fontes poluentes.

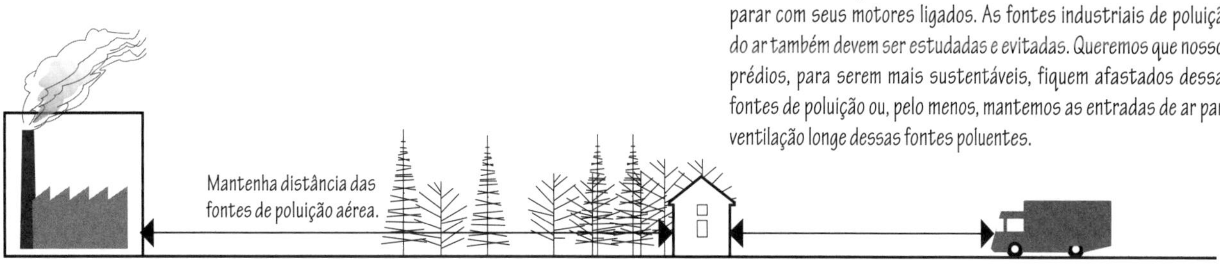

13.10 Estratégias de localização para prevenir os problemas de qualidade do ar dos interiores.

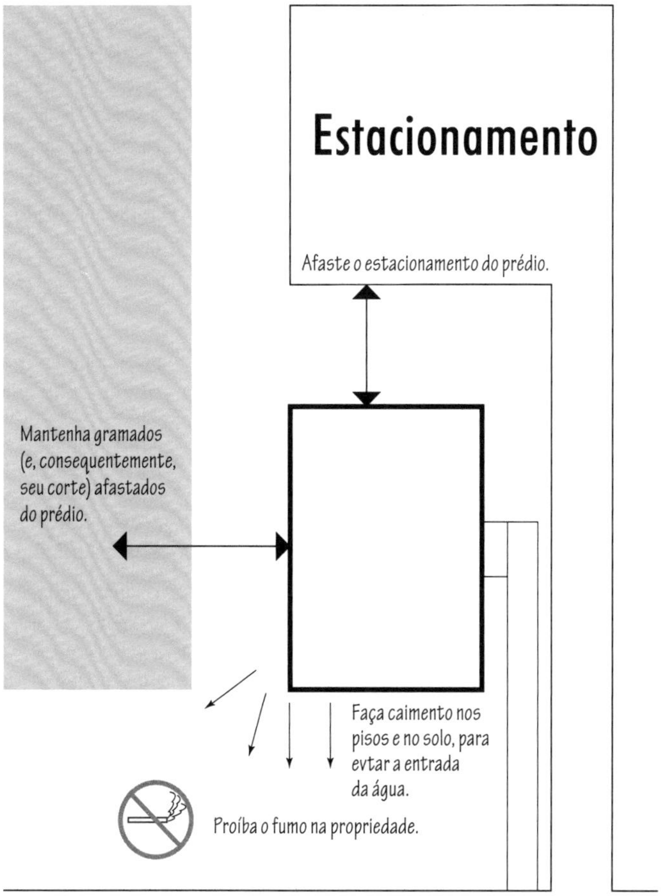

13.11 Estratégias na escala do terreno que podem prevenir problemas de qualidade do ar dos interiores.

Terreno

Passando para o lote, quando lançamos os estacionamentos e padrões de trânsito de veículos, tentamos mantê-los afastados das edificações. Consideramos a possibilidade de proibir o fumo perto do prédio, especialmente junto às entradas de ar, mas também perto de caminhos de pedestres e entradas, ou, se possível, banindo-o em todos os locais. Buscamos a redução ou eliminação de outras fontes de contaminantes no local, como as máquinas a combustão, os processos químicos e as queimas. E – algo de suma importância – prestamos atenção no nivelamento do terreno e na gestão da água pluvial. Muitos dos problemas mais sérios com o ar em uma edificação ocorrem devido à umidade, e esta frequentemente se origina da água superficial que penetra na edificação, especialmente se houver um pavimento de subsolo.

O formato da edificação

Quanto ao formato da edificação, ele já foi trabalhado nas fases anteriores da estratégia de projetar de fora para dentro. Como já dissemos, a redução da área de piso para determinada ocupação e o controle dos pés-direitos podem contribuir para diminuir significativamente as necessidades de ventilação. Por exemplo, nos Estados Unidos, em prédios habitacionais (inclusive edifícios de apartamentos) nos quais a taxa de ventilação exigida há muitos anos é 0,35 troca de ar por hora, o uso de áreas de piso menores e pés-direitos mais baixos pode reduzir bastante essa taxa. Por exemplo, a taxa de ventilação exigida para uma casa norte-americana de tamanho médio (242 m^2) e com pés-direitos de 3,05 m é de 258 m^3/h, enquanto a taxa de ventilação para uma moradia mais modesta construída em 1973, com 154 m^2 e pés-direitos de 2,45 m, era de apenas 131 m^3/h, o que significava uma economia de quase 50% na energia consumida para o transporte e condicionamento do ar para ventilação. Em muitos códigos de edificações, a exaustão da cozinha também depende do número de trocas de ar por hora e, portanto, relaciona-se com a área e o pé-direito da cozinha.

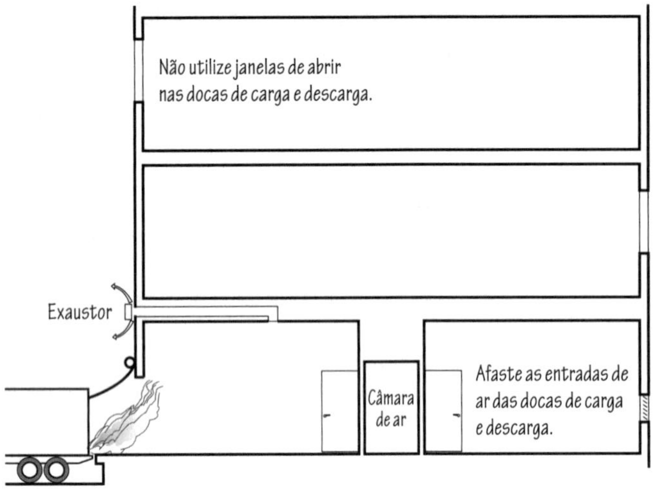

13.12 Precauções que devem ser tomadas nas docas de carga e descarga.

Espaços externos contíguos

Quando se trata de espaços externos contíguos a uma edificação, as docas de carga e descarga representam um risco. Elas devem ficar localizadas a uma distância substancial das entradas de ar para ventilação. Além disso, elas devem ter seus próprios sistemas de ventilação, a fim de evitar a entrada dos gases da exaustão no prédio em virtude do efeito chaminé. Por fim, uma camada de proteção forte, como uma câmara de ar, deve ser criada entre a doca e a edificação em si.

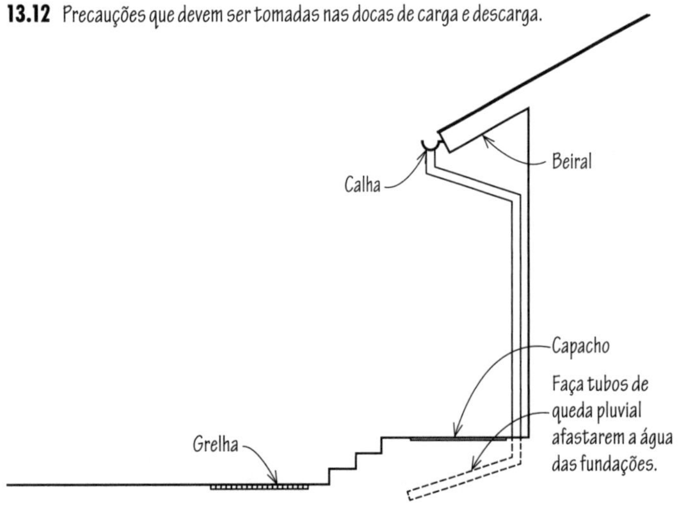

13.13 Características dos espaços externos contíguos que podem contribuir para amenizar os problemas da qualidade do ar nos interiores.

Buscamos manter os particulados afastados dos prédios, minimizando a entrada de pó e sujeira com o uso de recursos como capachos e grelhas pelos quais as pessoas tenham de passar quando entram na edificação. Mais uma vez, é fundamental o controle da água e, no caso dos espaços externos contíguos à edificação, isso significa antes de tudo o uso efetivo das calhas. As calhas captam a água pluvial, porém o mais importante é que elas afastem esse escoamento do prédio, caso ele não seja aproveitado para o reúso. Marquises, beirais, balanços e outros elementos horizontais também podem ajudar a proteger uma edificação dos efeitos da entrada da água da chuva, como os problemas de umidade interna.

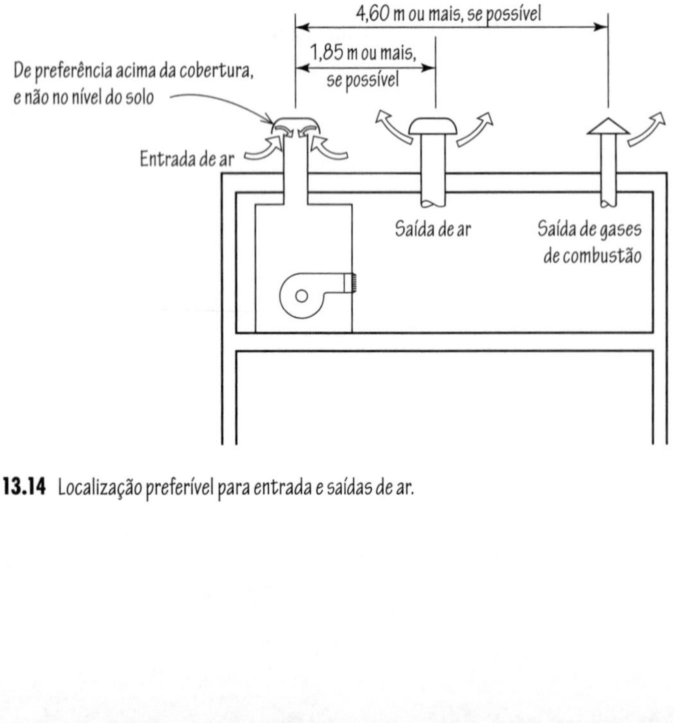

13.14 Localização preferível para entrada e saídas de ar.

Vedações externas

O ar do exterior deve ser trazido para dentro das edificações no ponto mais alto possível em relação ao solo, de preferência no nível da cobertura, onde o ar é mais limpo e mais afastado das fontes contaminantes, como fumaça de fumo e veículos, cortadores de grama motorizados e outros equipamentos com motores pequenos. As entradas de ar também devem ficar longe das saídas de ar do prédio, sejam estas para a exaustão do sistema de ventilação, sejam para a exaustão de gases de combustão.

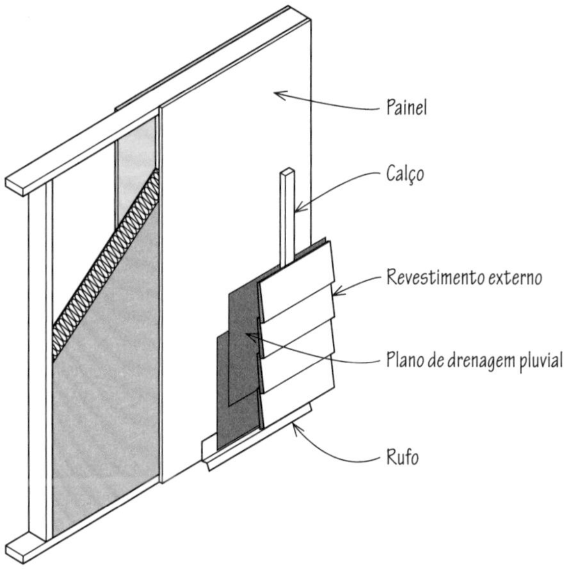

13.15 Como reforçar as vedações externas contra a entrada da água.

Na gestão da água pluvial, o foco continua nos esforços para reforçar as vedações externas contra a entrada dessa água. Nesse sentido, o reforço das camadas de proteção ajuda. A primeira camada são os revestimentos externos de parede. Atrás dessa pele, um plano de drenagem contínuo e bem definido escoará com efetividade qualquer água que tenha penetrado no revestimento externo. O plano de drenagem pode ser feito com papel de construção, um isolamento térmico revestido e com boa aplicação de fita nas juntas ou com painéis de madeira bem vedados. Os rufos e pingadeiras também fazem parte do plano de drenagem, protegendo as descontinuidades nas janelas, nas portas e no topo e na base das paredes. As funções de evitar a entrada de ar e água geralmente são compatíveis entre si – as paredes e coberturas que resistem bem às infiltrações de ar são menos propensas a permitir a entrada de água.

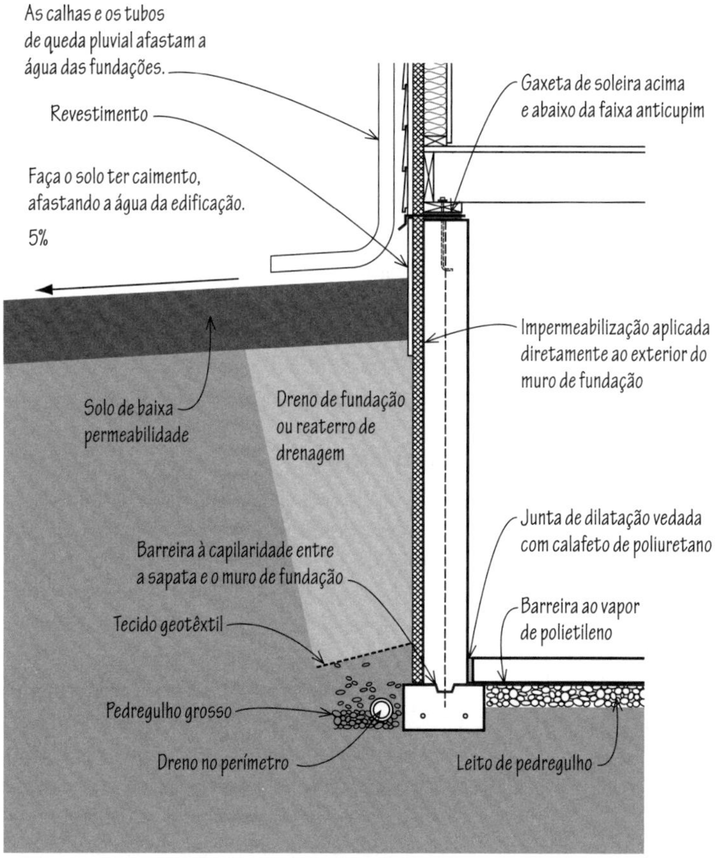

13.16 Detalhamento de uma barreira ao vapor no muro de fundação.

Uma barreira ao vapor é essencial abaixo do nível do solo. As juntas dessa barreira devem se sobrepor e ser vedadas, a fim de prevenir descontinuidades. A barreira ao vapor deve ter, de preferência, pelo menos 0,03 mm de espessura. Evite perfurações na barreira ao vapor, pois até mesmo pequenas falhas podem permitir a entrada de umidade. Tanto as bordas das lajes quanto as juntas de dilatação devem ser calafetadas. A resistência à umidade nas fundações também significa a resistência ao radônio, um gás radioativo cancerígeno, mas sem odor, que se origina do solo.

Buscamos reduzir as descontinuidades do fechamento térmico criadas pelas exigências de ventilação. Uma solução é o uso de registros automáticos (acionados por motores), que podem evitar a passagem do ar em ambas as direções quando a ventilação não é necessária, em vez de se usar registros que funcionam com a gravidade, que apenas evitam a movimentação do ar em uma direção. Também ajuda utilizar registros com gaxetas bem vedadas, em vez daqueles sem gaxetas, muito comuns em exaustores.

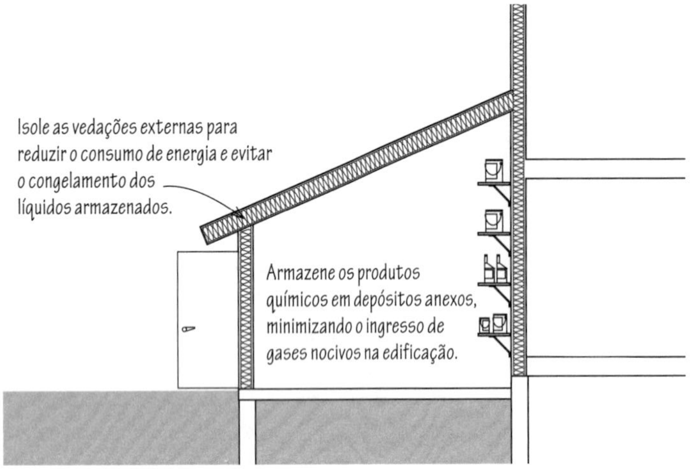

Isole as vedações externas para reduzir o consumo de energia e evitar o congelamento dos líquidos armazenados.
Armazene os produtos químicos em depósitos anexos, minimizando o ingresso de gases nocivos na edificação.

13.17 Como reforçar as camadas de proteção com o uso de depósitos anexos.

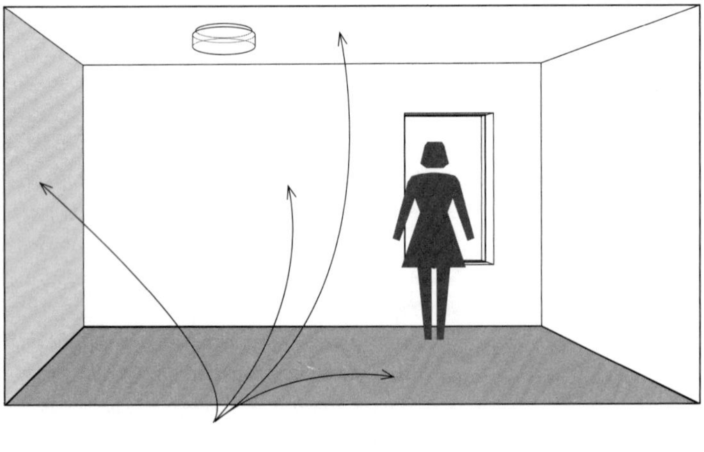

13.18 Minimize o uso de produtos químicos em acabamentos, revestimentos e móveis de interiores para melhorar a qualidade do ar nos espaços internos.

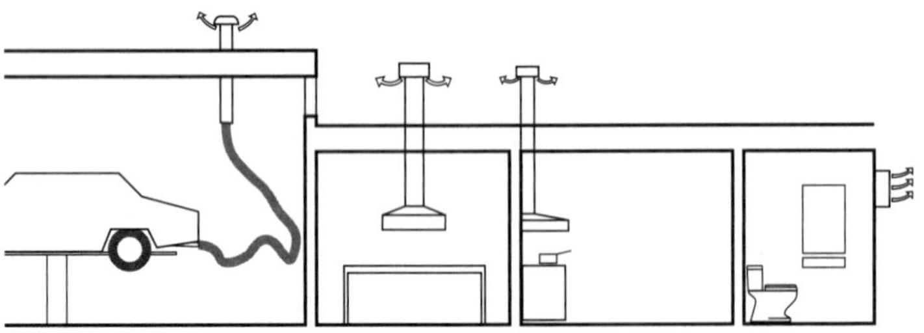

13.19 Use exaustores para capturar os contaminantes na fonte.

Espaços sem condicionamento térmico

As garagens contíguas a uma edificação representam um risco à qualidade do ar do interior, em virtude da entrada dos gases nocivos emitidos pela combustão nos veículos. Como discutimos anteriormente, essas garagens também não precisam de condicionamento térmico, podendo servir como espaços de transição e criar uma camada extra de proteção para reduzir as perdas e os ganhos de calor. Assim, se você for projetar uma garagem anexa a um prédio, use-a para criar uma proteção também contra a entrada de gases nocivos.

A eliminação dos pavimentos de subsolo pode ajudar a diminuir significativamente os problemas de umidade. Considere a opção de armazenar produtos químicos, como líquidos de limpeza, pesticidas e tintas, em depósitos contíguos à edificação, em vez de mantê-los em espaços sem condicionamento térmico definido, como pavimentos de cobertura ou de subsolo. Um depósito anexo bem construído, com boas camadas de proteção tanto no lado do prédio quanto no lado externo, não sujeitará os líquidos armazenados ao risco de congelamento que certos climas apresentam. Em regiões mais frias, as vedações internas podem ficar sem isolamento térmico (mas ainda assim devem ser estanques ao ar) para evitar o congelamento, mas, neste caso, a vedação externa deverá ser isolada. Uma camada protetora resistente criada com uma vedação ao ar efetiva também evita a entrada indesejada de gases de combustão dentro das partes mais ocupadas do prédio.

Vedações internas

Os princípios de redução na fonte podem ser aplicados para minimizar o uso de produtos químicos na construção, especialmente nos acabamentos e revestimentos das vedações internas, como tintas, carpetes e produtos de madeira. Esse assunto será tratado com mais detalhes no Capítulo 16, Materiais de construção.

Ganhos internos

Embora já tenhamos discutido os ganhos internos quando falamos dos ganhos de energia (como os advindos da iluminação, das máquinas e dos equipamentos), o conceito de ganhos internos também pode ser aplicado aos contaminantes aéreos. Podemos escolher acabamentos e revestimentos que minimizem o uso de produtos químicos na limpeza e na operação dos prédios. A fumaça do tabaco pode ser mantida fora dos prédios e, inclusive, da área ao redor deles. Além da redução na fonte, a coleta na fonte pode ser considerada. Um exemplo é o uso dos exaustores de cozinha que tiram o ar para o exterior, em vez de recirculá-lo pelo espaço interno. Os exaustores de banheiro são outra forma de captura na fonte. Os princípios de captura na fonte podem ser estendidos a outras fontes de contaminantes, como oficinas, áreas de trabalhos artesanais nas quais são feitas colagens e acabamentos, áreas de manutenção e conserto de veículos e áreas de armazenagem de produtos químicos.

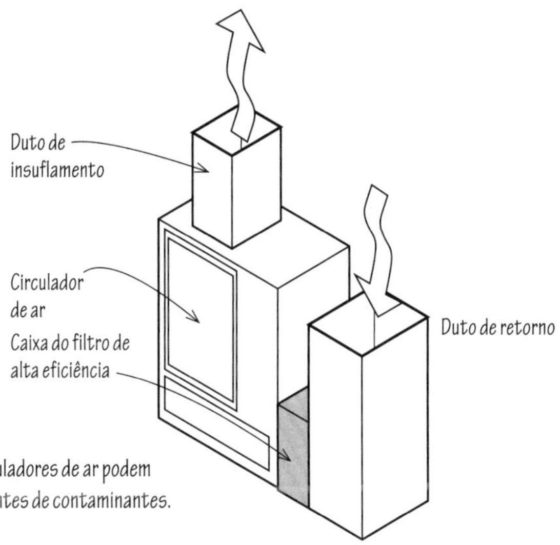

13.20 Os filtros de circuladores de ar podem ajudar no controle das fontes de contaminantes.

Além do controle na fonte, pode-se usar a filtragem. Em vez de se usarem filtros de baixa eficiência nos circuladores de ar, podem ser empregados filtros de particulados de alta eficiência ou mesmo filtros de produtos químicos. Os filtros nos circuladores de ar devem ficar bem firmes, prevenindo os desvios de ar que reduzem sua efetividade. As caixas dos filtros também devem ser bem vedadas com gaxetas, para evitar vazamentos de ar.

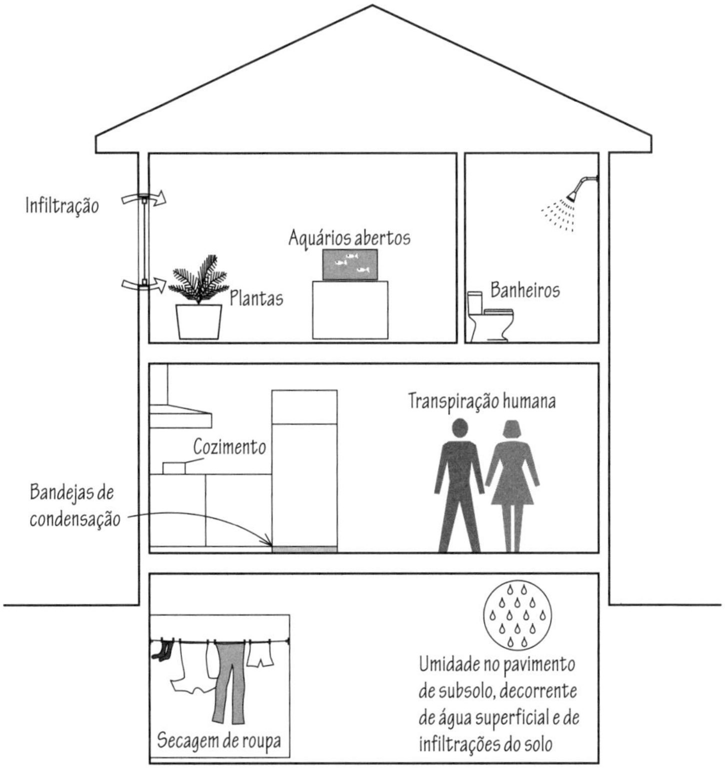

13.21 Fontes de umidade que contribuem para a umidade relativa do ar nos interiores.

Uma forma de ganho interno que merece atenção específica é o controle da umidade. A umidade é uma das principais causas dos problemas de qualidade do ar dos interiores, danificando materiais e promovendo o surgimento de fungos. A umidade origina-se de muitas fontes internas: cozimento, transpiração humana, plantas, banhos e duchas, secagem de roupa, armazenamento de água em piscinas e aquários e vazamentos de tubulações de água. Como já mencionamos, ela também se origina do exterior, quando resulta da entrada de água da chuva e do lençol freático através dos muros de fundação e lajes de piso de concreto. Além disso, pode ser transportada pela infiltração do ar, quando a umidade externa é mais alta do que a interna, como geralmente ocorre no verão.

O controle da umidade nos interiores é fundamental para uma boa habitabilidade. O ideal é que se mantenha a umidade relativa do ar abaixo de 60% para que haja uma margem de segurança em relação ao limite de 70%, que é quando o surgimento do mofo passa a ser um problema sério.

Como é usual, a redução na fonte é a maneira mais efetiva de reduzir a umidade interna. Isso se consegue secando a roupa lavada fora do prédio ou usando-se secadores bem ventilados; usando-se máquinas de lavar roupa de alta eficiência, que deixam a roupa um pouco mais seca; usando-se duchas com baixa vazão; limitando-se o número de plantas de interior; e projetando-se de modo a evitar vazamentos de água. No caso de condicionadores de ar localizados dentro de espaços fechados, as bandejas de condensação às vezes entopem e transbordam. Uma opção é considerar o uso de uma segunda bandeja de condensação sob o aparelho, equipando-a com um alarme que alerte quando houver o risco de transbordamento. A captura na fonte também pode ser adotada em cozinhas e banheiros, com o uso de exaustores. Por fim, a desumidificação é extremamente efetiva quando empregada como "última linha de frente". Ela é feita não somente com desumidificadores tradicionais, mas também com aparelhos de ar-condicionado. Alguns modelos inclusive permitem a regulagem do nível de umidade do ar separadamente da regulagem de temperatura.

13.22 Maneiras de controlar a umidade.

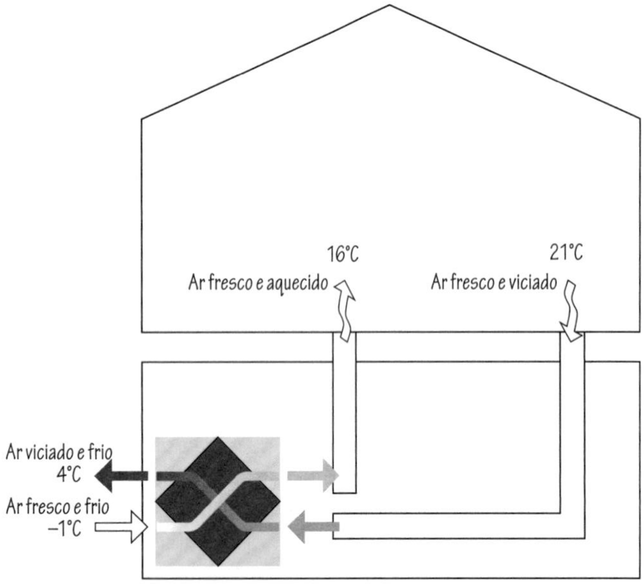

13.23 Um sistema de recuperação de calor.

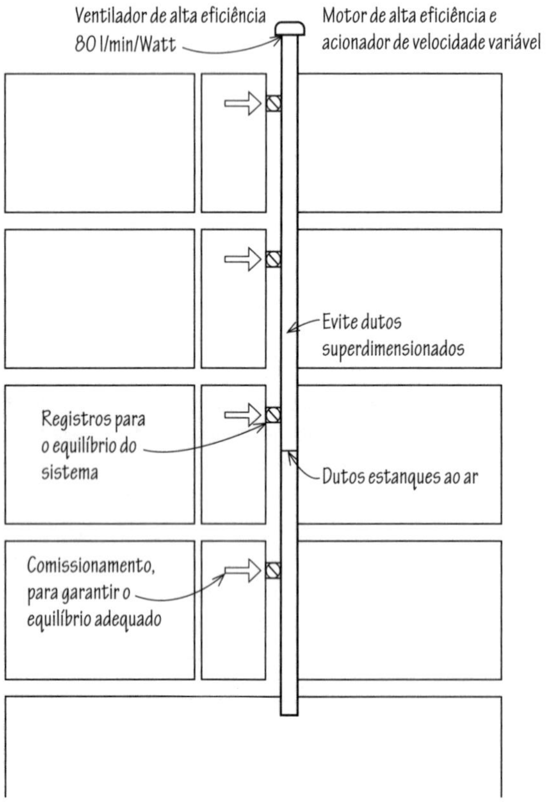

13.24 As melhores práticas de ventilação.

Ventilação

Uma vez reduzidas ou eliminadas as muitas fontes de contaminantes internos, podemos voltar nossa atenção ao sistema de ventilação. Pode-se utilizar um sistema de ventilação com recuperação de calor, que reduz a necessidade de aquecer e resfriar o ar da ventilação além de diminuir parte dos desafios do controle de temperatura. Esta abordagem combina a ventilação propriamente dita (ou seja, a introdução do ar externo) com a captura na fonte (como um exaustor de banheiro) em um sistema uno, desde que o ar exaurido não seja sujo demais a ponto de inviabilizar o trocador de calor, como às vezes é o caso dos exaustores de cozinha. Em prédios com condicionamento de ar, existe uma forma de recuperação de calor chamada de "ventilação com recuperação de energia", que transfere tanto o calor quanto a umidade. Isso mantém a umidade fora dos prédios quando ela não é desejada, ou a mantém do lado de dentro quando preciso, reduzindo ainda mais o consumo de energia. Os benefícios da ventilação com recuperação de energia para o controle de umidade no verão são apenas conseguidos se o prédio for climatizado; caso contrário, esse sistema traz o risco de manter uma umidade indesejada no interior. Os sistemas de recuperação de calor ou energia devem ter seus equipamentos, junto a todos os dutos para ar condicionado, instalados dentro do fechamento térmico do prédio, e não em seu exterior. Os equipamentos e dutos instalados nas coberturas podem dispersar energia para o exterior, por meio da condução e das infiltrações de ar. A recuperação de calor combina bem com a estratégia de "se projetar de fora para dentro", aquecendo ou resfriando o ar externo antes que ele entre na edificação e reduzindo a carga do sistema de climatização.

Os sistemas de ventilação variam muito em termos de eficiência em energia. Nos Estados Unidos, os sistemas cobertos pelo programa *Energy Star*, geralmente de até 14,16 m^3/min, têm especificadas suas classificações de eficiência mínima para o ventilador, o motor e o nível de ruído. No caso de exaustores maiores, as opções incluem a exigência de motores de alta eficiência; ou de um mínimo de eficiência nos ventiladores e motores, como os 80 l/min/Watt exigidos pela *Energy Star*; e o uso de acionadores de velocidade variável, quando a taxa de ventilação também é variável. O dimensionamento correto dos dutos e das grelhas também reduz a potência necessária para os ventiladores, desde que estes e os motores não sejam superdimensionados. Equilibrar e vedar o sistema contra vazamentos de ar também pode contribuir para sua efetividade geral, permitindo o uso de um motor com potência mínima para o nível de ventilação exigido.

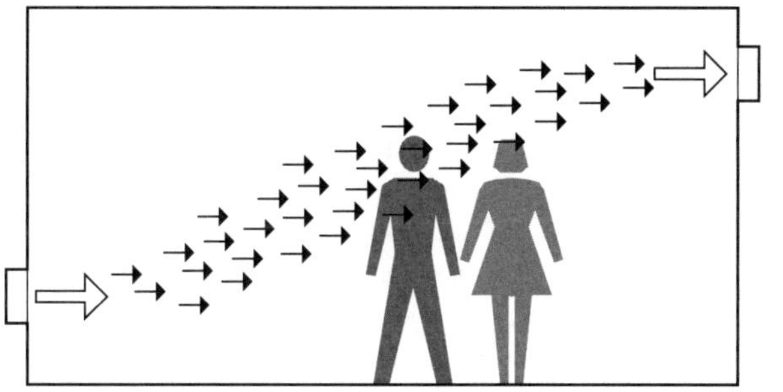

13.25 Para que a ventilação seja efetiva, é preciso atentar aos pontos de insuflamento e exaustão de ar.

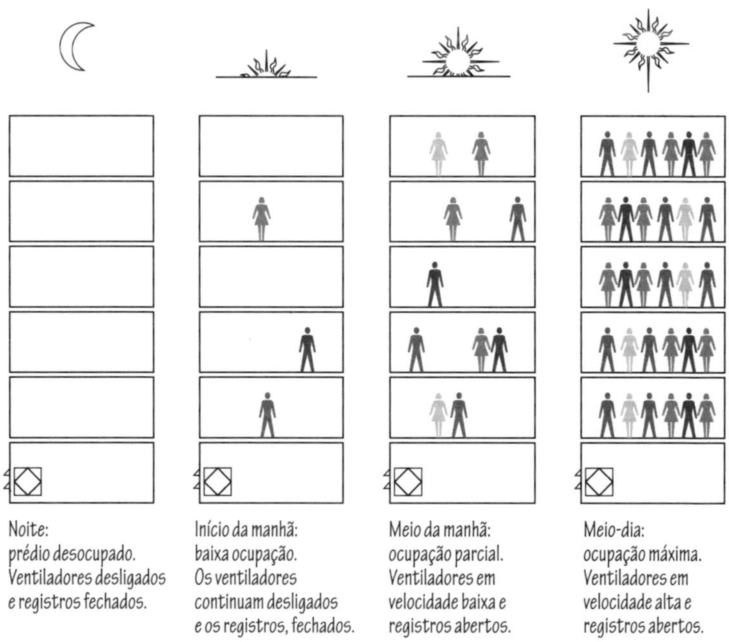
Noite:
prédio desocupado.
Ventiladores desligados
e registros fechados.
Início da manhã:
baixa ocupação.
Os ventiladores
continuam desligados
e os registros, fechados.
Meio da manhã:
ocupação parcial.
Ventiladores em
velocidade baixa e
registros abertos.
Meio-dia:
ocupação máxima.
Ventiladores em
velocidade alta e
registros abertos.

13.26 Controle da ventilação.

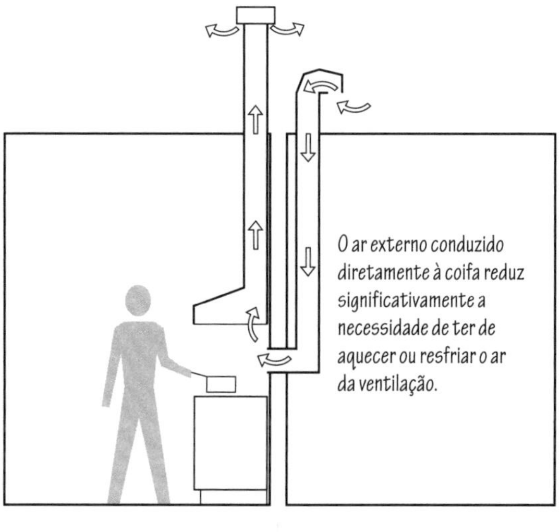
O ar externo conduzido
diretamente à coifa reduz
significativamente a
necessidade de ter de
aquecer ou resfriar o ar
da ventilação.

13.27 Ventilação de uma coifa de cozinha.

Deve-se prestar atenção aos locais de insuflamento e exaustão de um sistema de ventilação. O ar externo deve ser insuflado em locais que não perturbem os usuários e onde os problemas de temperatura sejam minimizados. O ar da ventilação deve ser insuflado de modo que garanta sua distribuição pelo cômodo e que chegue às zonas de respiração das pessoas antes de ser exaurido. Para alcançar um alto nível de efetividade, a ventilação pode ser projetada de modo a entrar no recinto no nível do teto e a deixá-lo no nível do piso, ou vice-versa, com aberturas em extremidades opostas do ambiente.

Os controles de ventilação também podem ser utilizados para economizar energia. Considere a ventilação à parte do fluxo de ar para calefação ou resfriamento, de modo que possa ser controlada de modo independente e seu ar possa ser aquecido ou resfriado, caso necessário. Permita que a ventilação seja regulável, de modo a aumentar com ocupações mais elevadas e a diminuir com ocupações reduzidas ou zeradas. Isso pode envolver o uso da ventilação controlada pela demanda ou por temporizadores (*timers*), o uso de ventiladores múltiplos ou mesmo o uso de janelas de ventilação.

O comissionamento dos sistemas de ventilação é importante. Meça a ventilação no momento em que o prédio estiver construído. Considere também alguma forma de monitoramento e medição contínuos, como um mostrador do nível de dióxido de carbono na parede contígua à do controle de temperatura ou sensores de dióxido de carbono automaticamente monitorados, com alarmes ou outros indicadores que possam alertar quando a ventilação estiver com algum problema.

No caso de sistemas especiais de ventilação com exaustão de ar, como coifas de cozinhas comerciais, ambientes com compressores de refrigeração e armários de segurança de laboratórios, pode-se economizar energia se o ar externo for insuflado diretamente ao equipamento sendo exaurido. Isso permite que a exaustão desejada seja obtida sem que haja a necessidade de que o ar da substituição seja aquecido ou resfriado. Deve-se atentar a esse ar insuflado diretamente do exterior, para que ele não acarrete problemas de conforto. Por exemplo, o ar pode ser conduzido por trás de um exaustor comercial de cozinha, onde fluirá até a coifa, captará os contaminantes desse local e será exaurido sem provocar desconforto nas pessoas que estão trabalhando perto da coifa.

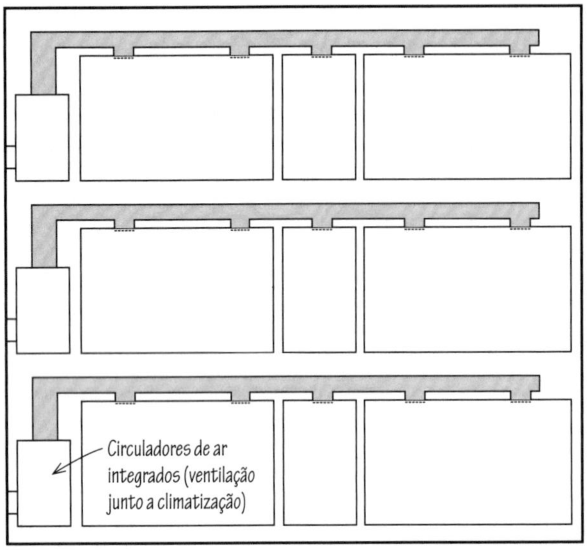

Abordagem tradicional: a ventilação é integrada ao sistema de calefação e resfriamento.

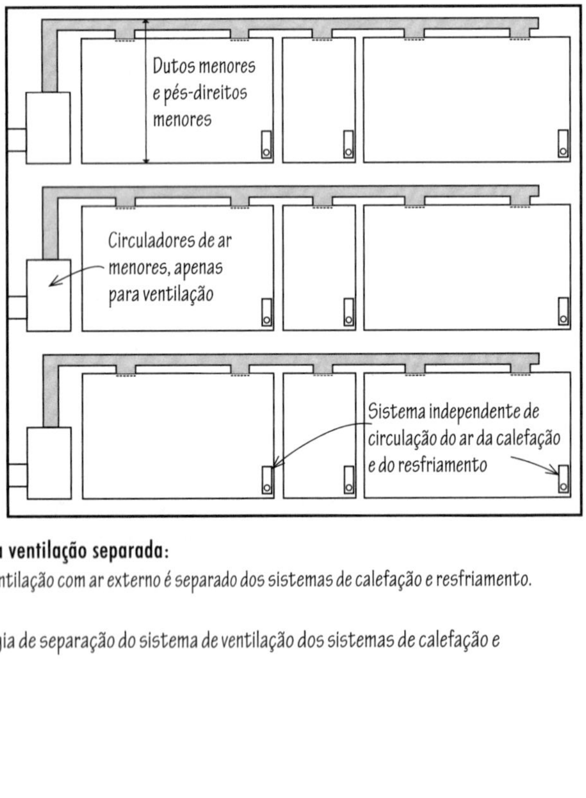

Abordagem da ventilação separada:
O sistema de ventilação com ar externo é separado dos sistemas de calefação e resfriamento.

13.28 Estratégia de separação do sistema de ventilação dos sistemas de calefação e resfriamento.

A tendência atual é pelo uso de sistemas de ventilação separados dos sistemas de calefação e resfriamento. Historicamente, os prédios comerciais possuem todos esses sistemas integrados. Isso fica visível nas coberturas das típicas lojas de varejo em prédios térreos: os volumes são unidades de calefação e arrefecimento, e os pequenos apêndices em forma de cone protegem as entradas de ar contra a chuva. Em edifícios comerciais maiores, a entrada de ar geralmente é por meio de uma grande grelha de parede, conectada por dutos aos circuladores de ar do sistema central de calefação e resfriamento. Contudo, em prédios sustentáveis é interessante separar a ventilação desses sistemas por várias razões:

- Isso reduz a potência dos ventiladores. As taxas de fluxo da ventilação costumam ser várias vezes menores do que as necessárias para a climatização. Quando nos baseamos em um grande ventilador central para deslocar uma pequena quantidade de ar para ventilação, estamos consumindo mais energia elétrica do que seria necessário (nos momentos em que a calefação ou o resfriamento não estão sendo utilizados).
- Isso permite um controle mais customizado da taxa de ventilação, que fica separada das taxas de aeração dos outros sistemas.
- Isso otimiza o aquecimento ou resfriamento do ar da ventilação.
- Isso permite que a pressão do ar no prédio seja mais rapidamente equilibrada. As típicas pequenas unidades instaladas na cobertura, por exemplo, insuflam o ar da ventilação sem fazer qualquer exaustão e, portanto, pressurizam o prédio, forçando a saída de ar e criando o risco de condensação nas paredes.
- Isso exige dutos menores e, portanto, diminui as alturas entre os pisos.

Outra opção é a ventilação natural, que usa aberturas nos prédios, como janelas de abrir; aberturas para ventilação higiênica (pequenas aberturas em paredes e janelas); e torres de vento ou coletores de vento, que promovem o efeito chaminé (que força o ar aquecido para cima e para fora do prédio). Turboventiladores instalados na cobertura e de funcionamento passivo (sem motores) podem ser empregados para induzir o fluxo de ar para fora dos prédios, enquanto as aberturas dos prédios, geralmente em níveis mais baixos, permitem que o ar fresco entre. A ventilação natural pode ser controlada pelos usuários, como é o caso das janelas de abrir; não ser controlada (com o uso de aberturas fixas); ou ser controlada de modo automático.

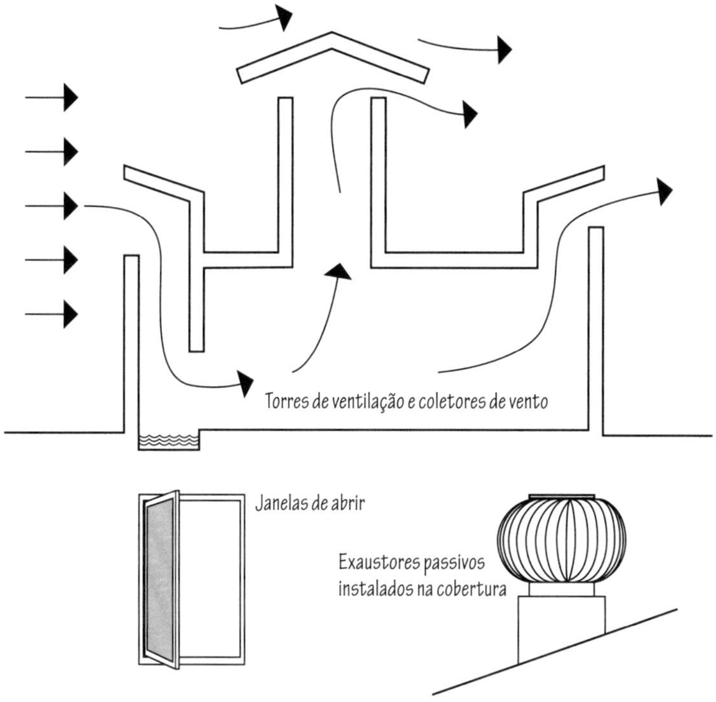

13.29 Algumas opções de ventilação natural.

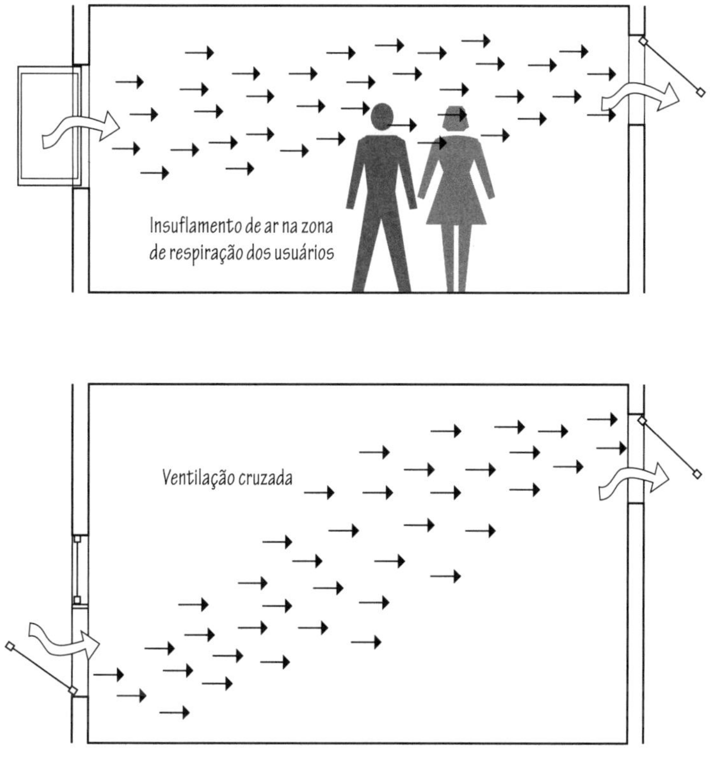

13.30 A ventilação natural efetiva.

O BREEAM inclui uma abordagem que tem servido de referência para a ventilação natural, exigindo dois níveis de controle para ela: um alto nível, para a remoção de odores temporários, e um baixo nível, para a ventilação contínua. Quando viável, a ventilação cruzada é uma estratégia importante, com aberturas em lados opostos dos espaços. Para o aproveitamento da ventilação promovida pela estratificação do ar, é preciso prestar atenção nos caminhos percorridos pelo ar da ventilação através do prédio. Para que seja efetivo, o ar fresco deve ser insuflado nos recintos a uma altura intermediária, que é onde as pessoas respiram.

Cabe ressaltar que a ventilação natural, que necessita de percursos para a circulação do ar através do prédio, entra em conflito com os benefícios da compartimentação. Assim, devemos considerar as vantagens e desvantagens de ambas as estratégias. A ventilação cruzada dentro de um ambiente gera menos conflito com a compartimentação do que a ventilação natural gerada pela estratificação do ar no nível total do prédio.

As principais forças que promovem a ventilação natural incluem a estratificação em virtude das diferentes temperaturas do ar e o vento, e nenhuma delas pode ser bem controlada, assim a ventilação natural é bastante imprevisível. Entre seus benefícios estão a economia de energia com ventiladores e, no caso das janelas, a possibilidade de ser controlada pelos próprios usuários. As desvantagens incluem a dificuldade de controle, que pode resultar na má ventilação e baixa qualidade do ar nos interiores ou no excesso de ventilação e no gasto extra de energia para aquecer ou resfriar o ar trazido por ela. A ventilação natural às vezes é utilizada para o controle da temperatura, embora seu propósito principal seja melhorar a qualidade do ar interno, diluindo os contaminantes com o uso do ar externo.

Qual o efeito dos sistemas de ventilação sobre os custos de construção, operação e manutenção de um prédio? Uma taxa de ventilação menor, resultante da diminuição do tamanho dos prédios para determinada ocupação, também reduz os custos de construção. Evitar as fontes de contaminantes em geral não afeta os custos. Aumentar o controle da infiltração do ar nas vedações de um prédio por meio do uso de registros bem vedados aumenta os custos. A redução na fonte, com o uso de tintas, acabamentos, revestimentos e carpetes de baixa toxidade, geralmente gera um pequeno aumento de custos. A ventilação com recuperação de calor impacta significativamente nos custos de construção e deve ser cuidadosamente avaliada sob a ótica dos custos de operação ao longo do ciclo de vida do prédio. Esse é um investimento que costuma se pagar nos prédios onde a ventilação funciona muitas horas por dia, mas às vezes não é tão atrativo se a ventilação for utilizada em horários restritos. Separar o sistema de ventilação do de calefação e resfriamento também costuma aumentar os custos, pois exige redes separadas de dutos. Os controles de ventilação, como os de nível de dióxido de carbono, pouco afetam os custos de uma edificação.

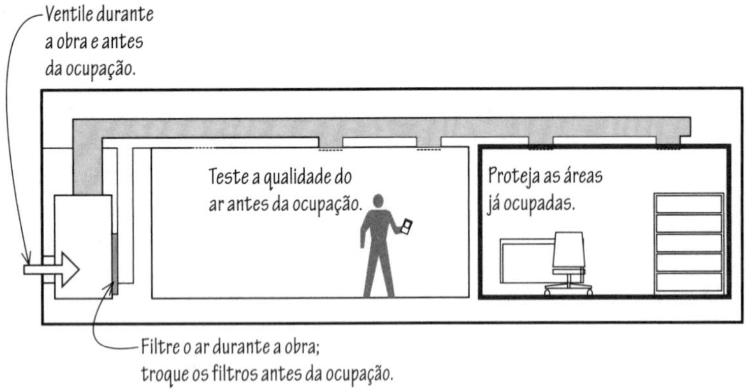

13.31 Maneiras de prevenir a contaminação de um prédio durante a obra.

A qualidade do ar do interior durante a construção e antes da ocupação

Como um tema associado ao projeto para uma ocupação interna de longo prazo e alta qualidade, frequentemente são tomadas medidas para prevenir a contaminação do prédio e de suas instalações durante a própria execução da obra. Essas medidas podem incluir a ventilação durante a obra, o fechamento dos circuladores de ar e dutos para que não entre pó com o ar, a proteção das áreas do prédio já ocupadas (no caso de reformas ou ampliações) e a garantia de que odores e gases emitidos pelos acabamentos sejam adequadamente diluídos com o ar fresco ou que se espere algum tempo até a ocupação, fazendo-se testes de conferência da qualidade do ar.

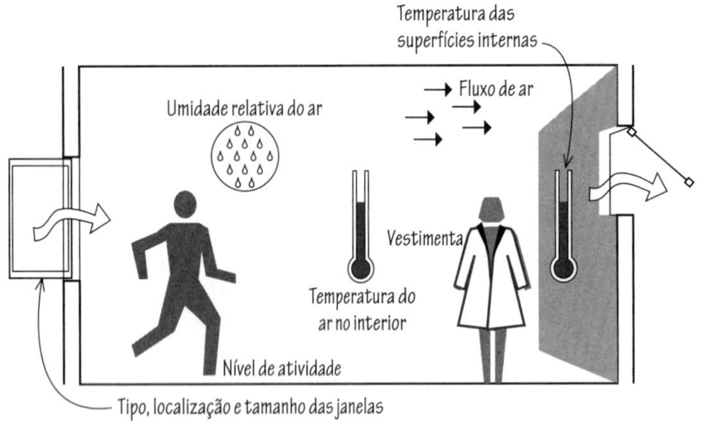

13.32 Fatores que afetam o conforto térmico.

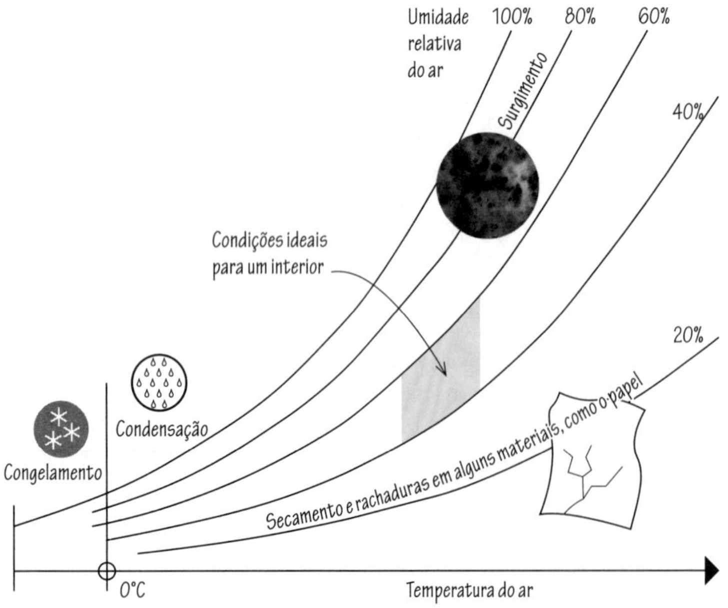

13.33 Os efeitos da umidade relativa do ar sobre o conforto térmico.

Conforto térmico

Antecedentes históricos

Historicamente, o fator que mais influenciou o conforto foi a temperatura do ar nos interiores, o que é compreensível. Porém, com o passar do tempo, consolidou-se o entendimento de que outros fatores também afetavam o conforto, como a umidade relativa do ar; os fluxos de ar; a vestimenta; o nível de atividade dos usuários; as temperaturas das superfícies do espaço (como paredes e pisos); a área de janelas através das quais ocorrem as transferências térmicas por radiação; e outros fatores físicos. Mais recentemente, o papel da temperatura do ar externo ganhou reconhecimento extra, assim como o papel das preferências, sensibilidades e respostas psicológicas dos indivíduos ao ambiente construído.

Entre os efeitos da falta de conforto estão a insatisfação das pessoas, a perda de produtividade e o estresse, que afeta o sistema imunológico humano. Uma temperatura do ar elevada pode criar a percepção de que o interior tem ar de baixa qualidade. Os efeitos extremos de um controle térmico inadequado incluem enjoo, cansaço, hipotermia e até mesmo morte.

Outros efeitos se relacionam com o controle inadequado da umidade, que afeta não somente o conforto térmico como os materiais de dentro de uma edificação. O excesso de umidade causa problemas como o surgimento de mofo, a dilatação e deformação da madeira de componentes como janelas e portas, e a condensação em superfícies frias. Por outro lado, uma umidade baixa demais acarreta ressecamentos e rachaduras não somente da pele humana, mas também de vários materiais, como madeiras, papéis e filmes. As oscilações do nível de umidade podem provocar estresse nos materiais e danificá-los, com o surgimento de trincas e empenamentos.

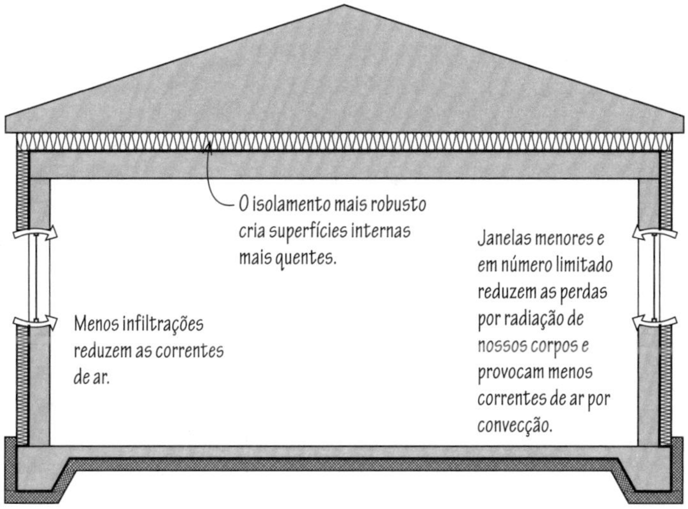

13.34 Algumas vantagens das edificações verdes que contribuem para o conforto térmico.

Os edifícios sustentáveis geralmente têm menos problemas de conforto, mesmo antes que sejam tomadas medidas específicas para a melhoria do conforto térmico. O isolamento mais robusto de paredes e coberturas aquece a temperatura das superfícies internas desses componentes durante o inverno. Diminuir a infiltração de ar reduz as correntes e os impactos do excesso ou da falta de umidade no ar, embora, sob certas condições, a baixa infiltração de ar possa aumentar o risco de excesso de umidade no interior. Janelas menores e em número limitado reduzem as perdas por radiação de nossos corpos e provocam menos correntes de ar por convecção. Os sistemas de ventilação com recuperação de energia ajudam a manter a umidade de acordo com os níveis desejáveis.

A estratificação da temperatura também pode ser reduzida se evitarmos o uso de coberturas com águas muito inclinadas e pisos rebaixados e adotarmos uma boa compartimentação do prédio.

Apesar do bom começo propiciado pela adoção das estratégias de sustentabilidade, ainda assim precisamos planejar o conforto térmico e garantir que ele fique em um nível aceitável.

13.35 As janelas de abrir permitem aos usuários ajustar melhor as condições climáticas internas.

Medir o conforto

O conforto nos interiores é medido principalmente pela temperatura do ar e secundariamente pela umidade. Outros previsores mais detalhados incluem a velocidade do ar, a temperatura radiante, o tipo de vestimenta das pessoas, a pressão do ar e a taxa de metabolismo – tudo contribuindo para determinar se um espaço específico será confortável para um conjunto particular de usuários.

As avaliações pós-ocupação são outra opção para medir se um prédio oferece conforto térmico adequado. Códigos de edificação, normas e diretrizes geralmente estabelecem que, para que se possa dizer que o interior de um prédio tem conforto térmico, mais de 80% dos usuários devem estar satisfeitos.

Pesquisas recentes têm mostrado que, no caso de usuários de prédios com janelas de abrir, mas que não dispõem de ar condicionado, há uma maior tolerância na variação das temperaturas de conforto. Parece que essas pessoas conseguem se adaptar melhor às condições climáticas e fazer as regulagens necessárias, como abrir ou fechar janelas ou ajustar sua vestimenta, mas isso não é tão verdade no caso de usuários de prédios com janelas que não abrem, mas têm condicionamento de ar. Essa constatação tem levado a uma abordagem alternativa para a medição do conforto térmico em prédios ventilados naturalmente.

Objetivos/exigências

Como observamos, pesquisas pós-ocupação podem ser feitas para determinar a satisfação das pessoas com o conforto térmico.

As seguintes questões podem contribuir bastante para que se obtenha o conforto térmico ideal para o público-alvo específico de uma edificação:

- Quais espaços serão resfriados?
- Quais espaços serão aquecidos?
- Quais espaços terão controle de temperatura?

13.36 Uma pergunta importante: quais espaços terão controle de temperatura?

As primeiras duas perguntas parecem muito óbvias, mas vale a pena fazê-las, pois alguns espaços precisam apenas de calefação ou resfriamento e outros não precisam de qualquer climatização.

Junto a essas questões há uma ainda mais radical: será que o prédio precisa de qualquer tipo de climatização ativa (isto é, mecânica)? Os sistemas de climatização mecânica incluem duas funções distintas relacionadas ao conforto térmico: a redução da temperatura do ar do interior e a redução de sua umidade. Em muitos climas e para muitas pessoas, o condicionamento do ar não é necessário e, às vezes, é considerado uma extravagância. Além disso, há várias estratégias de resfriamento passivo que podem ser exploradas. Já falamos de algumas delas: o uso de elementos de proteção solar verticais (brises) ou horizontais (brises, marquises, toldos, etc.); a redução da infiltração do ar; a ventilação com recuperação de calor; o uso de um isolamento maior; a diminuição do tamanho do prédio; a simplificação de seu formato; a redução dos ganhos de calor e umidade internos; e a redução dos ganhos de iluminação. Nossa necessidade de condicionamento do ar pode, na verdade, ser eliminada em determinados climas e para alguns prédios com funções específicas. As descobertas recentes que já mencionamos (sobre a capacidade humana de se adaptar à falta do condicionamento do ar) também reforçam essa estratégia de dispensa de sistemas mecânicos para que se obtenha o conforto térmico.

Ainda assim, em muitos climas e para vários usos de edificação, evitar o uso do condicionamento de ar é simplesmente impossível se quisermos manter um bom nível de habitabilidade nos interiores, tanto para o conforto quanto para a saúde. Além disso, muitas pessoas, com o passar dos anos, acostumaram-se muito ao condicionamento mecânico do ar e não abrem mão disso. O movimento pela arquitetura sustentável terá de lutar muito contra esses hábitos para conseguir reduzir de modo significativo o condicionamento de ar, mas, em muitos casos, certamente conseguirá produzir ambientes que dispensem totalmente a climatização mecânica. Ainda assim, é provável que tenhamos de aceitar e usar esses sistemas de climatização por vários anos.

A terceira questão é crucial: quais espaços terão controle de temperatura? A resposta a essa pergunta terá um impacto significativo tanto no conforto térmico como no consumo de energia. Há muitas maneiras para se obter o controle da temperatura. Por conseguinte, as decisões que já no início de um projeto são tomadas a respeito dos objetivos de conforto térmico provavelmente afetarão o tipo de sistema de climatização escolhido e o grau de conforto resultante, seja ele medido objetivamente, seja baseado na percepção dos usuários.

Estratégias

A primeira estratégia é definir objetivos, metas e requisitos do conforto térmico nos documentos do projeto, como o Programa de Necessidades.

A seguir, escolhe-se a estratégia de controle da temperatura. Nos primórdios dos sistemas atuais de calefação central, o número de locais de um prédio em que a temperatura era monitorada era reduzido e, às vezes, inclusive uma única temperatura era escolhida para todo o prédio ou para cada orientação solar. Hoje, isso já não é comum. Entretanto, talvez como um resquício dessa estratégia original e simplista do controle de temperatura único, ainda não costumamos prever controles de temperatura independentes para cada um dos espaços, e é por isso que as edificações sustentáveis precisam examinar as escolhas disponíveis com cuidado, pois controles de temperatura separados por espaço proporcionarão mais conforto térmico e resultarão em maior eficiência de energia.

A maioria dos sistemas com dutos e ar insuflado, de circuladores de ar centrais a caldeiras industriais e bombas de calor com dutos, não oferece um controle de temperatura por espaço. Até mesmo os sistemas com volume de ar variável, que usam terminais controlados por termostatos e oferecem controles de temperatura múltiplos por circulador de ar, não costumam permitir um controle de temperatura por recinto. Isso é possível, mas raro na prática. Os sistemas de ar forçado raramente são feitos em tamanhos pequenos o suficiente para atender a um único recinto, e os controles raramente são por cômodos.

Como esses sistemas não têm um controle único de temperatura por espaço, são obrigados a localizar o sensor de temperatura em um dos vários espaços servidos pelo controle ou usar a temperatura média dos vários espaços atendidos, o que resulta em um meio-termo forçado para o conforto térmico. Quando um espaço específico é atendido pelo fluxo de ar de um sistema no qual a temperatura é medida em outro local, qualquer alteração no espaço afetará a temperatura de seu ar — estejam as lâmpadas acesas ou desligadas; as máquinas em funcionamento ou não; aumentando-se ou diminuindo-se a ocupação; recebendo ganhos solares ou não — e não será atendida de modo adequado pelo sistema. O desconforto será praticamente certo.

Por outro lado, os sistemas sem dutos, como os *fan coils*, costumam oferecer um controle de temperatura por espaço, pois cada sistema geralmente serve a um recinto e tem seu próprio controle de temperatura.

Os sistemas com dutos não costumam fornecer um controle de temperatura para cada espaço.

Os sistemas do tipo *fan coils* geralmente oferecem um controle de temperatura separado para cada espaço.

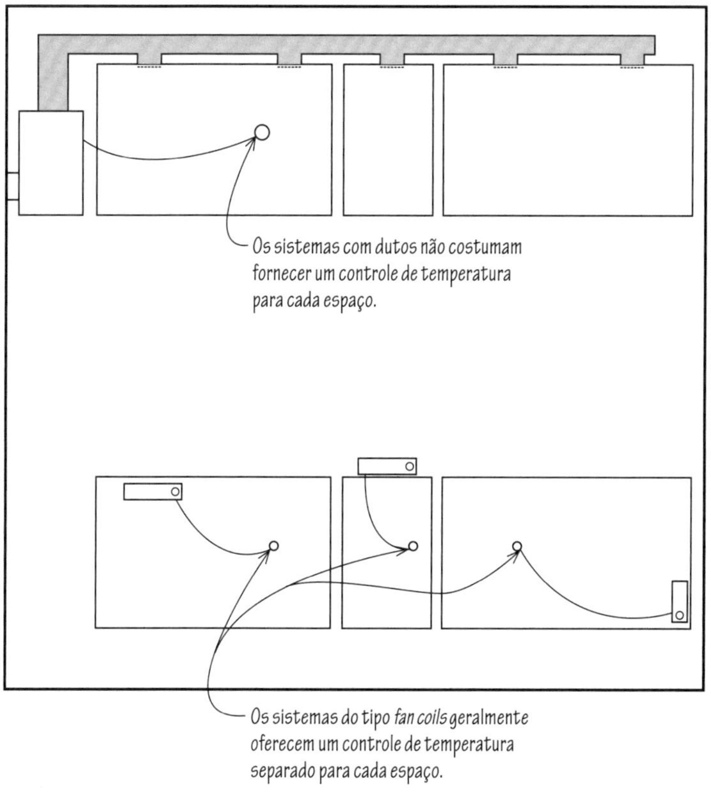

13.37 Uma comparação entre os sistemas com dutos e os *fan coils*.

Retomemos então a pergunta-chave feita durante a definição das exigências de conforto térmico para um projeto: o controle de temperaturas para cada cômodo é necessário? Se a resposta for positiva, então a forte tendência será usar um sistema sem dutos, como os *fan coils*, como a base para a distribuição do resfriamento ou da calefação. Outra opção é o uso de radiadores.

Retomaremos as opções de calefação e resfriamento com mais detalhes no capítulo seguinte, mas a seleção adequada desses sistemas é essencial.

Outras estratégias para que se atinjam os objetivos e as metas de conforto térmico incluem o dimensionamento adequado dos equipamentos de calefação e resfriamento e do sistema de distribuição associado a estes. É preciso que a capacidade do sistema seja suficiente, pois, se ela for subdimensionada, o espaço não receberá calor ou frio necessário e se tornará desconfortável. O superdimensionamento, contudo, também traz riscos ao conforto e acarreta desperdícios de energia, algo que não deve ocorrer para que se alcancem os padrões de sustentabilidade das edificações.

As velocidades do ar insuflado e os pontos de saída também afetam o conforto térmico e precisam ser determinados no projeto de cada recinto. Um fluxo de ar muito elevado sobre os usuários resultará em desconforto, mesmo que a temperatura do ambiente seja boa.

Também já se está comprovado que as janelas de abrir aumentam o conforto térmico, pois permitem aos usuários ajustar a ventilação de cada espaço individualmente. Se a decisão é oferecer janelas de abrir, o segundo passo é definir o número. Lembre-se de que cada janela de abrir é um ponto propenso a infiltrações. O número e a localização dessas janelas com caixilhos móveis devem ser escolhidos a fim de atender às necessidades de ventilação dos usuários, e não se pode considerar que todas as janelas devam ser de abrir.

Outra estratégia importante é o comissionamento dos sistemas de conforto térmico. Isso inclui a documentação das exigências, a medição e a verificação do conforto térmico, bem como as ações corretivas para melhorar as áreas nas quais o conforto for deficiente.

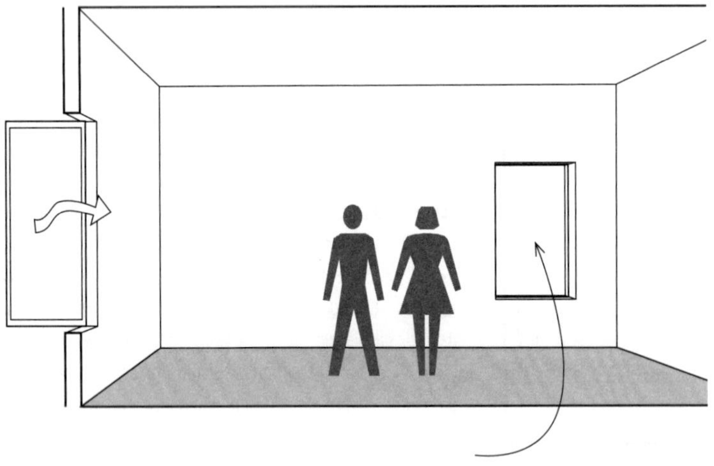

13.38 Para o conforto térmico, preveja janelas de abrir – mas não mais do que o necessário.

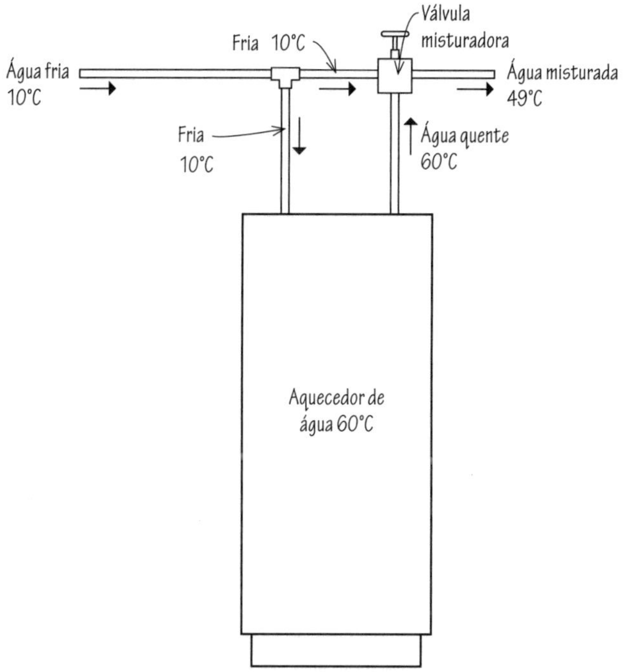

13.39 A gestão da temperatura da água aquecida por um *boiler*.

13.40 Algumas fontes externas de ruído.

Qualidade da água

A qualidade da água às vezes é negligenciada por códigos de edificação, normas e diretrizes de edificações sustentáveis. Talvez estejamos considerando como garantida a boa qualidade da água nos prédios, em virtude dos grandes avanços recentes. Contudo, a qualidade inadequada da água pode representar um grande risco à saúde.

Uma edificação sustentável deve oferecer água potável. Se a água da rede municipal não for a única fonte de água potável e se, por exemplo, será utilizada água de um poço artesiano, da chuva ou reciclada, é essencial que haja uma boa filtragem e tratamento.

Outra questão relacionada à água é a necessidade de eliminar o risco de que contenha Legionella, um grupo de bactérias infecciosas. Isso significa manter as temperaturas da água altas o suficiente para matá-las, mas não tão altas a ponto de causar perdas térmicas ou o risco de queimaduras nos usuários. Uma estratégia efetiva é ter a água a uma temperatura alta e então usar uma válvula misturadora para abaixar sua temperatura antes do consumo. A água parada, como a de torres de arrefecimento, também deve ser controlada para eliminar o risco de Legionella.

Acústica

Um bom projeto de acústica inclui evitar a transmissão de ruídos indesejáveis da rua, a passagem de ruídos de áreas barulhentas do interior para áreas mais silenciosas e a entrada e saída de barulho de espaços nos quais até mesmo baixos níveis de ruído são um problema.

Os ruídos externos podem incluir aqueles gerados por máquinas pesadas, trânsito e até mesmo a chuva sobre coberturas leves.

Assim como no caso do conforto térmico, as edificações sustentáveis costumam ser mais à prova de som do que as tradicionais por duas razões:

1. Uma menor infiltração de água significa menor transmissão através de furos e frestas, que são caminhos pelos quais os ruídos podem ser transmitidos.
2. O isolamento térmico maior nas paredes e na cobertura significa mais isolamento acústico.

Os prédios ecológicos também têm a vantagem de evitar a transmissão de sons das áreas ruidosas do interior – como espaços com música amplificada ou salas de equipamentos mecânicos – a outras áreas e de prevenir a transmissão sonora a outros espaços sensíveis a ruídos, como auditórios, salas de reunião privativas e espaços para apresentações musicais. Essa vantagem deriva do zoneamento térmico e da compartimentação, desejáveis para a conservação de energia.

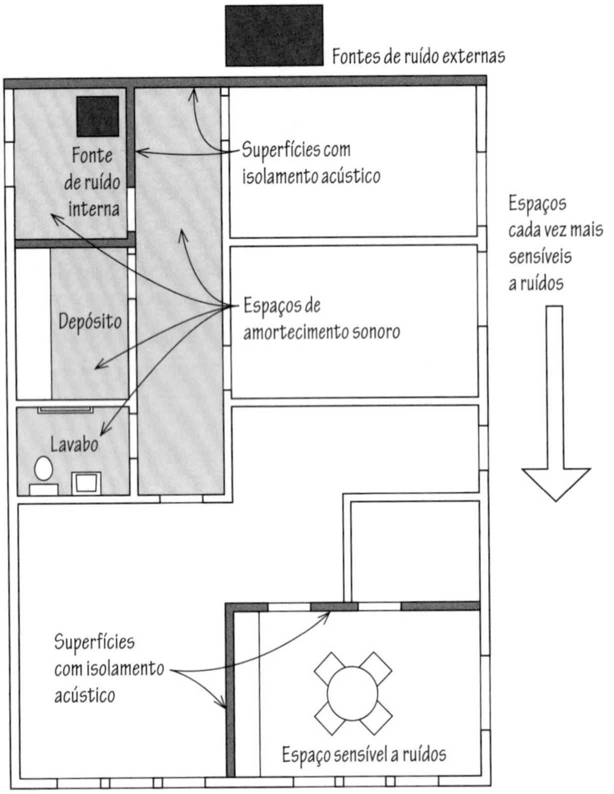

13.41 O isolamento de espaços sensíveis das fontes de ruído.

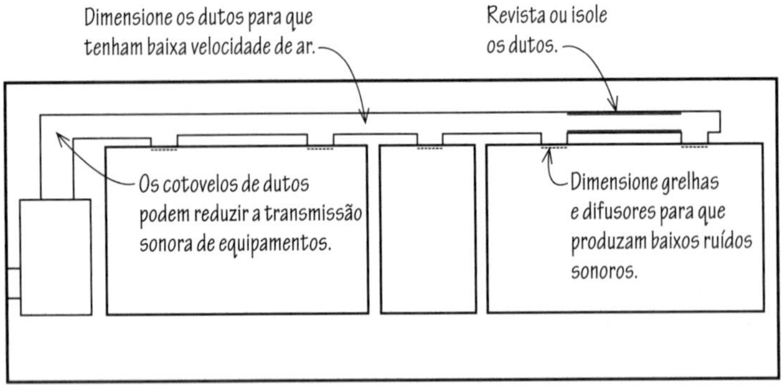

13.42 A redução do nível de ruídos gerados pelo fluxo de ar através de dutos e saindo de grelhas e difusores.

Contudo, não devemos considerar que uma edificação sustentável conseguirá evitar todos os problemas acústicos. Uma boa prática é fazer uma lista de possíveis fontes de ruídos, espaços sensíveis e caminhos de transmissão acústica e abordá-los já no início do projeto.

Começando de fora para dentro, a orientação e o formato do prédio podem ser utilizados para minimizar o impacto das principais fontes de ruído externo. Dentro do prédio, trabalhe cada uma das fontes, buscando isolá-las, depois passe para os espaços sensíveis, tratando-os e isolando-os, caso os ruídos que os alcançam ainda sejam altos demais.

Deve-se prestar atenção diretamente às principais fontes de ruído dentro da edificação, como os equipamentos de climatização e os elevadores. Antes de tudo, essas áreas devem ser isoladas fisicamente dentro da edificação por meio do leiaute e da criação de espaços de transição entre elas e os espaços de permanência prolongada. A seguir, elas devem ser isoladas acusticamente por meio de paredes com classes de transmissão sonora apropriadas para cada parede, teto e piso, bem como por portas acústicas, com vedações acústicas e classe de transmissão sonora.

O fluxo de ar que entra e sai das grelhas e dos difusores também é uma das principais fontes de ruído e deve ser projetado de acordo com os níveis apropriados, por meio do dimensionamento de dutos grandes o suficiente para reduzir a velocidade do ar, do uso de cotovelos e outros isolantes físicos, de dutos com revestimento acústico, e do dimensionamento correto de grelhas e difusores. O fluxo de água nos tubos também pode ser uma fonte desagradável de ruído se eles forem pequenos demais e a velocidade da água for muito alta. Os tubos de ferro fundido transmitem menos ruídos do que os de plástico. Lembre-se de outras fontes de ruído comuns: fotocopiadoras e impressoras, cantinas, salas para funcionários e cozinhas. Não se esqueça das fontes de ruídos incomuns ou intermitentes, como os geradores de energia de emergência, que às vezes exigem testagem rápida.

Metas de nível sonoro devem ser estabelecidas para diferentes tipos de espaço, e as melhores práticas devem buscar o alcance das metas e dos objetivos propostos. As exigências devem ser registradas nos documentos de comissionamento do projeto. Os projetos devem incluir exigências de testagem, para garantir o controle de qualidade. Caso seja necessário, um engenheiro ou técnico em acústica pode ser convidado para fazer parte da equipe de projeto, contribuindo para esse processo com seus conhecimentos especializados.

14

Climatização

Os sistemas de climatização (calefação e resfriamento, principalmente, mas também o controle da umidade relativa do ar nos interiores) muitas vezes representam desafios para o projeto, a construção e a operação de um prédio. Eles podem ser complexos, custar caro, causar problemas de desconforto, emitir ruídos, consumir muita energia, exigir manutenção elevada e ocupar muito espaço físico, impactando no projeto de arquitetura. Em última análise, os melhores sistemas de climatização são aqueles que passam despercebidos: não são vistos, ouvidos, nem causam desconforto.

A climatização é o último recurso de uma série de camadas de proteção térmicas de que dispomos em nossos ambientes internos. Ainda assim, o aquecimento e o resfriamento podem ser totalmente obtidos do interior do fechamento térmico de uma edificação. Tradicionalmente, os equipamentos de climatização eram instalados em locais em que grande parte do calor ou frio gerado era perdida, ou seja, perto ou além do perímetro térmico do prédio: no exterior, na cobertura, nos pavimentos de subsolo ou cobertura, nas cavidades de parede ou piso e junto a janelas e paredes externas. Contudo, cada vez mais chega-se ao consenso de que esses sistemas funcionam melhor se forem colocados perto do núcleo da edificação, não em sua periferia.

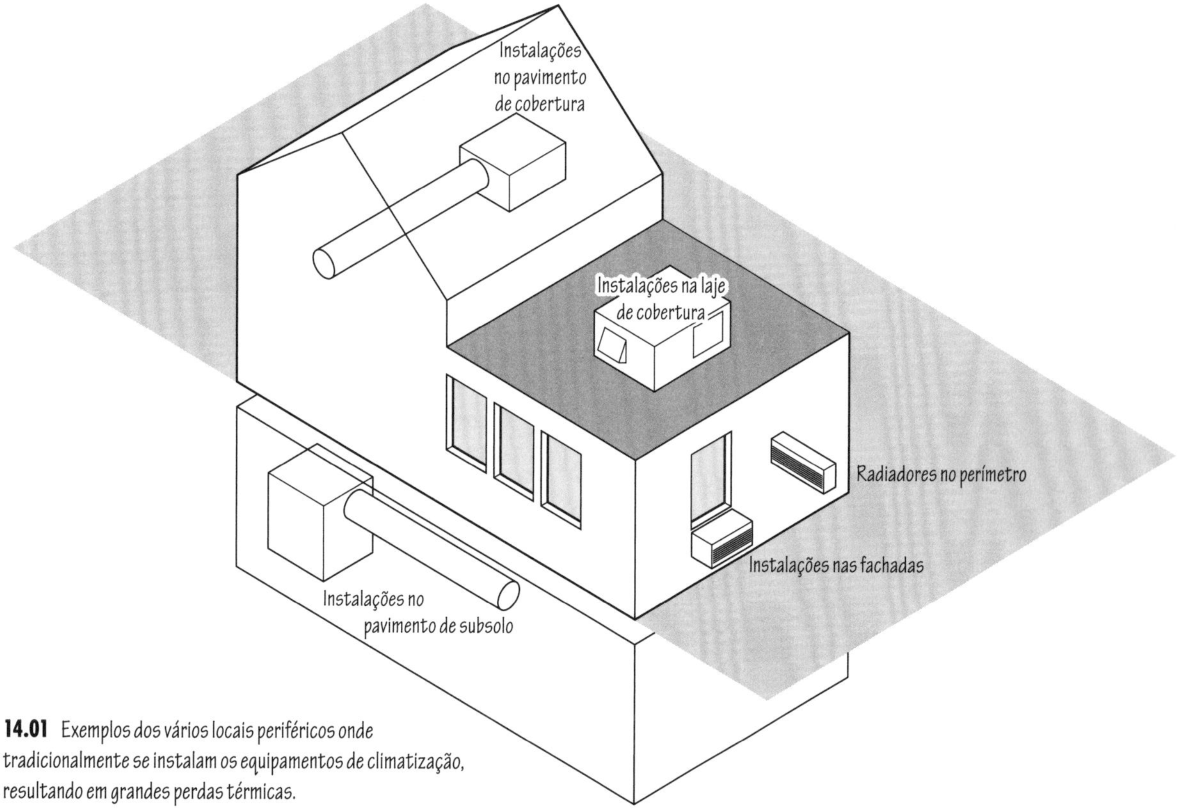

14.01 Exemplos dos vários locais periféricos onde tradicionalmente se instalam os equipamentos de climatização, resultando em grandes perdas térmicas.

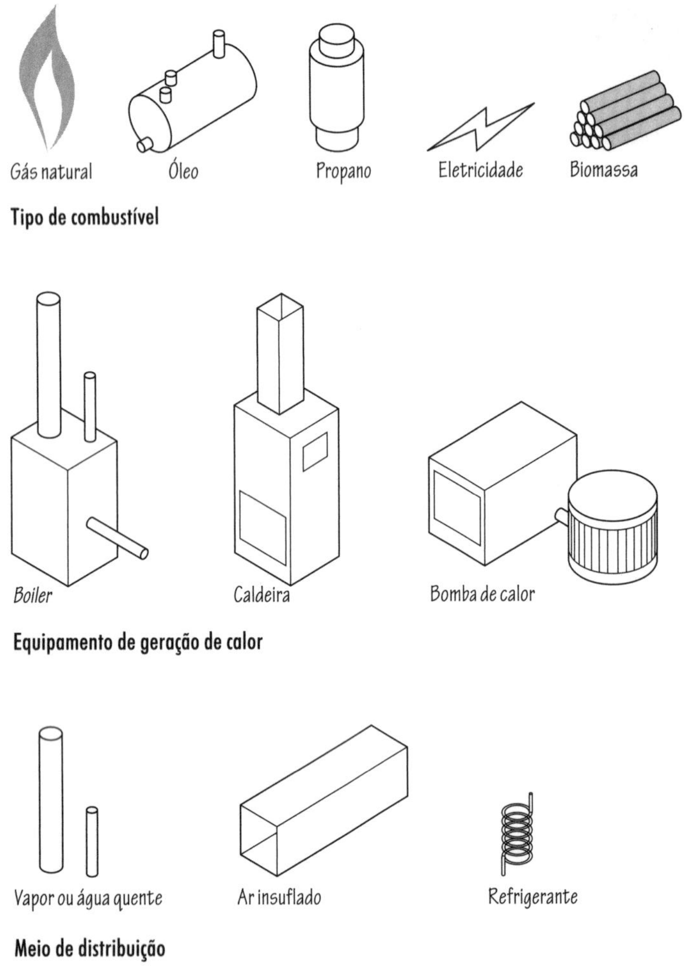

14.02 Alguns exemplos de classificação dos sistemas de climatização.

Tipos de sistemas de climatização

Os sistemas de aquecimento (calefação) ou resfriamento poderão ser selecionados de modo mais efetivo se entendermos as opções de que dispomos e que resultam em vários tipos de classificação.

Eles podem ser identificados em função do tipo de combustível empregado: sistemas com combustíveis fósseis (gás natural, óleo, carvão mineral ou propano); sistemas elétricos (como as bombas de calor ou os radiadores); ou sistemas a biomassa (que geralmente queimam madeira em tora, péletes ou cavaco). Outra maneira para diferenciarmos os sistemas de aquecimento é por meio do sistema empregado para gerar o calor. Nessa classificação, eles incluem as caldeiras (que aquecem o ar); os aquecedores de água (como os de acumulação, muitas vezes chamados de *boilers*, que aquecem água ou vapor de água, ou os de passagem); e as bombas de calor, que ou aquecem o ar, ou aquecem a água. Outra maneira de dividir os sistemas de calefação é em virtude do fluido de distribuição da energia térmica gerada: vapor, água quente, ar insuflado ou refrigerante (gás ou líquido frigorígeno). Alguns sistemas de calefação não possuem rede de distribuição, como é o caso de radiadores de rodapé ou parede, calamandras, aquecedores portáteis e aquecedores de radiação infravermelha, comuns em fábricas.

Nenhum tipo de classificação é melhor do que outro, mas essa variedade mostra como as escolhas são complexas. Em todo caso, elas podem ser úteis para que entendamos as opções disponíveis e estimulam questões interessantes já no início dessa seleção: qual será a fonte de energia empregada? Quais serão os sistemas de calefação e resfriamento? Como será a distribuição?

A história nos proporciona uma visão de como os sistemas de calefação se desenvolveram. Até por volta de 1900, prevalecia a queima de madeira em lareiras. Os sistemas a vapor e água quente passaram a dominar na primeira metade do século XX, época em que também passaram a ser utilizados alguns sistemas com dutos com circulação por gravidade. Os sistemas de ar forçado (insuflado) em dutos se tornaram populares na segunda metade do século XX. Nos últimos anos, vêm sendo difundidos os sistemas sem duto e baseados em um refrigerante e as bombas de calor geotérmico (com fonte subterrânea ou aquática), que também usam um fluido frigorígeno. É importante observar que os sistemas mais antigos ainda são populares, e hoje testemunhamos o resgate de sistemas a água quente, inclusive dos antiquados sistemas de calefação a vapor de água no projeto de alguns prédios novos.

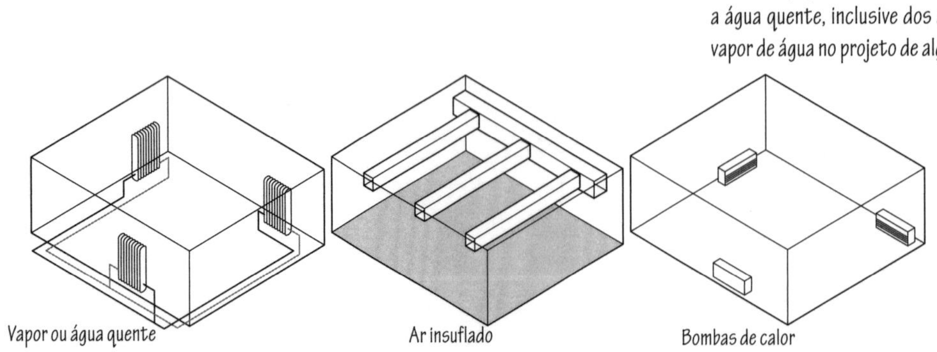

14.03 O desenvolvimento histórico dos sistemas de climatização.

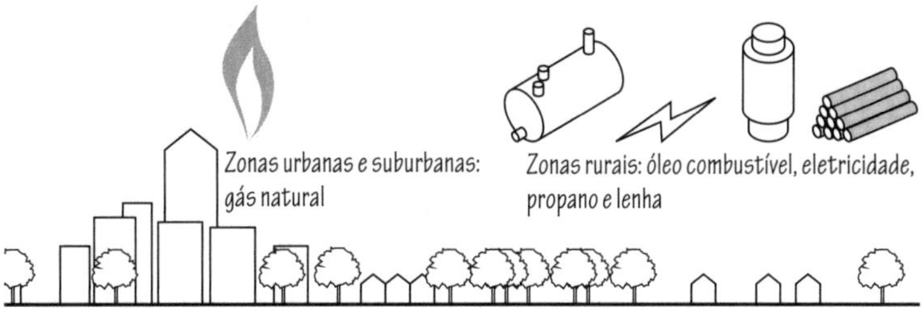

14.04 As preferências quanto ao sistema de calefação em ambientes urbanos, suburbanos e rurais.

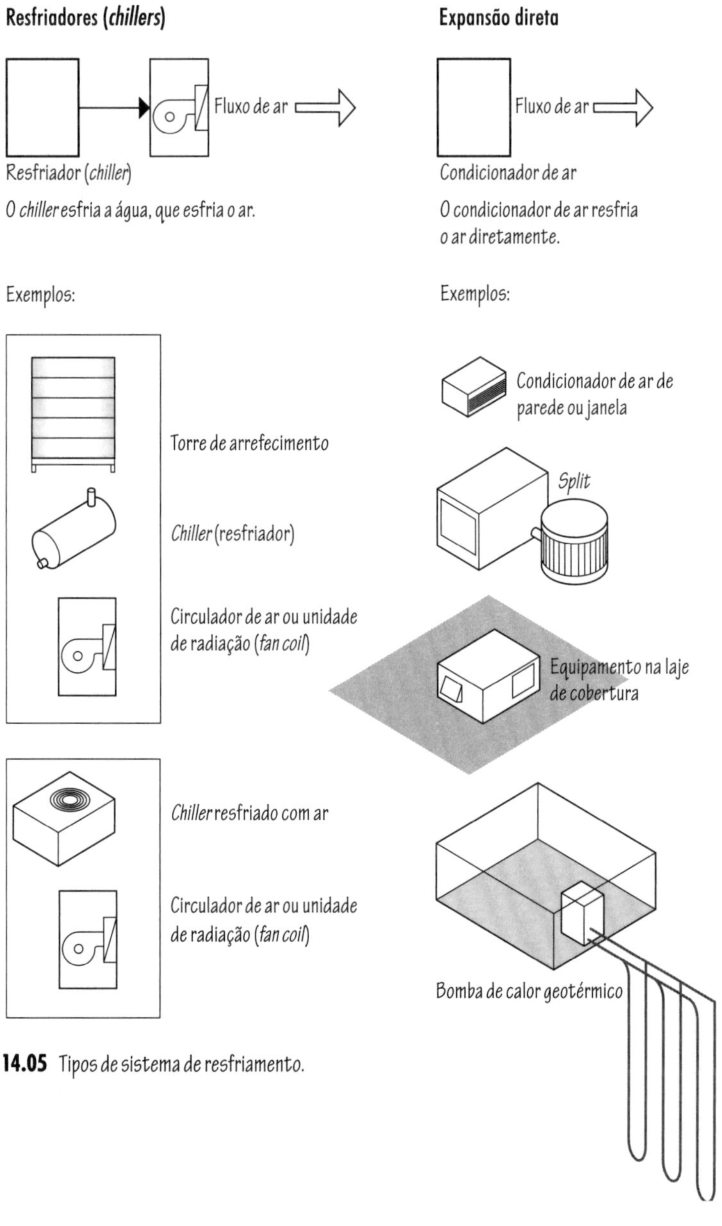

14.05 Tipos de sistema de resfriamento.

Os fatores geográficos desempenham um importante papel na seleção do sistema de calefação, especialmente quanto à seleção do combustível. O gás natural é preferido em áreas urbanas e suburbanas em que esteja canalizado, enquanto o propano, o óleo combustível, a madeira, o querosene e a eletricidade dominam nas áreas rurais. No Sul dos Estados Unidos, as bombas de calor se tornaram muito comuns a partir da década de 1980, devido à sua alta eficiência quando as temperaturas externas são amenas e à sua possibilidade de integração com os sistemas de condicionamento de ar necessários em climas mais quentes. As bombas de calor sem dutos predominam em muitos outros países nos quais um sistema de calefação e resfriamento centralizado não foi adotado e nos quais os sistemas com dutos ou a queima de combustível fóssil não eram tão arraigados.

Os sistemas de resfriamento podem, *grosso modo*, ser divididos em duas classes: sistemas com *chiller* (resfriador), que esfriam água que depois é empregada para resfriar o ar, e os sistemas de expansão direta, em que um frigorígeno resfria o ar diretamente, por meio de um trocador de calor. Ainda assim, os sistemas de resfriamento podem ser classificados de diversas maneiras. Se todo o sistema está contido em uma caixa, ele é chamado de "sistema compacto", cujas subcategorias incluem os equipamentos de cobertura (comuns em lojas térreas), os sistemas compactos internos (hoje menos comuns), os pequenos aparelhos de parede (mais usuais em hotéis e motéis) e os aparelhos de janela (os equipamentos mais baratos). Se o sistema for dividido em duas partes (externa e interna), é chamado de *split*, podendo ser com ou sem dutos. O sistema de ar-condicionado do tipo *split* com dutos é o mais comum nos Estados Unidos, especialmente em subúrbios, mas, em outros países, predominam os *splits* sem duto. Em edifícios grandes, os *chillers* são subdivididos conforme o tipo de compressor (centrífugo, rotativo, helicoidais e de movimento alternativo) e o tipo de evacuação do calor (resfriados com um líquido refrigerante ou por ar).

O tipo e o tamanho do prédio também podem influenciar o sistema escolhido. Os prédios grandes costumam ter um aquecedor e um resfriador de água (*boiler* e *chiller*), que é o fluido de distribuição térmica. Os prédios menores tendem a ter calefação com uma caldeira e um sistema de resfriamento por expansão direta.

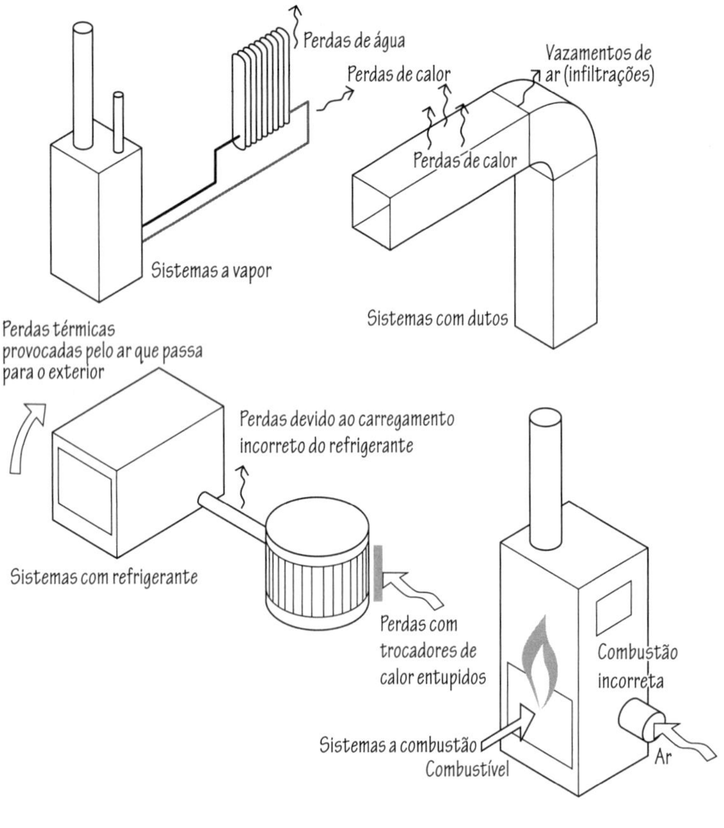

14.06 Vulnerabilidades dos sistemas de calefação e resfriamento.

Vulnerabilidades dos sistemas

Cada tipo de sistema tem as próprias vulnerabilidades.

Os sistemas a vapor sofrem de perdas de água e energia exorbitantes: geralmente superiores a 40%. Os sistemas de ar forçado têm problemas de infiltrações de ar e perdas térmicas nos dutos, em geral entre 25 e 40%. Os sistemas baseados em um refrigerante (originariamente utilizados somente para o resfriamento, mas hoje cada vez mais comuns em bombas de calor) sofrem da sensibilidade a uma carga de refrigerante incorreta, que frequentemente resulta em perdas estimadas entre 10 e 20%. Eles também têm o problema de que seus trocadores de calor ou ficam bloqueados pela vegetação que cresce perto de um equipamento ao ar livre, ou têm filtros e desvios rapidamente sujos, o que resulta no aumento do consumo de eletricidade do sistema.

Por outro lado, os sistemas alimentados por combustível fóssil podem ser afetados pela combustão incorreta.

Além disso, todos os sistemas podem ter problemas se forem mal-empregados. Por exemplo, um aquecedor de água de alta eficiência funcionará de modo ineficiente se o sistema de distribuição não for corretamente projetado ou instalado ou se a temperatura da água estiver alta demais. Uma bomba de calor geotérmico de alta eficiência funcionará com baixa eficiência se o fluxo de ar for inadequado ou se seus tubos enterrados tiverem diâmetro pequeno demais.

Alguns sistemas criam problemas para um prédio que não se relacionam com o sistema de climatização em si. Por exemplo, muitos combustíveis fósseis exigem aberturas na pele da edificação necessárias para a entrada do ar da combustão e para ventilar os produtos derivados da queima (uma chaminé, em geral). Uma chaminé costuma acarretar excesso de ventilação em um prédio (acima do que seria necessário para a combustão), e, em geral, esse ar tem de ser aquecido. Outro exemplo é um ar-condicionado de parede, que cria pontos de infiltração nas vedações de um prédio, além das perdas de condução das pontes térmicas.

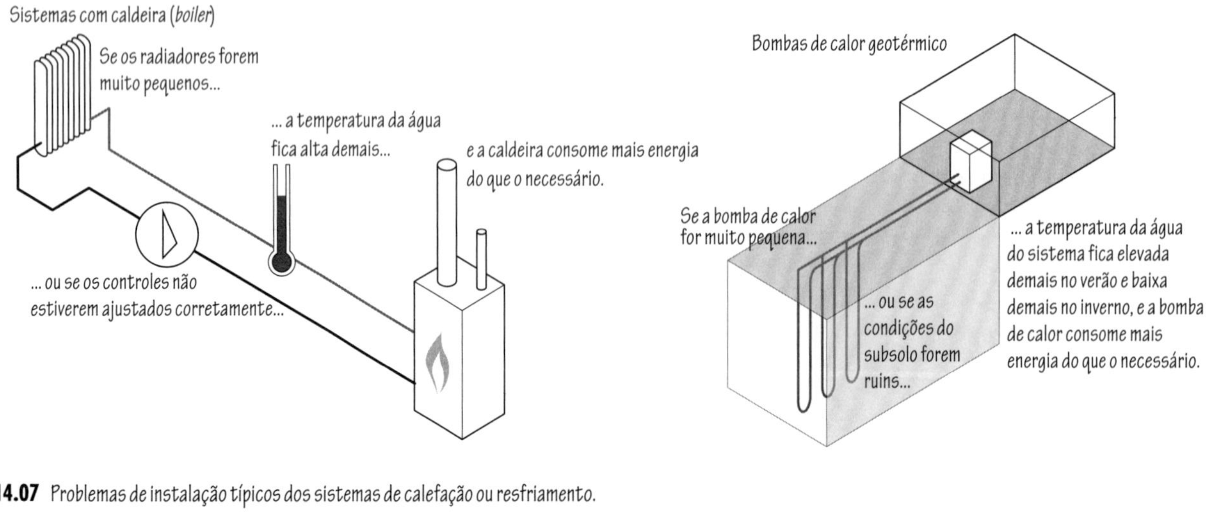

14.07 Problemas de instalação típicos dos sistemas de calefação ou resfriamento.

Orientações para o projeto de fora para dentro

O foco para integrar a climatização de fora para dentro é inserir todo o sistema dentro do fechamento térmico. Colocar o sistema de climatização fora da vedação térmica ou em espaços sem condicionamento térmico, como pavimentos de subsolo, implica condenar uma edificação a perdas de energia de 10% ou mais.

Colocar a calefação e refrigeração dentro do fechamento térmico simplifica as opções das edificações sustentáveis. Portanto,

- Evite colocar os equipamentos de climatização e seus sistemas de distribuição em espaços sem climatização, como pavimentos de subsolo ou cobertura.
- Evite colocar equipamentos de climatização na cobertura ou do lado de fora dos prédios. Neste caso, estamos especificamente nos referindo aos circuladores de ar ou às unidades independentes, que envolvem o fluxo de ar dos interiores que vem das unidades de aquecimento ou resfriamento ou sai delas. Não estamos falando de equipamentos que rejeitam calor, como torres de arrefecimento, *chillers* resfriados com ar ou unidades de condensação, que não envolvem o fluxo do ar dos interiores e que, por definição, precisam ser localizados no exterior.
- Evite o uso de sistemas a combustão que resultam em aberturas que levam ao interior da edificação. Em outras palavras, evite sistemas a combustão que não sejam herméticos.
- Evite o uso de equipamentos instalados em janelas ou atravessando paredes, que geram infiltrações de ar nos prédios.
- Evite fornecer calor apenas dentro do fechamento térmico interno, como sob as janelas, em uma parede externa ou no piso acima de um espaço não climatizado ou no nível do solo.

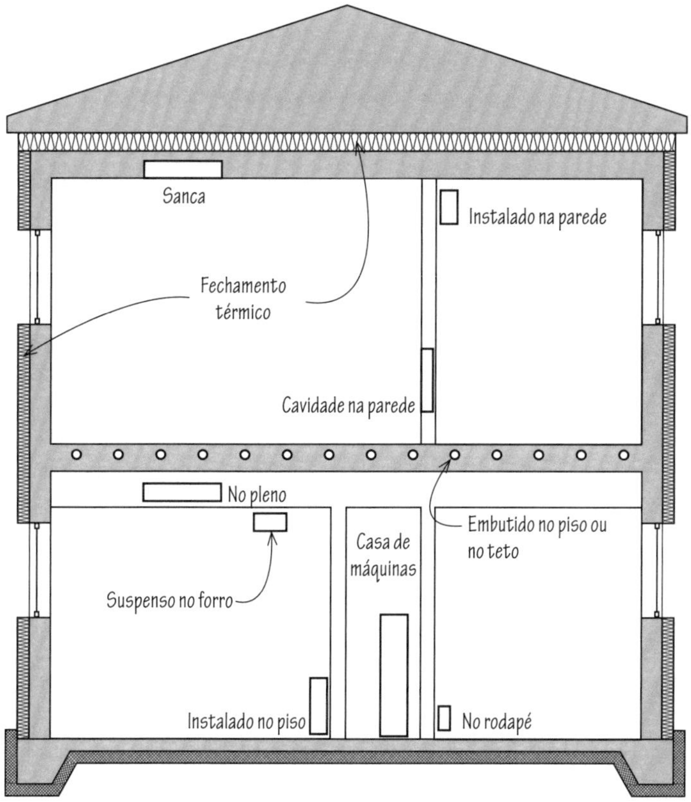

14.08 Locais dentro do fechamento térmico onde é possível instalar os sistemas de distribuição da climatização.

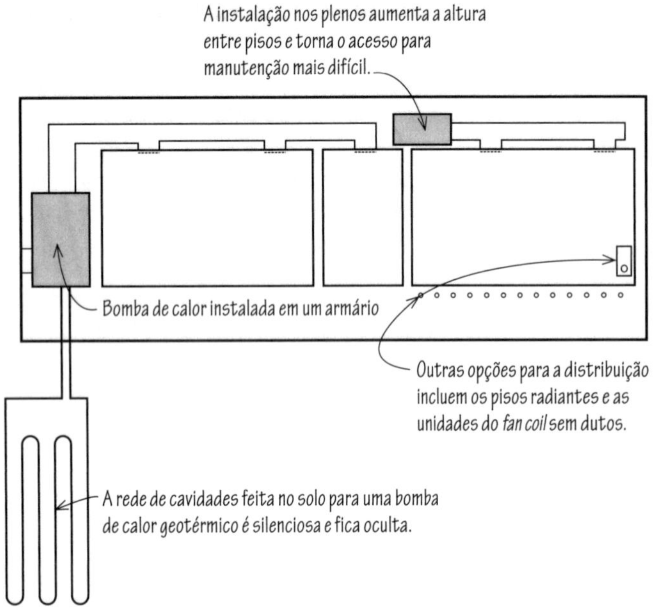

14.09 Uma bomba de calor geotérmico.

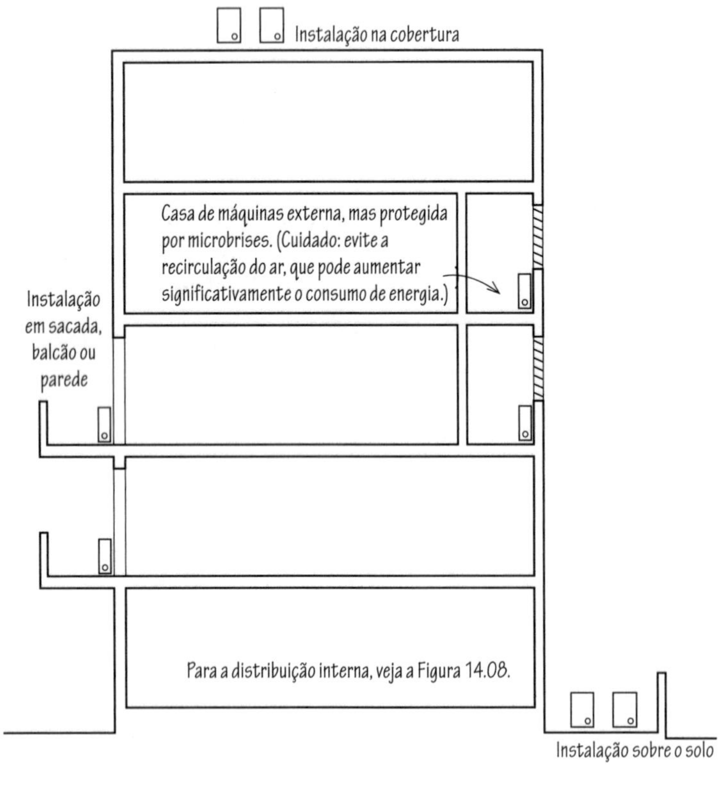

14.10 Possíveis localizações para uma bomba de calor com fonte aérea.

Apesar de reduzirem as alternativas, essas simplificações ainda nos deixam muitas opções.

As bombas de calor geotérmico instaladas dentro do fechamento térmico provavelmente são o sistema de climatização mais eficiente. É sempre preferível evitar a instalação desses sistemas fora do fechamento térmico (em coberturas, pavimentos de subsolo ou cobertura, no solo fora do prédio). Se um sistema de distribuição de ar forçado for utilizado, os dutos deverão ser bem vedados. Deve-se prestar atenção em onde a bomba de calor é localizada, para evitar a transmissão dos ruídos e vibrações do compressor aos espaços de permanência prolongada e facilitar a manutenção. Os armários também são bons para a instalação de bombas de calor com dutos, pois oferecem isolamento acústico e facilitam o acesso para reparos. Esses sistemas também podem ser localizados em plenos, mas isso dificulta o acesso e pode obrigar ao aumento da altura entre pisos e, consequentemente, da altura total do prédio. Os sistemas geotérmicos também têm benefícios significativos do ponto de vista da estética e acústica. Como o trocador de calor fica enterrado no solo, não há torres de arrefecimento, unidades de condensação, equipamentos na cobertura ou outras máquinas pouco atraentes ocupando espaço ou gerando ruídos sobre o solo ou a cobertura.

Outra opção são as bombas de calor com fonte aérea e sem dutos de distribuição. Amplamente empregados no mundo inteiro, esses sistemas estão se tornando mais comuns também nos Estados Unidos. As versões desses sistemas que têm velocidade variável estão se tornado muito mais eficientes e funcionado melhor sob temperaturas externas baixas, permitindo sua aplicação em climas nórdicos. As versões com recuperação de calor permitem a calefação e o resfriamento simultâneos de prédios com núcleos internos ou outros espaços que exigem muito resfriamento. As perdas por distribuição geradas pelas tubulações com refrigerante são menores do que as dos sistemas com dutos ou tubos com água ou vapor de água. Sua capacidade de transportar calor ou frio com energia parasita baixa (ou seja, a energia de bombas e ventiladores) é excelente. O projeto desses sistemas tende a ser mais fácil do que o dos sistemas centralizados, como os que têm caldeira (*boiler*) ou resfriador (*chiller*).

Como eles costumam ser fabricados com capacidades menores, se o prédio for grande, serão necessárias unidades múltiplas. Contudo, esses equipamentos de tamanhos menores permitem flexibilidade na instalação. O sistema de calefação e resfriamento pode ser instalado em módulos, sem o uso de guindastes, pois nenhum componente do sistema é grande demais para ser transportado em um elevador comum.

A principal limitação dos sistemas de calefação sem duto é que há um comprimento máximo entre as unidades internas e as externas (atualmente 150 m). Da mesma maneira, há uma altura máxima entre esses componentes, hoje de cerca de 90 m. Também é preciso encontrar um local apropriado para as unidades externas.

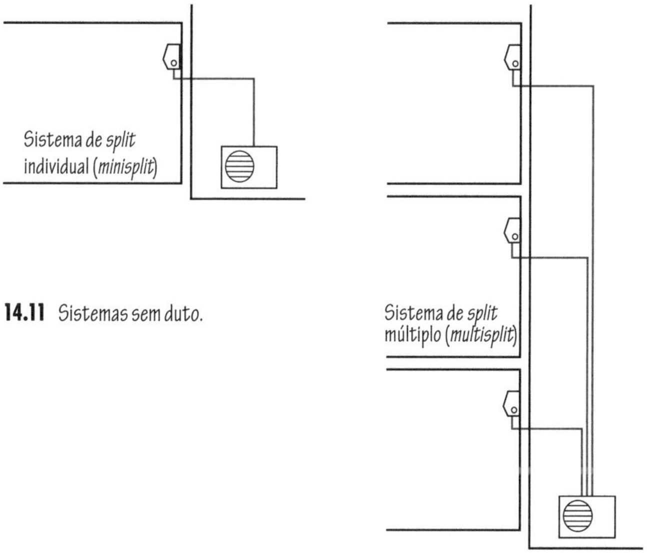

14.11 Sistemas sem duto.

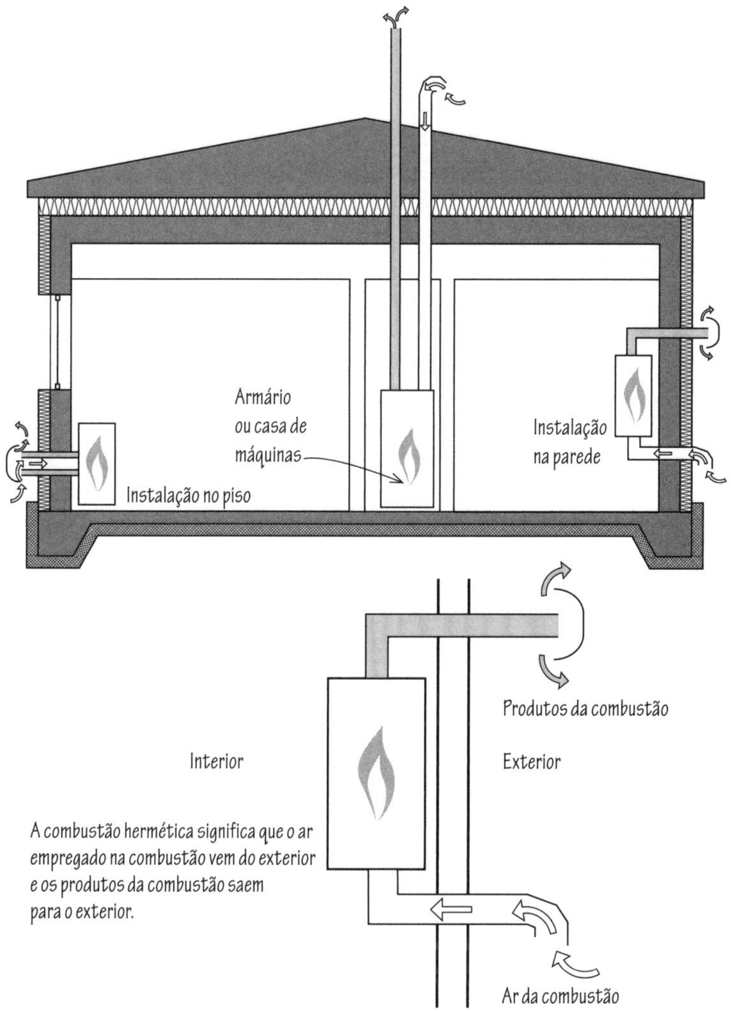

14.12 Opções de localização para os sistemas de combustão hermética dentro do fechamento térmico.

Há sistemas sem dutos de dois tipos: o *minisplit*, no qual uma unidade externa é vinculada a apenas uma unidade interna, e o *multisplit*, no qual uma unidade externa atende a várias unidades internas.

Alguns tipos de sistemas alimentados por combustível fóssil utilizam outra opção, como caldeiras herméticas instaladas em armários ou casas de máquinas dentro do fechamento térmico, além de aquecedores a gás.

Nos sistemas com caldeira, a preferência é que os radiadores não sejam instalados nas paredes externas, onde podem perder calor diretamente para o exterior da edificação. Outra opção de distribuição é com pisos radiantes, embora não sejam adequados a prédios que exijam uma resposta rápida a mudanças de temperatura do ar nos interiores ou que dependam de variações significativas de temperatura durante os horários em que ficam desocupados. Os pisos radiantes também são de uso temerário em lajes de piso diretamente sobre o solo, em função das perdas térmicas através da laje, mesmo que sejam isoladas.

Também há os aquecedores de ambientes a gás, ventilados e de combustão hermética. É importante não os confundir com os aquecedores sem ventilação, que têm aspecto e funcionamento similar, mas não exaurem seus produtos de combustão no espaço. Os aquecedores sem ventilação não são recomendáveis para edificações sustentáveis devido à umidade e aos subprodutos da combustão que emitem nos interiores. Assim como os sistemas de calefação com resistência elétrica, nenhuma dessas opções oferece resfriamento.

Para qualquer um dos sistemas possíveis (caldeiras e bombas de calor), os ventiladores com velocidade variável e as bombas com motores devem ser especificadas sempre que possível. São opções que estão disponíveis na maioria dos tamanhos de equipamentos, de sistemas pequenos a grandes. Nos sistemas maiores, eles são definidos pelo mecanismo de controle que ajusta a velocidade – com acionador de velocidade variável ou acionador de velocidade regulável. Em sistemas pequenos, são chamados simplesmente de motores de velocidade variável. Os sistemas de resfriamento e calefação de produção variável, como os com caldeira ou bomba de calor, devem ser especificados. Os sistemas de duas fases são uma alternativa mais econômica, mas ainda assim têm vantagens em relação aos sistemas de capacidade constante.

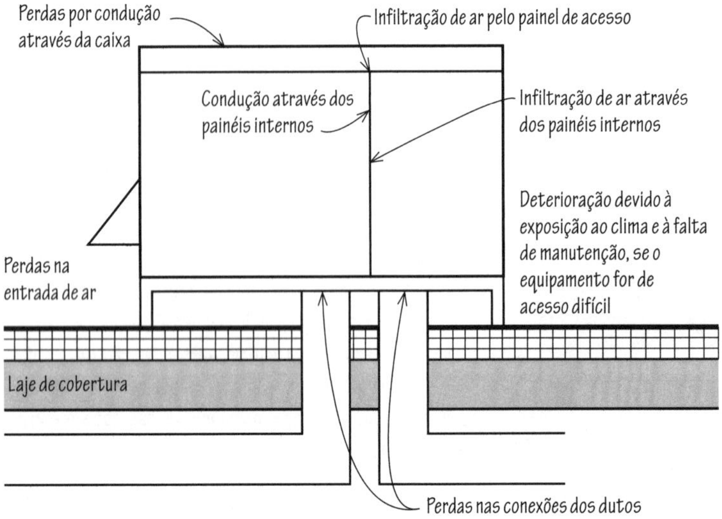

14.13 Vulnerabilidades dos sistemas instalados na cobertura.

Os aquecedores com resistência elétrica, como os instalados em rodapés ou armários, podem ser distribuídos em cada cômodo. Essa solução não é usual em edificações sustentáveis, pois a calefação com resistência elétrica historicamente é vista como cara e ineficiente. Dependendo da fonte da eletricidade, o calor gerado por uma resistência elétrica também pode gerar altas emissões de carbono. Assim, ela pode não ser a preferida para edificações sustentáveis. Contudo, se a eletricidade puder ser gerada com energia renovável, como a energia eólica ou fotovoltaica, e o prédio tiver sido projetado com a necessidade mínima de calefação, o calor emitido por resistências elétricas se torna uma opção com poucas perdas por distribuição, nada de impacto nas vedações externas, baixo custo de instalação e controle conveniente.

Os sistemas de calefação e resfriamento, tão comuns em prédios térreos como hipermercados, são apropriados para edificações sustentáveis? As perdas de energia em sistemas instalados em coberturas têm se mostrado significativas. É difícil instalar um equipamento de calefação e resfriamento em uma cobertura que seja estanque ao ar. Como o ar dentro desses sistemas está sob pressão positiva ou negativa em relação ao exterior, entra e sai dos aparelhos através de fissuras e furos. Tanto o ar condicionado externo quanto o interno circulam através desses sistemas, de modo que apenas uma fina lâmina separa ambos os fluxos dentro do equipamento. Essa divisão tem muitos pontos de infiltração possíveis, como as perfurações para a passagem de tubos e cabos de eletricidade e de controle; as juntas das chapas que fecham a unidade, nos painéis laterais, onde uma folha de metal divisória se apoia na base do equipamento; e nas muitas perfurações para parafusamento. Além disso, o compartimento interno é circundado pelo exterior, com mais juntas nas chapas de metal, painéis para acesso e outras perfurações que resultam em infiltrações de ar. A camada de isolamento utilizada nessas unidades costuma ter apenas entre 2,5 e 5,0 cm de espessura, menos do que se usa nas paredes e coberturas das edificações. Perdas adicionais ocorrem nas conexões de dutos, em dutos expostos acima da cobertura e que passam pela edificação abaixo. Com o passar do tempo, a condição e eficiência desses sistemas piora, talvez por não ficarem visíveis e serem mais difíceis de manter e por serem expostos ao vento, à chuva e ao sol. Em suma, os sistemas mecânicos instalados nas coberturas apresentam muitos riscos para as edificações sustentáveis.

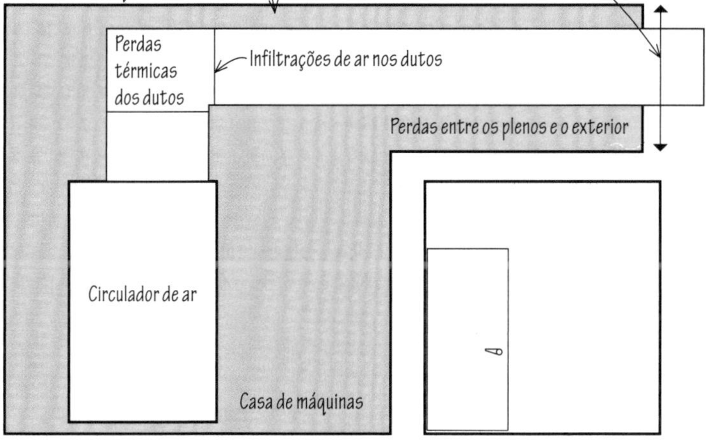

14.14 Vulnerabilidades dos grandes circuladores de ar e das casas de máquinas.

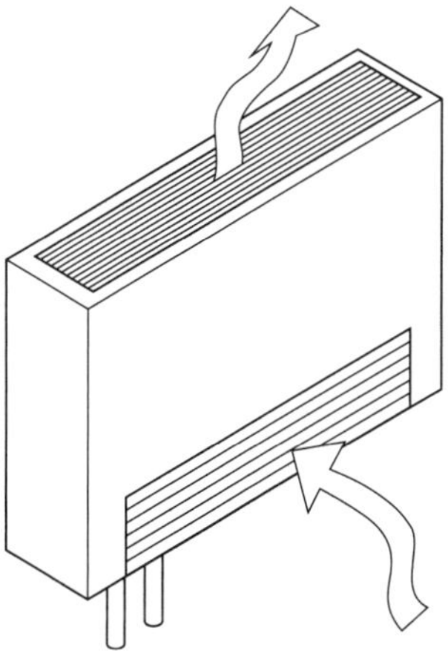

As unidades de *fan coils* contêm um filtro de ar e um ventilador centrífugo para insuflar o ar sobre as bobinas de água aquecida ou resfriada e então enviá-lo de volta ao espaço.
Os tubos enviam água quente ou fria aos *fan coils* dos espaços servidos.

14.15 Unidade de radiação do tipo *fan coil* à base de água.

Os grandes sistemas de climatização, que usam circuladores centrais de ar em casas de máquinas, tendem a ser mais eficientes do que os sistemas instalados em coberturas ou pavimentos de cobertura ou subsolo, mas, ainda assim, apresentam muitos problemas em termos de energia, como dutos e tubos sem isolamento ou com isolamento inadequado, infiltrações nesses condutores e perdas mesmo se os dutos e tubos forem bem isolados e não tiverem infiltrações. A potência necessária para os ventiladores desses sistemas também é elevada, devido à necessidade de insuflar grandes quantidades de ar nas longas distâncias entre as casas de máquinas e os espaços climatizados. Os circuladores centrais de ar também exigem grandes dutos. Como resultado, os plenos entre forros e lajes precisam ser altos, aumentando a altura total do prédio e os custos em 10%, 20% ou mesmo mais, bem como as perdas energéticas através das vedações externas. Os plenos com dutos também criam outro grupo de perdas térmicas no percurso entre a casa de máquinas e os espaços climatizados.

Esses desafios dos sistemas de climatização que dependem de casas de máquinas centralizadas e grandes dutos sugerem que a melhor alternativa é instalar os sistemas de distribuição e insuflamento dentro dos espaços que precisam de climatização, onde as perdas dos equipamentos e de seus sistemas de distribuição são mínimas e eles não dependem de isolamento térmico e vedação ao ar. Há vários sistemas que oferecem essa opção. As bombas de calor sem dutos, do tipo *split*, são comuns ao redor do mundo em muitos tipos de edificação, inclusive em prédios altos muito grandes. As bombas de calor geotérmico frequentemente chegam ao mesmo nível de eficiência, embora a maioria dos sistemas ainda tenha dutos e, portanto, perdas associadas a eles, além de exigirem o uso de energia elétrica para o bombeamento da água nas tubulações subterrâneas. Certos tipos de aquecedores com combustíveis fósseis também permitem a calefação por ambiente, embora sem resfriamento. Os *fan coils* com água são uma alternativa consolidada, com baixo consumo nos ventiladores, sem perdas nos dutos e bom controle de zoneamento, embora tenham algumas perdas nas tubulações e bombas.

Como já discutido anteriormente quando abordamos a compartimentação, os circuladores centrais de ar consomem uma quantidade desproporcional de energia em seus ventiladores. A vantagem energética desses sistemas que dispunham de motores de velocidade variável em grandes circuladores centrais de ar (chamados de sistemas com volume de ar variável) deixou de existir à medida que muitos dos *fan coils* pequenos hoje já podem dispor de motores desse tipo. Os sistemas pequenos e distribuídos usam motores com potência muito menor do que os sistemas maiores. O uso de grandes circuladores de ar para integrar a ventilação é problemático, como já discutimos ao discorrer sobre as opções de ventilação. Integrar a ventilação em grandes circuladores de ar acarreta consumo desnecessário de energia com ventiladores, impossibilita a eficiência que se obtém em sistemas separados de climatização e ventilação e muitas vezes resulta em excesso de ventilação. Por esses motivos, grandes circuladores centrais de ar não costumam ser tão eficientes quanto os sistemas distribuídos, como as bombas de calor sem dutos, as bombas de calor geotérmico e os *fan coils* a água.

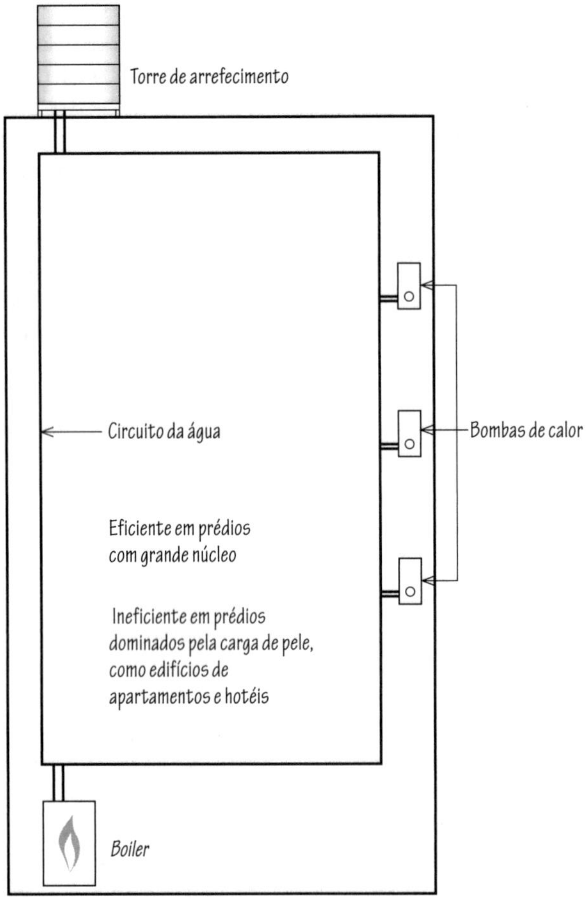

14.16 Um sistema combinado com bombas de calor, torre de arrefecimento e *boiler*.

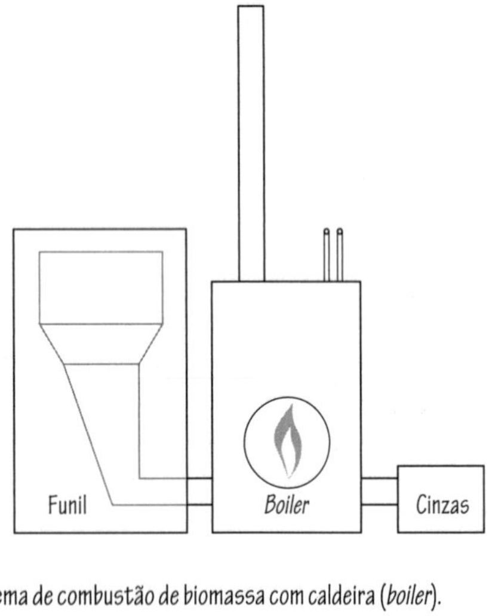

14.17 Sistema de combustão de biomassa com caldeira (*boiler*).

Outra opção são os sistemas combinados com bomba de calor, torre de arrefecimento e *boiler*. Nesses sistemas, os *boilers* são a fonte de calor e as torres de arrefecimento evacuam o calor para o exterior, em conjunto com as bombas de calor que enviam calor ou frio para os espaços climatizados. Os *boilers*, as torres de arrefecimento e as bombas de calor colocam calor em um circuito de água ou tiram calor dele.

Contudo, descobriu-se que esses sistemas são pouco eficientes, a menos que instalados em prédios que têm um núcleo significativo e, portanto, são dominados pelas vedações externas. Em outras palavras, são mais adequados a prédios que têm, ao longo do ano, calor em excesso gerado pelo núcleo, que pode ser aproveitado para aquecer o perímetro do prédio no inverno, em climas com inverno rigoroso. No caso dos prédios dominados pela carga de pele, que formam a grande maioria, como moradias, apartamentos, a maioria dos hotéis, lojas varejistas térreas e pequenos edifícios de escritórios, esses sistemas combinados têm consumo de energia significativamente mais alto, assim como emissões de carbono, se comparados com todas as demais opções principais, como os sistemas de calefação com combustíveis fósseis, as bombas de calor geotérmico e as bombas de calor com fonte aérea. Como os sistemas combinados com bomba de calor, torre de arrefecimento e *boiler* em prédios dominados pela carga de pele não obtêm calor algum do exterior, do solo ou de espaços com calor em excesso, eles, de modo imprevisto, tornam os prédios parcialmente aquecidos por combustíveis fósseis e, em parte, aquecidos pela eletricidade, com o custo mais elevado e as consequências energéticas de usar o calor gerado pela energia elétrica.

Uma prática comum nos projetos de edificações sustentáveis é primeiro projetar os prédios com bombas de calor geotérmico e depois passar para bombas de calor quando os orçamentos chegam e são altos demais para o projeto. Isso é um erro para as os prédios dominados pela carga de pele, comprometendo-os com um dos sistemas menos eficientes e com as mais altas taxas de emissividade de carbono que existem.

Outra opção de aquecimento são os sistemas alimentados com biomassa, combustíveis como péletes, cavaco e toras de madeira. A vantagem de usar biomassa como combustível para calefação é seu baixo impacto em termos de emissividade de carbono, quando se considera a capacidade de absorção de carbono ("sequestro de carbono") do crescimento da biomassa. Contudo, os aquecedores de ambiente que queimam madeira (calamandras), típicos do passado, são sistemas abertos e exigem ar para combustão e ventilação. Isso significa que eles induzem infiltrações de ar desnecessárias. Os fornos a lenha mais modernos são conectados diretamente com uma fonte externa de ar e podem ser considerados sistemas de combustão hermética. Nos últimos anos, também vêm sendo comercializados aquecedores com água abastecidos por biomassa, embora não se costume instalá-los dentro do núcleo aquecido dos prédios, pois precisam ficar em um local que permita o carregamento da biomassa. As cinzas também precisam ser removidas e eliminadas. Por fim, os sistemas a biomassa geram apenas calor, não resfriamento. Ainda assim, a baixa taxa líquida de emissões de carbono desses sistemas garante sua adequação a certos prédios.

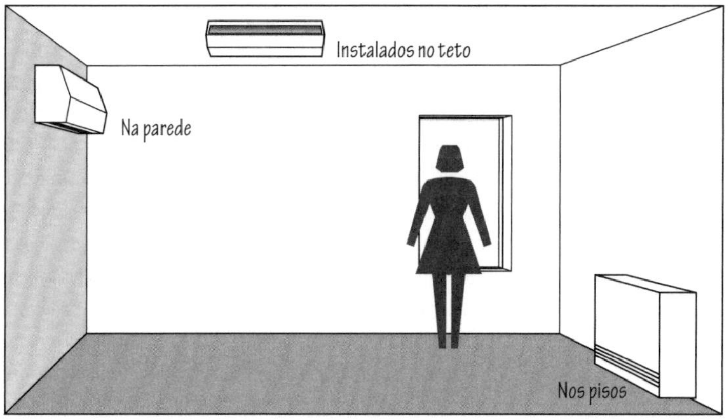

14.18 Diferentes locais de instalação dos *fan coils* dentro dos cômodos.

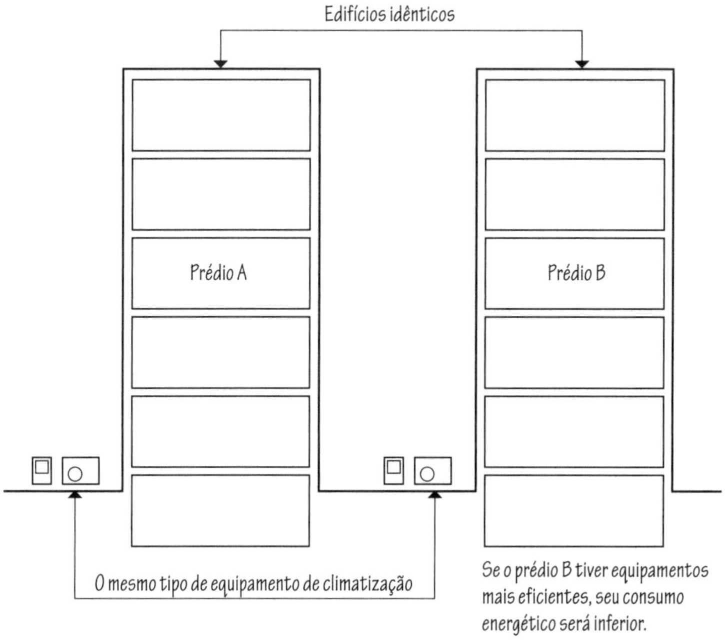

14.19 Sistemas mais eficientes economizam energia, mas implicam investimentos iniciais maiores.

As economias de equipamentos de alta eficiência podem ser expressas como:

$$1 - (E_{baixa}/E_{alta})$$

na qual E_{baixa} é a eficiência mais baixa e E_{alta} é a mais alta. Por exemplo, uma caldeira com 95% de eficiência, quando comparada a uma com 80%, terá economia de energia de 1–(0,8/0,95) = 16%.

14.20 Uma fórmula simples para a estimativa dos gastos de energia.

Onde localizar os equipamentos de climatização em um ambiente interno é uma importante discussão entre os projetistas de edificações sustentáveis. Isso se aplica especialmente ao caso de pequenos *fan coils*: eles devem ser instalados nas paredes, no piso ou no teto? Os benefícios da instalação dos equipamentos dentro dos cômodos são muitos: a eliminação das perdas por distribuição; a redução da potência dos ventiladores; a possibilidade de controle das temperaturas, para o zoneamento; a possibilidade de eliminar plenos ou pisos elevados para a instalação de dutos; e a redução dos custos de instalação. Possivelmente as únicas desvantagens da instalação dos equipamentos dentro dos recintos sejam os ruídos e a estética. Ainda assim, há uma longa tradição de se colocá-los dentro dos cômodos. Por exemplo, os radiadores de ferro fundido instalados no piso eram característicos dos sistemas de calefação antigos e ainda hoje são amplamente empregados. Outro exemplo é encontrado nas escolas, que frequentemente usam sistemas de calefação e resfriamento sob as janelas. Em muitos países, predominam os sistemas de *fan coils* sem dutos e instalados nos interiores dos recintos. E, se os *fan coils* internos forem aceitáveis no interior de uma edificação específica, outra opção é instalá-los embutidos nos tetos ou usá-los em armários (nos sistemas com dutos) ou em outros locais discretos. Uma forma de sistema instalado nos cômodos que deve ser evitada são aqueles com aparelhos que atravessam as paredes, como os condicionadores de ar de parede e as bombas de calor similares. Já está comprovado que as grandes aberturas de parede que esses aparelhos exigem causam muitas infiltrações de ar e perdas térmicas por condução.

Eficiência do sistema

Os sistemas de climatização variam muito em termos de eficiência. Em geral, os sistemas mais eficientes economizam energia, mas têm custos de instalação mais elevados. Normalmente, o aumento do investimento inicial feito em sistemas mais eficientes é justificado pelas economias com energia ao longo do tempo, mas isso precisa ser confirmado pela modelagem energética.

As eficiências mínimas dos equipamentos são determinadas nas normas dos códigos de energia. Contudo, equipamentos mais eficientes são recomendados ou exigidos pelas disposições de prédios de alto desempenho, como, nos Estados Unidos, o ASHRAE 189 e o Código de Edificações dos Estados Unidos, e incentivados pela certificação ENERGY STAR e outros programas de energia estatais e de redes públicas. As vantagens e desvantagens relativas ao custo de instalação e operação dos equipamentos de alta eficiência são facilmente examinadas por modelos computacionais durante a elaboração do projeto. Também é possível fazer estimativas simples dos gastos com energia.

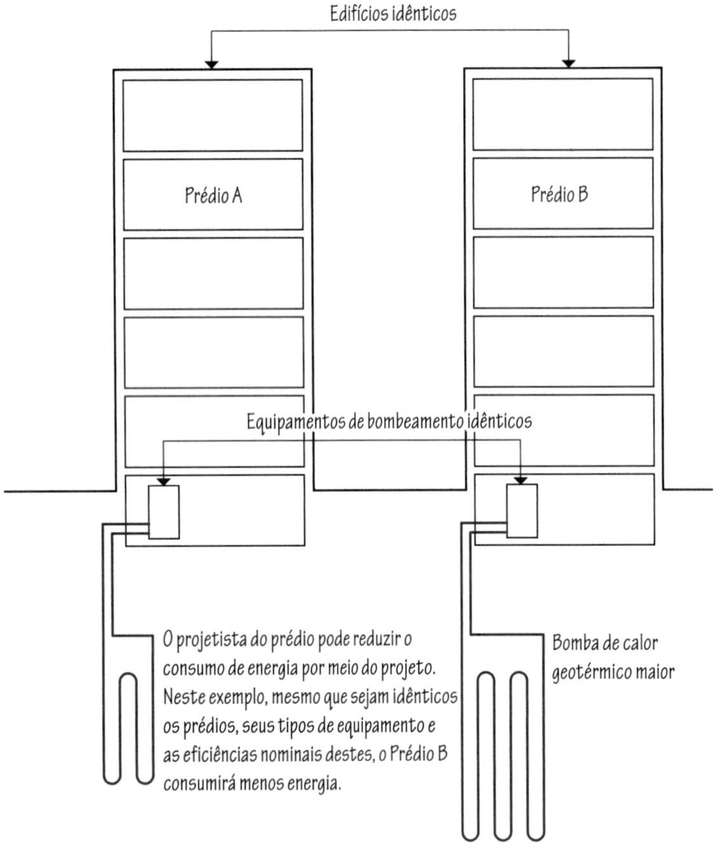

14.21 Como projetar para uma maior eficiência.

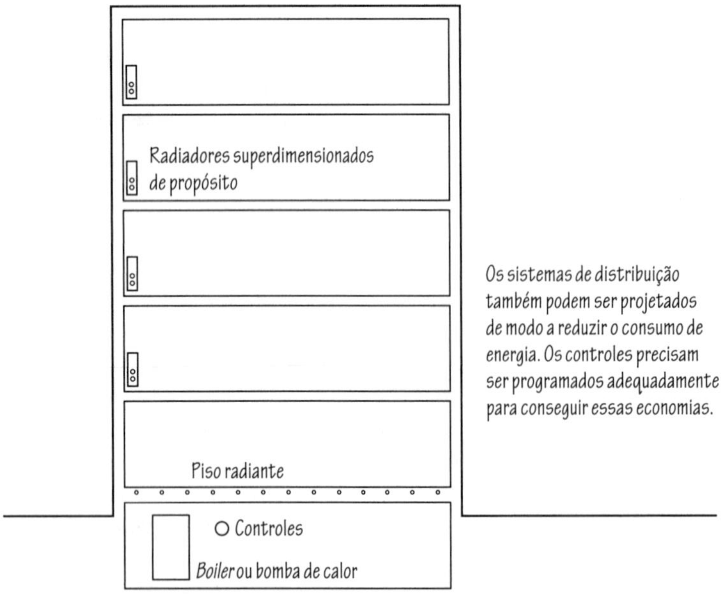

14.22 Como projetar sistemas de distribuição para uma maior eficiência.

É importante observar que a eficiência nominal de um equipamento particular nem sempre se traduz em uma eficiência real para um prédio particular e localizado em determinado clima. Além disso, o projetista de edificações tem uma responsabilidade significativa sobre a eficiência operacional real de um equipamento, por vários motivos. Por exemplo, uma bomba de calor geotérmico funciona melhor se seus tubos enterrados formarem um circuito maior ou se o solo for um melhor condutor térmico e, portanto, permitir uma melhor transferência de calor. Por outro lado, se as condições térmicas do solo forem ruins ou se a área dos tubos enterrados for menor, o sistema não será tão eficiente. De modo similar, um sistema de arrefecimento (*chiller*) funcionará melhor se a torre for superdimensionada.

Os equipamentos de calefação que circulam água em um prédio, como um sistema com caldeira (*boiler*) ou uma bomba de calor que fornece água quente, funcionarão com eficiências mais altas se os sistemas de distribuição forem grandes o suficiente para que as temperaturas da água possam ser inferiores. Certos tipos de sistemas de distribuição, como os pisos radiantes, oferecem intrinsecamente as grandes superfícies necessárias para baixar a temperatura da água, se forem projetados adequadamente. O fundamental é que a temperatura da água de retorno ao *boiler* ou à bomba de calor seja baixa.

Para ter os benefícios máximos dessas estratégias de baixa temperatura, os controles dos sistemas precisam ser programados de modo adequado. A possibilidade de ganhos de eficiência é significativa. Um *boiler* com condensador que funciona com água de retorno a 54°C e 87% de eficiência terá esse valor aumentado para 95% se a temperatura da água de retorno for baixada para 32°C com o uso de radiadores maiores ou de um piso radiante. No caso de uma bomba de calor, o ganho de eficiência é ainda mais pronunciado. Uma bomba de calor que funciona, no modo de calefação, com água de retorno a 40°C e coeficiente de desempenho (COP) de 3,1 terá sua eficiência elevada a 3,8 COP se essa temperatura for reduzida para 32°C, um ganho de eficiência de 23%.

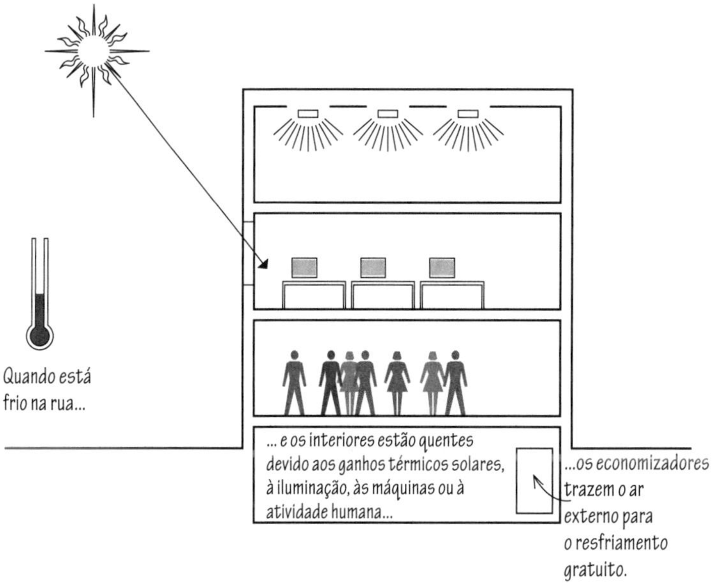
Quando está
frio na rua...
... e os interiores estão quentes
devido aos ganhos térmicos solares,
à iluminação, às máquinas ou à
atividade humana...
...os economizadores
trazem o ar
externo para
o resfriamento
gratuito.

14.23 Resfriamento gratuito.

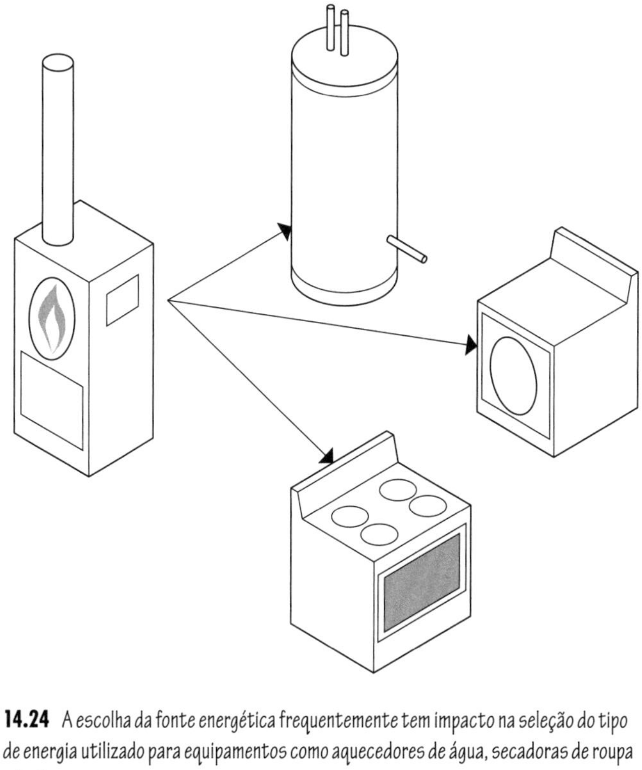

14.24 A escolha da fonte energética frequentemente tem impacto na seleção do tipo de energia utilizado para equipamentos como aquecedores de água, secadoras de roupa e fogões.

Atualmente, os equipamentos de climatização disponíveis apresentam muitas melhorias em termos de eficiência. Muitas são exigidas pelos códigos de conservação de energia, especialmente para equipamentos maiores, mas também podem ser aplicadas quando não são obrigatórias. Elas são:

- Resfriamento gratuito. Também conhecidos como economizadores, esses sistemas usam o ar externo fresco ou a água resfriada pelo ar externo para resfriar um prédio nos momentos em que está frio no exterior, mas quente no interior, o que geralmente ocorre durante as mudanças de estação em edificações com altos ganhos térmicos internos.
- Reajuste externo das temperaturas da água fria, água quente e do ar insuflado. A eficiência de um sistema é aumentada variando-se as temperaturas dos sistemas de calefação e resfriamento, como, por exemplo, ocorre elevando-se a temperatura da água em um sistema com *chiller* quando a temperatura externa está amena, ou reduzindo-se a temperatura da água em um sistema com caldeira (*boiler*).

Nos últimos anos, consolidou-se a ideia de que sistemas de calefação e resfriamento superdimensionados resultam em perdas de energia. Essas falhas ocorrem em função dos ciclos menores dos equipamentos superdimensionados. Os códigos de energia e as normas de edificação sustentável cada vez mais exigem que os equipamentos sejam bem dimensionados. Tão importante quanto isso ou ainda mais importante é especificar equipamentos de capacidade variável, que são menos superdimensionados tanto quando operam sob capacidade máxima quanto sob capacidade parcial.

Também deve ser levada em conta a vulnerabilidade das edificações sustentáveis a pares, como já discutimos. Simplesmente porque o superdimensionamento é ruim, não significa que o subdimensionamento seja bom. Um sistema de climatização de tamanho insuficiente resultará em um prédio desconfortável, frio demais no inverno ou quente demais no verão. O ideal é que esses sistemas não sejam nem super nem subdimensionados: eles devem ter o tamanho correto.

Seleção da fonte de energia

Uma decisão importante em qualquer projeto de edificação sustentável é a escolha da fonte energética que será empregada para a calefação. A seleção do tipo de energia muitas vezes tem outras implicações, pois ele frequentemente também será utilizado em outras aplicações, como o aquecimento da água para uso doméstico, o cozimento em prédios com cozinhas e a secagem de roupa em prédios com lavanderias.

As fontes de energia para calefação incluem o calor solar, a eletricidade das bombas de calor ou dos radiadores, o gás natural, o óleo combustível, o propano, o querosene, a biomassa e o carvão mineral. Em cidades ou distritos com sistemas de calefação de bairro, outras opções são a água quente ou o vapor de água comprados, embora essas fontes sejam, em última análise, derivadas das já mencionadas. Diversos sistemas industriais geram calor residual em seus processos, que é gratuito. Outra fonte de calor é a cogeração, na qual tanto a energia elétrica quanto o calor são gerados por um único processo, mas, novamente, o processo resulta de uma das fontes energéticas citadas.

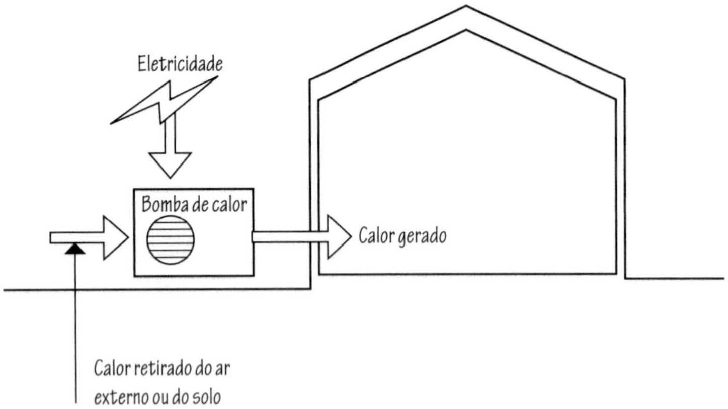

14.25 Um sistema de bomba de calor.

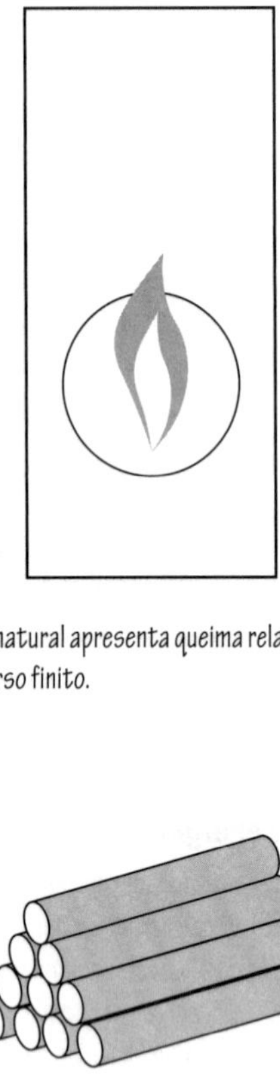

14.26 O gás natural apresenta queima relativamente limpa, mas é um recurso finito.

14.27 Os produtos da biomassa são fontes de combustível de renovação rápida e são considerados neutros em emissividade de carbono.

Devido a suas altas emissões de carbono, alguns combustíveis não costumam ser selecionados em projetos de edificações sustentáveis: óleo combustível, querosene, propano e carvão mineral são alguns exemplos. Isso deixa outras opções como as prováveis fontes energéticas: a luz solar, o gás natural e os biocombustíveis (biomassa).

O calor gerado pela energia solar será tratado separadamente no Capítulo 15, Energias renováveis. Neste capítulo, o foco será dado às demais formas de geração de calor.

Também deve ser descartado o uso da eletricidade para a geração de calor com resistências em todas as edificações, exceto naquelas que têm consumo líquido de energia zero ou quase zero ou em cômodos que têm carga térmica muito baixa, pois essa é uma maneira muito cara de aquecimento. A eletricidade é uma fonte energética nobre, assim seu uso não é apropriado para a calefação, que é uma forma de consumo de energia de baixa qualidade.

Quando a eletricidade é utilizada com bombas de calor, a eficiência do sistema é ampliada com o aproveitamento da energia gratuita que se pode obter no ar externo às edificações, no solo ou no lençol freático. Hoje, as bombas de calor são provavelmente a abordagem mais usual à calefação de edificações sustentáveis. Com já comentamos, uma exceção são os sistemas combinados de caldeira, torre de aquecimento e bomba de calor, que não são recomendáveis em prédios sustentáveis, a não ser que sejam utilizados especificamente para prédios com uma área de núcleo grande ou ganhos internos significativos.

O gás natural é empregado em algumas edificações sustentáveis. Sua combustão é relativamente limpa e, nas últimas décadas, têm surgido diferentes opções para seu uso com alta eficiência. Entre suas desvantagens estão o fato de que o gás natural é um recurso finito, e os avanços recentes na extração de gás natural, inclusive o fraturamento hidráulico, têm mostrado importantes impactos negativos sobre o meio ambiente. Esses impactos incluem a poluição do ar, da água e do solo; a poluição sonora e luminosa gerada pela perfuração das jazidas e o uso de geradores de energia nos poços; a transformação das paisagens; e o impacto das centenas de caminhões que são necessários a cada dia para remover a água contaminada que um campo de extração costuma gerar.

A biomassa é composta de péletes, cavacos e toras de madeira, bem como diversas outras fontes de renovação rápida. Sua maior vantagem é o baixo impacto das emissões de carbono, pois ela absorve o dióxido de carbono da atmosfera enquanto cresce, um fenômeno conhecido como sequestro de carbono. Os equipamentos a combustão estão se tornando cada vez mais sustentáveis, embora as emissões de particulados e gases historicamente fossem problemáticas. As desvantagens do uso da biomassa são a poluição do ar, se a combustão não for limpa, e a necessidade de carregar o combustível, embora os transportadores automáticos estejam ajudando a resolver esse problema. As lareiras tradicionais e muitas estufas ou calamandras convencionais não são consideradas sustentáveis, devido à sua combustão incompleta, à baixa eficiência e à quantidade de ar para combustão que elas incorporam a um prédio na forma de infiltração.

A escolha da fonte energética para um edifício específico se relaciona com a disponibilidade de combustível e sua adequação ao prédio, porém podem ser arrolados argumentos de base social contra ou a favor de diferentes fontes energéticas. A favor da energia elétrica, há a constatação de que ela cada vez mais é obtida de fontes renováveis, como os sistemas eólicos, solares e hidrelétricos. Em outras palavras, parte da eletricidade que usamos já é renovável, e essa proporção está aumentando. Os combustíveis fósseis, por outro lado, jamais serão renováveis, e o esgotamento de suas fontes torna a extração a cada dia mais difícil, aumentando seus impactos ambientais negativos.

Uma vez selecionada a fonte energética para a calefação ambiente, podemos escolher qual será a fonte de energia das cargas menores da edificação. A segunda escolha mais importante é quanto ao combustível para o aquecimento de água para consumo doméstico. Um prédio que usa eletricidade para calefação ambiente provavelmente também terá equipamentos eletrodomésticos – fogões elétricos, secadores de roupa, etc. –, algo que devemos levar em consideração tanto quando escolhemos a fonte energética como quando selecionamos esses equipamentos.

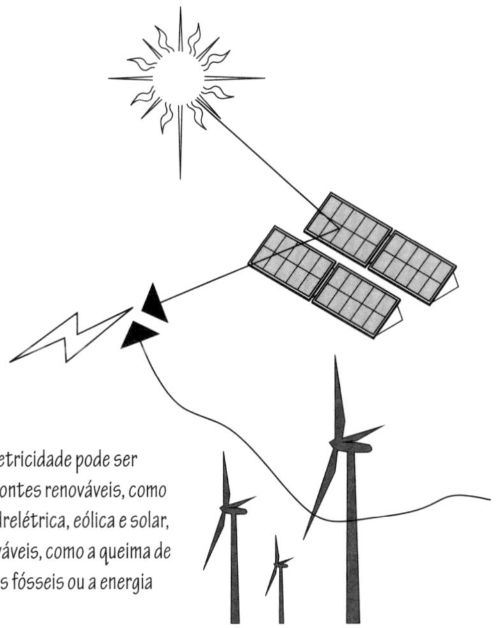

14.28 A eletricidade pode ser gerada por fontes renováveis, como a energia hidrelétrica, eólica e solar, ou não renováveis, como a queima de combustíveis fósseis ou a energia nuclear.

Sistemas avançados e emergentes

Há vários sistemas disponíveis para a climatização de ambientes. Os sistemas por absorção oferecem resfriamento por meio do uso de um ciclo de absorção química, exigindo a entrada de calor, em vez do uso de um compressor elétrico. Contudo, mesmo assim esses sistemas consomem energia elétrica em seus ventiladores e suas bombas. Esses equipamentos são interessantes quando há uma fonte de calor residual disponível, como o calor emanado de um processo industrial, da produção de eletricidade ou da energia solar. O resfriamento por absorção, alimentado por fontes de calor de combustíveis fósseis ou pela água quente ou o vapor de água comprado, geralmente não é competitivo ou eficiente em energia quando comparado ao resfriamento convencional, a não ser que a fonte energética seja o calor residual gratuito.

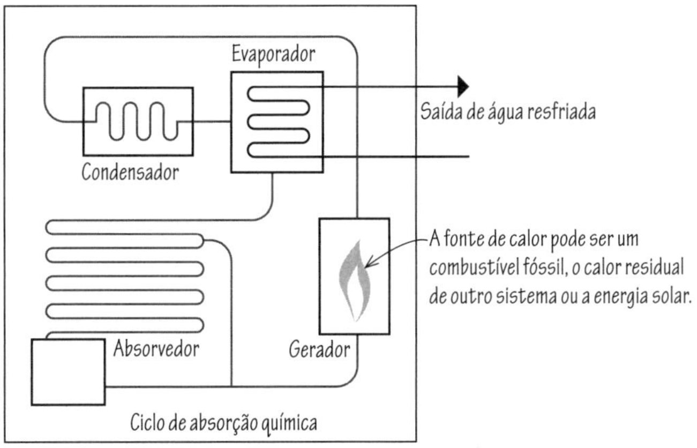

14.29 Resfriamento por absorção.

Os sistemas de climatização na escala de um bairro ou distrito são administrados por uma estação central, que geralmente usa vapor de água ou água quente para calefação e água fria para resfriamento. No caso de edifícios ecológicos, o vapor de água deve ser evitado devido à sua propensão a vazamentos e ao fato de que tais falhas muitas vezes não são detectadas, assim como não o são as perdas térmicas devido à sua alta temperatura. Os benefícios da climatização de um bairro são ampliados quando combinados com a geração de eletricidade (cogeração de energia elétrica e térmica). Uma das desvantagens desses sistemas são as perdas por distribuição.

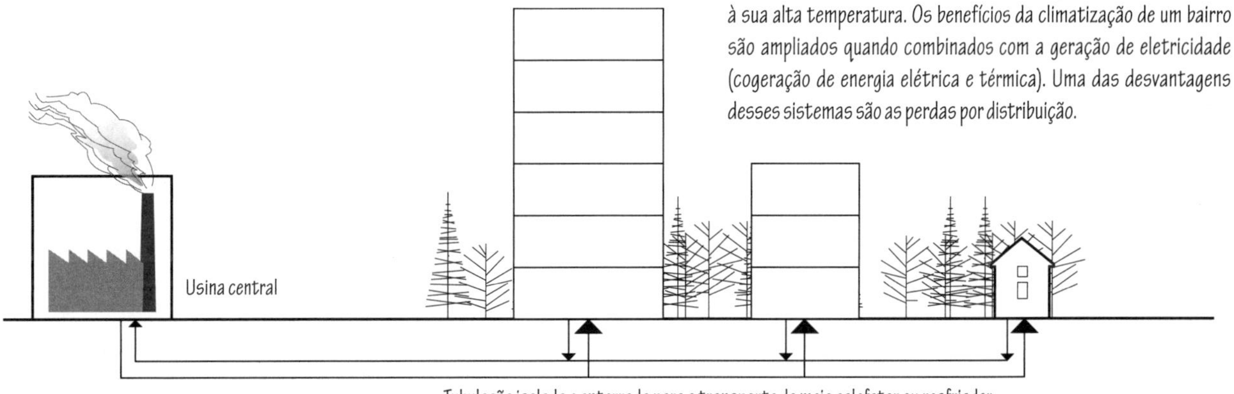

14.30 Um sistema de climatização de bairro.

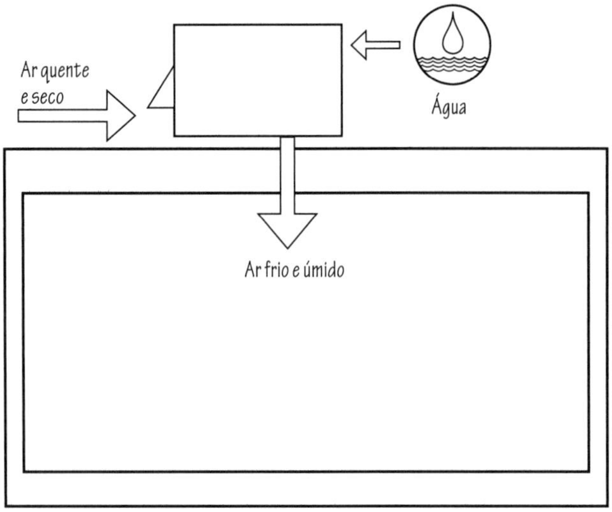

14.31 Resfriamento por evaporação.

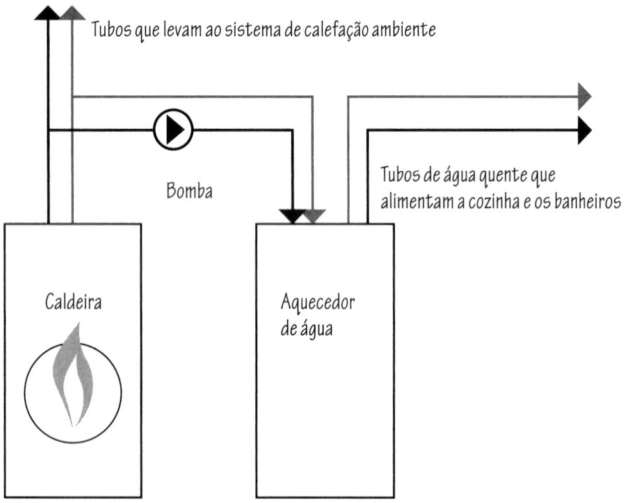

14.32 Sistemas integrados.

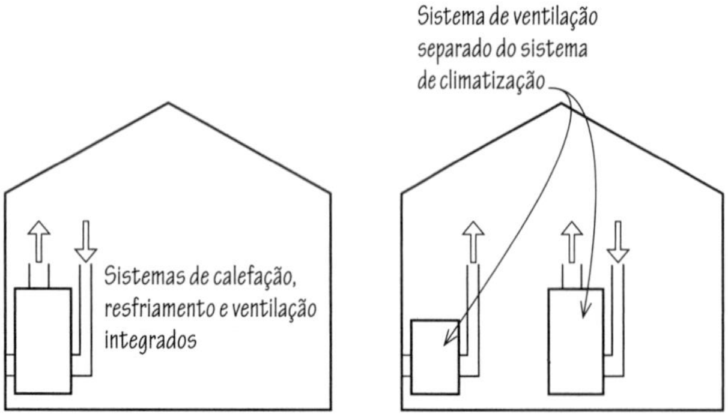

14.33 No projeto de edificações sustentáveis, em geral é prudente separar funções como a ventilação e o aquecimento de água para uso doméstico da calefação e do resfriamento ambiente.

O resfriamento por evaporação (adiabático) é obtido evaporando a água. Esse sistema funciona melhor em climas secos e usa menos energia do que o resfriamento convencional, mas consome água.

Há várias tecnologias disponíveis para o armazenamento de energia térmica, como o uso de gelo, geralmente empregado para transferir as cargas elétricas de pico do dia para a noite. Em vez de economizar energia ou reduzir as emissões de carbono, o foco dessa tecnologia é reduzir a demanda de eletricidade no verão e, portanto, diminuir os custos da demanda de pico. Dependendo do local, o armazenamento térmico no gelo pode reduzir o consumo de energia e as emissões de carbono, mas isso nem sempre é verdadeiro. A quantidade considerável de energia incorporada nos recipientes de armazenamento (que costumam ser de concreto) deve ser levada em consideração na análise.

Outras tecnologias emergentes são os sistemas de resfriamento com distribuição por vigas arrefecidas a água, os sistemas dedicados de ar exterior e o resfriamento e a desumidificação com o uso de um dessecante. As vigas arrefecidas estão sendo cada vez mais utilizadas junto aos sistemas de ar exterior dedicados a reduzir a energia consumida para o resfriamento, ao separar ambas as funções do condicionamento do ar – a redução da temperatura do ar e a remoção da umidade relativa – e resolvê-las individualmente com alta eficiência.

Integração de sistemas

É comum que os sistemas de calefação e resfriamento integrem outras funções, como a ventilação ou o aquecimento da água para uso doméstico. Essa estratégia pode reduzir os custos de instalação, mas tradicionalmente aumenta a complexidade da solução e traz consequências imprevistas, que acarretam o consumo desnecessário de energia.

A integração de um sistema solar de água quente a um sistema com grande caldeira tem se mostrado ineficiente, pois muitas caldeiras não são eficientes durante o verão, quando a quantidade de calor que deve ser produzido é pequena. Também há dúvidas se vale a pena integrar sistemas de aquecimento de água para uso doméstico com caldeiras com condensador e de alta eficiência para a calefação de ambientes, pois permanecem as perdas térmicas associadas a tubos, bombas e caldeiras conectadas.

Além disso, é problemático integrar a ventilação com os sistemas centralizados de circulação de ar. A ventilação agrega um diferente tipo de carga a um sistema de climatização: a carga de desumidificação, que pode ser significativa, especialmente no verão. Por outro lado, quando é integrado ao sistema central, o sistema de ventilação exige de quatro a cinco vezes mais energia do ventilador do que se fosse atendido por seu próprio ventilador. O desenvolvimento recente de sistemas dedicados de ar exterior tem mostrado que separar a ventilação do resfriamento e da calefação tem benefícios em termos de consumo de energia.

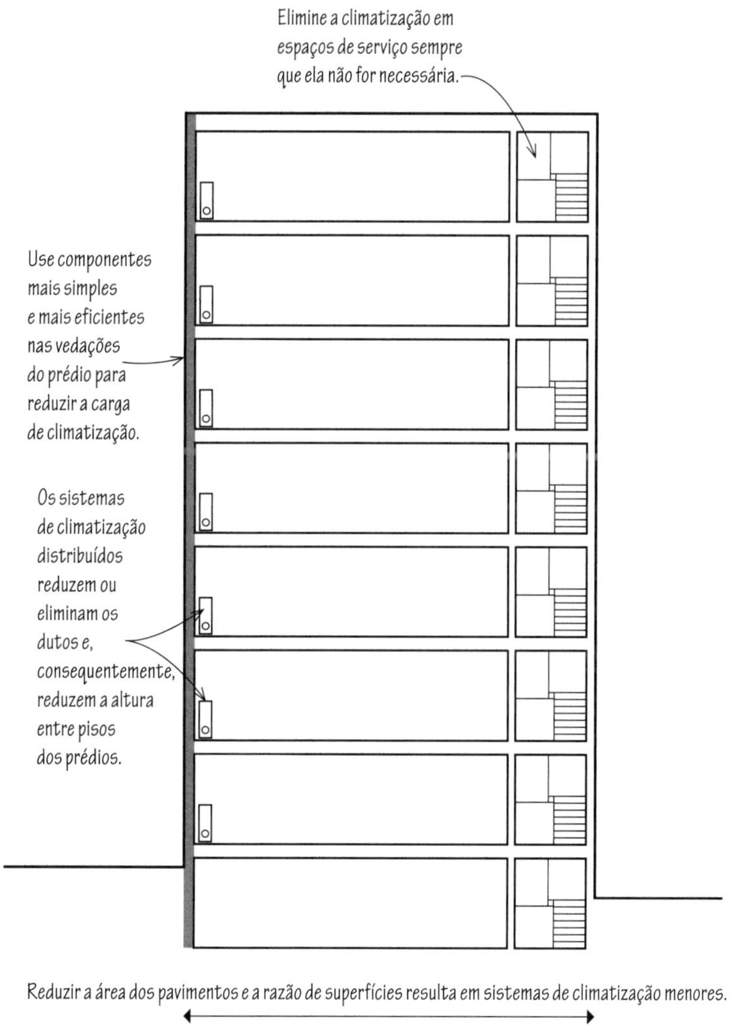

14.34 Algumas oportunidades para economizar nos sistemas de climatização.

Custos da climatização

Os custos de instalação dos sistemas geotérmicos são elevados, em função da escavação do circuito de dutos subterrâneos. No entanto, as economias de energia costumam justificar essa despesa extra com base no custo do ciclo de vida. Os sistemas de fluxo variável de resfriamento, que, em geral, fazem parte das bombas de calor sem dutos, implicam investimento inicial mais baixo do que as bombas de calor geotérmicos, mas ainda assim são mais caros do que os sistemas de calefação e resfriamento mais simples. Os sistemas de climatização mais baratos tendem a ser os menos eficientes em energia: os equipamentos compactos instalados em coberturas, paredes ou janelas e os sistemas de combustão não hermética.

Apesar de tudo, há diversas estratégias que permitem economias de construção por meio de um projeto de edificação sustentável.

As maiores economias que podem ser feitas em termos de climatização derivam das reduções de carga resultantes de componentes das vedações que sejam mais simples e mais eficientes. A redução do investimento nos sistemas de climatização é mais ou menos proporcional à redução da carga das vedações externas. Entretanto, essas economias somente são bem aproveitadas se o dimensionamento dos sistemas for feito após o término do desenho das vedações.

Há outros fatores do projeto de edificações ecológicas que permitem dispensar a climatização de muitos espaços, o que reduz ainda mais os custos de construção. Uma melhor distribuição das temperaturas nos interiores, tanto horizontalmente (perto das vedações do prédio) quanto verticalmente (dentro de um recinto, devido à menor estratificação do ar, e de um pavimento ao outro) permite que a climatização seja eliminada ainda de outros espaços. Por exemplo, já foi comprovado que os dormitórios de alguns edifícios de apartamentos podem ter conforto térmico razoável ainda que apenas as salas de estar tenham climatização ambiente.

A localização dos sistemas de climatização dentro do fechamento térmico permite reduzir os custos de construção, uma vez que a extensão dos dutos e tubos fica menor. Por exemplo, em um sistema convencional de climatização com água, o tubo principal costuma ficar no perímetro de um pavimento de subsolo, e os tubos de distribuição e radiação correm ao redor de cada pavimento. Com uma melhor distribuição da temperatura, devido a um projeto de fechamento térmico aprimorado, os elementos de radiação já não precisam correr ao redor do perímetro do prédio, podendo ser instalados nas paredes internas. Portanto, o principal tubo ascendente de insuflamento e retorno pode ficar no núcleo do prédio, e o tubo que leva aos elementos de radiação passa a uma parede interna, em vez de ficar junto das paredes externas.

Uma das melhores oportunidades para diminuir os custos de construção dos sistemas de climatização pequenos e de alta eficiência é por meio da redução ou eliminação de dutos. Na maior parte dos prédios, uma dimensão crítica (a altura entre pisos) é determinada pela altura do pleno necessário para acomodar os dutos. Assim, quando reduzimos ou eliminamos dutos, essa dimensão pode ser significativamente reduzida. Em muitos prédios, essa dimensão varia entre 30 e 60 cm, mas ela pode chegar a 90 ou 120 cm, se houver a passagem de condutos principais.

15

Energias renováveis

A energia renovável é aquela fornecida por fontes não exauríveis, como a energia solar ou eólica. As energias renováveis contrastam com as geradas por combustíveis que estão sujeitos ao esgotamento, como petróleo, gás natural e gás de carvão, que se formaram ao longo de milhões anos e que a sociedade está consumindo em uma velocidade maior do que aquela em que estes combustíveis são produzidos. As energias renováveis também contrastam com as geradas por combustíveis poluentes que têm efeitos de longa duração, como a energia nuclear.

15.01 Fontes de energia alternativas.

Uma vez projetada uma edificação de baixo consumo energético, a atenção pode se voltar à energia renovável para satisfazer parte ou toda a necessidade de energia da edificação. É melhor tratar das energias renováveis neste momento, pois, geralmente, o custo de instalação é maior do que o da maioria das outras melhorias na eficiência da edificação, e é frequentemente mais efetivo em termos de custo tratar primeiro de todas as melhorias na eficiência da edificação. Por outro lado, os equipamentos de energias renováveis em si contêm a energia incorporada de fabricação e de processos de transporte e, por isso, representam um custo energético como uma compensação parcial à energia que produzem.

Na estratégia de um projeto de fora para dento, a edificação deve ser adequada aos equipamentos de energia renovável por causa da atenção anterior à receptividade, como no projeto da cobertura ou do terreno. Por exemplo, a cobertura está orientada para otimizar a radiação solar, e as obstruções foram removidas para otimizar a área disponível para os painéis solares.

Os sistemas renováveis considerados aqui são principalmente solares e eólicos. O uso de biomassa para calefação é, algumas vezes, considerado uma energia renovável, mas é tratado separadamente no Capítulo 14, Climatização. Bombas de calor geotérmico são, algumas vezes, descritas como tecnologias de energias renováveis, mas essa é uma denominação imprópria. O calor geotérmico provindo de fontes de águas termais pode ser considerado renovável, enquanto bombas de calor geotérmico dependem de eletricidade assim como outras bombas de calor e, portanto, não podem ser consideradas renováveis.

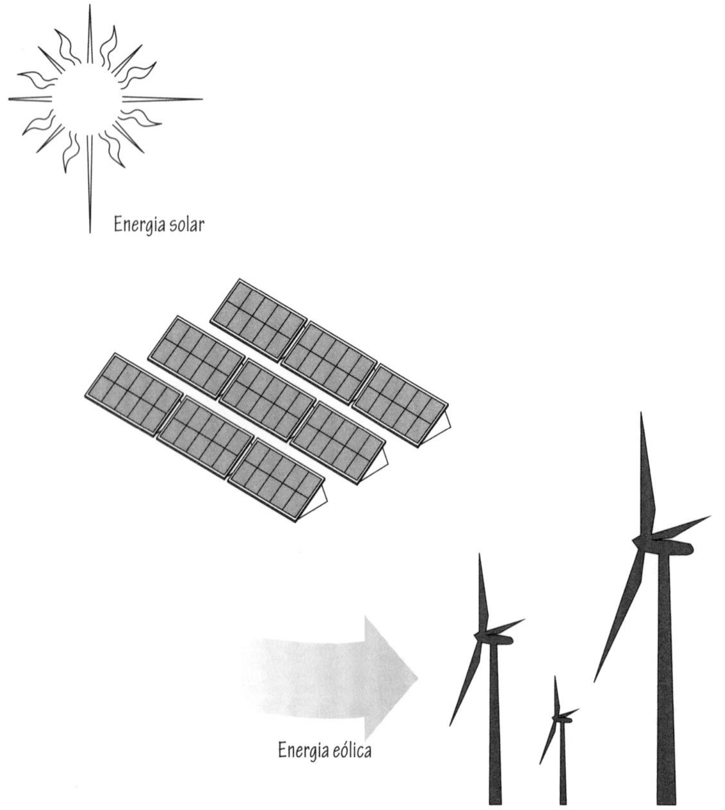

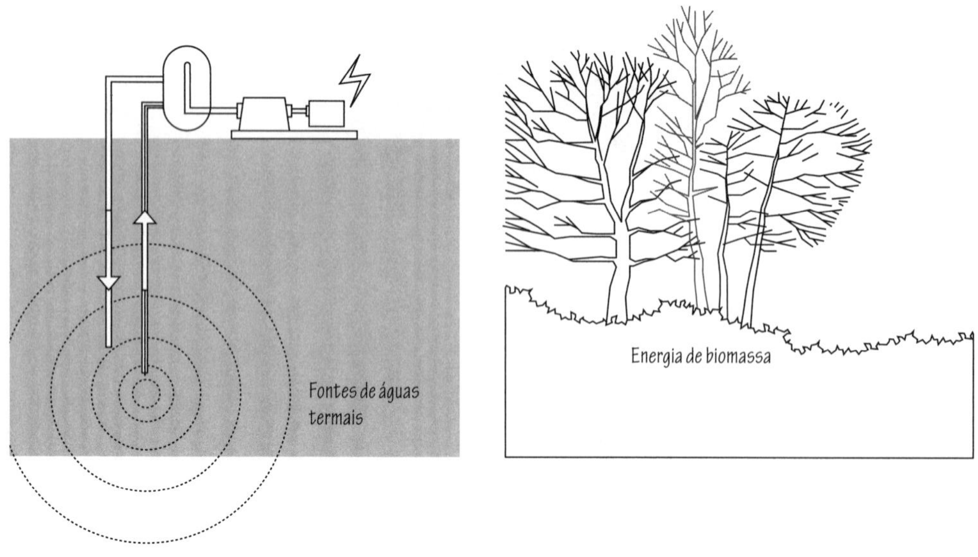

15.02 Fontes de energias renováveis.

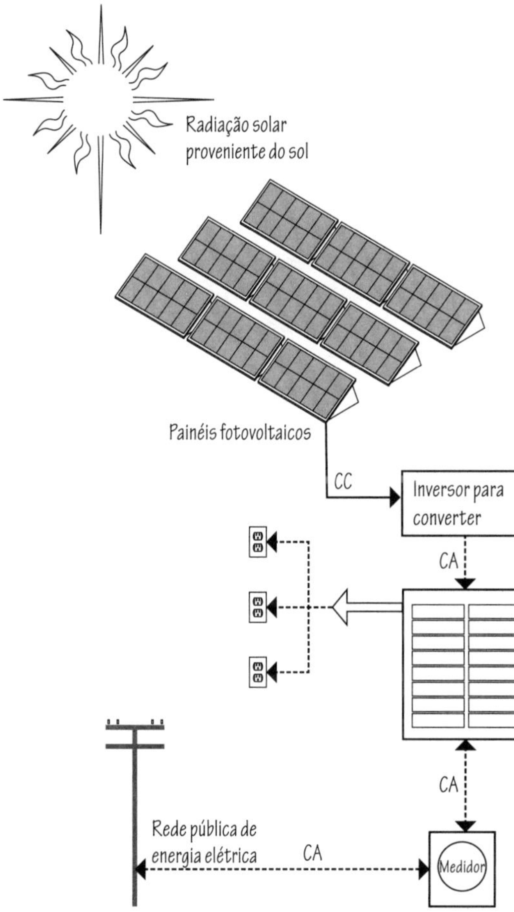

15.03 Sistema solar fotovoltaico.

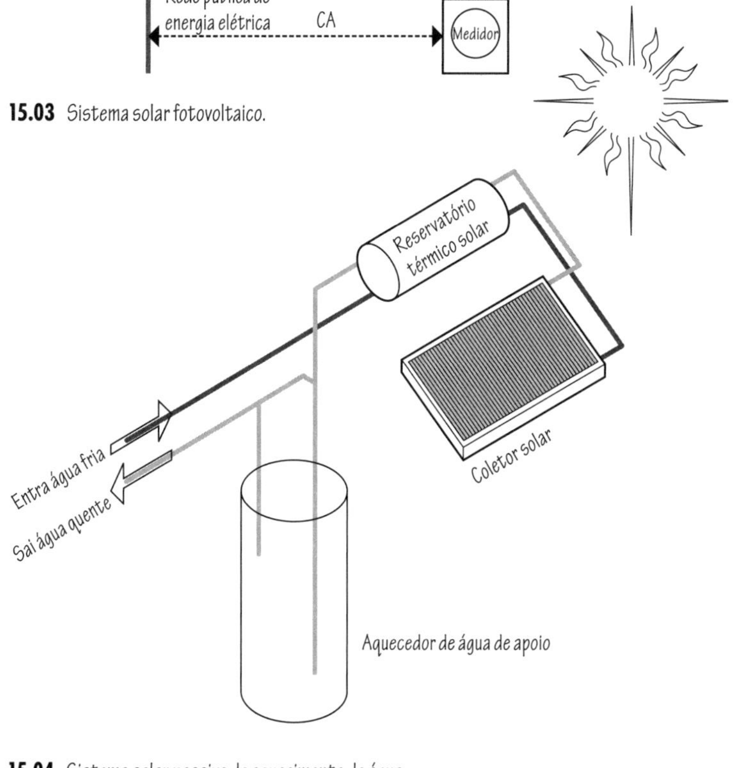

15.04 Sistema solar passivo de aquecimento de água.

Energia solar

A energia solar pode ser empregada para produzir eletricidade por meio de sistemas fotovoltaicos ou para produzir calor usando sistemas de calefação solar. Discutimos anteriormente o posicionamento dos painéis solares no Capítulo 4, Comunidade e terreno (para sistemas montados sobre o terreno), e no Capítulo 6, Elementos externos (para sistemas instalados sobre a cobertura).

Sistemas solares fotovoltaicos

Os painéis fotovoltaicos são, frequentemente, chamados de módulos. Os sistemas fotovoltaicos não têm componentes móveis. A eletricidade é produzida nos módulos na forma de corrente contínua (CC). Um dispositivo para controle chamado de inversor toma essa energia CC e a converte em corrente alternada (CA). A energia produzida por sistemas solares fotovoltaicos pode ser alimentada de volta para a rede pública de energia elétrica se a energia produzida for em quantidade maior do que a que a necessária para a edificação. Um sistema fotovoltaico pode estar conectado à rede pública de energia elétrica, utilizar baterias que servirão como sistema independe ou ambos, para permitir que o sistema esteja ao mesmo tempo conectado à rede pública, mas também opere sozinho caso haja uma interrupção no fornecimento. A maioria dos sistemas atuais é conectada à rede pública, ainda que as baterias sejam recomendadas para aqueles que valorizam sua autonomia. Entre os benefícios de sistemas fotovoltaicos estão os fatos de essa ser uma tecnologia madura e confiável e haver previsibilidade quanto à quantidade de eletricidade que pode ser produzida. O uso de energia solar fotovoltaica aumentou significativamente como resultado da queda em seu custo, de iniciativas governamentais, do interesse público e de novas opções de financiamento. Os riscos de confiabilidade incluem danos aos módulos e problemas com os inversores, mas esses riscos geralmente são baixos.

Sistema de aquecimento solar

Os sistemas de aquecimento solares podem ser utilizados para aquecer um líquido ou o ar. Os painéis solares térmicos são frequentemente chamados de coletores.

Os líquidos usados em sistemas térmicos solares são água, em clima mais quentes, ou uma mistura de água e anticongelante, em climas mais frios. Os sistemas líquidos podem ser passivos, operando sem bomba, ou ativos, que necessitam de uma bomba. Os sistemas passivos são chamados de sistema de termossifonamento, no caso em que o tanque é localizado em um ponto alto do sistema, normalmente acima dos coletores em uma cobertura, para permitir que a água circule por meio da gravidade. Esses sistemas termossifonados são mais comuns em climas mais quentes, em que não existe o risco de congelamento.

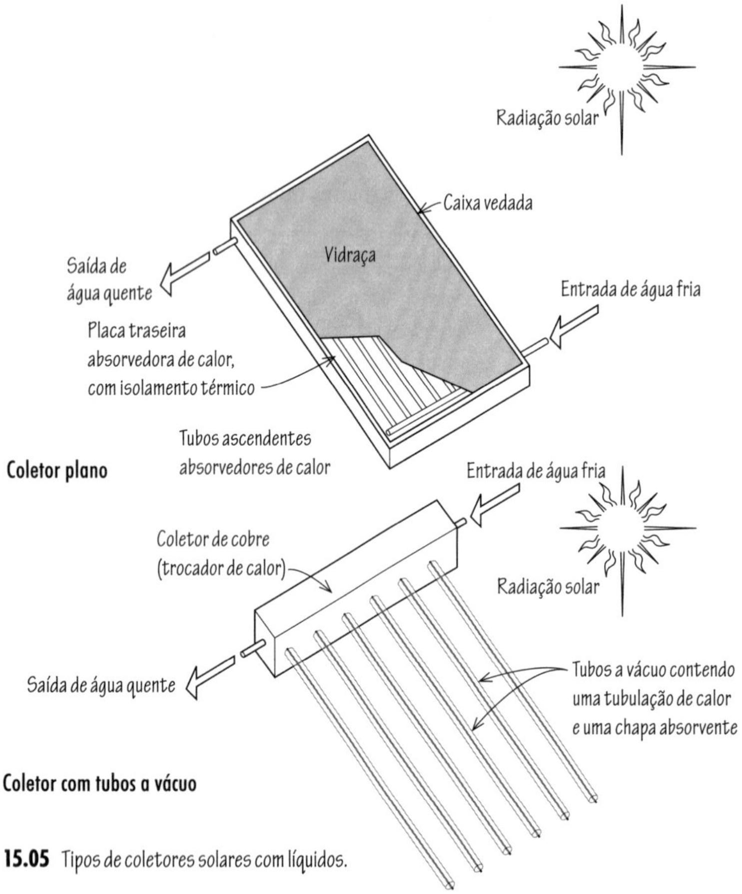

15.05 Tipos de coletores solares com líquidos.

Os tipos de coletores com líquidos comuns incluem coletores planos e tubos a vácuo. Coletores planos têm custo menor, mas costumam ser menos eficientes. Coletores com tubos a vácuo têm custo maior, mas são mais eficientes e podem ser mais fáceis de instalar em uma cobertura, pois têm uma montagem articulada em tubos modulares.

Sistemas a ar podem aquecer o ar de fora que está sendo aspirado para a ventilação ou o ar que já está dentro do prédio. O uso de um sistema de ventilação é comum em um tipo de coletor conhecido como coletor solar perfurado, em que o ar é aspirado através das perfurações do coletor. Os sistemas que aquecem o ar podem ser considerados ativos se utilizam um ventilador para a circulação do ar, ou passivos se operam sem um ventilador.

Sendo ele ativo ou passivo, o sistema de aquecimento solar normalmente tem estes três componentes:

- Coletor, para receber a energia do sol
- Reservatório, para armazenar o calor de períodos em que há sol e usá-lo em períodos em que não há sol
- Controles, para iniciar a coleta e o armazenamento de energia solar quando está disponível e para evitar as perdas de quando o sol não está brilhando

Esses três componentes são importantes para a efetividade de um sistema de aquecimento solar. Sem eles, um sistema de aquecimento solar pode perder mais calor do que recebe, uma vez que os coletores podem perder a energia durante a noite tão facilmente quanto a ganham ao longo do dia, se ela não for corretamente coletada, armazenada e controlada.

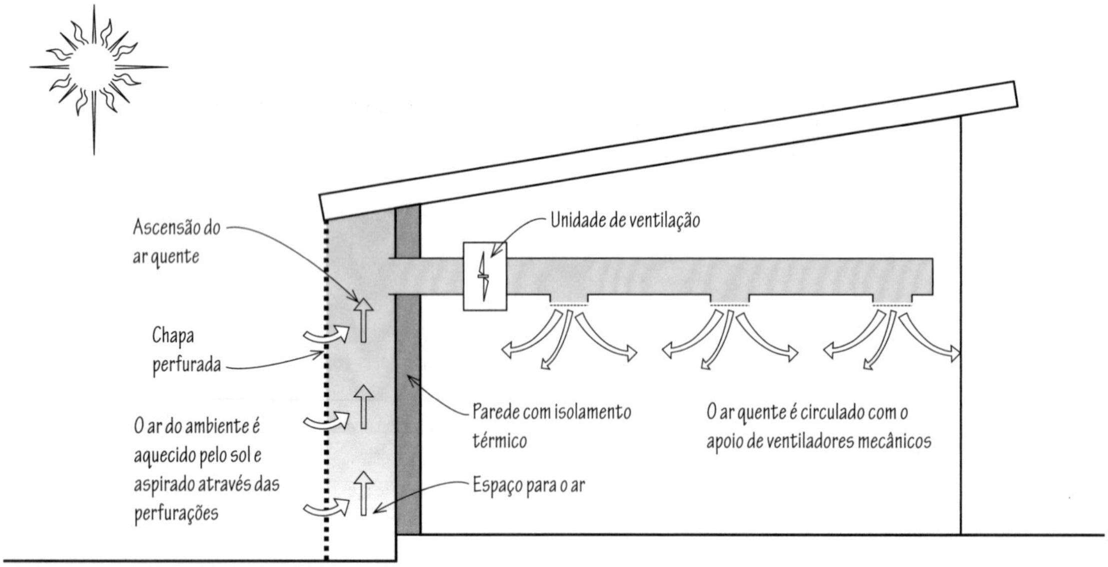

15.06 Sistema de transpiração solar.

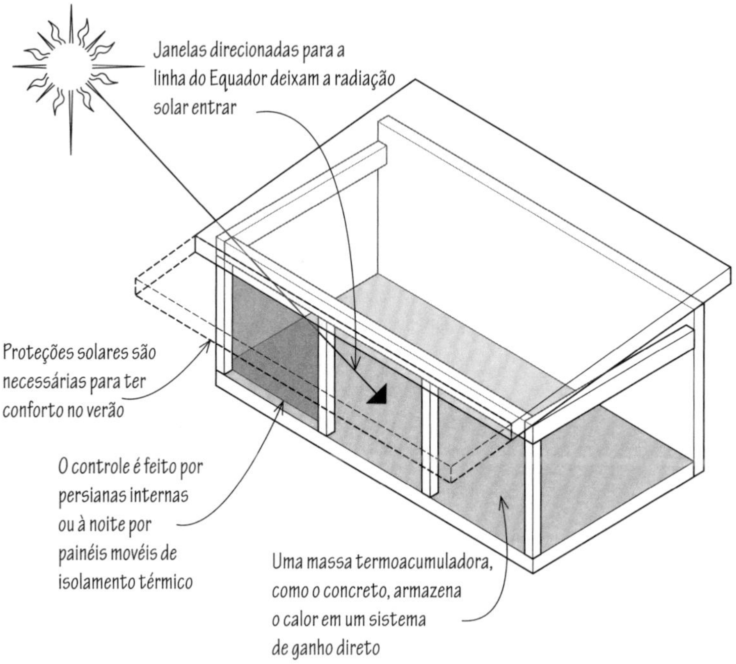

15.07 Sistema de energia solar passiva.

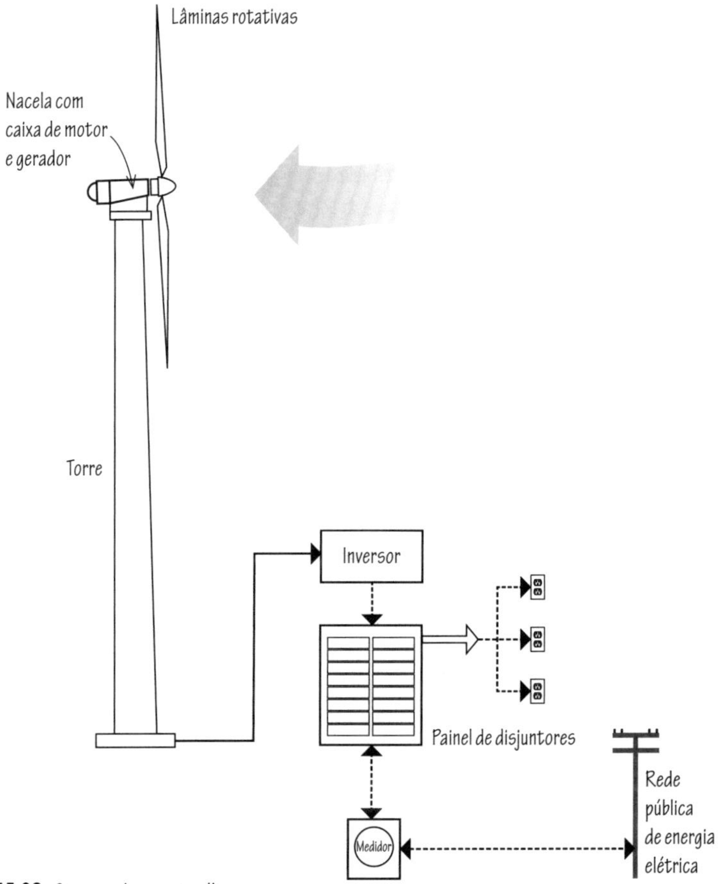

15.08 Sistema de energia eólica.

Energia solar passiva

A energia solar passiva é aquela que aproveita o aquecimento solar sem o uso de sistemas mecânicos ou elétricos, como bombas e ventiladores.

O campo da energia solar passiva serviu de muitas formas como base para o conhecimento atual sobre a eficiência das edificações e sobre a energia solar. Por meio da experiência acumulada com o desenvolvimento de sistemas de energia solar passiva, aprendemos como as edificações aquecidas passivamente precisam dos três elementos de um sistema de energia solar: coleta, reserva e controles. A coleta é feita por janelas orientadas para o norte (no Hemisfério Sul). A reserva normalmente é com massas termoacumuladoras. Os controles são desempenhados por dispositivos como um isolamento térmico removível das janelas à noite. Hoje sabemos que janelas grandes voltadas para a linha do Equador que não possuem controle ou reservatório superaquecem uma edificação durante o dia e perdem calor durante à noite e exigem o uso desnecessário de combustível fóssil.

A energia solar passiva continua sendo uma opção viável para aqueles que estão comprometidos a construir sistemas de energias com poucas partes móveis, dispostos a aceitar imperfeições como variações de temperatura no interior do ambiente e dispostos a se envolver ativamente no controle do sistema, como, por exemplo, ao colocar e remover persianas de isolamento térmico nas janelas à noite.

Energia eólica

Turbinas eólicas modernas são usadas para produzir eletricidade. Uma vantagem das turbinas eólicas em relação aos sistemas solares fotovoltaicos é o potencial para produzir energia tanto ao dia quanto à noite. As desvantagens incluem custo alto, dependência de ventos constantes e poluição sonora. Assim como os sistemas solares fotovoltaicos, as turbinas podem ser conectadas à rede pública, utilizar baterias independentes ou ambos. As turbinas estão disponíveis em uma grande variedade de tamanhos – pequenas o suficiente para uma casa ou grandes o suficiente para servirem como usina com vários aerogeradores em geral agrupados em um parque eólico. As turbinas eólicas ficam mais bem instaladas quando elevadas, em geral no topo de torres, para alcançar o vento constante. Microturbinas eólicas instaladas sobre edificações estão disponíveis, mas são inferiores tanto na eficiência quanto na capacidade.

Assim como os sistemas solares fotovoltaicos, os aerogeradores em geral produzem corrente contínua (CC) de energia e usam um inversor para converter essa energia para corrente alternada (CA).

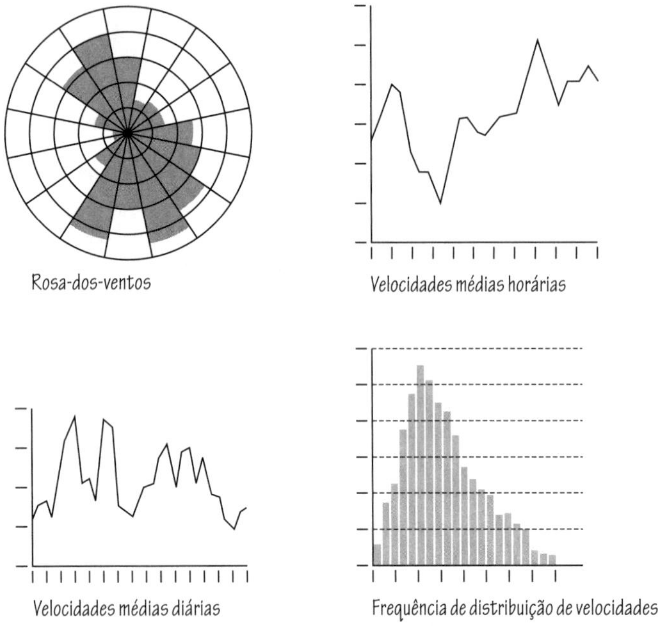

15.09 Mapeamento das condições de vento para sistemas de energia eólicos.

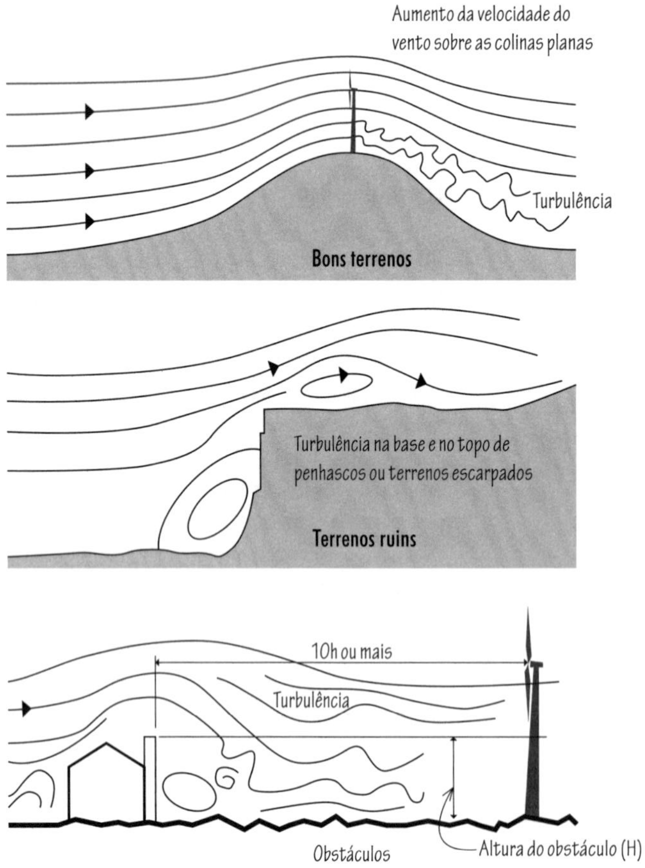

15.10 Fluxo do vento sobre colinas e obstáculos.

O projeto de um sistema eólico começa com a avaliação das condições de vento. As ferramentas *on-line* que mapeiam as condições típicas de vento em um local incluem as disponibilizadas pelo Laboratório Nacional de Energia Renovável dos Estados Unidos ou por empresas privadas. Os levantamentos mais detalhados sobre o vento necessitam do uso de uma medição específica no local.

Uma variável fundamental a se considerar no uso de turbinas eólicas é a velocidade do vento. Se a velocidade do vento duplica, se obtém oito vezes mais energia. Portanto, pequenas mudanças na velocidade do vento produzem mudanças significativas na produção de energia eólica. A energia eólica é mais viável em áreas com velocidades médias do vento acima de 26 km/h em uma altura de 48 m em relação ao solo. Outra regra simples é que as velocidades do vento no solo precisam estar entre 11 e 14 km/h.

As torres de ventilação devem estar longe o suficiente de uma edificação para evitar problemas de vibração e de poluição sonora, mas perto o suficiente para evitar custos excessivos no cabeamento que vai da torre à edificação. O impacto do prédio em si nos padrões de vento precisa ser considerado. Uma colina perto de um prédio é uma boa localização. As torres devem ser tão altas quanto a legislação local permitir. Quanto mais alta a torre, mais forte e menos turbulento é o vento. Deve-se evitar a instalação de aerogeradores em paredes ou coberturas de edificações. O vento perto de um prédio costuma ser turbulento e fraco. As turbinas instaladas perto do solo costumam ser altamente ineficazes. Uma regra prática é que a base das lâminas rotativas da turbina eólica precisa estar a um mínimo de 9 metros acima de qualquer obstáculo que esteja em um raio de 90 metros da torre.

Preocupações em relação à energia eólica incluem a morte de aves e morcegos, ainda que tais fatalidades sejam estimadas como significativamente menores do que as ocasionadas por cabos de energia, torres de comunicação e edificações em si.

Riscos dos sistemas de geração de energia renovável

Dois riscos são comuns em sistemas de energia renovável.

Um é de que se ele falhar, o dono pode não descobrir, pois normalmente há um sistema de apoio automático. No caso dos sistemas fotovoltaicos e eólicos, a rede pública serve de apoio automático. Portanto, monitorar ou fazer uma medição é crucial. No caso de painéis térmicos solares, costuma-se ter um sistema a combustível fóssil que serve como apoio, e isso também pode significar que o dono não saberá que os painéis não estão mais funcionando.

Outro risco é que, se o sistema solar for instalado em superfícies de cobertura não duráveis, elas precisarão ser removidas quando a cobertura precisar de substituição, o que elevará o custo da manutenção ou substituição da cobertura.

16
Materiais de construção

Os impactos ambientais dos materiais de construção resultam do consumo de energia e das emissões relacionadas a eles, do exaurimento das fontes de materiais finitos e do acúmulo indesejável de resíduos em aterros. As atividades que causam esses impactos incluem a mineração e o extrativismo de matérias-primas, o processamento, a fabricação e o transporte dos materiais acabados, o uso de materiais nocivos à saúde humana e a geração de dejetos de construção. Contudo, por meio de critérios no projeto de edificações e na seleção de materiais, podemos reduzir substancialmente esses impactos.

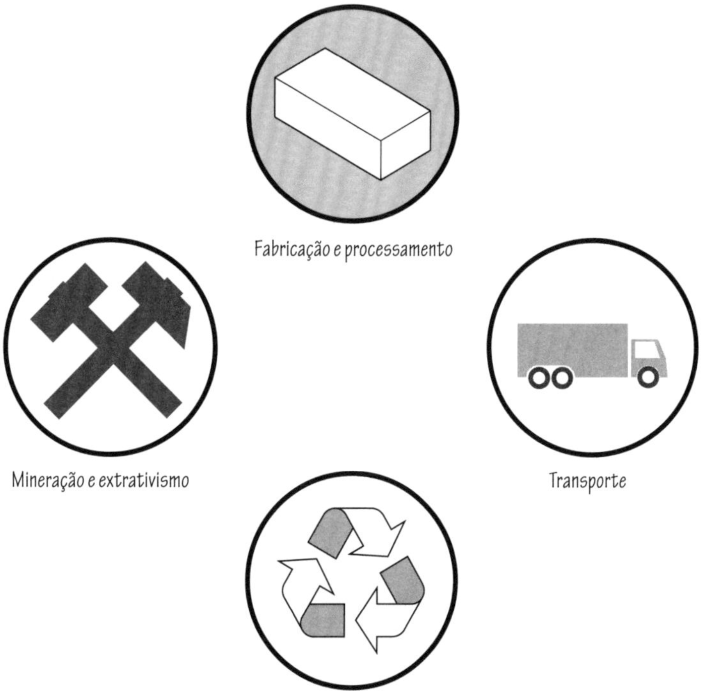

16.01 O processamento dos materiais de construção tem impactos ambientais consideráveis.

No projeto de edificações, podemos prever e criar condições para a redução futura dos impactos gerados pelos refugos de materiais gerados pela construção. Alguns exemplos são a previsão de áreas para o depósito de materiais recicláveis em uma edificação, o planejamento do descarte de materiais nocivos e o planejamento para a futura desconstrução e o reúso dos materiais da edificação.

A energia consumida na obtenção e no processamento dos materiais é chamada de energia incorporada. Trata-se de uma importante característica dos materiais que, cada vez mais, é mensurada, por fazer parte dos impactos ambientais das edificações. Além disso, à medida que os prédios são projetados e construídos para consumir menos energia, a fração do consumo de energia representada pela energia incorporada aumenta.

Por fim, o impacto do lixo gerado em uma obra pode ser minimizado por meio do planejamento durante a fase de projeto e de procedimentos criteriosos durante a execução.

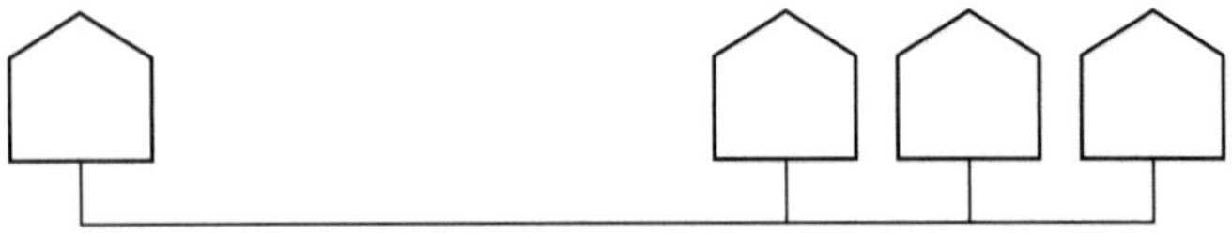

16.02 O compartilhamento de uma infraestrutura (como o sistema viário e as utilidades públicas) reduz os impactos de uma nova edificação.

O uso reduzido de materiais

A seleção de materiais mais ecológica é aquela que minimiza a quantidade de material empregado.

Durante a fase de escolha do terreno podem ser feitas grandes economias futuras no consumo de materiais – não na edificação em si, mas em sua implantação e infraestrutura. Quando localizamos uma edificação em áreas já urbanizadas, estamos aproveitando a infraestrutura existente. Nestes casos, o sistema viário e as redes públicas de água e esgoto, por exemplo, estão sendo reusados, por estarem sendo compartilhados, e se evita o consumo potencial de material que resultaria do desenvolvimento de uma nova infraestrutura.

Duas abordagens poderosas ao projeto de edificações sustentáveis foram discutidas anteriormente nesta obra, relacionadas à eficiência no consumo de energia e às economias decorrentes do uso de materiais: a redução das áreas de piso e a redução das áreas de superfície. Um prédio com área de piso menor consumirá menos materiais e menos energia incorporada do que um prédio similar, porém maior. Da mesma maneira, a redução de pés-direitos altos resultará na diminuição do consumo de materiais e de energia incorporada. O mesmo se pode dizer de uma edificação com planta geométrica simples e da opção por se construir um único prédio grande em vez de múltiplos prédios separados, mas com a mesma função.

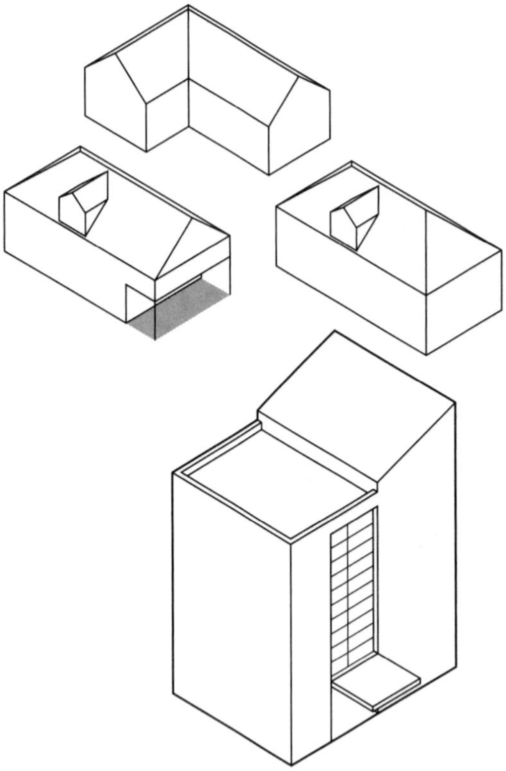

16.03 Áreas de piso e de superfície menores reduzem significativamente o consumo de materiais.

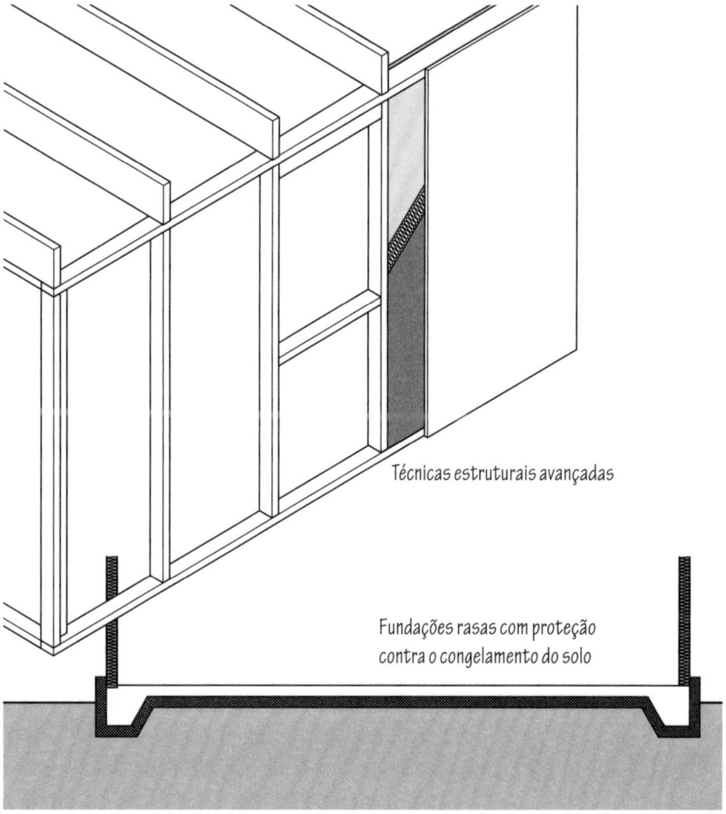

16.04 Exemplos de economia de materiais por meio do uso de técnicas de construção avançadas.

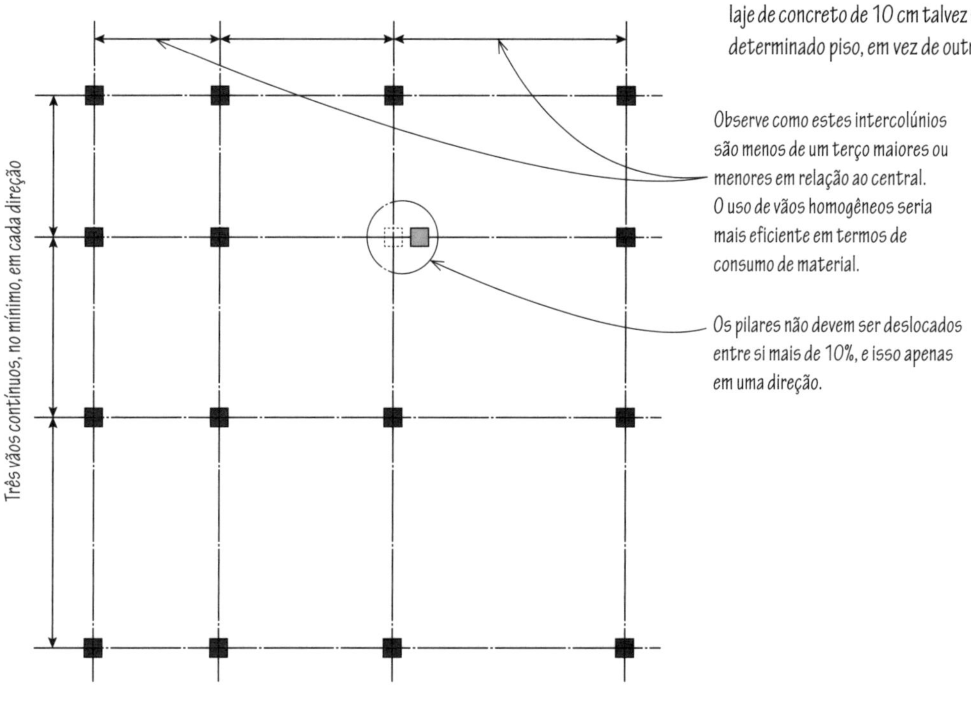

16.05 Exemplos de práticas que maximizam a eficiência estrutural e reduzem o uso de materiais.

Outra estratégia para diminuir esses consumos é por meio de um projeto eficiente no uso de materiais. Já abordamos, nesta obra, as técnicas estruturais avançadas, especificamente no contexto da redução das pontes térmicas. Quando são empregadas, costuma-se usar menos materiais. Alguns exemplos: espaçar os montantes de paredes leves a cada 60 cm (em vez dos 40 cm usuais); usar vergas e peças transversais únicas (e não duplas); usar montantes simples nas aberturas de janela e porta; e simplificar as quinas, empregando, por exemplo, os sistemas de dois montantes. A discussão feita anteriormente focou as paredes externas e as perdas de energia em virtude das pontes térmicas. Todavia, para fins de redução no consumo de materiais, as paredes internas também devem ser analisadas. Tanto no caso dos montantes leves de madeira quanto nos de aço, as normas costumam aceitar o espaçamento de 60 cm, que consome menos materiais do que o de 40 cm. Outro exemplo de projeto otimizado no consumo de materiais é o uso de fundações rasas (protegidas contra o congelamento, se for o caso), em vez do uso regular de cortinas de fundação com sapatas. Nos Estados Unidos e em mais de um milhão de moradias escandinavas, este tipo de fundação rasa já foi empregado com sucesso.

Outra medida efetiva para reduzir o consumo de materiais é a eliminação de sótãos e pavimentos de coberturas, pois, nesse caso, duas estruturas (o piso do sótão e a sustentação do telhado) são fundidas.

Quando uma estrutura é detalhada, em vez de usar regras expeditas e práticas muito antigas, busque identificar oportunidades para a redução de materiais. Por exemplo, uma laje de concreto de 10 cm talvez seja perfeitamente viável para determinado piso, em vez de outra de 12,5 ou 15 cm.

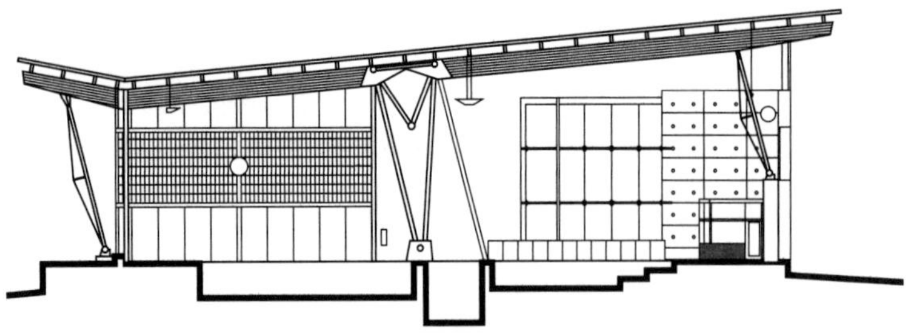

Centro Comunitário e Biblioteca de Angus Glen, Markham, Canadá, 2006
Shore Tilbe Irwin and Partners Architects
Halcrow Yolles Structural Engineers

16.06 Um exemplo de estrutura aparente que dispensa acabamentos.

16.07 As listas de corte fazem parte de um planejamento e projeto que busca evitar perdas de material.

Outra estratégia para a redução do uso de materiais é evitar acabamentos em locais desnecessários. Essa abordagem, às vezes chamada de "estrutura aparente", permite que os elementos estruturais atendam a uma função dupla: estrutural e estética. Todavia, o problema da necessidade de aumentar a iluminação deve ser cuidadosamente avaliado, caso a estrutura à vista tenha baixa refletância. Também há a estratégia de reduzir o uso de materiais deixando-se as instalações prediais (como dutos e tubos) expostas. Isso diminui o consumo de material, especialmente gesso e gesso acartonado, bem como de seus elementos de sustentação, em *shafts*, forros e plenos, além, é claro de eliminar muitos acabamentos.

Uma última abordagem para usar menos material seria gerar menos lixo, ou seja, evitar a produção de resíduos de construção. Isso não significa evitar que o lixo deixe de ser enviado a aterros ou reusado (tópicos que serão tratados separadamente), e sim reduzir sua produção. Ou seja, planejar o projeto de modo que o comprimento dos elementos estruturais equivalha ao das peças (de aço ou madeira, por exemplo) disponíveis comercialmente, e fazer o mesmo com componentes planos, como chapas de gesso acartonado ou painéis de revestimento. Isso pode envolver o uso de listas de cortes para peças de madeira e chapas em geral, por meio das quais os pedidos de material são feitos nas quantidades e dimensões corretas, evitando-se o descarte de material extra. Também envolve preparar o concreto no volume necessário, sem excessos. Os componentes pré-fabricados, como os painéis estruturais isolantes, por exemplo, costumam gerar menos refugo, por serem fornecidos por meio de listas de materiais geradas por computador.

Os projetistas podem desempenhar um papel fundamental no projeto eficiente em termos de consumo de materiais, ao incluir, no projeto executivo, informações adicionais quanto às quantidades de material. Eles podem, por exemplo, anotar nos desenhos o volume de materiais necessários (concreto, pavimentos asfálticos, isolantes pulverizados), ajudando os construtores a prevenir os desperdícios decorrentes de pedidos excessivos. De modo similar, a inclusão, nos desenhos, das áreas cobertas com telhas, revestimentos de parede, pisos secos, gramados, etc., pode facilitar a colocação de pedidos nas quantidades corretas. Um detalhamento completo das estruturas também auxilia esse processo.

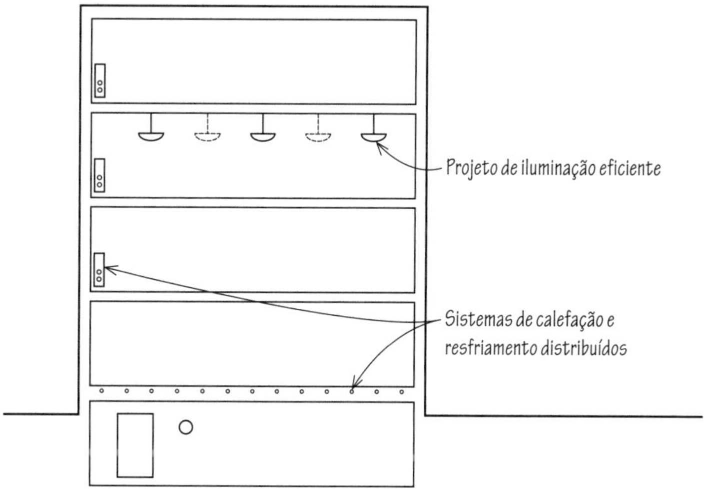

16.08 A otimização das instalações prediais a fim de reduzir as perdas de material.

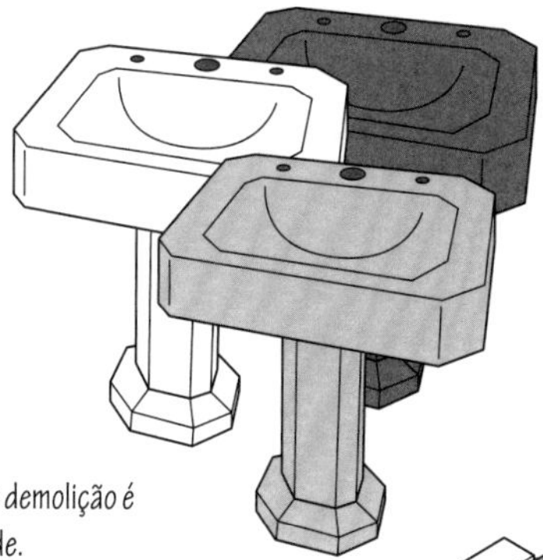

16.09 O uso de materiais de demolição é uma opção de sustentabilidade.

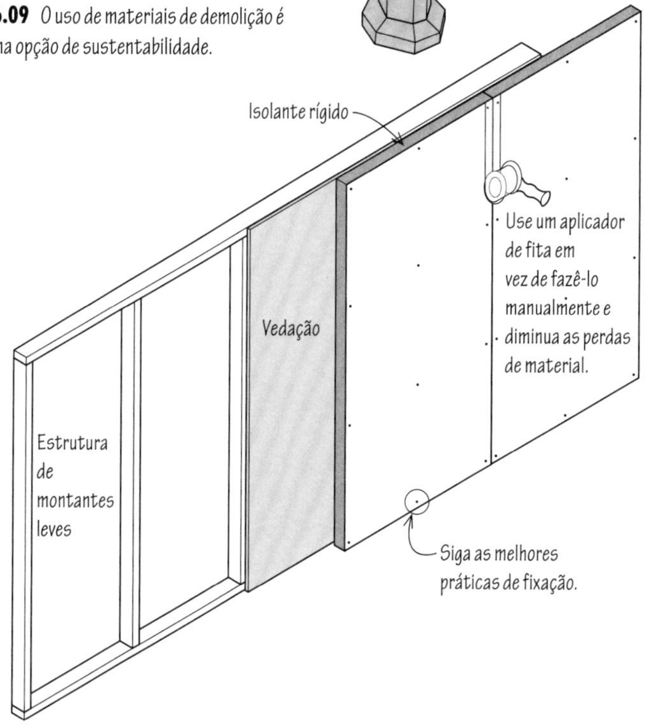

16.10 A conservação dos recursos materiais por meio das melhores práticas.

O uso de menos material por meio do projeto não se aplica apenas ao projeto de arquitetura, mas envolve todas as instalações prediais e sistemas mecânicos, como os de eletricidade, iluminação e climatização. Um projeto de luminotécnica eficiente, como já discutimos, costuma significar menos luminárias, na medida em que o projeto é otimizado para o nível necessário de iluminação, em vez de se cometerem exageros empregando regras práticas. Existem outras técnicas de sustentabilidade aplicáveis a esses projetos que também reduzem o consumo de materiais. Por exemplo, um prédio com pés-direitos não tão altos e mais superfícies refletoras exige menos luz artificial, o que significa não somente menos consumo de energia para operação como também menos luminárias, resultando em menos uso de material e menos energia incorporada. Benefícios similares são obtidos com prédios bem projetados e seus sistemas de climatização. Os sistemas de calefação e resfriamento podem ser menores não apenas com um projeto mais eficiente, mas também com o dimensionamento preciso. Os equipamentos desses sistemas, como *boilers*, bombas de calor e caldeiras, podem ser menores, assim como as redes de distribuição, que incluem tubos, radiadores e dutos. O dimensionamento otimizado dos equipamentos e sistemas de distribuição exigirá menos consumo de material e de energia incorporada.

A conservação dos recursos materiais também é possível com o uso de materiais imperfeitos. O fato de uma madeira ser selecionada, por exemplo, implica que algumas peças ou tábuas não foram escolhidas, mas descartadas, embora grande parte da madeira rejeitada seja adequada para fins estruturais. Tijolos e pedras imperfeitas podem ser aplicadas de modo útil em um projeto de construção sustentável, se houver planejamento para isso. Da mesma maneira, muitos outros materiais de demolição podem ser aceitos em vez de rejeitados, se o controle de qualidade focar a integridade da função e não a perfeição da forma. Em uma nova estética sustentável, as imperfeições são valorizadas como uma característica, em vez de serem desprezadas.

A conservação dos materiais é facilitada por meio do projeto e da construção bem planejados. Nesse sentido, os cronogramas e prazos apertados vão contra a sustentabilidade, pois os projetistas são obrigados a recorrer a regras práticas e às vezes não conseguem projetar componente por componente ou cômodo por cômodo. Os projetos de edificação sustentáveis não precisam ser sinônimos de cronogramas estendidos, mas deve-se prever um tempo adequado para o projeto detalhado de cada componente importante da edificação, a fim de minimizar o uso de materiais.

Seguir as melhores práticas pode reduzir as quantidades de materiais significativamente. Por exemplo, quando um isolante térmico rígido é fixado a uma parede externa, a prática tradicional é usar entre 25 e 30 fixadores por chapa de isolante de 1,22 × 2,44 m. Contudo, já foi provado que entre 10 e 12 fixadores são mais do que suficientes para isso, sem que haja risco de empenamento, flexão ou risco de separação. De modo similar, mostrou-se que a instalação de um isolante rígido externo é feita rápida e efetivamente com o uso de um aplicador de fita adesiva, em vez da aplicação manual (que envolve a retirada do papel de base da fita), reduzindo bastante as perdas de fita.

Materiais reutilizados

Sempre que possível, devemos reutilizar os materiais, minimizando a energia incorporada para obter e processar os novos materiais a fim de minimizar o esgotamento das fontes de matéria-prima.

Materiais de demolição

Está surgindo uma nova atividade: a demolição controlada de edificações velhas, que pode ser uma fonte de materiais reusados para aplicação em novas obras.

Os materiais de demolição que podem ser reutilizados incluem grande parte daquilo que é necessário em uma construção: madeira com estabilização dimensional, portas, janelas, revestimentos de paredes internas e externas, móveis de cozinha, chapas de gesso acartonado, compensados, isolantes, molduras, tijolos e blocos, pisos e azulejos, rufos, telhas e recipientes não utilizados de produtos como adesivos, calafetos e argamassas de rejunte.

16.11 A demolição controlada de edificações antigas pode fornecer materiais para novas construções, contribuindo para a sustentabilidade.

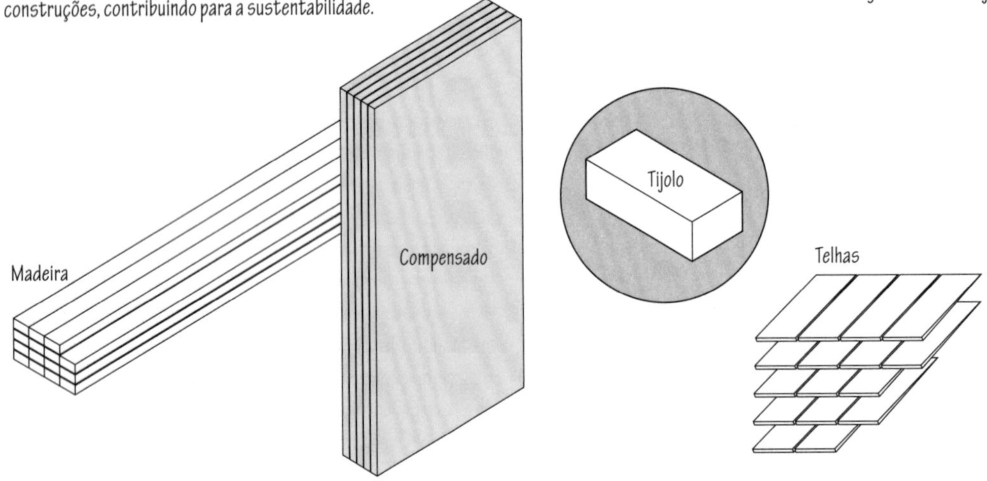

16.12 Alguns exemplos de materiais de demolição que podem ser reusados.

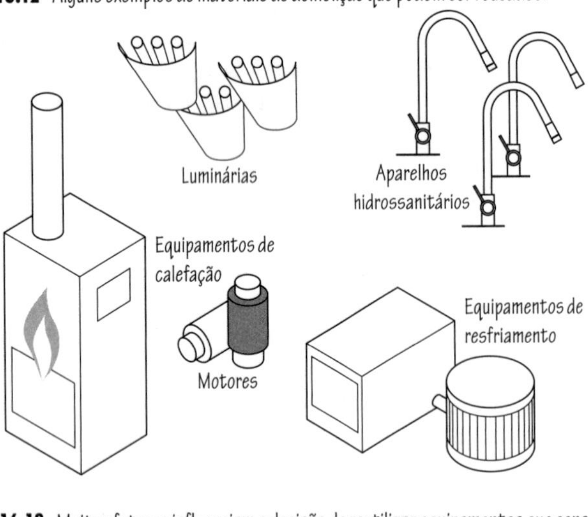

16.13 Muitos fatores influenciam a decisão de reutilizar equipamentos que consomem energia e água, inclusive o uso desses insumos ao longo do ciclo de vida útil.

Por outro lado, deve-se questionar se vale a pena reutilizar componentes que consomem energia, como luminárias, equipamentos de climatização e motores, bem como aqueles que consomem água, como bacias sanitárias e torneiras. A questão-chave em termos de sustentabilidade é saber se a energia incorporada desses equipamentos é menor ou maior do que as economias que podem ser obtidas com a instalação de equipamentos novos e de alta eficiência ao longo da vida útil dos aparelhos. Também há questões paralelas quanto à viabilidade financeira de tal reúso, cujas respostas podem ou não coincidir com aquelas da energia incorporada. Além disso, pode haver questões legais, pois a venda de equipamentos de baixa eficiência às vezes não atende às normas federais ou municipais. A instalação de máquinas de baixa eficiência também pode ir contra certos códigos de obras.

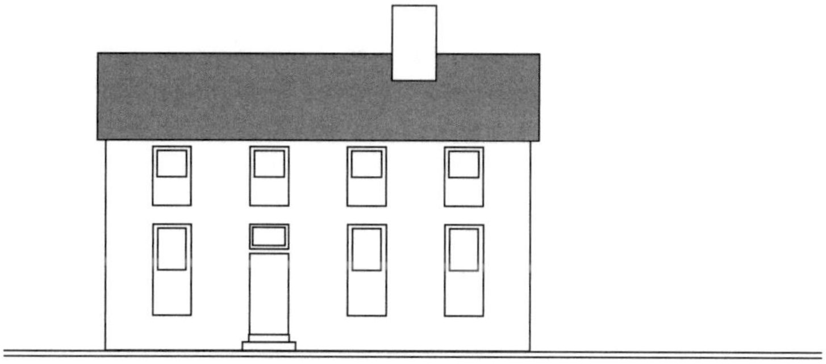

16.14 Se um prédio sem valor histórico tiver razão de janelas e paredes de 30% e razão de superfícies de 2,1, deveríamos reusá-lo ou reconstruí-lo?

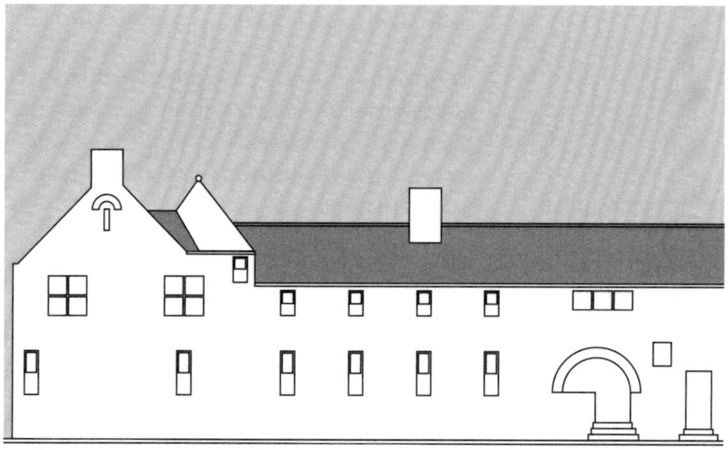

16.15 Restauração, reforma e renovação de prédios existentes.

Uma questão similar relaciona-se aos elementos da pele de uma edificação, como as janelas velhas. No caso delas, a análise deve considerar as exigências de preservação do patrimônio histórico e arquitetônico. Se não há esse condicionante, os méritos relativos do reúso podem ser avaliados com base no ciclo de vida. Porém, se houver a necessidade de preservação de componentes históricos, há uma variedade de melhorias que podem manter a estética de uma janela e, ao mesmo tempo, melhorar sua eficiência em energia, como a troca de gaxetas e calafetos e a instalação de tampos ou venezianas.

A validade do reúso de materiais e componentes de construção

Outra abordagem ao reúso de materiais é reutilizar uma edificação inteira, estratégia que reduz ainda mais o consumo de energia incorporada, pois elimina o transporte de muitos materiais.

Os elementos estruturais que compõem os contrapisos, as paredes externas e as coberturas geralmente podem ser reaproveitados. Os elementos não estruturais, como os acabamentos de paredes internas, pisos e tetos, muitas vezes também podem ser reusados.

Uma questão interessante é quanto aos impactos energéticos da reciclagem de prédios existentes, quando comparados aos da reconstrução. Se considerarmos que os materiais incorporados em uma edificação representam um quarto da energia que será consumida ao longo da vida útil do prédio, então uma construção nova apenas precisará ser 25% mais eficiente em energia do que uma existente, para justificar a substituição do prédio existente e ainda assim ter um consumo de energia inferior ao longo do ciclo de vida. Muitos dos prédios velhos são intrinsecamente ineficientes, não apenas em função de seus isolamentos e de suas estanqueidades ao ar, mas também de inúmeras características, como o tamanho, o formato e a razão entre área de janelas e paredes. Para sermos prudentes, um estudo comparativo do consumo de energia ao longo do ciclo de vida deve ser feito para ajudar a decidir se vale a pena reutilizar uma edificação.

Outro grupo de questões relaciona-se com a validade de reutilizar os equipamentos que consomem energia ou água. Essas questões são similares àquelas relacionadas ao uso de materiais de demolição, embora haja algumas distinções. No caso do reúso de materiais no mesmo terreno ou edificação do qual foram retirados, os obstáculos legais são menores, afinal não estão sendo comercializados equipamentos ou aparelhos sanitários que não atendem às normas, embora essas práticas possam criar problemas na hora do licenciamento para ocupação ("habite-se").

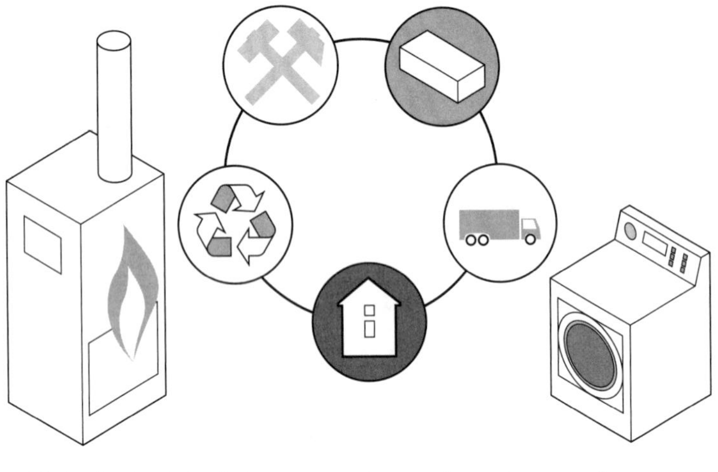

16.16 A análise do ciclo de vida deve ser empregada para avaliar se vale a pena ou não reutilizar equipamentos e aparelhos que consomem energia ou água.

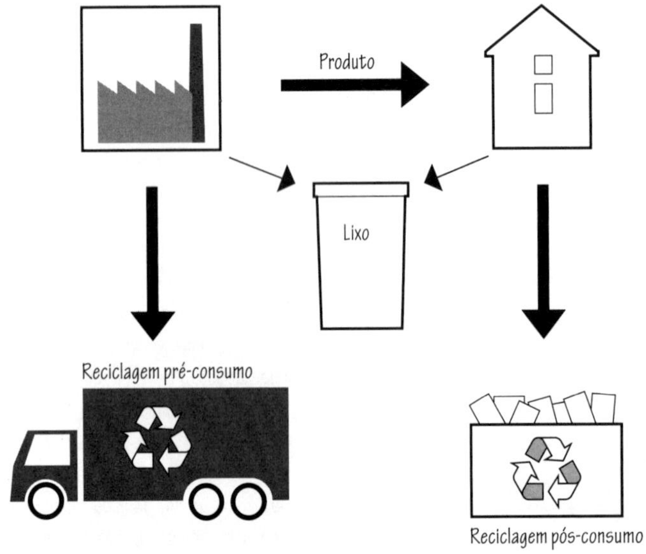

16.17 Tipos de conteúdo reciclado.

Todavia, as questões de energia incorporada tornam-se ainda mais importantes do que no caso do uso de materiais de demolição, uma vez que os aparelhos sanitários estão instalados e, em geral, além de terem baixa eficiência, muitas vezes foram instalados de modo não ideal ou de maneira inadequada para o novo uso proposto. Considere o exemplo da iluminação de um prédio de escritórios. Um prédio existente, em geral, terá lâmpadas fluorescentes tubulares (T12), com reatores magnéticos de baixa eficiência e luminárias com acabamentos não reflexivos. Além disso, para agravar o uso de energia elétrica, as luminárias terão sido instaladas para superiluminar o espaço, talvez consumindo 25 Watts por metro quadrado ou mais. Assim, a substituição das luminárias existentes por outras de alta eficiência resultará em economias de dois níveis: com o uso de luminárias mais eficientes e com o consumo de luz menor (10 W/m^2 ou menos). Neste exemplo, o reúso de algumas das luminárias por meio de um leiaute novo e eficiente, com novos bulbos e reatores, pode ser uma opção. Em suma, a análise do ciclo de vida pode valer muito a pena quando se tomam decisões quanto ao reúso de equipamentos que consomem energia ou água e já existem no local.

Materiais com conteúdo reciclado

A sustentabilidade recomenda o uso de materiais com conteúdo reciclado. Os materiais reciclados pré-consumo são aqueles que deixam de ser enviados para o descarte durante a manufatura; os reciclados pós-consumo são obtidos do lixo gerado pelos usuários finais.

O concreto é o material de construção mais empregado. Ele é um ótimo exemplo para se falar de materiais com conteúdo reciclado, pois é possível especificar uma mistura que contenha poeira de borralho (cinzas volantes), que é um subproduto da fundição dos minérios.

A fabricação do aço usa grande quantidade de aço reciclado, um índice que, nos últimos anos, ultrapassou 90%.

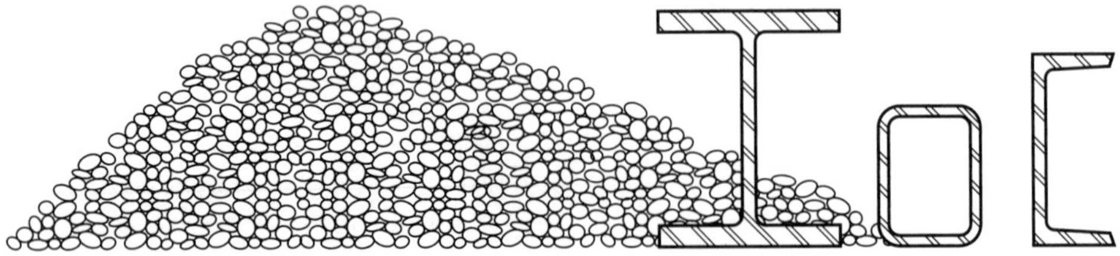

16.18 Os materiais utilizados anteriormente, como o concreto e o aço, podem ser triados e processados para o reúso. O concreto pode ser triturado, lavado e graduado para produzir agregados para a mistura de novos concretos. O aço pode ser coletado, separado de outros produtos recicláveis por meio de grandes magnetos, comprimido em grandes blocos e enviado a uma usina de processamento, onde o metal é combinado com pequenas quantidades de aço virgem para uso em produtos de construção, como o aço estrutural.

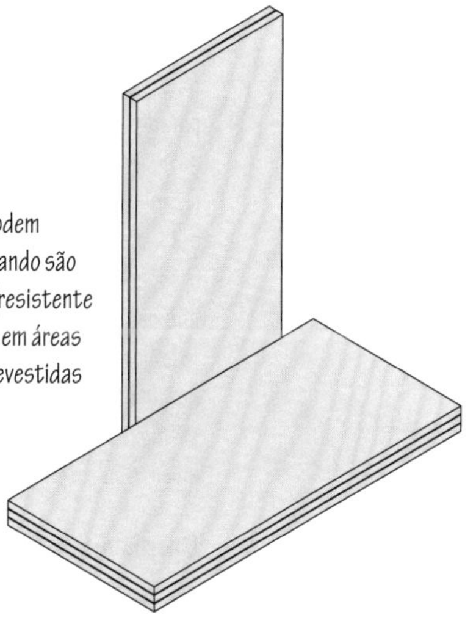

16.19 As chapas de gesso acartonado podem conter até 90% de conteúdo reciclado. Quando são revestidas de laminados de fibra de vidro (resistente ao mofo), elas podem ter bom desempenho em áreas com muita umidade, nas quais as chapas revestidas de papelão não seriam uma boa opção.

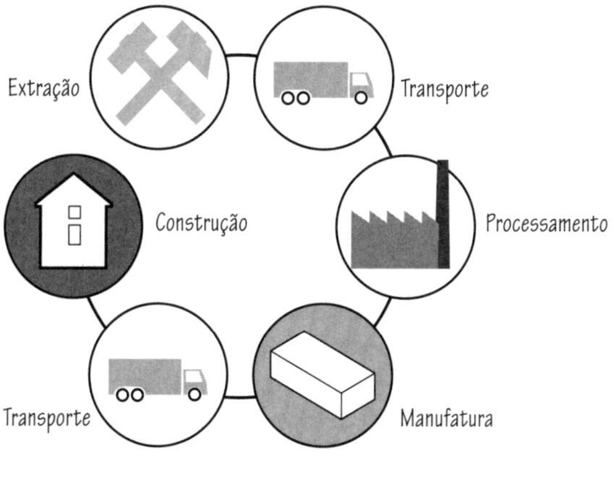

16.20 A energia incorporada é a quantidade total de energia gasta para extrair, manufaturar, processar e transportar os materiais até um canteiro de obras.

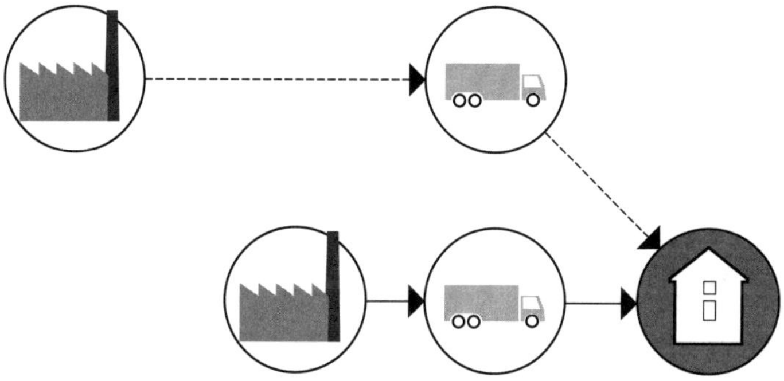

16.21 Os projetos de edificação sustentáveis enfatizam o valor do uso de materiais adquiridos na cidade ou região.

Os produtos derivados da madeira, como os vários "engenheirados de madeira", também contêm material reciclado.

Existe gesso acartonado com conteúdo reciclado, que inclui produtos agrícolas reciclados, poeira de borralho, escória e outros *fillers*. Mesmo quando um material tem conteúdo reciclado substancial ou pequeno, vale a pena examinar o conteúdo de produtos químicos e a energia incorporada. Por exemplo, a madeira aglomerada é feita em grande parte de materiais reciclados, mas seu conteúdo de produtos químicos (que inclui o formaldeído, um cancerígeno conhecido) é considerável. E o aço, ainda que seja mais de 90% reciclado, contém uma energia incorporada substancial.

Seleção de materiais não utilizados previamente

Uma vez minimizado o uso de matérias-primas e maximizado o uso de materiais reutilizados ou reciclados, voltamos nossa atenção para a seleção de materiais que não foram previamente utilizados. As opções preferíveis incluem materiais: 1) rapidamente renováveis; 2) naturais; 3) não prejudiciais à saúde humana (em virtude de sua baixa toxidade); e 4) produzidos no local e que tenham baixa energia incorporada.

Energia incorporada

A energia incorporada é aquela necessária para obtenção, fabricação, preparo e transporte dos materiais de construção a um canteiro de obras. Ela geralmente representa uma parcela significativamente menor do que a da energia que será consumida pelas construções ao longo de suas vidas úteis. Entretanto, à medida que os prédios estão cada vez mais sendo projetados para consumir menos energia de operação, essa razão também crescerá, tornado a energia incorporada mais importante. Além disso, no caso das edificações com consumo líquido de energia zero, a única forma de energia consumida de fora do terreno é a incorporada por seus materiais.

Quando se trata da energia incorporada, os projetos sustentáveis enfatizam o valor dos materiais obtidos na cidade ou região a fim de minimizar a energia incorporada no transporte. Algumas normas, diretrizes e códigos para certificação em sustentabilidade reconhecem o valor ecológico dos materiais obtidos ou processados dentro de determinado raio do canteiro de obras. O LEED permite um ajuste opcional com base no tipo de transporte utilizado para os materiais, considerando as eficiências relativas do transporte ferroviário e hidroviário em relação ao rodoviário.

Uma solução para minimizar o impacto da energia incorporada é fazer a compensação dos créditos de carbono.

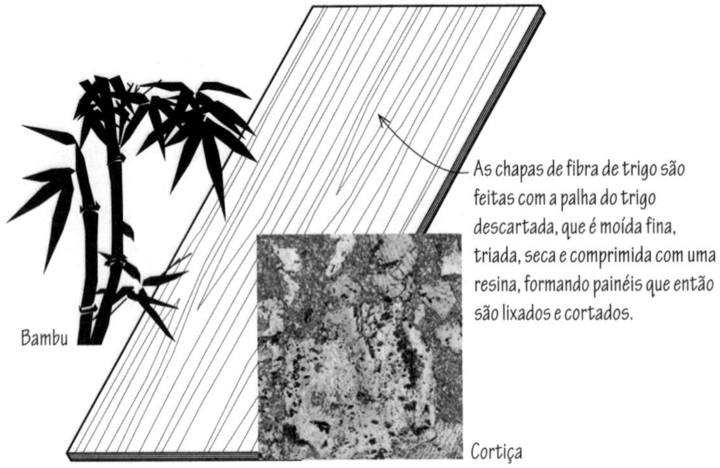

16.22 Exemplos de materiais de renovação rápida.

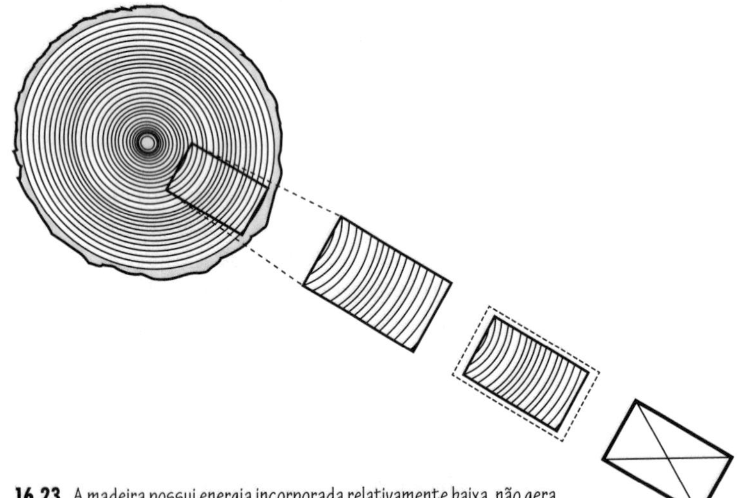

16.23 A madeira possui energia incorporada relativamente baixa, não gera emissões de produtos químicos prejudiciais à nossa saúde, é durável (se protegida contra o intemperismo) e pode ser reutilizada.

FSC

16.24 Logotipo registrado do Forest Stewardship Council.

Materiais de renovação rápida

A renovação rápida significa que os materiais que crescem naturalmente podem ser extraídos em poucos anos, como é o caso do período de 10 anos definido pelo LEED. Alguns exemplos: pisos de bambu, pisos de cortiça, fibras de carpete derivadas do milho, isolamento térmico com algodão, linóleo natural, pisos de borracha natural, isolamento com soja, fenos de palha para isolamento térmico e construção de paredes, móveis de placa de palha, carpetes de lã e elementos de marcenaria e carpintaria de chapas de fibra de trigo. Quando usamos materiais de renovação rápida, reduzimos o esgotamento dos materiais que levam mais tempo para crescer, como é o caso da madeira de florestas antigas, ou que derivam de fontes finitas, como os plásticos feitos de petróleo. A escolha da aplicação correta é importante no caso dos materiais de renovação rápida. Os pisos de bambu, por exemplo, podem não ser tão duradouros em áreas de trânsito intenso ou em espaços com umidade excessiva.

Outros materiais naturais

A madeira é uma matéria-prima natural empregada há milênios em todas as partes do mundo. Ela é utilizada em aplicações portantes e não portantes, pisos, contrapisos, portas, janelas, móveis (embutidos ou não), acabamentos de paredes e tetos, cercas – entre muitos outros exemplos. A madeira também é utilizada em estruturas temporárias durante a construção, como suportes temporários para formas de concreto e guarda-corpos.

No entanto, embora seja um produto natural, ela pode ser extraída e processada com técnicas destrutivas em termos ecológicos. Esses manejos nocivos incluem a extração em florestas nativas, o desmatamento, a derrubada de espécies ameaçadas e o uso de produtos químicos nocivos à saúde das pessoas. Para garantir que a madeira empregada na construção foi extraída e processada de maneira correta em termos ambientais, uma exigência comum é que as peças para construção tenham a certificação do Forest Stewardship Council (FSC).

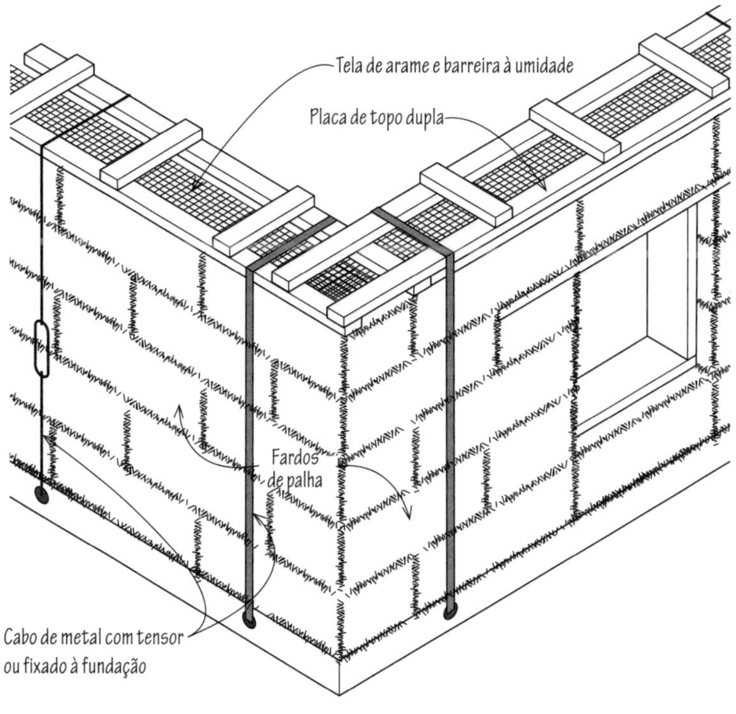

16.25 Uma parede de fardos de palha.

Um produto natural portante e que também tem bom desempenho térmico são os fardos de palha prensada. A construção com fardos de palha inclui todas as mais importantes propriedades dos materiais sustentáveis. O material empregado é renovável e de crescimento rápido (e, em muitos casos, é um refugo), não é tóxico, tem baixa energia incorporada e frequentemente está disponível na região. Esse sistema construtivo também combina duas funções: a estrutural e o isolamento térmico. Suas desvantagens incluem a necessidade de evitar o apodrecimento e o espaço necessário para a construção de paredes mais espessas, que costumam ter 45 cm ou mais.

A taipa de pilão é uma técnica de construção com recurso natural muito antiga e que vem sendo cada vez mais resgatada. Há prédios com terra apiloada em praticamente todos os continentes. Nesse sistema, as paredes são feitas com a compactação de terra dentro de uma forma. As paredes de taipa de pilão são resistentes, naturais, feitas com materiais locais (costuma-se usar o barro do próprio terreno), não combustíveis e não tóxicas, exceto quando são adicionados estabilizadores para cimentação. Elas têm alta massa termoacumuladora, mas sua resistência térmica (valor-R) é baixa, então geralmente é preciso agregar um isolante a elas. Essas paredes não costumam apresentar grandes problemas de infiltração, além de oferecerem excelente isolamento acústico. Ainda assim, da mesma maneira que em outras paredes feitas com matérias-primas naturais (como as paredes de fardos de palha), as paredes de taipa de pilão precisam ser protegidas contra a umidade. A viabilidade dessa técnica depende de haver solo apropriado no local. Considera-se que a energia incorporada é baixa, mas os custos com mão de obra são elevados, e é preciso dar um treinamento especial para os trabalhadores, pois a técnica já não é de conhecimento comum.

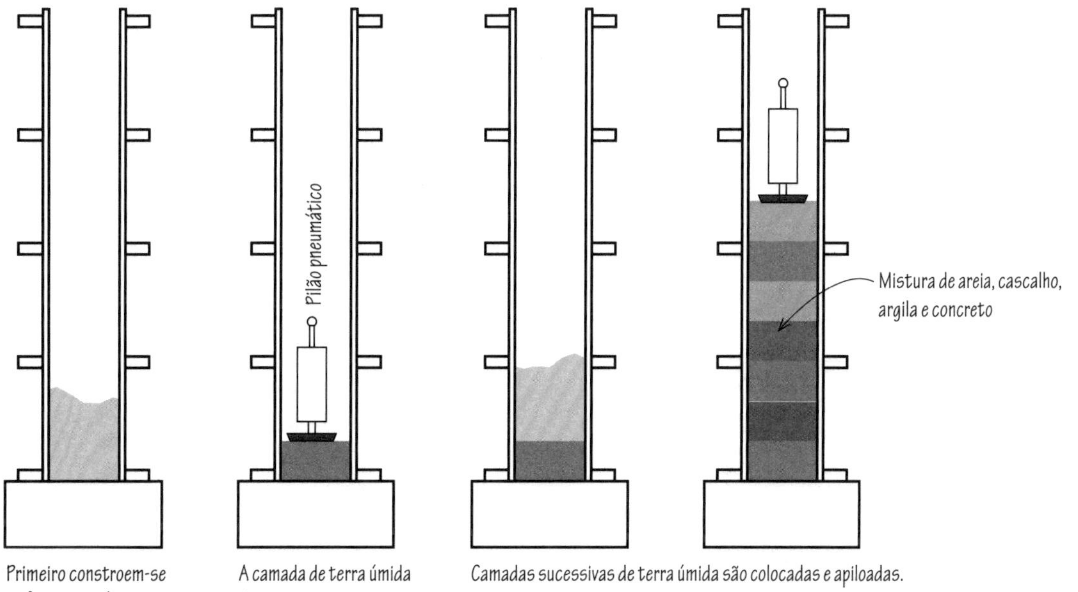

16.26 Como fazer a taipa de pilão.

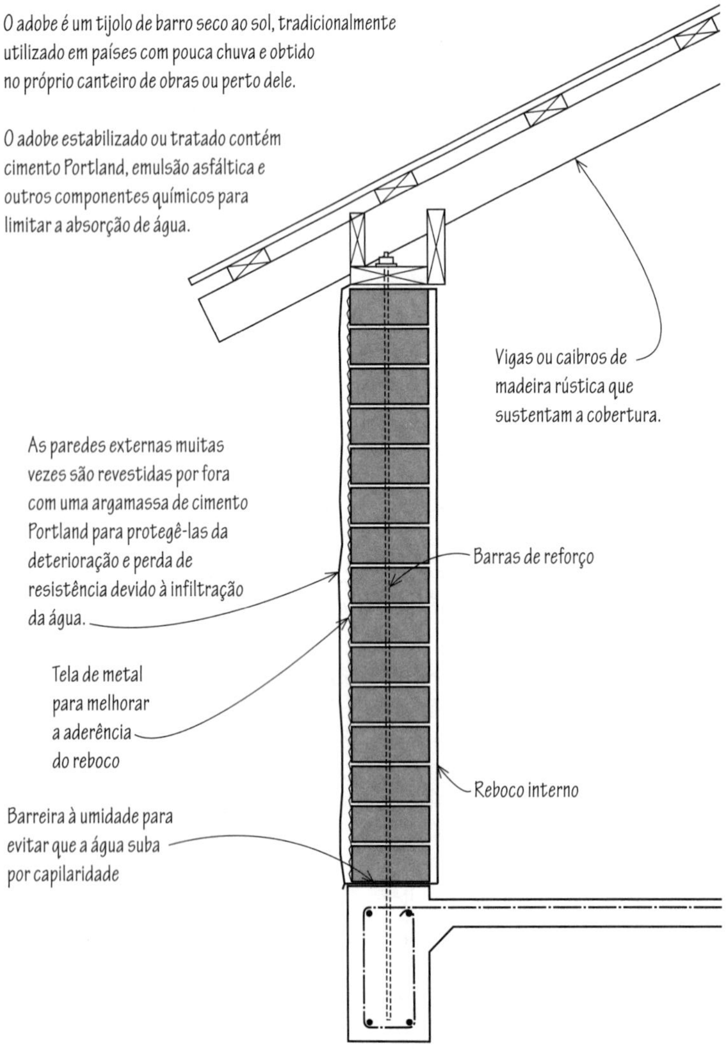

O adobe é um tijolo de barro seco ao sol, tradicionalmente utilizado em países com pouca chuva e obtido no próprio canteiro de obras ou perto dele.
O adobe estabilizado ou tratado contém cimento Portland, emulsão asfáltica e outros componentes químicos para limitar a absorção de água.
Vigas ou caibros de madeira rústica que sustentam a cobertura.
As paredes externas muitas vezes são revestidas por fora com uma argamassa de cimento Portland para protegê-las da deterioração e perda de resistência devido à infiltração da água.
Barras de reforço
Tela de metal para melhorar a aderência do reboco
Reboco interno
Barreira à umidade para evitar que a água suba por capilaridade

16.27 Uma construção de adobe.

16.28 Para sermos ecologicamente sustentáveis, buscamos não somente evitar materiais perigosos à saúde: tentamos identificar e remover esses elementos de edificações que estão sendo reutilizadas, recicladas ou demolidas.

O adobe é outro material de construção natural, sendo feito com solo com entre 15 e 25% de conteúdo de argila misturado com areia ou palha e pedregulho miúdo ou outro agregado. Ao contrário das paredes de taipa de pilão, as construções de adobe não são feitas com formas, mas com grandes tijolos crus (geralmente pré-fabricados no próprio canteiro de obras), que são assentados com uma argamassa. Assim, essa técnica de construção não se limita a paredes, servindo também para coberturas abobadadas. De resto, as características da construção com adobe são similares àquelas da taipa de pilão: ela é resistente, natural, local, não combustível, atóxica, tem alta massa termoacumuladora, mas baixa resistência térmica (exigindo um isolante separado), resiste à infiltração do ar e oferece excelente isolamento acústico. Uma desvantagem dessas construções é que elas são vulneráveis a atividades sísmicas.

Existem outras técnicas similares ao adobe que também empregam areia, argila, água e um agregado orgânico para reforço, como o cob empregado na Grã-Bretanha, na Irlanda e nos Estados Unidos, entre outros países, e a taipa de sopapo, no Brasil. As paredes de cob, em vez de usar tijolos, são apiloadas a mão, o que lhes permite adotar formatos artísticos e aberturas de janela e porta muito decorativas.

A pedra é um material de construção forte, belo, natural e inerte. Utilizada principalmente em muros, com o passar do tempo ela passou a ser empregada em fundações e paredes. Ela não possui boas propriedades de isolamento térmico, e seu peso acentuado levanta questionamentos quanto à sua energia incorporada, em função da dificuldade de transporte. A pedra também nem sempre está disponível – depende da região geográfica.

Materiais não tóxicos e que não prejudicam a saúde

Os profissionais que trabalham com projetos sustentáveis tentam evitar o uso de materiais perigosos à saúde humana. Por exemplo, a Lista Vermelha de materiais banidos pelo Desafio da Edificação Viva (*Living Building Challenge*) inclui:

- Amianto
- Cádmio
- Polietileno clorado e polietileno clorosulfonado
- Clorofluorcarbonetos (CFCs)
- Cloroprene (Neoprene)
- Formaldeído (adicionado)
- Retardadores de chamas halogenados
- Hidroclorofluorcarbonetos (HCFCs)
- Chumbo (adicionado)
- Mercúrio
- Fertilizantes e pesticidas petroquímicos
- Ftalatos
- Cloreto de polivinila (PVC)
- Tratamentos de madeira que contenham creosoto, arsênico ou pentaclorofenol

16.29 Marca registrada da Green Seal, uma ONG que calcula o ciclo de vida de produtos, serviços e companhias com base em critérios de sustentabilidade.

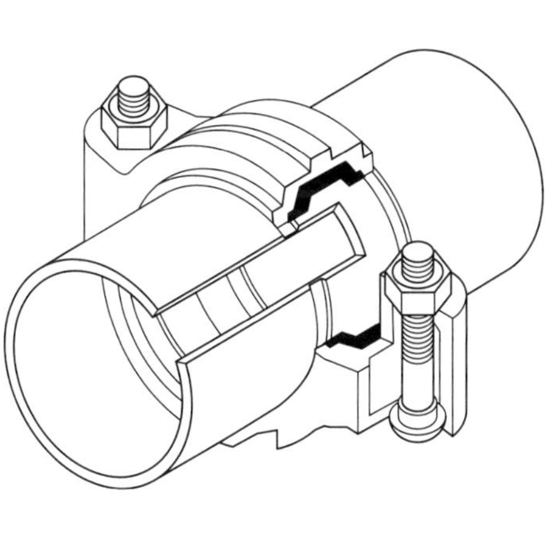

16.30 Evite até mesmo o uso de materiais de baixa toxidade, optando por conexões mecânicas, em vez de adesivos ou soldas.

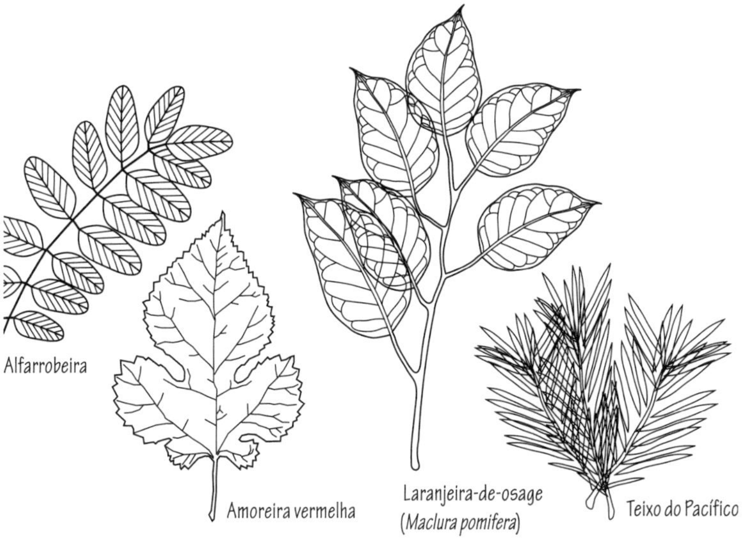

16.31 Espécies de madeira nativas dos Estados Unidos que são incrivelmente resistentes ao apodrecimento.

Além de evitar materiais perigosos à saúde, os projetistas de edificações sustentáveis procuram ir um passo além, especificando materiais com baixa toxidade. Ter baixa toxidade, em geral, significa que um material tem pouco conteúdo de compostos orgânicos voláteis (COVs). Tais materiais incluem alguns tipos de adesivos, compostos de cura e vedantes do concreto, carpetes, tintas, vernizes, seladores, materiais de solda plástica e *stains*. Esses materiais também são chamados de "materiais de baixa emissividade" e, para que possam ser qualificados como tal, devem respeitar normas rígidas estabelecidas por diversas entidades.

Uma abordagem ainda mais segura a não usar tais materiais é empregar técnicas que dispensem todo tipo de produto químico. Por exemplo: podemos usar fixadores mecânicos em vez de adesivos; a madeira nem sempre precisa ser pintada ou envernizada; e, às vezes, tubulações e dutos podem ser conectados por meios mecânicos, sem soldas ou colas.

Uma classe de materiais nos quais os produtos químicos vêm sendo aplicados há muito tempo é a madeira autoclavada, principalmente para o uso externo. Uma alternativa é fazer estruturas externas e cercas com madeiras resistentes ao apodrecimento, em vez de usar peças tratadas com produtos químicos. O Departamento de Agricultura dos Estados Unidos lista quatro espécies nativas daquele país como sendo excepcionalmente resistentes à decomposição: alfarrobeira, amoreira vermelha, laranjeira-de-osage (*Maclura pomifera*) e teixo do Pacífico (Figura 16.31). As espécies de madeira de lei exóticas àquele país e que são extremamente resistentes à decomposição incluem angélica (*Dicorynia gueianensis*), azobé (*Lophira alata*), balata, pau-zebra, bibiru (*Nectandra rodiaei*), ipê, eucalipto australiano, guáiaco, amendoim e teca adulta. Não tão resistentes como essas, mas ainda assim classificadas como resistentes ou muito resistentes, são as seguintes espécies nativas da América do Norte: cipestre calvo adulto, catalpa, cedro (da Virgínia ou vermelho), cerejeira negra, castanheira, junípero, espinheiro-da-Virgínia, carvalho branco, sequoia adulta, sassafrás e nogueira negra. Por fim, as seguintes espécies, também autóctones, mas que são moderadamente resistentes à decomposição: cipreste de crescimento secundário do caule, pinheiro do Oregon, lariço vermelho (*Larix laricina*), lariço ocidental (*Larix occidentalis*), pinheiro branco oriental adulto (*Pinus strobus*), pinheiro de folha longa adulta (*Pinus palustris*), pinho comum adulto (*Pinus elliottii*) e sequoia de crescimento secundário do caule. Na maioria dos casos, essas espécies não são cultivadas para fins comerciais e podem ser difíceis de se obter. Também é mais seguro selecionar uma madeira que tenha sido certificada pelo Forest Stewardship Council, a fim de garantir que ela foi extraída e processada de maneira não destrutiva.

Refrigerantes (líquidos frigorígenos)

Há um grupo de refrigerantes particularmente prejudicial ao meio ambiente cujo uso em edificações sustentáveis é contraindicado ou proibido. Esses produtos têm alto potencial de destruição do ozônio, alto potencial de aquecimento global ou ambas as características. Os refrigerantes com clorofluorcarboneto (CFC), inclusive o R-11 e o R-12, foram banidos na década de 1990, e os equipamentos que contêm esses compostos são identificados e substituídos sempre que uma edificação está sendo reformada. O cloro desses produtos químicos reage com o oxigênio, destruindo o ozônio. Dois refrigerantes comuns com hidroclorofluorcarboneto (HCFC), o R-22 e o R-123, têm potencial de destruição do ozônio inferior ao dos CFCs, mas estão sendo eliminados gradualmente, pois, ainda assim, destroem a camada de ozônio. As melhores opções atuais para frigorígenos, todas com potencial zero de destruição de ozônio, são os hidrofluorcarbonetos (HFC) R-410a, R-407c e R-134a. Todavia, os três talvez sejam posteriormente abandonados, devido a seus potenciais de aquecimento global.

A forte tendência do uso de bombas de calor tanto para calefação quanto para resfriamento é muito relevante para as edificações sustentáveis. Essas estratégias incluem as bombas de calor com fonte geotérmica (terrestre ou submersa) e as bombas de calor a água de circuito fechado e com torres de aquecimento. Todas as bombas de calor usam refrigerantes.

No curto prazo, as edificações sustentáveis devem limitar o uso desses produtos àqueles com potencial zero de destruição de ozônio. Agora vejamos o potencial de aquecimento global dos refrigerantes. Observe que o impacto desses produtos químicos não é contínuo: ele acontece apenas quando há algum vazamento. Assim, uma questão relevante é o impacto relativo dos vazamentos sobre o aquecimento global, quando o comparamos com o impacto contínuo do consumo de energia. As perdas de energia ainda têm impacto maior no aquecimento global do que os vazamentos de refrigerantes. Por exemplo, o impacto de vazamentos típicos do refrigerante R-410a sobre o aquecimento global equivale a menos de 3% do impacto do consumo de energia de uma bomba de calor que contenha o R-410a.

16.32 Os refrigerantes e seus efeitos potenciais sobre o meio ambiente.

Refrigerante	Potencial de Destruição do Ozônio (ODP)	Potencial de Aquecimento Global (GWP)	Tipo	Notas
R-11 Triclorofluormetano	1	4.000	CFC	Eliminado gradualmente nos anos 1990.
R-12 Triclorofluormetano	1	2.400	CFC	Eliminado gradualmente nos anos 1990.
R-22 Clorofluormetano	0,05	1.700	HCFC	Foi amplamente utilizado durante muitos anos, mas eliminado gradualmente devido a seus elevados ODP e GWP. Desde 2010, já não são fabricados novos equipamentos com R-22. A produção de R-22 para a manutenção de equipamentos existentes terminará em 2020.
R-123 Diclorofluoretano	0,02	0,02	HCFC	Amplamente utilizado como um substituto para o R-11. Os equipamentos que contêm R-123 deixarão de serem produzidos em 2020. A produção de R-123 terminará em 2030.
R-134a Tetrafluoretano	0	1.300	HFC	Amplamente adotado em resfriadores, refrigeradores e ares-condicionados de automóveis. Começa-se a discutir sua eliminação gradual, devido a seu potencial de aquecimento global.
R-152a 1,1 Difluoroetano	0	124	HFC	Está sendo considerado como um substituto para o R-134a.
R-290 Propano	0	3	HC	Está sendo considerado como um substituto para o R-134a.
R-407c (23% R-32, 25% R-125, 52% R-134a)	0	1.600	HFC	Amplamente utilizado como um substituto para o R-22. Começa-se a discutir sua eliminação gradual, devido a seu potencial de aquecimento global.
R-410a	0	1.890	HFC	Amplamente utilizado como um substituto para o R-22 nos Estados Unidos. Começa-se a discutir sua eliminação gradual, devido a seu potencial de aquecimento global.
R-717 Amônia-NH_3	0	0	–	Tóxica. Empregada em alguns equipamentos de resfriamento por absorção.
R-744 Dióxido de Carbono (CO_2)	0	1	–	
R-1234yf	0	4	HFO	Talvez venha a ser empregado como um substituto para o R-134a.

A fim de limitar o impacto dos refrigerantes no aquecimento global, as melhores práticas para as edificações que usam bombas de calor incluem:

- Exigir rigorosa testagem quanto a vazamentos, antes de adicionar uma carga de refrigerante a um sistema. Um exemplo é fazer um teste com pressão positiva com nitrogênio e vácuo profundo ao longo de certo período, para garantir que não haja vazamentos, com registro por escrito dos resultados.
- Exigir medidas de detecção de vazamentos em casas de máquinas.
- Fazer um projeto de edificações eficiente como um todo. As edificações que são o mais eficiente possível no consumo de energia usarão equipamentos de resfriamento e calefação menores, o que significará menos cargas de refrigerantes. Isso é possível se os equipamentos forem dimensionados após o término do projeto da edificação e de seu sistema de iluminação e se o programa de necessidades for preciso em termos de ocupação (número de usuários), horários de funcionamento e outras exigências do proprietário.
- Evitar a calefação e o resfriamento de espaços que não precisem disso. Dessa maneira, mais uma vez se reduz a capacidade exigida pelo sistema, diminuindo a quantidade de refrigerante necessária.

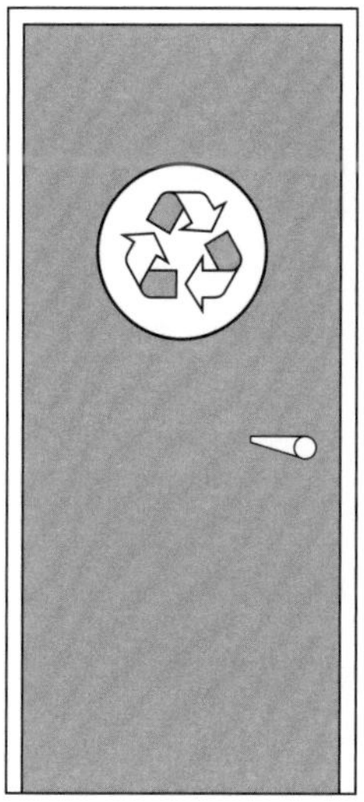

16.33 Devem-se criar meios para a coleta e o armazenamento de recicláveis, para a coleta e a redistribuição de produtos e equipamentos que serão reutilizados e para a compostagem.

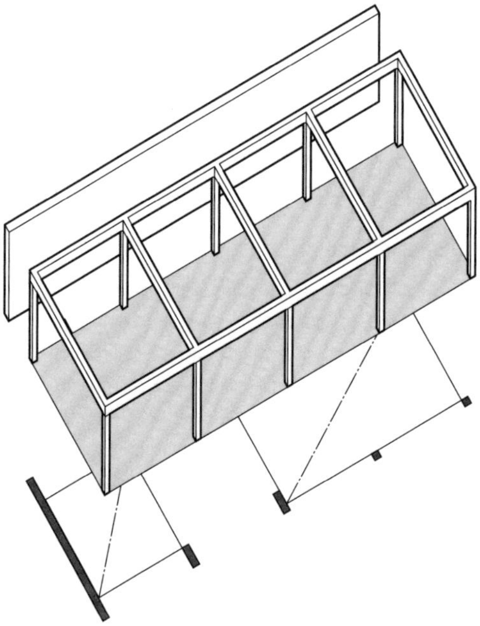

16.34 O planejamento da obra e do projeto pode facilitar a desconstrução de um prédio e o reúso de seus materiais.

O projeto que visa à redução dos impactos dos materiais pós-construção

Durante o projeto de uma nova edificação, é possível tomar algumas medidas que ajudarão a reduzir os impactos dos materiais pós-construção, diminuindo, por exemplo o consumo de materiais após a execução do prédio.

Por exemplo, podem ser criados cômodos ou espaços para um sistema integrado de manejo dos resíduos sólidos, incluindo áreas para a coleta e o armazenamento de recicláveis, para a coleta e a redistribuição de produtos e equipamentos que serão reutilizados e para a compostagem. Essas medidas ajudam os usuários a evitar o envio de lixo a aterros, promovendo a reciclagem, o reúso e a compostagem.

Além disso, os materiais utilizados na construção devem ser documentados, de maneira que a substituição possa ser minimizada. Por exemplo, se um produto for bem especificado quanto a sua pintura (como a marca, o nome e o código da tinta, bem como os fornecedores locais) no manual do proprietário ou nos pedidos de produtos, é menos provável que todo um recinto tenha de ser repintado em virtude de apenas um retoque que seria necessário; apenas pequenas quantidades precisarão ser encomendadas. Isso vale para produtos de consumo, como tintas e acabamentos de madeira, bem como para guarnições, esquadrias e molduras de portas e janelas, cortinas, persianas, telhas e outros materiais de acabamento menos importantes.

O projeto que considera a futura desconstrução facilita o reúso eventual dos materiais de construção quando o prédio atinge o término de sua vida útil. Os princípios para essa estratégia incluem o uso de sistemas construtivos modulados; a simplificação das conexões; a seleção de fixadores que permitam a desmontagem mais fácil; a redução do número de conectores, sempre que possível; a seleção de materiais duradouros e reutilizáveis; e a redução da complexidade geral de uma edificação. A documentação do projeto de desconstrução específico para cada prédio em particular pode facilitar tal trabalho no futuro.

O manejo dos resíduos de uma obra

Um dos principais objetivos da gestão dos dejetos produzidos em um canteiro de obras é reduzir a quantidade de materiais gerada, evitando o uso dos aterros.

Menos lixo por meio da eficiência do uso dos materiais

O processo de manejo dos resíduos de uma obra foi abordado anteriormente, dando atenção à eficiência dos materiais durante o projeto e os pedidos de compra. Quando as quantidades de material são definidas com mais detalhes, facilita-se a emissão de pedidos eficientes, que resultarão em menos refugos.

A proteção dos materiais de construção antes do uso

Deve-se priorizar a proteção dos materiais de construção no canteiro de obras, antes que eles sejam utilizados. Nosso objetivo aqui não é apenas prevenir os danos aos materiais que prejudicariam sua função, mas também evitar os danos provocados pela umidade, que poderiam acarretar problemas na qualidade do ar do interior devido à colonização de fungos, bem como prevenir o desperdício de material em virtude dos materiais rejeitados. Quanto a esse último ponto, com o passar do tempo provavelmente veremos o aumento dos cuidados com o transporte de materiais para evitar perdas ou devoluções. As práticas de controle de qualidade talvez se tornem mais tolerantes no sentido de aceitar materiais com danos muito pequenos ou superficiais, acarretando menos perdas, mas sem que isso comprometa a integridade de uma edificação.

Evitando o envio de lixo para os aterros

Um dos principais objetivos do manejo sustentável de dejetos é fazer com que eles não acabem em aterros. Uma estratégia para isso é pensar nesse problema já durante o projeto, especificando, por exemplo, materiais que possam ser reciclados ou reutilizados. Também é possível: estipular metas para isso, seja por peso, seja por volume de materiais; planejar a coleta, a separação e o armazenamento de lixo reciclado; e especificar as exigências para o rastreamento e a quantificação do lixo a fim de que se atinjam as metas de não envio para aterros. Com o passar dos anos, imagina-se que se aumentem os esforços para evitar inclusive que o lixo chegue ao canteiro de obras. Isso se consegue, por exemplo, por meio da redução da quantidade de embalagens.

16.36 O fabricante alemão Ziehl-Abegg recentemente apresentou uma pá de ventilador inspirada nas bordas serrilhadas da asa de uma coruja, aumentando significativamente suas propriedades aerodinâmicas e reduzindo seu consumo de energia e sua emissão de ruído.

Outras questões relacionadas aos materiais de construção

Transparência

O uso de rótulos está se tornando um importante componente dos materiais de construção sustentáveis, pois permite uma análise equilibrada de seus conteúdos e suas características (produtos químicos, energia incorporada, proporção de matérias-primas recicladas e naturais, origem local ou regional e outras propriedades desejáveis ou indesejáveis).

16.35 A transparência nos rótulos dos materiais permite que se faça uma análise equilibrada dos produtos.

Durabilidade

A durabilidade é uma característica da sustentabilidade na medida em que aumenta a frequência da substituição de materiais e o exaurimento de materiais associados, bem como a energia incorporada das substituições. Também podem ser selecionados produtos que não exijam manutenção regular, como os pisos resilientes, que não precisam ser encerados regularmente.

Biomimetismo

O biomimetismo é o estudo emergente de sistemas antropogênicos que possam se beneficiar do exame dos sistemas naturais. Na arquitetura, os materiais naturais podem perfeitamente contribuir para a eficiência em consumo de energia e de matérias-primas que é tão urgente em nossas edificações. Por exemplo, formatos naturais, como cilindros e quadrados, proporções equilibradas e razões de superfícies eficientes podem ser empregados para sustentar um projeto de edificações sustentável. A natureza oferece-nos muitos modelos bons de processos que podem ser aproveitados nos ambientes construídos, para a purificação da água, a calefação, o resfriamento, a ventilação, etc. A biomímica deve, contudo, ser aplicada com parcimônia, pois embora muitos materiais, formatos e processo naturais sejam intrinsecamente eficientes em termos de materiais e energia, outros não são.

17

Cronogramas, sequências e viabilidade financeira

Cronogramas e sequências

Projetar de fora para dentro de uma edificação é um processo que acompanha a sequência típica dos eventos de uma construção. A execução da obra começa no terreno, passa para as vedações da edificação (o "fechamento") e termina nos interiores.

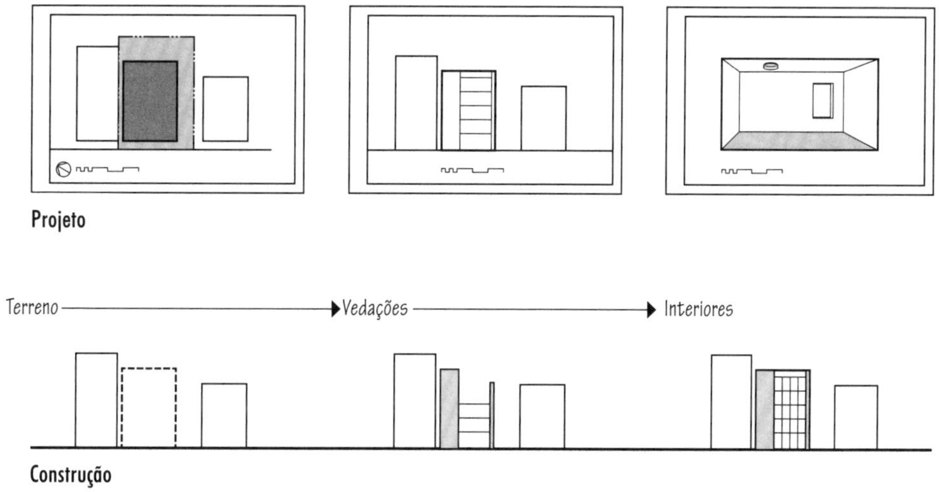

17.01 Projetar de fora para dentro de uma edificação (terreno, vedações e interiores) é um processo que acompanha a sequência típica dos eventos de uma construção.

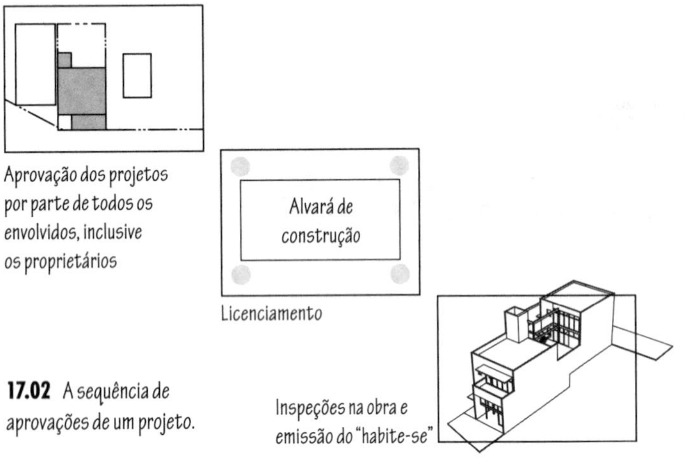

17.02 A sequência de aprovações de um projeto.

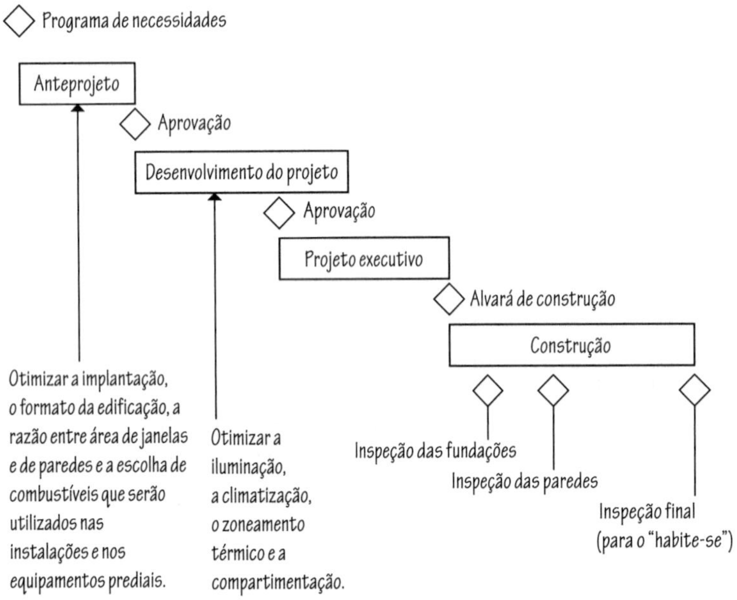

17.03 O projeto sustentável deve começar muito antes que as aprovações relevantes sejam dadas.

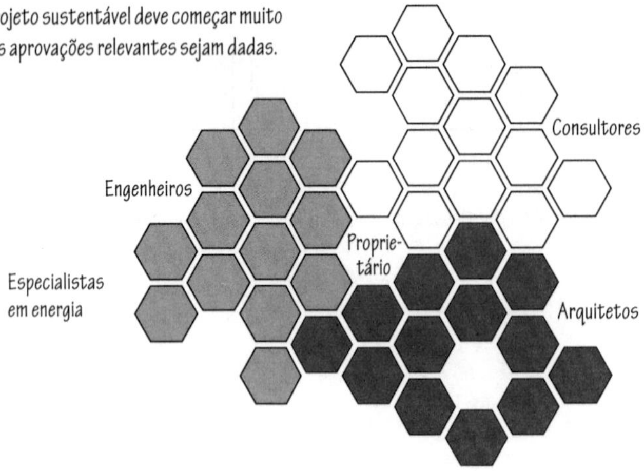

17.04 O projeto integrado envolve todos os envolvidos no processo de planejamento, projeto e construção.

Vários tipos de aprovação também acompanham esta sequência do exterior para o interior. A aprovação de um projeto para o início da execução evidentemente deverá ocorrer antes de quaisquer inspeções legais no canteiro de obras, e a obra já deverá estar pronta para que se emita o "habite-se".

Entretanto, isso não quer dizer que um projeto sustentável deva acontecer paralelamente à construção ou mesmo à sua aprovação. A melhor estratégia para que se consiga a sustentabilidade ecológica é desenvolver todos os projetos de arquitetura e complementares antes que qualquer licença para construção seja dada. Caso contrário, a fachada de um prédio poderia ser aprovada e já não seria tão fácil modificar o formato da edificação ou o desenho de suas janelas a fim de reduzir o consumo de energia elétrica. A otimização de um sistema de consumo de energia precisa, no mínimo, ter sido iniciada antes que se comecem os procedimentos de aprovação.

Quando nos referimos à aprovação e às licenças, não estamos falando apenas daquelas dadas pelas autoridades locais, mas também da anuência do proprietário e do construtor. Se um proprietário escolhe determinado projeto de edificação antes que os sistemas energéticos ou os impactos do projeto nessa questão tenham sido examinados e, posteriormente, chega-se à conclusão de que a proposta é ineficiente, o arquiteto e o proprietário estarão na posição incômoda de ter de defender um projeto ineficiente, ou ter de alterá-lo.

Os proponentes do projeto de edificações integrado têm defendido o envolvimento de toda a equipe de projeto, inclusive dos especialistas em energia e do proprietário, desde o início do projeto de arquitetura. Essa estratégia tem tido impactos positivos. Sem o projeto integrado, os modelos energéticos às vezes são construídos retroativamente, sendo aplicados em prédios cujo projeto de arquitetura já terminou, e já não é possível que o propósito mais significativo da modelagem de energia cumpra sua função, isto é, influenciar o projeto como um todo. Se isso ocorrer, serão possíveis apenas melhorias pontuais para a redução do consumo de energia, e isso às vezes sequer será perceptível nas contas de energia elétrica ou de outras utilidades públicas, como o gás. Portanto, o proprietário ou os inquilinos ficarão obrigados a pagar contas altas (e desnecessárias) durante toda a vida útil do prédio. Eles também terão de pagar por custos de construção mais elevados do que precisariam ser. Uma análise de desempenho energético feita desde o início do projeto pode prevenir essas deficiências.

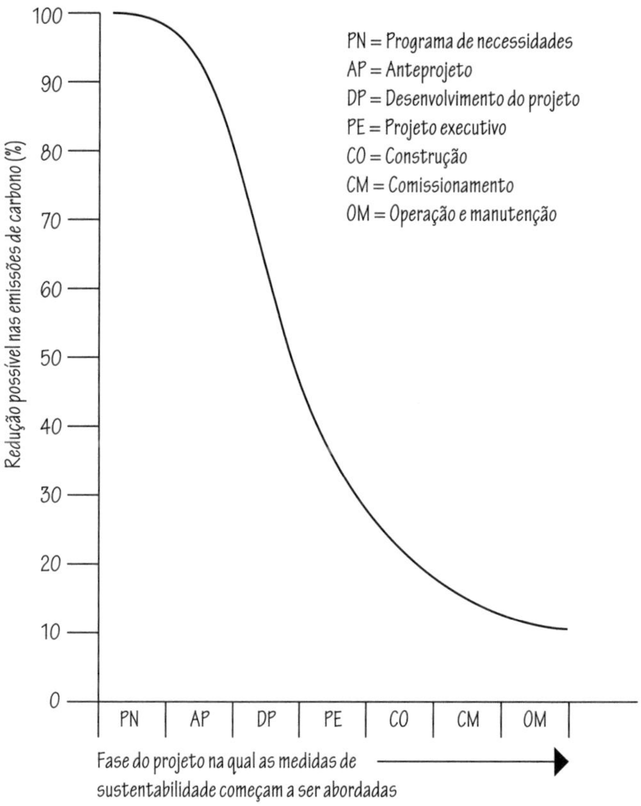

17.05 As emissões de carbono são reduzidas quando se presta atenção às questões de sustentabilidade desde o início do projeto.

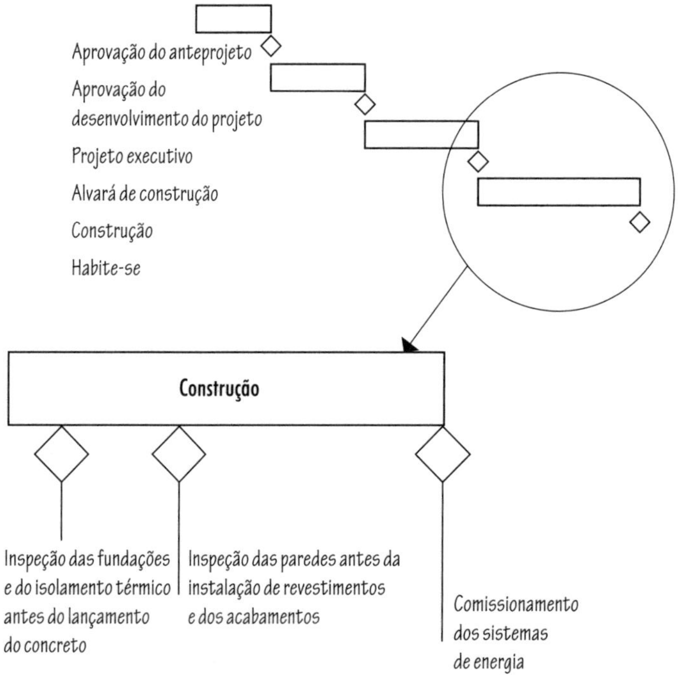

17.06 Pontos-chave na inspeção de construções sustentáveis.

Outro ponto de vista a ser incluído no projeto e na construção é o potencial de redução das emissões de carbono. Se o projeto sustentável estiver em foco desde o início, as emissões de carbono poderão ser reduzidas em quase 100% em relação às de um prédio tradicional. Contudo, as possibilidades de que se resolva esse problema caem rapidamente a cada fase sucessiva do projeto. Se os aspectos de sustentabilidade não forem examinados durante o lançamento do partido de arquitetura, por exemplo, e o formato da edificação e a razão entre área de janelas e de paredes já tiverem sido estabelecidos, o potencial de se impactar nas emissões de carbono fica radicalmente prejudicado. Além do mais, se os aspectos de sustentabilidade não forem examinados ao longo do desenvolvimento do projeto, também ficam reduzidos os possíveis impactos das emissões de carbono sobre o leiaute do prédio, os espaços condicionados, a iluminação e o tipo de sistema de climatização e ventilação. Quando os aspectos de sustentabilidade são abordados apenas durante a elaboração do projeto executivo, somente são possíveis pequenas reduções nas emissões de carbono por meio de melhorias pontuais, como a melhoria dos fatores-U das janelas ou o aumento da eficiência dos sistemas de climatização e ventilação. Por fim, se não for aplicado nenhum princípio de sustentabilidade ao projeto, a possibilidade de menores emissões de carbono será apenas com melhorias que podem ser obtidas na operação e manutenção do prédio.

Durante a execução da obra, às vezes o construtor acelera a tomada de decisões para manter o cronograma em dia e minimizar seus custos. Essa aceleração pode sacrificar a atenção aos detalhes, algo especialmente problemático na continuidade do fechamento térmico e na funcionalidade dos sistemas de energia. É nesse momento que surgem muitos furos e frestas na pele da edificação: a perfuração para a passagem de uma tubulação de gás que não é vedada; um furo para cabeamento elétrico que não é vedado; um tubo que atravessa um nível do prédio, passando por duas lajes, cujas perfurações não são vedadas; uma esquadria de janela que não é vedada; uma esquadria de porta que não é vedada. A maioria dessas pequenas aberturas é então coberta por revestimentos de modo permanente. Esse é um dos motivos pelos quais é necessário o controle de qualidade durante uma obra. A aceleração de um cronograma durante a instalação dos sistemas que consomem energia e depois dela – como os de iluminação, calefação e resfriamento – também pode resultar no aumento do consumo de energia. Há momentos-chave especialmente importantes para o controle de qualidade em uma construção, nos quais os inspetores e profissionais de projeto precisam buscar essas deficiências em termos de energia e devem inspecionar os prédios antes que fundações, paredes, janelas, coberturas e pisos sejam acabados, revestidos ou ocultados da vista e antes que os sistemas que consomem energia sejam instalados.

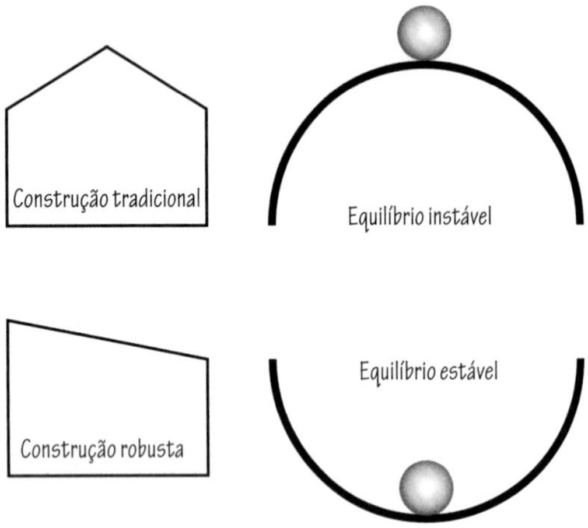

17.07 Uma metáfora para comparar as construções tradicionais com as mais robustas.

Grupo I: melhorias em termos de sustentabilidade que reduzem os custos de construção. Alguns exemplos:

- Redução da área de piso
- Redução da área de superfícies
- Uso de técnicas estruturais avançadas
- Eliminação dos sistemas de climatização em espaços nos quais não são necessários
- Redução dos equipamentos de climatização e do tamanho dos sistemas de distribuição em virtude da diminuição das cargas térmicas
- Uso de um número de luminárias menor devido à redução das cargas de iluminação, um resultado do projeto otimizado, do uso de paredes, tetos e outras superfícies internas mais refletoras e de se evitar a luminárias embutidas e pés-direitos altos
- Redução do tamanho do sistema de climatização e distribuição devido à redução do nível de iluminação artificial
- Eliminação de tubos e válvulas de água fria em certos aparelhos sanitários, como mictórios sem água
- Redução do lixo nas obras
- Uso de materiais imperfeitos
- Combinação de vários usos ou inquilinos em um único prédio, em vez de em vários prédios menores
- Uso da estrutura aparente e de superfícies sem acabamento
- Instalação de tubos e dutos aparentes
- Eliminação de pavimentos de cobertura e de subsolo
- Redução do número de portas externas
- Redução do tamanho e número de janelas

Uma abordagem distinta é projetar edificações que são mais robustas – por exemplo, que tenham menos juntas e perfurações e cujos sistemas de calefação e resfriamento fiquem dentro do fechamento térmico. Esses prédios têm menor tendência a apresentarem defeitos de construção e provavelmente terão menos pontos de infiltração de ar, pontes térmicas e perdas térmicas por distribuição. Comece de fora para dentro. Primeiro simplifique o formato da edificação, para minimizar o número de quinas e juntas; depois reduza ao máximo o número de aberturas para portas, janelas e dutos ou tubos para ventilação e saída de gases de combustão; por fim, use camadas monolíticas e robustas, como painéis estruturais isolantes, formas de concreto isoladas e outros sistemas de parede e cobertura com o mínimo de perfurações, juntas e pontes térmicas. Quando o número de locais problemáticos é menor, o desempenho de uma edificação de baixo consumo energético não depende tanto da identificação das deficiências durante as inspeções na obra. Podemos usar a metáfora de se manter uma bolinha em equilíbrio em uma superfície hemisférica. Sobre um hemisfério invertido (isto é, convexo), a bolinha pode ficar apenas em um equilíbrio muito tênue, pois rolará para baixo se houver qualquer perturbação, a menos que esta seja remediada e a bolinha consiga retornar à sua posição quase estável. Por outro lado, no fundo de um hemisfério côncavo, o equilíbrio da bolinha é estável. Mesmo que haja uma interferência no sistema, ela retornará a seu ponto de equilíbrio. Sua situação é robusta em virtude do projeto.

Viabilidade econômica

As melhorias sugeridas por um projeto ecologicamente sustentável podem reduzir os custos de construção, mantê-los iguais ou aumentá-los. Os custos dessas estratégias variam conforme a localização geográfica, as condições econômicas locais e o passar do tempo. No entanto, as melhorias podem ser classificadas conforme seus impactos nos custos de construção total.

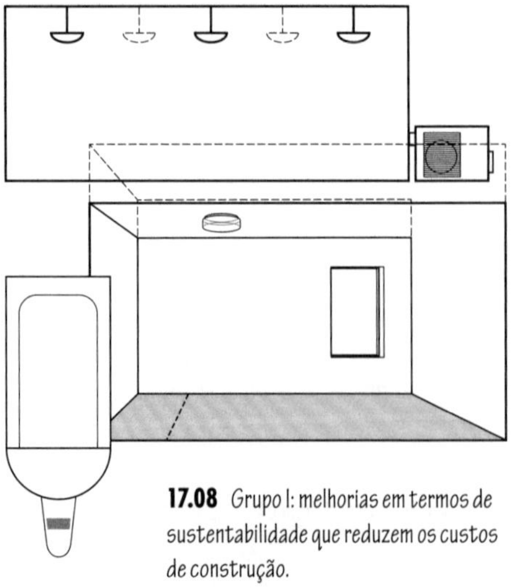

17.08 Grupo I: melhorias em termos de sustentabilidade que reduzem os custos de construção.

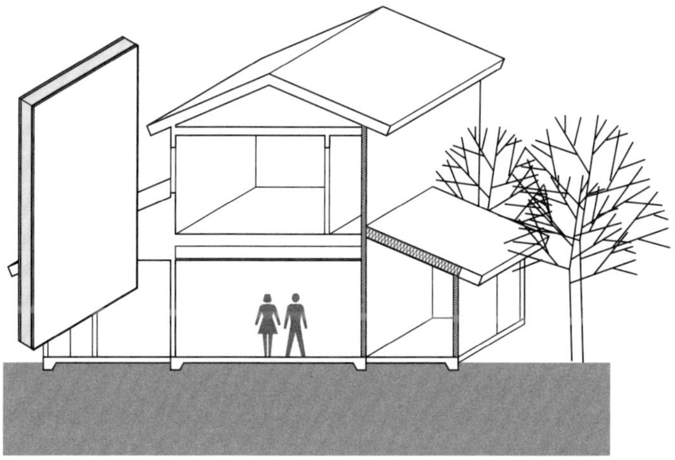

17.09 Grupo II: melhorias em termos de sustentabilidade que praticamente não afetam os custos de construção.

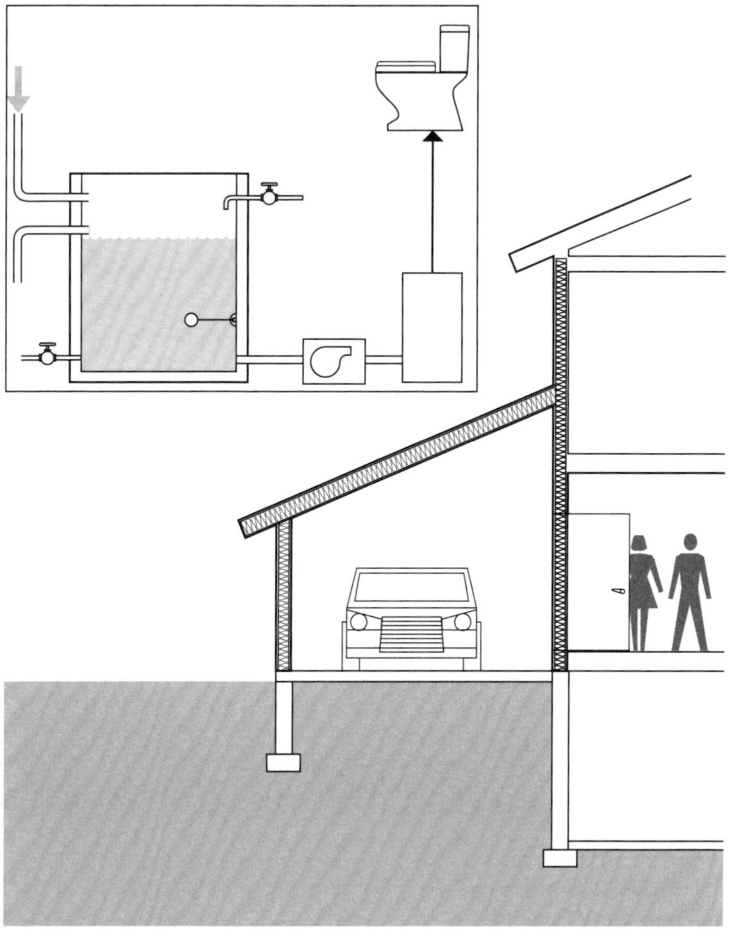

17.10 Grupo III: melhorias em termos de sustentabilidade que elevam os custos de construção.

Grupo II: melhorias em termos de sustentabilidade que praticamente não afetam os custos de construção. Alguns exemplos:

- Uso de painéis de parede pré-fabricados (como painéis estruturais isolantes), que são mais caros, porém mais baratos em termos de mão de obra para instalação
- Uso de árvores e de outros tipos de vegetação para o sombreamento
- Eliminação de pavimentos de subsolo, substituídos por áreas de depósito anexas ou internas
- Transferência de espaços não climatizados para o perímetro da edificação

Grupo III: melhorias em termos de sustentabilidade que elevam os custos de construção. Alguns exemplos:

- Aumento da quantidade de isolantes
- Aumento da estanqueidade ao ar
- Sistemas de calefação e resfriamento de alto desempenho
- Criação de barreiras térmicas para combater as pontes térmicas
- Uso de sistemas de aquecimento de água para uso doméstico de alto desempenho
- Uso de brises, beirais, toldos e maquises para sombreamento
- Uso de sistemas de ventilação com recuperação de calor ou outro tipo de energia
- Coleta de água da chuva
- Uso de acabamentos e revestimentos que promovem a eficiência energética, como persianas isoladas e refletoras
- Uso de luminárias de alta eficiência
- Uso de controles de iluminação de alta eficiência
- Uso de máquinas, equipamentos e eletrodomésticos de alta eficiência
- Uso de componentes que reforcem os fechamentos térmicos, como portas isoladas entre espaços climatizados e não climatizados
- Adição de um segundo fechamento térmico ao redor de espaços não climatizados, como garagens, isolando e vedando o fechamento externo contra o ar
- Uso do zoneamento térmico
- Compartimentação dos espaços da edificação
- Uso de sistemas de geração de energia renovável
- Usos de materiais com baixas emissões
- Uso de tratamentos acústicos apropriados
- Uso de coberturas verdes
- Uso do controle de qualidade para garantir que as metas de desempenho da edificação sejam alcançadas
- Documentação do atendimento das normas de sustentabilidade expressas em códigos, padrões e diretrizes

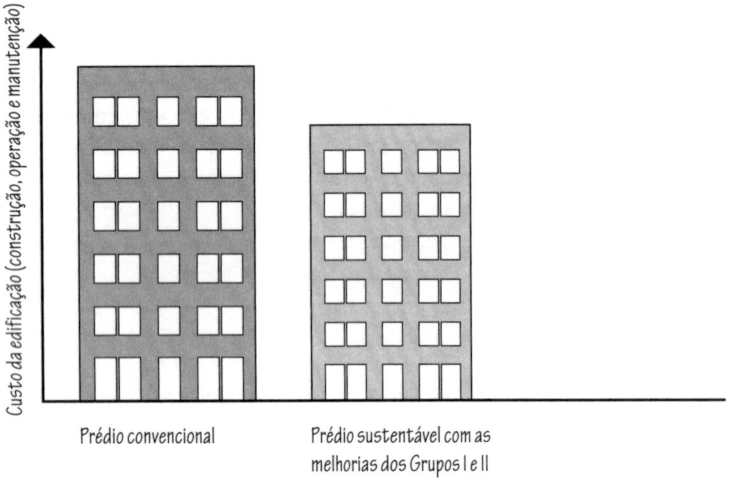

17.11 Um prédio sustentável que adotar as estratégias dos Grupos I e II custará menos para ser construído e consumirá menos energia e material do que um prédio equivalente sem essas melhorias.

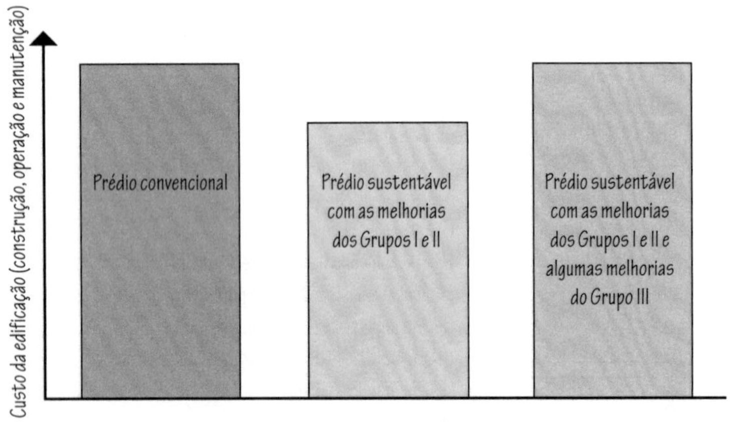

17.12 As economias de custo obtidas com as estratégias do Grupo I provavelmente poderiam ser aproveitadas para compensar os custos adicionais de algumas das melhorias do Grupo III.

Quando se trata de estimar os custos de construção das melhorias de sustentabilidade, devemos ser honestos conosco e com nossos clientes. Muitas das estratégias de sustentabilidade aplicadas a uma edificação aumentarão o custo de execução. Por outro lado, são possíveis algumas economias quando se adotam outras medidas.

Duas observações podem nos ajudar a caracterizar inicialmente a viabilidade financeira das edificações sustentáveis:

- Se um prédio for projetado usando apenas as melhorias do Grupo I (que reduzem os custos de construção) e do Grupo II (que praticamente não afetam os custos de construção), ele custará menos para ser construído e consumirá menos energia e menos materiais do que um prédio equivalente sem tais estratégias.
- As economias de custo do Grupo I podem ser aproveitadas para compensar os custos extras de algumas das melhorias do Grupo III (que elevam os custos de construção). Poderíamos imaginar um prédio que custa o equivalente a um convencional, mas que hoje consome uma quantidade significativamente menor de energia e que foi construído com menos material.

Por outro lado, se um prédio sustentável realmente custa mais do que um convencional, é possível justificar parte do custo de construção extra ou sua totalidade com base nas futuras economias de operação, especialmente com o consumo de energia. Essa análise será feita no Capítulo 18, Controle de qualidade no projeto e na construção sustentáveis.

Do ponto de vista da redução das emissões de carbono, uma edificação com as melhorias do Grupo I (que reduzem os custos de construção) e do Grupo II (que praticamente não afetam os custos de construção) teria emissões menores e custaria menos para ser construída do que uma edificação convencional. O mesmo prédio, mas com algumas das estratégias do Grupo III (que elevam os custos de construção), teria emissões ainda menores, mas custaria o mesmo que um prédio convencional. Por fim, um prédio que empregasse um número ainda maior de estratégias do Grupo III poderia chegar a um nível zero ou quase zero de emissões de carbono e, ao mesmo tempo, ter economias de operação com o consumo de energia menor, resultando em um custo de ciclo de vida inferior ao de um prédio convencional.

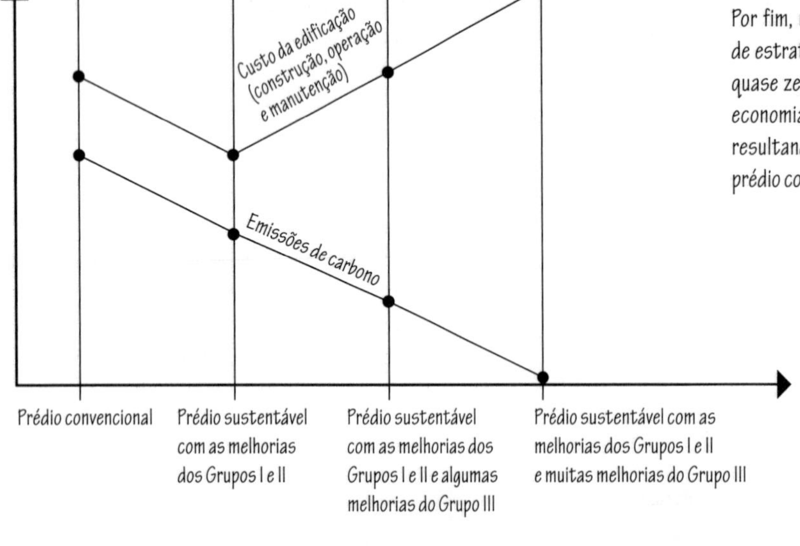

17.13 A avaliação de uma edificação do ponto de vista da redução das emissões de carbono.

18
Controle de qualidade no projeto e na construção sustentáveis

Todas as edificações são vulneráveis a problemas de qualidade em seus projetos e suas construções. Entretanto, as edificações ecológicas possuem vulnerabilidades adicionais referentes aos elementos ecológicos almejados. Indicadores de problemas de qualidade incluem alto consumo de energia, uso de acabamentos com alto conteúdo de produtos químicos, com subsequente emissão de compostos orgânicos voláteis (COVs), e penetração de água resultando em umidade alta e mofo no interior.

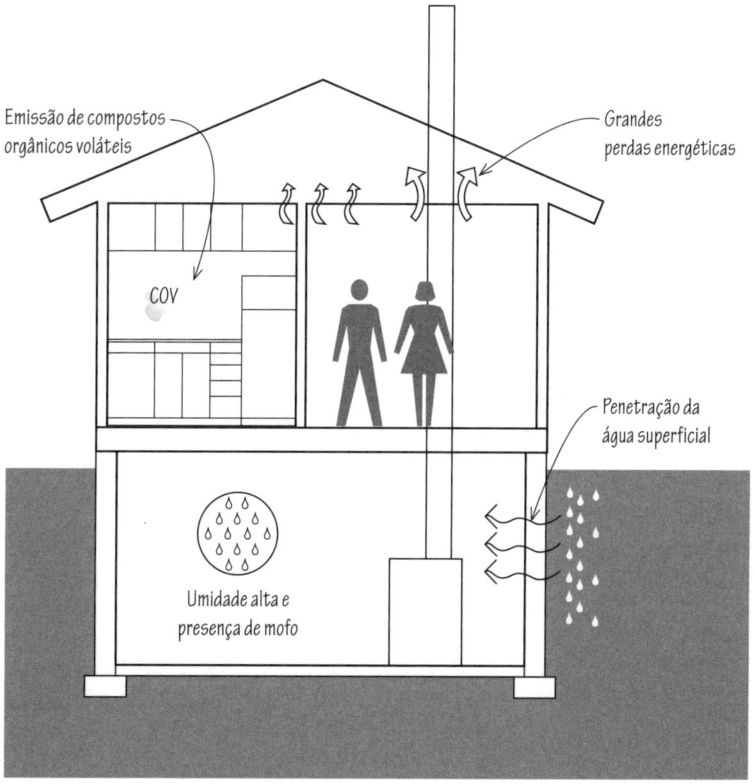

18.01 Indicadores de baixa qualidade em uma edificação.

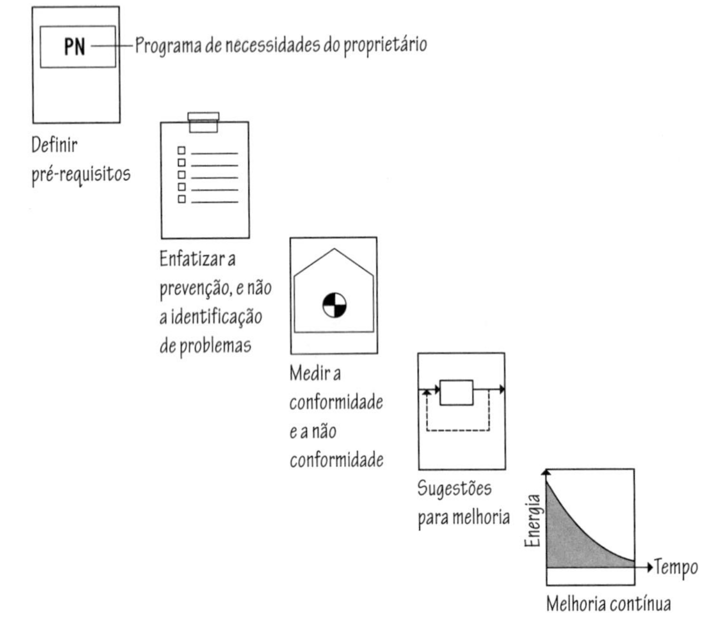

18.02 Princípios básicos para se obter qualidade.

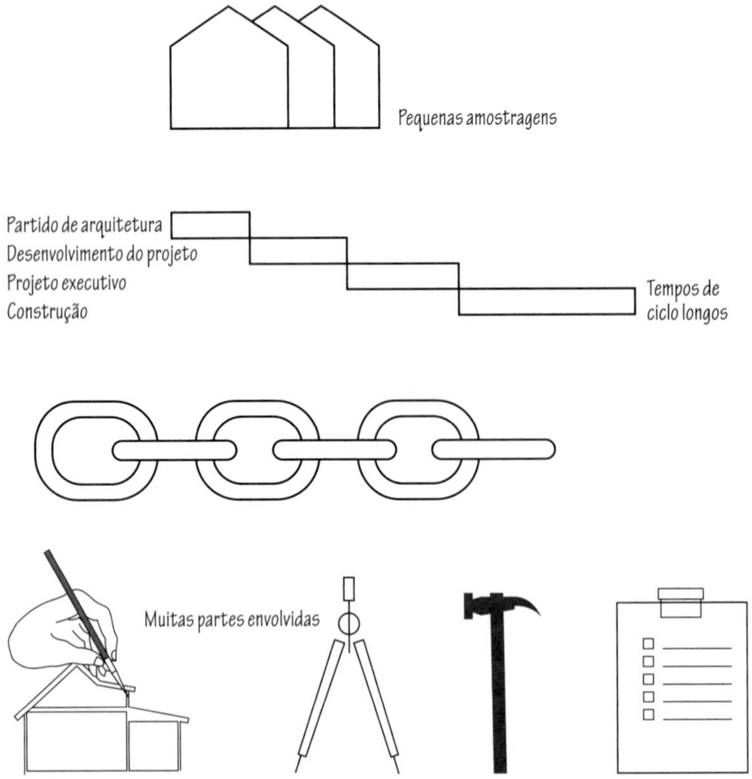

18.03 Obstáculos à qualidade no projeto e na construção.

As edificações ecológicas podem ser ainda mais vulneráveis a certos tipos de problemas que prédios convencionais. Por exemplo, se um problema de infiltração de ar de 0,1 troca de ar por hora (TAH) acontece em um prédio projetado para ter uma infiltração total de 0,1 TAH, a infiltração aumentou em 100%. Isso pode resultar em um sistema de calefação com uma capacidade inadequada, resultando em uma edificação mais fria. O impacto da mesma falha na infiltração de ar em um prédio com 0,5 TAH é de somente 20% e provavelmente nem será sentido.

Da mesma forma, se uma fonte contaminante, como um carpete com alto índice de compostos orgânicos voláteis (COVs), for inconscientemente instalada em uma edificação ecológica, a concentração interna de contaminantes provavelmente será mais alta do que em um prédio convencional superventilado e com alta infiltração.

Portanto, a necessidade do controle de qualidade em projetos ecológicos é alta.

O estudo da qualidade avançou significativamente nas últimas décadas. Os princípios básicos da qualidade incluem:

- Definir pré-requisitos
- Prevenir defeitos em vez de esperar que sejam detectados
- Medir as conformidades e as não conformidades às exigências
- Dar sugestões
- Aperfeiçoar continuamente

São muitos os obstáculos para a qualidade no projeto e na construção. Ao contrário de outros empreendimentos, como a fabricação de produtos em massa, as edificações, em geral, são feitas uma por vez, com pequenas amostragens e longos ciclos para completar cada construção. Esses fatores dificultam tanto a medição quanto a obtenção de sugestões necessárias para a melhoria contínua. Há, também, muitos envolvidos no projeto e na construção de uma edificação, todos os quais podem representar elos fracos e esforços contrários para a qualidade.

Abordagens para superar esses obstáculos incluem qualidade decorrente do projeto por meio do uso de elementos robustos e a adoção de uma variedade de abordagens para controlar a qualidade durante um projeto e sua construção. Entre elas está a definição de pré-requisitos, inspeção, comissionamento, medição e verificação e monitoramento.

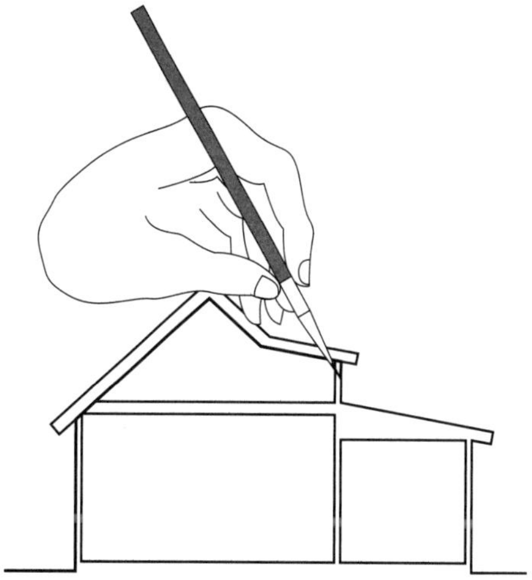

18.04 Projetar qualidade em uma edificação.

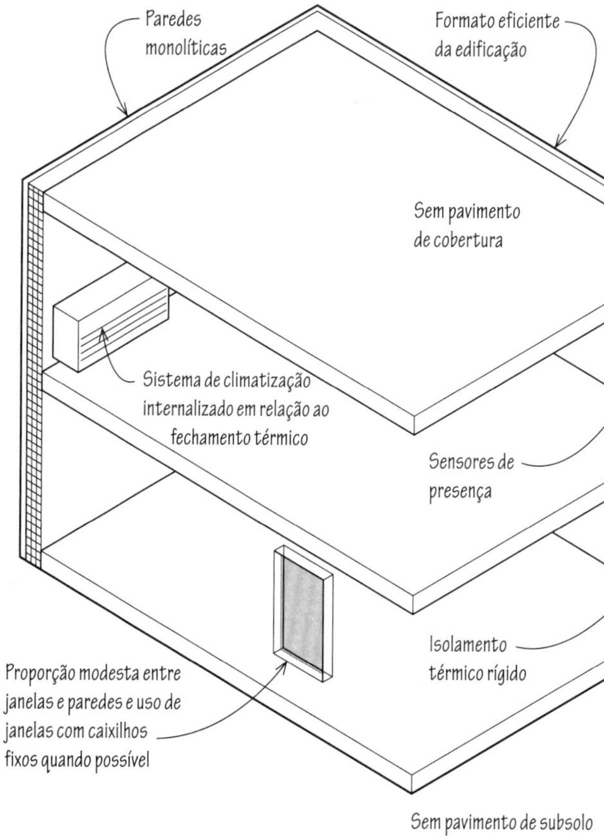

18.05 Exemplos de qualidade decorrente do projeto.

Qualidade decorrente do projeto

Para minimizar os riscos de deficiências, especialmente naqueles elementos ecológicos como baixo consumo energético, uma boa abordagem é projetar a qualidade na edificação. Na abordagem clássica à qualidade, isso é conhecido como prevenção de defeitos e contrasta com a detecção de defeitos, em que as falhas são vistas durante a inspeção. A qualidade do projeto não ameniza as exigências para uma inspeção, mas pode reduzir o risco de falhas.

São muitas as oportunidades para a qualidade do projeto de edificações ecológicas. Por exemplo, paredes monolíticas, como aquelas construídas com formas isolantes de concreto, painéis estruturais isolantes e materiais similares, possuem poucas perfurações, são mais robustas e menos propensas a apresentar problemas que paredes construídas *in loco*. Placas isolantes rígidas, celulose prensada e espumas isolantes são menos propensas a ceder ou a deixar espaços que o isolamento com manta ou tipos de isolamento insuflados, mas soltos. Se uma janela de abrir não é necessária para a ventilação, usar um modelo com caixilhos fixos reduzirá os problemas de infiltração de ar. Ao colocar os sistemas de calefação e resfriamento inteiramente dentro das vedações externas com isolamento térmico, depende-se menos da detecção de vazamentos de distribuição do sistema e perdas de calor e do uso de sistemas necessários para evitar essas perdas, como o isolamento térmico e a estanqueidade ao ar. Um estudo recente sobre o atendimento das exigências de códigos de energia sobre a vedação de dutos em edificações não residenciais na Califórnia descobriu que 100% não cumpriam tais códigos. Em outras palavras, nem uma única edificação examinada no estudo estava de acordo com as exigências. Em vez de tentar reforçar o cumprimento dos códigos, podemos garantir as normas simplesmente ao não localizar a distribuição dos sistemas em ambientes não climatizados.

Algumas qualidades do projeto são sutis. Por exemplo, sensores de acionamento manual reduzem o consumo de energia de uma forma mais confiável que os sensores de presença mais convencionais e frequentemente acendem as luzes desnecessariamente durante uma pequena ocupação transitória.

Projetos de edificações que dependem menos de equipamentos de eficiência e mais de eficiência intrínseca, como o formato do prédio, a resistência térmica e uma proporção entre janela e parede modesta, provavelmente continuarão eficientes com o passar do tempo.

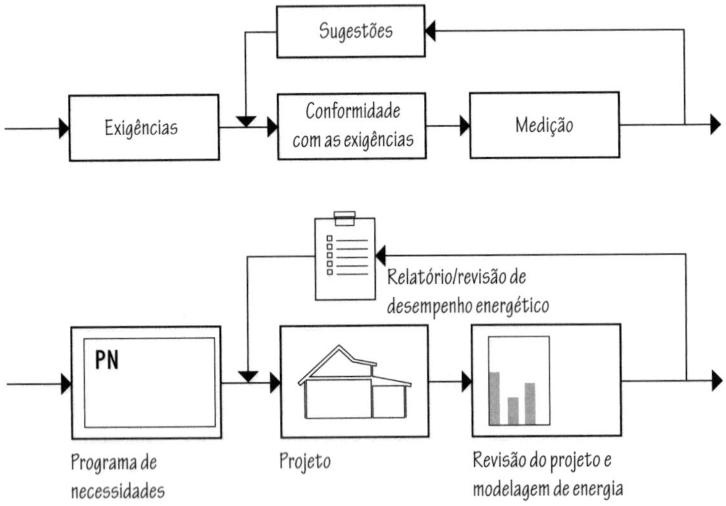

18.06 A linguagem da qualidade aplicada ao projeto.

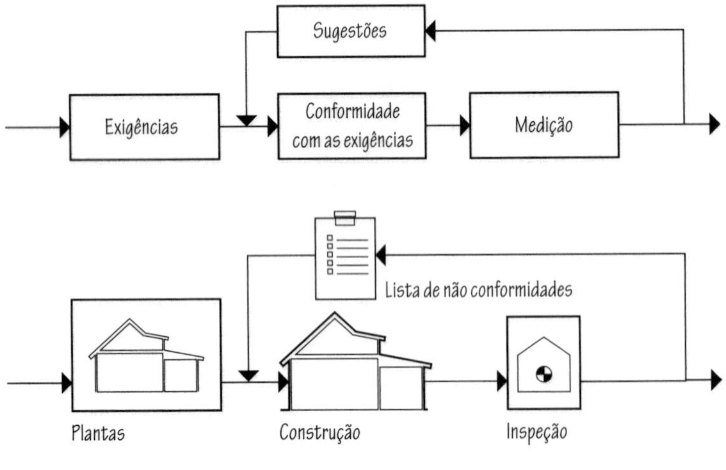

18.07 A linguagem da qualidade aplicada à construção.

Abordagens para a qualidade no projeto e na construção

Além da qualidade decorrente do projeto, que tem a intenção de prevenir defeitos na construção e operação de um prédio, um amplo conjunto de ferramentas de qualidade pode ser utilizado em projetos e construções ecológicas para detectar e eliminar defeitos. As abordagens requerem o comprometimento da equipe para qualidade e para adoção da linguagem da qualidade – definição de exigências, conformidade com as exigências, medição, sugestões e melhoria contínua.

O projeto executivo serve como um veículo eminente para a definição de exigências. Todavia, em todos os seus detalhes, o projeto executivo em geral não registra a intenção de um projeto de uma edificação. Os documentos de comissionamento começaram, nos últimos anos, a atender a tal função. É importante registrar a intenção e os objetivos do proprietário quanto aos requisitos de desempenho e outros elementos ecológicos de um prédio, como atender a programas de certificações ecológicas específicos, alcançar o consumo de energia almejado, atingir o valor máximo de infiltração de ar ou definir a variação de conforto térmico.

Qualidade no projeto

Um dos benefícios de uma certificação de edificações ecológicas, como o LEED, é que as exigências para a documentação servem como um controle de qualidade. Para registrar que o sistema de calefação não é superdimensionado, é necessária a verificação do dimensionamento do sistema de calefação. Para registrar que a edificação atende a um padrão, como o do ASHRAE 62 para ventilação, é necessária uma verificação na ventilação. Esse é um benefício para o controle de qualidade que vai além de obter créditos de certificação.

Qualidade na construção

A revisão do projeto executivo há muito tempo serve como prática inestimável para garantir a qualidade na construção. A revisão é uma forma de documentar o atendimento das exigências e, muitas vezes, serve para identificar a substituição de produtos inferiores e, no caso de edificações ecológicas, produtos ineficientes ou poluentes. A prática da revisão de projetos executados é comum em projetos de construção comerciais e institucionais grandes, mas também beneficiaria projetos nas quais ela não é comum, como os residenciais, de pequenas lojas e de muitos setores privados.

A qualidade na construção continua por meio de uma variedade de melhores práticas, inclusive reuniões de projeto e pré-construção, nas quais os problemas são identificados e resolvidos.

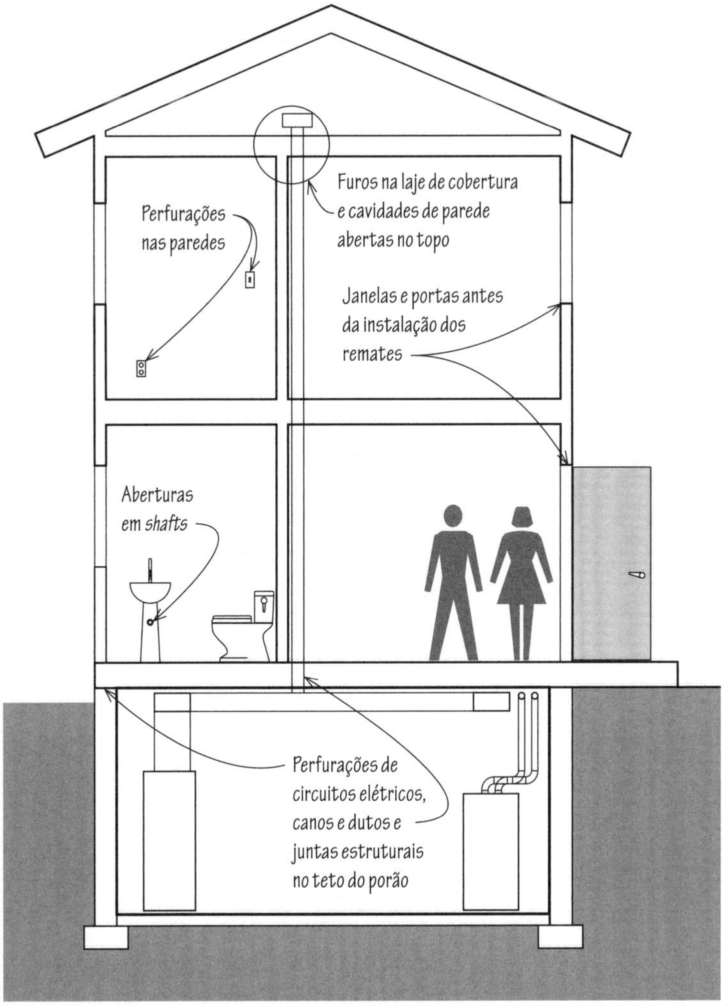

18.08 Momento da inspeção de detalhes de estanqueidade ao ar.

Por mais simples que pareça, uma prática importante para a inspeção é rejeitar o trabalho malfeito. É mais fácil encontrar os defeitos por meio de uma boa inspeção.

As melhores práticas para a inspeção no campo incluem:

- Permitir tempo suficiente para a inspeção.
- Vir preparado com um jogo de plantas do projeto executivo.
- Marcar inspeções para que elementos de sustentabilidade importantes, como o isolamento térmico e a estanqueidade ao ar, sejam inspecionados antes de serem escondidos por paredes fechadas e outros locais inacessíveis.
- Tomar notas e fotografar; transmitir as informações no momento adequado.

É muito importante o momento da inspeção dos detalhes de estanqueidade ao ar. Isso significa inspecionar janelas e portas antes dos marcos serem instalados, inspecionar as cavidades das paredes antes que estejam vedadas e inspecionar todas as perfurações da edificação.

Modelagem energética

Uma base da qualidade em projetos ecológicos é a modelagem energética. Os modelos energéticos ajudam os proprietários e arquitetos a tomarem boas decisões relacionadas à energia.

Modelos energéticos de edificações são utilizados para diferentes fins, incluindo melhorias nas avaliações, atendimento aos códigos de energia, cumprimento ou classificação de padrões voluntários, previsão de serviço de utilidades públicas ou de custo de operação, documentação para incentivos fiscais e cumprimento de programas de incentivo de empresa concessionárias ou públicas. Alguns modelos também podem formar a base para os projetos de sistemas de calefação e resfriamento. Os usos avançados dos modelos incluem o aprimoramento e a otimização de sequências de controle para sistemas de climatização e iluminação.

O segredo para uma simulação eficaz do consumo energético de um prédio é modelar antes da tomada de decisão. Se a simulação for feita após o formato da edificação ter sido decidido, ela não poderá influenciar o seu formato. Se for feita após as representações ou elevações estarem terminadas, a simulação não poderá influenciar a razão entre janelas e paredes. Se for feita após a seleção do sistema de calefação e resfriamento, ela não irá influenciar a eficiência energética do sistema de calefação e resfriamento.

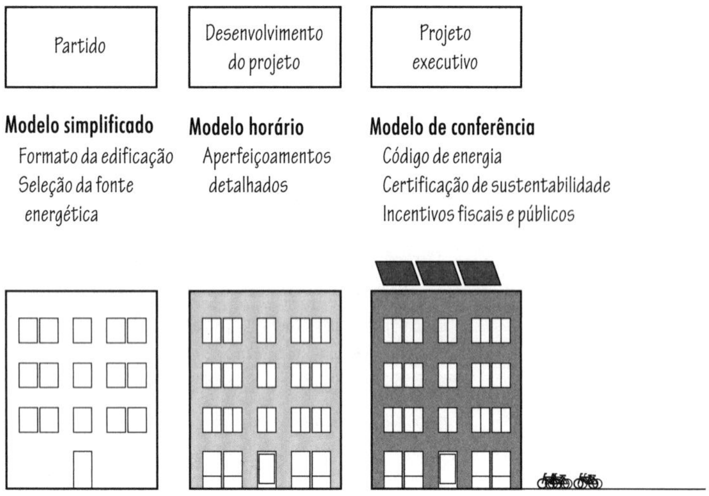

18.09 Tipos de modelos de energia.

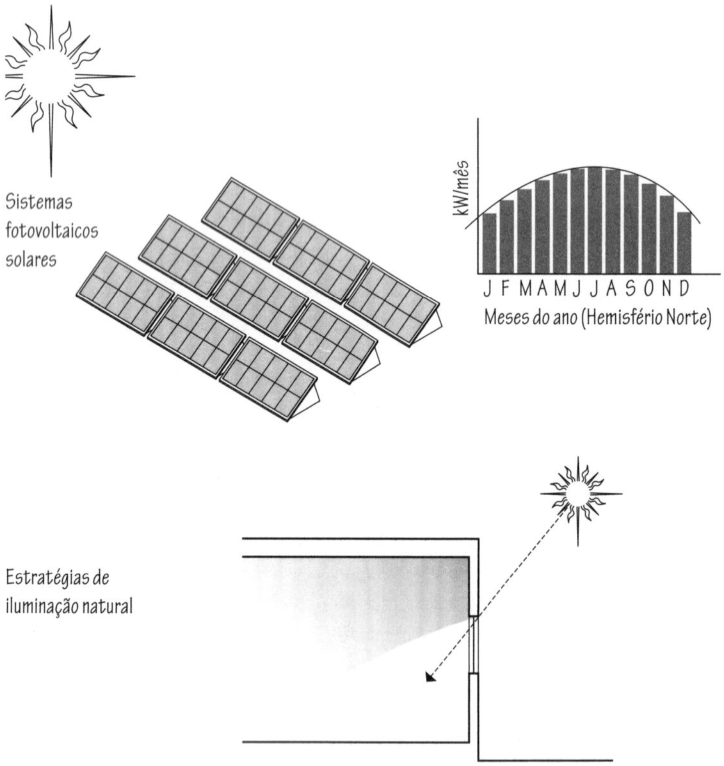

18.10 Modelos de energia especializados.

As diferentes finalidades da modelagem energética podem exigir a criação de modelos diferentes, mesmo que seja tentador pensar que um modelo serve para todos os objetivos. O atendimento aos códigos de energia muitas vezes exige um modelo energético da edificação e de seus sistemas de energias finalizados. Isso é, por definição, o oposto do que é preciso para avaliar e selecionar as melhorias, que devem ser feitas quando nada está finalizado ainda e todas as opções estão abertas.

Uma sequência de modelagem energética eficaz pode incluir:

- Modelagem simplificada para examinar o formato da edificação, os pés-direitos, a razão entre paredes e janelas e o projeto preliminar do sistema de calefação e resfriamento ou, ao menos, a seleção de um combustível. O esforço exigido para a criação desse modelo é, em geral, de 2 a 4 horas.
- Modelagem da edificação completa por hora. Isso é chamado de modelo horário porque simula o consumo de energia de uma edificação durante um ano inteiro ao examinar sua resposta a mudanças de temperatura externa e ângulos solares para cada hora do ano. O modelo horário é usado para avaliar a variedade de melhorias – zoneamento térmico; projeto de isolamento, incluindo a redução de pontes térmicas; projeto de iluminação eficiente; avaliação dos equipamentos e da distribuição dos sistemas de calefação e resfriamento; projetos do sistema de água quente para o consumo doméstico; especificação de controles; e projeto do sistema de ventilação. O esforço necessário para criar esse modelo é, em geral, de 40 a 80 horas, ainda que possa ser inferior para prédios menores como casas e superior para prédios grandes ou muito complexos.
- Modelagem de conferência. Aqui, o mesmo modelo horário é modificado com as melhorias finais e as configurações da edificação selecionadas a fim de atender às disposições de códigos e padrões e à previsão das contas de utilidades de serviços públicos e fornecer a documentação para os incentivos de empresas concessionárias e públicas. O esforço necessário para a criação desse modelo varia conforme o tipo de edificação e as exigências de algum programa em particular. Essa modelagem pode envolver uma alteração mínima da modelagem por hora ou implicar uma revisão profunda e reaplicação do modelo.

Modelos energéticos especializados e planilhas eletrônicas estão disponíveis para sistemas e abordagens avançados, como sistemas fotovoltaicos solares, iluminação natural e cogeração de energia elétrica e térmica.

É interessante notar que a maioria dos modelos tem limitações. A maioria dos modelos permite uma análise paramétrica, em outras palavras, a habilidade de examinar os efeitos da mudança de um parâmetro, como adicionar ao valor-R das paredes do prédio ou melhorar o valor-U das janelas. Todavia, os modelos muitas vezes não permitem uma avaliação fácil ou relatórios de parâmetros modificados que simplifiquem a edificação. Os parâmetros modificados incluem a redução da área de piso ou do pé-direito; a simplificação do formato da edificação; a remoção da calefação de ambientes; e a redução do número de janelas ou de seus tamanhos. Por mais que essas melhorias simplificadoras sejam, em geral, feitas indiretamente nos modelos energéticos, as mudanças, muitas vezes, não são tão fáceis quanto as melhorias adicionadas ao prédio. Portanto, mesmo nos modelos energéticos, o método para a avaliação de melhorias no consumo energético do prédio continua sendo baseado em adições ao prédio em vez de subtrações. Talvez, aqui, o modelo energético da edificação possa se servir da metáfora do escultor, cujos melhores trabalhos às vezes são feitos com a remoção de material da escultura em vez da mera adição.

O controle de qualidade de modelos energéticos em si é essencial para impedir erros que possam levar à seleção de sistemas de energia que gastem muito ou que não sejam ideais. O controle de qualidade inclui a revisão do modelo pelo modelador, a revisão do supervisor e a revisão do programa de necessidades por uma terceira parte. A avaliação deve incluir comparações com as plantas e entre a geração de energia dos parâmetros de prédio similares.

Nos Estados Unidos, para o projeto de edificações comerciais, os programas de computação devem atender às exigências do ASHRAE 90 Apêndice G, norma exigida pela maioria dos códigos e normas para que as plantas sejam aprovadas. Para edificações residenciais, o programa RESNET do HERS é uma referência importante para o cumprimento da documentação.

Objetivos ambientais

[ ] Architecture 2030
[ ] LEED
    [ ]Certificado [ ]Prata [ ]Ouro [ ]Platina
[ ] ENERGY STAR
[ ] HERS______Meta
[ ] Passivhaus
[ ] Outros: ________________

Objetivos energéticos

[ ] Código de energia
[ ] Abaixo do código ____%
[ ] Energia líquida zero
    Base [ ] Terreno
        [ ] Fonte
        [ ] Gás carbônico
        [ ] Combustíveis fósseis

18.11 Objetivos ambientais e energéticos para uma edificação sustentável.

Comissionamento

O comissionamento foi definido originalmente como uma forma de inspeção de construção que serve para garantir que os sistemas mecânicos e de iluminação estão operando como devem. Em uma definição emergente mais ampla, o comissionamento pode servir como o veículo do controle de qualidade de um projeto de edificação ecológica inteiro, incluindo a definição e a documentação de pré-requisitos do projeto, a inspeção das vedações e de outros sistemas não mecânicos/de iluminação e a medição fornecendo sugestões sobre quais operações da edificação podem ser continuamente melhoradas.

O comissionamento normalmente é feito por um comissionador independente para manter um distanciamento das pessoas envolvidas no projeto e na construção. O comissionador normalmente trabalha diretamente para o proprietário. O "comissionador" também é chamado de "especialista em testes" ou "entidade comissionador", com alguma inconsistência aplicada aos termos, relativa à independência deles em relação à equipe de projetistas e ao empreiteiro. Neste livro, usamos o termo geral comissionador.

Programa de necessidades

O comissionamento começa com um documento chamado de programa de necessidades, apresentando os objetivos do proprietário, incluindo a principal finalidade da edificação; o histórico relevante; as necessidades futuras; o orçamento do projeto; o orçamento operacional esperado; a agenda da construção; a vida útil da edificação; o uso previsto para todos os ambientes; a qualidade dos materiais; as exigências de acústica; e o método de execução do projeto, como o tipo de contrato (se inclui a execução ou não, por exemplo). Também são apresentadas as exigências de treinamento para os objetivos ambientais, incluindo os certificados, como Architecture 2030 ou LEED; a eficiência no consumo de energia para um índice de utilização específica de energia ou consumo de energia líquido zero; as emissões de gás carbônico; o conforto térmico; a iluminação especial; e as prioridades do proprietário para o acesso de opções ecológicas, como as emissões mais baixas ou os custos dos ciclos de vida mais baixos. É essencial que o proprietário decida se vai permitir ou não que se fume dentro da edificação, se for permitido por lei, e, caso positivo, em que áreas da edificação ou próximas a ela e como isso será lembrado e exigido, por exemplo, com sinalização gráfica ou por exigências contratuais. As edificações sustentáveis também podem dar um bom exemplo ao não permitirem o fumo de forma alguma na edificação ou no terreno.

18.12 Exemplos de exigências de ocupação.

Ambiente: 105	Descrição: Sala de reuniões		
Hora	Ocupação em dia da semana	Ocupação em fim de semana	Notas
24h-1h	0	0	
1h-2h	0	0	
2h-3h	0	0	
3h-4h	0	0	
4h-5h	0	0	
5h-6h	0	0	
6h-7h	0	0	
7h-8h	0	0	
8h-9h	0	0	
9h-10h	14	0	Reunião de
10h-11h	2	0	funcionários, típica
11h-12h	2	0	
12h-13h	10	0	Assume a função
13h-14h	2	0	dupla de refeitório
14h-15h	2	0	
15h-16h	2	0	
16h-17h	2	0	
17h-18h	0	0	
18h-19h	0	0	
19h-20h	0	0	
20h-21h	0	0	
21h-22h	0	0	
22h-23h	0	0	
23h-24h	0	0	

18.13 Exemplo de exigências de iluminação interna.

Ambiente	Descrição	Nível de iluminância (lux)	Controles				Notas
			Manual	Ocupação	Fotocélula	Temporizador	
101	Corredor	100		●			Um minuto de retardo
102	Escritório	300	●				Três níveis
103	Cozinha	300		●			Sensor de presença Um minuto de retardo

O arquiteto pode auxiliar o proprietário na definição dos objetivos do projeto. Existem implicações importantes nos custos do projeto e na eficiência no consumo de energia, por exemplo, nos detalhes fornecidos aos possíveis usuários do prédio. O proprietário, de preferência, deve indicar, para cada ambiente, a ocupação (número de pessoas) e o tipo de atividade para cada hora de um dia da semana típico e dos fins de semana. Essa informação é utilizada para dimensionar o sistema de ventilação e o de climatização e para a modelagem energética. Novamente, quanto mais detalhes melhor. Se as informações sobre a ocupação são supostas e muito conservadoras (presume-se um número excessivo de pessoas), o sistema de ventilação será superdimensionado, assim como o sistema de climatização e o de distribuição, o sistema inteiro custará mais do que necessário, será utilizado mais material do que necessário, assim como mais energia, depois que a edificação estiver finalizada. As informações precisas sobre ocupação também facilitam o controle de qualidade por meio dos testes de comissionamento subsequentes.

Os níveis de iluminação desejados também devem ser discutidos com o proprietário e documentados, com o padrão sendo as recomendações mínimas da Sociedade de Engenharia de Iluminação dos Estados Unidos. Os controles de iluminação devem ser selecionados e documentados ambiente por ambiente. Um exemplo pode ser o "controle manual ligado, sensor de ocupação desligado, 3 minutos de retardo" ou "controle manual, interruptor com muitos níveis para permitir um terço ou dois terços do nível de luz máximo que devem ser designados pelas recomendações mínimas da Sociedade de Engenharia de Iluminação dos Estados Unidos."

Não se pode presumir que essas questões fiquem além da capacidade de discussão do proprietário e, mais uma vez, quanto mais detalhes houver, melhor, pois tais decisões terão impactos substanciais no consumo de energia da edificação.

18.14 Exemplos de exigências de iluminação externa.

Área	Acesso	Segurança	Recreação	Decoração	Notas (1)
Estacionamento	Pôr do sol – 22h				Temporizador
Passeio de pedestres	●				Sensor de movimento Um minuto de retardo
Quadra de tênis			●		
Sinal de entrada				●	Fotocélula com o temporizador desligado às 23h

(1) Toda a iluminação externa equipada com fotocélulas para evitar que opere durante o dia.
Acionamento: 5 lux
Desligamento: 10 lux

A iluminação externa também deve ser identificada por meio de uma discussão sobre quais luzes são necessárias para a segurança, quais são necessárias para o acesso, quais para recreações externas ao anoitecer e quais para decoração. As necessidades de iluminação externa para a segurança devem ser mais exploradas. O uso de sensores de movimento pode proporcionar mais segurança e diminuir o consumo de energia? Se não forem utilizados sensores de movimento, todas as luzes externas são necessárias para a segurança durante a noite toda, ou algumas delas podem ser desligadas no fim da noite?

A temperatura e a umidade relativa do ar ideais devem ser identificadas em todos os ambientes, no verão e no inverno, ocupados ou não. Como parte desse processo, o proprietário deve identificar claramente os ambientes que precisam de calefação e/ou resfriamento e os que não precisam de nenhum dos dois. Além disso, os controles de umidade e temperatura devem ser previstos para cada ambiente. Em outras palavras, que ambientes serão monitorados? O arquiteto deve especificar a faixa de temperatura admissível para que o proprietário possa tomar decisões fundamentadas, já que tais decisões impactarão fortemente nas economias de energia e no conforto, facilitando ou não o zoneamento. Devem ser identificados os momentos do dia e da semana em que a temperatura deve ser acionada (modo de ocupação) ou desligada (modo sem ocupação) para cada termostato ou controle de temperatura programado. A documentação desses detalhes contribui para a clareza do projeto, o dimensionamento dos equipamentos e a modelagem energética e ainda serve como base para os testes de comissionamento.

18.15 Exemplos de exigências de controle de temperatura.

Ambiente	Descrição	Calefação	Resfriamento	Ligar (°C)				Desligar (°C)			
				Calefação	Resfriamento	Horário	Espaço por espaço	Calefação	Resfriamento	Horário	Espaço por espaço
101	Escritório	●	●	21	23	7–5	–	13	32	5–7	24-hr
102	Vestíbulo	●	○	21	n/d	7–5	–	13	n/d	5–7	24-hr

Legenda: ● Controle automático
◐ Controle manual
○ Sem controle

18.16 Estabelecimento de prioridades nas metas.

Evitar a degradação ambiental	■	■	■	■
Melhorar a saúde humana	■	□	□	□
Melhorar o conforto humano	■	□	□	□
Melhorar a economia	□	□	□	□
Promover uma política social (por exemplo, a redução de dependência de combustível)	□	□	□	□
Melhorar a qualidade de vida	□	□	□	□
Promover objetivos sociais (por exemplo, práticas trabalhistas justas)	■	■	□	□
Desenvolver o espírito humano (por exemplo, o amor pela natureza ou a segurança pessoal)	■	■	■	□

18.17 Exemplos de refletâncias desejadas.

Espaço	Descrição	Cobertura	Paredes	Mobiliário	Piso
101	Escritório	90%	80%	60%	60%
102	Corredor	90%	90%	n/d	80%

Observação: A alta refletância reduz a necessidade de iluminação artificial, o consumo energético e os custos com luminárias.
n/d = não disponível

Exemplos: 90% 60% 30%

Branco neve:	90%
Branco gelo:	70–80%
Carpete, típico:	5–9%
Carpete, alta manutenção:	9–13%
Madeira:	20–54%
Azul claro:	80%
Amarelo:	47–65%
Concreto, típico:	20–30%
Concreto, polimento refletor:	70–90%

18.18 Exemplos de exigências para janelas.

Espaço	Descrição	Vistas	Iluminação natural	PJP (1)	Notas
101	Escritório	◐	√	15%	
102	Corredor	○	n/d	n/d	
103	Vestíbulo	●	√	30%	

Notas: (1) PJP = Proporção entre janelas e paredes
Uma proporção de janelas e paredes menor reduz o consumo energético significativamente, exceto nos lugares em que a modelagem energética mostrou ganhos de energia solar passiva ou de iluminação natural.

0–10%	baixa
10–20%	moderada
20–30%	alta
>30%	muito alta

Legenda:
○ Não requer vistas
◐ Requer vistas pequenas
● Requer vistas panorâmicas
n/d não disponível

O programa de necessidades permite que o proprietário priorize algumas das características de sustentabilidade, para o caso de o orçamento do projeto não permitir que todos os elementos sejam incluídos. Por exemplo, o proprietário talvez escolha dentre os objetivos ecológicos listados no Capítulo 1, Introdução, e, então, classifique-os em ordem de importância. Além disso, o proprietário talvez classifique melhorias individuais, como o atendimento a créditos opcionais do LEED ou outros códigos, normas e guias, indo da prioridade mais alta à mais baixa.

O proprietário deve identificar as refletâncias de iluminação desejadas para telhados, paredes, pisos e móveis, preferencialmente selecionando-as em uma tabela de refletância de cores. Historicamente, os projetos têm sido baseados na seleção de refletâncias de 80% para coberturas, 50% para paredes e 20% para pisos. O potencial de redução da quantidade de luminárias, do consumo de energia e da área de janelas necessárias para iluminação natural é tão grande que a participação do proprietário nessas decisões pode reduzir significativamente tanto os custos de construção quanto o consumo de energia.

O programa de necessidades deve incluir uma avaliação das janelas em cada ambiente por causa do custo de construção e do consumo de energia de uma janela e de seus problemas relacionados ao conforto. O proprietário deve responder às seguintes perguntas sobre as janelas: elas podem ser eliminadas de espaços de serviço como caixas de escada e patamares, corredores, casas de máquinas, lavanderias, armários para materiais de limpeza e depósitos? A quantidade de janelas e seus tamanhos podem ser reduzidos em espaços de permanência prolongada? Em outras palavras, são necessárias janelas para vistas? Qual é o menor tamanho aceitável de uma janela para vistas? Quais janelas devem ser de abrir, dando aos usuários conforto suficiente, e quais poderiam ter caixilhos fixos? Qual é a proporção desejada entre janelas e paredes? Que janelas pequenas poderiam ser combinadas, resultando em janelas maiores, mas em menor número?

O programa de necessidades deve abordar todas as avaliações do formato e tamanho da edificação. O pé-direito pode ser menor para reduzir o consumo de energia e os custos de construção? Os sótãos, porões e depósitos no subsolo podem ser eliminados? Uma cobertura plana é aceitável para reduzir perdas energéticas associadas a telhados em vertente? Que melhorias na razão de superfícies são aceitáveis, como a altura do prédio, as simplificações no formato e a maior profundidade do perímetro?

As considerações ecológicas futuras também podem ser mencionadas no programa de necessidades. Por exemplo, se o aproveitamento da energia solar não for incluído no projeto inicial, ele é uma opção futura e, caso positivo, a cobertura deve ser projetada de modo que permita a futura instalação de coletores.

O projeto criterioso do formato da edificação é uma maneira poderosa de reduzir o consumo de energia, a utilização de material e os custos de construção. Verifique tudo o que se aplica.

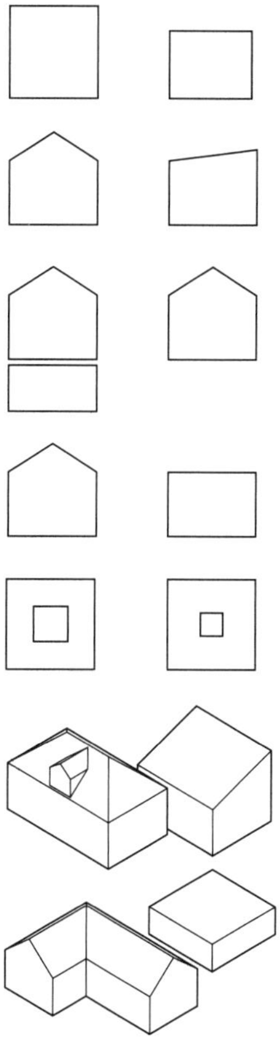

_ Pés-direitos podem ser reduzidos.

_ Pavimentos de cobertura não são necessários.

_ Pavimentos de subsolo não são necessários.

_ A cobertura pode ser plana.

_ A profundidade dos espaços de perímetro pode ser aumentada.

_ O projeto da cobertura deve ser otimizado para permitir a futura instalação de coletores solares.

_ As simplificações no formato da edificação devem ser consideradas.

18.19 Considerações sobre o formato da edificação.

As melhores práticas no desenvolvimento do programa de necessidades incluem:

- Organizar oficinas em que os principais interessados possam participar da discussão das exigências do projeto e em que a importância delas possa ser revisada. Uma oficina em duas etapas também funciona, com a distribuição do programa de necessidade preliminar feita depois da primeira etapa e a distribuição do documento final depois da segunda.
- Evitar generalidades no programa de necessidades do proprietário. Por exemplo, "operar em um alto nível de eficiência para minimizar o consumo de redes públicas" não fornece metas claras para a equipe de projetistas. Em vez disso, declarações específicas como "projete para obter 95 pontos no programa ENERGY STAR" ou "projete para atender ao limite de consumo de energia de 300 kBTU/m^2/ano" são metas claras.
- Concentrar-se nas necessidades do proprietário, e não nos tópicos que serão cobertos pelos projetistas, como as temperaturas externas de projeto. Cada entrada nas exigências do programa de necessidades deve ser entendida pelo proprietário. Isso promove o envolvimento do proprietário no desenvolvimento das exigências e reduz o risco de o documento ser simplesmente completado pelo arquiteto ou pelo comissionador.
- Permitir interações para que o proprietário possa avaliar prós e contras e tomar decisões fundamentadas. Por exemplo, o programa de necessidades talvez mude depois da modelagem energética mostrar o desempenho projetado de alternativas importantes de projeto. Documente e revise as datas de todas as revisões feitas.
- Classificar as estratégias de sustentabilidade de acordo com suas implicações, como custos de construção, consumo energético e questões relacionadas à segurança e à saúde, para que o proprietário tenha dados para fazer opções. Por exemplo, as opções para o controle da iluminação externa podem ser primeiro o uso somente de sensores de movimento (com o ajuste das fotocélulas para impedir a operação durante o dia), depois como fotocélulas ligadas e temporizadores desligados (com momentos da noite específicos para as luzes serem ligadas) e, finalmente, o uso apenas de fotocélulas (operação durante toda a noite). Outra opção de iluminação é diferenciar as opções de alta eficiência, como as luminárias fluorescentes tubulares, daquelas opções pouco eficientes, como as luminárias embutidas.

Com o programa de necessidades do proprietário, quanto mais detalhes melhor. Esta é uma oportunidade rara para o proprietário aprender, entender e escolher dentre importantes opções de projeto. É um veículo inestimável para o arquiteto comunicar essas opções ao proprietário. O programa de necessidades é a base para o projeto e construção mais ecológico possível, assim como para um controle de qualidade durante esses processos.

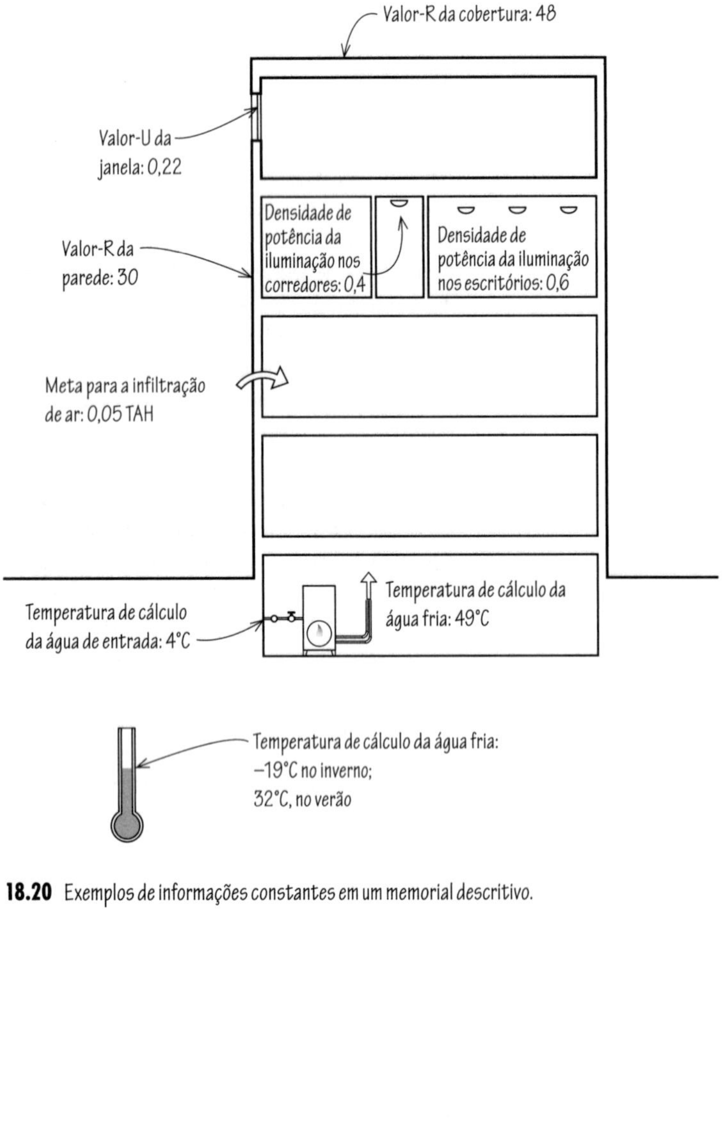

18.20 Exemplos de informações constantes em um memorial descritivo.

Memorial descritivo

Outro documento fundamental para acompanhar todo o processo é a documentação das abordagens dos profissionais e dos pressupostos do projeto por meio de um documento chamado de memorial descritivo. O memorial descritivo costuma descrever os sistemas que devem ser supervisionados e esclarece todos os pressupostos de projeto que talvez não tenham sido incluídos no programa de necessidades ou no projeto executivo. Exemplos disso seriam os principais pressupostos do projeto de climatização, como as condições climáticas, os fatores de segurança, etc.; os critérios do projeto acústico de cada espaço; os níveis de iluminação desejados para cada cômodo (em candelas); os ganhos térmicos por ocupação (latente e sensível por pessoa (latente e sensível por pessoa) em cada espaço; as infiltrações previstas ou máximas admissíveis; a temperatura prevista da água que entra (para dimensionar o sistema de aquecimento de água para consumo doméstico); a temperatura da água armazenada e da água fornecida aos usuários; o número de aparelhos sanitários; os valores-R dos sistemas de parede e dos sistemas de cobertura; os fatores-U das janelas e os ganhos térmicos internos, como os gerados pelos equipamentos elétricos.

O propósito deste documento seria confirmar que o programa de necessidades de fato foi traduzido de maneira efetiva no projeto executivo. O memorial descritivo também permite que se avance no controle de qualidade, pois o agente comissionante poderá compará-lo com o programa de necessidades, o projeto executivo e, por fim com o projeto executado (*as built*).

As melhores práticas para o memorial descritivo incluem:

- Assim como no programa de necessidades, evitar generalidades. Por exemplo, em vez de mostrar uma densidade de potência prevista para a iluminação em Watts por metro quadrado, a densidade de potência real deve ser mostrada cômodo por cômodo, confirmando seu uso no dimensionamento do sistema de resfriamento.
- Incluir relatórios sobre todas as entradas e saídas para o dimensionamento dos sistemas e das instalações mais importantes, como calefação, resfriamento, ventilação, iluminação artificial e natural, bem como de sistemas específicos, como uma rede de geração de energia fotovoltaica.
- Incluir as normas e os códigos de edificações nos quais o projeto se baseia. Além de especificá-los, explicar o modo como se chegou ao cumprimento desses padrões, pois a maioria dos códigos e das normas permite várias maneiras de se alcançá-los.
- Incluir os relatórios sobre as entradas e saídas das modelagens de energia.
- Evitar a repetição de informações já constantes no programa de necessidades ou no projeto executivo.

18.21 Responsabilidades dos envolvidos em um projeto.

	P	A	E	C	EM	EE	EH	CO
Programa de necessidades	⊙	⊔	⊔					
Memorial descritivo		⊙	⊔					
Revisão do projeto								⊙
Inspeção das fundações		⊔						⊙
Inspeção das paredes		⊔						⊙
Inspeção final das vedações externas		⊔						⊙
Testagem e calibragem					⊙	⊔	⊔	⊔
Testagem funcional					⊔	⊔	⊔	⊙
Manual do proprietário		⊔	⊔	⊙	⊔	⊔	⊔	⊔
Testagem pós-ocupação								⊙
Treinamento dos usuários					⊔	⊔	⊔	⊙

Legenda:
- ⊙ Responsabilidade principal
- ⊔ Suporte
- P Proprietário
- A Arquiteto
- E Engenheiro
- C Construtor
- EM Empreiteiro das instalações de climatização e outras
- EE Empreiteiro das instalações elétricas
- EH Empreiteiro das instalações hidrossanitárias
- CO Comissionador

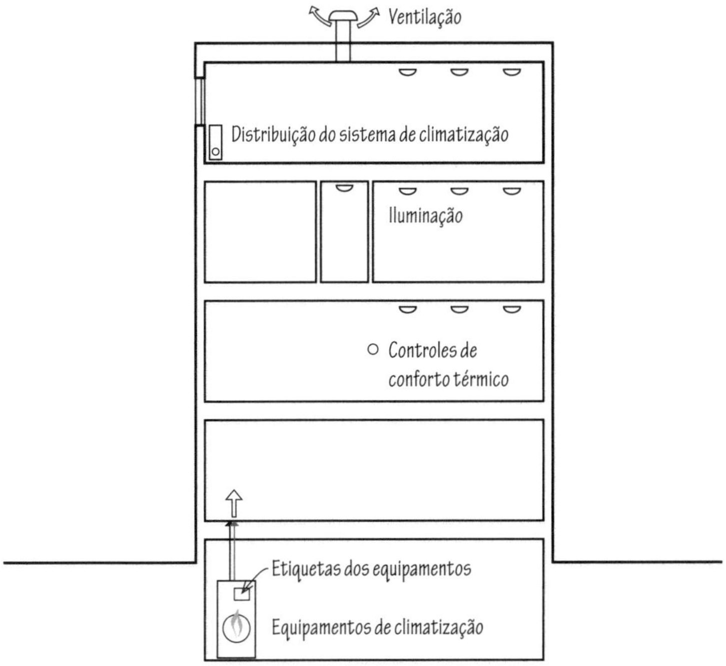

18.22 Alguns sistemas geralmente cobertos pelos testes de comissionamento.

Outras questões sobre o comissionamento

As funções, exigências e responsabilidades do comissionamento não devem estar no projeto executivo. Os construtores e empreiteiros precisam saber o que se espera do comissionamento. As exigências devem listar as responsabilidades de cada um dos aspectos desses serviços, inclusive as do construtor responsável pela obra, dos empreiteiros das instalações, dos comissionadores, dos reguladores dos sistemas e dos projetistas.

Posto que o comissionamento é uma disciplina relativamente nova, devemos orientar todos os envolvidos, pois muitos não estarão familiarizados com os procedimentos, a terminologia, os papéis e as expectativas dos projetos de edificações sustentáveis.

Testes de comissionamento

Durante a obra e após sua finalização, o comissionamento coordena e supervisiona uma série de testes que buscam garantir que os sistemas energéticos de um prédio foram devidamente instalados e estão funcionado corretamente. Esses testes incluem verificações de desempenho, como assegurar que um espaço está sendo aquecido quando a calefação está em funcionamento, que um ventilador está funcionando, que as vazões de água e os fluxos de ar estão conforme o projeto, que as eficiências de combustão estão de acordo com as especificações dos fabricantes dos equipamentos ou que as temperaturas do ar e da água estão de acordo com as projetadas. O comissionador muitas vezes vai além da testagem de desempenho, garantido que a documentação esteja completa e incluindo a rotulação dos equipamentos e da tubulação. Os resultados desses testes são detalhados em um relatório, que também apresenta recomendações para qualquer deficiência averiguada.

O tipo de problema que o comissionamento identifica pode ser ilustrado pelo exemplo a seguir. Os controles das instalações de climatização, como registros e sensores de temperatura, de dois espaços adjacentes foram invertidos por engano. Quando os usuários de um espaço regulam o termostato para elevar a temperatura de um cômodo, isso equivocadamente aquece o espaço contíguo. Ao sentir calor, os usuários do espaço contíguo diminuem a temperatura do outro espaço, que já estava frio, fazendo com que os usuários deste sintam ainda mais frio, o que, por sua vez fará com que eles regulem novamente o termostato, afetando a temperatura do outro ambiente. Assim, perde-se energia e as pessoas de ambos os espaços se sentem desconfortáveis. A conferência metódica de cada controle feita por um comissionamento pode evitar esse tipo de problema. Por outro lado, sem ela, problemas com controles como esses podem persistir durante anos.

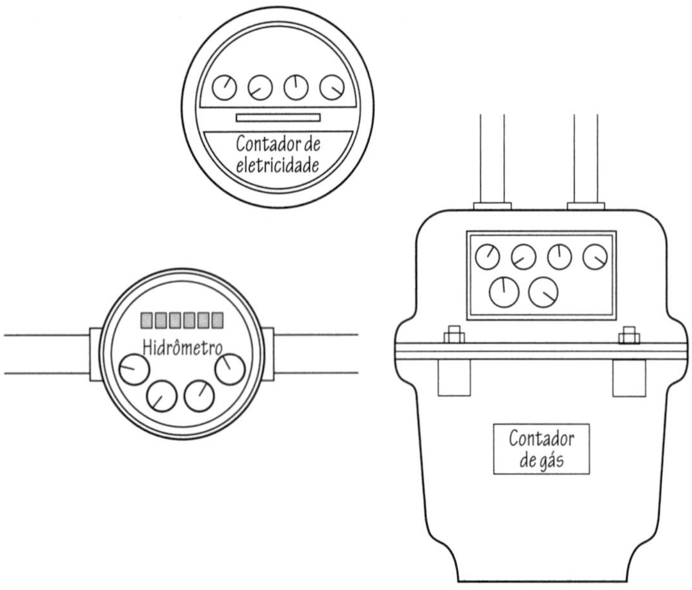

18.23 Medição do consumo de energia e água de um prédio.

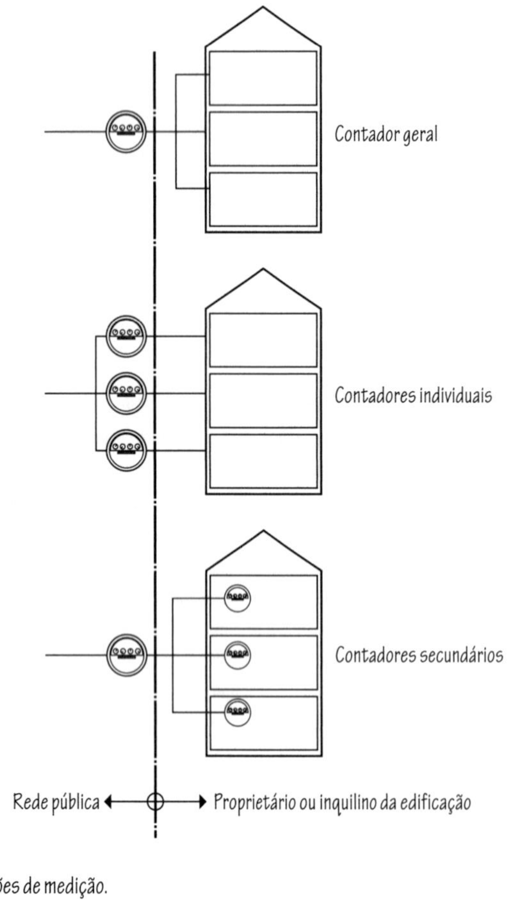

18.24 Opções de medição.

Treinamento e documentação

O comissionador tem a obrigação de garantir que o proprietário e/ou os usuários sejam treinados para o uso correto e eficiente dos sistemas energéticos de uma edificação. Ele também deve se certificar de que o proprietário possua e entenda a documentação de todos os sistemas energéticos do prédio, inclusive os manuais de operação e manutenção, as garantias dos equipamentos, os desenhos do projeto executado (*as built*) e as sequências de controle.

Testes e monitoramento

O comissionamento pode incluir testes pós-ocupação alguns meses após a edificação estar sendo utilizada, para garantir que todos os sistemas e as instalações estejam operando conforme o projetado. Também pode ser incluído o monitoramento, como medição contínua de temperaturas e da umidade relativa do ar, termografia de radiações infravermelhas (para garantir a continuidade do fechamento térmico), testes de porta insufladora de ar (para garantir a estanqueidade ao ar) e pesquisas de satisfação com os usuários (sobre o conforto térmico e outros critérios).

Medições e seus sistemas

Medições

Pode-se usar a medição do consumo de energia de uma edificação para que se tenha a certeza de que seu desempenho está sendo eficiente. Essa prática também pode afetar significativamente o consumo de energia de um prédio ao longo de sua vida útil. Em qualquer discussão sobre medições, devemos nos lembrar daquilo que não é medido, como a energia incorporada e o impacto associado das decisões de projeto sobre esse tipo de valor não quantificado.

As medições podem ser utilizadas como uma maneira de monitorar um prédio e, portanto, estabelecer as bases para dar informações de retorno aos proprietários, usuários, operadores e projetistas. Programas como o Portfolio Manager da Agência de Proteção Ambiental dos Estados Unidos permitem que o consumo de energia e de outras utilidades públicas por parte de um prédio seja acompanhado e comparado com o de outras edificações, por meio de um processo conhecido como *benchmarking*.

Há muitas opções de medição disponíveis. A forma mais comum é feita por meio do consumo de utilidades públicas controlado pelo Estado e suas concessionárias, que utilizam medidores (contadores). Consumos tipicamente mensurados são o de eletricidade e gás natural, além do de água, a não ser que esta seja oriunda de um poço artesiano no próprio terreno. Os sistemas de consumo geral de um prédio são chamados de contadores gerais, enquanto os medidores múltiplos que atendem a cada inquilino de um prédio, por exemplo, são chamados de contadores individuais.

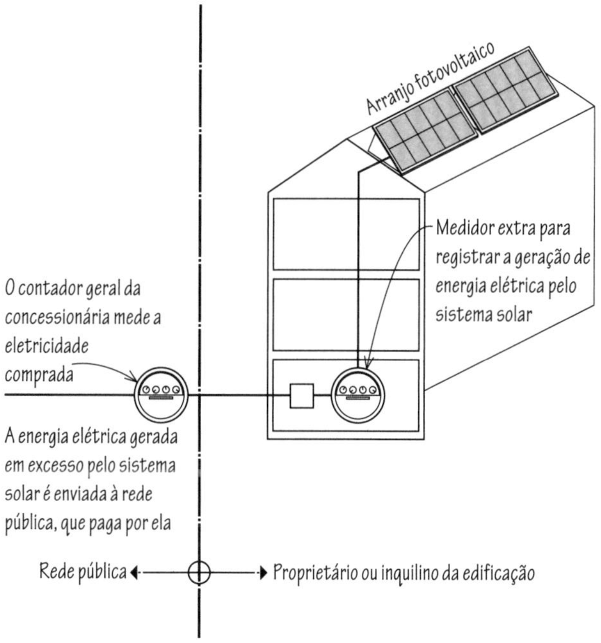

18.25 Medição dos sistemas fotovoltaicos.

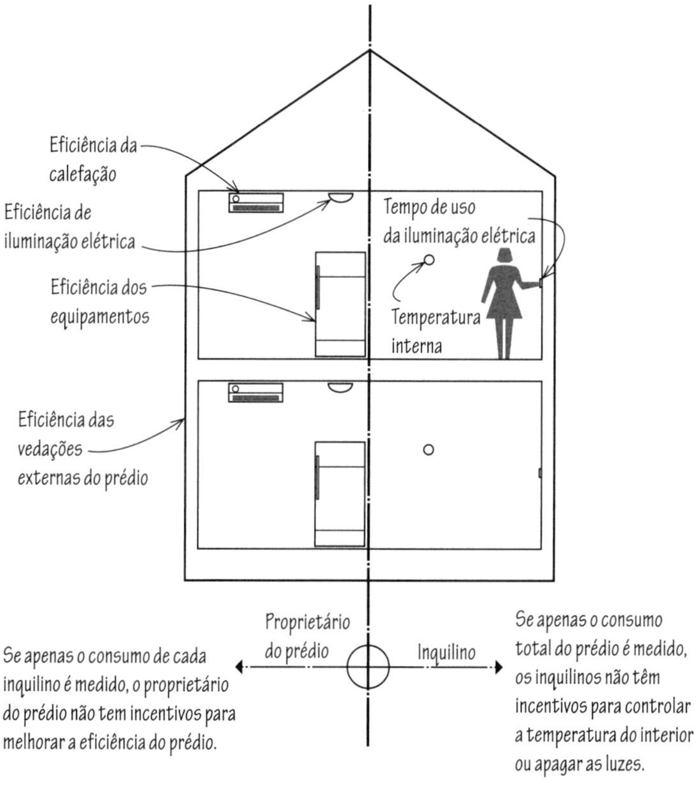

18.26 O problema da divisão de incentivos.

No caso das edificações sustentáveis, os sistemas de medição mais detalhados podem oferecer informações úteis quanto ao desempenho consistente, além de acusar rapidamente qualquer problema nas instalações. Por exemplo, podem ser utilizados hidrômetros para identificar sistemas que não deveriam estar consumindo água, como sistemas hidrônicos, de caldeiras herméticas ou que evidenciam vazamentos de água. A medição da eletricidade nos sistemas de conversão de energia renovável (como os fotovoltaicos e eólicos) também pode ser empregada para garantir a operação correta e evitar a persistência de um defeito que, caso contrário, poderia passar despercebido, pois o prédio continua recebendo energia elétrica da rede pública.

Outra opção é o uso de medidores de eletricidade por inquilino, sistema que também pode ser adotado para outros fluxos, como o de gás natural, água quente e fria e vapor de água.

A medição também pode ser útil para educar as pessoas a conservar energia. A visão clássica é que se, por exemplo, os próprios inquilinos pagarem suas contas de serviço, tenderão a evitar desperdícios. Infelizmente, a mera mudança da medição do prédio para as unidades (isto é, para os inquilinos) pode ter a consequência indesejada de que o proprietário perca o interesse em manter e melhorar a infraestrutura de energia da edificação. Esse problema é chamado de divisão de incentivos.

Por exemplo, em um edifício de apartamentos, os inquilinos controlam quanto tempo as lâmpadas ficam acesas, mas o condomínio ou o proprietário do prédio decide que tipo de luminárias existem, ao menos nas áreas comuns. Se o prédio tiver um contador geral, o proprietário ou condomínio será incentivado a manter e mesmo melhorar a eficiência das luminárias, mas os inquilinos não terão o incentivo de mantê-las apagadas quando não estiverem sendo utilizadas. Se o prédio tem contadores individuais, o proprietário não terá muito interesse em melhorar as luminárias, mas os inquilinos tenderão a apagar as luzes que não estiverem sendo utilizadas. Os contadores individuais também resultam em um total de contas de utilidades mais altas, pois cada cliente tem de pagar uma tarifa fixa. Assim, não há uma resposta simples ao problema da divisão de incentivos. Entretanto, não podemos considerar que o uso de contadores individuais seja necessariamente mais sustentável ecologicamente que o de um contador geral.

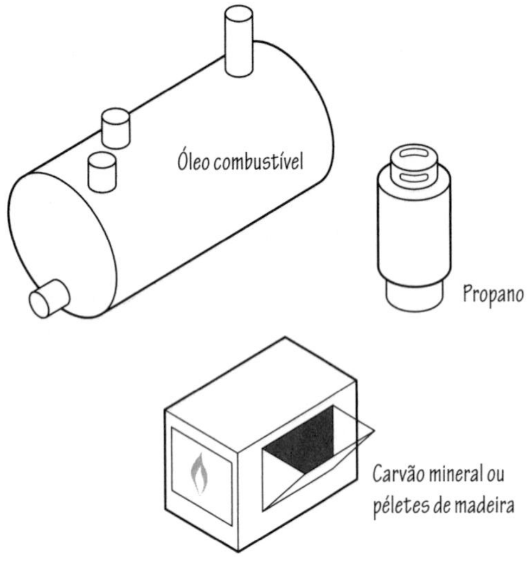

18.27 Exemplos de combustíveis vendidos em lotes (bateladas).

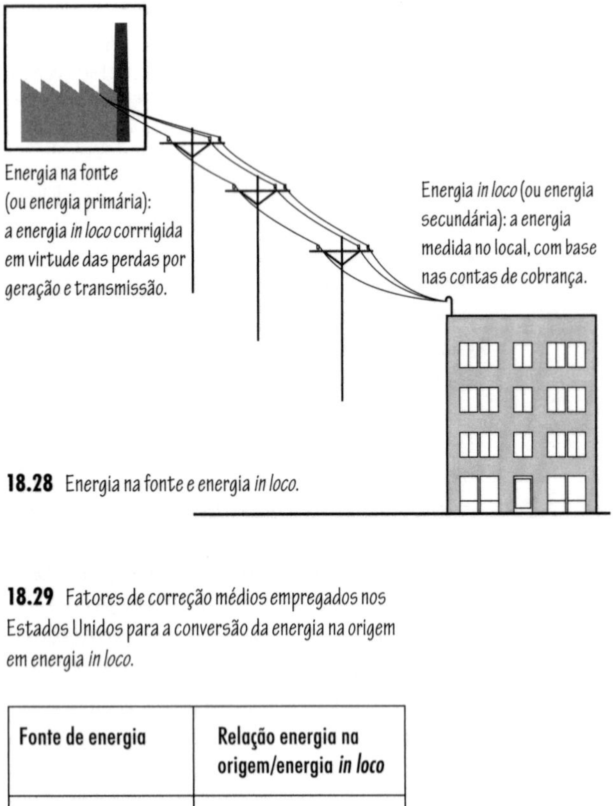

18.28 Energia na fonte e energia *in loco*.

18.29 Fatores de correção médios empregados nos Estados Unidos para a conversão da energia na origem em energia *in loco*.

Fonte de energia	Relação energia na origem/energia *in loco*
Eletricidade	3,340
Gás natural	1,047
Propano	1,010
Óleo combustível #2	1,000

Outra forma de medir o consumo é por meio da entrega de cargas de combustíveis, como o óleo combustível para calefação, o propano, o querosene, o carvão mineral e os biocombustíveis (péletes, cavaco e toras de madeira). Essa forma de medição apresenta diferenças significativas em relação àquela da eletricidade, da água e do gás natural. A mais importante é que aqueles combustíveis são medidos antes do consumo, ao contrário destes, que são medidos durante o consumo, o que equivale a serem medidos após o consumo. As entregas de combustíveis em lotes, também chamados de bateladas, podem ser menos frequentes, o que significa que o acompanhamento do consumo é mais esporádico, dificultando o controle. Além disso, as entregas feitas por fornecedores diferentes podem tornar o controle ainda mais complicado. Se um tanque de combustível for recarregado antes de estar totalmente vazio, por exemplo, não haverá como saber o consumo real até a próxima recarga. Ademais, quando se usa este sistema de combustíveis em lotes, é mais difícil distinguir os diferentes usos, como aquele destinado à calefação ambiente no inverno e aquele do aquecimento da água no verão. Em suma, o consumo e o acompanhamento das entregas de combustíveis comprados em lotes tornam mais difícil o monitoramento e a geração de informações sobre o desempenho energético de uma edificação.

Sistemas de medição

As edificações sustentáveis podem ter diferentes sistemas de medição do consumo de energia.

A energia consumida *in loco*, às vezes chamada de energia secundária, é aquela de um prédio e, em geral, é medida por medidores no local ou por entregas de combustíveis trazidos em lotes, como o óleo combustível ou o propano. Em outras palavras, o consumo de energia no local é aquele relatado pelas contas de cobrança.

A energia na origem, também chamada de energia primária, é aquela consumida por um prédio com um fator de correção para refletir o uso de energia para sua geração ou extração e transporte até o local de consumo. Para calcular a energia elétrica na origem, aplicamos um grande fator de correção à eletricidade comprada da rede, em virtude das grandes perdas de transmissão. Os demais tipos de fonte energética possuem fatores de correção menores. A energia na origem é vista como aquela que melhor reflete o impacto total do consumo energético sobre o meio ambiente. Os fatores de correção variam conforme a localização geográfica e o tempo, na medida em que representam a combinação local e atual dos combustíveis empregados para gerar eletricidade e extrair os combustíveis.

Cada código, norma ou diretriz usa um ou outro sistema ou mesmo ambos os tipos de medição.

18.30 Um resumo dos fatores de conversão empregados para os combustíveis mais comuns.

	Unidade	Fator para obter kBTU *in loco*	Fator para obter quilogramas de emissões de CO_2 na fonte
Electricidade	kWh	3,4	1,45
Gás natural	termia	100,0	5,53
Propano	galão	92,5	5,90
Óleo combustível #2	galão	135,0	9,84

Como exemplo, um prédio de alto desempenho de 150 m², consome 540 termias de gás natural por ano e 5.390 kWh/ano de eletricidade. Seu índice de consumo de energia *in loco* é calculado da seguinte maneira:

540 termias/ano × 100 kBTU/termia = 54.000 kBTU/ano
5.390 kWh/ano × 3,4 kBTU/kWh = 18.326 kBtuBTU/ano
(54.000 + 18.326)/150 = 482,17 kBTU/m²/ano

Esse é um valor muito inferior àquele que consome uma edificação comercial típica dos Estados Unidos construída em 2010: 1.166,75 kBtu/m²/ano. Ou seja, o prédio de alto desempenho usa quase 60% menos de energia do que a média nacional.

A Agência de Proteção Ambiental dos Estados Unidos (EPA), em sua base de dados *on-line* chamada Portfolio Manager, usa a energia na fonte baseada em correções médias nacionais para a eletricidade e cada combustível para calculá-la a partir da energia *in loco*. As unidades de consumo dos combustíveis fósseis, como kBTU/m²/ano, como termias de gás natural, galões de óleo combustívei ou propano e eletricidade em quilowatt-horas, são convertidas em kBTU (milhares de unidades térmicas britânicas) e então somadas e divididas pela área da edificação, para obter kBTU/m²/ano.

Em seu banco de dados nacional para edificações, o Departamento de Energia dos Estados Unidos (DOE) usa o índice de utilização da energia (EUI), também expresso em kBTU/m²/ano. As estatísticas apresentam valores tanto para a energia *in loco* (secundária) quanto na fonte (primária).

O índice de utilização de energia também é chamado de índice de uso de energia, intensidade de uso de energia ou índice de consumo de energia.

A norma Passivhaus exige o consumo máximo de 120 kWh/m²/ano de uso de energia na fonte. Seu requisito de demanda de calefação e resfriamento é 15 kWh/m²/ano para o consumo de energia *in loco*.

Todas essas medidas entram em jogo quando se trata de edificações com consumo líquido zero de energia na fonte. Os dados também formam a base para discussão da eficiência em energia das edificações.

As emissões de carbono são outra referência para a comparação do desempenho das edificações, tanto em termos de operação (emissões anuais) como das emissões pontuais resultantes do consumo de energia incorporada na produção dos materiais de construção. A unidade usual para emissões de carbono costuma ser toneladas por ano, embora também sejam empregadas libras por ano e, no Sistema Internacional de Unidades, quilogramas ou toneladas métricas por ano. Na maioria das vezes, as medidas se referem às emissões de dióxido de carbono (CO_2), embora às vezes sejam usadas emissões equivalentes de carbono puro (C).

Os gastos com energia ($/m²/ano) são mais fáceis de entender por um usuário comum do que kBTU, kWh ou emissões de carbono.

O consumo de água também tem sua própria unidade de medida, como l/m²/ano ou l/pessoa/ano.

As medidas de energia renovável para geração de eletricidade, como a energia eólica ou fotovoltaica, costumam ser apresentadas em kWh/ano. Essa geração é subtraída do consumo de energia *in loco* para se avaliar o consumo de energia líquido de uma edificação, seu índice de consumo de energia e suas emissões de carbono.

O consumo de energia e as emissões de carbono de uma edificação podem ser ampliados para incluir o consumo do transporte para ir e voltar dela.

Como medida da eficiência em energia do fechamento de uma edificação, o consumo de energia com calefação pode ser extraído das contas envidadas pelas concessionárias e calculado examinando-se o consumo sazonal. Com frequência, corrige-se o consumo de energia para calefação com base nas condições climáticas específicas para um inverno frio ou ameno.

De modo semelhante, outras medidas às vezes podem ser obtidas com a análise das contas de consumo de energia, como o consumo do condicionamento do ar e o consumo base (sem climatização) para diferentes fontes energéticas.

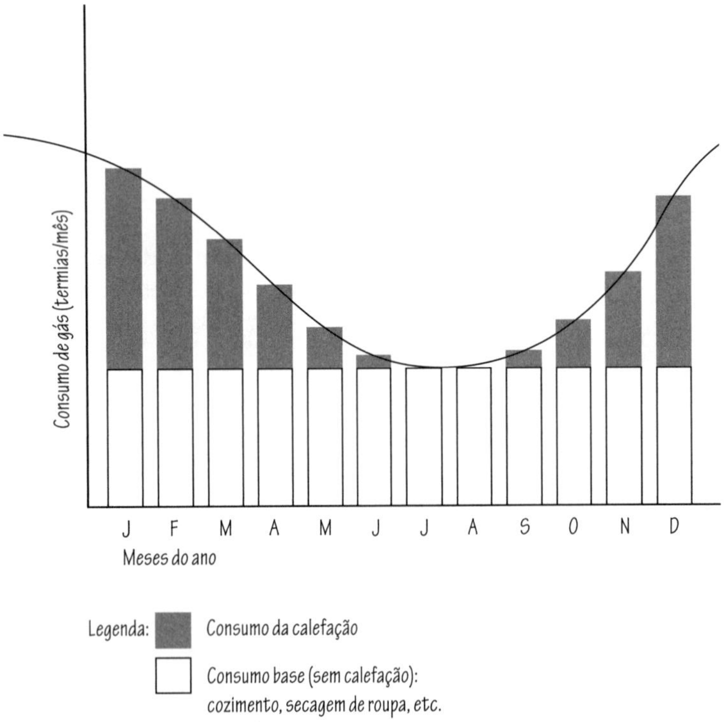

18.31 O cálculo do consumo da calefação.

Parâmetros e escolhas

O projeto de edificações sustentáveis exige a tomada de muitas decisões que estão intrinsecamente envolvidas com as centenas ou mesmo as milhares de outras escolhas que têm de ser feitas para o projeto e a construção de qualquer prédio.

A maioria das decisões da arquitetura sustentável envolve dar prioridade a melhorias de uma edificação a fim de torná-la mais ecológica, consumir menos energia, reduzir outros impactos sobre o meio ambiente e melhorar o ambiente construído em uma enorme variedade de maneiras benéficas à saúde humana. Exemplos de melhoria são o uso de uma camada de isolante térmico mais espessa, o projeto de janelas em menor número e tamanho, o uso de bicicletários, a instalação de sistemas de conversão de energia solar, o uso de madeira extraída de áreas com manejo sustentável, o uso de tintas com baixas emissões de COVs, a criação de superfícies reflexivas, etc. Em suma, o número de possibilidades de melhoria em uma edificação é imenso. Então como podemos definir prioridades quando as opções são tantas?

As melhorias nos sistemas energéticos muitas vezes são mais fáceis de priorizar, pois podemos projetar as economias e estimar os custos de construção. Portanto, temos uma diversidade de medidas de desempenho para fazer comparações entre as melhorias entre si.

Uma referência antiga, mas ainda muito utilizada, é o simples período de retorno sobre o investimento, que é o custo de construção extra estimado dividido pelas economias anuais estimadas para a melhoria adotada. Por exemplo, se o aumento do nível de isolamento térmico de uma parede é estimado em R$ 6 mil e estima-se que isso gerará uma economia de R$ 600 por ano, o período de retorno será 6.000/600, ou seja, 10 anos. Quanto menor o período de retorno do investimento, melhor. Contudo, essa medida não leva em conta a vida útil estimada para a melhoria. Um isolamento de parede pode ter vida útil estimada em 50 anos, mas uma melhoria na iluminação similar em termos dos benefícios, com a economia de energia e do período de retorno de 10 anos, talvez dure apenas cinco anos. Assim, o mero período de retorno não nos indica que o isolamento da parede faz mais sentido por durar mais tempo. Esse é o motivo pelo qual essa medida cada vez mais é vista como muito simplista.

Outro grupo de medições compõe o termo genérico "custo do ciclo de vida", que pode levar em conta fatores como a durabilidade prevista para a melhoria e qualquer inflação esperada no custo da energia consumida. As futuras economias com a energia são reunidas e transformadas em um valor equivalente ao presente utilizando-se princípios econômicos de aceitação geral e depois são comparadas ao investimento feito. Essa abordagem resulta em um de vários parâmetros, como o retorno do investimento, o custo líquido do ciclo de vida ou a razão entre economia e investimento.

Cada vez mais se utilizam as emissões de carbono como referência, o que também pode levar em conta o efeito da energia incorporada nas diferentes opções de projeto.

Neste livro, incluímos muitas estratégias que reduzem o custo de construção, como a redução da área de piso, o uso de formatos de edificação mais simples, as técnicas estruturais avançadas, os acabamentos e revestimentos refletores das superfícies internas (que, por sua vez, acarretam menor número de luminárias e de janelas), o uso de janelas de tamanho e número menor e o uso de luminárias com lâmpadas fluorescentes tubulares. Essas melhorias fazem sentido financeiro imediato, seus períodos de retorno de investimento são zero e as economias, eternas. Portanto, elas devem ser priorizadas e avaliadas já no início do projeto.

Como mencionamos, se damos prioridade às estratégias que acarretarão menor consumo de energia, as melhorias na eficiência de uma edificação geralmente devem ser analisadas antes da adoção dos sistemas de conversão de energia renovável, pois a adoção desses sistemas implica investimentos ainda hoje elevados, e os materiais empregados por eles têm muita energia incorporada. Ainda assim, não há problema em avaliar o uso das energias renováveis junto às melhorias que podem aumentar a eficiência energética de um prédio, desde que não ignoremos essas melhorias.

Quando vamos além das melhorias que podem ser feitas para reduzir o consumo de energia e avaliamos os investimentos em questões não relacionadas com a energia, surge uma série de questões. O que é mais importante: investir R$ 300 para melhorar a eficiência em energia ou gastar o mesmo valor para comprar tintas com baixo nível de COVs?

Poderíamos dizer que, em virtude do seríssimo problema das mudanças climáticas que afeta a todos nós, a redução das emissões de carbono merece prioridade máxima. Contudo, outras pessoas podem argumentar que a saúde humana é mais importante. O sistema de certificação LEED, por exemplo, defende implicitamente um equilíbrio nas melhorias de sustentabilidade de uma edificação. Outros códigos, normas e diretrizes dão prioridade às reduções no consumo de energia e nas emissões de carbono.

Quando selecionamos nossas opções em prol da sustentabilidade das edificações, talvez seja preciso valorizar um pouco menos uma série de aspectos que vêm sendo enfatizados:

- Visibilidade. Às vezes, parece que as melhorias para a sustentabilidade das edificações são escolhidas em virtude de sua visibilidade ou proeminência, mas a visibilidade deveria ter baixa prioridade.
- Prestígio. Assim como a visibilidade, algumas melhorias de sustentabilidade, visíveis ou não, parecem ser favorecidas por conferirem *status* às edificações.
- Melhorias para promoção das vendas. Muitos vendedores de equipamentos ou materiais de construção tentam atrair os compradores ressaltando como seu produto pode melhorar as vendas dos imóveis.

18.32 A priorização das melhorias.

	Consumo energético	Uso de material/ Energia incorporada	Custo da construção	Qualidade ambiental
Pequenas edificações	○	○	○	○
Formatos mais simples	○	○	○	○
Menor razão entre janelas e paredes	○	◐	○	○
Superfícies refletoras	○	○	◐	○
Mais isolamento	○	●	●	○
Climatização de alta eficiência	○	●	●	○
Energia solar	○	●	●	○
Captação de água da chuva	○	●	●	○

○ Suporte completo
◐ Suporte parcial
● Sem suporte

Embora os vendedores devam fazer parte das discussões gerais e ter suas opiniões registradas, eles não podem dominar a seleção das escolhas.

É preciso ressaltar que os incentivos governamentais, como abatimentos em impostos ou deduções pelo uso de sistemas eficientes em energia ou com energia renovável, são parte intrínseca do processo de priorização. O governo pode apoiar as novas tecnologias e usar incentivos para refletir e promover o benefício social das edificações sustentáveis. É interessante observar que, de modo similar às normas de sustentabilidade, os incentivos governamentais geralmente favorecem melhorias que são agregadas a um prédio (por exemplo, o aumento da camada de isolamento ou a instalação de um sistema de conversão energia solar), em vez de promover a economia e a modicidade, que reduzem as cargas em vez de aumentar a eficiência. Ainda assim, os incentivos do governo têm papel crucial para reduzir a poluição gerada pelas edificações, que são prejudiciais a toda a sociedade.

Quando priorizamos as melhorias para a sustentabilidade de uma edificação, acabamos retornando à definição do que é um prédio sustentável: aquele que tem impacto significativamente menor no ambiente natural e oferece condições internas benéficas à saúde humana. A exploração dos valores que surgem quando damos prioridade às melhorias para a sustentabilidade leva-nos a outras questões: as edificações sustentáveis são desejáveis para todos? As normas de edificação sustentável deveriam ser voluntárias? As normas de energia sustentável deveriam ficar acima daquelas dos códigos de edificação ou estes devem ser aprimorados a fim de refletir um consenso sobre o que é ecológico e importante nas edificações? Se a saúde humana é um dos aspectos das edificações sustentáveis, por que essas normas não são obrigatórias ou, em outras palavras, por que não são incluídas em nossos códigos de edificações? Muitas dessas questões serão parte importante das discussões sobre edificações sustentáveis nos próximos anos.

Uma coisa é certa: devemos ir além dos edifícios ecológicos como manifestações, troféus ou símbolos de nosso interesse pelo meio ambiente. A urgência pela redução das emissões que afetam o clima é grande demais para que as edificações sustentáveis permaneçam limitadas a uma pequena parte de nosso estoque imobiliário. Devemos reunir nossa experiência coletiva e usá-la para tornar todos os projetos sustentáveis. Para isso, é importante a qualidade do projeto e da construção.

19
Conclusão

Edificações sustentáveis e beleza

A beleza é muito importante no projeto de uma edificação. Isso se aplica a qualquer edificação e, de certa maneira, no caso das sustentáveis, pode ser ainda mais importante. Como arquitetos de edificações ecológicas, talvez tenhamos de manter um alto padrão para demonstrar que não sacrificaremos a beleza quando nos empenhamos pela sustentabilidade.

19.01 Beleza: a qualidade ou a combinação de qualidades que agradam os sensos estéticos, dão grande satisfação à mente ou elevam o espírito humano.

19.02 A beleza nas edificações deve ir além da superfície. Casa do Fascismo, Giuseppe Terragni, 1931–1933.

19.03 Agregue forma à função, em vez de função à forma.

Por que as edificações devem ser bonitas? A beleza traz calma, dá orgulho, confere uma sensação de ordem. A beleza pode facilitar nossa conexão com a natureza. Ela se relaciona com as grandes possibilidades de encontrar nossa harmonia interna e com o mundo. Deixemos quaisquer outras discussões sobre beleza para os poetas. Vamos seguir com a premissa de que a beleza é importante.

A beleza muitas vezes também está nos olhos de quem a vê. Ao refletir sobre as antigas e as novas visões de beleza, podemos adicionar mais um critério à composição: a beleza do desempenho de uma edificação. Talvez um prédio que use pouca energia seja bonito. Um prédio que não possua barreiras de gelo penduradas em sua cobertura no inverno é bonito. Um prédio silencioso é bonito. Todas essas são características de edificações ecológicas de alto desempenho. A beleza em edificações não pode ser superficial.

Os projetos sustentáveis trazem consigo novos componentes, como os painéis solares, que precisam estar esteticamente integrados à edificação. Para muitos de nós, esses componentes são belos, mas talvez nem todos concordem com isso. Como arquitetos, precisamos garantir que esses componentes estejam integrados de uma maneira esteticamente equilibrada.

O projeto sustentável provavelmente mudará a aparência de um prédio. Sugerimos uma variedade de simplificações no formato dos prédios que reduz o consumo de energia e de material. Essas simplificações, para algumas pessoas, podem parecer limitantes, mas também podem direcionar nossa criatividade para uma nova estética ecológica, para novas formas e formatos. Procuremos somar forma à função, em vez de função à forma. Em vez de ver isso como uma limitação, sugerimos que esta seja uma ótima oportunidade para ser criativo, à medida que relacionamos o projeto de um prédio com uma base de alto empenho usando numerosos instrumentos de beleza, como cores, padrões, texturas, harmonias, proporções e formatos.

Edificações sustentáveis e a natureza

Ao considerar projetos de edificações, é instrutivo retornar às nossas discussões iniciais sobre as forças naturais às quais as edificações oferecem proteção – sol; ar (vento, infiltrações de ar, correntes); água (chuva, água superficial, água subsuperficial e umidade); animais (insetos, roedores, aves e outros); extremos de temperatura; e contaminantes (sujeira, poeira, lama, poluentes aéreos). É muito importante reconhecer, respeitar e honrar essas forças. O projeto de uma edificação e de um terreno pode contribuir não só para aprimorar as camadas de proteção, melhorando assim a proteção contra esses elementos, mas também oferecer maneiras com as quais os usuários de uma edificação escolhem seu contato com a natureza.

Em vez de promover um contato artificial com a natureza por meio dos pontos fracos de um prédio, como grandes janelas pelas quais as pessoas simplesmente olham, o arquiteto pode buscar maneiras mais profundas de promover essas conexões no terreno com todos os instrumentos de paisagismo – vegetação, água, vistas, caminhos, cercas, móveis de exterior, estruturas como gazebos e pérgolas e até mesmo elementos incomuns como labirintos e casas nas árvores. Talvez o local possa destacar o sol com um relógio solar ou com uma piscina. Até mesmo prédios urbanos oferecem infindáveis possibilidades para conexões pequenas e interessantes com a natureza.

19.04 Conecte-se com a natureza.

Acreditamos que alguns aspectos do projeto de edificações têm buscado tocar na necessidade vital das pessoas de se conectarem com a natureza mesmo estando em um interior. Espaços abobadados podem dar uma sensação de que estamos do lado de fora, sob um céu aberto, sem a opressividade de um teto baixo. Cômodos amplos, da mesma forma, oferecem espaço suficiente para simular o exterior. Janelas e portas de vidro intencionalmente nos dão vistas do lado de fora, assim como luz natural. No entanto, quando essas características são levadas ao extremo, acreditamos que elas às vezes resultam em conexões artificiais com a natureza, o que pode, por fim, ferir a natureza com a qual buscamos nos conectar, ao poluí-la e dilapidá-la com consumo excessivo de energia e materiais.

A natureza apresenta sua vastidão como um paradoxo para as pessoas. Precisamos de proteção contra suas forças, mas também precisamos profundamente dela, até mesmo para os urbanistas mais ferrenhos que estão entre nós. As edificações podem contribuir para as duas necessidades: proteger e conectar. Porém, historicamente, nossas edificações – cheias de orifícios, umidade, grandes demais, iluminadas demais, com muitas vidraças e registrando um alto consumo de energia – não nos fornecem nem proteção contra a natureza, nem conexão com ela. Estamos começando a melhorar. Edificações mais sustentáveis oferecem a promessa de maior proteção contra temperaturas extremas e outras forças da natureza, com menos poluição, mais conforto e maior conexão com as belezas naturais.

19.05 Opte pelo contato com a natureza.

Epílogo

O espectro dos muitos impactos das mudanças climáticas e de outras ameaças ambientais requer uma nova arquitetura, uma arquitetura ecologicamente sustentável. A energia relacionada às edificações já foi identificada como uma das principais causas das emissões de gases de efeito estufa, assim como uma das principais oportunidades para reduzir essas emissões. Nós que estamos no campo da construção e do projeto precisamos tomar uma decisão: arcar com a responsabilidade dos impactos das mudanças climáticas provocadas pelos prédios ou liderar a mudança necessária para diminuir os impactos dos prédios nas mudanças climáticas.

A arquitetura sustentável está deixando de ser moda ou opção. Nos próximos anos, é provável que se torne tão essencial quanto a engenharia de segurança contra incêndio ou outras formas de segurança nas edificações. Existe uma necessidade urgente de que as edificações sustentáveis sejam mais do que demonstrações, do que algo chique ou um símbolo de prestígio, e comecem a impulsionar o exercício da ecologia como um componente fundamental para a arquitetura, a construção e a propriedade imobiliária.

É possível que o começo do movimento de arquitetura sustentável dos Estados Unidos marque o fim da expansão das fronteiras, em que cada prado e cada colina "pediam" para serem explorados e colonizados e eram vistos pelo que poderiam se tornar em vez de pelo que simplesmente eram. O fim desta abundância aparentemente aberta pode em si parecer difícil e limitador, mas assim como o espírito humano único é tão capaz e motivado, talvez esse fim e esse desafio possam ser transformados em um glorioso começo. Em vez de ser a miragem de uma fronteira interminável, mas na verdade limitada, a realidade da arquitetura sustentável pode realmente ser sem limites.

LEED® 2009 Programa de certificação de edificações sustentáveis

Para novas construções e grandes reformas

Terrenos sustentáveis (26 pontos)

Pré-requisito 1 Evitar a poluição na construção Obrigatório
Crédito 1 Seleção do terreno 1
Crédito 2 Densidade urbana e conexão com a comunidade 5
Crédito 3 Remediação de áreas contaminadas 1
Crédito 4.1 Transporte alternativo – Acesso ao transporte público 6
Crédito 4.2 Transporte alternativo – Bicicletário e vestiário 1
Crédito 4.3 Transporte alternativo – Uso de veículos de baixa emissão e eficientes em consumo de combustível 3
Crédito 4.4 Transporte alternativo – Capacidade de estacionamento 2
Crédito 5.1 Desenvolvimento do espaço – Proteção ou restauração do habitat 1
Crédito 5.2 Desenvolvimento do espaço – Maximização dos espaços abertos 1
Crédito 6.1 Gestão da água pluvial – Controle da quantidade 1
Crédito 6.2 Gestão da água pluvial – Controle da qualidade 1
Crédito 7.1 Efeito da ilha de calor urbana – Áreas descobertas 1
Crédito 7.2 Efeito da ilha de calor urbana – Áreas cobertas 1
Crédito 8 Redução da poluição luminosa 1

Uso racional da água (10 pontos)

Pré-requisito 1 Redução do consumo de água em 20% Obrigatório
Crédito 1 Consumo eficiente da água no paisagismo 4
Crédito 2 Tecnologias inovadoras para águas servidas 2
Crédito 3 Redução do consumo de água 4

Energia e atmosfera (35 pontos)

Pré-requisito 1 Comissionamento básico dos sistemas de energia da edificação Obrigatório
Pré-requisito 2 Desempenho energético mínimo Obrigatório
Pré-requisito 3 Gestão fundamental dos gases refrigerantes Obrigatório
Crédito 1 Otimização do desempenho energético 19
Crédito 2 Energia renovável *in loco* 7
Crédito 3 Melhoria no comissionamento 2
Crédito 4 Melhoria na gestão dos gases refrigerantes 2
Crédito 5 Medições e verificações 3
Crédito 6 Energia sustentável 2

Materiais e recursos (14 pontos)

Pré-requisito 1 Depósito e coleta de materiais recicláveis Obrigatório
Crédito 1.1 Reúso da edificação – Manter paredes, pisos e cobertura 3
Crédito 1.2 Reúso da edificação – Manter elementos interiores não estruturais 1
Crédito 2 Gestão dos resíduos da construção 2
Crédito 3 Reúso de materiais 2
Crédito 4 Conteúdo reciclado 2
Crédito 5 Materiais regionais 2
Crédito 6 Materiais de rápida renovação 1
Crédito 7 Madeira certificada 1

Qualidade do ambiente interno (15 pontos)

Pré-requisito 1 Desempenho mínimo da qualidade do ar dos interiores Obrigatório
Pré-requisito 2 Controle da fumaça do tabaco no ambiente Obrigatório
Crédito 1 Monitoramento da insuflação do ar do exterior 1
Crédito 2 Aumento da ventilação 1
Crédito 3.1 Plano de gestão da qualidade do ar dos interiores durante a construção 1
Crédito 3.2 Plano de gestão da qualidade do ar dos interiores antes da ocupação 1
Crédito 4.1 Materiais de baixa emissão – Adesivos e vedantes 1
Crédito 4.2 Materiais de baixa emissão – Tintas e vernizes 1
Crédito 4.3 Materiais de baixa emissão – Sistemas de piso 1
Crédito 4.4 Materiais de baixa emissão – Produtos de madeira composta e fibra agrícola 1
Crédito 5 Controle interno de fontes de poluentes e produtos químicos 1
Crédito 6.1 Controle de sistemas – Iluminação 1
Crédito 6.2 Controle de sistemas – Conforto térmico 1
Crédito 7.1 Conforto térmico – Projeto 1
Crédito 7.2 Conforto térmico – Verificação 1
Crédito 8.1 Iluminação natural e vistas – Iluminação natural 1
Crédito 8.2 Iluminação natural e vistas – Vistas 1

Inovação e processo de projeto (6 pontos)

Crédito 1 Inovação no projeto 5
Crédito 2 Profissional acreditado pelo LEED® 1

Prioridade regional (4 pontos)

Crédito 1 Prioridade regional 4

Para receber a certificação LEED, o projeto de uma edificação deve cumprir certos pré-requisitos e chegar a determinados níveis de desempenho, e cada categoria é atribuída conforme o número de créditos obtidos:

- Certificado: 40–49 pontos
- Prata: 50–59 pontos
- Ouro: 60–79 pontos
- Platina: 80 pontos ou mais

LEED® 4 Programa de certificação de edificações sustentáveis

Para novas construções e grandes reformas
Introduzido em novembro de 2013

Processo integrado

Pré-requisito 1 Processo integrado 1

Localização e transporte (16 pontos)

Crédito 1 LEED para implantação em área urbana 16 ou
Crédito 2 Proteção de terreno sensível 1
Crédito 3 Terreno de alta prioridade 2
Crédito 4 Densidade do entorno e usos diversos 5
Crédito 5 Acesso a trânsito de qualidade 5
Crédito 6 Ciclovias, ciclofaixas e paraciclos 1
Crédito 7 Área de estacionamento reduzida 1
Crédito 8 Veículos sustentáveis 1

Terrenos sustentáveis (10 pontos)

Pré-requisito 1 Prevenção da poluição gerada pela atividade de edificar Obrigatório
Crédito 1 Análise do terreno 1
Crédito 2 Urbanização do terreno – Proteger ou restaurar o habitat 2
Crédito 3 Espaços abertos 1
Crédito 4 Gestão da água pluvial 3
Crédito 5 Redução das ilhas de calor urbanas 2
Crédito 6 Redução da poluição luminosa 1

Eficiência no consumo de água (11 pontos)

Pré-requisito 1 Redução no consumo de água no exterior Obrigatório
Pré-requisito 2 Redução no consumo de água no interior Obrigatório
Pré-requisito 3 Medição do consumo de água da edificação Obrigatório
Crédito 1 Redução no consumo de água no exterior 2
Crédito 2 Redução no consumo de água no interior 6
Crédito 3 Consumo de água das torres de arrefecimento 2
Crédito 4 Hidrômetros 1

Energia e atmosfera (33 pontos)

Pré-requisito 1 Comissionamento e verificação básicos Obrigatório
Pré-requisito 2 Desempenho energético mínimo Obrigatório
Pré-requisito 3 Medição do consumo de energia no nível da edificação Obrigatório
Pré-requisito 4 Gestão básica dos gases refrigerantes Obrigatório
Crédito 1 Melhoria no comissionamento 6
Crédito 2 Otimização do desempenho energético 18
Crédito 3 Medição avançada do consumo de energia 1
Crédito 4 Resposta à demanda 2
Crédito 5 Geração de energia renovável 3
Crédito 6 Melhoria na gestão dos gases refrigerantes 1
Crédito 7 Energia sustentável e compensação pela emissão de carbono 2

Materiais e recursos (13 pontos)

Pré-requisito 1 Depósito e coleta de materiais recicláveis Obrigatório
Pré-requisito 2 Planejamento da gestão dos resíduos da construção e demolição Obrigatório
Crédito 1 Redução do impacto do ciclo de vida da edificação 5
Crédito 2 Divulgação e otimização dos produtos da edificação – Declarações meio-ambientais dos produtos 2
Crédito 3 Divulgação e otimização dos produtos da edificação – Fontes das matérias-primas 2
Crédito 4 Divulgação e otimização dos produtos da edificação – Componentes dos materiais 2
Crédito 5 Gestão dos resíduos da construção e demolição 2

Qualidade do ambiente interno (16 pontos)

Pré-requisito 1 Desempenho mínimo da qualidade do ar dos interiores Obrigatório
Pré-requisito 2 Controle da fumaça do tabaco no ambiente Obrigatório
Crédito 1 Estratégias avançadas da qualidade do ar dos interiores 2
Crédito 2 Materiais de baixa emissão 3
Crédito 3 Plano de gestão da qualidade do ar dos interiores durante a construção 1
Crédito 4 Análise da qualidade do ar dos interiores 2
Crédito 5 Conforto térmico 1
Crédito 6 Iluminação interna 2
Crédito 7 Iluminação natural 3
Crédito 8 Vistas de qualidade 1
Crédito 9 Desempenho acústico 1

Inovação (6 pontos)

Crédito 1 Inovação 5
Crédito 2 Profissional acreditado pelo LEED® 1

Prioridade regional (4 pontos)

Crédito 1 Prioridade regional: crédito específico 1
Crédito 2 Prioridade regional: crédito específico 1
Crédito 3 Prioridade regional: crédito específico 1
Crédito 4 Prioridade regional: crédito específico 1

Para receber a certificação LEED, o projeto de uma edificação deve cumprir certos pré-requisitos e chegar a determinados níveis de desempenho, e cada categoria é atribuída conforme o número de créditos obtidos:

- Certificado: 40–49 pontos
- Prata: 50–59 pontos
- Ouro: 60–79 pontos
- Platina: 80 pontos ou mais

Glossário

acionador de velocidade variável Controle que varia a velocidade da rotação de um motor elétrico com corrente alternada (CA) por meio da regulagem da frequência da eletricidade que é fornecida ao motor. Geralmente é utilizado em motores grandes e trifásicos. O termo inclui os acionadores de frequência variável, os acionadores de frequência regulável e os acionadores de velocidade regulável.

águas servidas Água proveniente de pias, chuveiros, banheiras, máquinas de lavar roupa, etc., que pode ser coletada e tratada para reúso, como a descarga de bacias sanitárias ou a rega de jardins, ou da qual se pode recuperar calor para uso na edificação.

albedo A taxa de energia solar (com comprimentos de onda entre 0,3 e 2,5 micrômetros) refletida por uma superfície. Também chamada de refletância solar.

aquecimento solar passivo A coleta de calor solar sem o uso de motores ou sistemas elétricos, como bombas ou ventiladores.

ar externo O ar de fora de uma edificação e que é internalizado pela ventilação.

área perturbada A área de um sítio que será diretamente afetada pela construção.

área virgem Área que ainda não foi urbanizada ou construída. O termo pode se referir a terrenos que já foram desmatados ou cultivados.

bacia sanitária com descarga dupla Bacia sanitária que usa menos água para descarregar dejetos líquidos e uma quantidade maior para os dejetos sólidos.

barreira ao ar Membrana, folha ou outro componente que busca reduzir as infiltrações de ar. As barreiras ao ar podem ser permeáveis a vapor ou não.

barreira ao vapor Membrana, chapa ou outro componente instalado para prevenir a migração de umidade através das vedações de uma edificação.

benchmarking O projeto de comparar uma medida de desempenho, como o consumo de energia ou água, de uma edificação específica com outra modelo, usando referências como o índice de consumo de energia.

bomba de calor Equipamento que transfere calor de um corpo, como o solo ou o ar externo, a outro corpo, como o ar interno de uma edificação, em um processo reversível.

bomba de calor com fluxo de refrigerante variável Uma bomba de calor com compressor de velocidade variável.

bomba de calor com fonte aérea Uma bomba de calor que retira energia térmica do ar externo ou o envia para ele; veja *bomba de calor geotérmico.*

bomba de calor geotérmico Bomba de calor que retira energia térmica do solo para aquecer um prédio, ou que o dissipa no solo, para resfriar os interiores. Veja *bomba de calor com fonte aérea.*

caldeira Aparelho que aquece a água ou produz vapor de água. Também chamado de *boiler.*

camada de proteção Componente de uma edificação que a protege contra algum tipo de carga.

captação da água pluvial Abordagem de coleta e aproveitamento da água da chuva. Geralmente inclui uma área de captação, um sistema de condutores até o reservatório, o reservatório, a filtragem e talvez o tratamento para desinfecção, um sistema de apoio para o fornecimento de água quando há pouca precipitação, um sistema de ladrões para extravasar a água excedente e um sistema de distribuição para levar a água aos pontos de consumo.

carga Um elemento externo, como a temperatura, que exerce algum esforço sobre a edificação.

circulador de ar Equipamento dotado de ventilador e um ou mais trocadores de calor e que fornece aquecimento ou resfriamento a um sistema de dutos, para distribuí-lo em um prédio.

cobertura verde Cobertura com vegetação sobre parte ou toda a sua superfície e que é instalada sobre uma membrana de impermeabilização. Também é chamada de cobertura viva, ecotelhado ou telhado verde.

cogeração A geração simultânea de eletricidade e calor em um processo que pode ser muito mais eficiente do que a simples geração de energia elétrica. Geralmente é chamada de cogeração de energia elétrica e térmica.

combustível fóssil Hidrocarboneto, como o gás natural, o petróleo e o carvão mineral, originado com a decomposição de organismos vivos ao longo de milhões de anos.

comissionamento Processo por meio do qual se verifica se os sistemas de uma edificação que consomem energia, impactam no consumo de energia ou afetam a qualidade dos ambientes internos estão funcionando de modo adequado. Trata-se de um processo holístico que serve como principal instrumento para o controle de qualidade no projeto e na construção de um prédio, baseando-se no programa de necessidades e buscando verificar o desempenho da edificação após a execução da obra. Geralmente é tercerizado para empresas e profissionais especializados.

compartimentação A separação física das áreas de um prédio, a fim de reduzir o fluxo de ar indesejável entre elas.

composto orgânico volátil (COV) Qualquer composto do carbono (com algumas exceções, como o dióxido de carbono) que participa de reações fotoquímicas na atmosfera. Os COVs evaporam em um interior sob condições normais e, por serem contaminantes, prejudicam a saúde das pessoas.

condicionamento do ar O processo de alteração das propriedades do ar, principalmente da temperatura e da umidade relativa, até que se obtenham condições mais favoráveis.

conforto térmico Condição psicológica que expressa a satisfação com o ambiente térmico. Caracteriza-se principalmente pela ausência de desconforto provocado por temperaturas do ar altas ou baixas, umidade ou correntes de ar, embora também possa ser influenciado por outros fatores, como as temperaturas das superfícies, o nível de atividade das pessoas e o nível de vestimenta.

consumo de energia líquido zero A capacidade que um prédio tem de dispensar a compra de energia de uma fonte externa, ou seja, da rede pública.

continuidade Propriedade do fechamento térmico de um prédio que evita locais de infiltração e pontes térmicas.

desempenho da edificação Um descritor genérico da capacidade de um prédio de atingir as metas de consumo de energia e água eficientes, bem como de conforto, impacto ambiental e durabilidade.

diagrama de zoneamento térmico Desenho do projeto executivo que representa as diferentes zonas térmicas em uma planta baixa.

dispersão da luz A dispersão indesejável de luz artificial do interior de uma edificação para seu exterior.

edificação sustentável Prédio com baixo impacto no meio ambiente e que oferece interiores com condições adequadas à saúde humana. Também chamada de edificação ecológica.

efeito chaminé O fluxo de ar ascendente através de uma edificação que é gerado pelo menor peso relativo do ar quente, que tende a subir. O efeito chaminé pode ser aproveitado para a calefação ambiente, especialmente no inverno.

efeito de ilha de calor urbana A absorção e retenção da insolação, resultando no aumento da temperatura local.

efetividade da ventilação A parte de um fluxo de ar para ventilação que realmente atinge os usuários de uma edificação. Uma efetividade da ventilação de 0% significa que nada do ar externo atinge os usuários, enquanto uma efetividade de 100% significa que todo o ar externo os atinge.

emissão de carbono zero Diz-se da qualidade de um prédio de não emitir dióxido de carbono.

energia incorporada A energia empregada para extrair, processar e transportar materiais e componentes de construção.

energia renovável Energia que é fornecida por fontes sustentáveis, como o sol ou o vento.

espaço não climatizado Recinto que não tem calefação nem resfriamento.

fan coil Pequeno circulador de ar, geralmente sem dutos.

fechamento térmico As superfícies ao longo das quais se instala o isolamento térmico ao redor de uma edificação.

formas isolantes de concreto Sistema de formas de concreto armado que consiste em unidades moduladas e intertravadas de isolamento rígido (em placas).

fornalha Equipamento que aquece o ar mediante ventilação forçada.

greensplashing O projeto de edificações que são chamadas de sustentáveis e que inclusive às vezes são certificadas, mas que são ineficientes em virtude de sua área excessiva de janelas ou superfícies, consomem luz artificial demais para chamarem a atenção ou têm uma única característica de sustentabilidade muito visível.

greenwashing A declaração falsa de que uma edificação é sustentável ecologicamente.

iluminação artificial Iluminação, geralmente elétrica, gerada por lâmpadas.

iluminação lateral Iluminação natural fornecida através das janelas, ou seja, dos planos verticais de uma edificação.

iluminação natural Iluminação que aproveita a luz oriunda diretamente do sol para a iluminação interna durante o dia. É o mesmo que iluminação diurna ou solar.

iluminação zenital Iluminação natural fornecida através do teto de um espaço, por meio de aberturas como claraboias e lanternins.

índice de utilização de energia O consumo de energia total de um prédio ao longo de um ano dividido pela área de piso. Esse valor é utilizado para o estabelecimento de um parâmetro e para acompanhar o progresso em direção à redução do consumo de energia ou ao consumo líquido de energia zero. Também é chamado de índice de uso de energia, intensidade de uso de energia ou índice de consumo de energia.

índice HERS Índice do Sistema de Classificação do Rendimento de Energia de uma Casa: uma norma para medição da eficiência energética de uma moradia. Um escore de 0 representa uma moradia com consumo líquido de energia zero; um escore de 100 representa uma casa convencional nova; e um escore de 150 representa uma casa que provavelmente consumirá 50% mais energia que uma casa convencional nova.

infiltração de ar A troca de ar entre o exterior e o interior de uma edificação.

invasão luminosa A dispersão indesejável de luz artificial de uma propriedade sobre outra.

irrigação por gotejamento Sistema de rega que fornece um fluxo lento e controlado de água diretamente a cada uma das plantas, por meio de uma rede de tubos ou dutos.

isolamento injetado Isolante térmico inserido sob pressão em uma cavidade de parede ou outra abertura de uma edificação a fim de eliminar espaços vazios e oferecer resistência tanto para a passagem do calor quanto para o movimento do ar.

LEED® *Leadership in Energy and Environmental Design*, um programa de certificação de edificações sustentáveis.

luminária direta Luminária que não emite luz acima do plano horizontal e limita a intensidade da luz dentro dos 10° abaixo desse plano a 1.000 lumens. Geralmente, as lâmpadas ficam totalmente invisíveis quando observadas no plano horizontal.

luminária direta do tipo *fully shielded* Luminária que não emite luz acima do plano horizontal. Essas luminárias não são tão restritivas quanto as luminárias diretas comuns, pois não limitam a intensidade da luz dentro dos 10° abaixo do plano horizontal.

madeira de lei Madeira de árvores que foram certificadas como sendo extraídas e processadas de maneiras ambientalmente benignas, cumprindo práticas de florestamento sustentável e protegendo as árvores, os habitats de vida selvagem, os corpos de água e o solo. A certificação de madeira mais conhecida é a do Forest Stewardship Council (FSC).

materiais de renovação rápida Termo que descreve os materiais que crescem naturalmente e podem ser extraídos de novo após poucos anos. O LEED, por exemplo, define esse período como 10 anos.

materiais reciclados pós-consumo Materiais obtidos do lixo gerado pelos usuários finais que são reciclados em matéria-prima para novos produtos.

materiais reciclados pré-consumo Materiais desviados de um fluxo de lixo durante a fabricação.

memorial descritivo Documento preparado pelos projetistas que descreve os pressupostos para o projeto que será elaborado. É utilizado para o controle de qualidade, a fim de garantir a consistência entre o programa de necessidades, o projeto executivo e a obra executada.

mictório sem água Mictório que não funciona com água. Geralmente tem um sifão fechado por um líquido oleoso para prevenir que os odores migrem para dentro do prédio.

modelagem de energia Simulação em computador feita para prever o consumo e o desempenho energético de uma edificação.

mudanças climáticas As mudanças de longo prazo nas temperaturas do ar atmosférico e os impactos associados, como o derretimento das calotas polares. Essas mudanças geralmente são atribuídas às atividades humanas, como a queima em larga escala de combustíveis fósseis, que lança hidrocarbonetos na atmosfera e a afeta.

painel estrutural isolante Sistema pré-fabricado de painel sanduíche que compreende um núcleo rígido de isolamento dentro de duas camadas de painel estrutural e reúne as funções de estrutura, isolamento térmico e barreira ao ar. Os painéis estruturais isolantes geralmente são empregados para a construção de paredes, mas também servem para formar pisos e coberturas.

perdas por distribuição As perdas indesejáveis nos dutos e tubos dos sistemas de climatização e aquecimento de água para consumo doméstico, geralmente quando tais sistemas de distribuição passam por espaços externos ou não climatizados. O termo inclui as perdas por condução térmica, por infiltração de ar e por vazamentos de água ou vapor.

pisos secos Áreas pavimentadas, como ruas (faixas de rolamento e passeios) ou vias de pedestre nas quais ao solo já não fica exposto à atmosfera.

planejamento da desconstrução Planejamento de uma obra para o reúso posterior dos materiais de construção assim que o prédio chegar ao término de sua vida útil.

poluição luminosa A projeção indesejável de luz artificial sobre os ambientes externos.

ponte térmica Elemento sólido de uma edificação que, por ser bom condutor de calor e não estar revestido de isolamento, provoca perdas ou ganhos térmicos entre um interior e o exterior, criando uma falha na camada de isolamento térmico.

potencial de aquecimento global Medida da contribuição de um material ou sistema para o aquecimento do planeta; geralmente é aplicado a refrigerantes e outros produtos químicos.

profundidade do perímetro A profundidade dos espaço periférico de uma edificação, isto é, a dimensão do cômodo perpendicular à parede externa.

programa de necessidades Documento elaborado pelo arquiteto em conjunto com o proprietário para estabelecer os objetivos e requisitos da edificação e detalhar as funções previstas. Os detalhes registrados neste documento podem afetar significativamente o projeto de uma edificação sustentável.

projeto integrado de edificações Abordagem colaborativa na qual um grande grupo de envolvidos, como o arquiteto, os engenheiros, o proprietário, os usuários, entre outros, se envolvem holisticamente em um projeto desde as suas etapas preliminares.

qualidade do ambiente interno A qualidade geral de um ambiente interno, incluindo a qualidade do ar do interior, o conforto térmico, o nível de ruídos ou desempenho acústico e a qualidade da água.

qualidade do ar do interior Medida geral ou ausência de contaminantes aéreos em um interior, como particulados, fumaça de tabaco, dióxido de carbono, produtos químicos nocivos, odores, umidade relativa do ar e contaminantes biológicos.

razão de superfícies A relação entre a área de superfícies de uma edificação e sua área de piso.

receptividade da cobertura Propriedade das coberturas de permitir a instalação dos sistemas de energia solar, incluindo características como a ausência de obstruções, a área contígua, a área sem sombra, a orientação solar e o suporte estrutural adequado.

recuperação de calor O processo de extração do calor de um fluido, como o ar da exaustão de um prédio, para o aquecimento de outro fluido, como o ar do exterior que entra por meio da ventilação durante o inverno.

refletância A relação entre a luz refletida por uma superfície e a luz que incide na superfície.

relação entre janelas e paredes A razão de uma área de fachada que é ocupada por janelas.

resfriador Equipamento mecânico que produz água refrigerada para ser utilizada no condicionamento de ar, por meio de circuladores de ar ou *fan coils*; veja *sistema de expansão direta*. Também chamado de *chiller*.

sensor de movimento Aparelho que controla o acionamento automático de lâmpadas por meio da detecção de movimentos. Também é chamado de sensor de ocupação.

sensor de movimento acionado manualmente Sensor de movimento que apenas desliga automaticamente uma luz, exigindo seu acendimento manual.

Sistema combinado de bombas de calor, torre de arrefecimento e caldeira (*boiler*) Sistema de calefação ou resfriamento que usa um circuito de água principal; bombas de calor conectadas a esse circuito, para fornecer energia térmica aos espaços de um prédio; uma caldeira que envia calor ao circuito e ao prédio, se houver necessidade de calefação; e uma torre de arrefecimento que rejeita calor do circuito e do prédio, se houver necessidade de resfriamento.

sistema de aquecimento solar Sistema que converte a luz solar em calor, seja para o aquecimento de água de uso doméstico, seja para o aquecimento do ar (calefação ambiente).

sistema de ar forçado Sistema que compreende um circulador de ar e uma rede de dutos para transmitir ar aquecido, resfriado ou de ventilação aos espaços de um prédio.

sistema de expansão direta Sistema que insufla ar condicionado a partir de um sistema mecânico de compressão do vapor, em vez de usar primeiramente uma torre de arrefecimento. Veja *resfriador*. Este sistema é empregado em muitos tipos de condicionadores de ar comuns, inclusive aparelhos de parede, *splits*, a maioria das bombas de calor e as unidades compactas sobre coberturas.

sistema fotovoltaico Sistema para a geração de energia elétrica a partir da radiação solar por meio do uso de semicondutores que produzem o efeito fotovoltaico.

sistema hidrônico Sistema com água quente empregado para a calefação ambiente.

sítio sensível Terreno que deve ser protegido de construções, geralmente definido como aquele que inclui áreas como terras agrícolas produtivas, parques florestais, áreas sujeitas a enchentes, habitats para espécies criticamente ameaçadas, em perigo e vulneráveis, dunas primárias, florestas antigas, pântanos e outros corpos de água e áreas de conservação da fauna e da flora.

superfícies permeáveis Superfícies de um terreno que permitem a percolação da água até o subssolo, incluindo blocos e bloquetes permeáveis, asfalto poroso, concreto permeável e áreas verdes.

sustentabilidade Característica das coisas que perduram.

TAH Redução de trocas de ar por hora, uma medida da infiltração de ar. TAH50 representa a taxa de infiltração quando um prédio foi pressurizado ou despressurizado a uma pressão do ar de 50 pascais, um valor típico para os testes de porta insufladora de ar. Os detalhes desse teste podem indicar o valor das infiltrações naturais médias de uma edificação.

técnicas estruturais avançadas Técnicas estruturais que reduzem as pontes térmicas e o consumo de materiais. Também são chamadas de engenharia otimizada.

tempo de retardo do sensor de movimento O período de tempo entre o instante no qual se deixou de detectar algum movimento e o desligamento automático da lâmpada. O ideal é que esse tempo seja regulado para ser o mais curto possível.

terreno contaminado Área de solo que exige um processo de descontaminação para que possa ser aproveitada para novos usos.

terreno previamente urbanizado Termo utilizado para se referir a um sítio que já foi ocupado, mas não está contaminado nem é um terreno subutilizado.

terrenos subutilizados Uma área que já foi construída e, apesar de não estar contaminada, tem resíduos visíveis de sua ocupação.

torre de arrefecimento Equipamento que rejeita calor dos prédios para o ar externo. Geralmente é usado como parte de um sistema de resfriamento ou de um sistema combinado de bombas de calor, torre de arrefecimento e caldeira (*boiler*). As torres de arrefecimento têm a mesma função que a rede de tubos enterrados de uma bomba de calor geotérmico ou das unidades externas de um sistema de bomba de calor do tipo *split* ou de um aparelho de ar-condicionado de parede, mas não podem servir como fonte de calor (funcionar em ciclo reverso).

turbina eólica Equipamento que converte a energia do vento em energia mecânica. Quando conectado a um gerador, o sistema produz eletricidade. Também chamada de aerogerador.

vedações externas A interface externa do fechamento uma edificação, incluindo componentes como as paredes externas, as janelas, a cobertura e as fundações; ou seja, as superfícies que estão em contato com o ar externo ao prédio ou o solo.

vedações internas A interface interna do fechamento de uma edificação, incluindo componentes como o piso do pavimento de cobertura, o teto do pavimento de subsolo e as paredes internas de espaços não climatizados que estão na periferia de um prédio. Em outras palavras, são as superfícies que estão em contato com um espaço interno climatizado.

ventilação O fornecimento de ar do exterior para dentro de uma edificação. O termo às vezes é empregado para incluir a exaustão do ar de um prédio ou o uso do ar externo para o resfriamento ambiente.

ventilação controlada pela demanda Abordagem de controle que limita o fluxo da ventilação e, portanto, reduz o consumo de energia quando a quantidade máxima desse fluxo não é necessária. Geralmente se utiliza a taxa de concentração de dióxido de carbono no interior como referência para se acompanhar a ocupação humana, mas outros indicadores, como a umidade relativa do ar, também podem ser empregados. A ventilação controlada pela demanda pode ser feita pela simples regulagem das janelas de abrir.

zona de respiração O espaço ao redor das pessoas do qual elas retiram ar para respirar. É importante que essa zona receba ar fresco da ventilação.

zoneamento térmico Abordagem ao projeto de climatização na qual diferentes áreas de um prédio são dotadas de controles de temperatura independentes.

Bibliografia

Os recursos disponíveis no campo da arquitetura sustentável são inúmeros e estão crescendo rapidamente. O que apresentamos a seguir é uma lista necessariamente limitada de livros, relatórios, artigos, normas e websites, a maior parte dos quais foi fonte direta para a preparação desta obra e que recomendamos como recursos úteis para os profissionais da área.

American Society of Heating, Refrigerating and Air-Conditioning Engineers. 2010. *ANSI/ASHRAE Standard 55-2010 – Thermal Environmental Conditions for Human Occupancy*. Atlanta: ASHRAE.

American Society of Heating, Refrigerating and Air-Conditioning Engineers. 2010. *ANSI/ASHRAE Standard 62.1-2010 – Ventilation for Acceptable Indoor Air Quality*. Atlanta: ASHRAE.

American Society of Heating, Refrigerating and Air-Conditioning Engineers. 2010. *ANSI/ASHRAE Standard 62.2-2013 – Ventilation and Acceptable Indoor Air Quality in Low-Rise Residential Buildings*. Atlanta: ASHRAE.

American Society of Heating, Refrigerating and Air-Conditioning Engineers. 2013. *ANSI/ASHRAE/IES Standard 90.1-2013 – Energy Standard for Buildings Except Low-Rise Residential Buildings*. Atlanta: ASHRAE.

American Society of Heating, Refrigerating and Air-Conditioning Engineers. 2007. *ANSI/ASHRAE Standard 90.2-2007 –Energy-Efficient Design of Low-Rise Residential Buildings*. Atlanta: ASHRAE.

American Society of Heating, Refrigerating and Air-Conditioning Engineers. 2011. *ANSI/ASHRAE/USGBC/IES Standard 189.1-2011 Standard for the Design of High-Performance, Green Buildings (Except Low-Rise Residential Buildings)*. Atlanta: ASHRAE.

American Society of Landscape Architects, the Lady Bird Johnson Wildflower Center at the University of Texas at Austin, and the United States Botanic Garden. 2009. *The Sustainable Sites Initiative: Guidelines and Performance Benchmarks*. Austin: The Sustainable Sites Initiative.

Anis, Wagdy. 2010. *Air Barrier Systems in Buildings*. Washington, DC: Whole Building Design Guide, National Institute of Building Sciences (NIBS). http://www.wbdg.org/resources/airbarriers.php. Acessado em 12 de outubro de 2013.

Athena Sustainable Materials Institute: www.athenasmi.org/

BREEAM. 2011. *BREEAM New Construction: Non-Domestic Buildings, Technical Manual, SD5073-2.0:2011*. Garston: BRE Global Ltd.

Brown, E.J. 2008. *Cost Comparisons for Common Commercial Wall Systems*. Winston-Salem: Capital Building Consultants.

Building Green, Inc. 2013. http://www.buildinggreen.com/. Acessado em 13 de outubro de 2013.

Building Science Corporation. 2013. http://www.buildingscience.com/index_html. Acessado em 13 de outubro de 2013.

California Stormwater Quality Association. 2003. *California Stormwater BMP Handbook*: Concrete Waste Management. Menlo Park: CASQA.

Carpet Institute of Australia Limited. 2011. *Light Reflectance*. Melbourne: CIAL.

Center for Rainwater Harvesting. 2006. http://www.thecenterforrainwaterharvesting.org/index.htm

Center for Neighborhood Technology. 2013. http://www.travelmatters.org/calculator/individual/methodology#pmt. Acessado em 13 de outubro de 2013.

Ching, Francis D.K. 2007. *Architecture: Form, Space, and Order*, 3rd Edition. Hoboken: John Wiley & Sons.

Ching, Francis D.K. e Winkel, Steven. 2009. *Building Codes Illustrated: A Guide to Understanding the 2009 International Building Code*, 3rd Edition. Hoboken: John Wiley & Sons.

D'Aloisio, James A. 2010. *Steel Framing and Building Envelopes*. Chicago: Modern Steel Construction.

D&R International, Ltd. 2011. *Buildings Energy Data Book*. Washington, DC: U.S. Department of Energy.

DeKay, Mark e Brown, G.Z. 2013. *Sun, Wind, & Light: Architectural Design Strategies*, 3rd Edition. Hoboken: John Wiley and Sons.

Durkin, Thomas H. *Boiler System Efficiency*. ASHRAE Journal. P. 51. Vol. 48, julho de 2006.

Efficient Windows Collaborative: www.efficientwindows.org/

Fox & Fowle Architects et al. 2005. *Battery Park City – Residential Environmental Guidelines*. Nova York: Hugh L. Carey Battery Park City Authority.

Green Building Initiative. 2013. *Green Globes for New Construction: Technical Reference Manual*, Version 1.1. Portland: GBI Inc.

Gruzen Hampton LLP e Hayden McKay Lighting Design Inc. 2006. *Manual for Quality, Energy Efficient Lighting*. Nova York: NY City Department of Design and Construction.

Hagenlocher, Esther. 2009. *Colorfulness and Reflectivity in Daylit Spaces*. Quebec City: PLEA2009 – 26th Conference on Passive and Low Energy Architecture.

Hernandez, Daniel; Lister, Matthew; and Suarez, Celine. 2011. *Location Efficiency and Housing Type*. US EPA's Smart Growth Program, contract #GS-10F-0410R. Nova York: Jonathan Rose Companies.

Heschong, Lisa. *Thermal Delight in Architecture.* 1979. Cambridge: MIT Press.

Higgins, Cathy et al. 2013. *Plug Load Savings Assessment: Part of the Evidence-based Design and Operations PIER Program.* Prepared for the California Energy Commission. Vancouver: New Buildings Institute.

Hodges, Tina. 2009. *Public Transportation's Role in Responding to Climate Change.* Washington, DC: U.S. Department of Transportation.

International Dark-Sky Association. 2013. http://www.darksky.org/. Acessado em 12 de outubro de 2013.

International Living Future Institute. 2012. *Living Building Challenge 2.1.* Seattle: International Living Future Institute.

IPCC, 2012: Summary for Policymakers. In: *Managing the Risks of Extreme Events and Disasters to Advance Climate Change Adaptation* [Field, C.B., Barros, V.; Stocker, T.F.; Qin, D.; Dokken, D.J.; Ebi, K.L.; Mastrandrea, M.D.; Mach, K.J.; Plattner, G.-K.; Allen, S.K.; Tignor, M.; e Midgley, P.M. (eds.)]. A Special Report of Working Groups I and II of the Intergovernmental Panel on Climate Change. Cambridge University Press, Cambridge, Reino Unido, and Nova York, NY, Estados Unidos, pp. 1-19.

International Code Council. 2012. *International Building Code.* Washington, DC: ICC.

International Code Council. 2012. *International Energy Conservation Code.* Washington, DC: ICC.

International Code Council. 2012. *International Green Construction Code.* Washington, DC: ICC.

International Code Council. 2012. *International Mechanical Code.* Washington, DC: ICC.

Lemieux, Daniel J. and Totten, Paul E. 2010. Building Envelope Design Guide–Wall Systems. http://www.wbdg.org/design/env_wall.php. Última atualização em 8 de outubro de 2013.

Keeler, Marian and Burke, Bill. 2009. *Fundamentals of Integrated Design for Sustainable Building.* Hoboken: John Wiley & Sons.

Lstiburek, Joseph. 2004. *Vapor Barriers and Wall Design.* Somerville: Building Science Corporation.

Masonry Advisory Council. 2002. *Cavity Walls: Design Guide for Taller Cavity Walls.* Park Ridge: MAC.

Munch-Andersen, Jørgen. 2007. *Improving Thermal Insulation of Concrete Sandwich Panel Buildings.* Viena: LCUBE Conference.

NAHB Research Center. 1994. *Frost-Protected Shallow Foundations, Phase II–Final Report.* Washington, DC: U.S. Department of Housing and Urban Development.

NAHB Research Center. 2000. *Advanced Wall Framing.* Washington, DC: U.S. Department of Energy.

National Renewable Energy Lab. 2002. *Energy Design Guidelines for High Performance Schools: Temperate and Humid Climates.* Washington, DC: U.S. Department of Energy's Office of Building Technology, State and Community Programs.

National Electrical Contractors Association. 2006. *Guide to Commissioning Lighting Controls.* Bethesda: NECA.

Newman, Jim et al. 2010. *The Cost of LEED: A Report on Cost Expectations to Meet LEED 2009 for New Construction and Major Renovations (NC v2009).* Brattleboro: BuildingGreen.

Newsham, Guy; Arsenault, Chantal; Veitch, Jennifer; Tosco, Anna Maria; Duval, Cara. 2005. *Task Lighting Effects on Office Worker Satisfaction and Performance, and Energy Efficiency.* Ottawa: Institute for Research in Construction, National Research Council Canada.

O'Connor, Jennifer; Lee, Eleanor; Rubinstein, Francis; and Selkowitz, Stephen. 1997. *Tips for Daylighting with Windows.* Berkeley: Ernest Orlando Lawrence Berkeley National Laboratory.

Pless, Shanti and Torcellini, Paul. 2010. *Net-Zero Energy Buildings: A Classification System Based on Renewable Energy Supply Options.* Golden: National Renewable Energy Laboratory.

Rainwater Harvesting Group. 2013. Dallas: Texas A&M AgriLife Extension Service. http://rainwaterharvesting.tamu.edu/. Acessado em 13 de outubro de 2013.

RESNET. 2006. *Mortgage Industry National Home Energy Rating Systems Standards.* Oceanside: Residential Energy Services Network, Inc.

Sachs, Harvey M. 2005. *Opportunities for Elevator Energy Efficiency Improvements.* Washington, DC: American Council for an Energy-Efficient Economy.

Selkowitz, S.; Johnson, R.; Sullivan, R.; and Choi, S. 1983. *The Impact of Fenestration on Energy Use and Peak Loads in Daylighted Commercial Buildings.* Glorieta: National Passive Solar Conference.

Slone, Herbert. 2011. *Wall Systems for Steel Stud / Masonry Veneer.* Toledo: Owens Corning Foam Insulation LLC.

Smith, David Lee. 2011. *Environmental Issues for Architecture.* Hoboken: John Wiley & Sons.

Straube, John. 2008. *Air Flow Control in Buildings:* Building Science Digest 014. Boston: Building Science Press.

Tyler, Hoyt; Schiavon, Stefano; Piccioli, Alberto; Moon, Dustin; and Steinfeld, Kyle. 2013. *CBE Thermal Comfort Tool.* Berkeley: Center for the Built Environment, University of California Berkeley. http://cbe.berkeley.edu/comforttool/. Acessado em 12 de outubro de 2013.

Ueno, Kohta. 2013. *Building Energy Performance Metrics.* http:// www.buildingscience.com/documents/digests/bsd152-building-energy-performance-metrics. Acessado em 13 de outubro de 2013.

Urban, Bryan and Roth, Kurt. 2010. *Guidelines for Selecting Cool Roofs.* Prepared by the Fraunhofer Center for Sustainable Energy Systems for the U.S. Department of Energy Building Technologies Program and Oak Ridge National Laboratory under contract DE-AC05-00OR22725.

U.S. Department of Energy, the Federal Energy Management Program, Lawrence Berkeley National Laboratory (LBNL), and the California Lighting Technology Center (CLTC) at the University of California, Davis. 2010. *Exterior Lighting Guide for Federal Agencies*. Washington, DC: Federal Energy Management Program.

United States Green Building Council. 2012. *LEED 2009 for New Construction and Major Renovations Rating System*. Washington, DC: USGBC.

U.S. Environmental Protection Agency. 2011. *ENERGY STAR Performance Ratings: Methodology for Incorporating Source Energy Use*. Washington, DC: EPA.

Wang, Fan; Hunt, Theadore; Liu, Ya; Li, Wei; Bell; Simon. 2003. *Reducing Space Heating in Office Buildings Through Shelter Trees*. Proceedings of CIBSE/ASHRAE Conference, Building Sustainability, Value & Profit. www.cibse.org/pdfs/8cwang.pdf.

Whole Building Design Guide. 2013. http://www.wbdg.org/. Acessado em 13 de outubro de 2013.

Wilson, Alex. 2013. *Naturally Rot-Resistant Woods*. National Gardening Association. http://www.garden.org/articles/articles. php?q=show&id=977&page=1. Acessado em 13 de outubro de 2013.

Wray, Paul; Sternweis, Laura; and Lenahan, Jane. 1997. *Farmstead Windbreaks: Planning*. Ames: Iowa State University – University Extension.

Zuluaga, Marc; Maxwell, Sean; Block, Jason; Eisenberg, Liz; and Steven Winter Associates. 2010. *There are Holes in Our Walls*. New York: Urban Green Council.

7group e Bill Reed. 2009. *The Integrative Design Guide to Green Buildings*. Hoboken: John Wiley & Sons.

Índice

D

M

N

O

U

V

W

Z

IMPRESSÃO:

GRÁFICA EDITORA
Pallotti
IMAGEM DE QUALIDADE

Santa Maria - RS - Fone/Fax: (55) 3220.4500
www.pallotti.com.br